Portus and its Hinterland

This book is dedicated to the memory of Geoffrey Rickman

PORTUS AND ITS HINTERLAND: RECENT ARCHAEOLOGICAL RESEARCH

Edited by
SIMON KEAY AND LIDIA PAROLI

18
ARCHAEOLOGICAL MONOGRAPHS *OF*
THE BRITISH SCHOOL *AT* ROME

The British School at Rome, London
in collaboration with the Soprintendenza Speciale per i Beni Archeologici di Roma, sede di Ostia
2011

www.bsr.ac.uk

Registered Charity No. 314176

ISBN 978-0-904152-60-9

Front cover illustration
Aerial view of the Trajanic harbour and its surroundings seen from the west. *(Photo: Geert Verhoeven/Portus Project.)*

Back cover illustration
Detail of the *Terrazza di Traiano*, the western façade of the *Palazzo Imperiale*. *(Photo: Simon Keay/Portus Project.)*

Typeset by ACADEMIC + TECHNICAL TYPESETTING, BRISTOL, GREAT BRITAIN
Printed by INFORMATION PRESS, EYNSHAM, OXFORD, GREAT BRITAIN

CONTENTS

LIST OF FIGURES

List of Plates

(following page 304)

LIST OF TABLES

Acknowledgements

The 2008 workshop upon which this volume is based represents the first fruit of a collaborative venture undertaken within the framework of a formal agreement between the British School at Rome, the Direzione Regionale per i Beni Culturali e Paesaggistici per il Lazio and the Soprintendenza per i Beni Archeologici di Ostia (now the Soprintendenza Speciale per i Beni Archeologici di Roma) to undertake the project 'Portus in the Mediterranean context' (2007–11). The principal focus within this, the 'Portus Project' (www.portusproject.org), is financed by the Arts and Humanities Research Council (UK), the Soprintendenza Speciale per i Beni Archeologici di Roma, and the universities of Southampton and Cambridge. The editors would like to express their gratitude to Professor Andrew Wallace-Hadrill (Director of the British School at Rome 1995–2009), Professor Christopher Smith (Director of the British School at Rome 2009–) and the Soprintendente per i Beni Archeologici di Roma, for their continual support and encouragement. They would also like to acknowledge the particularly detailed comments by the anonymous readers, and Gill Clark for her unflagging skill and patience.

PREFACE

This volume arises from a workshop that was held at the British School at Rome in March 2008. Its aim was to share the first results of the Portus Project with those of other colleagues working at Portus, from the Soprintendenza per i Beni Archeologici di Ostia, the Soprintendenza per i Beni Archeologici di Roma and other research institutions. The Portus Project (www.portusproject.org), which is directed by Simon Keay, is a formal collaboration between the British School at Rome and the Soprintendenza per i Beni Archeologici di Ostia (2006–11), the Universities of Southampton and Cambridge, and funded in large measure by the Arts and Humanities Research Council of the UK and the Soprintendenza per i Beni Archeologici di Ostia. It has built upon the successful geophysical survey of Portus (Keay *et al.* 2005) and is carrying out an integrated programme of excavation and survey at Portus and the Isola Sacra.

This workshop was the first of a series of three intended as a forum for sharing the results of the Portus Project with those of other colleagues working at Portus or on issues related to the site, with a view to developing a research community focused upon the site. There is a desperate need to foster academic interest in the site. Portus was the principal maritime harbour of Rome between the first and sixth centuries AD, and it is one of the largest, richest and most accessible Roman ports in the Mediterranean. However, while it has been documented archaeologically since at least the Renaissance (Bignamini 2004; Paroli 2005), its key role in the movement of traded goods between Rome and the Mediterranean consistently has been underplayed in favour of the fluvial port of Ostia. This clouds our understanding of the scale and unique character of the port infrastructure developed by Rome at the mouth of the Tiber in the early Imperial period. It is increasingly clear that for the early and mid-Imperial periods at least, Portus and Ostia cannot be understood in isolation from each other, and that they were different facets of a very extensive port landscape that developed in response to the particular needs of Rome (Keay 2009), and which included the Tiber between Ostia and Rome and the river port of Rome itself.[1] However, scholarship often conflates the two, relegating Portus to little more than an appendage to Ostia until the late Imperial period. It would appear that it is only following the apparent decline of Ostia from the third century AD onwards (Pavolini 2002) that scholars who wish to understand Rome's commercial relationship to the broader Mediterranean turn their attention to Portus.

There is also a need to foster greater public awareness of Portus to ensure that the port and its surrounding hinterland are preserved for future generations. Ownership of the built-up core of the port lies both with the Italian State and the Sforza Cesarini family (Keay, Millett and Patterson 2005: 4–7), providing surviving remains with a legal framework for their protection. By contrast, the part of the hinterland of Portus that lies between the port and Ponte Galeria to the east has not been so fortunate, and it is severely threatened by the accelerating pace of urban development spreading westwards from Rome. The studies by Morelli and her colleagues (Chapter 13) and by Serlorenzi and Di Giuseppe (Chapter 14) in this volume result from responses by the Soprintendenza per i Beni Archeologici di Ostia to the widespread destruction of the archaeological heritage of the area along the Via Portuensis. The archaeological heritage of the Isola Sacra, lying to the south of Portus, is similarly threatened, as the analysis by Germoni and her colleagues (Chapter 12) makes clear.

The papers presented in this volume draw together research at Portus that has been completed since the publication of the geophysical survey at the port (Keay *et al.* 2005). In most cases they are very much the texts as given at the Workshop, although Chapters 5, 7 and 12 have been updated to bring them fully up to date with work completed during 2009. The topics covered can be broken down into several themes, which allow some of the complexities of the archaeological sequences at Portus to be understood better and for the port to be placed in its broader local context for the first time.

Simon Keay (University of Southampton/British School at Rome) and
Lidia Paroli (Soprintendenza Speciale per i Beni Archeologici di Roma, sede di Ostia)[2]

NOTES

1. See, for example, Colini (1986). Account should be taken also of *Ocriculum* (Otricoli), the principal river port on the Tiber to the north of Rome (Cencaioli 2009; Hay *et al.* 2009 (for recent work here)).
2. The Soprintendenza per i Beni Archeologici di Ostia was changed by statute to the Soprintendenza Speciale per i Beni Archeologici di Roma, sede di Ostia in September 2009.

REFERENCES

Bignamini, I. (2004) Ostia, Porto e Isola Sacra: scoperte e scavi dal medioevo al 1801. *Rivista dell'Istituto Nazionale d'Archeologia e Storia dell'Arte* 58 (III serie, XXVI): 38–78.

Cencaioli, L. (2009) Otricoli: nuove ricerche e recenti acquisizioni della Soprintendenza per i Beni Archeologici dell'Umbria. In F. Coarelli and H. Patterson (eds), Mercator Placidissimus. *The Tiber Valley in Antiquity. New Research in the Upper and Middle River Valley. Rome 27–28 February 2004*: 811–37. Rome, Quasar.

Colini, A.M. (1986) Portus Tiberinus. *Archeologia Laziale* 12 (2): 157–97.

Hay, S., Keay, S., Millett, M. and Sly, T. (2009) Urban field-survey at *Ocriculum* (Otricoli, Umbria). In F. Coarelli and H. Patterson (eds), Mercator Placidissimus. *The Tiber Valley in Antiquity. New Research in the Upper and Middle River Valley. Rome 27–28 February 2004*: 797–809. Rome, Quasar.

Keay, S. (2009) Portus and Pozzuoli: a mutual relationship? In A. Wallace-Hadrill, L. Fentress and O. Brandt (eds), *Meetings Between Cultures in the Ancient Mediterranean. XVII International Congress of Classical Archaeology. Roma 2008. Acts*. Rome, Associazione di Archeologia Classica.

Keay, S., Millett, M. and Patterson, H. (2005) Introduction. In S. Keay, M. Millett, L. Paroli and K. Strutt, *Portus. An Archaeological Survey of the Port of Imperial Rome (Archaeological Monographs of the British School at Rome* 15): 1–9. London, British School at Rome.

Keay, S., Millett, M., Paroli, L. and Strutt, K. (2005) *Portus. An Archaeological Survey of the Port of Imperial Rome (Archaeological Monographs of the British School at Rome* 15). London, British School at Rome.

Paroli, L. (2005) History of past research at Portus, In S. Keay, M. Millett, L. Paroli and K. Strutt, *Portus. An Archaeological Survey of the Port of Imperial Rome (Archaeological Monographs of the British School at Rome* 15): 43–59. London, British School at Rome.

Pavolini, C. (2002) La trasformazione del ruolo di Ostia nel III secolo d.C. *Mélanges de l'École Française de Rome. Antiquité* 114: 325–52.

Introduction

Simon Keay & Lidia Paroli

BACKGROUND

Portus was an entirely artificial port, located a short distance to the north of the Tiber mouth, that was created to enhance the supply of goods to Rome from its mediterranean provinces. It was established initially by Claudius by AD 46,[1] was inaugurated by Nero in AD 64 and continued to develop in the course of the first century AD. This pre-Trajanic phase of the port is known imperfectly. However, recent work suggests that it comprised a massive basin and lighthouse that projected into the sea, together with an internal dock, or *Darsena*,[2] with a major associated administrative complex.[3] All of this was articulated around a system of canals, of which at least two[4] have been identified archaeologically.[5] This early establishment augmented the limited docking facilities offered by the nearby river port of Ostia and meant that heavier ships could henceforth avoid the treacherous sand bar at the mouth of the Tiber. Furthermore, the canal system also helped drain the Tiber valley south of Rome in times of flood, thus easing the danger to the City itself. However, the new port was not without its problems, as is evident from the sinking of some 200 ships in the harbour basin in AD 62.[6] Portus then underwent a major phase of development under Trajan, the centrepiece of which was the establishment of a second and smaller basin of hexagonal plan that greatly increased docking facilities. It was set inland, a short distance from the earlier basin, and was connected to it by one major canal; it was linked to the Tiber also by another canal that skirted its southeastern side, and with the Isola Sacra by a third (see below, p. 238). Large warehouses, administrative buildings and a temple congregated around the hexagonal basin.[7] Trajan's enlargement of Portus was designed to accommodate growing volumes of imports destined for Rome — not least grain from Egypt and the African provinces — and ensured that the port eclipsed the supply role of Puteoli (Pozzuoli) on the bay of Naples in due course.

THE GEOLOGICAL AND GEOGRAPHICAL BACKGROUND

The site of Portus occupies a key position in a complex lagoonal environment between the Tiber and the Mediterranean (**Fig. 1.1**).[8] The most recent research into the geological and geomorphological development of the Tiber delta provides us with a clearer understanding of its formation processes. It also has yielded more detailed dating evidence for phases of coastal advance and retreat, drawing principally upon C-14 dates and analysis of the characteristics of littoral cordons integrated through deep cores and archaeological sondages. These are very complex issues and, notwithstanding the important contributions made by the contributors in this volume, still leave much to be resolved. Giraudi (Chapter 2) and Morelli and her colleagues (Chapter 4) discuss processes in the formation of the Tiber delta and the geomorphology of the territory of Portus, focusing upon water-related issues that conditioned the development of the port, such as the river mouth, springs and coastal lagoons. The latter survey the geological background, focusing upon the movement of the coast and the gradual formation of the Stagno Maccarese and the Stagno di Ostia out of a single large coastal lagoon originally connected to the sea. They also briefly discuss the development of the Tiber mouth in the vicinity of Ostia. After the first century AD the sea level was still *c.* 1 m higher than in the Republican period. This, together with the impact of the development of Portus, led to a gradual abandonment of the lower-lying area of the Tiber valley in favour of the area near Ponte Galeria.

While earlier studies of Portus attempted to explain why Claudius chose this particular site to build his harbour, more recent work has concentrated upon the history of the development of the river.

Giraudi (Chapter 2), for example, suggests that between the eighth and fifth centuries BC the course of the Tiber was different from what it is today, with important implications for our understanding of the siting of the port and how it developed throughout antiquity. He suggests that the Tiber originally had two mouths that flowed into the sea to the west and southwest of the site of the later harbours of Claudius and Trajan. This is a conclusion based upon the observation of fluvial sediments in deep cores from the foundation levels of the port (Giraudi 2004; Giraudi et al. 2006; Giraudi, Tata and Paroli 2007); analogous evidence from a core drilled in the Claudian port is discussed in this volume by Goiran and his colleagues (Chapter 3). This hypothesis was put forward originally in geological studies, but now benefits from the more precise dating of ancient coastal dunes that allows phases in the chronological development of the course of the Tiber to be established more closely.

Giraudi argues that this evidence helps us understand better the origins of Ostia. Livy (1.33.9), amongst others, suggests that the colony was founded originally by Ancus Marcius, the fourth king of Rome, in the seventh century BC. However, since the earliest archaeological evidence from the site dates to the fourth century BC (Martin 1996),[9] many archaeologists have suggested that the archaic settlement should be sought elsewhere.[10] Giraudi's contribution to this debate is to draw upon his geological data to suggest that the early colony would have lain at the mouth of the early course of the Tiber, on land to the west of Portus that has since been destroyed by the sea or covered by sediment. He also argues that the Tiber was diverted southwards towards its present course only in the fifth century BC, given that it cuts through the coastal alignments of that date lying to the north and south.

THE DEVELOPMENT OF PORTUS

Anyone who visits Portus will become aware immediately of the great scale, richness and complexity of the site. The site today is land-locked and lies some 3 km from the coast. While it is all too easy to think of this port in terms of the Claudian, Trajanic and late antique phases, the archaeological record reveals highly complex structural sequences that in the light of our current knowledge defy ready synthesis. This is not helped by the fact that over the last ten years there have been only three excavations of any scale within the port.[11] Furthermore, very much more of what are

conventionally understood to have been early structures are in fact considerably later, meaning that in fact precious little is known about the earlier phases of the harbour.[12] Notwithstanding this, a number of the papers in this volume have begun to shed light on these early phases.

THE ESTABLISHMENT OF THE PORT (Fig. 1.2)

Much ink has been spilt over the years in an attempt to evaluate the accounts by Pliny,[13] Suetonius and others about the character and extent of the Claudian basin and its attendant infrastructure, the position of the pharos and the vexed question about whether the basin was entered from the north or west (Arnoldus-Huyzendveld 2005: 11–14). This was given a boost in 1970 with the publication of an account of structures discovered during the construction of the Aeroporto Leonardo da Vinci in the 1950s and 1960s (Testaguzza 1970), as well as subsequent work. While the results of this were very valuable, they left many questions unanswered. In particular there was controversy surrounding Testaguzza's suggestion that the main entry to the harbour lay to the north, and that the pharos was located in the vicinity of the Monte Arena (Testaguzza 1970: 105–11), while Castagnoli (1963) and Giuliani (1992; 2001) argued that the basin was oriented roughly from southwest to northeast, with the principal entry to the west. This was a view supported by Keay and his colleagues on the basis of environmental work by Arnoldus-Huyzendveld (Arnoldus-Huyzendveld 2005: 28–30) that seemed to show that there was no entry to the basin from the north.[14]

The papers by Goiran and his colleagues (Chapter 3) and by Morelli and her colleagues (Chapter 4) seem to have settled the issue by means of a programme of deep environmental cores sunk on the western and northern sides of the Claudian basin. The latter argue that the northern mole ran beneath the main runway of the airport and beyond for c. 1,600 m, and that the course taken by the southern mole is followed by the modern Fiumicino canal, the so-called *Fossa Traiana*, for c. 1,320 m, as far as its inward curve in the vicinity of the Hotel Marriott. All of this suggests that the Claudian basin would have taken an elongated form and that it would have enclosed a total of c. 200 ha — a considerably larger area than has been suggested hitherto. They also argue that Castagnoli and Giuliani were correct in saying that the main approach to it was from the west, and also suggest that there was one

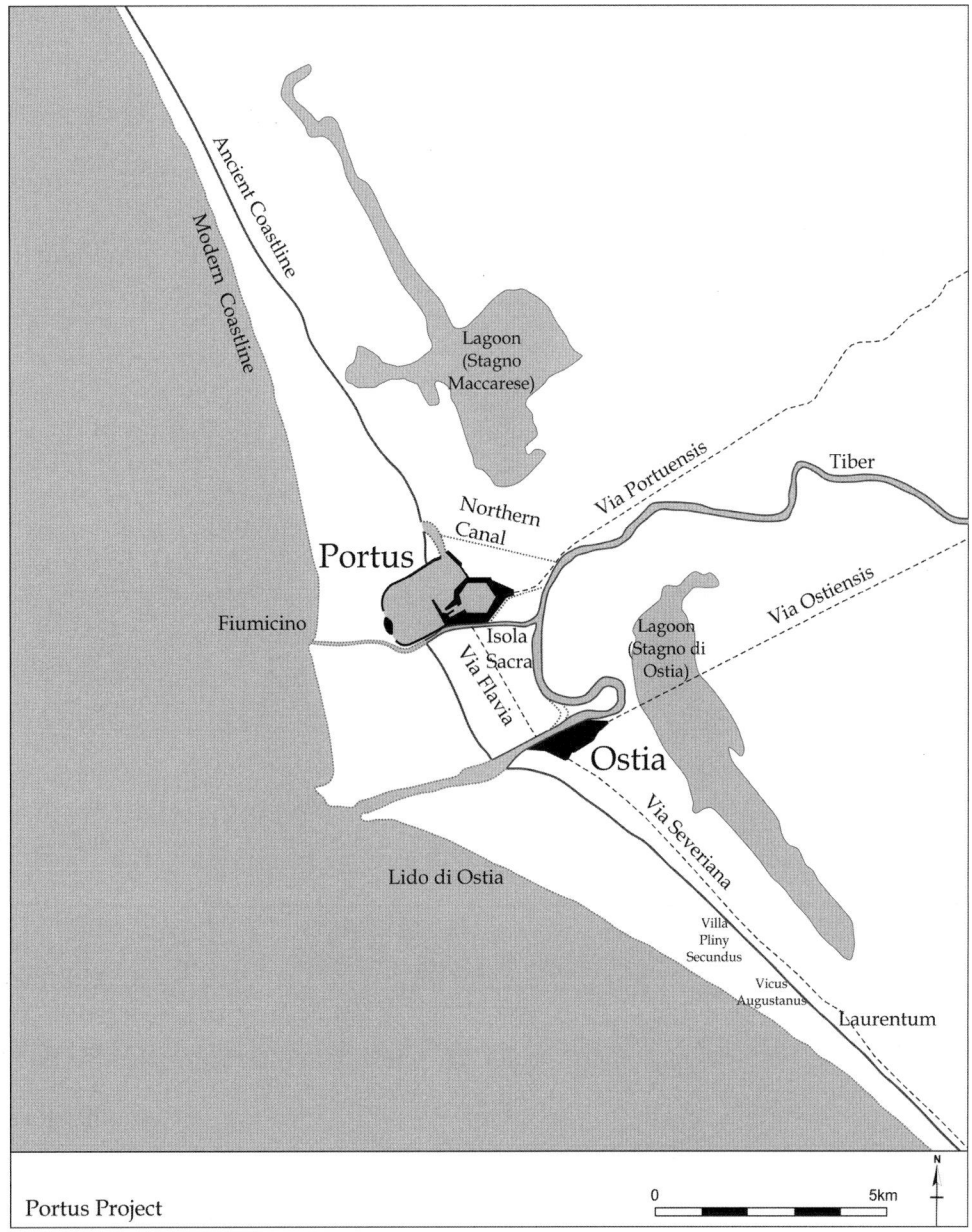

Fig. 1.1. **Portus in relation to the Tiber, the coastal lagoons, the roads and Ostia.** *(Adapted from Keay and Millett 2005a: fig. 8.1.)*

entrance on either side of the pharos. To date, only the northern and eastern edges of this monument have been defined. However, the orientation of these indicate that it was rectilinear and that it would have projected into the sea a short distance beyond the line of both moles. This suggests that early reconstructions of the Claudian basin, such as those by Pirro Ligorio in 1554 and Antonio Danti in 1580/1, were not flights of fancy, as often has been thought, but more reasoned interpretations that drew upon evidence that was still visible at that time. It is important to remember, however, that these moles have a complex structural

history. This much is clear from the exposed stretches of the Claudian mole in the vicinity of the Museo delle Navi, as well as that excavated on the eastern side of the *Palazzo Imperiale* (Chapter 5), the *Antemurale* (Chapter 8)[15] and the *Molo della Lanterna*.[16] Deep cores excavated by Morelli and her colleagues (Chapter 4) and by Goiran and his colleagues (Chapter 3) suggest that the basin was up to 8 m deep. In some cases, however, the moles that enclosed it were found to be deeper than the estimated depth of the Roman seabed — something perhaps to be explained as subsidence caused by the weight of the moles on the

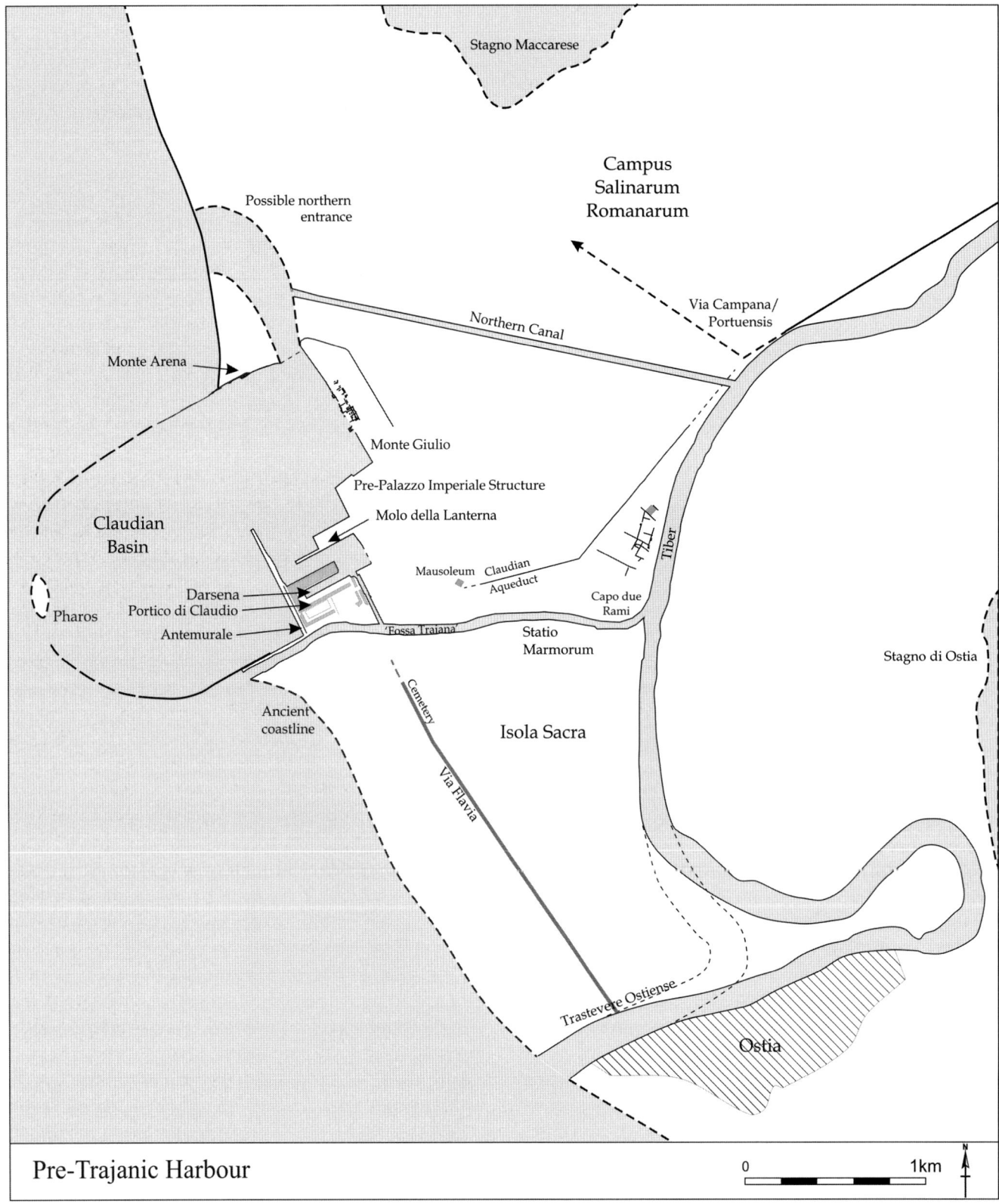

Stagno Maccarese

Campus
Salinarum
Romanarum

Possible northern
entrance

Northern Canal

Via Campana/
Portuensis

Monte Arena

Monte Giulio

Pre-Palazzo Imperiale Structure

Molo della Lanterna

Claudian
Basin

Mausoleum   Claudian
Aqueduct

Tiber

Darsena

Pharos

Portico di Claudio

Antemurale

Capo due
Rami

'Fossa Traiana'

Statio
Marmorum

Stagno di Ostia

Ancient
coastline

Cemetery

Isola Sacra

Via Flavia

Trastevere Ostiense

Ostia

Pre-Trajanic Harbour

0   1km

N

FIG. 1.2. The principal buildings at Portus in the pre-Trajanic period referred to in the text, as well as the main features in the surrounding hinterland.

seabed. Their other contribution has been to show that there was also an entry to the Claudian basin from the north, a feature that must have been connected to the northern canal that one assumes formed part of the pre-Trajanic port.[17] The function of this entrance is unclear, since it has yet to be located in excavation, although it is clearly secondary to the entrances open to maritime traffic on either side of the pharos to the southwest. The only clue comes from the eight small boats discovered immediately to the west of the secondary entry during the construction of the Aeroporto Leonardo da Vinci in the late 1950s and early 1960s. One of these was a fishing boat,[18] while the others were *naves caudicariae* and a sailing boat (Boetto 2011).[19] Taken together, they suggest that it was used for small-scale traffic and that it provided communication with both the Tyrrhenian and the area of the *Campus Salinarum Romanarum* and the Stagno Maccarese.

EARLY PHASES OF THE PORT (Fig. 1.3)

The harbour edge of Portus has been subject to systematic excavation at only two points, together with sondages on the north–south and east moles (Verduchi 2004). The first of these, by Paroli and Ricci (Chapter 8), focused upon an important sequence in the area of the *Antemurale*, specifically the mole and adjacent buildings to the west of the *Portico di Claudio*. Here the mole defined a rectangular inlet that was integral to the original Claudian project and that remained as such until the fourth century AD. The space between this and the *Portico di Claudio* was largely free of buildings, with the latter acting as the principal harbour façade until the Trajanic period, after which the space between the Claudian mole and the *Portico di Claudio* began to be filled by a series of warehouses that shut off the latter, so that it was no longer visible from the Claudian basin. The function of the portico as the harbour façade thus probably was displaced to the hexagonal basin of Trajan.

The second excavation, by Keay and his colleagues (Chapter 5), took place at the site of the so-called *Palazzo Imperiale*[20] and has provided an important sequence that helps us understand better the nature of the pre-Trajanic port and its transformation under Trajan. The complex was situated in the southeast corner of the Claudian basin and overlooked both this and the Trajanic basin. The excavation uncovered a substantial mole that defined the frontage of the Claudian basin beneath the *Palazzo Imperiale*,

showed that it ran on a different alignment than expected, and also hinted at the lagoonal character of the port at this initial stage. Furthermore, its similarity to stretches of the mole excavated on the north side of the Claudian basin, in the vicinity of the Museo delle Navi, would seem to confirm its early date (Testaguzza 1970: lower fig. on p. 96).

The excavation also shows how radically the southern side of the Claudian basin was transformed in the Trajanic replanning of the port. The excavation of the hexagonal basin generated huge quantities of upcast, which was deposited across the northern area, between it and the pre-Trajanic mole, and also enabled the southeast corner of the basin to be reclaimed. All of this provided Trajanic architects and engineers with a huge sandy platform into which they sank the foundations for the *Palazzo Imperiale* and other major buildings. The complex incorporated elements of the pre-Trajanic mole into its northern frontage, was trapezoidal in plan, presented monumental façades to the Claudian and Trajanic basins, and stood to three storeys in places. It was approached from the east by an aqueduct that also seems to have formed the spine for a massive building that opened on to the hexagonal basin, but whose function is not yet entirely clear. There were further structural additions in the course of the second century AD, not least the structural unification of the *Palazzo Imperiale* and the *Grandi Magazzini di Settimio Severo*[21] some time after the construction of the latter in the later second century AD. In the early third century AD the eastern side of the *Palazzo Imperiale* was enlarged, with the construction of a courtyard and a modestly-sized amphitheatre.

All of these buildings were constructed with standing walls, floors and fills that are often so large that they are not easy to understand without excavation on a scale that would be beyond the means of most teams. In the light of this, a field strategy was developed that involved using large open-area excavations to shed further light on issues raised by topographical and geophysical survey on an even larger scale in a continual question and answer dialogue (Keay *et al.* 2008). This was made possible by the development of a fully digital three-dimensional recording system working within a Geographical Information System (GIS) for this part of the site, which is discussed by Earl and his colleagues below (Chapter 7). Not only does this enable the excavated area to be visualized phase by phase in a way that enhances interpretation, but it also makes it possible for the relationship between each of these phases and

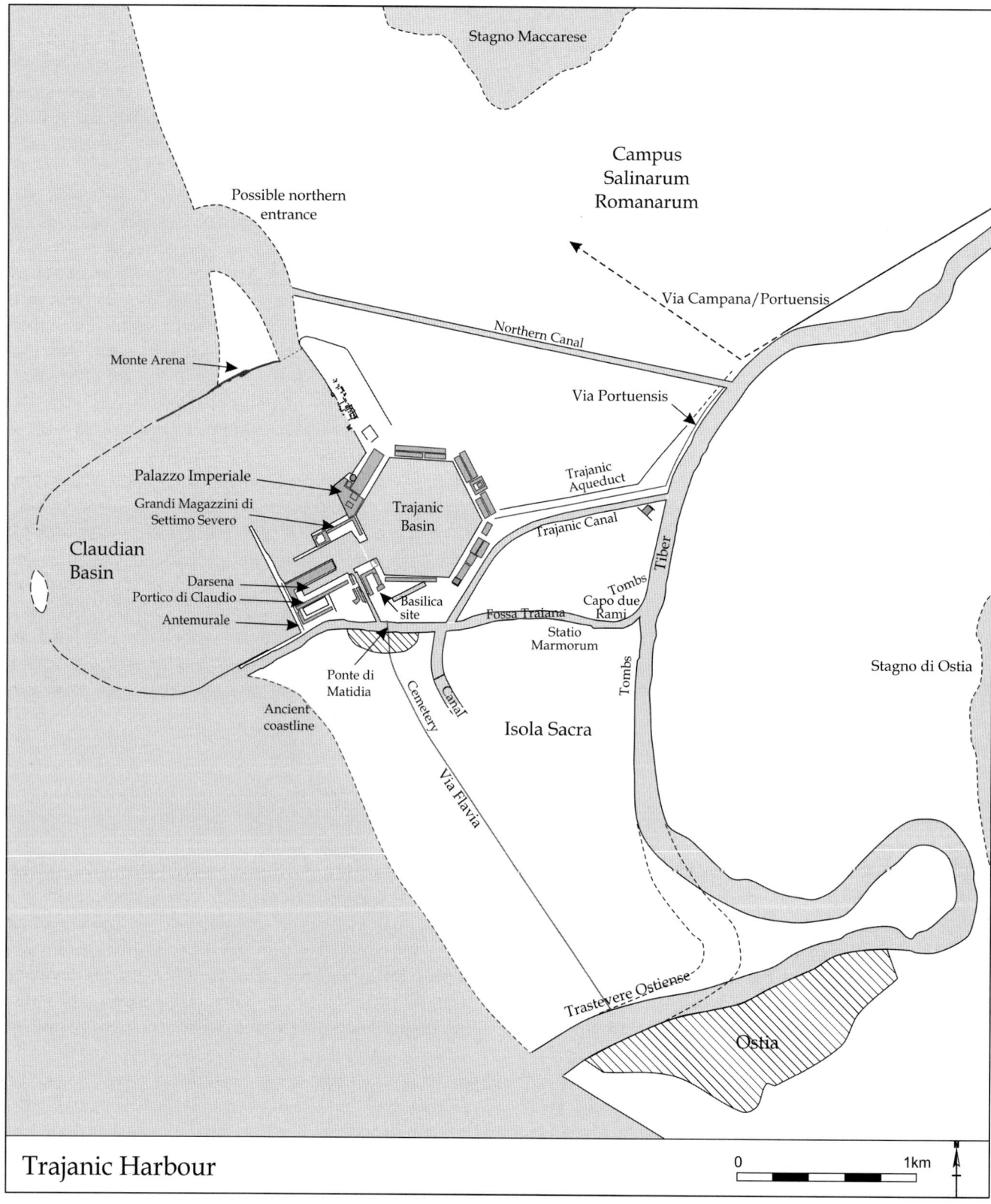

Fig. 1.3. The principal buildings at Portus in the Trajanic period referred to in the text, as well as the main features in the surrounding hinterland.

the structures revealed through geophysical and standing buildings survey to be explored. In this way it will be possible to re-interpret the development of the *Palazzo Imperiale* as a whole. The implications of this for the rest of the site are being explored by inserting these virtual reconstructions into a virtual model of Portus based upon a detailed scan of the plaster model of Portus that was created by Italo Gismondi in 1937, which is now on display in the Museo della Via Ostiense in the Porta San Paolo at Rome.

LATER PHASES OF THE PORT (Fig. 1.4)

Recent excavations of the *Basilica Portuensis* (Paroli 2005) and other parts of the port (Morelli, Paroli and Verduchi 2005) have shown that the late antique period represented an important stage in the development of the port. Work at the former, for example, suggests that building activity stagnated in the second half of the third century AD. Once it resumed, in the first half of the fourth century AD, the functions of different areas underwent changes. The area of the *Basilica Portuensis*, for example, became less densely occupied, so that there was enough space to allow for the creation of a residential complex incorporating earlier buildings. This is a development that can be paralleled at Ostia, where there is a number of large late antique *domus* that were constructed by means of modifying and extending an earlier buildings (Becatti 1948).

Excavations at the *Antemurale* in the southwestern part of the port (Paroli and Ricci, Chapter 8) suggest that the period between the mid-fourth and the first half of the fifth centuries AD witnessed considerable activity. The two warehouses at the north and south end of the excavated area were restructured and thus plainly still being used for the storage of imported commodities. Furthermore, a new structure (*Ambiente A*) was built on that part of the mole in front of the small landing-stage. All of this needs to be understood in the context of the well-known reconstruction of the *Porticus Placidiana* in AD 425. This structure is recorded on an inscription from the site (Thylander 1951–2: B327), and is thought to have stood on the very large mole that defined the southern side of the Claudian basin and that lay a short distance to the south of the *Antemurale* excavation. There were further important changes in the second half of the fifth century AD, when access to the more northerly warehouse was impeded and an entrance was provided from the

corridor. This may be evidence for preliminary defensive measures being undertaken prior to the establishment of the wall-circuit around Portus in the later fifth century AD,[22] although the provision of small openings in the wall ensured that goods could still be moved into the port, at least until the period of the Gothic Wars in the early to mid-sixth century AD. In the region of the *Palazzo Imperiale*, by contrast, few changes are apparent until the later fifth century AD, by which time the shoreline of the basin had receded away from it. The late antique walls were probably contemporary with this, incorporating the northern façade of a large adjacent complex (Building 5) and cut across the site of the demolished amphitheatre to follow the northwestern façade of the complex, with burials appearing in the extramural area.

Both of these excavations suggest that, unlike at Ostia, warehouses and other major buildings at Portus continued in use until at least the end of the fifth century AD, complementing other evidence for late activity from around the hexagonal basin (Calza 1925). However, there is evidence for a major change in the character of Portus in the second half of the sixth and in the seventh century AD. Burials appear in the warehouses at the *Antemurale* excavation and at the base of the late fifth-century walls in the vicinity of the *Palazzo Imperiale*, and change can be corroborated by other evidence from the *Darsena* and the *Basilica Portuensis* (Keay and Millett 2005a: 293–6).

THE COMMERCIAL ROLE OF PORTUS

The key role played by Portus in supplying Rome and also Ostia cannot be denied. However, little is known about any fluctuations that there might have been in the range and provenances of the goods being consumed at, stored at or passing through the site; or about how far Portus may have been a centre of redistribution within the Mediterranean. This is because so little archaeological evidence has been published,[23] providing scholars with another reason to ignore Portus as a key factor in Rome's relations with the Mediterranean in favour of Ostia.

The papers in this volume provide us for the first time with some of the numismatic and ceramic data that are needed to begin writing the commercial history of Portus, although we still lack evidence for the absolute volume of material from any one site and how this might have changed through time. The major structural developments undergone by the port during the middle

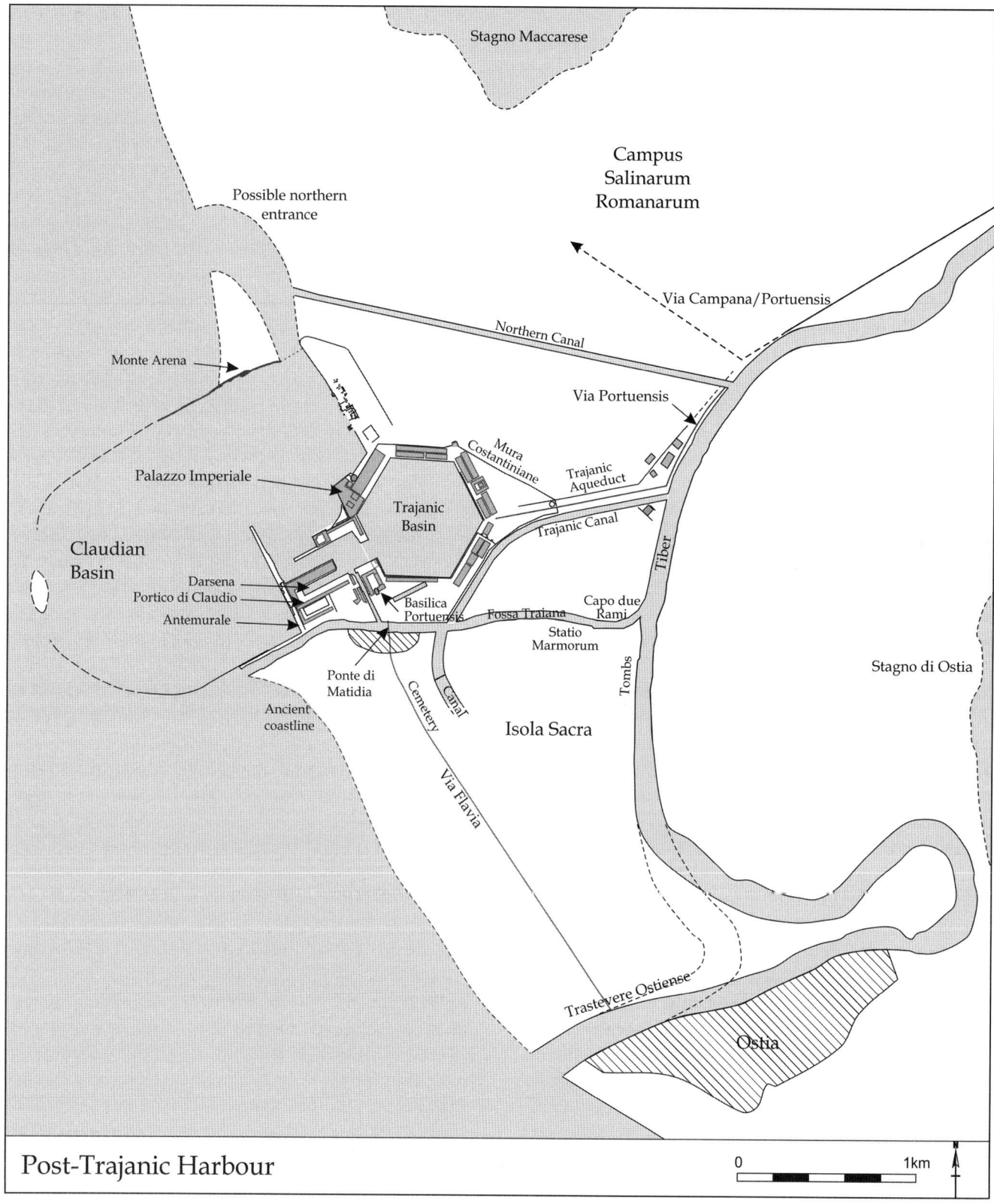

Stagno Maccarese

Campus
Salinarum
Romanarum

Possible northern
entrance

Via Campana/Portuensis

Northern Canal

Monte Arena

Via Portuensis

Mura
Costantiniane

Trajanic
Aqueduct

Palazzo Imperiale

Trajanic
Basin

Trajanic Canal

Claudian
Basin

Darsena

Portico di Claudio

Basilica
Portuensis

Capo due
Rami

Antemurale

Fossa Traiana

Statio
Marmorum

Stagno di Ostia

Ponte di
Matidia

Cemetery

Canal

Tombs

Ancient
coastline

Via Flavia

Isola Sacra

Tiber

Trastevere Ostiense

Ostia

Post-Trajanic Harbour

0   1km

FIG. 1.4. The principal buildings at Portus in the late antique period referred to in the text, as well as the main features in the surrounding hinterland.

and late Imperial periods, however, have largely sealed early levels, meaning that most of the material recovered so far tends to be later in date, with few contexts as yet relating to the earlier stages of the port. What it does show is that vigorous commercial activity at Portus continued until well into the sixth century at least. What is still missing, however, is evidence for the presence of perishable goods such as grain and wood.

The excavated coins can start to give us a first idea of the fluctuating volume of the commercial transactions that took place during the mid- to late antique period, although all the denominations were small and reflect low-level transactions. The analysis by Spagnoli (Chapter 11) draws upon finds from the excavations at the *Basilica Portuensis* and the *Antemurale*. Only c. 1% pre-date the third century AD, meaning that the early and mid-Imperial periods are still invisible in numismatic terms, with very few residual coins occurring in late antique deposits, apart from *Consecratio* issues of Claudius II (AD 268–70). Instead, most coins date to the fourth century, particularly the second half (a situation that is encountered also at other contemporary Italian coastal urban sites, such as Ostia), and many originate from eastern mints. Identifiable issues of the early fifth century AD are rarer — c. 20% of the total assemblage —, with a predominance of the coins of Honorius and Valentinian III. However, there is a sustained presence of later fifth-century issues (Theodosius II, Marcian, Leo I and Ricimer in the name of Libius Severus), as well as non-imperial coins from Vandal Africa. All of this evidence would appear to point towards a continuation of small-scale monetized transactions down to the period of the Gothic Wars, in the early to mid-sixth century AD. Byzantine and Ostrogothic coins minted at Rome during this time do also appear at Portus, but at 2% of the total assemblage they form a tiny proportion of the assemblage and appear in sixth- and seventh-century AD contexts. Later Byzantine coins of the late sixth and early seventh centuries AD do appear, but only in late medieval contexts, while Roman issues of this date are absent — all of which suggests that this period saw the stagnation of the money supply, and hence of commercial activity.

Of all the material from the site, ceramics have the potential to tell us most about the extent and intensity of trading networks between Portus and the rest of the Mediterranean, and, by implication, about differences between its commercial profile and those of other key Tyrrhenian ports serving Rome, such as *Puteoli*

(Pozzuoli) and *Centumcellae* (Civitavecchia). Unsurprisingly, pottery from excavations undertaken at the site so far reveals imports in large volume from all around the Mediterranean,[24] both east and west. However, material from Africa and Tripolitania seems to have been particularly prominent, with eastern and local productions tending to be more sparsely represented. This is very clear in the analysis by Di Giuseppe (Chapter 10) of material from the *Basilica Portuensis* excavations, which have yielded the most complete ceramic sequence at Portus, and whose final publication is awaited with interest. Here amphorae from north Africa, together with African red slip ware and African cooking-wares, dominate the assemblage from the Flavian period through until the sixth century AD and beyond, while eastern imports are relatively scarce, but rise in the fifth and sixth centuries AD. The same kind of picture seems to be true of material from the *Antemurale* (Chapter 9), with African and Tripolitanian products being preponderant in layers dating to between AD 390–400/425 (Phase 2b) and AD 530–50 (Phase 5c), and eastern imports appearing to rise sharply after the mid- to late fifth century AD, along with amphorae from the Italian peninsula. Coarse-ware assemblages, by contrast, are dominated by local Italian products, which presumably were destined for local use at the port and not export. While it is perhaps too early to take these results as representative of the supply of pottery and foodstuffs to Portus from the first to the sixth centuries AD, it is worth noting that they contrast with recently published data from Ostia. Summary analysis of material from the Deutsches Archäologisches Institut–American Academy in Rome excavations, for example, suggests that eastern imports in general increased quite sharply in the period AD 280–350, before dropping back between AD 350 and 475 (Martin 2008). If future research shows such differences to be real and significant, one wonders how they could be explained by contrasting uses of imports at both ports. Since Portus had a limited population and was primarily a focus of storage and transshipment, the proportions of imports could be providing us with an index of what passed through the port on its way to Rome (and, to a lesser extent, Ostia). Since the latter had a larger, and arguably more varied, population, and many of the ceramics were arguably imported in large measure from Portus for use and consumption at the port, the different balance of imports might reflect the personal preferences of the inhabitants.

While the sample of ceramic material from Portus is still limited, there is growing evidence for differentiation in the origins of material from around the Mediterranean at discrete zones within the port. It is noticeable, for example, that the excavations of late second- and early third-century AD deposits at the eastern edge of the *Palazzo Imperiale* yielded very high proportions of Tripolitanian amphorae (Chapter 6), to the exclusion of imports from southern Gaul and southern Spain (Bousquet *et al.* 2005: 223–35). Indeed, the high proportions of late fifth- and sixth-century eastern imports from the excavations of the *Basilica Portuensis* (Chapter 10) have been attributed to the existence nearby of warehouses destined specifically for those products. By contrast to the ceramics, the marble, as is well known, was stocked at the *statio marmorum* on the northern edge of the Isola Sacra, close to Capo Due Rami.[25] However one explains this kind of phenomenon, it underlines some of the difficulties inherent in using individual assemblages of ceramics or marble to characterize Portus's commercial 'performance' — something that will have to wait until more material is collected.

While, therefore, there clearly were important connections between Portus and north African ports, it would be a mistake to suggest that these were necessarily the most important overall. Many goods imported to the port either leave little trace, such as grain,[26] or, such as glass, are not easily ascribable to places or regions of origin. Marble, for example, presents a rather different range of contacts, not least because, aside from Chemtou and Carrara, most quarries were located in the eastern Mediterranean.

There is very little evidence as yet for manufacturing at Portus — or at Ostia for that matter. Di Santo (Chapter 9), however, mentions evidence for glass manufacture from the *Antemurale* — something that can be paralleled by the discovery of glass manufacturing debris in the *Palazzo Imperiale*;[27] Morelli and her colleagues (Chapter 13), by contrast, found a pottery kiln to the east of Portus. Indeed, the weight of evidence from other mediterranean ports, where amphorae, ceramics and glass are attested amply, suggests that it will only be a matter of time before more extensive evidence will be found.[28]

THE HINTERLAND OF THE PORT
(Figs 1.2 and 1.3)

Portus probably lay within the jurisdiction of Ostia from its inception until it was granted urban status in the fourth century AD.[29] There is thus no epigraphic or historical evidence for an *Ager Portuensis* as such, and its surrounding land probably lay within the *territorium* of Ostia.[30] The land that encompasses Portus comprised three different kinds of landscape. The first was lagoonal in character, and extended northwards towards *Fregenae* (Fregene) and eastwards in the direction of Ponte Galeria. It was the focus of salt production by Rome, centred upon the now disappeared Stagno Maccarese, the *Campus Salinarum Romanarum*. The second is an area of burials and interspersed agricultural activity between Portus, the Tiber and Capo Due Rami. The third is the Isola Sacra, to the south of the port, which supported a small settlement, its cemetery, the *statio marmoroum* and, one imagines, some agricultural land. What is clear is that the character of all of these areas was such that it is difficult to see them as being able to provide all the agricultural products necessary to support whatever permanent population there may have been at Portus.[31] Indeed, the only recognizable commodity arriving at Portus from its hinterland would have been water by aqueduct from the region of Ponte Galeria from the later first century AD onwards,[32] while the salt produced in the *Campus Salinarum Romanarum* would have been destined primarily, if not exclusively, for Rome. In the light of this, one imagines that most of Portus's day to day needs would have come up from Ostia to the south, or down the Via Campana/Portuensis[33] from Rome to the north.

THE LAGOONAL LANDSCAPE

This was a marginal coastal environment whose key features were the Stagno Maccarese and the Tiber, both of which conditioned settlement to the east of Portus throughout the Imperial period. The former had been used as a source of salt production since at least the Etruscan period, while the periodic flooding of the latter led to the repeated rebuilding of the Via Campana/Portuensis and the Portus to Ponte Galeria aqueduct. Indeed some stretches of the road still lie up to 1 m below Tiber alluvium.

The paper by Morelli and her colleagues (Chapter 13) is based upon extensive fieldwork undertaken since 2000 and focuses upon the part of the Portus hinterland that lies to the north of the Tiber, an area closed-off to the east by the first line of hills and to the west by the sea. It has been altered significantly since antiquity by two episodes of drainage (*bonifica*) and the construction of the Aeroporto Leonardo da Vinci, and is now threatened by encroaching urbanization from Rome to the west. Their work shows that the landscape was occupied systematically from the fourth century BC onwards, and that it is understood best in the context of Rome's conquest of Veii in 396 BC, which would have enabled Rome to gain control of the salt-pans in the Stagno Maccarese. Access was provided with the construction of the Via Campana around the late fourth and first half of the third centuries BC (see below, Chapter 14), which ran from the *Porta Trige-mina* in the Servian walls of Rome down to Capo Due Rami. Excavations of one stretch of the road yielded a very rich array of ceramics and coins from different parts of central and southern Italy, Greece and north Africa; this has been interpreted by Serlor-enzi and Di Giuseppe (Chapter 14) as a ritual offering aimed at placating the natural forces immediately prior to building a road in an area rich in springs and prone to periodic floodings.

Morelli and her team identify the disappeared Stagno Maccarese, which lay to the north of the present-day Fiumicino–Rome Autostrada, with the *Campus Sali-narum Romanarum*, which was exploited throughout the Roman period and subsequently. Evidence for State involvement in salt extraction here is provided by an honorary inscription found in the Stagno Maccarese and set up to the 'genius saccariorum salarior(um) totius urbis camp[i] sal[inarum] Rom[anarum]' in AD 198–209 by Restitutianus Cornelianus, the *arkarius salinarium*, and his daughter Ingenua, dedicated to Septi-mius Severus and his family by two procurators.[34] The earliest identified sites were mostly non-residential in character (including a pottery kiln), although they also located one residential settlement dating from the fourth century BC onwards. Some sites were abandoned in the course of the Republican period on account of low-energy floods, while others continued to be occu-pied. The Imperial period saw a greater intensity of exploitation, which began with Augustus, possibly with a degree of State involvement.[35] Excavations on the site of the new Interporto Roma–Fiumicino have uncovered what has been interpreted as a long dyke at the eastern edge of the Stagno Maccarese.

Inevitably, however, it was the establishment of Portus by Claudius and its enlargement under Trajan that provided a new impetus to the exploitation of the region. This is most evident in the rebuilding of the Via Campana and Via Portuensis under Claudius and again under Trajan, as is discussed in Chapters 13 and 14. Some sites that had been abandoned under the Republic were reoccupied, while new sites were also established. Two of the most important of these lie to the south of the modern Fiumicino–Rome

Autostrada, and were used for storage and service functions. One dates to between the first and fourth centuries AD while the other dates to between the early Imperial period and the fourth century AD. Indeed, at the latter was discovered an inscription dedi-cated to Neptune in AD 135 by L. Virtius Epaphroditus and L. Cornelius Hesper, both of whom were *conduc-tores campi salinarum romanorum*. On the basis of this Morelli and her colleagues (Chapter 13) suggest that the warehouse may have served the State salt extraction sites to the north.[36]

THE FUNERARY AND AGRICULTURAL LANDSCAPE AROUND PORTUS

Further to the southwest and closer to Capo Due Rami, the 1998–2005 geophysical survey revealed evidence for structures that cluster close to the point where the Tiber meets the new Trajanic canal (Keay and Millett 2005a: 288–90). Immediately to the south of the mouth of the canal there was a settlement that, on the basis of surface materials, immediately pre-dated the foundation of Portus. Possible field enclosures have been found still further south, in the direction of Capo Due Rami. This was an area through which the Claudian aqueduct ran and also, in all probability, the last stretch of the Via Portuensis that connected Rome and Portus. The opening of the Trajanic canal favoured an exceptional development of the river port on land lying to its north, where large warehouses, mausolea and possible temples have been identified (Keay, Millett and Strutt 2005: 135–56). In fact, this is the obligatory point of passage for all direct traffic to Rome, whether it came from Portus or Ostia; and also where the last stretch of the Via Portuensis may have assumed the appearance of a monumental approach to the city.[37]

THE ISOLA SACRA

The Isola Sacra is a coastal island that today separates Portus from Ostia, as it did in antiquity, and is the subject of a synthetic review by Germoni and her colleagues (Chapter 12). It is defined by the *Fossa Traiana* to the north, by the river Tiber on its eastern and southern sides, and by the Tyrrhenian sea to the west. The geophysical survey results presented clearly show the *Fossa* cutting through, and thus post-dating, the early coastlines visible in the geophysics. These correspond to those alignments identified by Giraudi (Chapter 2, **Plate 2.1**) on both sides of the *Fossa*

Traiana and assigned to his Phases II and III. The topography of the Isola Sacra, therefore, is much the same today as it was in antiquity, except that the coastline now lies just over 3 km further west.

The island was bisected by the late first-century AD Via Flavia, which ran from the settlement on the south side of the *Fossa Traiana* southwards to Ostia and was flanked on both sides by the early to mid-Imperial Isola Sacra cemetery. In addition, the discovery of large quantities of semi-worked marble blocks close to Capo Due Rami on the south side of the *Fossa Traiana* in the nineteenth century has led to the identification of the site of the *statio marmorum*. This was confirmed by the 2008 and 2009 geophysical surveys, which identified a number of structures that presumably are related to this. Another important discovery has been a major canal that runs southwards towards Ostia from the *Fossa Traiana* at the point where the Trajanic canal to the north deviates from it to head towards the Tiber. It is by far the widest canal known from Portus, measuring *c.* 90 m across, and spanned by what would appear to have been a large bridge. It is clear that the function of this cannot be understood until fieldwork is complete, although it will shed important light upon the function of the Trajanic canal system and the relationship between Portus and Ostia. The survey also uncovered traces of what are probably tomb enclosures that would have lined the banks of the Tiber and been visible to travellers moving up and down the Tiber between Ostia, Portus and Rome, adding weight to the idea that there may have been a continuous façade of tombs along the river northwards from Ostia (Keay and Millett 2005b: 312).

The characteristics of the broader landscape of the Isola Sacra, however, are less well known. While it would appear to have been different to the lagoonal landscape to the north, it is unclear whether it was settled intensively, and, if so, whether it was used for agriculture, and, if so, to supply Portus, or Ostia, or both. The synthesis of all known Roman sites in the Isola Sacra (Chapter 12) suggests that there were no agricultural settlements as such, although the results of the 2008 and 2009 geophysical survey in the north-eastern part of the Isola clearly show the landscape to comprise an extensive field system defined by drainage channels. Interestingly, they do not appear on the northern side of the *Fossa Traiana*, suggesting that they may be understood best in relation to Ostia to south,[38] rather than Portus, and, furthermore, that they appear to post-date the *Fossa Traiana*.

It is hoped that the ongoing Portus Project geophysical survey will reveal more about the character of the Isola Sacra further to the south. Available evidence, however, suggests that it was different from areas further north. Along the final stretch of the Tiber, where the river formed a very narrow bend that was breached by a flood in the sixteenth century,[39] have been identified a broad range of structures (moles, quays, warehouses and baths) that indicate that Ostia's fluvial port also extended on to the opposite bank (Zevi 1972; Arnoldus-Huyzendveld and Paroli 1995; Pellegrino, Olivanti and Panariti 1995).

The greatest concentration of buildings is to be found opposite Ostia, on the southern side of the Isola Sacra, where there developed a transtiberine suburb, the so-called *Trastevere Ostiense*.[40] Notable warehousing structures also have been brought to light on the east bank of the Tiber, to the north of Ostia: the excavations conducted inside a fifteenth-century salt warehouse have identified a large *horreum*, which was constructed around the middle of the first century AD and which remained in use until the first years of the third century AD. This complex lies a short distance south of another important port installation, a large mole of possibly Republican date, connected to warehousing structures of more recent date (Scrinari 1987). Taken together, therefore, these results suggest that there was an almost continuous occupation of the banks of the river and its associated canals, effectively creating a façade that was punctuated by small stopping points, places for the storage of merchandise and the siting of funerary buildings, and which spread up-river in the direction of Rome, with areas of greater density in the vicinity of Ostia and Portus.

The available data, although very incomplete, suggest that the principal period of the development of the suburban warehouses of Ostia is to be sought in the central decades of the first century AD, and that they remained in use during the following century, when some of them were used for the storage of grain. It would seem, therefore, that there was an urgent need to increase storage capacity for foodstuffs during the period in which the harbour of Portus was being constructed and before its new warehousing structures were completed. It is more problematic to explain their continued use in the subsequent period. One could seek the motive in an acute local need for storage related to the 'boom' of Ostia in the second century AD,[41] but this seems less probable, in the context of a permanent shortage of grain storage at

Portus. In any event, all the suburban warehouses at Ostia were abandoned around the middle of the third century AD. This was a period that also saw the definitive decline and obliteration of an artisanal complex and a major road paved with basalt (selce) slabs that ran between the *Grandi Horrea* and the Tiber. All of this evidence points towards a marked shift in port-based activities from Ostia to Portus. Major contemporary changes in the urban and commercial structure of Ostia (Pavolini 1986) are probably connected to this, and seem to have had a devastating and irreversibile effect on the river-port infrastructure.

CONNECTIONS WITH ROME

While it is important to try and understand Portus in its immediate landscape context, one should not lose sight of its relationship with Rome. The contributions in this volume confirm the existence of the Via Campana from Rome to the *Campus Salinarum Romanarum* from the third century BC and its remodelling under Claudius in the mid-first century AD.[42] Interestingly, however, the results of the geophysical survey of the area lying between the port and the Tiber did not yield any evidence of a road from Portus to Rome at this date (Keay and Millett 2005a: 279–81), suggesting that this remodelled road was probably destined for the *Campus Salinarum Romanarum* rather than for Portus. There was, thus, no road route between Portus and Rome in the period prior to Trajan. This suggests that the fortunes of the early port were tied more closely to those of Ostia than Rome, not least given the establishment of the Via Flavia between Portus and Ostia in the late first century AD.

The Via Campana was extended beyond the *Campus Salinarum Romanarum* to Portus only during the enlargement of the port under Trajan, with the new stretch being named the Via Portuensis. This was a development that coincides with a second phase of remodelling of the earlier road (Chapters 13 and 14). From this time onwards, the Portus–Rome route became particularly important and remained so well down into the late antique period.[43]

Although there is still some debate, the road seems to have bifurcated in the region of Ponte Galeria, with the Portuensis taking the higher route to the west and the Campana following the west bank of the Tiber in the flood-plain. Both routes coincided again about one Roman mile from the modern Porta Portese and then, once in Rome, heading into the modern area of Trastevere in the *Transtiberim* (Cianfriglia 2006: 500; Loreti 2006).

Recent excavations between the latter stretches of the Via Portuensis and Trastevere have revealed the existence of highly-decorated tombs and cemeteries dating to between the mid-first and fourth/fifth centuries AD (Catalli 2006; Cianfriglia 2006). The cemeteries were established by individuals living in the *Transtiberim*,[44] many of whom were freedmen and Jews of east mediterranean origin involved in trade. There is also abundant evidence for a range of other settlements along the road, such as river ports and sanctuaries, such as that dedicated to the *Dea Dia* at the sixth *millium* from Rome, and a number of villas.[45]

Despite these recent advances in our knowledge of the road, the roles of the Via Portuensis during antiquity are still unclear. On the one hand there can be little doubt that it would have been much frequented by people travelling between Rome and Portus. On the other hand, there can be little doubt that it was used as a route of official communication between the port authorities and Rome. In support of this can be adduced imperial involvement in its maintenance, as reflected through commemorative inscriptions of fourth-century AD date (Loreti 2006: 225). It also could have acted as a route for merchants from Portus, and possibly Ostia beyond, heading towards the principal residential area for foreigners and merchants in Rome, the *Transtiberim*. It is worth pointing out, however, that on current evidence, the population at early Imperial Portus never appears to have been very great, particularly when compared to that of Ostia (Keay and Millett 2005b: 311–13). The same must be true also for the late Imperial period. It could be suggested that the apparent decline of Ostia in the third century AD (Pavolini 2002) led to the movement of a portion of its population to Portus, thus presaging the granting of urban status to the port under Constantine. Current evidence suggests, instead, that while late antique Portus was still dominated by large warehouses and other public buildings and remained commercially very active, there was no appreciable population increase.[46]

The economic role that the Via Portuensis played is elusive. It might have been used to carry merchandise from Portus to Rome, and possibly also back again since Portus also acted as a centre for the redistribution of products from the Tiber valley to the north of Rome. It needs to be remembered, however, that some of it, particularly the heavier cargoes, would have gone on barges to Rome. This must have been the case with the traffic of the Baetican Dressel 20 olive oil amphorae and some African and Tripolitanian amphorae that have been attested at Portus.[47] These were deposited at Monte Testaccio at the southern end of the *Emporium* on the east bank of the Tiber (Aguilera Martín 2002: 125–218); the same would have been true of the marble, which initially would have been unloaded or collected together at the *statio marmorum* on the Isola Sacra, and then transported up-river to be deposited in the *Marmorata* at the foot of the Aventine, also on the east bank (Maischberger 1997: 61–94). The concentration of the larger warehouses along the east bank of the Tiber at Rome[48] suggests that grain also might have been unloaded and stored on the east bank, after having been brought up the Tiber by barge (Colini 1986). Does this kind of evidence suggest that all cargoes went to Rome via the Tiber, or is it possible that smaller products, such as table-wares and glass, went to Rome along the Via Portuensis?

THE PORT SYSTEM OF IMPERIAL ROME

In a contribution to a recent study of 'mégapoles' in the Mediterranean, it was stressed that the development over several hundred years of an extensive port system (including Portus) to serve Imperial Rome was unique in the ancient world, in that its prime purpose was to satiate the huge demand of the City (Tchernia and Viviers 2000: 779–89). Earlier research has tended to focus upon individual ports, as well as upon such issues as mechanisms for supplying Rome, the administrative organization of supply, and the scale of imported commodities.[49] The new research presented in this volume, however, offers us the chance to gain a more holistic understanding of the system, arguing that there was a symbiotic relationship between Portus and Ostia, and emphasizing the significance of land- and water-based communication over large areas.[50] Furthermore, since Portus was a huge engineering feat aimed at creating an artificial port, it illustrates the determination of the emperors to ensure a secure and rapid supply of food and other commodities to Rome.

Portus and Ostia need to be thought of as the principal nodes in a structured mosaic of interconnected fluvial, terrestrial, lagoonal and maritime landscapes composed of distinct complementary functional areas that worked together within what we might notionally term as the 'Port system of Imperial Rome'. What sets this 'system' apart from other major ports in the ancient Mediterranean, such as Alexandria, is its sheer scale, the fact that most of it was artificially

created, and that it was designed primarily to satisfy the demand at Rome. The economic role was one primarily of storage and transshipment, which was made possible by the Claudian and Trajanic canals that connected it to the Mediterranean and the Tiber. Cargoes were received from across the Mediterranean between May and October each year, and most were unloaded and stored in warehouses that were located primarily around the Trajanic basin, but also alongside the *Darsena*, and possibly the eastern fringe of the Claudian basin, and subsequently transshipped.[51] The *Palazzo Imperiale* would seem to have played a key role in the coordination of these activities.

Marble, however, would have moved along the *Fossa Traiana* to be deposited in the *statio marmorum* on the northern edge of the Isola Sacra. Foodstuffs and other goods stored at Portus provided Rome with a strategic reserve that was drawn upon throughout the year, largely via the canals and the Tiber itself. Very little would have been reserved for consumption at Portus, since its population was small and, one imagines, largely seasonal. The Trajanic canal that connected the *Fossa Traiana* and the Tiber was a key route in the traffic to Rome. Cargoes were transshipped from warehouses on the southeastern side of the Trajanic basin onto *naves caudicariae* (lighters), which were then towed along the canal and up-river to the *Emporium* in the City. Confirmation of the likelihood of the existence of a secondary, northern, entrance of some kind to the Claudian basin raises questions about the role of this sector of the harbour. Since it was intercepted by the western end of the northern canal, it is possible that it ultimately may have provided access to the Tiber,[52] as well as the sea. If so, one wonders whether the northern entrance served fishing boats entering from the sea and *naves caudicariae* arriving from the *Campus Salinarum Romanarum* and the Stagno Maccarese. In any event, there seems little doubt that the Tiber was the most practical route of communication for many of the cargoes, and that the Via Portuensis played a lesser role in this regard. It is possible also that the recently discovered canal running southwards through the Isola Sacra was somehow involved in this traffic, possibly for marshalling *naves caudicariae*. Alternatively, it might have acted as a conduit for moving cargoes southwards to Ostia. This river port had a dynamic urban environment, with a much larger population than Portus, but, unlike other mediterranean ports such as Carthage and Lepcis Magna, it was heavily dependent upon imports for its supplies of food and material.

Another important discovery raised by the research in this volume is the fact that the land lying to the northeast of Portus at least as far as modern Ponte Galeria, the *Campus Salinarum Romanarum*, was used primarily for the extraction of salt rather than for agriculture, something that emphasizes the dependence of Portus upon external subsistence supplies: while it is true that the Isola Sacra provides us with evidence of land divisions, it is unclear whether these were used for agriculture or whether they were related to the production of salt.

CONCLUSION

It will be apparent from this brief introduction to the papers in this volume that much has still to be learned about Portus, and paticularly its earlier phases. There also can be no doubt that the site has the potential to help us understand many aspects of the economy of the City of Rome, as well as other ports across the Mediterranean (Keay in press). It is hoped, therefore, that the papers in this volume make a contribution to the need to signal the potential of this unique site, as well as underlining the importance of protecting and fostering it for the future.

NOTES

1. Suetonius, *Divus Claudius* 20.3 is one of several ancient sources that mention this.
2. A modern term meaning dock that has become identified with this particular structure.
3. Discussed by Keay and Millett (2005b: 297–305).
4. Mentioned in an important inscription from the site (*CIL* XIV 85).
5. Including the so-called *Fossa Traiana.*
6. Tacitus, *Annales* 15.18.3.
7. Discussed by Keay and Millett (2005b: 305–14).
8. An issue explored in detail by Arnoldus-Huyzendveld (2005), Giraudi and his colleagues (Giraudi 2004; Giraudi *et al.* 2006; Giraudi, Tata and Paroli 2007) and Morelli (2005).
9. Zevi (2002) has discussed this in detail.
10. For example: Pavolini 2006: 20–2.
11. Namely, the *Basilica Portuensis* (Paroli 2005), the *Palazzo Imperiale* (Keay and his colleagues in Chapter 5) and the *Antemurale* (Paroli and Ricci in Chapter 8).
12. The size and scale of late antique construction at the *Basilica Portuensis*, for example, made access to, and interpretation of, first- and second-century AD buildings difficult (Paroli 2005).
13. For discussion of these sources, see: Arnoldus-Huyzendveld *et al.* 2005: 11–12.
14. See also: Bellotti *et al.* 2009.
15. The name *Antemurale* is modern and refers to the structures immediately before the late antique defences on the southwestern edge of the port complex overlooking the Claudian basin.
16. This is a name that refers to a mole at the centre of the port complex upon which was sited a small lantern and bath complex.
17. See also: Goiran *et al.* 2009.
18. The *Fiumicino 5.*
19. The *Fiumicino 1, 2, 3* and *4* respectively.
20. This name, which translates as 'Imperial Palace', is of modern origin and is discussed in Chapter 5, note 3.
21. This again is a modern name for a complex that actually dates to the late second century AD.
22. The so-called *Mura Costantiniane*. Although the name suggests that these are Constantinian, they date significantly later, an issue that has been discussed in general terms by Keay and Millett (2005a: 291–3), and more specifically in this volume, in Chapters 5 and 8.
23. See, however: Bousquet *et al.* 2005.
24. See also the analysis of Fontana (2005: 235–8), for surface material from the eastern part of the port between the Trajanic basin and the Tiber.
25. Pensabene (2007: 389–430) has discussed this.
26. Much of which would have come from Africa (Rickman 1980: 108–12). The discovery of substantial amounts of carbonized grain in the upper layers of the sand dump that formed the Open Area in the *Palazzo Imperiale* excavations (Chapter 5) holds out the possibility that in the future the port in general could provide important information about the grain trade.

27. This was found in Building 3 during the 2009 excavations.
28. Amphora production has been documented around major ports, such as as Alexandria (Empereur and Picon 1989), as well as at Marseilles, *Gades*, Hispalis, *Brundisium* and such lesser ports as the *Portus Pisanus*, *Neapolis* (Nabeul) and *Leptiminus*, for example. For urban production at ports in general, and African cities in particular, see: Wilson 2002.
29. An inscription dating to AD 337–45 records the existence of the *ordo* and *popuius* of the *Flavia Constantinianae Portuenses* (Thylander 1951–2: B336; Arnoldus-Huyzendveld 2005: 13–14).
30. See, for example: Pellegrino 2004; however, this has yet to be demonstrated.
31. For a discussion of this issue, see: Keay and Millett 2005b: 311–12.
32. As discussed by Bedello Tata and Bukowiecki (2006: 472–6); this of course excludes the timber and bricks that one expects would have had to have been imported from the Tiber valley to the north of Rome (as discussed elsewhere by Keay (in press)).
33. There is some uncertainty surrounding the precise relationship between these roads, an issue discussed in note 43 below.
34. For further details of this inscription, see: Lanciani 1888; *CIL* XIV 4285.
35. See also: Morelli *et al.* 2008.
36. It has been suggested that the individuals buried in a cemetery discovered recently at Castel Malnome near Ponte Galeria may have been workers in the *Campus Salinarum Romanarum* (Ricciardi 2008). Most of the individuals were male and bore signs of sustained heavy labour.
37. The 1998–2005 survey suggests that, in contrast to some of the excavated stretches closer to Ponte Galeria (see Chapter 13), where a gravel surface predominates, that which approached the port was paved with basalt (*selce*) blocks (Keay, Millett and Strutt 2005: fig. 5.73).
38. And perhaps also the reference in the *Liber Coloniarum* (222.11–13) to the allocation of land to the townspeople, or *oppidanis* (Campbell 2000: 174–5).
39. The so-called *Fiume Morto*.
40. This is a modern name coined to identify Ostian settlement that had spread on to the north side of the Tiber.
41. This is an issue discussed by Delaine (2002) and Heinzelmann (2002).
42. See also: Arnoldus-Huyzendveld *et al.* 2009.
43. There is epigraphic evidence for a restoration of the road in the course of the fourth century AD (Loreti 2006: 225) and for particularly intense use of the cemeteries along the road down to the sixth century AD by Christian and Jewish communities (Loreti and Martorelli 2003; Martorelli 2006). It is possible that in the late antique period the inland stretch of the Via Portuensis close to Rome had fallen into disuse and the name became associated with the stretch of the Via Campana that ran parallel to the Tiber between Ponte Galeria and the immediate outskirts of Rome (Loreti 2006: 224).
44. Loreti (2006: 223–30) has discussed some of the sanctuaries to eastern deities in this part of Rome.
45. Such as that at Colle Infernaccio near the river Magliana (Cianfriglia and Filippini 1989–90; Cianfriglia *et al.* 1991–2); see also: Catalli 2006.
46. The only counter-evidence to this argument is the presence of extensive cemeteries around Portus (Keay and Millett 2005b: 312–13).
47. The former in the 2005 survey (Bousquet *et al.* 2005: figs 6.76, 6.78, 6.80–1); the latter in different parts of the site.
48. See, amongst others: Colini 1986; Aguilera Martín 2002: 51–104.
49. For example: Aldrete and Mattingly 1999; Mattingly and Aldrete 2000; Pavolini 2000; Zevi 2001; Brandt 2005.
50. These issues are discussed in more depth by Keay elsewhere (in press).
51. The use of the basins at Portus is discussed by Boetto (2011). When bad weather prevented access to Portus it is possible that ships could have been diverted to the Trajanic port of *Centumcellae* (Civitavecchia), to the north of Rome.
52. Clarification of the chronology of both features will be key here, as, indeed, some kind of archaeological characterization of the northern entrance, which has, so far, been identified only on the basis of drilled cores.

REFERENCES

Abbreviations
CIL   *Corpus Inscriptionum Latinarum* (1863–). Berlin, Georg Reimer/Walter de Gruyter.

Ancient sources
Livy
B.O. Foster (1967) *Livy in Fourteen Volumes* I. Books I and II (*Loeb Classical Library*). Cambridge (MA)/London, Harvard University Press.
Suetonius
J.G. Rolfe (1997) *Suetonius, vol.* II (*Loeb Classical Library*). Cambridge (MA)/London, Harvard University Press.
Tacitus
J. Jackson (1994) *Tacitus, The Annals. Books XIII–XVI* (*Loeb Classical Library*). Cambridge (MA)/London, Harvard University Press.

Modern sources
Aguilera Martín, A. (2002) *El monte Testaccio y la llanura subaventina. Topografía extra portam Trigeminam* (*Serie Arqueológica* 6). Rome, CSIC/Escuela Española de Historia y Arqueología en Roma.
Aldrete, G.S. and Mattingly, D.J. (1999) Feeding the city: the organization, operation and scale of the supply system for Rome. In D.S. Potter and D.J. Mattingly (eds), *Life, Death and Entertainment in the Roman Empire*: 171–204. Ann Arbor, University of Michigan Press.

Arnoldus-Huyzendveld, A. (2005) The natural environment of the *Agro Portuense*. In S. Keay, M. Millett, L. Paroli and K. Strutt, *Portus. An Archaeological Survey of the Port of Imperial Rome (Archaeological Monographs of the British School at Rome* 15): 14–30. London, British School at Rome.

Arnoldus-Huyzendveld, A. and Paroli, L. (1995) Alcune considerazioni sullo sviluppo storico dell'ansa del Tevere presso Ostia e sul porto-canale. *Archeologia Laziale* 12 (2): 383–92.

Arnoldus-Huyzendveld, A., Keay, S., Millett, M. and Zevi, F. (2005) Background to Portus. In S. Keay, M. Millett, L. Paroli and K. Strutt, *Portus. An Archaeological Survey of the Port of Imperial Rome (Archaeological Monographs of the British School at Rome* 15): 11–42. London, British School at Rome.

Arnoldus-Huyzendveld, A., Carbonara, A., Ceracchi, C. and Morelli, C. (2009) La viabilità nel territorio portuense. In V. Jolivet, C. Pavolini, M.A. Tomei and R. Volpe (eds), *Suburbium* II. *Il suburbio di Roma dalla fine dell'età minarchica alla nascità del sistema delle ville (V–II secolo a.C.) (Collection de l'École Française de Rome* 419): 599–619. Rome, École Française de Rome.

Becatti, G. (1948) Case ostiensi del tardo impero. *Bollettino d'Arte* 33: 102–28, 197–224.

Bedello Tata, M. and Bukowiecki, E. (2006) Le acque e gli acquedotti nel territorio Ostiense e Portuense. *Mélanges de l'École Française de Rome. Antiquité* 118 (2): 463–526.

Bellotti, P., Mattei, M., Tortora, P. and Valeri, P. (2009) Geoarchaeological investigations in the area of the imperial harbours of Rome. In V. Amato, N. Marriner, C. Morhange, P. Romano and E. Russo-Ermolli (eds), *Géoarcheologie de la péninsule italienne. Mélanges offerts au professeur Aldo Cinque (Méditerranée* 112): 51–8. Aix-en-Provence, Publications de l'Université de Provence.

Boetto, G. (2011) Le port vu de la mer: l'apport de l'archéologie navale à l'étude des ports antiques. In S. Keay and G. Boetto (eds), Session: Ostia and the ports of the Roman Mediterranean: contributions from archaeology and history. In H. Di Giuseppe and M. Della Riva (eds), *Roma 2008 — International Congress of Classical Archaeology. Meetings between Cultures in the Ancient Mediterranean (Bollettino di Archeologia on-line, volume speciale)*. Rome, Ministero per i Beni e le Attività Culturale, Direzione Generale per le Antichità. http://151.12.58.75/archeologia/bao_document/articoli/9_Boetto_paper.pdf (last accessed 23.07.2011).

Bousquet, A., Clarke, W., Del Vecchio, F., Felici, F., Fontana, S., Graham, S., Keay, S., Mele, C., Rodà, I., Valeri, C. and Zampini, S. (2005) The finds from field walking. In S. Keay, M. Millett, L. Paroli and K. Strutt, *Portus. An Archaeological Survey of the Port of Imperial Rome (Archaeological Monographs of the British School at Rome* 15): 173–239. London, British School at Rome.

Brandt, J.R. (2005) 'The warehouse of the world'. A comment on Rome's supply chain during the Empire. *Orizzonti. Rassegna di Archeologia* 6: 25–47.

Calza, G. (1925) Ricognizioni topografiche nel porto di Traiano. *Notizie degli Scavi di Antichità*: 54–80.

Campbell, B. (2000) *The Writings of the Roman Land Surveyors. Introduction, Text, Translation and Commentary (Journal of Roman Studies Monograph* 9). London, Society for the Promotion of Roman Studies.

Castagnoli, F. (1963) Astura. *Studi Romani* 11: 637–44.

Catalli, F. (2006) Rinvenimenti archeologici lungo la via Portuense. In M.A. Tomei (ed.), *Memorie del sottosuolo. Ritrovamenti archeologici 1980–2006*: 512–13. Rome, Ministero per i Beni e le Attività Culturale.

Cianfriglia, L. (2006) Portuense Magliana (Municipio XV): inquadramento topografico. In M.A. Tomei (ed.), *Memorie del sottosuolo. Ritrovamenti archeologici 1980–2006*: 499–511. Rome, Ministero per i Beni e le Attività Culturale.

Cianfriglia, L. and Filippini, P. (1989–90) Via della Magliana. Località Colle Infernaccio (Circ. XV). *Bullettino della Commissione Archeologica Comunale di Roma* 93: 288–90.

Cianfriglia, L., Doukori, A., Pulmanti, A. and Reggi, A. (1991–2) Via Portuense. Via della Magliana (Circ. XV). *Bullettino della Commissione Archeologica Comunale di Roma* 94 (1): 243–6.

Colini, A.M. (1986) Portus Tiberinus. *Archeologia Laziale* 12 (2): 157–97.

Delaine, J. (2002) Building activity in Ostia in the second century AD. In C. Bruun and A. Gallina Zevi (eds), *Ostia e Portus nelle loro relazioni con Roma (Acta Instituti Romani Finlandiae* 27): 41–101. Rome, Institutum Romanum Finlandiae.

Empereur, J.-Y. and Picon, M. (1989) Les regions de production d'amphores imperiales en Mediterrannée orientale. In M. Lenoir, D. Manacorda and C. Panella (eds), *Amphores romaines et histoire économique: dix ans de recherche (Collection de l'École Française de Rome* 114): 223–48. Rome, École Française de Rome.

Fontana, S. (2005) General discussion. In A. Bosquet, W. Clarke, F. Del Vecchio, F. Felici, S. Fontana, S. Graham, S. Keay, C. Mele, I. Rodà, C. Valeri and S. Zampini, The finds from field walking: 235–8. In S. Keay, M. Millett, L. Paroli and K. Strutt, *Portus. An Archaeological Survey of the Port of Imperial Rome (Archaeological Monographs of the British School at Rome* 15): 173–239. London, British School at Rome.

Giraudi, C. (2004) Evoluzione tardo-olocenica del delta del Tevere. *Il Quaternario — Italian Journal of Quaternary Sciences* 17 (2/2): 477–92.

Giraudi, C., Tata, C. and Paroli, L. (2007) Carotaggi e studi geologici a Portus: il delta del Tevere dai tempi di Ostia Tiberina alla costruzione dei porti di Claudio e Traiano. www.fastionline.org/docs/FOLDER-it-2007-80.pdf (last accessed 20.07.2011).

Giraudi, C., Paroli, L., Ricci, G. and Tata, C. (2006) Portus (Fiumicino–Roma). Il colmamento sedimentario dei bacini del Porto di Claudio e Traiano nell'ambito dell'evoluzione ambientale tardo-antica e medievale del delta del Tevere. *Archeologia Medievale* 32: 49–60.

Giuliani, C.F. (1992) Note sulla topografia di Portus. In V. Manucci (ed.), *Il parco archeologico naturalistico del porto di Traiano: metodo e progetto*: 29–43. Rome, Ministero per i

Beni Culturali e Ambientali/Soprintendenza Archeologica di Ostia.

Giuliani, C.F. (2001) I porti di Claudio e Traiano. In M. Giacobelli (ed.), *Lezioni Favio Faccenna: conferenze di archeologia subacquea*: 115–26. Bari, Edipuglia.

Goiran, J.P., Tronchère, H., Collalelli, U., Salomon, F. and Djerbi, H. (2009) Découverte d'un niveau biologique sur les quais de Portus: le port antique de Rome. In C. Morhange, V. Amato, N. Marriner, P. Romano and E. Russo-Ermolli (eds), *Géoarcheologie de la péninsule italienne. Mélanges offerts au professeur Aldo Cinque (Méditerranée* 112): 59–67. Aix-en-Provence, Publications de l'Université de Provence.

Heinzelmann, M. (2002) Bauboom und urbanistische Defizite — zur städtebaulichen Entwicklung Ostias im 2. Jh. In C. Bruun and A. Gallina Zevi (eds), *Ostia e Portus nelle loro relazioni con Roma (Acta Instituti Romani Finlandiae* 27): 103–21. Rome, Institutum Romanum Finlandiae.

Keay, S. (in press) The port system of Imperial Rome. In S. Keay (ed.), *Rome, Portus and the Mediterranean (Archaeological Monographs of the British School at Rome)*. London, British School at Rome.

Keay, S. and Millett, M. (2005a) Integration and discussion. In S. Keay, M. Millett, L. Paroli and K. Strutt, *Portus. An Archaeological Survey of the Port of Imperial Rome (Archaeological Monographs of the British School at Rome* 15): 269–96. London, British School at Rome.

Keay, S. and Millett, M. (2005b) Portus in context. In S. Keay, M. Millett, L. Paroli and K. Strutt, *Portus. An Archaeological Survey of the Port of Imperial Rome (Archaeological Monographs of the British School at Rome* 15): 297–314. London, British School at Rome.

Keay, S., Millett, M. and Strutt, K. (2005) The survey results. In S. Keay, M. Millett, L. Paroli and K. Strutt, *Portus. An Archaeological Survey of the Port of Imperial Rome (Archaeological Monographs of the British School at Rome* 15): 71–172. London, British School at Rome.

Keay, S., Earl, G., Hay, S., Kay, S., Ogden, J. and Strutt, K. (2008) The potential of archaeological geophysics: the work of the British School at Rome in Italy. In L. Orlandi (ed.), *Geofisica per l'archeologia. Possibilità e limiti. Roma — 10 dicembre 2008*: 25–44. Rome, CISTEC.

Lanciani, R. (1888) Il 'Campus Salinarum Romanarum'. *Bullettino della Commissione Archeologica Comunale di Roma*: 83–91.

Loreti, E.M. (2006) Portuensis Via. In A. La Regina (ed.), *Lexicon Topographicum Urbis Romae. Suburbium* IV. *M–Q*: 223–30. Rome, Edizioni Quasar.

Loreti, E.M. and Martorelli, R. (2003) La via Portuense dall'epoca tardoantica all'età di Gregorio Magno. In P. Pergola, R. Santangeli Valenzani and R. Volpe (eds), *Suburbium. Il suburbio di Roma dalla crisi del sistema della ville a Gregorio Magno (Collection de l'École Française de Rome* 311): 367–97. Rome, École Française de Rome.

Maischberger, M. (1997) *Marmor in Rom. Anlieferung, Lager- und Werkplätze in der Kaiserzeit*. Rome, DAI.

Martin, A. (1996) Un saggio sulle mura del *castrum* di Ostia (Reg. I, ins. X, 3). In A. Gallina Zevi and A. Claridge (eds), *'Roman Ostia' Revisited. Archaeological and Historical Papers in Memory of Russell Meiggs*: 19–38. London, British School at Rome/Soprintendenza per i Beni Archeologici di Ostia.

Martin, A. (2008) Imports at Ostia in the Imperial period and late antiquity: the amphora evidence from the DAI–AAR excavations. In R. Hohlfelder (ed.), *The Maritime World of Ancient Rome (Memoirs of the American Academy in Rome Supplementary Volume* VI): 105–18. Ann Arbor, University of Michigan Press for the American Academy in Rome.

Martorelli, R. (2006) Età tardo-antica. In A. La Regina (ed.), *Lexicon Topographicum Urbis Romae. Suburbium* IV. *M–Q*: 230–41. Rome, Edizioni Quasar.

Mattingly, D.J. and Aldrete, G.S. (2000) The feeding of Imperial Rome: the mechanics of the food supply system. In J. Coulston and H. Dodge (eds), *Ancient Rome. The Archaeology of the Eternal City (Centre for Mediterranean and Near Eastern Studies/Oxford University School of Archaeology Monograph* 54): 142–65. Oxford, Oxford School of Archaeology.

Morelli, C. (2005) The Claudian harbour in the light of new investigations. In C. Morelli, L. Paroli and P.A. Verduchi, Summary of other recent fieldwork at Portus: 241–8. In S. Keay, M. Millett, L. Paroli and K. Strutt, *Portus. An Archaeological Survey of the Port of Imperial Rome (Archaeological Monographs of the British School at Rome* 15): 241–68. London, British School at Rome.

Morelli, C., Paroli, L. and Verduchi, P.A. (2005) Summary of other recent fieldwork at Portus. In S. Keay, M. Millett, L. Paroli and K. Strutt, *Portus. An Archaeological Survey of the Port of Imperial Rome (Archaeological Monographs of the British School at Rome* 15): 241–68. London, British School at Rome.

Morelli, C., Carbonara, A., Forte, V., Giudice, R. and Manacorda, P. (2008) The landscape of the *Ager Portuensis*, Roma: some new discoveries, 2000–2002. In G. Lock and A. Faustoferri (eds), *Archaeology and Landscape in Central Italy. Papers in Memory of John A. Lloyd (Oxford University School of Archaeology Monograph* 69): 213–32. Oxford, Oxford University School of Archaeology.

Paroli, L. (2005) History of past research at Portus. In S. Keay, M. Millett, L. Paroli and K. Strutt, *Portus. An Archaeological Survey of the Port of Imperial Rome (Archaeological Monographs of the British School at Rome* 15): 43–59. London, British School at Rome.

Pavolini, C. (1986) L'edilizia commerciale e l'edilizia abitativa nel contesto di Ostia tardoantica. In A. Giardina (ed.), *Società romana e impero tardoantico* II: 239–83. Rome/Bari, Laterza.

Pavolini, C. (2000) Il fiume e i porti. In A. Giardina (ed.), *Roma antica. Storia di Roma dall'antichità a oggi*: 163–82. Rome, Laterza.

Pavolini, C. (2002) La trasformazione del ruolo di Ostia nel III secolo d.C. *Mélanges de l'École Française de Rome. Antiquité* 114: 325–52.

Pavolini, C. (2006) *Guide archeologiche Laterza. Ostia*. Rome/Bari, Laterza.

Pellegrino, A. (2004) Il territorio ostiense nella tarda età repubblicana. In A. Gallina Zevi and J.H. Humphrey (eds), *Ostia, Cicero, Gamala, Feasts, and the Economy* (*Journal of Roman Archaeology Supplementary Series* 57): 33–46. Portsmouth (RI), Journal of Roman Archaeology.

Pellegrino, A., Olivanti, P. and Panariti, F. (1995) Ricerche archeologiche nel Trastevere ostiense. *Archeologia Laziale* 12 (2): 393–400.

Pensabene, P. (2007) *Ostiensium Marmorum Decus et Decor: studi architettonici, decorativi e archeometrici*. Rome, 'L'Erma' di Bretschneider.

Ricciardi, V. (2008) Castel Malnome. La Roma dei poveri. *Archeologia Viva* 27 (131): 4–5.

Rickman, G. (1980) *The Corn Supply of Imperial Rome*. Oxford, Clarendon Press.

Scrinari, V.S.M. (1987) Indagine al porto di Claudio. *Archeologia Laziale* 8: 181–8.

Testaguzza, O. (1970) *Portus: illustrazione dei porti di Claudio e Traiano e della città di Porto a Fiumicino*. Rome, Julia Editrice.

Tchernia, A. and Viviers, D. (2000) Athènes, Rome et leurs avants-ports: 'mégapoles' antiques et trafics méditerranéens. In C. Nicolet, R. Ilbert and J.-C. Depaule (eds), *Mégapoles méditerranéennes. Géographie urbaine rétrospective*: 761–801. Paris, École Française de Rome.

Thylander, E.A. (1951–2) *Inscriptions du port d'Ostie*, 2 vols (*Acta Instituti Romani Regni Sueciae* 8, IV:1). Lund, C.W.K. Gleerup.

Verduchi, P.A. (2004) Notizie e riflessioni sul porto di Roma. In A. Gallina Zevi and R. Turchetti (eds), *Le strutture dei porti e degli approdi antichi* (*ANSER* II): 233–46. Soveria Mannelli, Rubbettino Editore.

Wilson, A. (2002) Urban production in the Roman world: the view from north Africa. *Papers of the British School at Rome* 70: 231–73.

Zevi, F. (1972) Ostia (Roma). — Scoperte archeologiche effettuate casualmente nei mesi di settembre e ottobre 1968, nell'Isola Sacra, presso la sponda della fiumara grande tra il ponte della Scafa e l'ansa — (Pianta catastale Comune di Roma, foglio 1065 sez. B — mappa 17 — particelle 53 e 33). *Notizie degli Scavi di Antichità*: 404–31.

Zevi, F. (2001) La topographie des ports de Rome. In *La ville de Rome sous la Haut-Empire* (*Pallas. Revue d'Études Antiques* 52): 267–84.

Zevi, F. (2002) Origini di Ostia. In C. Bruun and A. Gallina Zevi (eds), *Ostia e Portus nelle loro relazioni con Roma* (*Acta Instituti Romani Finlandiae* 27): 11–32. Rome, Institutum Romanum Finlandiae.

LA GEOLOGIA DELL'AGRO PORTUENSE NELL'AMBITO DELL'EVOLUZIONE DEL DELTA DEL TEVERE

Carlo Giraudi

INTRODUZIONE

Il presente lavoro ha lo scopo di illustrare alcuni nuovi dati geologici relativi all'Agro Portuense e di discutere alcuni elementi relativi all'evoluzione del delta del Tevere, che possono avere un'influenza diretta negli studi archeologici su Portus. In particolare, dopo una breve sintesi delle conoscenze sull'evoluzione del delta del Tevere, verranno discussi nuovi elementi stratigrafici ed evidenziate alcune possibili limitazioni nell'uso dei dati. La constatazione di una chiara subsidenza differenziale, la presenza di sedimenti marini di età pre-romana in aree sulle quali insistono manufatti e moli, il verificarsi di varie fasi di erosione del delta in periodo post-romano, rendono complessa l'interpretazione geologica e suggeriscono molta cautela nell'interpretazione di dati isolati relativi al livello del mare ed all'ambiente nel quale i vari edifici e moli sono stati costruiti.

EVOLUZIONE GEOLOGICA OLOCENICA DEL DELTA DEL TEVERE

L'evoluzione del delta è stata oggetto di vari studi, soprattutto a partire dalla seconda metà del XX secolo (Dragone *et al.* 1967; Belluomini *et al.* 1986; Segre 1986; Bellotti *et al.* 1987; Bellotti *et al.* 1989; Bellotti *et al.* 1994; Bellotti *et al.* 1995; Chiocci e Milli 1995; Amorosi e Milli 2001; Giraudi 2004; Arnoldus-Huyzendveld 2005; Morelli 2005; Giraudi *et al.* 2006; Bellotti *et al.* 2007; Giraudi, Tata e Paroli 2007; Giraudi, Tata e Paroli 2009). Il delta è formato da due parti (Tav. 2.1). Il delta interno è costituito da aree che, prima della bonifica definitiva effettuata all'inizio del XX secolo, erano occupate dagli stagni di Ostia (a sud) e di Maccarese (a nord), mentre il delta esterno è formato da cordoni litorali e dune, estesi in modo quasi simmetrico a nord e a sud della foce.

La geometria dei cordoni litorali è stata indicata in **Tavola 2.1**, mentre la loro età, dedotta da dati esaminati da chi scrive e i miei colleghi (Giraudi *et al.* 2006; Giraudi, Tata e Paroli 2007; Giraudi, Tata e Paroli 2009), è riportata in **Tabella 2.1**. Gli studi condotti da Bicket e i suoi colleghi (2009) hanno confermato il quadro cronologico precedente. I cordoni litorali affioranti al piano campagna costituiscono insiemi omogenei: questi possono essere seguiti sia nella zona settentrionale che meridionale del delta ed indicano otto diverse fasi di progradazione ed alcune fasi di arretramento della linea di costa.

La forma cuspidata dei cordoni litorali delle fasi Quarta e Quinta (**Tav. 2.1**), la stratigrafia dei carotaggi effettuati a Portus e le datazioni radiocarbonio sui sedimenti (Giraudi *et al.* 2006; Giraudi, Tata e Paroli 2007; Giraudi, Tata e Paroli 2009) hanno permesso di stabilire che tra l'VIII e il V secolo a.C. il fiume sfociava in mare attraverso due bocche diverse (forse contemporanee): una era situata a nord-nordovest e l'altra a ovest-sudovest dei porti di Claudio e Traiano (**Tav. 2.1**). Viene quindi dimostrata la validità della ricostruzione fatta da Segre (in Dragone *et al.* 1967) che, non disponendo di datazioni radiocarbonio, collocava la foce del Tevere a nord della futura Isola Sacra intorno a 3.000 anni fa. Solo più tardi, attorno al V secolo a.C., il fiume subì una diversione verso Ostia e verso l'attuale foce, come dimostra il taglio, ad opera del Tevere, dei cordoni litorali della Quinta fase del periodo IX–V secolo a.C. In seguito alla diversione si formò una nuova cuspide presso Ostia, databile alla Sesta fase (a), risalente al IV secolo a.C.–III secolo d.C. (Giraudi 2004). La datazione geologica della diversione è compatibile con la data di fondazione di Ostia, avvenuta nel IV secolo a.C. (Martin 1996), alla foce del nuovo alveo del Tevere.

TABELLA 2.1. La cronologia dei cordoni litorali.

Cordoni litorali	Fasi di erosione nei cordoni litorali	Età dei cordoni litorali (età ^{14}C calibrato)
Prima fase		>4042–3792 a.C.
Seconda fase		>3275–2930 a.C.
Terza fase		~3275–2930 a.C.
	2140–1920 a.C.	
Quarta fase		<2140–1920 a.C.
		>XI–XIII secolo a.C.
Quinta fase		da 910–800 a.C. a 780–400 a.C.
	<780–400 a.C.	
Sesta fase (a)	I secolo d.C.	<IV secolo a.C.–III secolo d.C.
	III secolo d.C.	
Sesta fase (b)		III–X secolo d.C.
	X–XII secolo d.C.	
Settima fase		XV–XVI secolo d.C.
Ottava fase		XVI–XIX secolo d.C.
	Fine XIX–XX secolo d.C.	

Il primo insediamento romano alla foce del Tevere (Ostia Tiberina del VII secolo a.C.) deve quindi essere ubicato presso la bocca di uno dei due alvei descritti (Giraudi 2004; Giraudi, Tata e Paroli 2007). Secondo Bellotti e i suoi colleghi (1994), nel VII secolo a.C. il livello del mare era circa 2 m più basso dell'attuale. Ne consegue che le bocche del Tevere potevano essere situate sensibilmente più ad ovest dell'area di Portus, in una zona attualmente non ben definibile. Se teniamo conto che nel corso del tempo il livello del mare è risalito e si sono verificate varie fasi di erosione della costa (Tabella 2.1), è possibile che i resti di Ostia Tiberina siano stati distrutti dal mare o siano sepolti sotto una cospicua copertura sedimentaria.

NUOVI DATI GEOLOGICI RELATIVI ALL'AGRO PORTUENSE

Le ricerche più recenti sull'Agro Portuense, condotte da chi scrive, riguardano per lo più l'interpretazione

dell'area della zona di Portus e di quella parte del delta posta immediatamente più a nord.[1] In particolare, si tratta del riconoscimento e dell'interpretazione di strutture geologiche sepolte e della valutazione degli effetti della subsidenza differenziale (Giraudi 2004). Nuovi elementi di interesse per ricostruire l'evoluzione geologica dell'Agro Portuense derivano dalle ricerche svolte nell'area indagata con metodi geofisici (magnetometro) da Keay, Millett e Strutt (2005). Le indagini geofisiche hanno indicato che nel sottosuolo della zona ad est di Portus sono presenti resti di costruzioni, strade, canali artificiali e strutture naturali (cordoni litorali) allungate in direzione sud-sudest–nord-nord-ovest.

Il rilevamento geologico recentemente condotto ha indicato che la stessa zona è composta, in superficie, da sedimenti alluvionali recenti, databili al periodo rinascimentale, che coprono altri sedimenti alluvionali pedogenizzati, su cui sono fondate strutture romane. Per quel che riguarda le strutture naturali allungate in direzione sud-sudest–nord-nordovest, riconosciute con l'indagine geofisica da Keay, Millett e Strutt (2005), è stato possibile stabilire che corrispondono ai resti di antiche linee di riva (spiagge e cordoni litorali) parzialmente erose e poi coperte dai sedimenti alluvionali. Le spiagge risultano particolarmente evidenti all'esame geofisico a causa della loro litologia. Come osservato di recente (nello scavo di una necropoli, condotto da Lidia Paroli nel 2008, nella tenuta Sforza Cesarini) in una trincea scavata su una di tali antiche spiagge, ad una profondità variabile da 1 a 1,3 m sotto una copertura di depositi alluvionali, sono presenti sabbie che contengono fossili rimaneggiati di bivalvi marini. Le sabbie sono particolarmente ricche di minerali vulcanici femici e di magnetite, e per tale motivo sono state rilevate perfettamente dal magnetometro. Al contrario, la presenza di minerali femici nei sedimenti alluvionali del Tevere è molto limitata e non interferisce con il segnale magnetico che proviene dai sedimenti più profondi.

Le strutture indicate da Keay, Millett e Strutt (2005) hanno, in pianta, caratteristiche (direzione, densità areale) tali da permettere una suddivisione in tre gruppi, e quindi di ipotizzare che si siano formate in corrispondenza di almeno tre diverse fasi. I cordoni litorali erosi, messi in evidenza nel sottosuolo, giacciono sul prolungamento verso nord dei cordoni litorali della Prima, Seconda e Terza fase (Tav. 2.1) individuati a sud della Fossa Traiana da chi scrive (2004), e vengono quindi correlati a tali fasi. Le indagini geofisiche a Capo Due Rami (Keay, Millett e Strutt 2005) indicano che nell'area esaminata non sono presenti tracce di un'alveo naturale del Tevere. Inoltre, i cordoni litorali riportati da chi scrive e i miei colleghi (Giraudi *et al.* 2006; Giraudi, Tata e Paroli 2007; Giraudi, Tata e Paroli 2009), che terminano a nord dei porti di Claudio e Traiano, non mostrano evidenze morfologiche di incisioni fluviali: l'alveo del Tevere, datato tra XVII–XV e VIII–V secolo a.C. (Giraudi, Tata e Paroli 2007), allo sbocco del quale doveva essere situata Ostia Tiberina del VII secolo, doveva pertanto essere posto in una fascia ristretta, rappresentata in **Tavola 2.1**.

POSSIBILI PROBLEMI INTERPRETATIVI NELL'ANALISI DEL RAPPORTO TRA MANUFATTI E *FACIES* DEL SUBSTRATO SEDIMENTARIO

Nonostante il tentativo di ricostruzione paleogeografica dell'area prima dell'inizio dei lavori del porto nel I secolo d.C., riportato da chi scrive e i miei colleghi (Giraudi, Tata e Paroli 2007), i dati di base sono ancora piuttosto scarsi ed è quindi necessario valutare l'impatto che potranno avere nuovi elementi stratigrafici che emergeranno da nuovi studi e stabilire quali potrebbero essere i loro limiti.

In relazione al substrato geologico delle opere romane di Portus (edifici o moli, per esempio) occorre tenere presente che, secondo la ricostruzione dell'evoluzione del delta effettuata da Bellotti e i suoi colleghi (1995; 2007) e da Amorosi e Milli (2001), la progradazione del delta è avvenuta per accumulo di sedimenti fluviali e cordoni litorali sui sedimenti di acqua salata corrispondenti alla massima ingressione marina dell'Olocene. Questo tipo di evoluzione implica che al di sotto di una sottile copertura alluvionale o eolica possono essere presenti sedimenti marini, anche a profondità limitata (2,0–2,5 m sotto il livello del mare), come rappresentato da Bellotti e i suoi colleghi (1995: fig. 8) e da Amorosi e Milli (2001: fig. 2.3). Ne consegue che alcuni scavi per fondazioni di edifici romani e moli possono aver asportato la copertura fluviale ed eolica: edifici o moli possono quindi appoggiare su sedimenti marini, o addirittura gli scavi per le fondazioni possono aver interessato gli stessi sedimenti marini. Situazioni stratigrafiche di questo genere potrebbero generare errori di interpretazione, qualora si disponesse solo di carotaggi isolati o scavi di piccole dimensioni. In altre situazioni, in caso di rinvenimento di moli fondati su sedimenti marini, sembra logico ipotizzare che le fondazioni siano state gettate in mare e su queste siano stati edificati i moli. Ma nel caso del delta del Tevere, a causa della situazione stratigrafica descritta, tale ipotesi non può essere accettata acriticamente e deve essere dimostrata.

Per provare che le fondazioni di edifici o moli siano state gettate in acqua, occorre quindi dimostrare che i sedimenti sui quali le fondazioni appoggiano hanno età molto prossima a quella degli edifici. Vista la storia evolutiva del delta e la variabilità delle *facies* sedimentarie, è possibile stabilire con certezza se le opere di fondazione di un edificio, o molo, sono state eseguite in acqua, solo quando l'ipotesi è confermata dalla datazione dei sedimenti sottostanti. Sempre in relazione all'interpretazione di strutture murarie, mal conservate e mal definibili, parzialmente inglobate in sedimenti marini o modellate dall'azione del mare, occorre tenere presente che non debbono essere necessariamente opere costruite in mare o sulla riva del mare: infatti, la progradazione del delta non è stata continua, ma si sono verificate varie fasi di erosione ed arretramento della linea di costa. La più evidente, probabilmente, fu quella verificatasi nel corso del Medioevo. In quel periodo l'avanzata del mare può avere portato in acqua edifici più antichi, originariamente costruiti in terraferma. L'acqua può aver parzialmente distrutto gli edifici e i sedimenti marini possono avere coperto i ruderi prima di una nuova fase di avanzata del delta. Diverse torri costiere del Lazio, costruite sulla spiaggia lontano dal mare (De Rossi 1971), risultano ora parzialmente o totalmente circondate dall'acqua e fortemente danneggiate a causa dell'arretramento della linea di riva avvenuta negli ultimi decenni: tale situazione è la più evidente dimostrazione che fenomeni del genere possono essere avvenuti nel passato, anche in scala maggiore.

INTERPRETAZIONI DEGLI ELEMENTI TOPOGRAFICI DESUNTI DALLA CARTA DI AMENDUNI (1884)

Amenduni (1884) riporta in una tavola i punti quotati misurati nel corso della messa a punto del progetto di bonifica dello stagno di Maccarese. La **Figura 2.1** mostra le curve di livello ottenute dallo scrivente mediante elaborazione degli stessi punti quotati. Le curve di livello permettono una migliore visione complessiva della topografia della zona prima dei lavori di bonifica e prima della forte antropizzazione del XX secolo e l'analisi dei dati topografici permette deduzioni utili alla ricostruzione della morfologia dell'Agro Portuense nell'antichità.

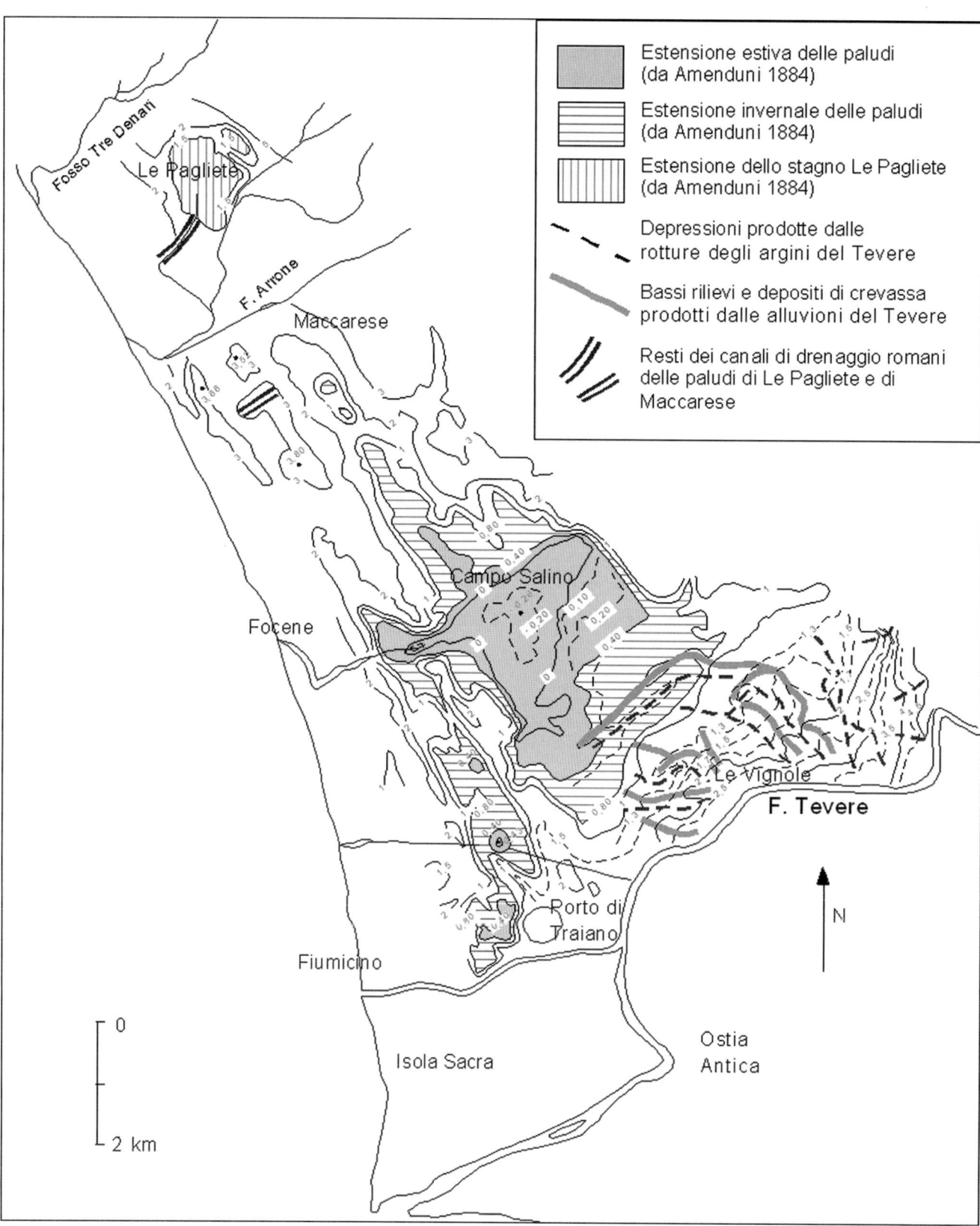

Fig. 2.1. Andamento plano-altimetrico della porzione settentrionale del delta del Tevere. Le curve di livello sono state ottenute dall'elaborazione dei dati topografici riportati da Amenduni (1884).

Sulla moderna tavoletta topografica a scala 1:25.000, nell'area corrispondente alla carta di Amenduni (1884), le quote massime delle dune in nessun caso raggiungono la quota di 6 m misurata nella parte sommitale del Monte Arena. La morfologia del Monte Arena, osservata su fotografie aeree del 1954, è molto diversa da quella delle aree costituite da cordoni litorali e rispecchia una diversa origine. Fino ad ora l'unica ipotesi che possa spiegare tale differenza di morfologia è quella avanzata da Testaguzza (1970): le sabbie superficiali che formavano il Monte Arena (asportate completamente durante i lavori per la costruzione dell'Aeroporto Leonardo da Vinci nel corso degli anni '50 del XX secolo) sarebbero state accumulate artificialmente durante fasi di dragaggio del bacino del porto di Claudio.

Dal punto di vista geomorfologico, l'ipotesi di un'origine artificiale del Monte Arena può essere condivisa poiché solo l'accumulo artificiale avrebbe potuto produrre un rilievo subcircolare ben più alto delle dune circostanti e di aspetto nettamente diverso. In un lavoro sui materiali che formano l'estremità orientale del molo settentrionale del porto di Claudio, Oleson e i suoi colleghi (2004) hanno eseguito alcune trivellazioni sul corpo del molo. Le carote estratte hanno evidenziato che in quella zona l'opera in conglomerato cementizio appoggia, ad una quota appena inferiore al piano campagna attuale, direttamente su sabbie fini sciolte. In quest'area non sarebbe presente il basamento artificiale, assai evidente nella zona più occidentale. Questa situazione appare confermata dai rilevamenti geofisici di Keay, Millett e Strutt (2005: 71–5), che hanno rilevato tracce del basamento del molo più ad ovest, ma non nella zona in oggetto. Le sabbie fini sciolte sulle quali appoggia il molo, esaminate in piccole sezioni esposte, non presentano né caratteristiche granulometriche significative né strutture sedimentarie (gradazione e stratificazione) e la loro *facies* è di difficile definizione: potrebbe trattarsi delle stesse sabbie di riporto che formavano il Monte Arena e che, ai margini del rilievo, scivolavano nel bacino del porto. Su tali sabbie (a giudicare dalle fotografie scattate durante gli scavi) appoggiavano anche le navi romane conservate nel vicino Museo delle Navi. La datazione delle costruzioni romane non è nella competenza di chi scrive; tuttavia, il fatto che l'estremità occidentale del molo senza basamento si addossi sul molo con basamento (zona della 'nave di Caligola' di Testaguzza (1970)) prova che la costruzione del molo senza basamento è successiva a quella del resto del molo. I dati litologici e stratigrafici non

forniscono certezze assolute, ma è molto probabile che la costruzione del tratto più orientale del molo sia successiva all'accumulo artificiale delle sabbie nell'area del Monte Arena.

La zona delle Vignole è caratterizzata dalla presenza di una complessa serie di bassi rilievi e blande incisioni che, prima della bonifica, rendevano leggermente ondulata la morfologia dell'area (**Fig. 2.1**). I rilievi e le incisioni coincidono con le tracce di paleoalvei e di depositi di crevassa prodotti dalla rottura degli argini naturali del Tevere nel corso di eventi alluvionali. La presenza di alvei abbandonati presso Le Vignole era già stata evidenziata da Dragone e i suoi colleghi (1967) e da chi scrive (2004). La rottura degli argini naturali del Tevere avveniva già attorno al IX–VIII secolo a.C. (Giraudi 2004) e un'analoga morfologia doveva essere presente sia al momento della costruzione di Portus che nel periodo post-romano. Presso Le Vignole, le vie di comunicazione tra Roma e Portus dovevano quindi superare alcuni resti di alvei ancora alluvionabili, in caso di grandi piene del Tevere.

Il bacino del porto di Claudio[2] appare ben evidente in quanto rappresenta una zona depressa (**Fig. 2.1**). La porzione più depressa mostra un'estensione a sud, verso la Fossa Traiana, ma nessuna estensione verso l'area occidentale, quella dove, secondo l'ipotesi di Castagnoli (1963) e Giuliani (1996), doveva essere presente la maggior porzione del bacino di Claudio.[3] Appare inoltre presente una depressione stretta ed allungata verso nord-nordovest che sembra prolungare in quella direzione il bacino: la depressione, ben visibile in fotografia aerea e cartografata da Giraudi (2004), è posta esattamente in coincidenza con l'ingresso del porto di Claudio individuato da Lugli e Filibeck (1935), Scrinari (1971) e Testaguzza (1970), e rappresenta un'evidente prova dell'esistenza di quell'ingresso.[4] In questa zona depressa, allungata verso nord-nordovest, termina anche la fossa di Claudio che correva a nord di Portus.

MOVIMENTI VERTICALI DEL SUOLO E PROBLEMI RELATIVI

L'approfondimento della situazione stratigrafica e morfologica dell'Agro Portuense, e la sua interpretazione a fini archeologici, non può prescindere dalla valutazione degli effetti dei movimenti verticali del suolo. L'interpretazione dei dati geologici porta a dei risultati apparentemente divergenti, ma dimostra chiaramente la complessità dei fenomeni in atto nel delta. Ad esempio, secondo Lambeck e i suoi colleghi

(2004) la zona del delta del Tevere sarebbe soggetta a sollevamento di $0,15 \pm 0,5$ mm/anno^{-1} ($0,3 \pm 0,1$ m in 2.000 anni): il tasso di sollevamento è calcolato come media degli ultimi 130.000 anni, ma non è chiaro quale possa essere il tasso attuale. D'altra parte, secondo Amorosi e Milli (2001) la zona del delta sarebbe soggetta a subsidenza pari a circa $0,6$ mm/anno^{-1} ($1,2$ m in 2.000 anni), come media degli ultimi 20.000 anni circa. Tuttavia, non appare chiaro se il tasso di subsidenza è rimasto costante o è mutato nel corso del tempo.

I dati non sono abbastanza dettagliati ed un loro uso, per delineare l'influenza dei movimenti verticali del suolo nel corso degli ultimi 2.000–3.000 anni, deve essere valutato con cautela. Occorre precisare, però, che il sollevamento dell'area, dovuto a cause tettoniche, e la contemporanea subsidenza di alcune aree, non sono affatto in contrasto se si assume che quest'ultima sia provocata dalla costipazione dei sedimenti. In ogni caso, se i tassi di sollevamento e di abbassamento del suolo segnalati da Lambeck e i suoi colleghi (2004) e da Amorosi e Milli (2001) fossero validi anche per gli ultimi millenni, prevarrebbe la subsidenza, ma gli effetti sul territorio potrebbero variare da zona a zona. Secondo chi scrive (2004) vi sarebbe una subsidenza differenziale: le aree a nord dell'esagono del porto di Traiano, così come buona parte del bacino del porto di Claudio e l'area del molo settentrionale, sarebbero più subsidenti poiché situate su una paleovalle, evidenziata da Bellotti e i suoi colleghi (1994), scavata dal Tevere nel corso dell'Ultimo Massimo Glaciale, ora riempita da sedimenti. Nella Tavola 2.1 e, sotto, Figura 2.3 sono rappresentate le isopache dei sedimenti postglaciali riportate da Bellotti e i suoi colleghi (1994). Le figure mostrano una netta differenza tra la zona su cui sorge l'esagono del porto di Traiano, la Fossa Traiana e quella posta appena a nord. Poco a nord del margine settentrionale del porto di Traiano le isopache dei sedimenti postglaciali evidenziano una fascia larga tra 2,7 e 4 km ove è presente la paleovalle del Tevere colmata. Il maggiore spessore di sedimenti che riempiono la paleovalle determina una maggiore capacità di costipazione dei depositi rispetto alle aree circostanti e quindi la subsidenza in quell'area è più elevata. Inoltre, anche al di fuori della paleovalle, a causa della maggiore potenza dei sedimenti sciolti presenti verso il fronte del delta, si deve ipotizzare una maggiore subsidenza nelle aree deltizie poste più lontane dalla base delle colline e dei terrazzi che limitano il delta verso est.

Oltre alla subsidenza differenziale legata alla situazione del delta e del paleoalveo del Tevere, può

essercene una di scala molto minore, legata a piccole variazioni di *facies* dei sedimenti, o ai carichi applicati sul terreno durante la costruzione di edifici e moli, difficilmente dimostrabile senza studi dettagliati.

A causa dei movimenti verticali, è estremamente improbabile che la quota alla quale si trovano le strutture portuali e murarie antiche coincida con la quota alla quale furono costruite. È anche possibile ipotizzare che alcune opere, costruite al di sopra del livello del mare al momento della fondazione di Portus, siano state portate al di sotto del livello del mare dai movimenti di subsidenza, anche nei secoli in cui Portus era utilizzato.

A causa della subsidenza differenziale, come indicato altrove (Giraudi 2004), i cordoni litorali più antichi affiorano nella parte settentrionale del delta, ma via via scompaiono avvicinandosi a Portus, perché coperti dai sedimenti palustri successivi (Tav. 2.1; Figg. 2.1 e 2.2). Inoltre, sempre a causa della subsidenza differenziale, le fasce di cordoni litorali presenti a nord di Portus appaiono più spostate verso est rispetto alle fasce coeve presenti a sud.

Come evidenziato in precedenza, per l'area di Portus, occorre rilevare che il porto di Traiano e la porzione meridionale del bacino del porto di Claudio sono ubicati in un'area meno subsidente rispetto alla porzione settentrionale del bacino di Claudio e alla zona del molo settentrionale. Ne consegue che eventuali elementi naturali, o strutture indicanti il livello del mare, hanno subìto, a causa dei movimenti verticali, variazioni di quota diverse in base alla loro ubicazione ed età. Ad esempio, il solco di battente riconosciuto e quotato da Testaguzza (1970: 71) sui blocchi di travertino del molo settentrionale del porto di Claudio, ben osservabile anche attualmente, indica un livello marino inferiore all'attuale di circa 0,35–0,40 m. A causa della subsidenza differenziale dell'area, la differenza di quota del livello del mare deve essere considerata relativa solo a quel punto e non può essere generalizzata al resto dell'area portuale e, tanto meno, del delta. Così altri dati che dovessero essere individuati, relativi al livello marino, non potranno indicare quote generali di livello marino, ma solo quote relative locali.

Dati indicativi di subsidenza differenziale possono anche essere tratti dalla Figura 2.3 in cui sono riportate le curve di livello ottenute dalla elaborazione della topografia ottocentesca dell'Agro Portuense proposta da Amenduni (1884). Alcuni elementi meritano una discussione particolare. Nell'area settentrionale del delta, le quote ($+3,8$ m s.l.m.) raggiunte dalle dune

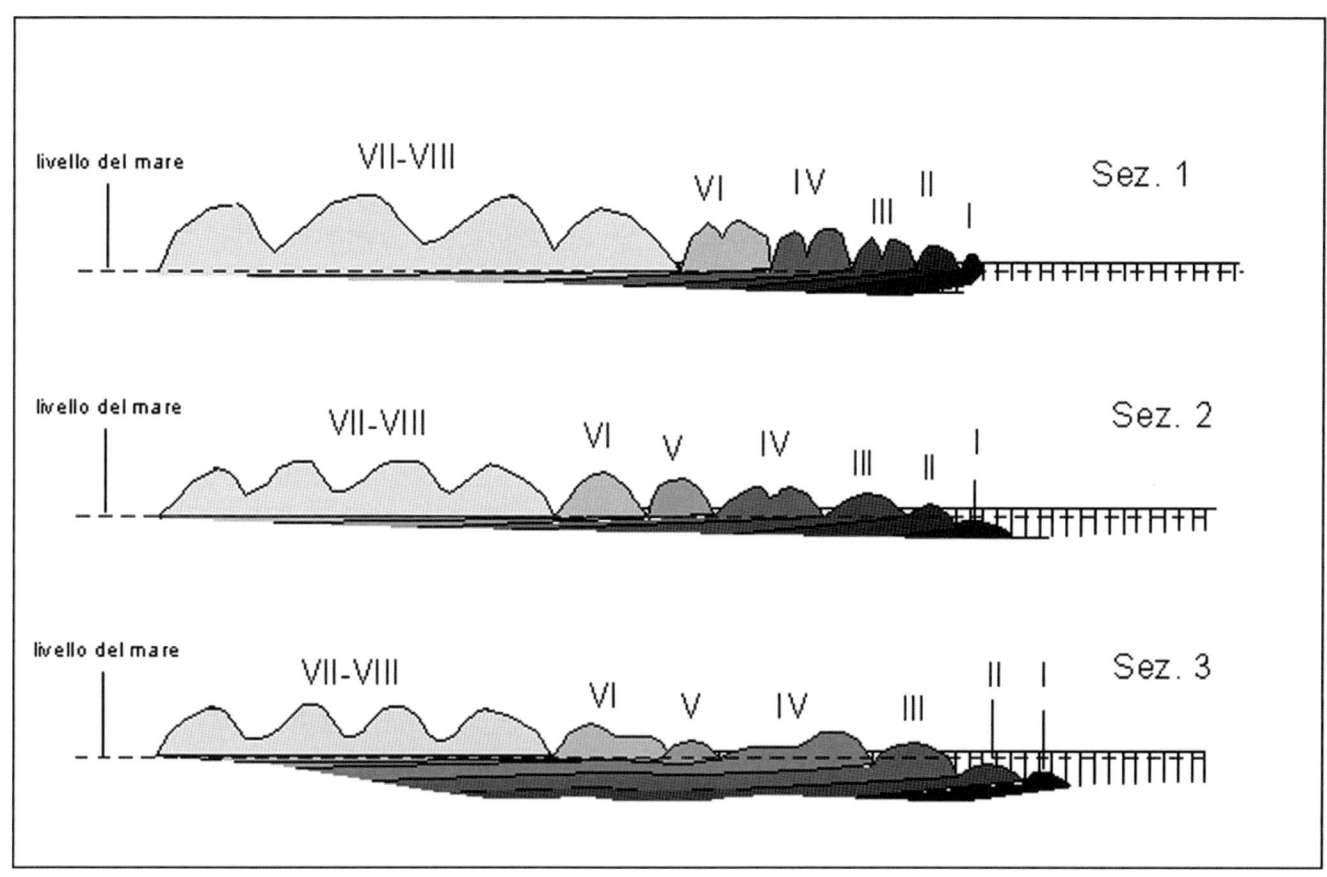

FIG. 2.2. Sezioni schematiche attraverso i cordoni litorali lungo tre allineamenti da nord (Sezione 1) a sud (Sezione 3) che dimostrano la subsidenza differenziale dell'area. In Sezione 1 affiorano i cordoni litorali di tutte le fasi e le quote delle dune sono più elevate. In Sezione 2 i cordoni litorali della I fase sono sprofondati al di sotto della quota dei sedimenti palustri recenti, e le quote delle dune sono inferiori a quelle della Sezione 1. In Sezione 3 non affiorano i sedimenti della I e II fase mentre quelli della III fase emergono appena, e le quote delle dune sono inferiori a quelle della Sezione 2; i sedimenti della III fase emergono appena.

dei cordoni litorali (**Fig. 2.3**) sono sensibilmente più elevate di quelle coeve, rilevate nell'area appena a nord di Portus. Le dune raggiungono le quote minime quando sono sovrapposte ai sedimenti che colmano la paleovalle del Tevere: in questa zona le creste delle dune non arrivano ad 1 m s.l.m. e nel XIX secolo risultavano quasi completamente coperte dalle acque invernali delle paludi. Anche la topografia dell'area, come i dati geofisici riportati da Bellotti e i suoi colleghi (1995), conferma quindi che la zona maggiormente subsidente coincide con la zona del paleoalveo sepolto del Tevere. Come era logico attendersi, i cordoni litorali più recenti sembrano meno interessati dalla subsidenza. Nella zona di Le Pagliete e di Maccarese esistono i resti di due canali antichi, datati al periodo romano da chi scrive (2004) perché, come la fossa di Claudio a nord di Portus, tagliano cordoni litorali databili dal IV secolo a.C. al III secolo d.C. (Sesta fase (a)) e sono ostruiti da cordoni litorali del IV secolo d.C. I due canali sono posti a quote

più elevate rispetto alla fossa di Claudio posta nell'area di maggiore subsidenza. È anche evidente che il canale di Maccarese doveva drenare una parte della palude non più inondata nel XIX secolo. In epoca romana, però, la palude si estendeva con continuità da Maccarese fino alla zona a nord di Portus: la successiva subsidenza dell'area ubicata sulla paleovalle del Tevere, avrebbe prodotto una depressione più profonda, in grado di accumulare una maggiore quantità di acqua e di modificare la forma della palude antica.

CONCLUSIONI

Gli studi geologici condotti negli ultimi anni nell'area di Portus, attraverso indagini di superficie, scavi e carotaggi, hanno fornito molte informazioni per la comprensione dell'evoluzione del delta del Tevere nel corso degli ultimi 5.000 anni. Tra i nuovi dati vi sono indicazioni per la collocazione della colonia romana di Ostia Tiberina fondata da Anco Marcio e spunti di

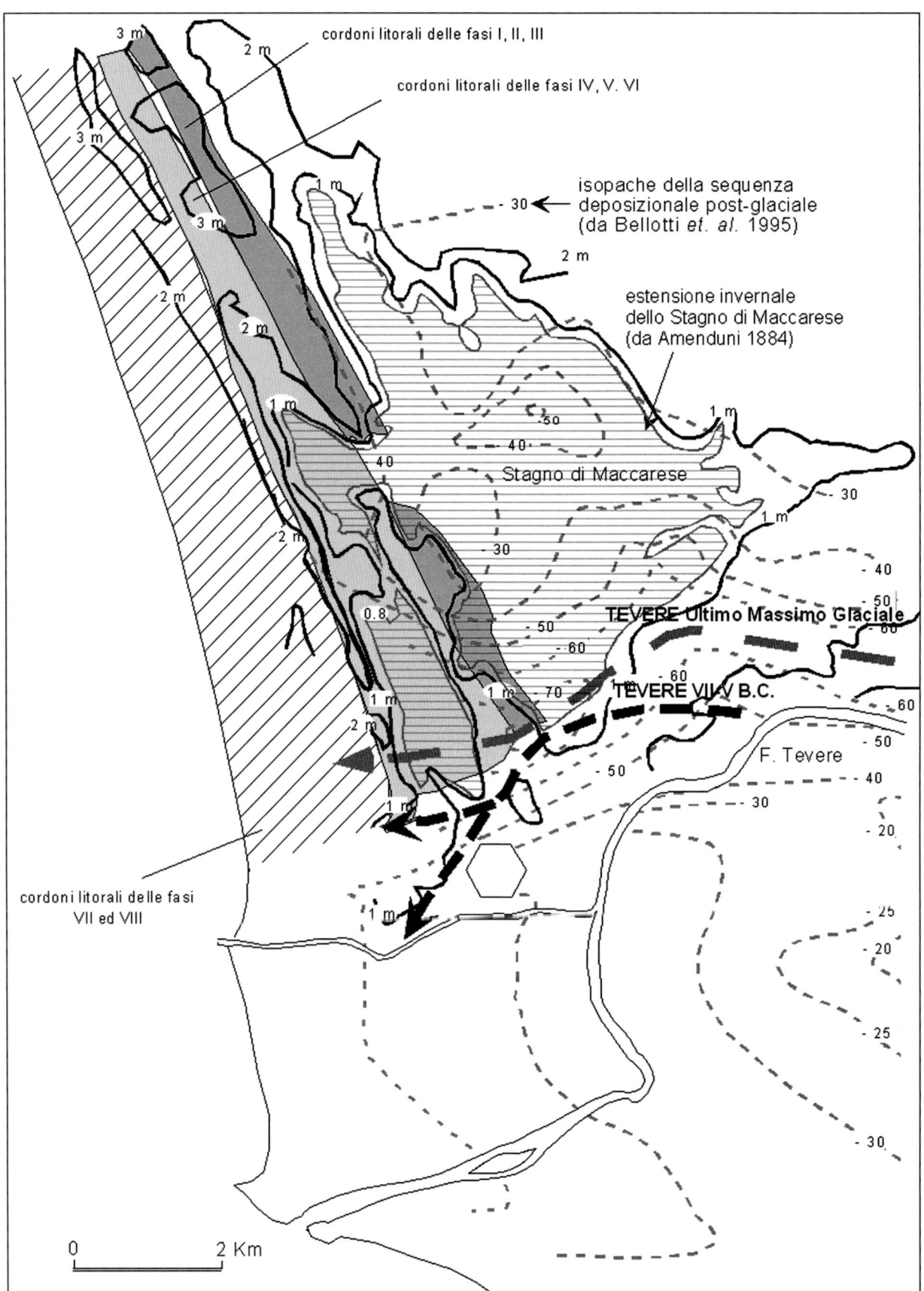

cordoni litorali delle fasi I, II, III

cordoni litorali delle fasi IV, V. VI

isopache della sequenza
deposizionale post-glaciale
(da Bellotti *et. al.* 1995)

estensione invernale
dello Stagno di Maccarese
(da Amenduni 1884)

Stagno di Maccarese

TEVERE Ultimo Massimo Glaciale

TEVERE VII-V B.C.

F. Tevere

cordoni litorali delle fasi
VII ed VIII

0   2 Km

FIG. 2.3. Andamento topografico dei cordoni litorali in relazione allo spessore dei sedimenti.

discussione sull'estensione del bacino del porto di Claudio. Tuttavia, mancano ancora molti elementi per una precisa definizione paleogeografica dell'area nel corso del periodo romano, prima e dopo la costruzione di Portus — molti dati non potranno essere reperiti neppure in futuro perché gli imponenti lavori che hanno interessato l'area nell'antichità hanno causato la distruzione di molte evidenze morfologiche e stratigrafiche — ma la continuazione delle ricerche fornirà sicuramente altre utili informazioni.

Già da ora appare chiaro come sia necessaria un'attenta valutazione dei dati geologici e archeologici, e soprattutto una estrema cautela nella loro interpretazione in chiave ambientale. Occorre accettare l'idea che si sta operando in una zona complessa non solo dal punto di vista degli interventi umani, ma anche dal punto di vista geologico-stratigrafico e geomorfologico, e che tale complessità non può essere semplicemente ignorata: l'ipotesi più facile può anche non essere la più affidabile.

In conclusione, visto l'aumento dei dati geologici e archeologici di cui si dispone, ad esempio in relazione ai problemi posti dalla definizione delle dimensioni e della forma del porto antico, sembra necessario passare ad una fase di dimostrazione delle ipotesi, dimostrazione che può essere ottenuta solo attraverso i dati di scavo, i carotaggi e la datazione dei sedimenti.

NOTE

1. Si veda il lavoro di Morelli e i suoi colleghi in questo volume (Capitolo 13) per le novità archeologiche della zona più ad est.
2. Così come definito da Lugli e Filibeck (1935), Scrinari (1971) e Testaguzza (1970).
3. Si vedano anche i nuovi dati di Morelli e i suoi colleghi sul disegno del porto di Claudio in questo volume (Capitolo 4).
4. Un tema trattato anche da Goiran e i suoi colleghi (Capitolo 3) e Morelli e i suoi colleghi (Capitolo 4) in questo volume.

RIFERIMENTI BIBLIOGRAFICI

Amenduni, G. (1884) *Sulle opere di bonificazione della plaga litoranea dell'Agro Romano, che comprende le paludi e gli stagni di Ostia, Porto, Maccarese e delle terre vallive di Stracciacappa, Baccano, Pantano e Lago dei Tartari*. Roma, Tipografia Eredi Botta.

Amorosi, A. e Milli, S. (2001) Late Quaternary depositional architecture of Po and Tevere river deltas (Italy) and worldwide comparison with coeval deltaic successions. *Sedimentary Geology* 144: 357–75.

Arnoldus-Huyzendveld, A. (2005) The natural environment of the Agro Portuense. In S. Keay, M. Millett, L. Paroli e K. Strutt, *Portus. An Archaeological Survey of the Port of Imperial Rome (Archaeological Monographs of the British School at Rome* 15): 14–30. Londra, British School at Rome.

Bellotti, P., Calderoni, G., Carboni, M.G., Di Bella, L., Tortora, P., Valeri, P. e Zernitskaya, V. (2007) Late Quaternary landscape evolution of the Tiber river delta plain (central Italy): new evidence from pollen data, biostratigraphy and 14C dating. *Zeitschrift für Geomorphologie* 51 (4): 505–34.

Bellotti, P., Carboni, M.G., Milli, S., Tortora, P. e Valeri, P. (1989) La piana deltizia del fiume Tevere: analisi di *facies* e ipotesi evolutiva dall'ultimo *low stand* glaciale all'attuale. *Giornale di Geologia* serie 3a 51 (1): 71–91.

Bellotti, P., Chiocci, F.L., Evangelista, S., Tortora, P. e Valeri, P. (1987) La superficie di discordanza alla base del delta del Tevere e le sue relazioni con la geometria del corpo deltizio. *Memorie della Società Geologica Italiana* 37: 407–15.

Bellotti, P., Chiocci, F.L., Milli, S., Tortora, P. e Valeri, P. (1994) Sequence stratigraphy and depositional setting of the Tiber delta: integration of high-resolution seismics, well logs and archaeological data. *Journal of Sedimentary Petrology* 3: 416–32.

Bellotti, P., Milli, S., Tortora, P. e Valeri, P. (1995) Physical stratigraphy and sedimentology of the Late Pleistocene–Holocene Tiber delta depositional sequence. *Sedimentology* 42: 617–34.

Belluomini, G., Iuzzolini, P., Manfra, L., Mortari, F. e Zalaffi, M. (1986) Evoluzione recente del delta del Tevere. *Geologica Romana* 25: 213–34.

Bicket, A.R., Rendell, H.M., Claridge, A., Rose, P., Andrews, J. e Brown, F.S.J. (2009) A multi scale geoarchaeological approach from the Laurentine shore (Castelporziano, Lazio, Italy). *Géomorphologie: Relief, Processus, Environment* 4: 257–70.

Castagnoli, F. (1963) Astura. *Studi Romani* 11: 637–44.

Chiocci, F.L. e Milli, S. (1995) Construction of a chronostratigraphic diagram for a high-frequency sequence: the 20 KY B.P. to present Tiber depositional sequence. *Il Quaternario — Italian Journal of Quaternary Sciences* 8 (2): 339–48.

De Rossi, G.M. (1971) *Torri costiere del Lazio*. Roma, De Luca Editore.

Dragone, F., Maino, A., Malatesta, A. e Segre, A.G. (1967) *Note illustrative del foglio 149 — Cerveteri, della Carta geologica d'Italia. Servizio Geologico d'Italia*. Roma, Ministero dell'Industria, del Commercio e dell'Artigianato.

Giraudi, C. (2004) Evoluzione tardo-olocenica del delta del Tevere. *Il Quaternario — Italian Journal of Quaternary Sciences* 17 (2/2): 477–92.

Giraudi, C., Paroli, L., Ricci, G. e Tata, C. (2006) Portus (Fiumicino–Roma). Il colmamento sedimentario dei bacini del Porto di Claudio e Traiano nell'ambito dell'evoluzione ambientale tardo-antica e medievale del delta del Tevere. *Archeologia Medievale* 33: 49–60.

Giraudi, C., Tata, C. e Paroli, L. (2007) Carotaggi e studi geologici a Portus: il delta del Tevere dai tempi di Ostia Tiberina alla costruzione dei porti di Claudio e Traiano. www.fastionline.org/docs/FOLDER-it-2007-80.pdf (ultimo consulto 20.07.2011).

Giraudi, C., Tata, C. e Paroli, L. (2009) Late Holocene evolution of the Tiber river delta and geoarchaeology of Claudius and Trajan harbour (Rome — central Italy). *Geoarchaeology* 24: 371–82.

Giuliani, C.F. (1996) Note sulla topografia di Portus. In V. Mannucci (ed.), *Il parco archeologico naturalistico del porto di Traiano: metodo e progetto*: 29–44. Roma, Ministero per i Beni Culturali e Ambientali/Soprintendenza Archeologica di Ostia (ristampa).

Keay, S., Millett, M. e Strutt, K. (2005) The survey results. In S. Keay, M. Millett, L. Paroli e K. Strutt, *Portus. An Archaeological Survey of the Port of Imperial Rome (Archaeological Monographs of the British School at Rome* 15): 71–172. Londra, British School at Rome.

Lambeck, K., Antonioli, F., Purcell, A. e Silenzi, S. (2004) Sea-level change along the Italian coast for the past 10,000 yr. *Quaternary Science Reviews* 23: 1.567–98.

Lugli, G. e Filibeck, G. (1935) *Il porto di Roma imperiale e l'Agro Portuense*. Bergamo, Officine dell'Istituto Italiano di Arti Grafiche.

Martin, A. (1996) Un saggio sulle mura del *castrum* di Ostia (Reg. I, ins. X,3). In A. Gallina Zevi e A. Claridge (edd.), '*Roman Ostia' Revisited. Archaeological and Historical Papers in Memory of Russell Meiggs*: 19–38. Londra, British School at Rome/Soprintendenza Archeologica di Ostia.

Morelli, C. (2005) The Claudian harbour in the light of new investigations. In C. Morelli, L. Paroli e P. Verduchi, Summary of other recent fieldwork at Portus: 241–8. In S. Keay, M. Millett, L. Paroli e K. Strutt, *Portus. An Archaeological Survey of the Port of Imperial Rome (Archaeological Monographs of the British School at Rome* 15): 241–68. Londra, British School at Rome.

Oleson, J.P., Brandon, C., Cramer, S.M., Cucitore, R., Gotti, E. e Hohlfelder, R.L. (2004) The ROMACONS Project: a contribution to the historical and engineering analysis of hydraulic concrete in Roman maritime structures. *The International Journal of Nautical Archaeology* 33: 199–229.

Scrinari, V.S.M. (1971) Il 'Portus Claudii' e i più recenti ritrovamenti nella zona di Fiumicino. In *Atti del III congresso internazionale di archeologia sottomarina (Barcellona 1961)*: 215–24. Bordighera, Istituto Internazionale di Studi Liguri.

Segre, A.G. (1986) Considerazioni sul Tevere e sull'Aniene nel Quaternario. In S. Quilici Gigli (ed.), *Il Tevere e le altre vie d'acqua del Lazio antico (Archeologia Laziale* 7 (2)): 9–17. Roma, Consiglio Nazionale delle Ricerche.

Testaguzza, O. (1970) *Portus: illustrazione dei porti di Claudio e Traiano e della città di Porto a Fiumicino*. Roma, Julia Editrice.

CARACTÉRISTIQUES SÉDIMENTAIRES DU BASSIN PORTUAIRE DE CLAUDE: NOUVELLES DONNÉES POUR LA LOCALISATION DES OUVERTURES

Jean-Philippe Goiran, Ferréol Salomon, Hervé Tronchère, Pierre Carbonel, Hatem Djerbi & Carole Ognard

INTRODUCTION

Sur le delta du Tibre, l'empereur Claude fait construire au Ier siècle ap. J.-C. un nouveau port pour Rome. Situé à 3 km au nord d'Ostie, la configuration du plus grand port antique de Méditerranée est encore mal connue. En effet, au cours du temps, les alluvions du Tibre sont venus recouvrir les structures portuaires rendant difficile la lecture des paléopaysages. Par la suite, la ville de Fiumicino et l'Aéroport Leonardo da Vinci se sont étendus sur une partie de l'ancien port (**Fig. 3.1**). Ces éléments rendent les fouilles archéologiques difficiles et ont lancé le débat sur la configuration exacte du port.

Les auteurs anciens ont mentionné les opérations de construction (Suetone, *Vie de Claude* 20) mais l'orientation des structures portuaires n'etait pas très explicite. Au XVIe siècle, Antonio Danti réalisa une carte des structures archéologiques qui étaient visibles à son époque. Puis sur une seconde carte, il dressa une reconstitution du port de Claude avec ses observations. Il positionna l'ouverture du port à l'ouest avec deux long môles construits en *offshore* (**Fig. 3.2**). Par la suite, de nombreux auteurs reprirent cette idée. Il faudra attendre les années 1960 pour que la construction de l'aéroport permette des fouilles archéologiques d'importance. Testaguzza publia alors une nouvelle configuration pour le port de Claude (Testaguzza 1964; 1970). Il positionna l'ouverture du port au nord et plaça un cordon sableux à l'ouest (**Fig. 3.2**). Des travaux menés, à la fin du XXe siècle et au début du XXIe siècle par des archéologues (Mannucci et Verduchi 1992; Zevi 2001; Keay *et al.*, 2005; Morelli 2005; Paroli 2005) et des paléo-environnementalistes (Belluomini *et al.* 1986; Bellotti *et al.* 1994; Giraudi 2004; Arnoldus-Huyzendveld 2005; Giraudi *et al.* 2006; Bellotti *et al.* 2007; Goiran *et al.* 2008)[1] apportent un éclairage nouveau sur la configuration des bassins et l'évolution des paléoenvironnements. Le lecteur pourra aussi consulter la contribution de Morelli et son équipe dans ce volume (Chapitre 4). Mais les deux hypothèses restent toujours débattues dans la littérature.

L'objectif de ce travail sur les paléoenvironnements du port de Claude est de valider ou d'infirmer ces deux hypothèses sur la position de l'ouverture. Une campagne de carottage a donc été entreprise (**Fig. 3.1**) avec le soutien de l'École Française de Rome, de la Surintendance Archéologique d'Ostia Antica et de la Maison de l'Orient et de la Méditerranée.

METHODOLOGIE

La fouille archéologique de structures portuaires et l'étude des sédiments déposés dans les bassins se heurtent au problème de la nappe phréatique. Dans ce contexte, les difficultés rencontrées sont multiples: pompage, tenue des terrains. Dans la plupart des cas, il est difficile d'obtenir une vision complète de la stratigraphie et d'atteindre le niveau de fondation des môles. Les parois moulées se révèlent être un moyen idéal, mais très onéreux, pour réaliser des fouilles archéologiques. Face à ce constat, nous avons élaboré une méthode de travail par carottages permettant une étude précise, moins coûteuse mais plus ponctuelle. Au total, 24 carottages ont été réalisés dans le cadre de ce programme de recherche PORTUS dont six d'entre eux sont présentés dans cet article (**Fig. 3.1**). L'approche géo-archéologique et pluridisciplinaire permet une meilleure compréhension des paléoenvironnements

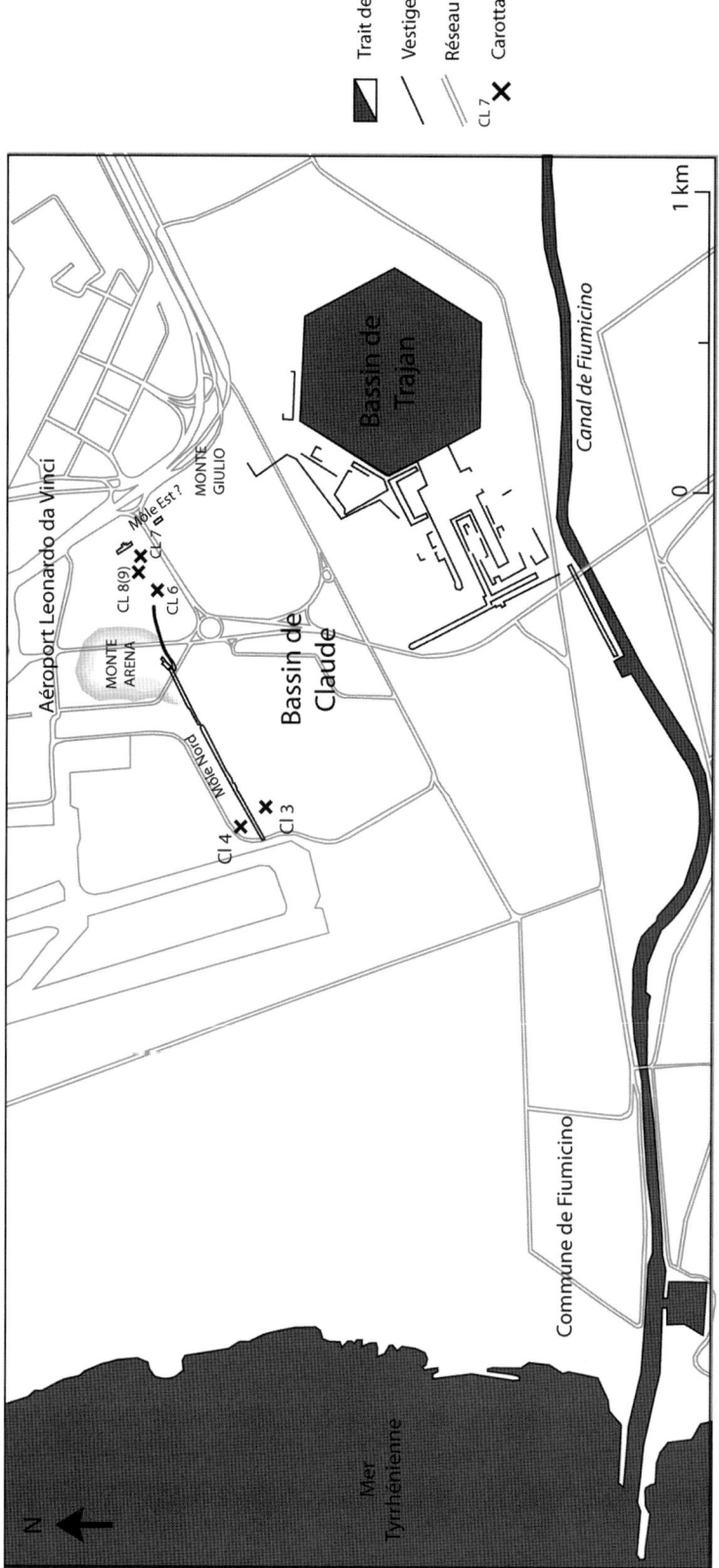

Fig. 3.1. Localisation des carottages.

Hypothèse de la passe ouest

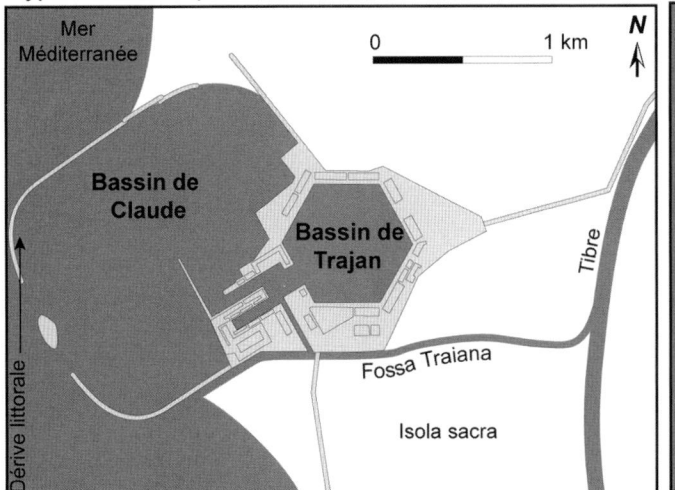

Hypothèse de la passe nord

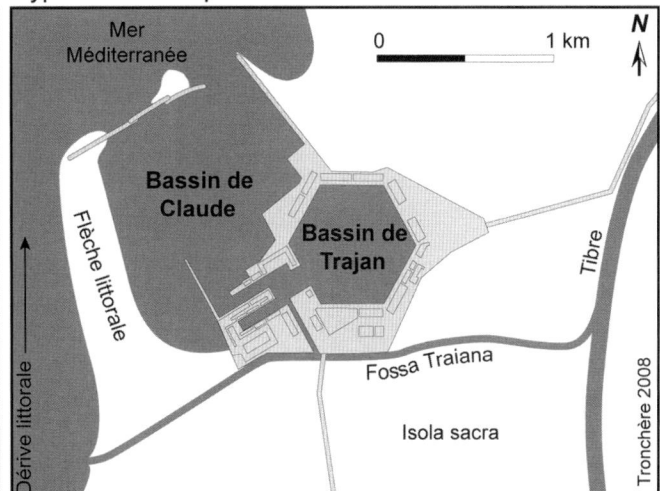

Fɪɢ. 3.2. **Hypothèses divergentes des ouvertures du bassin de Claude.**

littoraux, des *processus* morphodynamiques côtiers, ainsi que des logiques d'organisation de l'espace portuaire antique.

FONCTIONNEMENT D'UN SYSTEME PORTUAIRE TYPE: LA NOTION DE FOND MARIN ET DE NIVEAU MARIN

Un port fonctionnel se définit par la combinaison de deux éléments: le contenant (les structures portuaires) et le contenu (composé d'un volume de sédiment et d'un volume d'eau (Goiran et Morhange 2003; Marriner 2006). Lorsque le port est en fonction, le volume d'eau est défini par les deux interfaces le circonvenant: le niveau marin et le fond marin (ou limite mésoliménique). Lors de la fondation du port, la limite mésoliménique coïncide avec la limite katoliménique (marquée sur le plan sédimentaire par une rupture nette du grossier au fin). Elle évolue ensuite naturellement vers le haut à mesure que le port s'envase (c'est l'exhaussement du fond marin). Deux volumes composent alors le bassin portuaire. Le premier est un volume de sédiment dont l'épaisseur correspond à la différence entre la limite katoliménique (fondation) et la limite mésoliménique (fond marin dans le bassin). Le second est un volume d'eau dont l'épaisseur (colonne d'eau) correspond à la différence entre le niveau marin et la limite mésoliménique (fond marin dans le bassin). Cette hauteur de colonne d'eau peut être mise en relation avec les tirants d'eau des bateaux pour en déduire les types de navires pouvant accéder aux quais. Afin d'obtenir ces informations

paleobathymétriques, un carottage doit être réalisé dans le bassin portuaire afin de permettre l'étude du volume sédimentaire.

Dans le cas du port de Rome le niveau marin biologique de la période antique a été repéré sous la forme de ligne de coquillages fixée sur les quais. Cette ligne de coquillages se compose de vermets, de balanes et d'huîtres. Le niveau supérieur de ce peuplement se positionne à 80 cm sous le niveau marin biologique actuel du port de Fiumicino. Dans un milieu de sédimentation calme tel qu'un bassin portuaire, ces bioindicateurs procurent une précision altimétrique d'ordre centimétrique à 80 ± 10 cm. Ce niveau marin a été daté de 2115 ± 30 BP soit 230 à 450 ap. J.-C. (code LY-4198) (Goiran *et al.* 2009). Cet ancien niveau marin biologique va permettre de mieux comprendre le fonctionnement du Portus et de préciser la profondeur des bassins et des fondations des môles à l'époque antique.

L'INTÉRÊT DE LA MACROFAUNE ET DE LA MICROFAUNE DANS LA RECONSTITUTION DES PALÉOENVIRONNEMENTS

L'étude des indicateurs biologiques est fondée sur la démarche actualiste qui consiste à émettre l'hypothèse que l'écologie des faunes étudiées n'a pas changée au cours de l'Holocène (Masse 1988; Morhange 1994). En appliquant ce principe, il est possible d'utiliser la macrofaune et la microfaune dans la reconstitution des paléoenvironnements. La méthodologie repose donc sur l'analyse comparée des assemblages macro-faunistiques fossiles antiques et des assemblages actuels (Péres 1967). Elle s'appuie sur les peuplements biocénotiques des écosystèmes actuels en Méditerranée (Péres et Picard 1964; Bellan Santini, Lacaze et Poizat 1994). Les assemblages macrofaunistiques permettent de mettre en évidence la construction d'un bassin portuaire par un changement des paramètres du milieu à la fois qualitatif et quantitatif (Goiran et Morhange 2003). L'assemblage d'ostracodes (micro crustacés possédant deux valves carbonatées) dépend de facteurs primordiaux (salinité et température des eaux) et de facteurs secondaires (substratum, végétation, profondeur et régime hydrodynamique). La densité des coquillages et leur diversité apportent également des renseignements sur l'évolution de l'environnement (Goiran 2001).

LA DATATION PAR LE RADIOCARBONE

La méthode de datation utilisée est celle du radiocarbone. En effet, la présence de fragments de céramique dans les carottes est assez rare et les quelques tessons restent souvent difficiles à déterminer et donc à dater. Dans cette étude, la majorité des échantillons datés ont une origine marine, quelques-uns ont une origine continentale. Le logiciel utilisé pour la calibration est Calib 5.

RESULTATS DES ANALYSES PALÉOENVIRONNEMENTALES

ANALYSES SEDIMENTOLOGIQUES DE LA CAROTTE CL7 REALISÉE DANS LE SECTEUR NORD-EST DU PORT DE CLAUDE (Fig. 3.1)

La profondeur maximale de la carotte CL7 est de 8,5 m sous le niveau marin actuel (**Fig. 3.3**). Elle se divise en huit unités stratigraphiques dont certaines sont comparables aux carottes CL6, CL8 et CL9 situées le long d'un transect entre la terminaison orientale du môle de Claude et une structure qualifiée de Capitainerie (Scrinari 1960) (**Fig. 3.4**).

UNITÉ BASALE A: SABLES BEIGES LITÉS STÉRILES
De −8,5 m à −7,9 m de profondeur sous le niveau marin actuel, se développe une unité de sables lités jaune-beiges. Les sables représentent 50% à 70% du poids total à sec de la texture totale. La fraction limono-argileuse représente 30% à 50%. Les sables présente un histogramme granulométrique unimodal

avec un grain moyen de 130 µm. L'indice de tri est bon (−0,51). Cette unité basale est stérile.

UNITÉ SÉDIMENTAIRE B: LITAGE SABLO-LIMONEUX RICHE EN OSTRACOFAUNE
De −7,9 m à −7,3 m, des lits argilo-limoneux gris (95% du poids total de l'échantillon) alternent avec des lits sableux brun gris (90% du poids total à sec du sédiment). Ce litage est très marqué. L'hydrodynamisme, révélé par le grain moyen, est peu élevé (0,18/0,19 mm). L'indice de tri est bon. La totalité de la macro- et microfaune est collectée dans les lits argilo-limoneux, riches en fibres de posidonies. En revanche, il est important de noter que l'ensemble des lits sableux est stérile. La macrofaune se compose d'une *Tellina nidita* indicatrice d'un milieu sablo-vaseux et d'une *Hydrobia ventrosa* vivant en milieu saumâtre. L'ostracofaune montre deux associations majoritaires. Le peuplement saumâtre rassemble 50% des individus présents (*Cyprideis*). Les individus marins représentent 30 à 40%, avec une prédominance du phytal côtier (*Pontocythere elongata*). L'ostracofaune d'eau douce varie entre 5 et 15% (*Candonidae, Ilyocypris, Herpetocypris*). Les espèces lagunaires (au sens strict) sont représentées de manière anecdotique.

UNITÉS SÉDIMENTAIRES C ET E: SABLES BEIGES LITÉS STÉRILES
Ces deux unités C (entre 7,30 m et 6,24 m) et E (entre 6,18 et 5,80 m) ont un faciès analogue mais sont séparées par un niveau organique noirâtre, référencé comme unité sédimentaire D. L'unité C se compose de sables beiges lités dans lesquels s'observent beaucoup de lamines orangées/rouges, riches en oxydes de fer. À la base de l'unité C, la proportion des fractions sableuse et limono-argileuse est équivalente. Vers le sommet, un net enrichissement en sable se produit (60 à 80% du poids total à sec des échantillons). La fraction grossière est peu présente avec quelques gravillons émoussés d'environ 2,5 mm de diamètre. L'unité E se compose de sables lités beige-gris du même type que l'unité C. La fraction sableuse est majoritaire avec 70 à 80% du poids total à sec des échantillons. La fraction grossière est quasi absente. Le grain moyen est faible à moyen (160 µm pour l'unité C et 230 µm pour l'unité E). L'indice de tri est moyen (−0,77 à −0,72). Ces deux unités sont stériles.

UNITÉ SÉDIMENTAIRE D: NIVEAU ORGANIQUE ENTRE −6,24 ET −6,18 M
L'unité D est une phase organique de 6 cm d'épaisseur qui s'inscrit entre les unités sableuses C et E. Ce

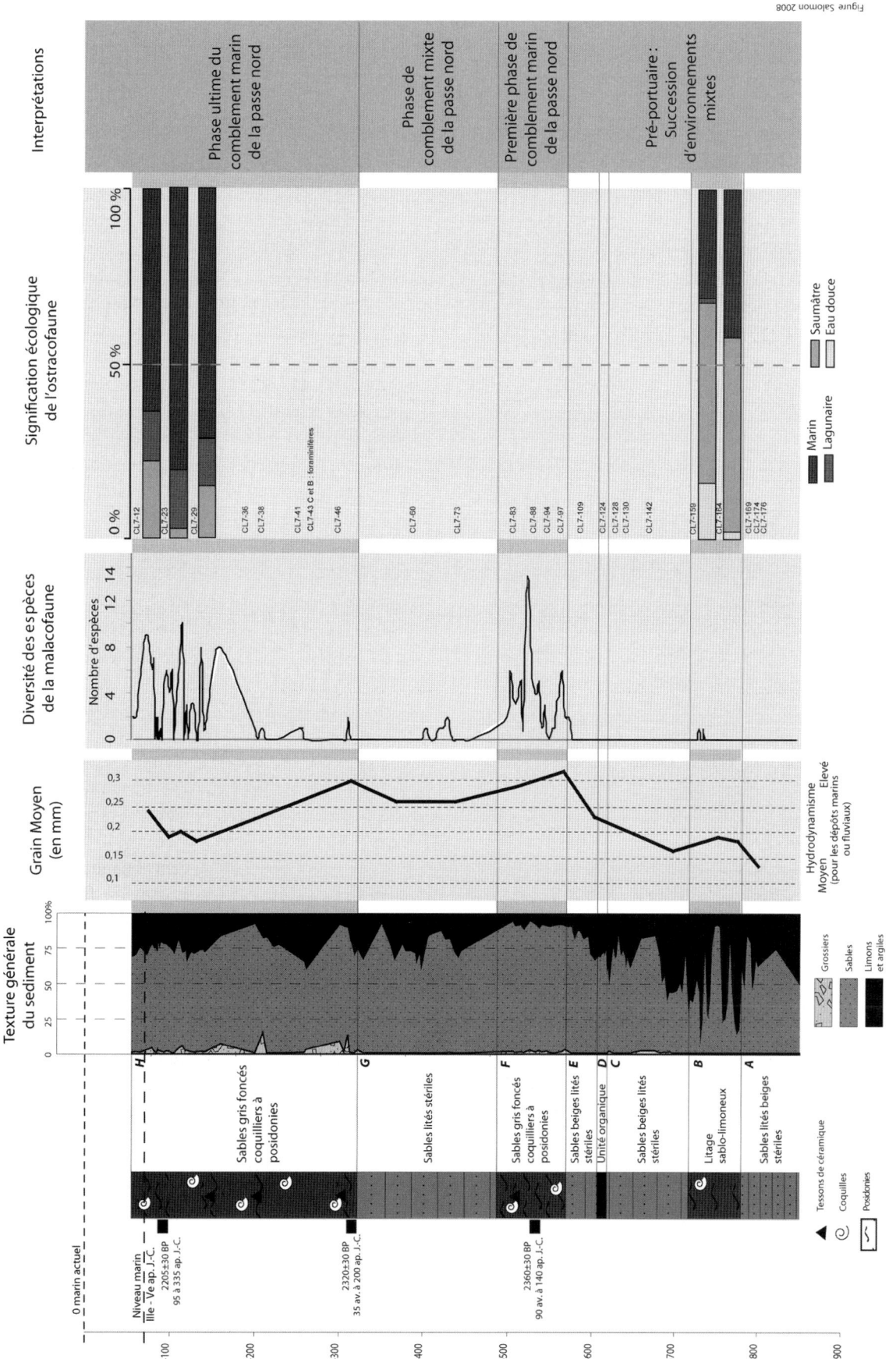

FIG. 3.3. Carotte CL7: synthèse des analyses paléoenvironnementales.

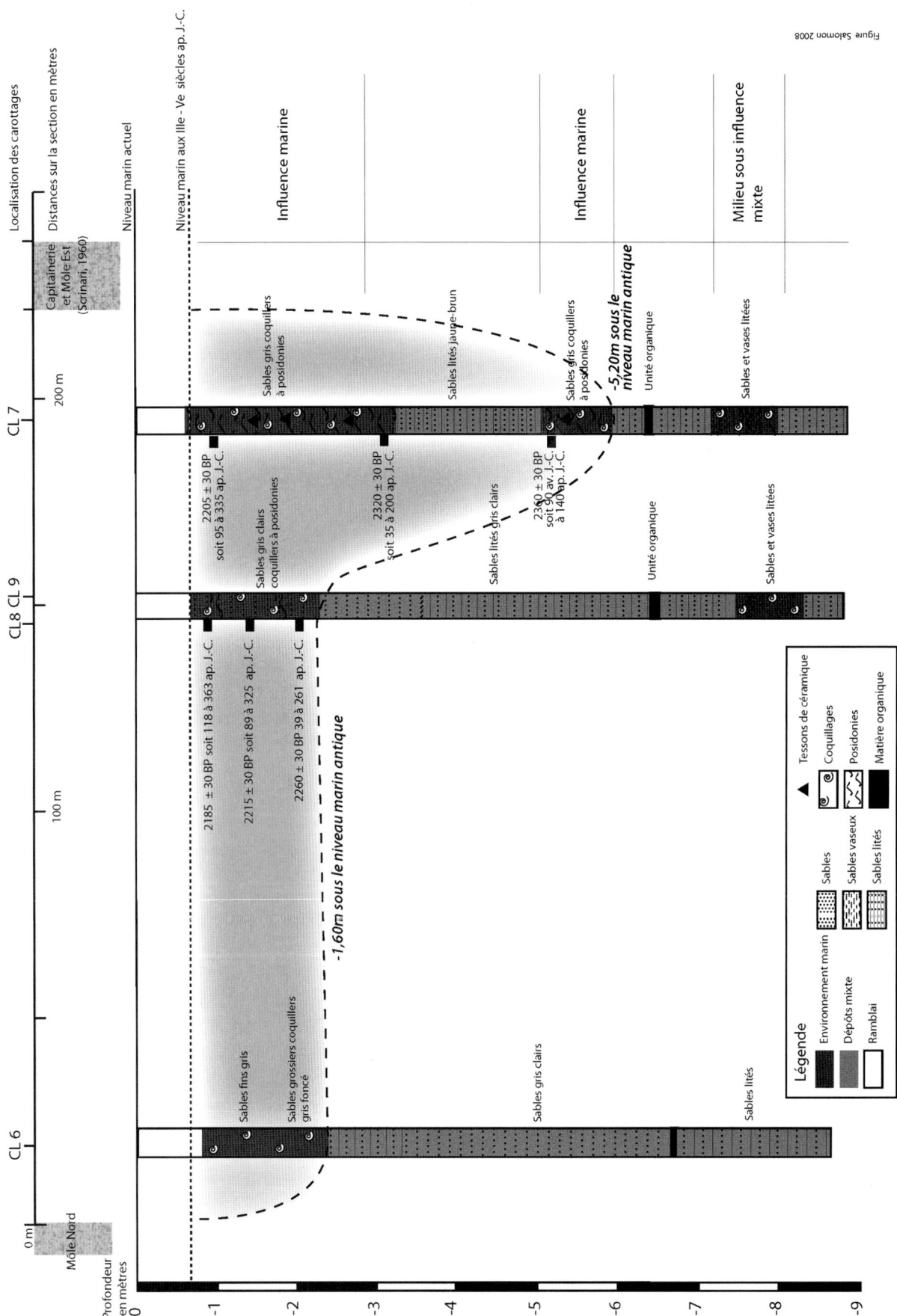

Fig. 3.4. Section en travers de la passe nord du port de Claude.

niveau, riche en macrorestes végétaux, est en cours d'étude.

UNITÉ SÉDIMENTAIRE F: SABLES GRIS AVEC COQUILLIERS À POSIDONIES

De 5,80 m à 4,95 m, des sables gris foncés avec des fibres de posidonies s'observent. L'unité se compose à 90% de sables et la fraction grossière atteint au maximum 2%. L'hydrodynamisme est plutôt fort: à la base, le grain moyen est de 0,32 mm puis de 0,29 mm au sommet. L'indice de tri varie entre moyen et bon (−0,63 à −0,71).

Les fibres de posidonies sont surtout très abondantes entre −5,40 et −4,95 m. Des charbons de bois sont présents. Les coquilles intactes sont très peu nombreuses; la grande majorité est cassée, ce qui rend difficile la détermination de l'espèce mais renforce l'idée d'un hydrodynamisme fort. Néanmoins, plusieurs stocks macrofaunistiques ont été déterminés et caractérisent des milieux très différents (**Fig. 3.3**). On trouve des espèces se développant sur des substrats rocheux (*Ostrea* sp., *Balanes*), les herbiers de posidonie (*Venus verrucosa*), dans les sables fins bien calibrés (*Spisula subtroncata*, *Donax venustus*), dans les milieux sableux (*Cerastoderma edule*, *Cyclope neritea*), ou sablo-vaseux (*Tellina planata*, *Tellina nitida*), et quelques espèces de sables vaseux de mode calme (*Tapes decussatus*). La microfaune est quasi-inexistante: absence de foraminifères et présence de quelques ostracodes à −5,10 m de profondeur mais non représentatifs statistiquement d'un milieu, car trop peu nombreux.

Des fragments de céramique ont été trouvés dans cette unité. Il y a un fragment d'amphore africaine (−5.20 m) non datable par les céramologues. Ces amphores ont été produites et importées à Rome entre le Ier et le VIIe siècle ap. J.-C., mais surtout aux IIe et IVe siècles.

Une datation au radiocarbone indique 2360 ± 30 BP soit 90 av. à 140 ap. J.-C.

UNITÉ SÉDIMENTAIRE G: SABLES LITÉS STÉRILES

L'unité G se développe entre −4,95 et −3,30 m. Elle est majoritairement sableuse (60% du poids total à sec du sédiment) avec une couleur allant du jaune au brun. Trois principaux pics sableux sont observés à −4,45, −4,20 et −3,50 m. Des éléments grossiers sont présents avec des tailles variant de 4 à 20 mm. Ils ont une forme aplatie. Le grain moyen est élevé pour cette unité (0,26 mm), le tri est plutôt bon (−0,62). La distribution est quasi symétrique (*skewness*: −0,02) et normale

(*kurtosis*: 0,97). On ne compte qu'un morceau de bivalve cassé. La microfaune et les posidonies sont absentes.

UNITÉ SÉDIMENTAIRE H: SABLES GRIS COQUILLIERS À POSIDONIES DU Ier AU IVe SIÈCLE AP. J.-C.

L'unité se compose de sables gris foncés entre −3,3 et −0,55 m. La proportion de sables varie entre 55 et 90%. À la base, les sables représentent 80 à 90% de la texture totale tandis qu'au sommet l'unité se stabilise autour de 70% de sables. Certaines passées sableuses sont de couleur orangée à brune. La part des éléments grossiers évolue autour de 1%. Le grain moyen indique un hydrodynamisme fort à la base de ce dépôt (0,30 mm) et diminue vers le sommet (0,18 à 0,24 mm). De même, le tri passe de bon à la base (−0,65) à moyen au sommet (−0,90). Quelques variations brutales de texture sont observées. Dans l'ensemble les échantillons montrent un enrichissement en sables grossiers (*skewness*: −0,05 à la base à 0,20 au sommet de l'unité). Vers −2,10 et −3,10 m de profondeur, des fragments de pouzzolane de plusieurs centimètres de diamètre sont présents. Un tesson de céramique est repéré à −1,60 m. Il s'agit d'un fragment de panse d'amphore africaine poissée non déterminable. Il est probable que ce fragment soit d'une amphore tardive (Michel Bonifay, com. pers.).

L'unité sédimentaire H est riche en fibre de posidonies. À la base, vers −3 m, un amas d'aegagropiles (pelotes de posidonie) est observé. Quelques fragments de bois ont été recueillis au sommet de l'unité. La partie inférieure de l'unité concentre un important stock de débris coquilliers ce qui renforce la notion d'un fort hydrodynamisme. Quatre principaux stocks macrofaunistiques sont déterminés. Les biocénoses rhéophiles (espèces adaptées aux courants) se développent: on note *Donax venustus* vivant dans les sables fins bien calibrés et des *Donax variegatus* inféodés aux sables grossiers de courants de fond (animaux filtrants qui ont besoin des courants de fond pour se nourrir). Viennent ensuite les *Tellina nidita* caractéristiques des sables vaseux. Puis, les *Cerastoderma edule*, marqueur biologique d'un milieu sableux, et quelques *Cerastoderma edule glaucum*, vivant dans les milieux sableux en dessalure, côtoient des *Hydrobia ventrosa* de milieux saumâtres. Enfin, quelques balanes, *Ostrea* sp. et *Ostrea edulis* vivant sur les substrats rocheux, sont récoltées.

L'ostracofaune est absente dans la partie inférieure de l'unité H. Les premiers tests d'ostracodes sont repérés vers −1,40 m. Il faut toutefois indiquer la présence de foraminifères vers la base de cette unité (vers −2,60 m). Dans la partie supérieure de l'unité H, l'ostracofaune se divise en trois groupes. Les individus vivants en milieu marin totalisent 70%, et 80% de l'effectif total. Le phytal côtier (*Pontocythere elongata*) atteint 40 à 50%, le phytal marin 30% (*Semicytherura incongruens*, *Semicytherura striata*, *Neocytherideis fasciata*). Le reste des individus se répartit pour 15% dans les espèces se développant en lagune (*Loxoconcha pseudoelliptica*), et 5 à 15% indiquent un milieu saumâtre (*Cyprideis* et *Loxoconcha elliptica*).

Deux datations au radiocarbone ont été effectuées sur l'unité H: à sa base 2320 ± 30 BP (soit 35 av. à 200 ap. J.-C.) et à son sommet 2205 ± 30 BP (soit 95 à 335 ap. J.-C.). Ces datations sont comparables à celles livrées par l'unité sommitale F de la carotte CL 9(8) proche de CL 7 (Fig. 3.4). La base de l'unité est datée de 2260 ± 30 BP (soit 40 à 260 ap. J.-C.). La partie médiane indique 2215 ± 30 BP (soit 90 à 325 ap. J.-C.). Au sommet la datation est 2185 ± 30 BP (soit 120 et 365 ap. J.-C.).

ANALYSES SEDIMENTOLOGIQUES DES CAROTTES CL3 ET CL4 REALISÉES DANS LE SECTEUR OUEST DU MÔLE DE CLAUDE

ÉTUDE DE LA CAROTTE CL3 (Fig. 3.5)

UNITÉ SÉDIMENTAIRE A: SABLES LITÉS STÉRILES
La base de la carotte CL3 se compose d'une alternance de sables fins et limoneux sur un mètre d'épaisseur. Cette unité est stérile.

UNITÉ SÉDIMENTAIRE B: SABLES MARINS INFRALITTORAUX
Cette unité sableuse est épaisse de 90 cm. Sa base est datée de 2785 ± 30 BP (soit 635 av. J.-C. à 360 av. J.-C.) et son sommet de 2420 ± 30 BP (soit 160 av. J.-C. à 75 ap. J.-C.). Les sables sont fins à moyens et représentent 70 à 90% du poids total à sec des échantillons. L'indice granulométrique de tri est bon. La macrofaune concentre des espèces associées aux sables grossiers sous l'influence des courants de fonds. L'ostracofaune est bien représentée et les associations du phytal côtier et marin sont majoritaires. On rencontre quelques espèces signalant des variations dans la salinité (saumâtre à lagunaire). Des fibres de posidonies sont présentes.

UNITÉ SÉDIMENTAIRE C: VASES SABLEUSES GRIS FONCÉ
L'unité de vase se développe sur 80 cm. Elle est postérieure à 2420 ± 30 BP et son sommet est daté de 2400 ± 30 BP (soit 145 av. à 95 ap. J.-C.). Sa fraction limono-argileuse varie de 65% du poids total à sec des échantillons (à la base) à 80% (au sommet). La fraction sableuse représente 35 à 20% du poids total et la fraction grossière est absente hormis quelques coquilles. Les indices montrent un enrichissement en sédiment fins. Les posidonies sont abondantes et s'accumulent en fines passées. L'ostracofaune majoritaire vient du phytal côtier.

UNITÉ SÉDIMENTAIRE D: SABLES COQUILLIERS À POSIDONIES
L'unité D se développe sur environ 7 m d'épaisseur et se caractérise par des sables marins coquilliers riches en fibres de posidonies. La texture sableuse varie entre 5 et 30% du poids total à sec. La granulométrie laser montre des sables dont le tri est bon à moyen. L'ostracofaune provient en large majorité du phytal côtier et marin. La macrofaune se compose de l'assemblage des sables infralittoraux, de l'assemblage des herbiers de posidonies et, au sommet, de l'assemblage des sables fins biens calibrés. Les différentes sous-unités illustrent la variabilité dans la texture sableuse (du grossier au fin) et la présence ou non d'un litage. La partie sommitale de la sous-unité B1 a été datée au radiocarbone de 2190 ± 30 BP (soit 270 à 520 ap. J.-C.).

ÉTUDE DE LA CAROTTE CL4 (Fig. 3.6)

UNITÉ SÉDIMENTAIRE A: SABLES LITÉS STÉRILES
La carotte CL4 présente à sa base une unité de sables lités stériles.

UNITÉ SÉDIMENTAIRE D: SABLES MARINS INFRALITTORAUX
L'unité se développe sur 1,30 m d'épaisseur. La texture sableuse oscille entre 70 et 90%, et la granulométrie montre un mode bien prononcé et un bon tri. L'ostracofaune est du phytal côtier et marin. La macrofaune regroupe des espèces rhéophiles, adaptées aux courants sous-marins. Des fibres de posidonies sont observées.

UNITÉ SÉDIMENTAIRE C: ÉLÉMENTS DE POUZZOLANE ET FRAGMENTS DE BLOCS
L'unité C se compose de pouzzolane, d'éléments grossiers et, à la base, de fragments de blocs d'origine volcanique. Elle est très compacte et mesure environ 4 m d'épaisseur.

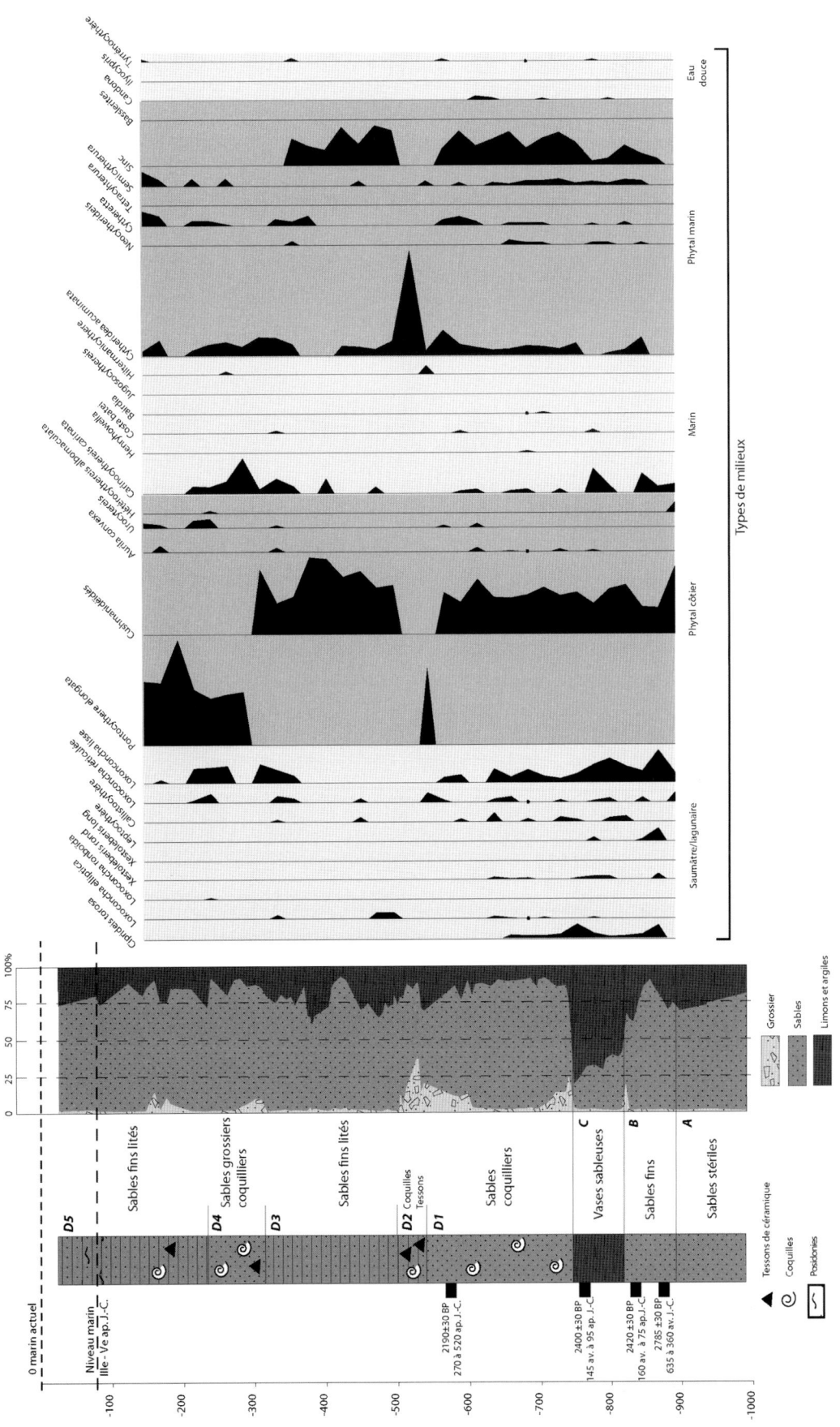

FIG. 3.5. Carotte CL3: analyses texturale et ostracodologique.

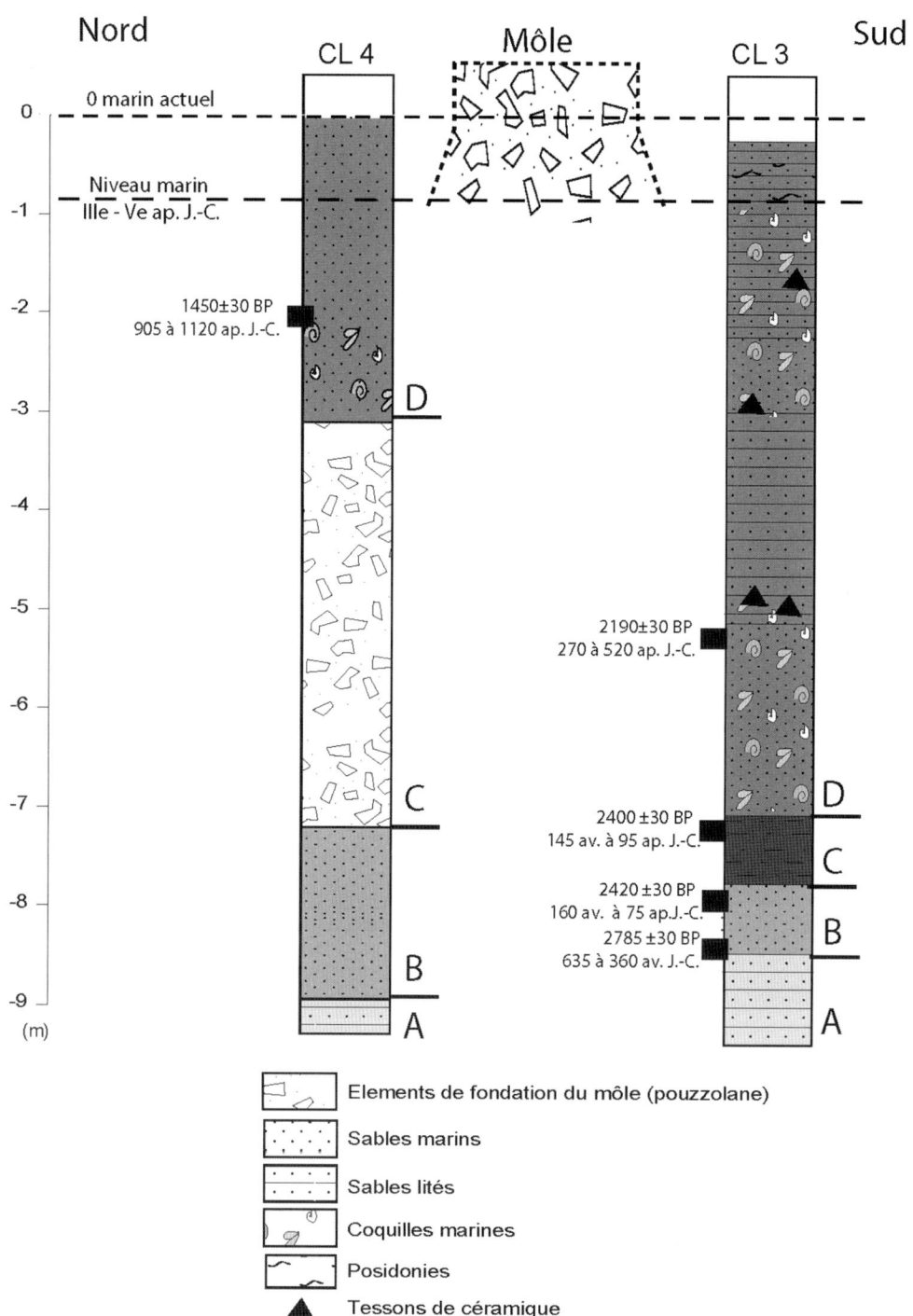

FIG. 3.6. Stratigraphie de la section ouest du môle de Claude.

UNITÉ D: SABLES COQUILLIERS À POSIDONIES

L'unité sommitale D contient 90% de sables. Les histogrammes de la granulométrie laser montrent un mode bien développé et les indices de tri sont bons. Deux principaux assemblages d'ostracodes sont présents: le phytal côtier et le phytal marin. La malacofaune est dominée par la biocénose des sables fins bien calibrés, celles des sables grossiers soumis aux courants de fonds et celle des substrats durs de type rochers ou herbiers de posidonie.

INTERPRETATIONS ET DISCUSSION SUR LA CONFIGURATION DU BASSIN DE CLAUDE: LA QUESTION DES OUVERTURES

LE SECTEUR OUEST: INTERPRETATION DES DONNÉES STRATIGRAPHIQUES DES CAROTTES CL3 ET CL4

LA PÉRIODE PRÉPORTUAIRE: UN MILIEU MARIN *OFFSHORE* PAR −8 M DE FOND

Pour les carottes CL3 et CL4, le milieu préportuaire se compose de deux unités sédimentaires. L'unité basale A comprend des sédiments anciens, stériles, et d'origine fluviale. Au dessus, l'unité B possède les caractéristiques d'un milieu marin ouvert et parcouru par des courants. Elle correspond à des fonds marins en accrétion qui se positionnent par −9 m sous le zéro marin actuel, soit environ −8 m sous le zéro marin antique. La base de l'unité B est datée de 2785 ± 30 BP (soit 635 à 360 av. J.-C.) et son sommet de 2420 ± 30 BP (soit 160 av. à 75 ap. J.-C.). La vitesse d'accrétion des fonds marins est très faible, de l'ordre de 0,2 cm/an.

LE REMPLISSAGE DU BASSIN DE CLAUDE: DES VASES AUX SABLES

Pour la carotte CL3, l'unité C correspond à une accumulation de sédiments vaseux riches en posidonies. A partir de 2420 ± 30 BP (soit 160 av. J.-C. à 75 ap. J.-C.), un milieu de sédimentation calme, riche en vases, succède brusquement à un milieu marin sableux parcouru par des courants. L'unité C traduit ainsi la première phase de comblement par envasement du bassin de Claude. La construction des môles dès le milieu du Ier siècle ap. J.-C. (entre 42 et 64 ap. J.-C.) permet une protection relative du milieu et le dépôt de sédiments fins au fond du bassin. Le sommet de cette accumulation de vases est daté de 2400 ± 30 BP (soit 145 av. à 95 ap. J.-C.). La vitesse de sédimentation est élevée, de l'ordre de 4 cm/an.

L'unité D de la carotte CL3 se compose de sables fins à grossiers, riches en coquilles marines et en posidonies présentant parfois un aspect lité. Elle correspond aux différentes phases d'ensablement du bassin de Claude. Le comblement sédimentaire du port passe d'un dépôt argilo-limoneux à un dépôt sableux. Ce changement brutal de faciès entre les unités C et D suggère que les môles ne sont plus assez efficaces pour protéger le bassin. Il est possible que les éléments météo-marins aient pu détériorer certaines portions des môles. Par la suite, le manque d'entretien des longs môles de Claude ne permettra plus le retour des dépôts fins dans le bassin.

LES RAISONS DE LA CONSTRUCTION DU BASSIN HEXAGONAL DE TRAJAN: L'APPORT DES DONNÉES SÉDIMENTOLOGIQUES

Du point de vue sédimentologique, deux indicateurs permettent de suggérer que les raisons qui ont poussées Trajan à construire le bassin hexagonal (entre 100 à 112 ap. J.-C.) semblent plus liées au fait que le bassin de Claude était trop exposé aux influences météo-marines du large que par un ensablement rapide. D'une part, l'unité D de la carotte CL3 montre que les sédiments grossiers remplacent désormais définitivement les sédiments fins. De plus, entre l'unité C et D, la vitesse de sédimentation diminue de façon importante en passant de 4 cm/an à 1 cm/an. D'autre part, les calculs bathymétriques rendent compte qu'entre la fin du IIIe et le début du VIe siècle ap. J.-C., la profondeur du bassin de Claude dans ce secteur (carotte CL3) était encore d'environ −5 m. Cette profondeur est largement suffisante pour les navires de l'époque romaine tardive (G. Boetto et P. Pomey, com. pers.).

Les analyses sédimentologiques menées dans le bassin de Claude devront se poursuivre sur d'autres carottages pour confirmer cette hypothèse d'un port déficient non pas pour des raisons d'ensablement rapide, mais par le fait d'un manque de protection et d'une exposition trop forte aux influences météo-marines du large. Jusqu'à ce jour, avec les carottes dont nous disposons, nous n'avons pas mis en évidence de phases de curage majeures dans le bassin de Claude.

NATURE ET PROFONDEUR DES FONDATIONS DU MÔLE DE CLAUDE

La carotte CL4 réalisée à 2 m au nord du môle de Claude montre que les fondations reposent sur un fond marin par environ 6,5 m sous le zéro marin antique.[2] Dans ce secteur, le môle n'est donc pas directement appuyé sur un cordon dunaire émergé comme le proposait l'hypothèse de Testaguzza (1970). Les ingénieurs de l'époque ont construit un môle en domaine *offshore* qui vient recouvrir un fond marin infralittoral. Une telle assise amène à reconsidérer la façon dont les ingénieurs ont conçu ce môle nord du port de Claude.

LE SECTEUR NORD: INTERPRETATION DES DONNÉES STRATIGRAPHIQUES DES CAROTTES CL6 À CL9

UNE PASSE NORD RICHE EN SÉDIMENT MARIN

Les carottages réalisés à proximité du secteur est du môle montrent une unité marine dont la base est à

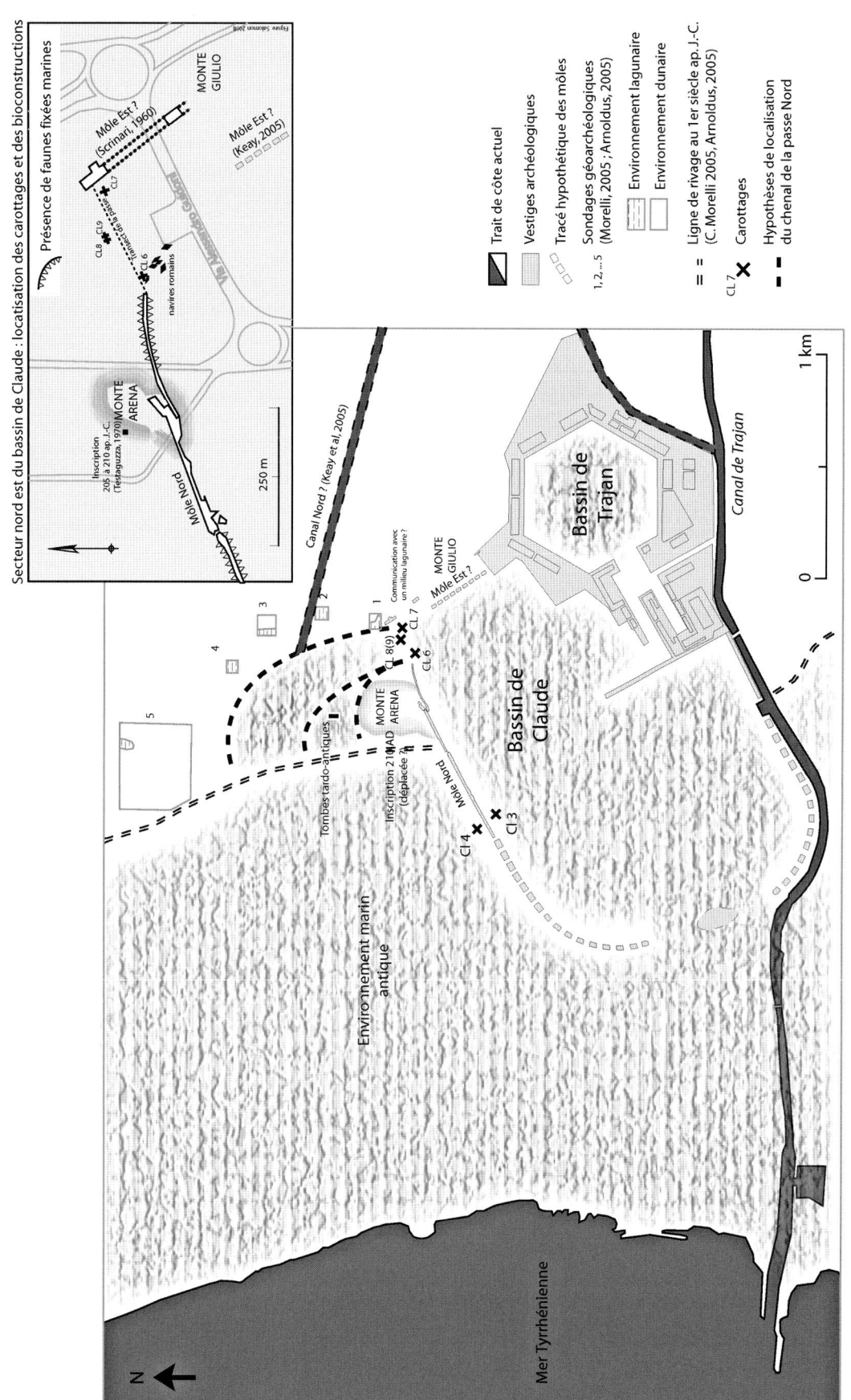

Fig. 3.7. Configuration du port de Rome avec deux ouvertures déduite par le croisement des données archéologique et paléoenvironnementales.

−3,4 m sous le niveau marin actuel, soit −2,6 m sous le niveau marin antique. La base de ces sédiments a été datée entre le milieu du Ier siècle et le milieu du IIIe siècle ap. J.C. Il y avait bien une communication avec le domaine marin mais de faible profondeur. Il s'agissait d'une entrée secondaire ouverte vers la mer et destinée aux navires de faible tirant d'eau. Elle a fonctionné, au plus tard, jusqu'au milieu du IVe siècle ap. J.-C. Les faunes indiquent que l'entrée nord était en communication avec la mer plus qu'avec un milieu lagunaire. Des courants parcouraient ce milieu comme l'attestent les indices granulométriques, la texture et la macrofaune. Même si un environnement lagunaire est proche (Arnoldus-Huyzendveld 2005; Morelli 2005), il ne se fait pas sentir dans ce milieu. Des carottages, permettant d'obtenir plusieurs mètres d'archives sédimentaires, situés plus au nord et à l'est de la capitainerie apporteraient un éclairage fondamental sur les relations entre les environnements marin, lagunaire et sur les cordons dunaires.

La Figure 3.4 met en évidence la dissymétrie ouest/est de la passe nord. Si à l'ouest, l'épaisseur de la colonne d'eau avoisinait 1,60 m, la section est offrait une épaisseur de colonne d'eau bien plus forte de l'ordre de 5,20 m. Tout se passe comme si les ingénieurs de l'époque avaient creusé un canal artificiel près de la capitainerie. Les 5 m permettaient à la plupart des navires de l'époque romaine tardive d'emprunter ce passage. Mais ce 'canal', creusé au Ier/IIe siècle ap. J.-C. va vite s'ensabler. La vitesse de sédimentation atteint 5 à 6 cm par an. Si bien qu'au plus tard, à la fin du IIe siècle, ce secteur ne possède plus qu'une épaisseur de colonne d'eau de 2,40 m.

DES FAUNES FIXÉES SUR LA FACE NORD DU MÔLE DE CLAUDE

La présence ou non de faunes fixées sur les quais indique quelle face de ces derniers était directement en contact avec le milieu marin. La Figure 3.7 représente les sections du môle de Claude où l'on note la présence de faune fixée. Il est important de noter que l'absence de faune sur une section du môle ne signifie pas forcément une absence de contact avec la mer. Deux autres raisons peuvent expliquer l'absence de faune. La première est liée au fait que les coquilles ont pu se détacher au cours du temps (Morhange 1994). La seconde raison est que la recherche des faunes fixées s'est effectuée, pour certains endroits, dans des zones pas ou peu excavées par les archéologues. On peut alors supposer qu'elles sont toujours enfouies sous les sédiments qui sont venus colmater

les bassins. La Figure 3.7 met en évidence que des faunes fixées (huitres, vermets, balanes) ont été aussi repérées sur la face nord du môle de Claude (Goiran et al. 2009). La présence de ces bioconstructions milite en faveur d'un vaste contact de ce secteur nord du port de Claude avec la mer (Fig. 3.7). Cet élément renforce l'idée d'une ouverture marine au nord.

CONCLUSION

L'étude paléoenvironnementale réalisée le long du môle nord du bassin de Claude permet de faire progresser nos connaissances dans trois domaines: (1) le paysage préportuaire; (2) la configuration du port de Claude et la localisation des passes; et (3) la nature et le rythme de comblement du bassin et de la passe nord.

Dans le secteur ouest du môle de Claude, la stratigraphie indique non pas un cordon dunaire sur lequel serait venu s'appuyer la structure, mais, au contraire, des sédiments marins accumulés sur 8 m d'épaisseur (Fig. 3.6). Le môle a donc été construit en domaine *offshore*. Une carotte réalisée dans la structure montre que ses fondations, composées d'éléments grossiers et de pouzzolane, descendent jusqu'à environ 6,4 m sous le niveau marin antique et reposent sur les sédiments marins datés entre le milieu du IIe siècle av. et le Ier siècle ap. J.-C.

Dans le secteur nord, cette étude montre que la section comprise entre la pointe est du môle de Claude et la Capitainerie n'est ni composée de sédiments émergés de type dunaire ni composée de sédiments d'origine lagunaire. L'ensemble des indicateurs paléoenvironnementaux milite en faveur d'une communication avec le domaine marin. La dissymétrie des profondeurs observée dans la passe (1,60 m du côté de la terminaison est du môle et 5,2 m du côté de la capitainerie) suggère un creusement artificiel de type canal. La découverte de faunes fixées marines sur la face nord-est du môle de Claude indique que celui-ci était en contact avec le plan d'eau marin. Ces bioconstructions permettent de dessiner un vaste environnement marin présent au nord (Fig. 3.7).

Le port de Claude était donc muni d'une double entrée et les deux hypothèses de départ n'étaient donc pas antinomiques (Fig. 3.2) mais complémentaires (Fig. 3.7).

NOTES

1. On peut consulter aussi le travail de Giraudi (Chapitre 2) en cet volume.
2. On peut considérer aussi les résultats des fouilles du môle de Claude dans la zone du *Palazzo Imperiale* (Chapitre 5) en cet volume.

REMERCIEMENTS

Nous remercions la Surintendance Archéologique d'Ostia Antica (Anna Gallina Zevi, Cinzia Morelli, Lidia Paroli) et le personnel du Musée des Navires de Fiumicino. Merci à l'École Française de Rome: Michel Gras (Directeur) et Yann Rivière (Responsable des études antiques et son prédécesseur, Stéphane Verger). Merci à Michel Bonifay pour la détermination des céramiques. Nous remercions Katia Espic, Vincent Gaertner et Christine Oberlin pour leur aide et leurs compétences apportées lors des analyses en laboratoire. Merci à Daniele D'Ottavio pour l'excellent travail de carottage réalisé sur le terrain. Ce travail à bénéficié d'un triple financement: l'École Française de Rome, l'ANR Jeune Chercheur et l'Appel à Projet Emergent de la Maison de l'Orient et de la Méditerranée.

REFERENCES BIBLIOGRAPHIQUES

Sources antiques
Suétone

Ailloud, H. (2002) *Suétone, Vie des douze Césars II. Tibère, Caligula, Claude, Néron.* Paris, Les Belles Lettres/Collection des Universités de France.

Sources modernes

Arnoldus-Huyzendveld, A. (2005) The natural environment of the *Agro Portuense.* In S. Keay, M. Millet, L. Paroli et K. Strutt, *Portus. An Archaeological Survey of the Port of Imperial Rome (Archaeological Monographs of the British School at Rome* 15): 14–30. Londres, British School at Rome.

Bellotti, P., Chiocci, F.L., Milli, S., Tortora, P. et Valeri, P. (1994) Sequence stratigraphy and depositional setting of the Tiber delta: integration of high resolution seismics, well logs and archaeological data. *Journal of Sedimentary Petrology* 3: 416–32.

Bellotti, P., Calderoni, G., Carboni, M.G., Di Bella, L., Tortora, P., Valeri, P. et Zernitskaya, V. (2007) Late Quaternary landscape evolution of the Tiber river delta plain (central Italy): new evidence from pollen data, biostratigraphy and ^{14}C dating. *Zeitschrift für Geomorphologie* 51 (4): 505–34.

Bellan-Santini, D., Lacaze, J.C. et Poizat, C. (1994) *Les biocénoses marines et littorales de Méditerrannée, synthèse, menaces et perspectives.* Paris, Muséum National d'Histoire Naturelle.

Belluomini, G., Iuzzolini, P., Manfra, L., Mortari, R. et Zalaffi, M. (1986) Evoluzione recente del delta del Tevere. *Geologica Romana* 25: 213–34.

Giraudi, C. (2004) Evoluzione tardo-olocenica del delta del Tevere. *Il Quaternario — Italian Journal of Quaternary Sciences* 17 (2/2): 477–82.

Giraudi, C., Paroli, L., Ricci, G. et Tata, C. (2006) Portus (Fiumicino–Roma). Il colmamento sedimentario dei bacini del porto di Claudio e Traiano nell'ambito dell'evoluzione ambientale tardo-antica e medievale del delta del Tevere. *Archeologia Medievale* 33: 49–60.

Goiran, J.P. (2001) *Recherche géomorphologique dans la région littorale d'Alexandrie, Egypte: mobilité des paysages à l'Holocène récent et évolution des milieux portuaires antiques.* Université de Provence, Thèse de Doctorat.

Goiran, J.P. et Morhange, C. (2003) Géoarchéologie des ports antiques de Méditerranée: problématiques et études de cas. *Topoï* 11: 645–67.

Goiran, J.P., Tronchère, H., Carbonel, P., Salomon, F., Djerbi, H., Ognard, C., Lucas, G. et Colalelli, U. (2008) Portus. La question de la localisation des ouvertures du port de Claude: approche géomorphologique. *Mélanges de l'École Française de Rome. Antiquité* 120 (1): 217–28.

Goiran, J.P., Tronchère, H., Collalelli, U., Salomon, F. et Djerbi, H. (2009) Découverte d'un niveau marin biologique sur les quais du Portus: le port antique de Rome. *Méditerranée* 112: 59–67.

Keay, S., Millet, M., Paroli, L. et Strutt, K. (2005) *Portus. An Archaeological Survey of the Port of Imperial Rome (Archaeological Monographs of the British School at Rome* 15). Londres, British School at Rome.

Mannucci, V. et Verduchi, P. (1992) Il porto imperiale di Roma: le vicende storiche. In V. Mannucci (ed.), *Il parco archeologico naturalistico del porto di Traiano. Metodo e progetto*: 55–60. Rome, Gangemi Editore.

Marriner, N. (2006) *Paléoenvironnements littoraux du Liban à l'Holocène. Géoarchéologie des ports antiques de Beyrouth, Sidon et Tyr: 5000 ans d'interactions nature-culture.* Université de Provence, Thèse de Doctorat.

Masse, J.P. (1988) L'étagement bionomique des milieux benthiques néritiques actuels: signification bathymétrique et implications paléobathymétriques. *Géologie Méditerranéenne* 15 (1): 91–102.

Morelli, C. (2005) The Claudian harbour in the light of new investigations. In C. Morelli, L. Paroli et P.A. Verduchi, Summary of other recent fieldwork at Portus: 241–8. In S. Keay, M. Millett, L. Paroli et K. Strutt, *Portus. An Archaeological Survey of the Port of Imperial Rome (Archaeological. Monographs of the British School at Rome* 15): 241–68. Londres, British School at Rome.

Morhange, C. (1994) *La mobilité récente des littoraux provençaux.* Université de Provence, Thèse de Doctorat.

Paroli, L. (2005) History of past research at Portus. In S. Keay, M. Millett, L. Paroli et K. Strutt, *Portus. An Archaeological Survey of the Port of Imperial Rome (Archaeological Monographs of the British School at Rome* 15): 43–59. Londres, British School at Rome.

Péres, J.M. (1967) Les biocénoses benthiques dans le système phytal. *Recueil des Travaux de la Station Marine d'Endoume* 58 (42): 3–114.

Péres, J.M. et Picard, J. (1964) Nouveau manuel de bionomie benthique de la Méditerranée. *Recueil des Travaux de la Station Marine d'Endoume* 31 (47): 137.

Scrinari, V. (1960) Strutture portuali relativa al 'porto di Claudio' messo in luce durante i lavori dell'Aeroporto Intercontinentale di Fiumicino (Roma). *Rassegna dei Lavori Pubblici* 3: 173–90.

Testaguzza, O. (1964) *Portus. Illustrazione dei porti di Claudio e Traiano e della città di Porto a Fiumicino.* Rome, Julia Editrice.

Testaguzza, O. (1970) The port of Rome. *Archaeology* 17 (3): 173–9.

Zevi, F. (2001) Ostie et son port: histoire d'un échec et de ses remèdes. In J.-P. Descoeudres (ed.), *Ostia, port et porte de la Rome antique*: 114–20. Genève, Musée Rath.

Il porto di Claudio: nuove scoperte

Cinzia Morelli, Alfredo Marinucci & Antonia Arnoldus-Huyzendveld

INTRODUZIONE E LAVORI PRECEDENTI

Negli ultimi sette anni sono state condotte dalla Soprintendenza per i Beni Archeologici di Ostia numerose campagne di indagine archeologica nell'area occupata in antico dalle strutture e dal bacino del porto di Claudio. I diversi interventi sono stati, nella maggior parte dei casi, motivati da necessità di tutela a fronte sia di progetti di edificazione ed urbanizzazione localizzati lungo il margine orientale dell'abitato di Fiumicino, sia di lavori di ristrutturazione ed adeguamento dell'Aeroporto Leonardo da Vinci (**Fig. 4.1**). Le attività di archeologia preventiva, che si sono concentrate in particolar modo nell'area più occidentale del porto, si sono svolte con tempi e metodologie diverse, utilizzando sia la tecnica di scavo a cielo aperto, mediante l'apertura di trincee, sia tecniche meno invasive come i carotaggi (**Fig. 4.2**).

Le indagini archeologiche, oltre a fornire preziosissimi dati riguardo all'andamento della linea di costa antica ed al paleoambiente (Arnoldus-Huyzendveld 2005; Morelli 2005), hanno gettato una nuova luce sull'assetto del porto di Claudio ed in particolare sulla sua porzione più occidentale le cui strutture, sino ad oggi, erano state solo oggetto di ipotesi, mai suffragate da prospezioni archeologiche. I dati raccolti, infatti, hanno permesso la perimetrazione dell'antico bacino portuale, l'individuazione sia delle porzioni occidentali dei due moli, sia dell'isola-faro, ed hanno portato alla modifica dei progetti di urbanizzazione e di edificazione, consentendo una piena tutela dell'area dell'antico porto. Le ricerche effettuate hanno fornito dati fondamentali per la localizzazione dell'ingresso principale del porto che, come è noto, è stato diversamente collocato dai diversi autori nel corso della lunga storia degli studi che hanno riguardato i porti imperiali di Claudio e Traiano (Paroli 2005).

Sia la *Tabula Peutingeriana* (Levi e Levi 1967: 126–7; Bosio 1983: fig. 34; Lugli e Filibeck 1935: 41–2), pur nella sua schematicità, sia la più antica iconografia relativa ai porti imperiali del XVI e XVII secolo, hanno rappresentato il porto di Claudio come un grande bacino delimitato, a nord ed a sud, da due moli curvilinei convergenti verso l'ingresso, posto ad ovest, in corrispondenza del quale era collocata l'isola-faro. Basti ricordare, solo per citare alcuni esempi: i disegni di Antonio Labacco (Labacco 1552–67: tav. 29; Lugli 1947–9: 199–200, fig. 1) (**Fig. 4.3**) e di Salvestro Peruzzi (Dis. Uffizi, 639 e 641; Lugli 1947–9: 200, figg. 7–8); le due vedute prospettiche del 1554 (Lugli 1947–9: 189–90, fig. 2) e del 1568–83 (Lugli 1947–9: 191, fig. 3) e la rappresentazione cartografica (Frutaz 1972: 35–6, tav. 48) di Pirro Ligorio; la veduta prospettica datata al 1575 di Stefano Du Pérac (Lugli 1947–9: 201–3, fig. 9); i due affreschi di Antonio Danti presenti nella Galleria delle Carte Geografiche in Vaticano (Testaguzza 1970: tavv. II–III); le rappresentazioni della serie del Catasto Alessandrino del 1660 (Frutaz 1972: tav. 148, Catasto Alessandrino. Anonimo. Strade fuori della Porta Portese fino al mare, 6° segmento, Archivio di Stato di Roma, Presidenza delle strade, vol. 433bis/13); ed infine la pianta di Cornelio Meyer del 1680 (Frutaz 1972: tav. 158).

Tale ricostruzione venne completamente modificata a partire dal XIX secolo: per primo il Canina nel 1830 (1830: tav. I; 1856: tav. CLXXX)[1] ruotò di 90 gradi l'asse del bacino portuale di Claudio, ponendo l'ingresso a nord e non più ad ovest; sempre secondo la ricostruzione di Canina, il faro non era collocato su un'isola, bensì all'estremità del molo sinistro in prossimità dell'ingresso. Appare chiaro come tale nuova ipotesi presupponeva l'esistenza, a nord del porto, di una vasta insenatura nella linea di costa per permettere le manovre di ingresso da parte delle grandi navi onerarie romane che facevano scalo nel porto di Claudio.

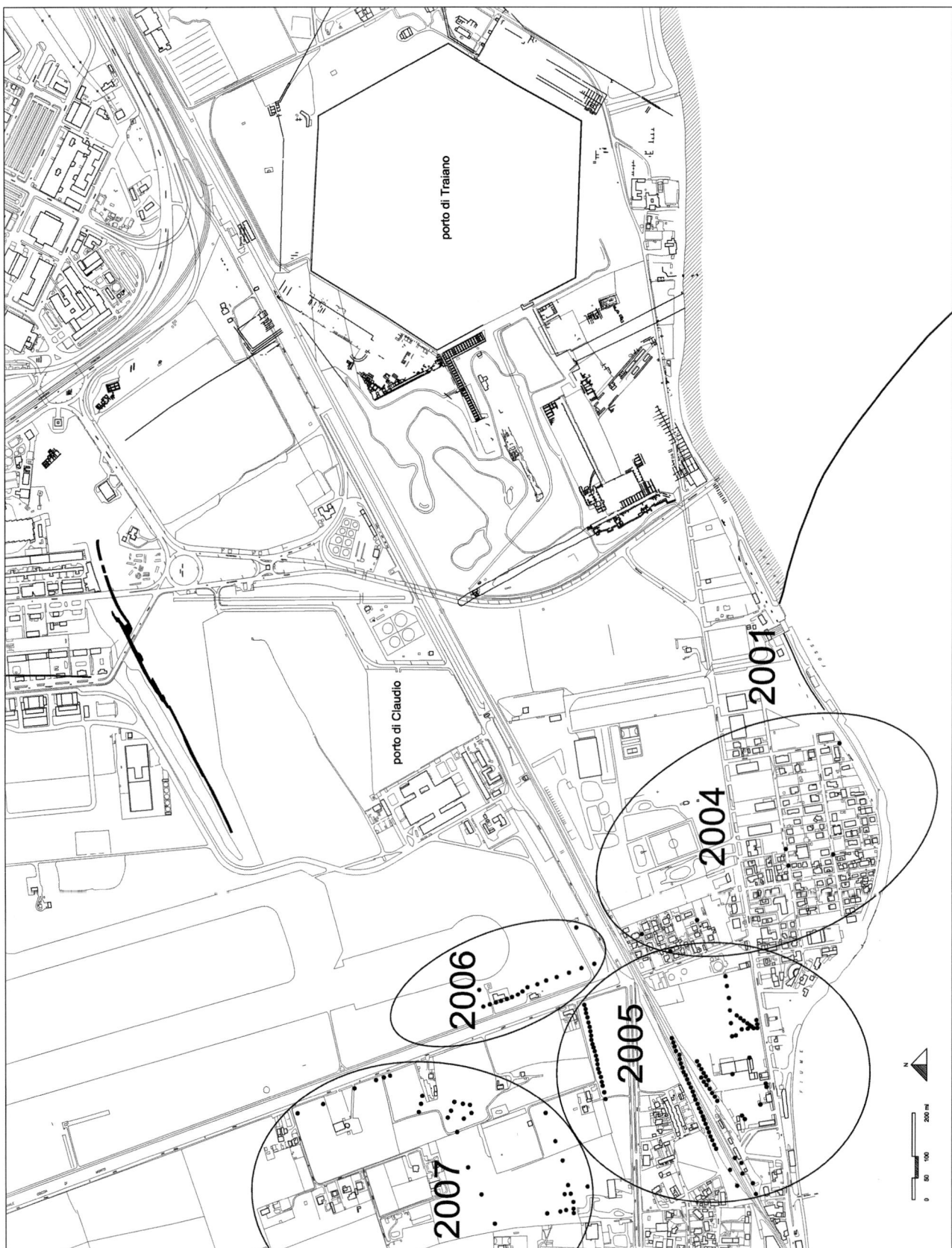

porto di Traiano

porto di Claudio

2001

2004

2006

2005

2007

Fɪɢ. 4.1. Planimetria dei porti di Claudio e Traiano con indicazione delle aree che sono state oggetto di indagine negli anni tra il 2001 ed il 2007.

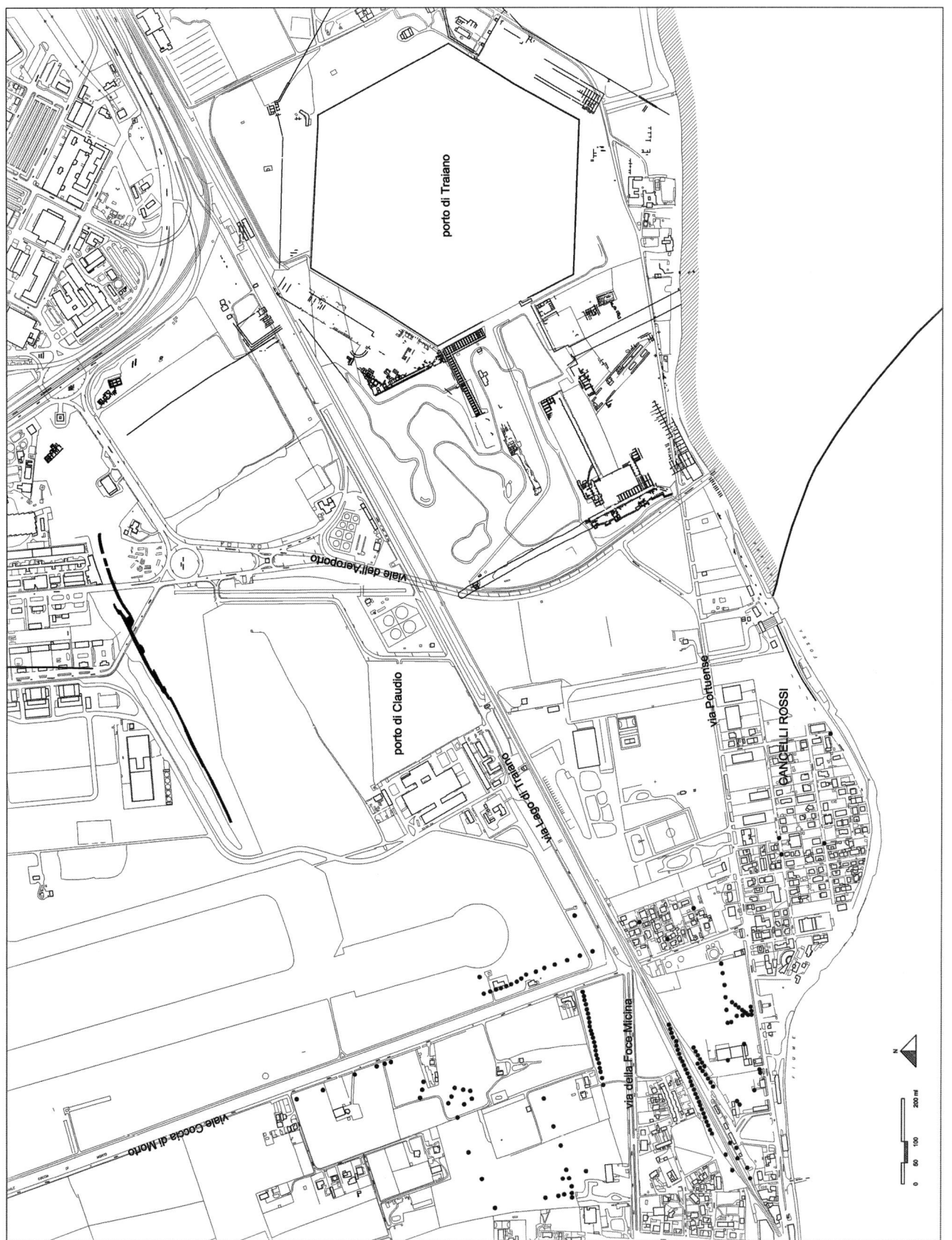

FIG. 4.2. Localizzazione dei sondaggi e dei carotaggi effettuati nel corso delle campagne 2001–7.

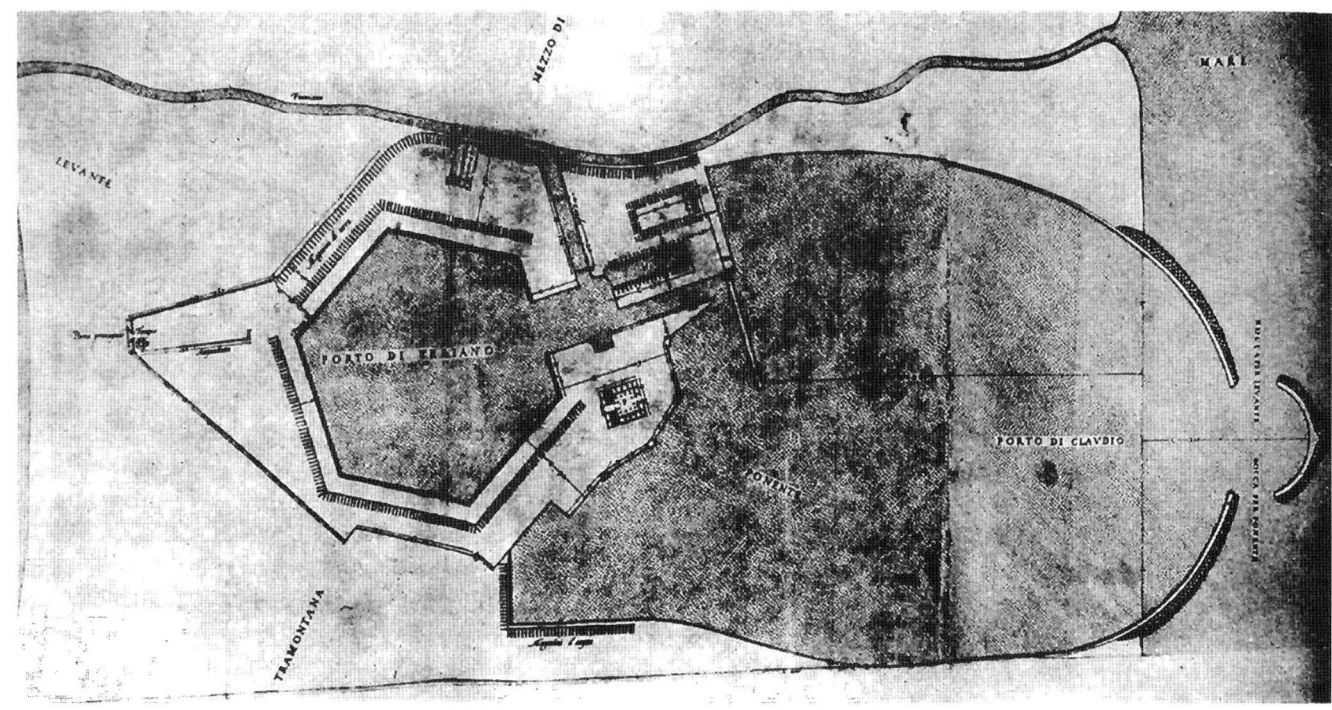

FIG. 4.3. I porti di Claudio e Traiano nella ricostruzione di Antonio Labacco (1552–67: tav. 29).

La nuova ipotesi ricostruttiva avanzata da Canina, ed accolta negli anni successivi da Texier (1858), da Nibby (1827; 1848: 638–45), da Rosa (1850–70) e da Lanciani (1868), fu probabilmente favorita dalla parziale scomparsa delle strutture dei porti; è noto, infatti, che a partire dalla fine del XVII secolo, in seguito all'avanzamento della linea di costa, il porto di Claudio risultava ormai totalmente inglobato nella terraferma. L'interramento, unito all'impaludamento delle zone litoranee, rese, probabilmente, più difficile la lettura e l'interpretazione dei resti antichi emergenti, rispetto a quanto potevano ancora ammirare gli studiosi ed i disegnatori del XVI–XVII secolo, quando parte dei moli e l'isola-faro erano localizzati ancora in mare. Inoltre, il posizionamento del faro non più su un'isola, bensì all'estremità del molo sinistro, è dovuto, probabilmente, all'influenza di un passo di Plinio (*Naturalis Historia* 16.76.201–2) in cui l'autore, descrivendo la nave di Caligola affondata da Claudio ed utilizzata come fondazione delle strutture portuali, afferma: 'Longitudo spatium obtinuit magna ex parte Ostiensis portus latere laevo. Ibi namque demersa est Claudio principe cum tribus molibus turrium altitudine in ea exaedificatis obiter Puteolano polvere advectisque'. Evidentemente gli studiosi del XIX secolo (e, come vedremo, anche di parte del XX secolo) preferirono dare credito a Plinio, piuttosto che seguire la tradizione

di Suetonio (*Claudius* 20.3) e di Cassio Dione (60.11.1–5) che pongono il faro su un'isola all'imboccatura del porto.

A partire dai primi decenni del XIX secolo ebbe inizio un'intensa attività di scavo che interessò i porti di Claudio e Traiano; ricordiamo, tra gli altri, gli interventi di Lugli e Gismondi (Lugli e Filibeck 1935; Lugli 1947–9: 187–207) negli anni '30 del secolo scorso e quelli effettuati a più riprese da Scrinari negli anni tra il 1950 ed il 1980 in occasione della costruzione dell'Aeroporto Leonardo da Vinci (Scrinari 1960; 1963; 1971; 1979; 1984; 1987). Sia Lugli che Scrinari, attraverso una rilettura delle strutture già note dei porti imperiali ed in base ai risultati delle nuove indagini, giunsero ad ipotizzare un ingresso a nord per il porto di Claudio e ad aderire sostanzialmente all'ipotesi di Canina, anche per quanto riguarda la localizzazione del faro all'estremità del molo sinistro. Tale ricostruzione fu condivisa anche da Testaguzza (1963; 1970) e da Schmiedt (1970: 133, 136, 139, tav. CCCXXXIII).[2]

Già dal 1961 lo stesso Lugli (1961) iniziò a mettere in dubbio l'esistenza di un unico ingresso a nord per il porto di Claudio. Ma fu Castagnoli (1963) che aprì la strada ad una nuova stagione di ricerche, rivoluzionando nuovamente le teorie sull'assetto topografico del porto di Claudio. In base ad un'attenta analisi di alcune foto aeree[3] egli ricostruì il bacino portuale con asse principale est–ovest ed ingresso a sudovest, ritornando così alle ricostruzioni iconografiche del XVI e XVII secolo. L'ipotesi di Castagnoli venne ulteriormente confermata e precisata dai successivi studi di Giuliani (Giuliani 1992; 2001) che, mediante un'analisi comparata delle fonti classiche, delle rappresentazioni del XVI e XVII secolo e delle foto aeree, è giunto alla ricostruzione di un grande bacino portuale (oltre 150 ettari), con asse grosso modo est–ovest, perimetrato a nord ed a sud da due moli convergenti verso ovest, dove sono posizionati i due ingressi separati dall'isola-faro.[4]

Con gli ampi studi di Giuliani sembrava essersi definitivamente chiusa la diatriba sull'orientamento del porto di Claudio e sul posizionamento dell'ingresso al bacino; ma in epoca recentissima alcuni studiosi hanno rimesso in discussione tale problematica.

In particolare nel 2006 (Giraudi et al. 2006), sulla base dei dati forniti da una serie di carotaggi effettuati, però, solo nel settore più orientale del porto lontano dall'ingresso, è stata proposta una nuova ipotesi sull'assetto del bacino portuale, che coincide con quella già avanzata da Scrinari e Testaguzza. Viene ricostruito, infatti, un bacino di dimensioni quasi dimezzate rispetto a quanto teorizzato da Castagnoli e Giuliani, chiuso verso il mare dai cordoni litoranei pre-romani, e munito di due ingressi: uno a nord localizzato in corrispondenza di un'insenatura dell'antica linea di costa (già presente nelle ricostruzioni di Scrinari e Testaguzza) ed uno posto a sudovest che, tagliando i cordoni litoranei, dava accesso al porto in un punto prossimo alla sbocco in mare dell'antica Fossa Traiana.[5]

Da ultimo Goiran e colleghi (Goiran et al. 2007) hanno ipotizzato una possibile convergenza tra le due ipotesi sin qui avanzate. Essi, infatti, sulla base di una serie di carotaggi effettuati,[6] sostengono l'ipotesi di un ingresso principale al bacino posto ad ovest, aderendo alla ricostruzione fatta da ultimo da Giuliani; contemporaneamente ipotizzano anche un collegamento con il mare sul lato nord dove colloca, in corrispondenza della lacuna esistente tra il molo settentrionale e la banchina del porto di Claudio, un ingresso secondario. Tale ingresso, forse di epoca più tarda, doveva fungere da punto di accesso per imbarcazioni di limitato pescaggio, vista la scarsa profondità, e doveva permettere una circolazione delle correnti marine all'interno del bacino portuale.

In questo contesto di studi si inseriscono le ricerche condotte tra il 2001 ed il 2007 dalla Soprintendenza per i Beni Archeologici di Ostia, che vengono brevemente presentate in questa sede.

INQUADRAMENTO PALEOAMBIENTALE

La doppia arcata della linea di costa della Campagna Romana è composta da barriere litoranee (tomboli) che collegano le due sporgenze di Ladispoli/Palo e Anzio. Nel centro la regolarità dell'allineamento è interrotta dalle foci del Tevere e della Fiumara: nel complesso, quindi, questa forma è il risultato dell'interazione dinamica tra i fiumi e le correnti marine.

Rispetto alla posizione che occupava in epoca romana, il limite della terraferma si è spostato di diversi chilometri verso il mare, lasciando alle sue spalle una serie di cordoni dunari paralleli. L'ispessimento della fascia dunare è potuto avvenire perché si sono verificate ciclicamente condizioni di sovrabbondanza del carico solido dei fiumi, e quindi del mare. Di conseguenza, la posizione della costa nei primi secoli d.C. e, più generalmente, la configurazione originaria della fascia litoranea, è stata sepolta sotto la copertura dunare ed i sedimenti alluvionali del Tevere.

L'evoluzione della fascia costiera è stata ricostruita attraverso dati archeologici, storici e cartografici; in epoca storica, l'avanzamento della linea di costa è stato inizialmente lento, successivamente di entità maggiore, tanto che circa metà di tale avanzamento è avvenuto a partire dal XVI secolo (Dragone et al. 1967: 62–5; Segre 1986: 13–17; Servizio Geologico d'Italia 1967; Bellotti et al. 1989). La linea di costa del 1570 è ben documentata attraverso le posizioni della Torre Alessandrina lungo il canale di Fiumicino e del Maschio di San Michele lungo il Tevere (Segre 1986: 15–16).

Vediamo ora in dettaglio come si sviluppava la linea di costa, nel territorio che ci interessa, nel periodo immediatamente precedente alla costruzione dei porti imperiali. Per quanto riguarda il tratto a sud della Fossa Traiana (l'Isola Sacra) esiste un sostanziale accordo tra i vari autori (Carta dell'Agro 1988). Non sussiste, invece, consenso sulle condizioni ambientali dell'area posta più a nord, dove furono poi costruiti i porti di Claudio e Traiano. In particolare, Testaguzza (1970) ha presunto l'esistenza, nel I secolo d.C., di una grande insenatura naturale a nord del bacino portuale di Claudio, basandosi per questa ipotesi sugli scavi effettuati tra il 1950 ed il 1960, durante la costruzione dell'Aeroporto Leonardo da Vinci, e su studi precedenti tra cui quelli di Canina (1830), di Nibby (1827), di Lugli e Filibeck (1935) e quelli relativi alla redazione delle carte geologiche (Dragone et al. 1967; Servizio Geologico d'Italia 1967). Su quest'ultima carta, l'insenatura è tracciata con una lunghezza di più di 2 km, direttamente a nord del bacino.

Castagnoli (1963; 1980), invece, sostenuto a grandi linee da Giuliani (1992), ha ripreso e sviluppato la ricostruzione elaborata dagli studiosi prima di Canina, ipotizzando l'esistenza della terraferma direttamente a nord del porto di Claudio.

Nelle sue ricostruzioni, Giraudi (Giraudi 2004; Giraudi et al. 2006; Giraudi, Tata e Paroli 2007) ha proposto non tanto un'insenatura a nord del bacino portuale, quanto un tratto di costa arretrata rispetto alla fascia più meridionale. Nella parte centrale del bacino portuale, l'autore ha ipotizzato, in base allo studio delle foto aeree, la presenza di un cordone dunare pre-romano in posizione avanzata (fase V) al quale sarebbe stato poi ancorato il molo settentrionale.

Goiran e i suoi colleghi (2007), in base ad una serie di carotaggi, hanno contestato tale ipotesi, dimostrando che nei pressi del molo settentrionale non esiste un cordone pre-romano e che la base del molo si trova qui a −7 m s.l.m., quindi ad una profondità che denota una notevole distanza dalla linea di costa. I due gruppi di ricercatori condividono l'idea, già espressa da Segre (1986), che il bacino portuale di Claudio abbia sfruttato una (o più) foci antiche del Tevere, esistenti prima della migrazione definitiva del fiume verso sud, dove più tardi fu fondata la colonia di Ostia.

Nella pubblicazione dedicata all'ambiente naturale dell'Agro Portuense (Arnoldus-Huyzendveld 2005) sono stati avanzati argomenti decisivi in favore di una continuità della linea di costa in età romana a nord del porto di Claudio. La linea di costa ricostruita è coerente con la proposta di Castagnoli (1963). Gli argomenti si sono basati sui dati provenienti dalle indagini effettuate tra il 2001 e il 2002 (Morelli 2005), in parte localizzate proprio all'interno della presunta insenatura, a cui si possono ora aggiungere altri dati, ancora inediti, sempre relativi alla fascia costiera direttamente a nord del bacino portuale di Claudio. Inoltre, è stato ribadito che l'avanzamento storico della linea di costa sia iniziato solo a partire dall'epoca imperiale. La configurazione ambientale ricostruita per il periodo precedente ai porti imperiali, quindi, è quella di una larga fascia dunare pre-romana posta tra il mare e la laguna di Maccarese, interrotta da una o due lagune interdunari, strette, poco profonde e parallele alla costa, che nel tratto a nord dei porti erano separate dal mare da una fascia di terraferma.

Le considerazioni di Bellotti (2000) sui delta tirrenici a 'tomboli' forniscono ulteriori indizi in favore di questa ricostruzione. L'autore ha segnalato le strette correlazioni, lungo l'intera costa tirrenica, nella modalità e nella velocità di avanzamento dei cordoni litorali. Tale correlazione è corroborata, oltre che dalla generale configurazione dei delta del Mar Tirreno (piattaforma poco acclive, scarsa influenza della subsidenza, limitate escursioni delle maree), anche dalla sincronia nell'incremento della piana deltizia esterna dei maggiori delta tirrenici — del Volturno, del Tevere, dell'Ombrone e dell'Arno — negli ultimi 2.000 anni, e nella frequenza ed intensità delle alluvioni. L'autore ha ribadito che generalmente la linea di costa si sposta parallelamente al cordone precedente (se il processo non è interrotto da una fase erosiva) e presenta una cuspide più o meno pronunciata in funzione del carico solido dei fiumi. La cuspide del Tevere ha raggiunto il suo massimo sviluppo tra il XVI e il XIX secolo, in concomitanza alle alluvioni più intense note nella storia. Le prime cuspidi pronunciate riconosciute lungo la costa tirrenica si riferiscono al periodo tardo-romano (Ombrone) o post-romano (Arno).

Il modello proposto da Bellotti, quindi, rafforza la ricostruzione, per il I secolo d.C., di una linea di costa ad andamento regolare, probabilmente lievemente curvata verso l'interno, priva di insenatura a nord del futuro bacino portuale di Claudio (Testaguzza 1970), senza una cuspide pronunciata alla foce tiberina e senza un cordone pre-romano avanzato (Giraudi 2004; Giraudi et al. 2006; Giraudi, Tata e Paroli 2007). A nostro avviso è accettabile una lieve rientranza originaria nella parte centrale, o, in ogni caso, l'assenza di un cordone litorale, in corrispondenza della foce abbandonata del Tevere.

IL MOLO MERIDIONALE ED IL CANALE SUDOVEST DI ACCESSO AL PORTO DI CLAUDIO

Le indagini che hanno portato alla precisa individuazione del molo meridionale e del canale di accesso sudovest del porto di Claudio, si sono svolte a più riprese nell'arco degli ultimi anni, in occasione delle attività di archeologia preventiva poste in essere dalla Soprintendenza per i Beni Archeologici di Ostia in occasione di lavori pubblici o privati che hanno interessato l'area situata ad ovest di viale dell'Aeroporto di Fiumicino.[7]

La finalità di tutte le prospezioni archeologiche e geoarcheologiche effettuate è stata essenzialmente quella della perimetrazione e della tutela dell'antico bacino portuale, mediante la ricerca di eventuali strutture pertinenti ai moli ed al faro, supportata anche dalla ricostruzione delle condizioni ambientali della fascia costiera, prima e dopo la costruzione dei porti imperiali.

Nel 2001 (**Fig. 4.1**), preventivamente ai lavori di rialzamento dell'argine destro del Canale di Fiumicino (l'antica Fossa Traiana), sono stati effettuati sondaggi archeologici[8] lungo tutta la fascia occupata dall'argine moderno da viale dell'Aeroporto di Fiumicino verso ovest (**Fig. 4.2**). Purtroppo, le condizioni di urgenza nella realizzazione dei lavori — considerati improcrastinabili per la messa in sicurezza idraulica dell'abitato di Fiumicino — e soprattutto l'impossibilità, sempre per motivi di sicurezza, di intaccare in profondità ed estensivamente l'argine esistente, hanno permesso di indagare solo la sommità delle strutture e dei livelli archeologici.

Nel tratto compreso tra viale dell'Aeroporto di Fiumicino ad est, a partire da 180 m da essa, e l'impianto delle idrovore localizzate lungo il Canale di Fiumicino ad ovest, sono stati effettuati, alla sommità dell'argine, nove sondaggi archeologici a cielo aperto, distanti tra loro circa 25 m e lunghi mediamente 3 m; nel tratto posto ad ovest delle idrovore è stata condotta, sempre alla sommità dell'argine, una trincea continua. Al di sotto dell'humus e di due strati di terriccio argilloso di riporto, identificabili come due momenti di realizzazione dell'argine, è stato individuato un livello caratterizzato da un substrato sabbioso-limoso di accumulo naturale che ricopre le strutture e gli strati archeologici. Nei nove saggi localizzati ad est dell'idrovora, che coprono un'area lunga circa 170 m, ad una quota oscillante tra 1,38 e 2,23 m s.l.m. è stata riportata in luce la sommità di una platea cementizia, costituita da abbondante malta ricca di pozzolana in cui sono allettati scapoli di tufo di medie e grandi dimensioni. Ad ovest dell'idrovora tale struttura prosegue ed è stata individuata per una lunghezza massima di circa 200–10 m nella trincea continua effettuata in questo tratto dell'argine. La platea mantiene qui le stesse caratteristiche strutturali, ma è conservata a quote non costanti e più basse, oscillanti tra +1,18 m e −0,11 m s.l.m. È da segnalare che in questo settore, in ben due punti,[9] compaiono, al di sopra della platea, due strutture, lunghe rispettivamente 1,70 e 0,60 m, caratterizzate da malta grigiastra e dall'uso di laterizi come *caementa*. Come si è detto, a 200–10 m ad ovest dell'idrovora la struttura tende ad assottigliarsi per poi scomparire: sebbene le indagini siano proseguite verso ovest per altri 1.000 m circa, non si è più rinvenuta traccia di essa.

Considerate le caratteristiche strutturali della platea, con largo uso di malta pozzolanica, e soprattutto la sua continuità per una lunghezza complessiva individuata di circa 390 m, sembra assai probabile l'ipotesi che si tratti del nucleo cementizio del molo meridionale del porto di Claudio, conservatosi a quote piuttosto elevate, rispetto alle altre aree in cui è stato rinvenuto, proprio in quanto protetto dalla sovrapposizione dell'argine del Tevere.

La sua scomparsa quasi repentina a 200–10 m dall'idrovora può essere spiegata solo ipotizzando che esso, in questo punto, pieghi verso nordovest; tale ricostruzione sembra trovare conferma nei dati forniti dai carotaggi effettuati nel 2004, nel settore posto immediatamente a nordovest di quest'area, in località Cancelli Rossi, all'interno del moderno abitato di Fiumicino.

Nel 2004 (**Fig. 4.1**), infatti, in occasione della redazione di un progetto di fattibilità da parte dell'ANAS S.p.A. (Azienda Nazionale Autonoma delle Strade), è stata condotta una vasta campagna di carotaggi[10] volta all'individuazione delle strutture dell'antico porto di Claudio ed all'acquisizione di dati relativi al paleoambiente. La campagna ha interessato tutta l'area compresa tra il Canale di Fiumicino a sud e via Lago di Traiano a nord, sino all'incrocio con viale Coccia di Morto (**Fig. 4.2**). I dati geologici sono stati già pubblicati (Bellotti *et al.* 2007), pertanto in questa sede si prenderanno in considerazione solo gli aspetti archeologici.

Da un punto di vista strettamente archeologico sono emersi due dati estremamente rilevanti. Il primo è scaturito dalle indagini condotte nell'area posta a sud della via Portuense, in corrispondenza dell'attuale zona di Cancelli Rossi (**Fig. 4.4**); qui, due carotaggi effettuati — il primo in corrispondenza dell'incrocio tra via Baistrocchi e via Miraglia ed il secondo lungo via Calderara all'angolo con via D'Ascanio —[11] hanno intercettato il molo meridionale del porto di Claudio. La stratigrafia dei sondaggi ha evidenziato, al di sotto di strati di riporto moderno e di depositi di terriccio sabbioso-limoso, ad una profondità di −5,40 m dal piano stradale, il nucleo cementizio del molo meridionale del porto di Claudio; esso è caratterizzato da una struttura in malta idraulica, ricca di pozzolana rossa (soprattutto nel settore inferiore), in cui sono allettati *caementa* di tufo che si alternano a *caementa* di basalto.[12] La struttura, che presenta un'altezza massima conservata di circa 10 m, poggia direttamente sul paleofondale.

Il secondo dato emerso dalla campagna di indagini riguarda la posizione dell'isola-faro: sono stati

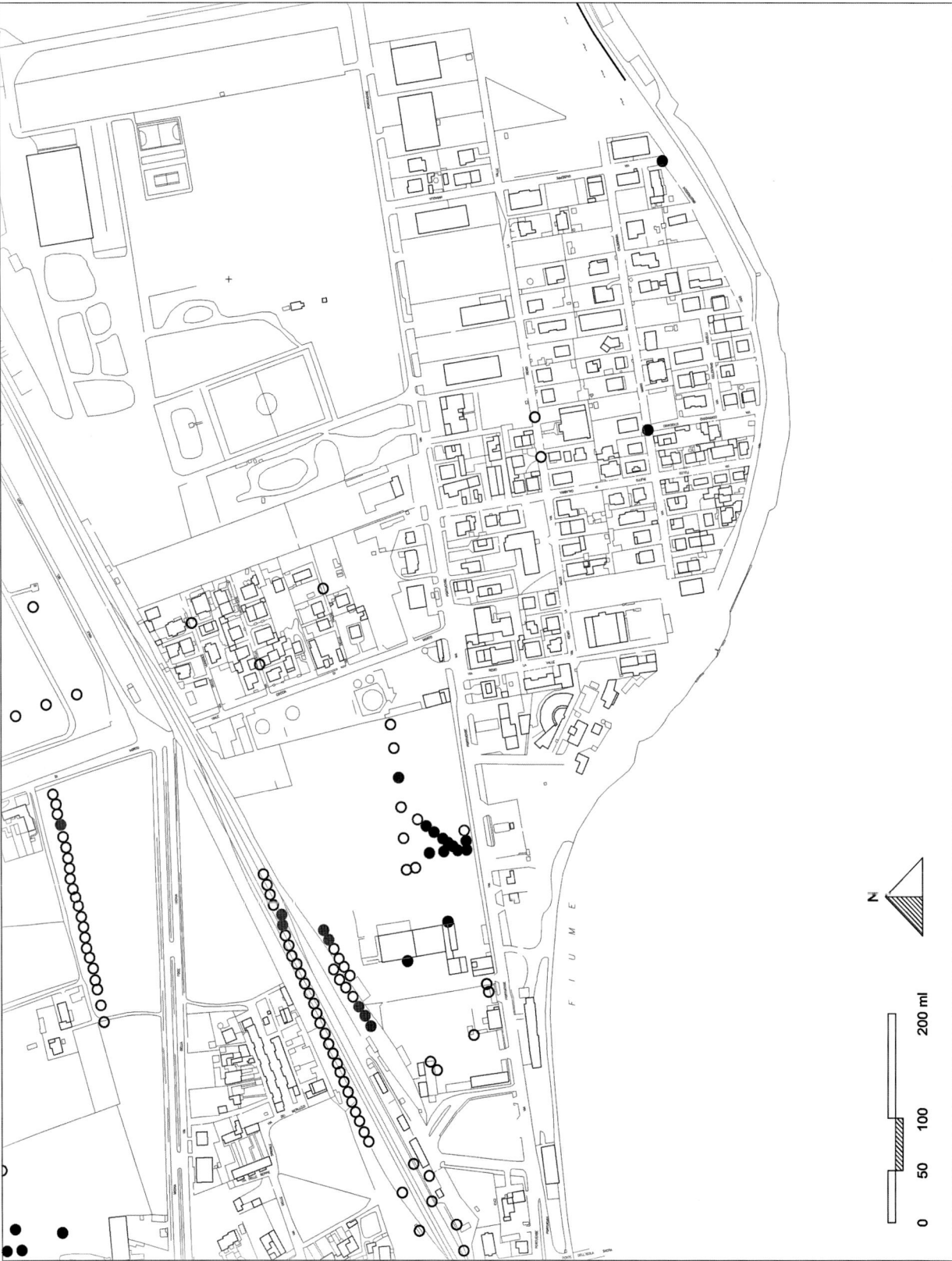

Fig. 4.4. Posizionamento dei sondaggi e dei carotaggi effettuati negli anni 2001–5 sull'argine destro del Canale di Fiumicino, nell'area posta tra via Lago di Traiano e la località Cancelli Rossi (intervento ANAS) e nel Comprensorio Isolato Stazione. In nero sono indicati i sondaggi ed i carotaggi che hanno restituito resti di strutture ed in grigio quelli che hanno evidenziato tracce di correnti marine, mentre con il colore bianco sono rappresentati tutti gli altri.

effettuati tre carotaggi nell'area compresa tra via Lago di Traiano e via Portuense, in corrispondenza delle moderne via delle Vongole, via delle Tartarughe e via delle Tinche (Fig. 4.4); in quest'area era collocata, secondo l'ipotesi Castagnoli–Giuliani, l'isola-faro, ma i carotaggi non hanno evidenziato alcuna presenza di strutture: sin dal 2004 appariva chiaro che essa andava ricercata altrove.

Un vasto intervento di archeologia preventiva[13] è stato effettuato nel 2005 (Fig. 4.1) in relazione al progetto del Comune di Fiumicino denominato 'Comprensorio Isolato Stazione':[14] il progetto, in origine, prevedeva l'urbanizzazione dell'area posta ad ovest di viale Coccia di Morto e compresa tra la via Portuense a sud ed i terreni posti immediatamente a nord di via della Foce Micina,[15] area che non era mai stata precedentemente indagata (Fig. 4.2).

La ricerca si è articolata in due fasi condotte con metodologie diverse; in una prima fase è stata condotta una campagna estensiva di indagini per trincee che hanno raggiunto una profondità di circa 3 m dall'attuale piano di campagna ed hanno evidenziato la presenza delle formazioni dunari di epoca post-classica, restituendo anche rarissimi materiali ceramici databili tra la fine del XIV ed il XV secolo.[16]

Nella seconda fase si è proceduto mediante carotaggi, per verificare sia le stratigrafie più profonde, sia l'eventuale presenza di strutture archeologiche. Sono stati effettuati 82 carotaggi[17] disposti secondo quattro allineamenti paralleli tra loro con andamento est–ovest (Fig. 4.4): il primo a nord di via della Foce Micina (carotaggi S33-I–S54-I), il secondo ed il terzo lungo l'asse della dismessa ferrovia Roma–Fiumicino (carotaggi S01-E–S28-E e S20-I–S32-I) ed infine il quarto, il più meridionale, in prossimità della via Portuense (carotaggi S01-I–S19-I).

Proprio nell'allineamento più meridionale, in prossimità della via Portuense moderna, in nove carotaggi (carotaggi S01-I–S05-I, S07-I–S08-I, S12-I e S14-I), al di sotto degli strati sabbiosi che caratterizzano l'ambiente dunare di accrescimento della linea di costa, sono stati individuati livelli caratterizzati da materiali edilizi antichi. In particolare è presente uno strato costituito essenzialmente[18] da scapoli di tufo litoide grigiastro, malta, laterizi e blocchi di basalto;[19] all'interno di esso sono presenti numerosi nuclei di strutture in cementizio anche di notevoli dimensioni, a volte rivestite da un paramento in laterizio (Tabella 4.1; Fig. 4.5). Questo livello è stato individuato a cominciare dalla via Portuense in direzione est per una larghezza massima di 35 m; non è stato possibile

TABELLA 4.1. Le quote di giacitura dello strato caratterizzato da resti di strutture individuato nel settore meridionale del Comprensorio Isolato Stazione.

Numero sondaggio	Profondità resti di strutture	Profondità raggiunta
S01-I	4.60–12.00 m	12.00 m
S02-I	3.70–14.60 m	16.50 m
S03-I	6.90–15.05 m	16.90 m
S04-I	4.50–12.50 m	16.50 m
S05-I	5.00–7.50 m	13.00 m
S07-I	4.40–15.00 m	16.50 m
S08-I	4.50–15.00 m	19.50 m
S12-I	4.90–8.00 m	10.50 m
S14-I	3.00–15.50 m	18.00 m

indagare la sua estensione verso ovest a causa della presenza della moderna viabilità. Lo strato, che poggia direttamente sul paleofondale marino, raggiunge la sua massima potenza[20] (12,50 m) in aderenza con la via Portuense (carotaggio S14-I) mentre tende ad assottigliarsi verso est (carotaggio S05-I, 2,50 m) sino ad esaurirsi; parallelamente diminuisce la concentrazione di materiali edilizi al suo interno.

I dati emersi, quindi, sembrano indicare la presenza di una grande struttura in cementizio di epoca romana, poggiante direttamente sul fondale marino, di cui si sono individuati vistosi elementi in posizione di crollo o in via di disfacimento, sotto l'influenza del moto ondoso. Tale struttura, con tutta probabilità, è identificabile con il molo meridionale del porto di Claudio che dalla zona di Cancelli Rossi, dove è stato individuato mediante i due carotaggi effettuati nel 2004 sopra descritti, prosegue piegando verso nordo-vest in direzione dell'isola-faro.

Analoghi risultati diedero i carotaggi[21] effettuati negli anni precedenti dal Comune di Fiumicino e dalla committenza privata in corrispondenza della vecchia vetreria, oggi trasformata in albergo, localizzata immediatamente a nordovest della nostra area. Sembra assai probabile che il molo meridionale del porto di Claudio prosegua al di sotto dell'edificio della ex-vetreria.

Gli altri tre allineamenti di carotaggi, localizzati più a nord, non hanno evidenziato la presenza di strutture ma solo stratigrafie naturali in cui sono presenti elementi antropici. Al tetto dello strato basale[22] è

FIG. 4.5. Nucleo di struttura in laterizi e malta rinvenuto in uno dei carotaggi effettuati nel Comprensorio Isolato Stazione (carotaggio S05-I, profondità 7 m).

stato individuato un complesso limoso-sabbioso, con intervalli costituiti da sabbia grigia medio-grossolana in cui sono presenti rarissimi frammenti di legno e frustuli fittili fluitati, interpretabile come un deposito di ambiente fluvio-marino, relativamente lontano dalla foce del fiume e con un'energia variabile nel tempo e nello spazio, appartenente presumibilmente ad epoca precedente alla costruzione dei porti di Claudio e Traiano.

Negli strati naturali soprastanti si verificano alcuni sensibili cambiamenti, che potrebbero essere collegati alla costruzione delle opere imperiali. Dominante è una sabbia grigia medio-fine, ben classata, debolmente limosa, con presenza di laminazioni limose e di intervalli torbosi. All'interno di essa si trovano, inter-calati ripetutamente, degli strati caratterizzati da sabbia grossolana mal classata, in cui si concentrano i pochi frammenti ceramici presenti nella colonna stratigrafica.[23] Nel complesso si tratta di sedimenti naturali deposti in un ambiente prossimo alla costa, intervallati da strati che denotano brevi periodi carat-terizzati da forti correnti marine. Questi ultimi sembrano indicare una ripresa della libera circolazione dell'acqua marina dopo una fase di stasi e potrebbero, quindi, costituire un indizio di operazioni periodiche di dragaggio del fondale.

La colonna stratigrafica chiude, verso l'alto, con il gruppo di strati naturali sabbiosi, che denota la transizione dal mare poco profondo verso l'ambiente dunare della terraferma.

L'assenza di resti di strutture nei tre allineamenti di carotaggi più settentrionali e le caratteristiche delle stratigrafie naturali appena descritte, sembrano indicare che il molo meridionale del porto di Claudio termini in corrispondenza dell'edificio dell'ex-vetreria e che subito a nord di esso si apra uno dei due ingressi del porto: quello sudovest.

Da ultimo è da ricordare un limitato intervento effettuato nel 2006 (Fig. 4.1), in occasione di opere di adeguamento dell'Aeroporto Leonardo da Vinci realiz-zate dall'ENAV (Ente Nazionale Aviazione Civile) all'interno dell'area doganale. La zona, posta in prossimità di viale Coccia di Morto, a circa 1,5 km dall'attuale linea di costa, si colloca all'interno del bacino portuale di Claudio (Fig. 4.2); proprio per analizzare i depositi accumulatisi nell'antico porto, sono stati condotti diciassette carotaggi[24] disposti lungo un allineamento nord–sud prospiciente viale Coccia di Morto (Fig. 4.6). Le stratigrafie raccolte presentano una notevole regolarità: sono state riconosciute superior-mente le fasi di sedimentazione naturale dovuta all'avan-zamento della linea di costa ed inferiormente le fasi di deposizione di sabbie marine in ambiente protetto, in cui mancano tracce evidenti sia di forti correnti che di operazioni di dragaggio. Le indagini non hanno eviden-ziato la presenza di manufatti e la quasi totale assenza anche di materiali ceramici ed edilizi antichi sembra confermare l'ipotesi che l'area si collochi all'interno del bacino, lontano dalle strutture portuali.

IL MOLO SETTENTRIONALE, L'ISOLA-FARO ED IL CANALE NORDOVEST DI ACCESSO AL PORTO DI CLAUDIO

Tra l'ottobre 2006 ed il febbraio 2007 (Fig. 4.1) una serie di indagini archeologiche preliminari, condotte attraverso 33 carotaggi ad ovest di viale Coccia di Morto in un'area compresa tra lo stesso viale, via della Foce Micina, via dei Mitili e vicolo di Coccia di Morto (Comprensorio Pesce Luna) (Fig. 4.2),[25] hanno fornito dati di estrema importanza per determinare in modo incontrovertibile l'andamento della parte terminale del molo settentrionale e la posizione dell'isola-faro all'esterno dei due moli, avvalorando e portando a conclusione le ricostruzioni di questo settore del porto di Claudio proposte fin dal 1963.

A differenza di quanto ipotizzato da Castagnoli (1963: 643), la testata del molo settentrionale risulta protratta verso ovest, al di là del viale Coccia di Morto, mentre l'isola va collocata più a nordovest di circa 600 m dalla posizione presupposta da Giuliani (1992: 36, fig. 40), posizione in cui, infatti, i sondaggi

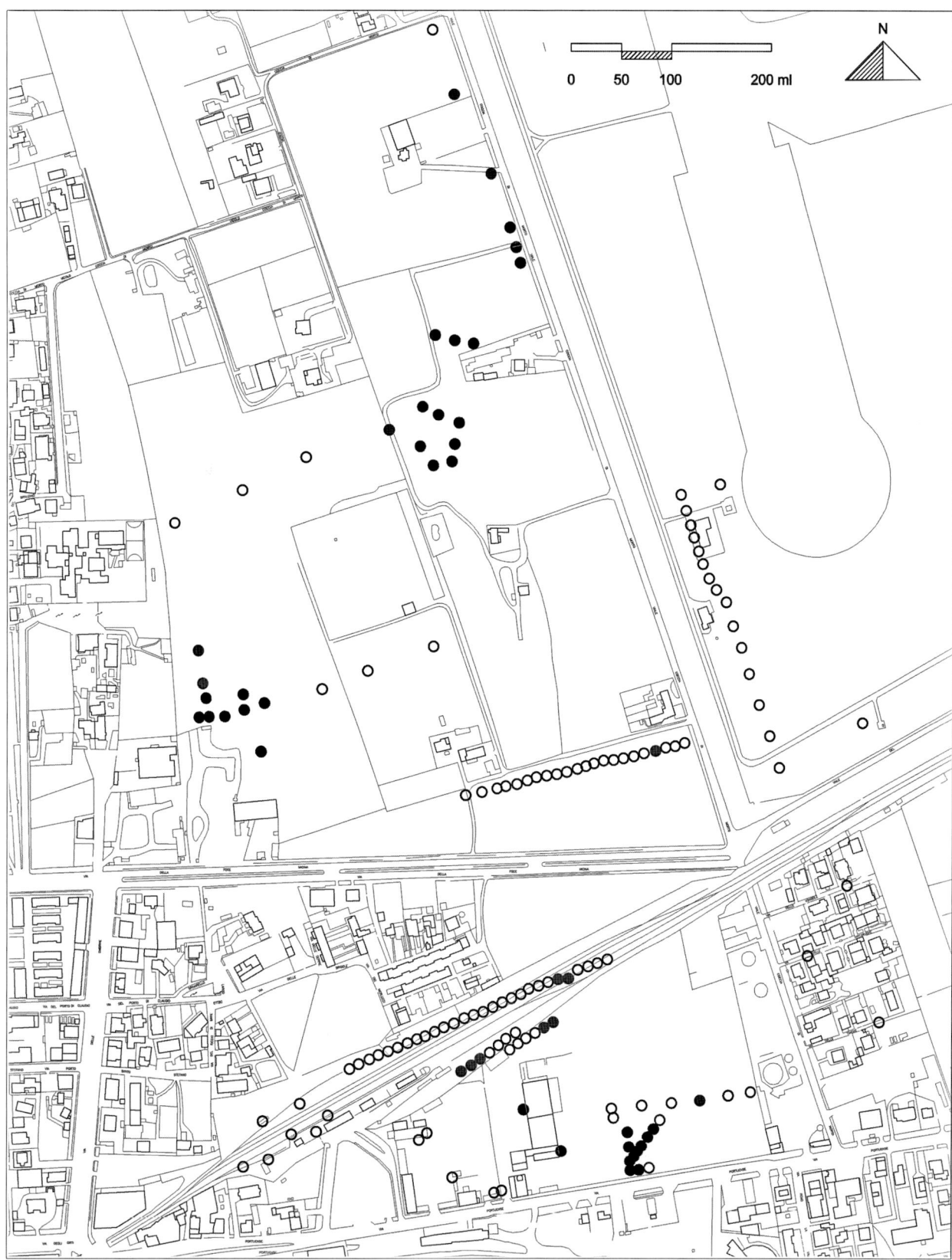

FIG. 4.6. **Posizionamento dei carotaggi effettuati negli anni 2006–7 nell'area aeroportuale (intervento ENAV) e nel Comprensorio Pesce Luna.** In nero sono indicati i carotaggi che hanno restituito resti di strutture ed in grigio quelli che hanno evidenziato tracce di correnti marine, mentre con il colore bianco sono rappresentati tutti gli altri. Nella parte bassa della figura sono riportati anche parte dei carotaggi effettuati negli anni 2001–5 già rappresentati nella Figura 4.4.

FIG. 4.7. Dettaglio di un blocco di basalto rinvenuto in uno dei carotaggi effettuati nel Comprensorio Pesce Luna (carotaggio PL21, profondità 6 m).

del 2004 non hanno segnalato tracce di strutture.[26] Effettivamente i carotaggi (**Fig. 4.6**; cf. **Fig. 4.2**) effettuati subito ad ovest di viale Coccia di Morto (PL04–06, PL24–33) hanno rivelato, tra −4,30 m e −15,50 m dal piano di calpestio,[27] la presenza di blocchi di basalto (**Fig. 4.7**), blocchi di tufo litoide, frammenti di tufo lionato e sparsi frammenti ceramici romani, che poggiano sul fondale marino caratterizzato da strati limoso-sabbiosi o limoso-sabbioso/argillosi (**Tabella 4.2**; **Fig. 4.8**). Tali materiali, pur nell'assenza di malta idraulica, di mattoni e di marmo, la cui mancanza potrebbe ricollegarsi alle spoliazioni testimoniate da Biondo (1510: II, LXXXXI), sono probabilmente da interpretare come resti della struttura del molo settentrionale del porto di Claudio, larga alla base intorno ai 45 m ed appoggiata sul fondale marino; tale struttura, poi spoliata e crollata, venne distrutta dal frangente ed infine sepolta dai sedimenti marini o dunari. Accanto a tali strutture, immediatamente a nord di esse, in alcuni sondaggi si è evidenziata la presenza di strati sabbiosi molto grossolani, a segnare forti correnti marine fuori dal bacino portuale (**Fig. 4.9**).

I carotaggi effettuati circa 300 m a sudovest dei precedenti, in direzione di via della Foce Micina (**Fig. 4.6**), hanno permesso di localizzare un altro nucleo di strutture pertinenti, con tutta probabilità, all'isola-faro. In quest'area, infatti, alcuni sondaggi (PL11 e PL 18–23) hanno individuato, ad una quota posta tra i −4,40 e −15,50 m dal piano di calpestio,[28] materiali del tutto simili a quelli presenti nei sondaggi posti più a nordest, quali elementi di basalto, blocchi di tufo litoide, frammenti di tufo lionato e frammenti ceramici fluitati.

TABELLA 4.2. **Le quote di giacitura dello strato caratterizzato da resti di strutture individuato nei carotaggi effettuati all'interno del Comprensorio Pesce Luna.**

Numero sondaggio	Profondità resti di strutture	Profondità raggiunta
PL04	4.70–15.50	19.00
PL05	5.00–13.70	19.00
PL06	4.50–15.50	19.00
PL11	5.80–15.50	19.00
PL18	5.00–15.50	20.50
PL19	6.00–15.10	18.40
PL20	11.50–15.20	19.00
PL21	5.00–14.90	14.90
PL22	11.50–14.80	19.00
PL23	4.40–14.50	16.50
PL24	4.30–15.50	19.00
PL25	7.50–15.50	18.00
PL26	5.00–17.50	18.00
PL27	4.50–15.50	18.00
PL28	5.20–15.50	18.00
PL29	6.00–15.30	18.00
PL30	10.00–16.00	18.00
PL31	5.00–15.00	16.00
PL32	5.00–13.30	16.00
PL33	9.00–11.00	16.30

Infine, tra l'estremità occidentale individuata del molo settentrionale ed il nucleo di strutture pertinenti all'isola-faro, sono stati effettuati una serie di carotaggi in cui l'assenza di strutture e materiali edilizi antichi indica chiaramente la posizione dell'ingresso nordovest al bacino portuale.

Dal momento che le strutture individuate nei carotaggi non risultano visibili nel mosaico aereofotografico del 1911 (Lugli e Filibeck 1935: fig. 1), nelle foto aeree RAF del 1944 (Turchetti 2003: 493, figg. 887–8), in quelle del 1957 (Testaguzza 1970: 60), del 1959 (Testaguzza 1970: 61) e del 1961 (Lugli 1961: fig. 2), si deve pensare che le strutture emergenti dal mare siano state spoliate ed abbattute dal frangente nel processo di avanzamento della linea di costa, con

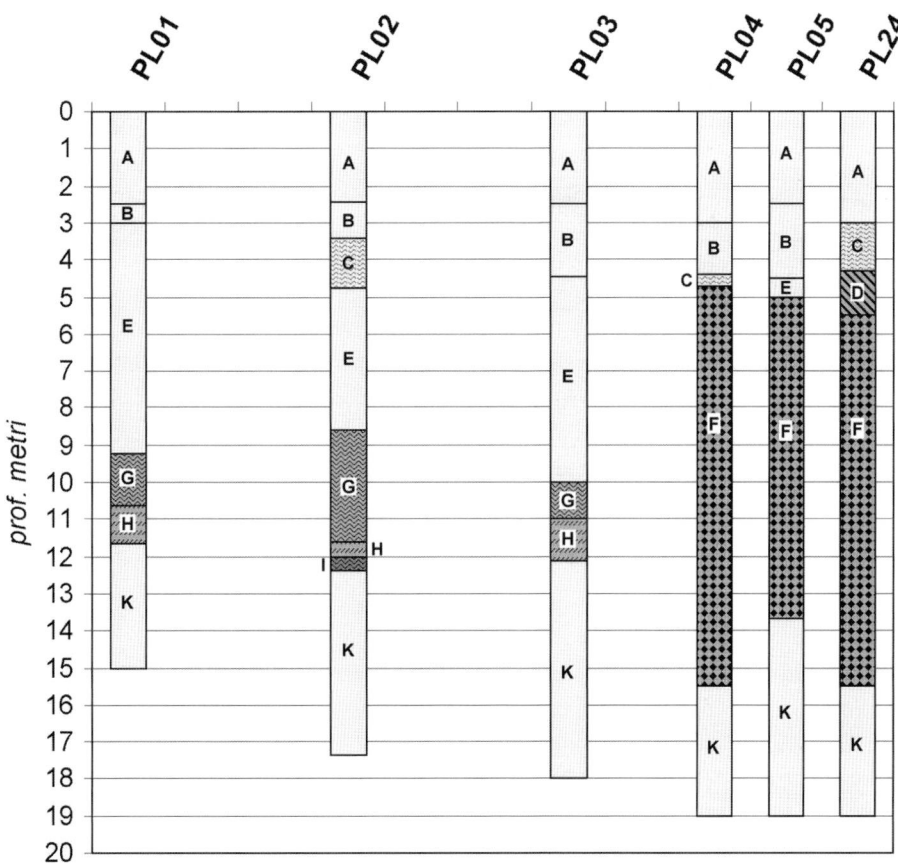

FIG. 4.8. Sezione schematica dei carotaggi PL01–05 e PL24 effettuati nel Comprensorio Pesce Luna (direzione nord-nordovest–sud-sudest). Legenda: A) sabbia dunare; B) sabbia marina; C) sabbia marina grossolana; D) disfacimento strutture; E) limo post-romano; F) resti strutture; G) sabbia grossolana con frammenti fittili; H) sabbia fine con frammenti fittili; I) sabbia grossolana con frammenti fittili; K) limo del fondo marino.

FIG. 4.9. Particolare del punto di transizione tra il fondo marino (a sinistra) e gli strati grossolani di riempimento del bacino portuale (a destra) individuato in uno dei carotaggi effettuati nel Comprensorio Pesce Luna (carotaggio PL02, profondità 12,40 m).

la transizione da ambiente marino poco profondo a quello di frangente verso spiaggia, e che, nel successivo periodo di accumulo, essi non abbiano sostanzialmente influenzato l'allineamento dei cordoni litorali, che invece si sono morfologicamente adeguati ai resti dei moli in corrispondenza dei tratti più conservati in altezza.

CONCLUSIONI

Al termine delle indagini condotte tra il 2001 ed il 2007, l'orientamento e la configurazione del porto di Claudio vengono ad assumere una valenza pressoché definitiva. Tutti i dati raccolti nel corso delle indagini sembrano confermare, nelle linee generali, l'ipotesi, delineata da Castagnoli e poi definita da Giuliani, di un bacino portuale che si sviluppa ad ovest del porto di Traiano, secondo un asse principale disposto in senso est-nordest/ovest-sudovest, e di un doppio ingresso localizzato ad occidente, ai due lati dell'isola-faro. Ma tra la ricostruzione fatta dai due autori e quella che emerge dai nuovi scavi, esistono profonde differenze sia nella forma che nelle dimensioni del porto.

Riunificando tutti i dati provenienti dai numerosi carotaggi e sondaggi archeologici a cielo aperto effettuati negli ultimi sette anni nel settore più occidentale del porto di Claudio, si delinea un perimetro fortemente allungato del bacino portuale che ricopre una superficie di più di 200 ettari (escludendo, ovviamente, tutte le aree interessate dalle strutture pertinenti al posteriore intervento di Traiano, che si sovrapposero al settore sudest del porto di Claudio) (Fig. 4.10). Il molo settentrionale, individuato in passato sino all'altezza della pista dell'Aeroporto Leonardo da Vinci, per una lunghezza massima di circa 770 m, in realtà prosegue, con andamento sostanzialmente rettilineo, verso ovest sino a raggiungere viale Coccia di Morto; oltre questo punto il molo piega verso sudovest, terminando dopo circa 250 m e raggiungendo una lunghezza complessiva di circa 1.600 m. Il molo meridionale, di cui non è stato possibile individuare l'estremità orientale, presenta anch'esso un andamento rettilineo e sostanzialmente parallelo a quello del molo settentrionale, per una lunghezza di circa 400 m, sino all'altezza della località Cancelli Rossi. In questo punto esso piega verso nordovest con una lunga ed ampia curva, terminando in posizione avanzata rispetto al molo settentrionale e raggiungendo una lunghezza complessiva individuata di circa 1.320 m.

Come si è visto, dell'isola-faro sono stati individuati i margini nord ed est, mentre non è stato possibile indagare i limiti sud ed ovest.[29] Pur nell'incompletezza dei dati, è possibile affermare che essa avesse un orientamento nord-nordovest/sud-sudest e che si ponesse su una linea nettamente avanzata rispetto alla testata del molo settentrionale e solo leggermente più esterna rispetto all'andamento di quello meridionale.

Ai due lati dell'isola-faro si aprono i due ingressi al porto: si tratta di aree caratterizzate da assenza di strutture e da sedimenti naturali sabbiosi contenenti alcuni materiali di epoca romana; in questi sedimenti, come si è visto, si segnalano a più riprese eventi legati all'ingressione di forti correnti marine, che possono costituire un indizio di periodiche attività antropiche di dragaggio dei fondali.

Il porto di Claudio presenta, dunque, un perimetro ed un orientamento corrispondente, nelle linee generali, a quanto indicato sia nelle fonti letterarie quattro-centesche (Biondo,[30] Pio II,[31] Iacopo Gherardi[32]) sia nelle fonti iconografiche del XV–XVII secolo. In

particolare, la forma fortemente allungata in senso est–ovest del bacino trova riscontro in alcune delle rappresentazioni rinascimentali e post-rinascimentali, in particolare nei disegni di Labacco (Fig. 4.3) e di Peruzzi, e nelle rappresentazioni del Catasto Alessandrino (sopra, p. 47);[33] è, comunque, da segnalare che in tutte queste raffigurazioni i due moli risultano, in prossimità dell'ingresso del porto, sostanzialmente simmetrici, mentre nella ricostruzione che qui si presenta il molo meridionale risulta più avanzato rispetto a quello settentrionale.

Per ciò che riguarda l'isola-faro, in base alle indagini condotte, essa risulta essere una vera e propria isola che separa i due ingressi principali del porto, eretta in posizione avanzata rispetto ai due moli, in particolare rispetto al molo settentrionale. Sembra, quindi, trovare conferma quanto affermato da Suetonio (Claudius 20.3) e da Cassio Dione (60.11.1–5) che, in contrasto con Plinio (Naturalis Historia 16.76.201–2), ponevano il faro su di un'isola localizzata all'imboccatura del bacino. Anche tutte le fonti iconografiche del XV e XVII secolo che abbiamo citato (Peruzzi, Labacco, Ligorio, Du Pérac, Danti ed il Catasto Alessandrino) pongono il faro su di un'isola e, con l'eccezione di Ligorio (veduta prospettica del 1554), concordano con la nostra ipotesi ricostruttiva, localizzando l'isola in posizione avanzata, in funzione di antemurale.

Quindi, come già sostenuto da Giuliani (2001) e come sembrano confermare le recenti indagini, le ricostruzioni del porto di Claudio appartenenti ad epoca rinascimentale ed a quella immediatamente successiva, presentano una sostanziale correttezza, almeno nella definizione generale dell'assetto del bacino di Claudio. Particolare interesse riveste, da questo punto di vista, il disegno di Labacco (Fig. 4.3) in cui sono riportate alcune misure del porto: è di 448 canne la distanza rilevata tra la testata del molo ad andamento nord–sud che protegge il canale di imbocco del porto di Traiano e la linea di costa dell'epoca,[34] mentre è di 210 canne la distanza tra tale linea di costa e l'isola-faro, ancora localizzata in mare. La distanza totale tra la testata del molo e l'isola-faro risulta, quindi, di 658 canne, pari a circa 1.469 m, straordinariamente quasi coincidente con quanto rilevato nel corso delle indagini. Nella ricostruzione del porto di Claudio che si presenta in questa sede, infatti, l'isola-faro si trova a circa 1.420–30 m dal molo ad andamento nord–sud che protegge il canale di imbocco del porto di Traiano. Dobbiamo quindi concludere che le misurazioni riportate sul disegno di Labacco non sono frutto di un possibile errore di

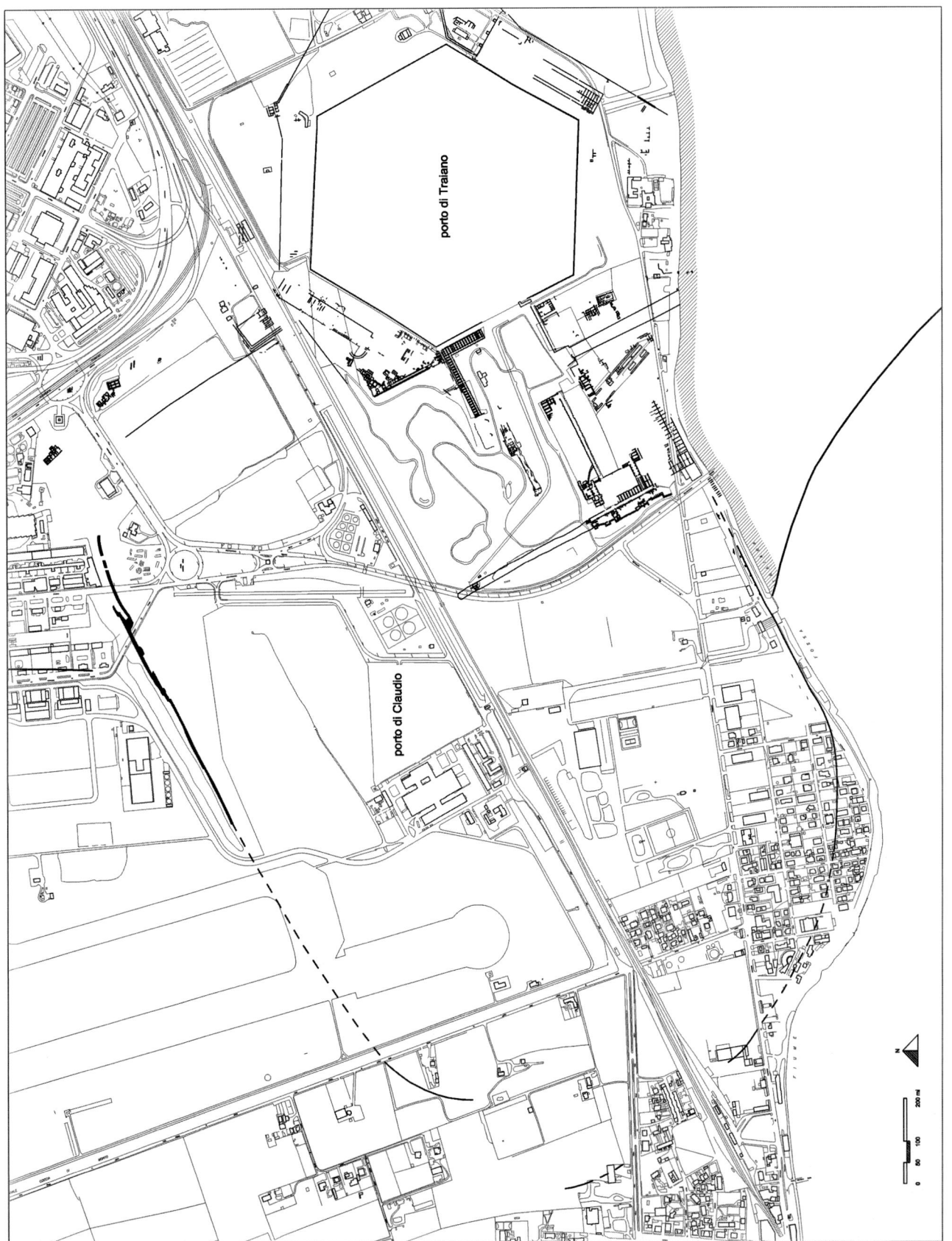

FIG. 4.10. Ricostruzione dell'andamento dei moli e dell'isola-faro del porto di Claudio basata sui dati emersi nelle campagne di indagine 2001–7.

trascrizione, come hanno sostenuto alcuni autori (Giuliani 2001: 121), ma sono sostanzialmente corrette e sono evidentemente frutto di una ricognizione sul terreno in un'epoca in cui l'isola-faro era ancora ben visibile.

Le indagini condotte negli ultimi anni, nonostante il contributo essenziale ed innovativo dato alla ricostruzione del porto di Claudio, lasciano aperti una serie di interrogativi e sollevano anche nuove problematiche. Uno dei dati che necessitano di un chiarimento è quello relativo alle quote del paleofondale in rapporto alle quote di fondazione delle strutture portuali. Si nota, infatti, che le strutture poggiano direttamente sul fondale marino ad una quota nettamente inferiore rispetto a quella del presunto fondale di epoca romana individuato nel corso dei sondaggi. Al riguardo può essere indicativo il confronto tra la profondità media della base delle strutture del molo meridionale nell'area del Comprensorio Isolato Stazione (nove carotaggi, valore medio −12,80 m dal piano di calpestio) ed il presumibile fondo marino raggiunto negli altri carotaggi (73 carotaggi, valore medio −8,20 m dal piano di calpestio).[35] Tale discrepanza può trovare una spiegazione solo ipotizzando un fenomeno di abbassamento del fondale in corrispondenza delle strutture, avvenuto, forse, contestualmente alla realizzazione dell'opera (Fig. 4.8).

Un'altra problematica rimasta ancora aperta è quella relativa all'ingresso settentrionale del porto e, più in generale, all'andamento della linea di costa a nord del bacino. L'esistenza di un'apertura all'estremità orientale del molo settentrionale è un dato ormai acquisito, e, come si è detto, tale apertura è stata indagata mediante carotaggi da Goiran e i suoi colleghi (2007). Questo ingresso minore, descritto come poco profondo e riempito naturalmente tra il II e il IV secolo d.C., viene interpretato dagli autori come in collegamento con il mare, in particolare con un'ipotetica insenatura nella linea di costa posta subito a nord del porto di Claudio. A tal proposito sono da considerare i dati ricostruttivi della linea di costa di epoca romana, presentati da Arnoldus-Huyzendveld (2005) e Morelli (2005), cui devono aggiungersi più recenti indagini nel settore posto a nord del Monte Arena (finora non pubblicati), che sembrano indicare un andamento rettilineo e privo di insenature del litorale; l'ingresso minore settentrionale potrebbe, dunque, in via del tutto ipotetica, collegare il porto non direttamente al mare, ma all'area limitrofa il porto stesso, caratterizzata da stagni e lagune parzialmente indagati negli anni 2001–2, anch'essi colmati entro il IV secolo d.C. (Morelli 2005: 245–7).

Appare evidente che le indagini sin qui condotte forniscono un importante contributo alla ricostruzione del porto di Claudio, ma soprattutto esse costituiscono una nuova base per future ricerche che, attraverso approcci multidisciplinari, potranno chiarire tutte le problematiche ancora irrisolte e giungere ad una piena definizione non solo dell'assetto planimetrico, ma anche degli aspetti funzionali della struttura portuale.

NOTE

1. Una ricostruzione analoga è sostenuta anche da Pierre-Joseph Garrez, *pensionnaire* dell'Académie de France a Roma, nel suo *Mémoire* del 1834 'Port d'Ostie', corredato da planimetrie; si veda il Catalogo della Mostra (Jacques, Verger e Virlouvet 2002: 393–8).

2. La ricostruzione del porto di Claudio con un accesso a nord è illustrata da Goiran e i suoi colleghi in questo volume (Capitolo 3: Fig. 3.7).

3. Volo RAF 1944; per tali foto si veda Bradford (1957: 253–6).

4. Si vedano anche: Mannucci e Verduchi 1996; Turchetti 2003; e la ricostruzione di Goiran e i suoi colleghi in questo volume (Capitolo 3: Fig. 3.7).

5. Viene anche indicata (Giraudi *et al.* 2006: 58, fig. 3) la possibile localizzazione dell'isola-faro posta in mare nell'area antistante l'ingresso sudovest, a 100–200 m dall'antica linea di costa: non si conoscono i dati oggettivi sui quali si basa tale ipotesi in quanto l'area non è stata interessata dalla campagna di carotaggi ed indagini, come chiaramente indicato dagli stessi autori (si veda a tal proposito la Figura 4.2 in cui sono indicati i carotaggi effettuati).

6. È da sottolineare che anche in questo caso le indagini si sono concentrate nel settore centro-orientale del bacino di Claudio e del porto di Traiano, senza interessare l'area più occidentale dove si colloca l'ingresso principale.

7. Tutte le indagini in questo settore si sono svolte sotto il coordinamento scientifico della Dott.ssa Cinzia Morelli della Soprintendenza per i Beni Archeologici di Ostia.

8. Agli scavi ha partecipato la Dott.ssa Maria Lucrezia Rinaldi, che qui si ringrazia.

9. A 61 m ed a 173 m dall'idrovora.

10. I carotaggi sono stati analizzati per gli aspetti archeologici dalla Dott.ssa Maria Cristina Leotta e dalla Dott.ssa Ersilia D'Ambrosio, mentre gli aspetti geologici sono stati affrontati e già pubblicati da Bellotti e i suoi colleghi (Bellotti *et al.* 2007). Un particolare ringraziamento va alla Dott.ssa Marina Mattei (Comune di Roma — Musei Capitolini) che, in qualità di consulente specialista dell'ANAS, ha sostenuto le attività di indagine, indirizzandole e coordinandole in collaborazione con la Soprintendenza per i Beni Archeologici di Ostia.

11. Il piano di calpestio di questa zona si trova ad una quota di 0,30–0,50 m s.l.m.

12. Da notare è la presenza, a contatto con la sommità della struttura in cementizio, di frammenti di laterizio.

13. Le indagini sono state eseguite dalla Società Cooperativa Archeologia, sotto il coordinamento del Dott. Stefano Coccia, coadiuvata dalla Geopolis srl per la realizzazione dei carotaggi; l'analisi degli aspetti geopedologici è stata curata dalla Digiter srl.

14. L'area è localizzata ad una distanza di 1,1–1,5 km dalla linea di costa moderna.

15. Come avvenuto per tutti gli altri interventi illustrati in questa sede, anche in questo caso il rinvenimento dei resti del porto di Claudio ha portato alla modifica del progetto ed alla tutela dell'area dell'antico porto.

16. Secondo Dragone e i suoi colleghi (Dragone *et al.* 1967) l'area si colloca in corrispondenza della fascia costiera, appena entro la linea di costa del XVI secolo.

17. I carotaggi sono stati condotti nella maggior parte dei casi sino ad una profondità di 10 m, raggiungendo occasionalmente i 15–20 m, e sono state utilizzate aste con un diametro di 10 cm. Ad essi vanno aggiunti i quattordici carotaggi effettuati negli anni precedenti da parte del Comune di Fiumicino e della committenza privata, che hanno messo a disposizione la relativa documentazione.

18. Le percentuali dei materiali edilizi varia dal 60 al 90%.

19. È da segnalare la presenza anche di altri materiali quali granito, calcare e quarzite, oltre a frammenti ceramici di epoca romana fluitati.

20. Lo strato affiora ad una quota oscillante tra −3 e −6,90 m dal piano di calpestio (posto, nell'area, ad una quota di 0,50–1 m s.l.m.) ed ha una potenza che varia da 12,50 m (carotaggio più occidentale S14-I) a 2,50 m (carotaggio S05-I).

21. I risultati di tali carotaggi sono stati recuperati proprio in occasione della campagna di indagini nel Comprensorio Isolato Stazione.

22. Il limite inferiore del gruppo non è stato sempre raggiunto.

23. I materiali fittili rinvenuti consistono essenzialmente in frammenti anforici e laterizi di piccole dimensioni ed alquanto fluitati; pertanto, non è stato possibile giungere ad una precisa definizione cronologica e si può indicare (in base agli impasti) solo una generica appartenenza ad epoca romana imperiale. Da segnalare anche la presenza di piccoli frammenti lignei e di un chiodo in bronzo.

24. Alla campagna di sondaggi ha partecipato per gli aspetti geopedologici la Digiter srl.

25. Tutte le indagini in questo settore si sono svolte sotto il coordinamento scientifico del Dott. Alfredo Marinucci della Soprintendenza per i Beni Archeologici di Ostia.

26. Si veda pp. 53–5.

27. Il piano di calpestio nell'area circostante è posto ad una quota di 0,50–1 m s.l.m.

28. Il piano di calpestio nell'area circostante è posto ad una quota di 0,50–1 m s.l.m.

29. Nel luglio 2008 si è dato avvio ad una campagna di scavo proprio sull'isola-faro che potrà fornire nuovi e preziosi dati su tale struttura.

30. Biondo 1510: II, LXXXXI: 'Et turris illius phareae partem non minimam, marmoribus tamen quibus crustata fuerat spoliatam extare uidermus'.

31. Van Heck (1984), XI, 19 (maggio 1463): 'In parte Tuscie, qua minor Tyberis pars tyrrhenum influit pelagus, Claudius imperator portum extruxit circumdato dextra sinistraque brachio et ad introitum profundo iam salo mole obiecta; quam quo facilius fundaret nauem ante demersit, qua magnus obeliscus ex Egypto exemplum alexandrini Fari, ut ad nocturnos ignes nauigia cursum dirigerent. turris adhuc extant uestigia que procul in mari cernuntur; reliqua funditus periere'.

32. Si veda Carusi (1904), citando la visita di Sisto IV ad Ostia e Porto nel 1483: 'sumpto prandio placuit pontifici et patribus vagari usque ad litus proximioris maris, ubi cernuntur adhuc muri vetustissimi Portus et pene collisi, et Pharus turris, adeo ut etiam hodie eius vocabulum servat'.

33. È da sottolineare l'importanza di queste fonti iconografiche che, almeno nel caso di Labacco e del Catasto Alessandrino, si basano su misurazioni effettuate sul terreno.

34. Tale misura è riportata anche sui disegni di Peruzzi.

35. A tal proposito è utile ricordare che il livello del mare in epoca romana risultava, secondo gli studi più recenti, al massimo di 1 m più basso rispetto ad oggi (Leoni e Dai Pra 1997; Bellotti *et al.* 2007).

RIFERIMENTI BIBLIOGRAFICI

Fonti antiche

Cassio Dione
L. Dindorf (1864) *Dionis Cassii Cocceiani* Historia Romana III. Leipzig, Teubner.

Plinio
K. Mayhoff (1892) *C. Plini Secondi* Naturalis Historiae *Libri XXXVII* III. Leipzig, Teubner.

Suetonio
M. Ihm (1908) *C. Suetoni Tranquilli* Opera I. De Vita Caesarum. Leipzig, Teubner.

Fonti moderne

Arnoldus-Huyzendveld, A. (2005) The natural environment of the Agro Portuense. In S. Keay, M. Millett, L. Paroli e K. Strutt, *Portus. An Archaeological Survey of the Port of Imperial Rome (Archaeological Monographs of the British School at Rome* 15): 14–30. Londra, British School at Rome.

Bellotti, P. (2000) Il modello morfo-sedimentario dei maggiori delta tirrenici italiani. *Bollettino della Società Geologica Italiana* 119: 777–92.

Bellotti, P., Calderoni, G., Carboni, M.G., Di Bella, L., Tortora, P., Valeri, P. e Zernitskaya, V. (2007) Late Quaternary landscape evolution of the Tiber river delta plain (central Italy): new evidence from pollen data, biostratigraphy and ^{14}C dating. *Zeitschrift für Geomorphologie* 51 (4): 503–34.

Bellotti, P., Carboni, M.G., Milli, S., Tortora, P. e Valeri, P. (1989) La piana deltizia del fiume Tevere: analisi di *facies* e ipotesi evolutiva dall'ultimo *low stand* glaciale all'attuale. *Giornale di Geologia* serie 3a 51 (1): 71–91.

Biondo, F. (1510) *Blondi Flavii Forliuensis De Roma ristaurata et Italia illustrata / Libri tres ad Eugenium IIII Pontificem Maximum.* Venezia.

Bosio, L. (1983) *La Tabula Peutingeriana.* Rimini, Maggioli.

Bradford, J. (1957) *Ancient Landscapes: Studies in Field Archaeology.* Londra, Bell and Sons.

Canina, L. (1830) *Indicazione delle rovine di Ostia e Porto e della supposizione e dell'intiero loro stato delineata in quattro tavole dall'architetto Luigi Canina.* Roma, Mercuri e Boraglia.

Canina, L. (1856) *Gli edifizj antichi dei contorni di Roma* VI. Roma, Luigi Canina.

Carta dell'Agro (1988) *Carta storico-archeologica monumentale e paesistica del suburbio dell'Agro Romano.* Roma, Comune di Roma – Ufficio Carta dell'Agro.

Carusi, E. (1904) (ed.) *Diarium Romanum* (*Rerum Italicarum Scriptores* XXIII, 3). Città di Castello, S. Lapi.

Castagnoli, F. (1963) Astura. *Studi Romani* 11: 637–44.

Castagnoli, F. (1980) Installazioni portuali a Roma. In J.H. D'Arms e E.C. Kopff (edd.), *The Seaborn Commerce of Ancient Rome* (*Memoirs of the American Academy in Rome* 36): 35–42. Roma, American Academy in Rome.

Dragone, F., Maino, A., Malatesta, A. e Segre, A.G. (1967) *Note illustrative del foglio 149 — Cerveteri, della Carta geologica d'Italia. Servizio Geologico d'Italia* 4: 1–93. Roma, Ministero dell'Industria, del Commercio e dell'Artigianato.

Frutaz, A.P. (1972) *Le carte del Lazio.* Roma, Istituto di Studi Romani.

Giraudi, C. (2004) Evoluzione tardo-olocenica del delta del Tevere. *Il Quaternario — Italian Journal of Quaternary Sciences* 17 (2/2): 477–92.

Giraudi, C., Tata, C. e Paroli L. (2007) Carotaggi e studi geologici a Portus: il delta del Tevere dai tempi di Ostia Tiberina alla costruzione dei porti di Claudio e Triano. *FOLD&R Fasti Online Documents & Research* 80.

Giraudi, C., Paroli, L., Ricci, G. e Tata, C. (2006) Portus (Fiumicino-Roma). Il colmamento sedimentario dei bacini del porto di Claudio e Traiano nell'ambito dell'evoluzione ambientale tardo-antica e medievale del delta del Tevere. *Archeologia Medievale* 33: 49–60.

Giuliani, C.F. (1996) Note sulla topografia di Portus. In V. Mannucci (ed.), *Il parco archeologico naturalistico del Porto di Traiano: metodo e progetto*: 29–44. Roma, Ministero per i Beni Culturali e Ambientali/Soprintendenza Archeologica di Ostia (ristampa).

Giuliani, C.F. (2001) I porti di Claudio e Traiano. In M. Giacobelli (ed.), *Lezioni Fabio Faccenna: conferenze di archeologia subacquea*: 115–26. Bari, Edipuglia.

Goiran, J.P., Ognard, C., Tronchère, H., Canterot, X. e Cluze, J.A. (2007) Recent geo-archaeological findings of Portus, the ancient harbour of Rome. In *People/environment Relationships from the Mesolithic to the Middle Ages: Recent Geoarchaeological Findings in Southern Italy. International Congress (Salerno, Italy, 4–7 September 2007)*: 30–1 (abstract).

Jacques, A., Verger, S. e Virlouvet, C. (2002) *Italia Antiqua — Envois degli architetti francesi (1811–1850) — Italia ed area mediterranea (Accademia di Francia a Roma — Villa Medici 2002)*. Paris, École Nationale Supérieure des Beaux-Arts.

Labacco, A. (1552–67) *Libro appartenente all'architettura nel quale si figurano alcune notabili antiquità di Roma.* Roma, Antonio dall'Abacco.

Lanciani, R. (1868) Ricerche topografiche sulla città di Porto. *Annali dell'Instituto di Corrispondenza Archeologica*: 144–95. (Pubblicato anche come monografia; Roma, Tipografia Tiberina.)

Leoni, G. e Dai Pra, G. (1997) *Variazioni del livello del mare nel tardo Olocene (ultimi 2500 anni), lungo la costa del Lazio, in base ad indicatori geo-archeologici, interazioni fra neotettonica, eustatismo e clima.* Roma, ENEA (Dipartimento Ambiente, Centro Ricerche Casaccia, RT/AMB/97/8).

Levi, A. e Levi, M. (1967) *Itineraria Picta*. Roma, 'L'Erma' di Bretschneider.

Lugli, G. (1947–9) Una pianta inedita del porto ostiense disegnata da Pirro Ligorio e l'iconografia della città di Porto nel secolo XVI. *Atti della Pontificia Accademia Romana di Archeologia, Rendiconti* 23–4: 187–207.

Lugli, G. (1961) Il porto ostiense di Claudio. In *Convegno per lo studio della zona archeologica di Classe a mezzo dell'aerofotografia*: 139–50. Ravenna, Lega.

Lugli, G. e Filibeck, G. (1935) *Il porto di Roma imperiale e l'Agro Portuense*. Bergamo, Officine dell'Istituto Italiano di Arti Grafiche.

Mannucci, V. e Verduchi, P. (1996) Il porto imperiale di Roma: le vicende storiche. In V. Mannucci (ed.), *Il parco archeologico naturalistico del porto di Traiano: metodo e progetto*: 15–28. Roma, Ministero per i Beni Culturali ed Ambientali/Soprintendenza Archeologica di Ostia (ristampa).

Morelli, C. (2005) The Claudian harbour in the light of new investigations. In C. Morelli, L. Paroli e P. Verduchi, Summary of other recent fieldwork at Portus: 241–8. In S. Keay, M. Millett, L. Paroli e K. Strutt, *Portus. An Archaeological Survey of the Port of Imperial Rome* (*Archaeological Monographs of the British School at Rome* 15): 241–68. Londra, British School at Rome.

Nibby, A. (1827) *Della via Portuense e dell'antica città di Porto*. Roma, Angelo Ajami.

Nibby, A. (1848) *Analisi storico-topografico-antiquaria della carta de' dintorni di Roma* II, seconda edizione. Roma, Tipografia delle Belle Arti.

Paroli, L. (2005) History of past research at Portus. In S. Keay, M. Millett, L. Paroli e K. Strutt, *Portus. An Archaeological Survey of the Port of Imperial Rome* (*Archaeological Monographs of the British School at Rome* 15): 43–59. Londra, British School at Rome.

Rosa, P. (1850–70) *Carta topografica del Lazio*. Roma, Archivio Storico della Soprintendenza Speciale per i Beni Archeologici di Roma.

Schmiedt, G. (1970) *Atlante aerofotografico delle sedi umane in Italia* II. *Le sedi antiche scomparse*. Firenze, Istituto Geografico Militare.

Scrinari, V.S.M. (1960) Strutture portuali relative al porto di Claudio messo in luce durante i lavori per l'Aeroporto Intercontinentale di Fiumicino (Roma). *Rassegna dei Lavori Pubblici* 3: 173–90.

Scrinari, V.S.M. (1963) Il porto di Claudio ed osservazioni sulla tecnica del conglomerato cementizio presso i Romani. *L'Industria Italiana del Cemento* 33 (7): 527–38.

Scrinari, V.S.M. (1971) Il 'Portus Claudii' e i più recenti ritrovamenti nella zona di Fiumicino. In *Atti del III congresso internazionale di archeologia sottomarina (Barcellona 1961)*: 215–24. Bordighera, Istituto Internazionale di Studi Liguri.

Scrinari, V.S.M. (1979) *Le navi del porto di Claudio*. Roma, Tipografia Centenari.

Scrinari, V.S.M. (1984) Scavi al porto di Claudio. *Archeologia Laziale* 6: 213–19.

Scrinari, V.S.M. (1987) Indagine al porto di Claudio. *Archeologia Laziale* 8: 181–8.

Segre, A.G. (1986) Considerazioni sul Tevere e sull'Aniene nel Quaternario. In S. Quilici Gigli (ed.), *Il Tevere e le altre vie d'acqua del Lazio Antico* (*Archeologia Laziale* 7 (2)): 9–17. Roma, Consiglio Nazionale delle Ricerche.

Servizio Geologico d'Italia (1967) *Carta geologica d'Italia alla scala 1:100.000. Foglio 149 — Cerveteri, con note illustrative.* Roma, Ministero dell'Industria, del Commercio e dell'Artigianato.

Testaguzza, O. (1963) Il porto di Traiano: un gioiello nascosto nell'entroterra di Fiumicino. *Rassegna Ingegneri Architetti* 13: 7–8.

Testaguzza, O. (1970) *Portus: illustrazione dei porti di Claudio e Traiano e della città di Porto a Fiumicino*. Roma, Julia Editrice.

Texier, C. (1858) *Mémoires sur les ports antiques situés à l'embochure du Tibre* (*Revue Générale d'Architecture et des Travaux Publics* 15). Paris, Lacour.

Turchetti, R. (2003) Portus. In M. Guaitoli (ed.), *Lo sguardo di Icaro. Le collezioni dell'Aerofototeca Nazionale per la conoscenza del territorio (catalogo della mostra, Roma 2003)*: 492–6. Roma, Campisano Editore.

van Heck, E. (1984) (ed.) *Pii II Commentarii Rerum Memorabilium que Temporibus suis Contigerunt*. Città del Vaticano, Biblioteca Apostolica Vaticana.

Excavation and survey at the *Palazzo Imperiale* 2007–9

Simon Keay, Graeme Earl & Fabrizio Felici

INTRODUCTION

Excavations at the site of the *Palazzo Imperiale* of Portus in 2007, 2008 and 2009 build upon a long tradition of archaeological work at Portus that began in the later nineteenth century[1] and has continued down to the present day with work by the Soprintendenza per i Beni Archeologici di Ostia. Their objective has been to understand better the layout, development and functions of this key complex, as well as its relationship to the large adjacent *magazzino* (warehouse).[2]

The *Palazzo Imperiale*[3] covers just under 3 ha and lies at the centre of Portus, on a spur of land that separates the Claudian and Trajanic basins and adjacent to the *Grandi Magazzini di Settimio Severo* (**Fig. 5.1**). This unique position suggests that it was key to the functioning of both basins and, therefore, to the port as a whole. The *Palazzo Imperiale* was clearly the headquarters of an official of some importance, possibly even the emperor, as its modern name suggests,[4] although there is no direct evidence as to who this might have been. The complex has been of interest to antiquarians and archaeologists since the later sixteenth century on account of the discovery of many columns, sculptures, inscriptions and other material that is known to have come from the site (Lanciani 1868: 170–1), and that have given rise to its name of *Palazzo Imperiale*.[5] The sumptuousness of the *Palazzo Imperiale* is evident from many of the early sources that discuss Portus. The best account, however, is by Lanciani (1868: 170–5) in the context of his description of the large-scale excavations undertaken at Portus by Alessandro di Torlonia in 1864–7: he reported the discovery of baths, a temple and a theatre, as well as the rich finds. Surprisingly, his short account remains the most detailed analysis of the complex to date,[6] even though it provides little more than a second-hand report. Furthermore, his only published plan of the complex, which features within his overall plan of Portus, is a mixture of sound observation and imagination (**Fig. 5.2A**).[7] However, he referred to several brick stamps and inscription fragments that seem to suggest that the *Palazzo Imperiale* was largely a Trajanic creation, with subsequent modifications under the Antonines (Lanciani 1868: 174–5).[8]

The plan of the *Palazzo Imperiale* drawn by Italo Gismondi in the context of his general plan of Portus (Lugli and Filibeck 1935) can be reconciled more easily to the remains that survive today, and benefited from the results of sondages undertaken by Lugli (**Fig. 5.2B**). One of these, for example, attempted to define a circular structure at the northern edge of the complex, which was interpreted as a possible temple (Lugli and Filibeck 1935: 91–2, figs 56–7). In the 1980s and again in the 1990s the Soprintendenza produced much-needed basic topographic plans of the ground and first floors of the complex and adjacent structures (**Fig. 5.3**). These have been complemented by the topographical and geophysical surveys undertaken in the context of the 1998–2004 geophysical survey of Portus (Keay, Millett and Strutt 2005: 98–102, figs 5.22–3) (**Fig. 5.4**), and the work associated with the Portus Project. Both of these have enhanced our understanding of the known layout of surviving first-floor structures, although their interpretation has been hindered by the substantial amounts of early twentieth-century demolition debris spread across the surface of the *Palazzo Imperiale*.

In contrast to the *Palazzo Imperiale*, the large building lying immediately to the northwest,[9] and usually identified as a warehouse, has never been the subject of any known excavation, and is mentioned only briefly by Lugli (Lugli and Filibeck 1935: 100–1). Its salient feature consists of a very substantial wall running eastwards from the *Palazzo Imperiale* for a distance of up to 250 m,

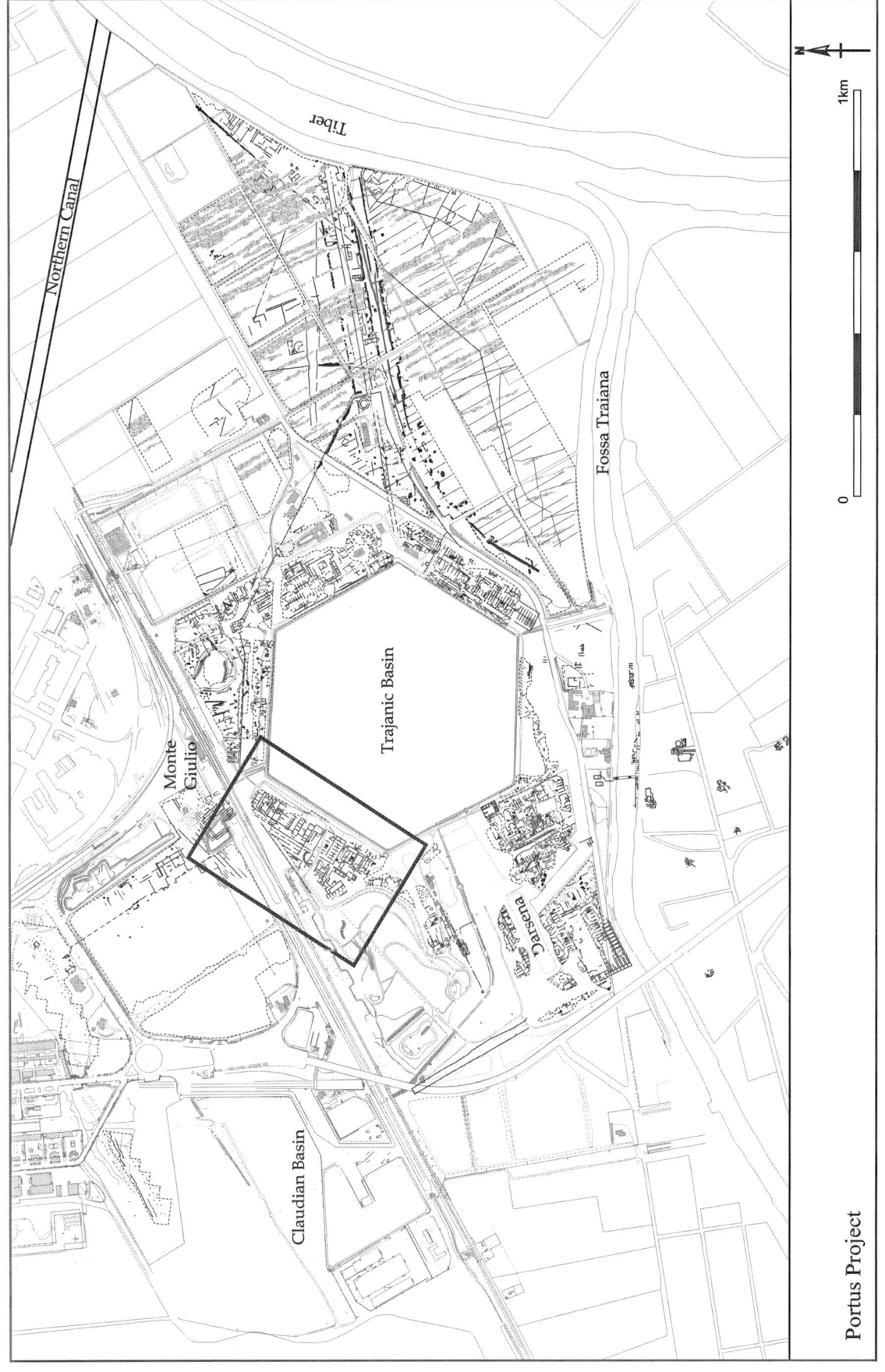

Portus Project

FIG. 5.1. Plan of Portus showing the location of the *Palazzo Imperiale*. *(Adapted from Keay et al. 2005: fold out (reverse).)*

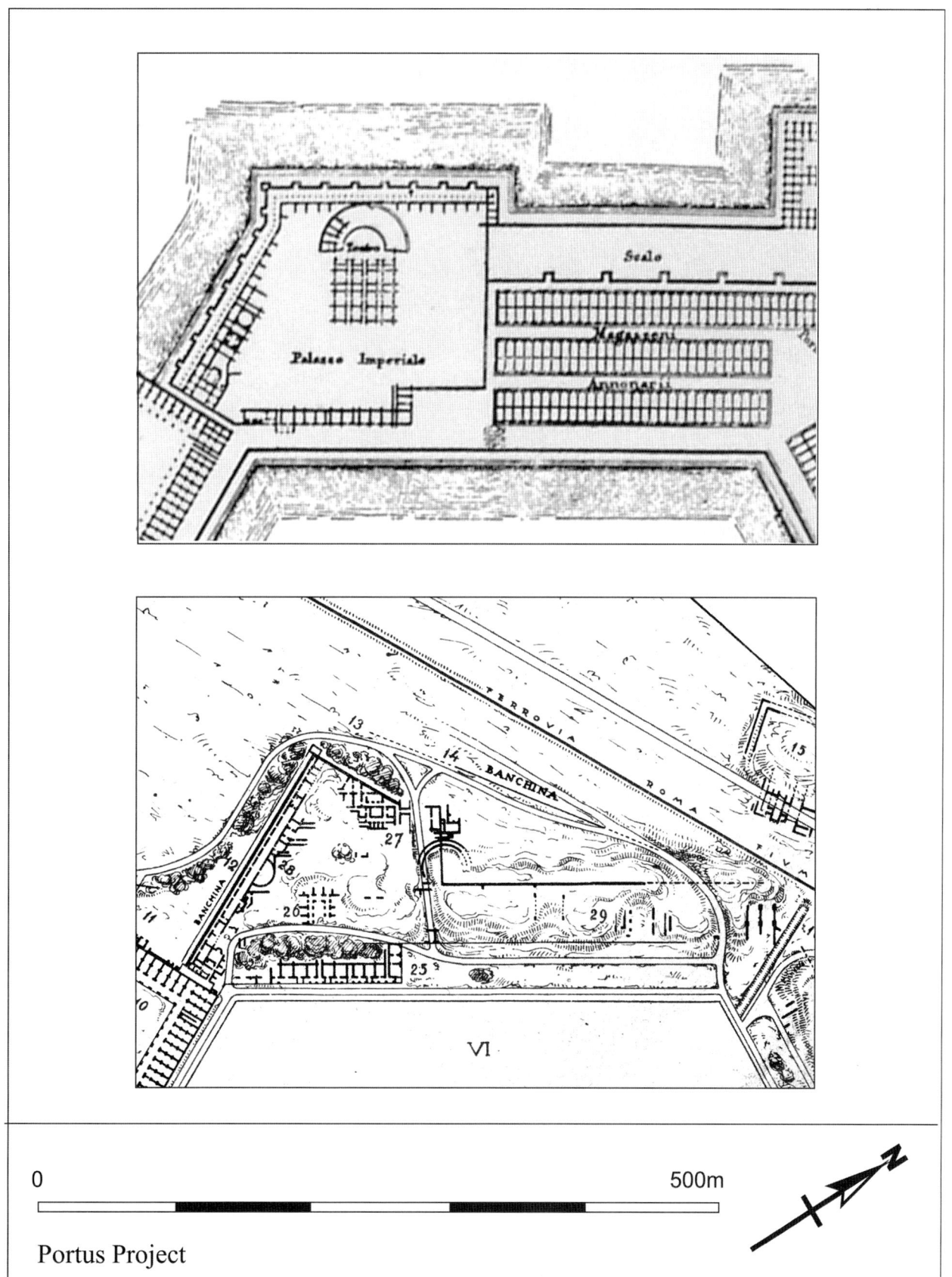

0　　　　　　　　　　　　　　　500m

Portus Project

FIG. 5.2. **Early plans of the** *Palazzo Imperiale.* A. Detail of Rodolfo Lanciani's plan of Portus showing the *Palazzo Imperiale. (From Lanciani 1868.)* B. Detail of Italo Gismondi's plan of Portus showing the *Palazzo Imperiale. (From Lugli and Filibeck 1935: carta N III.)*

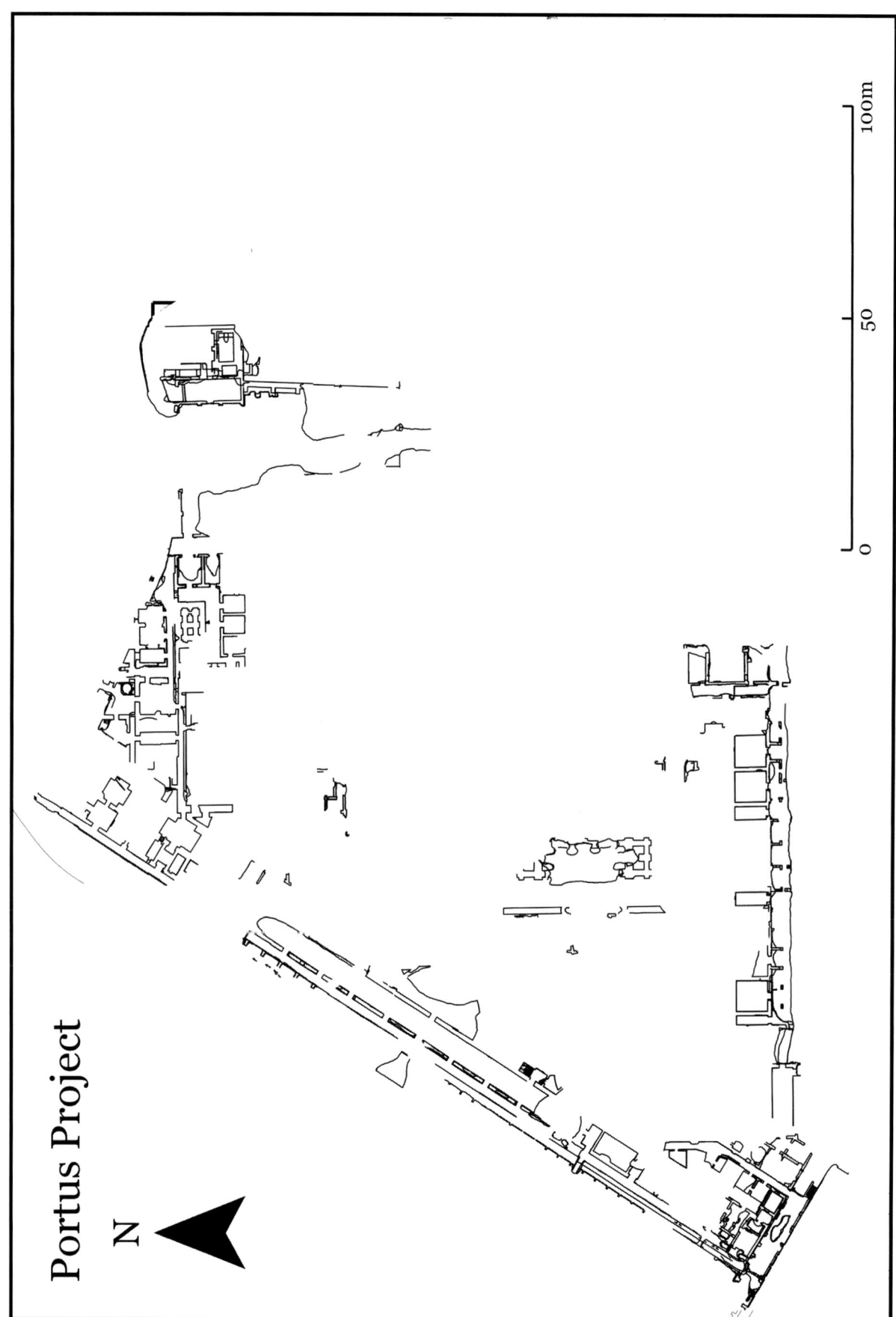

FIG. 5.3. Plan of the ground floor of the *Palazzo Imperiale* from a survey undertaken on behalf of the Soprintendenza per i Beni Archeologici di Ostia during the 1980s.

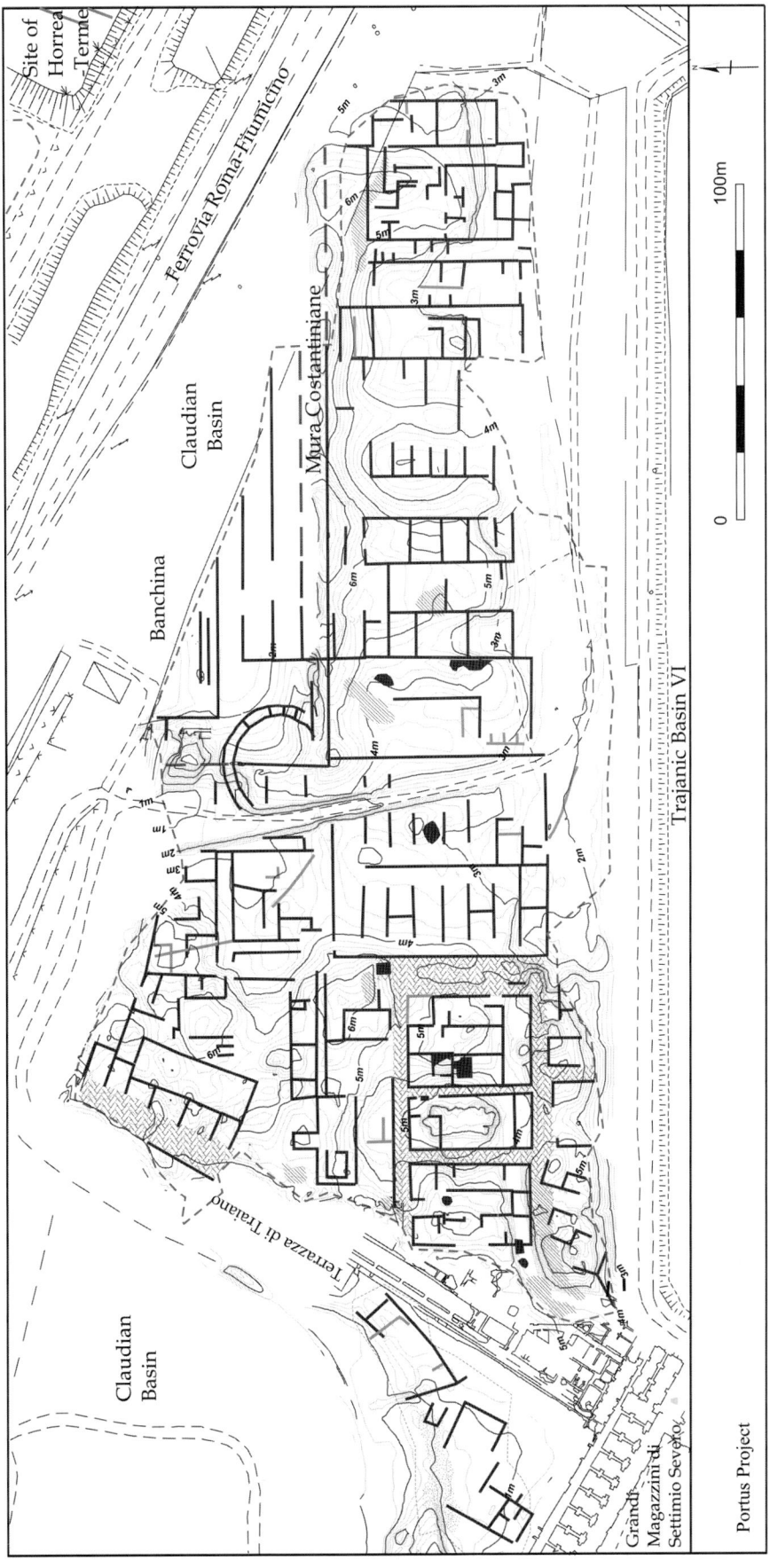

FIG. 5.4. Interpretation of the results of the magnetometer survey of the *Palazzo Imperiale* and adjacent warehouse. (*After Keay et al. 2005: fig. 5.23.*) This and all subsequent plans referring to the excavation adopt the site north orientation for convenience; this is at variance to true north.

as well as periodic perpendicular walls that are very clear in the topography and that run for some 80 m southwards in the direction of the Trajanic basin. The 1998–2004 geophysical survey of Portus suggested that this single building was composed of a row of smaller *horrea*, arranged perpendicular to it and separated from each other by corridors (Keay and Millett 2005a: 289).

THE 2007–9 FIELDWORK

The fieldwork in 2007–9 focused upon the little known northern sector of the *Palazzo Imperiale*, with the aim of furthering our understanding of the origins, development and function of the entire complex. It built upon the recently-published geophysical and topographic survey of the whole of Portus (Keay *et al.* 2005). The excavations were part of an integrated strategy of topographic survey, intensive geophysics and excavation that was developed in order to answer research questions appropriate to the large scale of the site as a whole.

TOPOGRAPHIC AND GEOPHYSICAL SURVEY

The *Palazzo Imperiale* is trapezoidal in plan and originally would have stood to three storeys. Its most salient features are the engaged arcade of the *Terrazza di Traiano*[10] that overlooks the Claudian basin on its western side, a small set of baths at its southwestern corner and a row of vaulted chambers that today open onto the Trajanic basin to the south. Most of the remainder of what survives consists of a network of partially understood concrete-vaulted basement structures (Plate 5.1) and a few first-floor walls. Prior to this fieldwork very little was known about the eastern edge of the *Palazzo Imperiale*, which is sundered from the rest of the complex by the sunken path that was dug in the early twentieth century, presumably to provide easy access to the Trajanic basin, a process that involved the demolition of substantial Roman structures.[11] The only visible structures prior to the excavation were the badly truncated cisterns that are discussed in this paper (pp. 74–5). Details of these were mapped by means of a microtopographic survey and careful documentation of standing walls, in conjunction with reference to the detailed and unpublished survey undertaken by the Soprintendenza during the 1980s. This was further enhanced with intensive blanket programmes of high-resolution

magnetometry (2007), large-scale ground-penetrating radar (GPR) (2008 and 2009), resistance tomography (2008) (Keay *et al.* 2009), and by intensive topographic survey and laser scanning (see below, Chapter 7 (Earl, Beale and Keay)). This has enabled us to produce enhanced plans of the ground and first floors of the *Palazzo Imperiale*.

EXCAVATIONS

Excavation was focused upon an area of *c.* 2,000 m² that encompassed the northern edge of the *Palazzo Imperiale* on either side of the twentieth-century path, and the flatter lower-lying land beyond (Plate 5.2). It was carried out on the basis of a 'question and answer' strategy that combined open-area excavation and sondages that revealed a palimpsest of moles, walls and other structures that developed over at least seven main periods of occupation, stretching between the early second and fourteenth centuries AD, with the cut of the path providing two control sections through the site. The excavated sequence was further calibrated by a series of deep bore-holes for environmental cores drilled to a depth of up to 10 m in different parts of the excavated area.[12]

THE PRE-TRAJANIC *PALAZZO* (PERIOD 1)
Results from the rest of the excavation area indicate that remains of pre-Trajanic structures are buried deeply. The exception is a short stretch of a very substantial concrete mole (2014) built from concrete with brown *caementa* that was discovered running from east to west at the northern edge of the excavation and that subsequently was incorporated into the *Palazzo Imperiale* under Trajan (Period 2) (Plate 5.3). It was perforated by a series of large holes for wooden beams, and wave action had undercut the lower part of the mole in antiquity, creating a characteristic 'notch' (Plate 5.4). GPR and topographic survey revealed that the mole continued eastwards (6000), beneath the modern path, while excavation demonstrated, by uncovering its foundations sandwiched between Trajanic (Period 2) realignments, that it continued westwards (2218). Furthermore, GPR survey suggests that it extended beyond this in a southwesterly direction, deep beneath the *Palazzo Imperiale* (Plate 5.5). This mole at present is impossible to date, apart from stating that it pre-dates the Trajanic period (Period 2). It also bears a very strong resemblance to the moles of supposedly Claudian date uncovered during building work associated with the Aeroporto

Leonardo da Vinci in the late 1950s and 1960s (Testa-guzza 1970: lower figure on p. 96).[13] Nevertheless, the discovery of a magnificent sequence of beach deposits lying against the outer face of the mole makes it clear that it defined the southern edge of the Claudian basin.[14] The discovery of marine deposits immediately behind the mole suggests that water lay to the south of it, suggesting that it may have bounded the northern side of a lagoon as well as the southern side of the Claudian basin. Current evidence would suggest that the entrance to the lagoon from the Claudian basin lay to the east.

THE TRAJANIC *PALAZZO IMPERIALE* (PERIOD 2)

If the above hypothesis about the topography of the pre-Trajanic harbour is correct, it suggests that this area was transformed completely as a result of the Trajanic enlargement of the port, with the construction of a small dock and a large canal along the southern edge of the Claudian basin. It also suggests that the orientation adopted by the hexagonal basin of Trajan was predicated by the alignment of the pre-Trajanic mole (**Plate 5.6**). These structures are characterized by the complexity of their relationships to one another, which tells us more about their sequence of construction than their development in terms of chronological horizons.

The harbour infrastructure

In a first phase of construction (Period 2) the upper section of the Period 1 pre-Trajanic mole (2218) immediately to the west of 2014 was demolished, while its foundations were effectively realigned by the addition of a new facing (2059, 2248) with characteristic grey *caementa*. This meant that the mole now acted as the northern edge of the *Palazzo Imperiale* overlooking the Claudian basin, initially running due west before changing alignment to head in a northwesterly direction (**Fig. 5.5**).

During the same constructional phase a substantial new primary grey concrete mole (2008) was built *c.* 17 m to the south (**Fig. 5.6**). This was 4.5 m deep and cut into earlier marine deposits (Salomon *et al.* 2009: core PTXI-2). It extended westwards across the excavation for a short distance, before its line was continued westwards by a substantial wall[15] that continued over the early twentieth-century path in the direction of the main body of the *Palazzo Imperiale*. A short stretch of mole (2001) was built perpendicular to this, running due north to abut the pre-Trajanic mole (2014). This divided the area enclosed between the

FIG. 5.5. The realignment of the Period 1 mole (2218) in Period 2 with the addition of facing 2248, on the right side, and 2059, on the left side. *(Photo: Portus Project.)*

Period 1 pre-Trajanic and Period 2 Trajanic moles into two, creating what was effectively a water-filled dock to the east and an enclosed dry area to the west. In subsequent constructional phases (Period 2) both of these Trajanic moles were widened.[16]

The Trajanic mole (2007) also defined the northern side of an extensive Open Area that was *c.* 25 m wide. This was explored by three separate sondages, the deepest of which reached 1.8 m and showed that the Open Area consisted of deliberately dumped sand, together with ceramics, some fragmented building material, some marine debris and, in its lower levels, carbonized grain (Ballantyne 2007).[17] An environmental deep core suggested that the lower levels comprised sterile grey-black bedded sands to a depth of *c.* 6 m (Salomon *et al.* 2009: PTXI-2). Although the initial surface that must have covered the sand does not survive, it seems likely that, as during the late antique period (Period 6), this would have been

FIG. 5.6. The Period 2 moles, with 2008 in the foreground and 2027 in the background. *(Photo: Portus Project.)*

made up of a thick layer of rammed mortar. The southern side of the Open Area was defined by a line of substantial brick-faced concrete piers that ran parallel to it and also acted as the northern side of a huge structure (Building 5) (see below).

There seems to be little doubt that the mole (2008 = 2027) and the building alignment on the south side of the open space are to be identified with the parallel anomalies visible in the earlier magneto-metry survey of the site (Keay, Millett and Strutt 2005: figs 5.22–3).[18] This suggests that the Open Area ran from some point within the *Palazzo Imperiale* for a distance of up to over 145 m in an easterly direction, towards the great landward mole on the Monte Giulio (below, Fig. 5.18).

The buildings on the northern side of the Open Area

The Cistern Block
This consisted of two adjacent rooms (Buildings 1 and 3) that were built in one clear constructional phase (Period 2) within the open space defined by the pre-Trajanic and Trajanic moles.

Building 1
Building 1 marked the terminus of a range of rooms that ran from this point in a westerly direction along the northern frontage of the *Palazzo Imperiale*, over-looking the Claudian basin. It was constructed in Period 2/Phase 3, and would have stood to at least

three storeys, and may have been a *castellum aquae* fed by a water supply within the *Palazzo Imperiale* to the west. It was perpendicular to the Open Area and lay in the space between the pre-Trajanic Period 1 mole (2014) and the Period 2 Trajanic mole (2008) (Fig. 5.7). The wall (2099) that defined its northern side ran along the inner face of the Period 1 mole (2014), retaining its oblique alignment (Plate 5.6). Its southern side was formed by a wall (1071) that was bedded into the underlying Trajanic mole (2008). The eastern wall (2097) was not completely visible owing to later additions, but consisted of a brick-faced concrete wall that was detected at various points along its length, particularly on the second storey. Its inner face on the ground floor was pierced by three small clerestory windows, similar to those visible in other parts of the *Palazzo Imperiale* and the *Grande Magazzini di Settimio Severo*, while its outer face was interrupted by at least four buttresses, two of which (2104, 2105) are visible between late antique structural additions and the rest hidden. These were made necessary by the presence of a second floor and a need to stop the lateral spread of the walls. The western wall (2098) of the building survives in its entirety and is built from brick-faced concrete with two engaged pilasters, and with a small entrance between them.

In terms of the interior, the basement, which is at ground level, was roofed by a series of vaults running from north to south, with the clerestory windows on the eastern side situated immediately below the highest

FIG. 5.7. The Period 2 Building I (*castellum aquae*) from the west, showing the cisterns on the first floor. *(Photo: Portus Project.)*

point of each vault. The ancient ground-floor surface is covered by a thick sandy deposit of uncertain depth that has yet to be excavated; it seems unlikely, however, that this room was used for water storage. The first floor, however, clearly was, and was lined with *opus signinum* throughout. Its floor layout mirrors that of the ground floor, except that a cross wall subdivides it into a larger rectangular cistern (Room 1) and a smaller trapezoidal cistern (Room 2). Even less survives of the second floor, consisting of a stretch of wall on the eastern side of the building and traces of a thick *opus signinum* floor at its edge.

Building 3

This rectangular structure lies between Building 1 and the exposed structures of the *Palazzo Imperiale* to the west. It was far bigger than Building 1 and comprised at least two storeys, although much was demolished by the construction of the early twentieth-century path. It was built at the same time as Building 1 in Period 2. It abutted the western side of Building 1 and communication between the two was afforded by a small arched doorway at the central point of the wall. The northern side of the room was defined by a substantial brick-faced concrete wall (2061) that was bonded into the foundation of the new Trajanic mole (2059) and ran westwards into the main body of the *Palazzo Imperiale*. The southern side was constituted

by a wall (2326 = 5031) that represented a continuation of wall 1071. The floor of the room was composed of an *opus spicatum* surface (**Fig. 5.8**), with evidence of many different phases of use and repair. Within it there were two pairs of substantial pier bases that were established on axis to the doorway into Building 1: these clearly bore vaults that would have supported a second storey. Between these pairs of piers there were foundations for three further pairs that were spaced more closely and that may have carried a water channel from the main block of the *Palazzo Imperiale* to the first-floor cisterns in Building 1.

Building 5 on the southern side of the Open Area

This large complex was built in Period 2, contemporary to Cistern Block Buildings 1 and 3. It extended for over 250 m along the southern side of the Open Area and appears to have had at least two storeys — at least in its Hadrianic phase.[19] It has a long structural history that in its later stages saw the façade overlooking the Open Area being incorporated into the fabric of the *Mura Costantiniane*, the late antique wall-circuit that encloses much of Portus (see below, pp. 82–3). The northern face of the wall was intensively cleaned for a distance of *c.* 35 m, whilst a strip *c.* 10 m wide in front of it was cleaned down to the uppermost archaeological levels. Sondages running perpendicular to the wall were then excavated. In

FIG. 5.8. The *opus spicatum* floor of Period 2 Building 3, showing the pier bases at the centre and subsequent resurfacings. *(Photo: Portus Project.)*

addition, excavations were undertaken on the top of the *Mura Costantiniane* and on the part of Building 5 that extends southwards down to the Trajanic basin: this has been complemented by intensive three-dimensional geophysical and topographic survey of the whole of Building 5.

This fieldwork has begun to uncover the complex structural development of the building. The earliest excavated structures comprised a line of massive[20] brick-faced concrete piers (3007, 3020, 3021, 3108, 3112, 5005, for example) that flanked a series of gaps that would seem to have been spaced regularly[21] and that would have opened directly onto the Open Area (Fig. 5.9); these may have supported an aqueduct that fed the *Palazzo Imperiale*. Each pier was at the head of a substantial brick-faced concrete wall that defined a series of parallel corridors that have been shown by topographic, magnetometer, electrical resistance tomography (ERT) and GPR surveys to have run the whole width of the building, from northwest to southeast, a distance of some 80 m, and that were

interspersed regularly with substantial piers bearing arches. The width of the corridors varied in a regular pattern, with some consisting of parallel walls 4 m apart and others 11 m apart. It seems likely that the junction between the piers and the corridor walls represents a stage in the constructional sequence, and that they are thus chronologically identical.

A GPR survey undertaken in 2008 suggested that at a deeper level of *c.* 1.13–1.35 m there was evidence for three major structural divisions running from west to east for the length of the building (Plate 5.7). Excavations undertaken in 2009 indicate that the building continued westwards on the other side of the early twentieth-century path and that it is probable that it formed a right-angled intersection with the main body of the *Palazzo Imperiale*.

At this stage the nature of Building 5 is unclear. It appears to be a single two- or three-storey complex composed of a series of parallel corridors running perpendicular to, and opening onto, the Open Area, thereby providing free passage between it and the

Trajanic basin. While this could be interpreted as some kind of warehouse with regular openings, the system of regularly spaced internal arches points to a different, but as yet unspecified, function.

Overall dating for the Trajanic buildings

The principal source of dating evidence for these developments comes from brick stamps found *in situ* in Buildings 1, 3 and 5. An initial reading of these suggests that they were constructed in the latter years of the reign of the Emperor Trajan. The clear constructional sequence in the moles and buildings that fall within this period provides us with an idea of the overall sequence of development of the Open Area and its associated buildings. On the northern side it began with at least two phases of moles, and continued with the Cistern Block (Buildings 1 and 3) at some time after AD 115. The southern side of the Open Area, by contrast, seems to have comprised an aqueduct running from east to west, directly abutting a large building consisting of a grid of arch-bearing piers that separated north–south corridors; this was completed at some time after AD 116.

Discussion

These excavations and surveys have shed new light on the topography of the little known northern side of the *Palazzo Imperiale*. They suggest that integral to the original scheme was a very extensive Open Area close to the edge of the Claudian basin. This was flanked by a range of cisterns and associated rooms to the north (Buildings 1 and 3), and a massive complex to the south (Building 5).[22] The function of the Open Area as yet is unclear, not least since its huge size is unusual even for Portus. The northern mole provided a convenient place for mooring ships, with the Cistern Block (Building 1) providing a ready source of fresh water for those returning home. On the one hand, the Open Area provided ready access to the heart of the *Palazzo Imperiale* to the west; on the other, the as yet unspecified activities that took place upon it, or the items laid out upon it, must have been on a large scale, and are best understood in terms of what was happening in Building 5. It is hoped that further research will shed light on these issues.

THE HADRIANIC *PALAZZO IMPERIALE* (PERIOD 3)

In large measure the harbour installations created by Trajan would appear to have been completed by the reign of Hadrian. However, there is evidence for limited developments on both sides of the Open Area that were later in terms of constructional sequence and that may have dated to the reign of Hadrian.

The Cistern Block
Building 2

This small building, which is perpendicular to the northeastern face of Building 1, was added in Period 3 (**Plate 5.8**). It was built on at least two storeys on top of an artificial dump within the space enclosed

FIG. 5.10. The interior of the Period 3 Building 2 Cistern 2.1. *(Photo: Portus Project.)*

between the pre-Trajanic mole (2014) and Trajanic wall 1071.[23] It was constructed from brick-faced concrete throughout, with a distinctive outer face of engaged buttresses on its northern face added subsequently. On the ground floor it was subdivided into two rooms (Building 2 Rooms 1.1 and 1.2) that were approached by openings in the northern wall: that corresponding to the more westerly of the two was marked by a small relieving arch. Of the two, only the more easterly has been investigated, and was found to have a tile-lined concrete barrel vault, concrete walls and a small ledge at the eastern end.[24] Initial investigation reveals that all four walls were built from concrete, with clear traces of the wooden shuttering for the formwork. Nothing is known as yet about its flooring, with wooden piles being embedded in a clay deposit along the southern and western sides of the room. It is possible, therefore, that the room never had a solid concrete or masonry floor, and that it was not, therefore, a cistern. The first floor of the building comprised a single cistern (Building 2 Cistern 2.1) with an *opus signinum* floor that directly abutted the western wall (2098) of Building 1 (**Fig. 5.10**; cf. **Fig. 7.9**). It seems likely that this cistern would have been fed by a pipe running from Building 1, although this has yet to be confirmed. Brick stamps from both Rooms 1.1 and 1.2 date to AD 122, 123 and 134, suggesting that the building was constructed at some time after AD 134.

Building 5 on the southern side of the Open Area
In Period 3 the corridors of Building 5 underwent an important transformation. Both of the piers and the perpendicular north–south walls were thickened with the addition of a secondary wall in *opus mixtum* technique on their inner face. New north–south walls were then built midway between the Period 2 walls and the piers, effectively creating two corridors out of one. A brick staircase was then inserted into the more easterly of the two excavated corridors (**Fig. 5.11**) and the opening that had provided communication between Building 5 and the Trajanic Open Area was now sealed with brick-faced concrete blocking. The staircase provided access between a ground storey, which does not seem to have had a solid floor, and a first floor. The more westerly of the two corridors, by contrast, remained open, permitting continued communication between Building 5 and the Open Area. The dating evidence from this phase comprises a stamped brick dating to AD 116, used in the creation of the staircase. This suggests that this and associated structures date to some time after the late Trajanic period.

THE EARLY THIRD-CENTURY *PALAZZO IMPERIALE* (PERIOD 4)
At some time towards the beginning of the third century AD, there was a major change in the topography of the northern sector of the *Palazzo Imperiale* (**Plate 5.9**). First of all, the Trajanic (Period 2) surface of the

Fɪɢ. 5.11. The Period 3 stairs in Building 5, with late antique (Period 6) demolition debris. *(Photo: Portus Project.)*

1126), of uncertain function. Subsequent late antique demolition (see below, p. 81) means that at this point virtually nothing of the amphitheatre-shaped building survived above foundations, depriving us of clues as to the nature of the flooring or decoration of the building, or indeed the treatment of the open space lying to the east. It would appear, however, that there were no radial walls between the concentric walls that would have supported seating banks, perhaps suggesting that the seating banks may have been made of wood.

On the higher ground to the west of the early twentieth-century path, however, excavations in 2009 revealed that the western end of the building was inscribed within a third oval wall (5000), which would have acted as a hemicycle that would have supported a colonnade. This effectively would have shut off the *Palazzo Imperiale* to the west and overlooked the building. Behind this was a row of rooms, which were organized symmetrically around a central axis that was aligned to the long axis of the amphitheatre-shaped building (**Fig. 5.13**). These were decorated luxuriously, with painted wall-plaster and a range of marble veneers[26] and included one three-seater latrine. The western façade of these rooms to the west opened onto a square garden, or courtyard, which in turn communicated with the main body of the *Palazzo Imperiale* further to the west. Access to the amphitheatre-shaped building from the courtyard was probably achieved by means of a centrally-placed entrance on the mid-point of wall 5020, and was aligned directly on the east–west axis of the former. Transformation of the eastern sector of the *Palazzo Imperiale* in this way represented a significant change in the way that it functioned (**Fig. 5.14**).[27] The loss of the Open Area would have made it impossible to approach the *Palazzo Imperiale* from the east; and by depriving Building 5 of the extensive space that it had enjoyed hitherto, a change is implied in the way that the activities that went on within it were carried out.

Open Area was removed and levelled up with additional dumps of locally obtained sand, ceramics and building material (Period 4).[25] Into this were sunk the foundations of a large new building (Building 4) (Period 4).

Building 4 consisted of two concentric ovals (1017, 1018) that fitted perfectly within the space between Buildings 1, 2 and 3 to the north and Building 5 to the south (**Fig. 5.12**; cf. **Plate 7.2**). Unfortunately, much of the western end of the building was destroyed with the creation of the path to the Trajanic basin in the early twentieth century. Its long axis, which followed the length of the Open Area, measured 42 m and its shorter axis was 38 m, and there was a gap of 3 m between the inner and outer concentric oval. Its foundations reached a depth of *c.* 3 m. There seems little doubt that this was an amphitheatre-shaped building of modest proportions. The eastern end of its long axis is marked by a small square chamber (walls 1125 and

Dating of the changes

The date of the construction of the amphitheatre-shaped building and its associated structures is provided by ceramics found in the dump levels that were laid down above the Period 1 preparation immediately prior to the construction of the building. The pottery came from three sondages. The first and most important (1024) was located between the Trajanic wall (1071) and the outer wall of the amphitheatre (1017),

FIG. 5.12. **The concentric oval walls of the Period 4 amphitheatre-shaped building.** *(Photo: Portus Project.)*

FIG. 5.13. **The Period 4 hemicycle (on the right) and associated rooms immediately to the west of the amphitheatre (on the left).** *(Photo: Portus Project.)*

FIG. 5.14. **One possible interpretation of the Period 4 amphitheatre-shaped building seen from the east.** *(Portus Project.)*

immediately to the east of wall 1011. It was filled with fragments of painted wall-plaster, mosaic and pottery, as well as large quantities of imported amphorae and fine-wares datable to around the later second/early third centuries AD and with a *terminus ante quem* of *c.* AD 250/300.[28] The second and third sondages were located between the concentric walls (1017, 1018) on its northwestern and northeastern sides and yielded smaller quantities of similar material, the latest of which dated to the period between AD 150 and 250/300. Taken together, this would suggest a date of some time in the first half of the third century AD.

THE DEMOLITION OF THE AMPHITHEATRE-SHAPED BUILDING (PERIOD 5)

The building and adjoining rooms to the west remained in use for at least a century. At some time between the early fourth and early fifth centuries, however, the former was demolished systematically down to its foundations (Period 5), a process demonstrated by the rubble spreads discovered in different parts of the site, particularly in the area where the amphitheatre-shaped building bordered Building 5. The fact that the upper surface of the demolished building and its associated rubble was covered with a very hard, thin, white calcium precipitate layer suggests that the remains were left exposed for some time. This demolition presumably was undertaken in an attempt to return the space between the Cistern Block and Building 5 to an Open Area again (Plate 5.10).

It is possible, however, that the rooms that defined its western side, and also formed the eastern side of the open courtyard in the *Palazzo Imperiale*, remained standing. At the same time, however, the discovery of a burial below the latest surface of the garden area, suggests that even though the courtyard area remained in existence, it was being used in a different way to before.

All of this points to a significant transformation in the use of this part of the *Palazzo Imperiale*. A further development in Period 5 saw the construction of a short stretch of aqueduct, as shown by a smallish pier (1072) that subsequently was incorporated into the defensive wall that crossed this same point of the site (Period 5) and that must have been built at some time prior to the last quarter of the fifth century.[29] The aqueduct must have run on a line that coincided with what had been the shorter axis of the amphitheatre-shaped building, and it probably would have carried water from the second-floor cisterns of Building 1 in the Cistern Block to Building 5. It is also possible that much of the Open Area that had been created after the demolition of the amphitheatre-shaped building was covered over with a hard white mortar surface at this stage, a feature that was clearly documented in the area adjacent to the northern face of Building 5. Over other areas of the site, much of this has been lost — probably as a result of erosion.

THE LATE ANTIQUE TRANSFORMATION OF THE *PALAZZO IMPERIALE* (PERIOD 6)

The definitive break with the topography of the early Imperial harbour came at some time during or after the last quarter of the fifth century AD (Plate 5.11). In the first instance it appears that changing dynamics within the Claudian basin meant that the 'shoreline'

FIG. 5.15. The Period 6 late antique fortification that incorporated earlier structures running along the northern façade of Building 5. *(Photo: Portus Project.)*

had by now receded, leaving the frontage of the *Palazzo Imperiale* further from the water's edge than it had been in earlier centuries (Period 6). The excavation in 2007 and 2009 of two sondages immediately to the north of the earlier Period 1 and Period 2 moles (2014 and 2248 respectively) revealed a sequence of thin horizontally-bedded layers of sand and sea-shells that sloped sharply downwards from just below the round holes and above the 'notch'. Ceramics from these layers suggest that they were formed in the fifth and sixth centuries AD, and that, therefore, the southern margin of the Claudian basin had retreated some distance prior to, or during, this period.

A second important change saw the *Palazzo Imperiale* and Building 5 being incorporated into a walled circuit that also encompassed many buildings around the Trajanic hexagon and other key areas of the port. These late antique fortifications traditionally have been called the *Mura Costantiniane* on the assumption that they were built at the time that Portus was granted

self-governing status under Constantine.[30] Subsequently it has been argued that they dated to the later fourth or early fifth century AD (Coccia 1993: 183), although recent excavations at the *Antemurale* site have suggested that they were built in the last quarter of the fifth century AD.[31] The late antique circuit extended into this part of the harbour in Period 6 by following the northern face of Building 5 (**Fig. 5.15**) in the direction of the *Palazzo Imperiale*, taking the form of a substantial façade of brick-faced concrete walling that filled in gaps in its frontage (3027 = 3029 = 3031 = 3113) to create a single continuous face. The construction of this wall was accompanied by the systematic demolition of that part of Building 5 lying immediately behind the façade (**Fig. 5.11**), effectively creating a massive bank that sloped downwards in the direction of the Trajanic basin. This stretch of the late antique wall incorporated a 3 m wide gateway (3006),[32] flanked by offset piers. This gateway would have permitted access through the wall to Building 5 and, ultimately, the Trajanic basin to

FIG. 5.16. The blocked gateway (3006) in the Period 6 late antique fortification. *(Photo: Portus Project.)*

FIG. 5.17. A stretch of the Period 6 late antique blocking of the eastern side of Building 1, close to its junction with Building 2, and punctuated by a later entrance. *(Photo: Portus Project.)*

the southeast. It was subsequently blocked (**Fig. 5.16**), quite possibly during the period of the Gothic Wars (AD 535–53).[33]

On the east, the wall then turned a right angle and assumed the line of the Period 5 aqueduct, one of whose piers (1072) was incorporated into its matrix, and headed in the direction of the Cistern Block on the north side of the Open Area. This stretch of the wall (3023 = 1009) comprised a very broad *opus caementicium* foundation surmounted by a narrower fortification that was reinforced with offset buttresses on its western (*Palazzo Imperiale*) side. The circuit must have incorporated the still-standing bulk of Building 2 before taking the form of brick-faced concrete blockings (2101 = 2102 = 2103) that filled the gaps between the Period 2 buttresses on the eastern side of Building 1 (**Fig. 5.17**), masking the earlier clerestory windows. The wall then turned sharply to the west, running along the top of the Period 1 mole (2014) adjacent to the Period 2 cistern wall (2009),

before eventually running along the Period 2 mole (2248) on the seaward side of the north wall (2061) of Building 3, and the rest of the frontage of the *Palazzo Imperiale* overlooking the Claudian basin.

It is likely that the construction of wall 3023 = 1009 involved the demolition of the rooms lying immediately to the west of the amphitheatre. They were systematically stripped of their marble decoration and then backfilled with rubble to create a level area immediately to the west of wall 3023 = 1009. Occasional amphora burials were dug into the rubble.

The increasing land-lockedness of the *Palazzo Imperiale* and its incorporation within the late antique walled circuit effectively would have created an 'extra-mural' area of dry land. A consequence of this was the creation of a path (Period 6) that ran from the Claudian basin to the gateway in the late antique fortification. The route it took involved cutting a northwest–southeast breach through the line of the

Trajanic moles, laying bare some of the underlying *caementa*, while the path itself was flanked by a number of post-holes. The fact that the path seems to head directly towards the gateway in the 'Mura Costantinine' suggests that both it and the first phase of fortification were contemporary and, thus, that the former may have dated to some time after the later fifth century AD. Furthermore, the land on either side of the path was used for a number of amphora, tegula and cist burials (Period 6). Some were sited immediately in front of the late antique walls, while others had been dug into the earlier fills between the footings of the concentric walls of the amphitheatre (Building 4).

DISCUSSION

THE PRE-TRAJANIC *PALAZZO IMPERIALE*

The discovery of the pre-Trajanic mole (2218 = 2014 = 6000) at the northern edge of the excavation is of major importance. It makes clear that the original line of the Claudian basin in this part of Portus did not project northwestwards, as it did with the completed *Palazzo Imperiale* from the Trajanic period onwards. It appears, instead, that it extended in an arc south-westwards, coinciding with the alignment of the westernmost side of the Trajanic hexagonal basin. This suggests that Trajan's architects may have chosen the alignment of the Claudian basin in this part of the harbour as the reference-point for the laying out of the hexagonal basin (Fig. 5.18). A core drilled through the Trajanic mole (2007)[34] revealed the existence of marine deposits beneath it, suggesting that the area south of the pre-Trajanic mole may have been open water, and provides a hint that the pre-Trajanic harbour in this part of the port may have been lagoonal in nature.

There is no evidence as yet for the whereabouts of a precursor to the *Palazzo Imperiale* or any other possible buildings in this part of the port.[35] The discovery of lead *fistulae* stamped with the name of the Empress Messalina (Lanciani 1868: 170), however, suggests that there may have been some kind of official building by the middle of the first century AD, and that on present evidence it can have lain only beneath the southwestern quadrant of the later *Palazzo Imperiale*.

Other evidence for the pre-Trajanic harbour across the port is minimal and, to date, has been limited to the iden-tification of deeply-bedded stretches of mole, stretches of wall made from apparently early *opus reticulatum* or certain kinds of architectural decoration.[36] On this basis possible 'Claudian' structures have been identified

in excavations at the *Antemurale* (see Chapter 8), the *Terme della Laterna* (Lidia Paroli and Giovanni Ricci, pers. comm.), and the *Basilica Portuense* (Paroli 2005: 259–61), and were the basis for assigning the first phase of the *Darsena* and adjacent structures to the pre-Trajanic period (Keay and Millett 2005a: 275–8).

THE *PALAZZO IMPERIALE* DURING THE SECOND CENTURY AD

The evidence from these excavations suggests that the *Palazzo Imperiale* was a *de novo* construction of late Trajanic date. As yet there are few good ceramic deposits to give us a clear date. However, the epigraphic fragments reported by Lanciani (1868: 174)[37] as having been found at the site indicate that an important stage in its construction had been reached by AD 112–17, even though their precise point of discovery within the complex remains unknown. Furthermore, brick stamps from both these excavations and those discussed by Bloch imply that construction continued until at least AD 115–16, with subsequent work continuing under Hadrian and the Antonines.[38] This date would seem to be borne out in general terms by the *opus reticulatum* technique used in the brick-faced construction, while the *Terrazza di Traiano* traditionally has been dated also to Trajan's reign, even though there are no obvious dated stylistic parallels for it.

The relationship of the Trajanic *Palazzo Imperiale* to the southwesterly alignment of the pre-Trajanic mole makes it clear that the former was built upon land reclaimed from the southeastern corner of the Claudian basin, presumably upcast displaced during the excava-tion of the hexagonal basin itself.[39] Indeed, logic would suggest that the large quantities of sand needed for the levelling-up of the Open Area to the east of the *Palazzo Imperiale*, and quite possibly the area beneath Building 5,[40] was also derived from the same source. If so, this would have represented a massive engineering feat, and one that helps make sense of the claim made by Pliny in his Panegyric to the Emperor Trajan, that 'he let the sea into the shore and moved the shore out to sea' (*Panegyricus* 29.2). All of this suggests, therefore, that the *Palazzo Imperiale* complex was completed at a late stage in the overall construction process of the harbour, a conclusion supported by the late date of the brick stamps from the site.

The layout of the completed 3 ha complex was distinctive. It was trapezoidal in shape, overlooked both the Claudian and Trajanic basins and was served

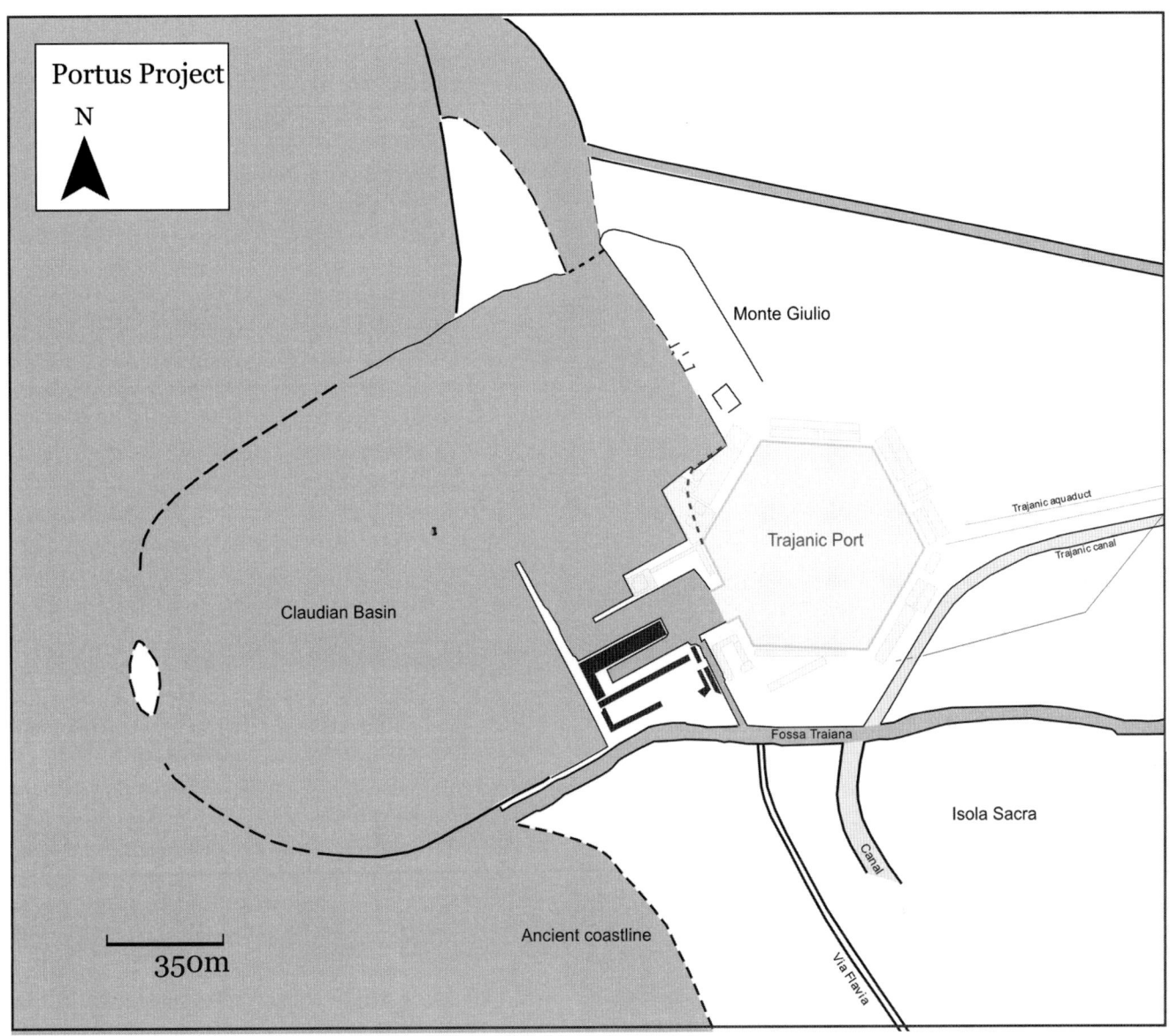

Fig. 5.18. Interpretative plan showing the course of the Period I mole (dashed line) that defined the southern side of the Claudian basin and its relationship to the Trajanic *Palazzo Imperiale* and hexagonal basin. *(Portus Project.)*

by the large Open Area discovered during these excavations to the east. In order to understand better the significance of these developments within the context of the *Palazzo Imperiale* as a whole, the first results of the topographical and geophysical surveys of the remainder of the complex have been used to produce a summary plan of the whole of the first floor (**Fig. 5.19**).[41] This allowed broad functional areas to be identified on the basis of known standing structures and geophysical anomalies, and will be amended in the light of ongoing and future work. The complex offered monumental façades to the west and south, but also had a more 'functional' area to the east,

which was integral to Building 5. Fresh water consumption played an important role in its functions. It was probably supplied by the aqueduct that appears to have formed the east–west spine of Building 5. This fed a major two-level cistern at the centre of the complex, which in turn may have supplied a bath-suite in the southwest corner of the complex, a two-level cistern on its northern edge, and the Cistern Block discovered in the course of these excavations. Some of the rooms, at least, would have been decorated with a range of sculptures, including personifications of emperors, philosophers and mythological figures (Lanciani 1868: 172).[42] It is unclear what kind of

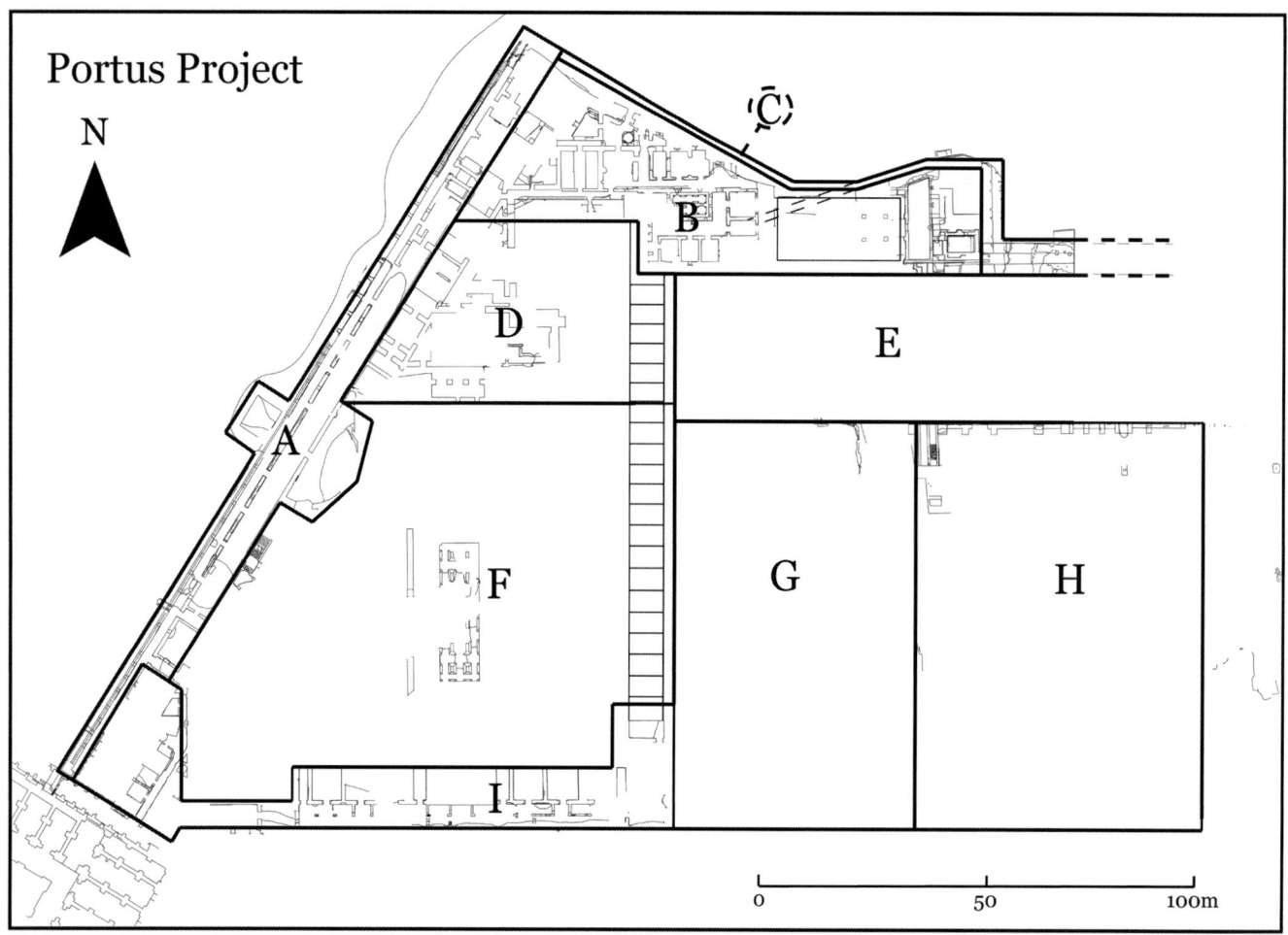

FIG. 5.19. Interpretative plan of the *Palazzo Imperiale* complex during the Trajanic and Hadrianic periods (Periods 2 and 3), incorporating the results of the excavation, and of the topographic and geophysical surveys. The building can be broken down into the following zones: A: western frontage onto the Claudian basin, comprising a monumental colonnade and hemicycle; B: area of functional rooms; C: north frontage onto the Claudian basin and mole; D: rectangular space; E: open area; F: possibly residential area focused upon the cistern; G: space transitional to Building 5; H: Building 5; I: south frontage onto the hexagonal basin and southwestern baths. *(Portus Project.)*

building, if any, lay on the tongue of land later occupied by the *Grande Magazzini di Settimio Severo*.

The Trajanic *Palazzo Imperiale* is clearly distinguishable from the complex bearing the same name at Ostia, whose similarity to other large insulae at the river port has been stressed recently (Spurza 2002: 127–30). It is possible that this complex was inspired by the large residential *villae maritimae*[43] that are to be found along the Tyrrhenian coast of Italy, particularly in the bay of Naples, and that the intention of Trajan's architects was to create the effect of a villa within the 'maritime' context of the two basins.

Alternatively, its position within the Claudian basin can be equated roughly with the position of the Ptolemaic and early Roman palace quarter (*Akra Lochias*) at the southeastern corner of the eastern harbour at Alexandria (Mackenzie 2007: 68–71,

173–8).[44] In sum, therefore, the *Palazzo Imperiale* at Portus lends further support to the idea that there was an important ideological and symbolic element underlying the conception of the Trajanic enlargement of Portus.[45] The wealth and sophistication of the décor suggests that it must have been used by an important official, possibly the *procurator annonae Ostiae*, who was a *libertus* responsible to the *praefectus annonae* and first attested during the reign of Trajan (Bruun 2002: 163–5). It is possible also that it could have been used periodically by emperors travelling to and from Rome — even though doubt has been expressed that the emperor ever travelled through Portus.[46] By this time, Portus was established fully as the maritime port of Imperial Rome and would have been the most conveniently located landfall for rapid access to the City.

THE SUBSEQUENT DEVELOPMENT OF THE *PALAZZO IMPERIALE*

During the early third century AD, access to, and unloading within, the *Palazzo Imperiale* by means of the Open Area was suppressed, with the construction of the amphitheatre-shaped building[47] and its associated courtyard and garden (**Fig. 5.20**). Overall, this suggests that the eastern side of the complex may have acquired a function more related to display or entertainment than hitherto. At the same time, however, the amphitheatre-shaped building itself was effectively enclosed in the space between the Cistern Block and Building 5. This meant that it could be seen only from that part of the Open Area lying to the east and was in some measure a non-public building.

The nearest parallel for the amphitheatre-shaped building would be the *Ludus Magnus* in Rome, which was built in the Domitianic period and rebuilt under Trajan (Colini and Cozza 1962). This, too, was effectively 'enclosed' and not readily visible as a free-standing ampthitheatre. However, it was also significantly larger and lacked the hemicycle and richly-decorated rooms adjacent to the amphitheatre-shaped building. If there is any value in this parallel, its presence at Portus conceivably could be related to the *vigiles*, a detachment of which was stationed at Portus in the Severan period.[48] It would make sense that a practice arena for this semi-military body was located close to the prime source of authority in the port. Another possibility is that the building was built to stage *naumachiae* on a modest scale and in the

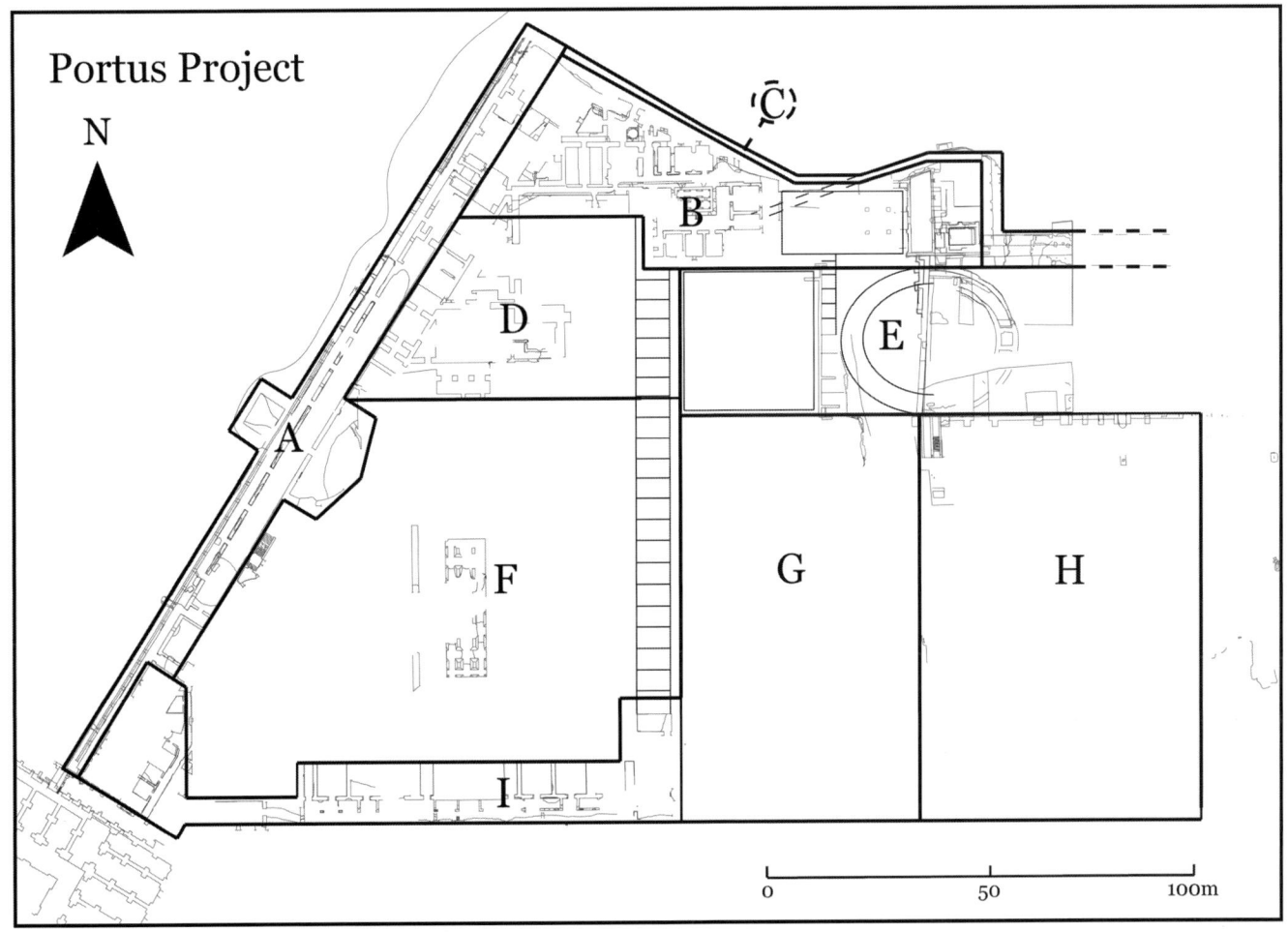

FIG. 5.20. Interpretative plan of the whole of the *Palazzo Imperiale* during the early third century (Period 3), incorporating the results of the excavation, and of the topographic and geophysical surveys. The building can be broken down into the following zones: A: western frontage onto the Claudian basin, comprising a monumental colonnade and hemicycle; B: area of functional rooms; C: north frontage onto the Claudian basin and mole; D: rectangular space; E: amphitheatre and adjacent rooms and courtyard/garden; F: possibly residential area focused upon the cistern; G: space transitional to Building 5; H: Building 5; I: south frontage onto the hexagonal basin and southwestern baths. *(Portus Project.)*

relative privacy of the *Palazzo Imperiale*. The proximity of the Cistern Block on its northern side lends some support to this view, and perhaps to the possibility that it acted as some kind of fish-tank or decorative pool.[49]

Whichever interpretation one chooses, the initiative conceivably could have been tied up with the establishment of a new official who was probably based at Portus, the *procurator portus utriusque*. He is first attested epigraphically in AD 247,[50] and even though the whereabouts of his headquarters within the port are not known, it would seem logical to suppose that it might have been the *Palazzo Imperiale*. An alternative interpretation is that the function of the amphitheatre was related closely to the continued use of the *Palazzo Imperiale* as some kind of imperial residence, albeit a temporary one: the amphitheatre adjacent to the Piazza d'Oro at Hadrian's Villa is a case in point (Prina Ricotti 2001: 411–17), while the Castrensian amphitheatre adjacent to the *Palatium Sessorianum*, a complex that was begun during the reign of Septimius Severus and completed in that of Elagabalus (Colli 1996) in the earlier third century AD, is another.[51]

THE LATE ANTIQUE *PALAZZO IMPERIALE*

The principal topographic change during the late antique period saw the incorporation of the *Palazzo Imperiale* and Building 5 within the walled circuit that enclosed the whole port. In the case of the latter, the walls responded to the pre-existing topography and ran along the frontage of the building, while the corridors down to the Trajanic hexagon were systematically demolished to create a steep bank that sloped downwards from north to south. With the *Palazzo Imperiale*, however, the defences needed to run northwards and keep the Cistern Block within the walled area. Consequently, the amphitheatre-shaped building and luxurious rooms lying to the west had to be demolished, thereby creating a flat open area behind the walls. It also defined an open area that lay between these stretches of wall, the Cistern Block (Buildings 1 and 2) to the north and the Period 1 and 2 moles.

At one level the inclusion of both buildings within the walled circuit is testimony to their continued importance during the later fifth and sixth centuries, which is hardly surprising in itself. However, while corroborative data is needed from other parts of both complexes, this evidence does suggest that the construction of the late antique fortifications in the late fifth century AD represented a major change in

the character and uses of both buildings. In the first instance it seems that the water within the Claudian basin had contracted quite significantly, to the point where the old Period 1 mole was no longer at the water's edge, and what had been a dock between the Period 1 and Period 2 moles had degenerated into a zone of passage frequented by people using the gateway in the fortifications. In short, the *Palazzo Imperiale* had become landlocked, a development that may go some way to helping us to understand the need for substantial fortifications in this part of the port, which may have been erected in response to both land- and sea-based threats. Furthermore, the blocking of the gate in the sixth century is paralleled by a similar development at the *Antemurale*, raising the question as to whether gate-blocking was a co-ordinated response to external threat, possibly related to the Gothic Wars. Secondly, Building 5 clearly cannot have continued to function as before, since much of its northern part had been demolished, while the *Palazzo Imperiale* had lost a major monumental focus. The final and most significant development was the increasingly widespread excavation of burials within the *Palazzo Imperiale*, in Building 5 and in the Open Area to the north of the latter. This is testament to a use of space that was very different to that which had prevailed earlier.

NOTES

1. See, for example: Lanciani 1868; Lugli and Filibeck 1935; Testaguzza 1970; Mannucci 1996.

2. They form the key element of the Portus Project, whose activities are facilitated by means of a *Convenzione di Collaborazione* between the Soprintendenza, the British School at Rome and the Universities of Southampton and Cambridge. The project is funded by the Arts and Humanities Research Council of the UK and the Soprintendenza di Beni Archeologici di Ostia Antica, with additional contributions from the British School at Rome and the Universities of Southampton and Cambridge. The Parsifal Cooperativa di Archeologia (Rome) is a major collaborator. The team members include Jeff Avern, Rachel Ballantyne, Gareth Beale, Roberta Cascino, Penny Copeland, Pina Franco, Elizabeth de Gaetano, Rose Ferraby, Eleonora Gasparini, Stephen Kay, Evi Margaritis, Jessica Ogden, Leonie Pett, Hembo Pagi, Greg Tucker and Sabrina Zampini; and involved students from the Universities of Southampton, Cambridge, Oxford, Aix-en-Provence, Seville and the Institut Català d'Arqueologia Classica (Tarragona). For further information, see: www.portusproject.org (last accessed 20.07.2011).

3. This is a term first coined by Lanciani in the later nineteenth century (Lanciani 1868: 170–5), on account of the sumptuousness of the finds from the site, rather than because there were firm grounds to identify the building as an imperial residence.

4. See the review of this subject by Spurza (2002); and also pp. 84–7.

5. Only Lugli (Lugli and Filibeck 1935: 98) dissented from this view, preferring instead to see the complex as the forum of Portus.

6. See also the comments of Lugli and Filibeck (1935: 97–100).

7. There is no evidence, for example, for the theatre he illustrated and discussed. An additional detail of a suite of baths was subsequently published elsewhere (Lugli and Filibeck 1935: fig. 62), although this has been shown in fact to illustrate the baths at the imperial villa of Tor Paterna at Castelporziano (Lauro 1998).

8. The brick stamps that he reported were the subject of a subsequent study by Bloch (1947: 8, 100–2, 113–14, 166, 274–5, 279–80, 282), which focused more closely upon their dating. One of the most important epigraphic discoveries is fragments of two inscriptions dating to AD 112–17 (Lanciani 1868: 174); see also p. 84.

9. All the directions referred to in the text are in terms of site north rather than compass north, for convenience.

10. A modern name that was coined on the assumption that the structure was Trajanic in date.

11. Giovanni Torlonia's restoration of the basin is the most likely context for this (Lugli and Filibeck 1935: 230–42).

12. For a first report of this work, which was directed by Jean-Philippe Goiran, see Salomon *et al.* (2009).

13. It is discussed elsewhere in this volume also: Chapters 2 (Giraudi), 3 (Goiran *et al.*) and 4 (Morelli *et al.*).

14. Morelli and her colleagues (Chapter 4) provide a wider discussion of the Claudian basin as a whole.

15. It formed the foundation for walls 1071, 2326 and 5031.

16. 2027 was added to 2007, and 2001 was added to 2008.

17. It is also worth noting the presence of significant quantities of carbonized grain in the earliest excavated levels (US 1061).

18. So forming the northern side of feature 8.14 (see **Plate 5.7**).

19. See Period 3, below.

20. Each of these measured 3×3 m.

21. The apparent absence of piers perhaps may be explained by deliberate removal in the late antique period (Period 6), when the *Mura Costantiniane* were built.

22. The presence of an aqueduct along this line would make sense in the light of the fact that it would coincide with the path of the aqueduct running northwards around the Trajanic basin proposed by Nibby (1819: plan opposite p. 323) and would also explain how fresh water was supplied to the cisterns and baths in the *Palazzo Imperiale*.

23. The relationship between Buildings 1 and 2 is discussed briefly in Chapter 7 (pp. 113–14) and illustrated in **Figure 7.10**.

24. A reconstructed view of this can be seen in **Figure 7.9**.

25. This includes 1024, as discussed in detail in Chapter 6.

26. The abundant marble from the rubble in these rooms included *greco scritto* and Chemtou from quarries in Algeria, together with Proconnesian white marble from the sea of Marmara (Earl *et al.* 2011), as well as a very high-quality white marble head that may have depicted Ulysses or one of his followers and dates to the later second or earlier third century AD.

27. The rationale for the reconstruction offered in this figure is discussed further by Earl and his colleagues in Chapter 7 (p. 114).

28. Pottery deposit in 1024: see Zampini (Chapter 6) in this volume.

29. The dating of the wall was derived from ceramic deposits from this excavation, and bears out that derived from recent excavations at the *Antemurale*, as discussed by Paroli and Ricci (Chapter 8) and Di Santo (Chapter 9).

30. For discussion and further references, see: Keay and Millett 2005a: 291–3.

31. Discussed below, by Paroli and Ricci (Chapter 8).

32. The construction of the gate would have involved the removal of one of the Period 2 aqueduct piers.

33. Paroli and Ricci discuss a similar sixth-century AD gate blocking at the *Antemurale* in Chapter 8 (Periodo 5c, p. 141).

34. Core PTXI-2: see Salomon *et al.* 2009.

35. Julio-Claudian brick stamps were virtually absent from the current excavations; and Bloch (1947: 99–101) reported none from those of 1864–7.

36. As, for example, the *Portico di Claudio*.

37. See also Thylander (1951–2: B313 and B314).

38. Indeed, further fieldwork undertaken as part of this project indicates that there was another important structural change at some time during or after the later second century AD. The

southeastern end of the *Terraza di Traiano* was extended so that it was integrated into the northwestern corner of the *Grandi Magazzini di Settimio Severo*, a complex that has been redated to the reign of Marcus Aurelius — rather than that of Septimius Severus — on the basis of brick stamps (Bloch 1947: 279–80, 341 n. 296).

39. It is estimated that the excavation of the hexagonal basin, which encompassed an area of 32 ha with a depth of *c.* 6 m, would have generated up to 2 million cubic metres of sand.

40. Support for this view is provided by core PTXI-6, which was drilled towards the southern side of Building 5 and which suggests that the complex was also founded on a sandy deposit similar to that being used to level up the Open Area.

41. It should be added that this is work in progress, the end result of which will be a virtual reality model of the *Palazzo Imperiale* with supporting documentation, undertaken by the authors in conjunction with Gareth Beale as part of the Portus Project.

42. Discussed by Lanciani (1868: 172) in the context of the 'atrio con nicchie'. The sculptures from Portus published by Visconti (1880; 1884) almost certainly will have included some of these.

43. A good introduction to these has been provided by Lafon (2001).

44. The palace quarter at Alexandria has been seen as the inspiration also for the Herodian harbour at Caesarea Maritime in Judaea (Patrich 2007: 110–13, 122–4).

45. Discussed in the context of the Trajanic harbour by Keay and Millett (2005b: 305–14).

46. An issue discussed with reference to Portus and Ostia by Spurza (2002).

47. It seems likely that this is the building that Lanciani (1868: 171) identified as the theatre. This is a confusion probably brought about by only one half of the building having been revealed through excavation, which would have suggested that it was the *cavea* of a theatre, and by the fact that it was bisected half-way along its short axis by the late antique wall, whose bastions could have been mistaken for niches belonging to a stage building.

48. Discussed by Sablayrolles (1996: 307–9); it should be pointed out, however, that the only inscriptions recording *vigiles* at Portus were discovered near the *Episcopium*, close to the *Fossa Traiana*.

49. The enigmatic late second-century AD 'teatro marittimo' at the Villa dei Quintilii on the Appia (Paris 2000: 48–50) is a case in point.

50. Discussed most recently by Bruun (2002: 164–7).

51. Further afield, it is worth noting also that when the Herodian Palace at Caesarea Maritima expanded eastwards in the Roman period, it incorporated the curved end of the hippodrome (Patrich 2007: 110–13), again emphasizing the proximity of administrative buildings/palace complexes and buildings associated with entertainment.

REFERENCES

Ancient sources

Pliny, *Panegyricus*
B. Radice (1975) *Pliny. Letters and Panegyrics in Two Volumes*, II. *Letters, Books VIII–X and Panegyricus* (*Loeb Classical Library*). Cambridge (MA)/London, Harvard University Press.

Modern sources

Ballantyne, R. (2007) Environmental evidence from the auger samples, Portus 2007. Unpublished interim report.

Bloch, H. (1947) *I bolli laterizi e la storia edilizia romana: contributi all'archeologia e alla storia di Roma*. Rome, Comune di Roma, Ripartizione Antichità e Belle Arti.

Bruun, C. (2002) L'amministrazione imperiale di Ostia e Portus. In C. Bruun and A. Gallina Zevi (eds), *Ostia e Portus nelle loro relazioni con Roma* (*Acta Instituti Romani Finlandiae* 27): 161–92. Rome, Institutum Romanum Finlandiae.

Coccia, S. (1993) Il 'Portus Romae' fra tarda antichità ed alto medioevo. In L. Paroli and P. Delogu (eds), *La storia economica di Roma nell'alto medioevo alla luce dei recenti scavi archeologici. Atti del seminario (Roma 2–3 aprile 1992)*: 177–200. Florence, All'Insegna del Giglio.

Colini, A.M. and Cozza, L. (1962) *Ludus Magnus*. Rome, Monte dei Paschi di Siena.

Colli, D. (1996) Il palazzo sessoriano nell'area archeologica di S. Croce in Gerusalemme: ultima sede imperiale di Roma? *Mélanges de l'École Française de Rome. Antiquité* 108: 771–815.

Earl, G., Felici, F., Gasparini, E. and Keay, S. (2011) Nuovi rivestimenti marmorei dal 'Palazzo Imperiale' di Portus. In *AISCOM. Atti del XVI colloquio dell'Associazione Italiana per lo Studio e la Conservazione del Mosaico. Palermo, 17–19 marzo 2010*: 519–27. Tivoli, Edizione Scripta Manent.

Keay, S. and Millett, M. (2005a) Integration and discussion. In S. Keay, M. Millett, L. Paroli and K. Strutt, *Portus. An Archaeological Survey of the Port of Imperial Rome* (*Archaeological Monographs of the British School at Rome* 15): 269–96. London, British School at Rome.

Keay, S. and Millett, M. (2005b) Portus in context. In S. Keay, M. Millett, L. Paroli and K. Strutt, *Portus. An Archaeological Survey of the Port of Imperial Rome* (*Archaeological Monographs of the British School at Rome* 15): 297–314. London, British School at Rome.

Keay, S., Millett, M. and Strutt, K. (2005) The survey results. In S. Keay, M. Millett, L. Paroli and K. Strutt, *Portus. An Archaeological Survey of the Port of Imperial Rome* (*Archaeological Monographs of the British School at Rome* 15): 71–172. London, British School at Rome.

Keay, S., Millett, M., Paroli, L. and Strutt, K. (2005) *Portus. An Archaeological Survey of the Port of Imperial Rome* (*Archaeological Monographs of the British School at Rome* 15). London, British School at Rome.

Keay, S., Earl, G., Hay, S., Ogden, J. and Strutt, K.D. (2009) The role of integrated geophysical survey methods in the assessment of archaeological landscapes: the case of Portus. *Archaeological Prospection* 16: 154–66.

Lafon, X. (2001) *Villa maritima. Recherches sur les villas littorales de l'Italie romaine* (*Bibliotheque des Écoles Françaises d'Athénes et de Rome* 307). Rome, École Française de Rome.

Lanciani, R. (1868) *Ricerche topografiche sulla città di Porto*. Rome, Tipografia Tiberina. (Also published in *Annali dell'Istituto di Corrispondenza Archeologica* 1868: 144–95.)

Lauro, M.G. (1998) L'area archeologica di Tor Paterno. Campagne di scavo 1987–1991. In M.G. Lauro (ed.), *Castelporziano* III. *Campagne di scavo e restauro 1987–1991*: 63–105. Rome, Ministero per i Beni e Ambientali/Soprintentendenza Archeologica di Ostia/Viella.

Lugli, G. and Filibeck, G. (1935) *Il porto di Roma imperiale e l'Agro Portuense*. Bergamo, Officine dell'Istituto Italiano di Arti Grafiche.

Mackenzie, J. (2007) *The Architecture of Alexandria and Egypt 300 BC–AD 700*. New Haven/London, Yale University Press/Pelican History of Art.

Mannucci, V. (1996) (ed.) *Il parco archeologico naturalistico del porto di Traiano: metodo e progetto*. Roma, Ministero per i Beni Culturali ed Ambientali/Soprintendenza Archeologica di Ostia (ristampa).

Nibby, A. (1819) *Viaggio antiquario ne' contorni di Roma di Antonio Nibby* II. Rome, V. Pogioli.

Paris, R. (2000) *Via Appia. La villa dei Quintilii*. Rome, Electa.

Paroli, L. (2005) The Basilica Portuense. In S. Keay, M. Millett, L. Paroli and K. Strutt, *Portus. An Archaeological Survey of the Port of Imperial Rome* (*Archaeological Monographs of the British School at Rome* 15): 258–68. London, British School at Rome.

Patrich, J. (2007) Herodian Caesarea: the urban space. In N. Kokkinos (ed.), *The World of Herods and the Nabataeans* I (*Oriens et Occidens* 14): 93–130. Stuttgart, Franz Steiner Verlag.

Prina Ricotti, E.S. (2001) *Villa Adriana. Sogno di un imperatore* (*Bibliotheca Archaeologica* 29). Rome, 'L'Erma' di Bretschneider.

Sablayrolles, R. (1996) *Libertinus Miles. Les cohortes de vigiles* (*Collection de l'École Française de Rome* 224). Rome, École Française de Rome.

Salomon, F., Goiran, J.-P., Bravard, J.-P., Margiritis, E., Ballantyne, R., Keay, S., Earl, G. and Kay, S. (2009) Delta du Tibre. Campagne de carrotage 2008. Étude des canaux de Portus. *Mélanges de l'École Française de Rome. Antiquité* 121 (1): 314–17.

Spurza, J. (2002) The emperors at Ostia and Portus: imperial visits and accommodation. In C. Bruun and A. Gallina Zevi (eds), *Ostia e Portus nelle loro relazioni con Roma* (*Acta Instituti Romani Finlandiae* 27): 123–34. Rome, Institutum Romanum Finlandiae.

Testaguzza, O. (1970) *Portus: illustrazione dei porti di Claudio e Traiano e della città di Porto a Fiumicino*. Rome, Julia Editrice.

Thylander, E.A. (1951–2) *Inscriptions du port d'Ostie* (*Acta Instituti Romani Regni Sueciae* 8, IV:1), 2 vols. Lund, C.W.K. Gleerup.

Visconti, P.E. (1880) *Catalogo del Museo Torlonia di sculture antiche*. Rome, Tipografia Tiberina.

Visconti, P.E. (1884) *I monumenti del Museo Torlonia di sculture antiche riprodotto con la fotografia*. Rome, Tipografia Tiberina.

LA CERAMICA DELLO SCAVO DEL 2007 NEL PALAZZO IMPERIALE DI PORTUS

Sabrina Zampini

INTRODUZIONE

Questo contributo[1] presenta i primi risultati dell'analisi della ceramica trovata nel corso dello scavo condotto nel Palazzo Imperiale di Portus nel 2007.[2] Si tratta, dunque, delle prime informazioni sui contesti ceramici rinvenuti nell'edificio al centro del complesso portuale. I materiali presentati provengono soprattutto dai contesti relativi alla preparazione per la costruzione dell''anfiteatro' (Edificio 4) del Periodo III, di fronte alla facciata est del Palazzo Imperiale. Tali ceramiche possono fornire importanti informazioni sulle importazioni a Portus in un periodo rilevante e finora noto soltanto grazie agli scavi della Basilica Portuense.[3]

IL MATERIALE DELLO SCAVO

La schedatura del materiale rinvenuto durante la campagna di scavo del 2007 è stata affrontata contando tutti i frammenti raccolti, che sono poi stati divisi per classi e, all'interno di ciascuna classe, per parti tipologiche. Nel caso delle anfore si è cercato di determinare la produzione anche per le pareti. Sono state identificate, infine, in base ai repertori tipologici più comuni, le parti significative (soprattutto gli orli) del materiale datante. Si tratta, comunque, di un lavoro ancora in corso e quello che si presenta è un resoconto preliminare, i cui dati potranno essere riveduti sulla base dello studio sistematico della ceramica.

La maggior parte dei contesti esaminati è databile nel corso del III secolo d.C. o, più genericamente, in età medio-imperiale; accanto a questi c'è un nucleo di strati, molto meno ricchi di ceramica, databili in età tardo-antica; solo negli strati di pulizia superficiale sono stati individuati materiali di fine V–inizi VI secolo d.C., come le anfore Keay LXI o la coppa in sigillata africana D, tipo Hayes 99.[4] In totale sono stati esaminati 10.804 frammenti; come si vede in **Figura 6.1**, 315 di questi sono orli, 226 anse, 145 fondi e 10.118 pareti — queste ultime purtroppo costituiscono quasi il 94% del totale. Anche dalla divisione in classi dell'intero materiale (**Fig. 6.2**) si ottiene un panorama estremamente particolare: la gran parte dei frammenti rinvenuti durante questa campagna di scavo è costituita da anfore, che raggiungono addirittura più del 91% del totale delle ceramiche esaminate, seguite dal 7% delle ceramiche comuni e dall'1,6% delle classi fini.

Il materiale proviene in gran parte da un'unica unità stratigrafica: l'US 1024. È lo strato più rappresentativo del Periodo 4, fase 1; costituisce una parte del riempimento del livello superiore della zona aperta ('Open Area') ed è il *terminus post quem* per l'edificio 'anfiteatreale' del Periodo 4, fase 2. Essendo estremamente ricco di materiali, è un'ottima fonte di dati: ad esso sono pertinenti infatti 6.589 frammenti, pari addirittura al 61% del totale della ceramica rinvenuta nel corso dell'intera campagna di scavo. L'US 1024 è stata datata agli inizi del III secolo d.C., in base alle anfore (soprattutto Tripolitana III e Africana I A e B) e alla sigillata africana A, rappresentata da una coppa tipo Hayes 9a. In questo contesto (**Fig. 6.3**) le anfore sono quasi il 96% del totale, contro il 4% circa delle ceramiche comuni, mentre le classi fini arrivano appena allo 0,5%.

Tra le ceramiche fini, accanto alla sigillata africana A, di cui si conservano oltre alla coppa già citata altri cinque frammenti non identificabili, la classe più numerosa è quella della ceramica a pareti sottili (dodici frammenti), seguita da sette frammenti di lucerne, tre di sigillata italica e due di sigillata orientale B.

FIG. 6.1. La ceramica del Palazzo Imperiale di
Portus 2007: le parti tipologiche.

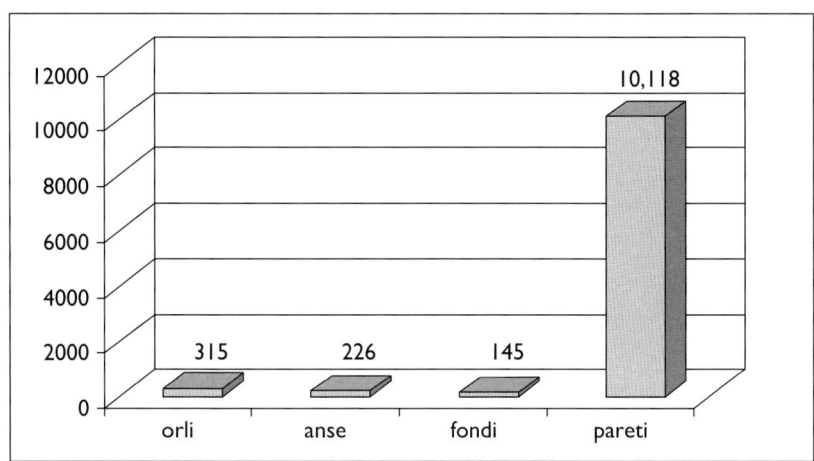

Per quanto riguarda le ceramiche comuni (**Fig. 6.4**), la più attestata è quella da mensa e dispensa, con una percentuale quasi del 78%. I frammenti non sono tutti di produzione locale; c'è un piccolo nucleo, pari all'8% del totale delle ceramiche comuni, che è caratterizzato da un impasto africano. Tra i contenitori destinati alla cottura, invece, c'è una sostanziale parità tra il vasellame africano e quello locale, mentre la ceramica a vernice rossa interna, di produzione campana, è rappresentata da un solo frammento.

Questi dati risultano piuttosto diversi da quelli relativi alle ceramiche comuni raccolte durante la ricognizione di Portus e pubblicati nel 2005 (Bousquet 2005; Fontana 2005; Zampini 2005). Considerando la datazione dell'US 1024, il grafico di confronto è stato realizzato tenendo conto solo delle forme databili nella prima e media età imperiale (**Fig. 6.5**). In primo luogo, il rapporto tra il vasellame da mensa e dispensa e quello da cucina è esattamente ribaltato: il 74% del totale era costituito in quel caso dal vasellame destinato alla cottura dei cibi. Si notava, inoltre, al contrario di quanto visto nei dati di scavo, la netta prevalenza delle produzioni africane; se infatti, nei dati della ricognizione, si sommano alla ceramica da cucina africana i frammenti di vasellame da mensa proveniente dall'Africa, si ottiene oltre il 75% delle ceramiche comuni raccolte. Un dato costante è la scarsa attestazione della ceramica a vernice rossa interna.

Anche il panorama offerto dalle anfore dell'US 1024 è piuttosto particolare, come si vede dal grafico (**Fig. 6.6**) realizzato tenendo conto soltanto delle parti significative (132 frammenti). La presenza di anfore italiche è del tutto irrisoria, dal momento che è attestato un solo frammento. Ci sono alcuni contenitori spagnoli: sono soprattutto da *garum*, come la Dressel 14 *similis* e la Pélichet 46, e pochi frammenti di Dressel 20 per il trasporto dell'olio. Inoltre è attestato un certo numero di contenitori provenienti dal Mediterraneo orientale, destinati

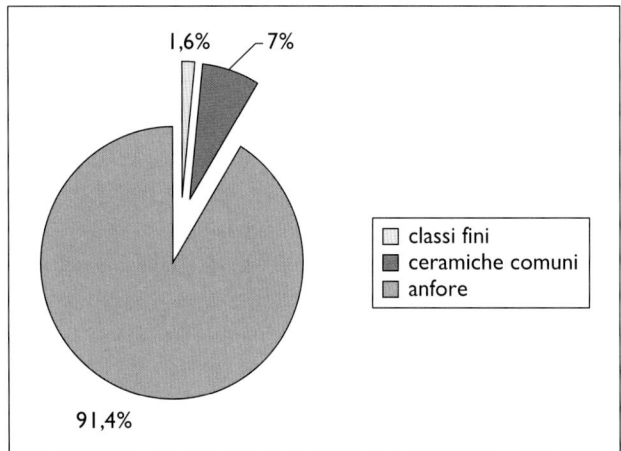

FIG. 6.2. La ceramica del Palazzo Imperiale di Portus 2007: le classi ceramiche.

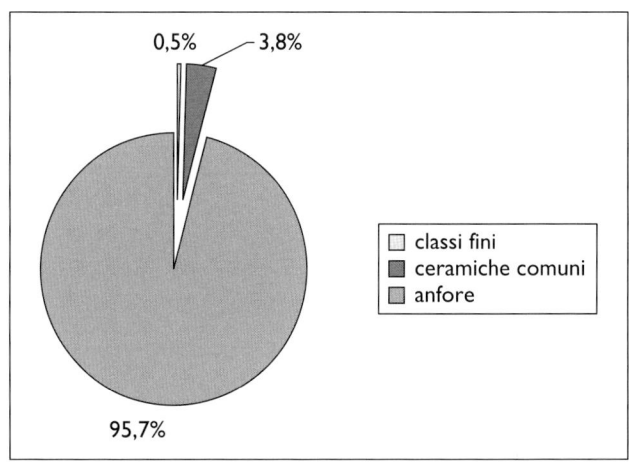

FIG. 6.3. La ceramica dell'US 1024 del Palazzo Imperiale di Portus: le classi ceramiche.

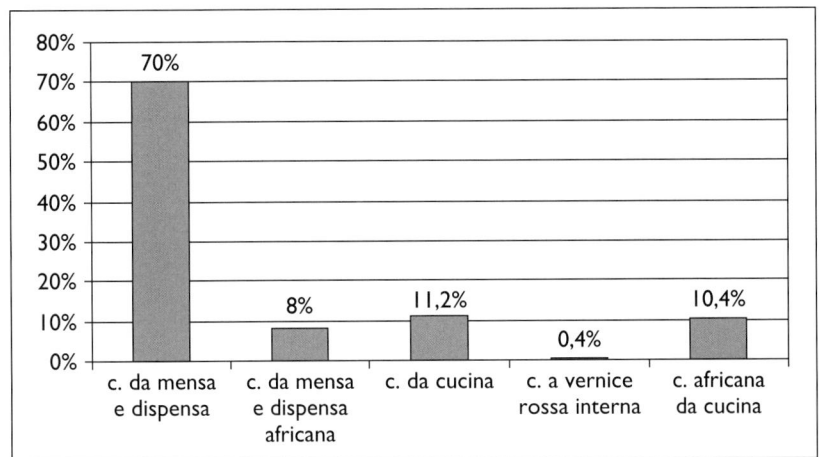

FIG. 6.4. La ceramica dell'US 1024 del Palazzo Imperiale di Portus: le ceramiche comuni.

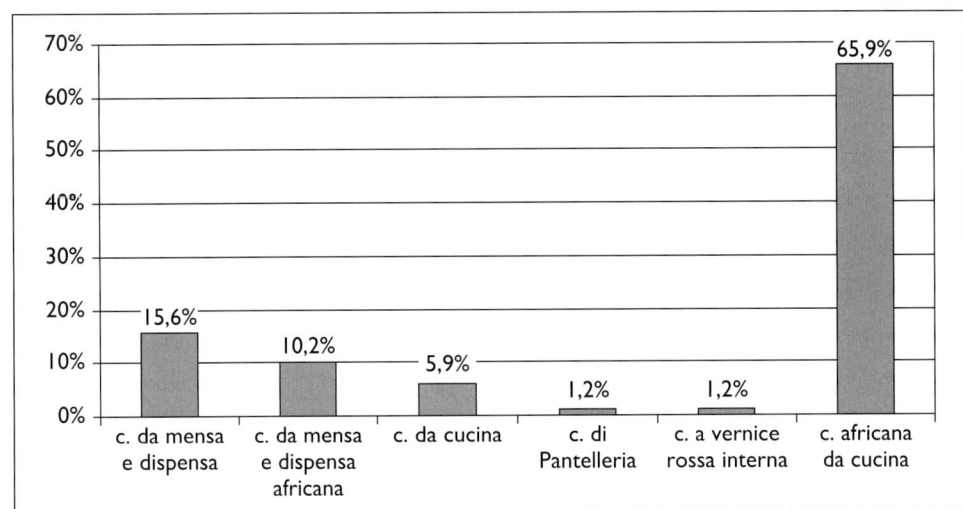

FIG. 6.5. Le ceramiche comuni della ricognizione a Portus (I–III secolo d.C.).

esclusivamente al trasporto del vino: l'*Agora* F 65–6, la tardo-rodia *Camulodunum* 184 e la Dressel 5; mancano le Kapitän sia I che II, peraltro ben presenti nel resto del materiale di scavo. Più dell'80% delle anfore dell'US 1024 è di origine africana: dell'Africa Proconsolare,

come l'Africana I attestata sia nella variante A che B, ma soprattutto anfore della Tripolitania, pochi esemplari della piccola Mau XXXV destinata al trasporto del vino e una gran quantità di Tripolitane II e III per il trasporto dell'olio e forse del *garum*.[5]

FIG. 6.6. La ceramica dell'US 1024 del *Palazzo Imperiale* di Portus: le anfore.

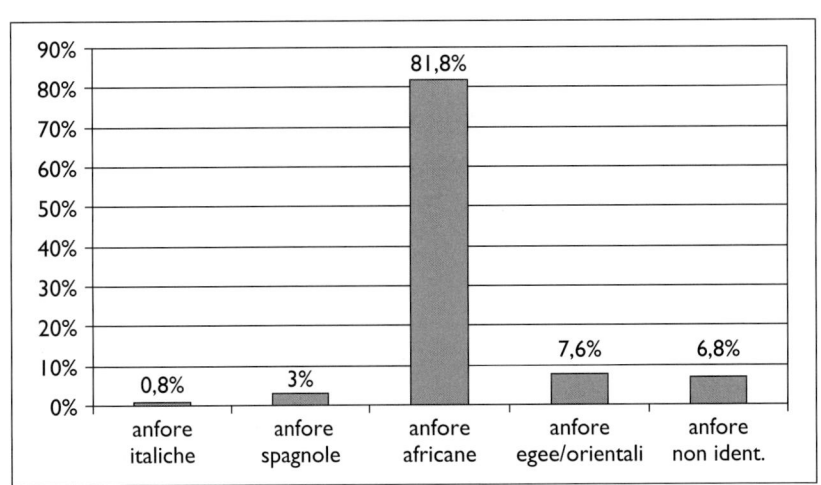

Fig. 6.7. **Le anfore della ricognizione a Portus.**

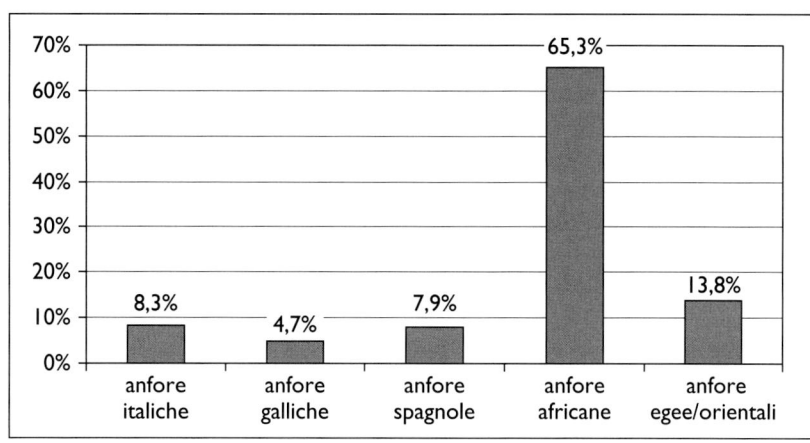

Questi dati sono abbastanza simili a quelli della ricognizione di Portus (**Fig. 6.7**), sebbene in quel caso le presenze africane si fermassero al 65% del totale, lasciando uno spazio maggiore a tutte le altre provenienze, soprattutto alle anfore egee/orientali (Mele 2005). Una differenza con i dati di scavo si nota guardando in dettaglio le produzioni africane: tra i materiali raccolti in quell'occasione, infatti, le anfore tripolitane, pur essendo abbastanza frequenti, restavano minoritarie rispetto a quelle dell'Africa Proconsolare (Mele 2005: tabella 6.18).

CONFRONTO CON MATERIALE DI SCAVO A ROMA E OSTIA

Anche se lo studio è ancora in corso, si è provato a cercare confronti con il materiale che si registra in contesti coevi a Roma e ad Ostia. Il primo contesto di confronto, a Roma, arriva dallo scavo della Meta

Sudans (Rizzo 2003) e ha una datazione leggermente precedente al nostro poiché si data tra il 160 ed il 180 d.C.; l'altro arriva invece dal Foro di Cesare (Ceci 2006) ed è databile alla fine del II secolo d.C. Nel contesto più antico (**Fig. 6.8**) le anfore italiche sono le più frequenti in assoluto; presenti, ma non troppo numerose, le anfore galliche ed anche quelle spagnole, mentre i contenitori africani e quelli egeo/orientali hanno dei valori abbastanza simili tra loro e comunque non molto distanti dalle più frequenti anfore italiche.

Tra i materiali provenienti dal Foro di Cesare (**Fig. 6.9**), databili a circa venti anni più tardi, si assiste ad una situazione piuttosto diversa: le presenze delle anfore italiche sono ormai molto ridimensionate e addirittura sorpassate da quelle galliche, i contenitori spagnoli sono ancora ben presenti, mentre le anfore africane sono addirittura superate dalle anfore egee. Se entriamo nel merito delle attestazioni delle anfore africane, alla Meta Sudans il 16,9% delle anfore

Fig. 6.8. **Le proporzioni di anfore della** *Meta Sudans* **(160–80 d.C.).**

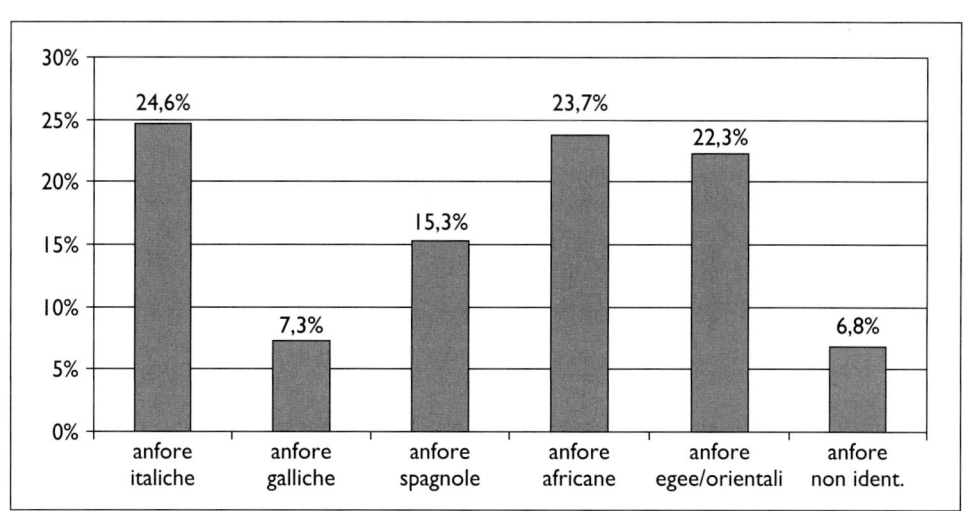

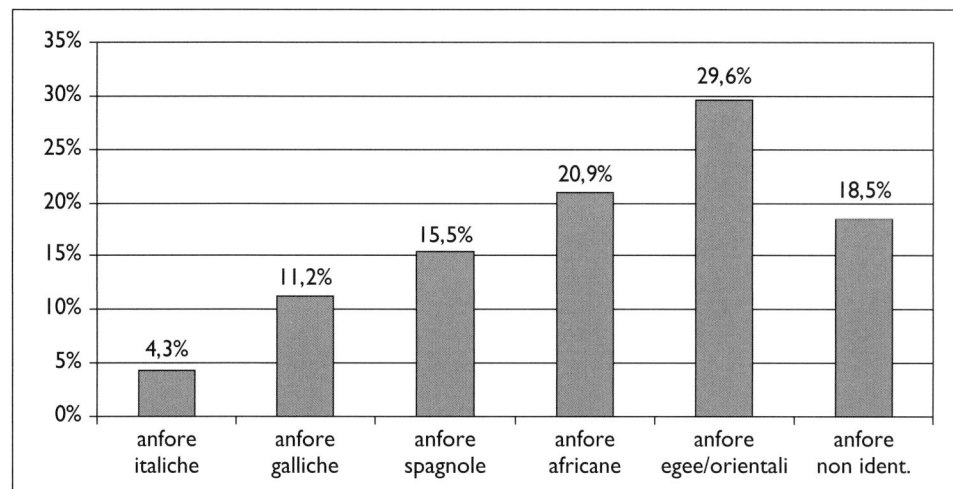

FIG. 6.9. **Le proporzioni di anfore del Foro di Cesare (fine del II secolo).**

africane arriva dall'Africa Proconsolare e solo il 6,8% dalla Tripolitania; tra queste ultime, inoltre, sono attestate soprattutto Mau XXXV, mentre i contenitori oleari sono pochi (Rizzo 2003: 182). Anche nel Foro di Cesare si registra una maggioranza di contenitori dell'Africa Proconsolare; le anfore tripolitane sono più numerose che in precedenza, ma tra queste c'è sempre una maggiore frequenza di quelle vinarie rispetto alle olearie (Ceci 2006: 28).

Un ulteriore termine di paragone è stato cercato tra i materiali di Ostia; come confronto (**Fig. 6.10**) sono stati considerati gli strati III dello scavo delle Terme del Nuotatore (*Ostia* IV) che hanno una datazione molto vicina a quella dell'US 1024 — si collocano, infatti, tra la fine del II e gli inizi del III secolo d.C. In effetti, la presenza delle anfore africane è ormai predominante; sono in assoluto quelle più attestate e tra queste la maggior parte arriva dall'Africa Proconsolare. Tutti

gli altri contenitori sono presenti con degli indici simili tra loro e piuttosto bassi (si aggirano intorno al 10%). Si tratta di dati abbastanza vicini a quelli della ricognizione di Portus (con il 65% di africane), ma ancora decisamente lontani dall'80% che questi contenitori registrano nell'US 1024.

Dal momento che nei contesti urbani usati come confronto i dati sulle percentuali delle anfore sono sempre piuttosto diversi da quelli di Portus (soprattutto per quanto riguarda il rapporto tra i valori delle anfore dell'Africa Proconsolare e della Tripolitania) si è cercato un altro termine di paragone nei contesti del Monte Testaccio, dove, tra la metà del II e gli inizi del III secolo d.C., le anfore africane costituiscono il 14–15% del totale delle anfore raccolte (Remesal Rodríguez 2005: 1.084). La quantità di anfore tripolitane è sorprendente: nei livelli del primo terzo del III secolo d.C. questo tipo di contenitori risulta

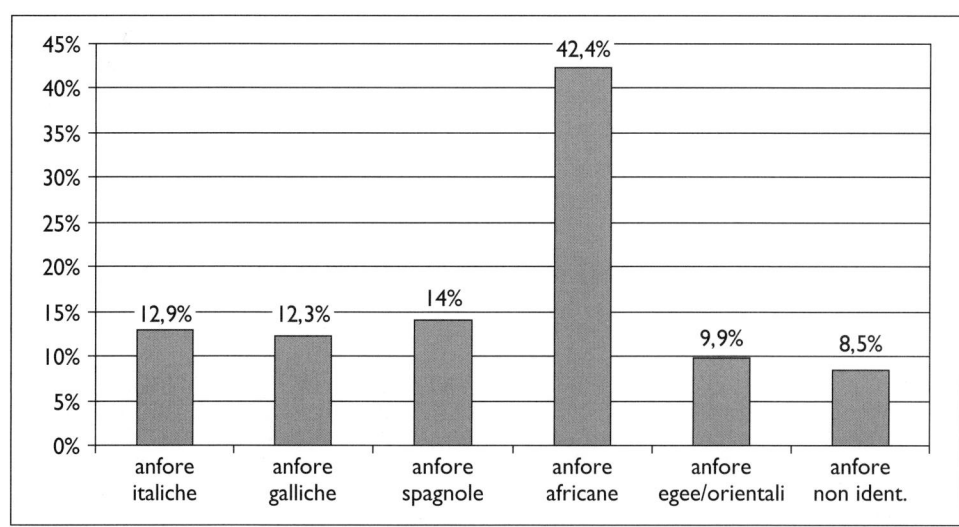

FIG. 6.10. **Le proporzioni di anfore di Ostia (contesti databili tra il 190 e il 220/225 d.C.).**

molto frequente, raggiungendo addirittura il 95,4% del totale delle presenze africane nei contesti scavati nel 1989 e l'87% in quelli del 1991–2, per arrivare poi a percentuali più basse nei livelli della metà del III secolo d.C. Le anfore tripolitane del Testaccio sono quasi esclusivamente Tripolitana III (Revilla Calvo 2007: 324).

CONCLUSIONI PRELIMINARI

È possibile, a questo punto, provare a trarre delle conclusioni; anche se lo studio del materiale di questa campagna di scavo è ancora in corso, alcune tendenze sono, infatti, talmente marcate che probabilmente rimarranno tali a studio ultimato. Un dato purtroppo limita la nostra indagine: sebbene i frammenti ceramici siano molti, in ognuna delle classi esaminate si registra una quantità enorme di pareti rispetto alle parti significative. Alcune caratteristiche sembrano comunque ben definite: le ceramiche presenti nelle stratigrafie portuensi sono soprattutto d'importazione e arrivano da tutti i paesi del Mediterraneo, in massima parte dall'Africa, ma anche dal Mediterraneo orientale ed in quantità minori dalla Spagna. Le produzioni italiche sono presenti in discreta quantità tra le classi fini e in quantità ancora maggiori tra le ceramiche comuni, dove, almeno per il vasellame da mensa e dispensa, superano di gran lunga i prodotti importati; è scarsissima, invece, la presenza di anfore italiche.

Il dato che più di tutti emerge è la massiccia presenza di anfore africane, e tra queste il gran numero di contenitori tripolitani; come si è visto dai contesti proposti come confronto, questo dato non ha paragoni né a Roma, né ad Ostia, ma neanche nella stessa Portus, come dimostrano i dati della ricognizione; l'unico riscontro è quello con i ritrovamenti del Monte Testaccio. Proprio da questa similitudine con il Testaccio e dalla differenza tra i dati della ricognizione e quelli dello scavo, può venire forse un ulteriore spunto di riflessione: i dati che si ricavano dallo scavo di una parte di un porto possono essere in qualche modo parziali, influenzati magari dalla presenza di una divisione in settori, distinti in base alle zone di provenienza delle merci e non rispecchiare quindi la totalità degli scambi commerciali di tutta l'area in un determinato momento (Rizzo 2003: 224; Revilla Calvo 2007: 326). Soltanto ampliando il campione a nostra disposizione, con il proseguire delle indagini e con i dati della prossima campagna di scavo, potremo verificare se persistono le peculiarità finora riscontrate.

NOTE

1. Un ringraziamento a Simon Keay ed al suo *staff* che hanno reso possibile, facilitandolo in ogni modo, il mio lavoro, e in particolare a Pina Franco, che mi ha aiutato nella schedatura del materiale.
2. Per informazioni su altri contesti ceramici portuensi, si vedano il Capitolo 9 (Antemurale) e 10 (Basilica Portuense) in questo volume.
3. Si veda Di Giuseppe in questo volume (Capitolo 10: Periodo IE).
4. Per la classificazione delle ceramiche, sono state utilizzate le seguenti fonti: Dressel 1899; Hawkes and Hull 1947; Hayes 1972; Kapitän 1961; Keay 1984; Mau 1909; *Ostia* IV (1977); Pélichet 1946; Robinson 1959.
5. Sulla possibilità che le anfore tipo Tripolitana II contenessero *garum* si veda: Bonifay 2007: 22 e fig. 8.

RIFERIMENTI BIBLIOGRAFICI

Bonifay, M. (2007) Que transportaient donc les amphores africaines? In E. Papi (ed.), *Supplying the Roman Empire. The Proceedings of an International Seminar Held at Siena–Certosa di Pontignano on May 2–4, 2004 on Rome, the Provinces, Production and Distribution* (*Journal of Roman Archaeology. Supplementary Series* 69): 8–31. Portsmouth (RI), Journal of Roman Archaeology.

Bousquet, A. (2005) Plain table- and serving-wares. In A. Bousquet, W. Clarke, F. Del Vecchio, F. Felici, S. Fontana, S. Graham, S. Keay, C. Mele, I. Rodà, C. Valeri e S. Zampini, The finds from field walking: 215–19. In S. Keay, M. Millett, L. Paroli e K. Strutt, *Portus. An Archaeological Survey of the Port of Imperial Rome* (*Archaeological Monographs of the British School at Rome* 15): 173–239. Londra, British School at Rome.

Ceci, M. (2006) Un contesto medio imperiale dall'area dei mercati di Traiano. In R. Meneghini e R. Santangeli Valenzani, *Roma. Lo scavo dei fori imperiali (1995–2000). I contesti ceramici* (*Collection de l'École Française de Rome* 365): 25–56. Roma, École Française de Rome.

Dressel, H. (1899) *Corpus Inscriptionum Latinarum* XV, 2.1, tav. II. Berlino, Georg Reimer/Walter de Gruyter.

Fontana, S. (2005) African cooking-wares. In A. Bousquet, W. Clarke, F. Del Vecchio, F. Felici, S. Fontana, S. Graham, S. Keay, C. Mele, I. Rodà, C. Valeri e S. Zampini, The finds from field walking: 221–2. In S. Keay, M. Millett, L. Paroli e K. Strutt, *Portus. An Archaeological Survey of the Port of Imperial Rome* (*Archaeological Monographs of the British School at Rome* 15): 173–239. Londra, British School at Rome.

Hawkes, C.F.C. e Hull, M.R. (1947) *Camulodunum. First Report on the Excavation at Colchester 1930–1939*. Londra, Society of Antiquaries of London.

Hayes, J.W. (1972) *Late Roman Pottery*. Londra, British School at Rome.

Kapitän, G. (1961) Schiffsfrachten antike Baugesteine und Architekturteile vor den Künsten Ostsiziliens. *Klio* 39: 267–318.

Keay, S.J. (1984) *Late Roman Amphorae in the Western Mediterranean. A Typology and Economic Study: the Catalan Evidence* (*British Archaeological Reports, International Series* 196). Oxford, British Archaeological Reports.

Mau, A. (1909) *Corpus Inscriptionum Latinarum* IV, 2, tavv. II–III. Berlino, Georg Reimer/Walter de Gruyter.

Mele, C. (2005) Amphorae. In A. Bousquet, W. Clarke, F. Del Vecchio, F. Felici, S. Fontana, S. Graham, S. Keay, C. Mele, I. Rodà, C. Valeri e S. Zampini, The finds from field walking: 223–35. In S. Keay, M. Millett, L. Paroli e K. Strutt, *Portus. An Archaeological Survey of the Port of Imperial Rome* (*Archaeological Monographs of the British School at Rome* 15): 173–239. Londra, British School at Rome.

Ostia IV. *Le Terme del Nuotatore. Scavo dell'ambiente XVI e dell'area XXV* (*Studi miscellanei* 23) (1977). Roma, De Luca.

Pélichet, E. (1946) À propos des amphores romaines trouvées à Nyon. *Zeitschrift für Schweizerische Archäologie und Kunstgeschichte* 9: 189–202.

Remesal Rodríguez, J. (2005) L'Afrique au Testaccio. In M. Khanoussi, P. Ruggeri e C. Vismara (edd.), *L'Africa romana. Ai confini dell'impero. Contatti, scambi, conflitti* (*Atti del XV convegno di studio, Tozeur 2002*), II: 1.077–89. Sassari, Università degli Studi di Sassari.

Revilla Calvo, V. (2007) Las ánforas tunecinas y tripolitanas de mediados del siglo III d.C. (campañas 1995–1997). In J.M. Blázquez Martínez e J. Remesal Rodríguez (edd.), *Estudios sobre el Monte Testaccio (Roma)* IV: 317–33. Barcelona, Universitat de Barcelona.

Rizzo, G. (2003) *Instrumenta Urbis* I. *Ceramiche fini da mensa, lucerne ed anfore a Roma nei primi due secoli dell'impero* (*Collection de l'École Française de Rome* 307). Roma, École Française de Rome.

Robinson, H.S. (1959) *The Athenian Agora* V. *Pottery of the Roman Period. Chronology*. Princeton, American School of Classical Studies at Athens.

Zampini, S. (2005) The cooking-wares. In A. Bousquet, W. Clarke, F. Del Vecchio, F. Felici, S. Fontana, S. Graham, S. Keay, C. Mele, I. Rodà, C. Valeri e S. Zampini, The finds from field walking: 219–21. In S. Keay, M. Millett, L. Paroli e K. Strutt, *Portus. An Archaeological Survey of the Port of Imperial Rome* (*Archaeological Monographs of the British School at Rome* 15): 173–239. Londra, British School at Rome.

ARCHAEOLOGICAL COMPUTING ON THE PORTUS PROJECT

Graeme Earl, Gareth Beale & Simon Keay

AIMS AND CHALLENGES

The principal research aim of the Portus Project is to use targeted excavation and geophysical survey as a means of enhancing our understanding of the development of the port, its relationship to its surrounding hinterland and to the Mediterranean in general. The success of this, however, is very much dependent upon a second aim, which is methodological in scope. This is to develop and apply a full range of archaeological techniques appropriate to the scale and character of the site, and to embed them in other aspects of archaeological practice. In terms of the visualization of the site, this will enable the development of computer graphic models that can be interrogated and then set within digital models of the rest of the port at different scales, to contribute towards a better understanding of the development of its topography, and the interrelationships between the various architectural, engineering and social components of its urban form.[1]

The methodological aim of this project is a response to the very particular challenges offered by the site itself. The principal challenge is that, at well over 200 ha, Portus is very extensive and made up of large buildings within a wide range of discrete areas, the interrelationships between which are complex to understand. Its many warehouses and other official buildings were constructed on a massive scale. Furthermore, many of them are still standing to a considerable height (some having been partially reconstructed, or lying beneath a thin soil covering). A sustained analysis of the vaults, walls and floors of many of the standing buildings reveals complex structural sequences appropriate to a port serving the interests of the city of Rome. There are also open spaces filled with a complex sequence of large dumps and occupational layers of late antique date, overlying much less accessible levels from the early Empire. Set against this is the fact that there has been very little sustained archaeological work at Portus. Whilst the outlines of the topography of the site are known from plans of standing buildings derived from the works of Italo Gismondi (Lugli and Filibeck 1935: fold-out plan), Testaguzza (1970), the Soprintendenza per i Beni Archeologici di Ostia (Mannucci 1996) and Keay and his colleagues (2005), much less is known about the extent, chronology, interrelationships, functions or appearance in antiquity of individual buildings. Excavations have been few and, given the sheer scale of the site, on a very small scale, making it difficult to use the results of any of them to generalize about other areas of the site.[2]

The aim of this paper, therefore, is to provide an overview of the computing work undertaken in the course of the Portus Project, with a principal focus upon the results from excavation of the *Palazzo Imperiale*.[3] It begins with a discussion of the overall computing strategy, and then a presentation of two key components. The first concerns the on-site recording and archiving techniques that are key to the project achieving its research objectives, while the second discusses how the digital data gathered in these ways are being used to enable the excavations and adjacent complexes to be visualized and understood within the broader context of the port as a whole.

THE PORTUS PROJECT STRATEGY

The strategy adopted by the Portus Project has taken into account a number of key issues. It draws upon the best contemporary Italian archaeological approaches as well as applying recent advances pioneered in the UK and elsewhere. From the outset the project has benefited from a certain familiarity with the site derived from six years of geophysical and topographical survey (Keay *et al.* 2005). This facilitated the choice of the site for excavation, namely the eastern edge of the *Palazzo Imperiale*, a complex that sits in a key position overlooking the Claudian and Trajanic basins at the centre of the port. It was clear, however, that there was an urgent need here for open-area excavation on a scale that might be regarded as excessive in other contexts. It was similarly evident that there was much to be gained from drawing upon the experience gained by Italian archaeologists excavating the large Imperial monuments in Rome in recent years,[4] by closely involving a leading Italian archaeological company in the excavations.[5] The accumulated experience of the Soprintendenza per i Beni Archeologici di Ostia in understanding local construction techniques and sediment deposition was also fundamental, and close collaboration with its own excavation projects has proved very helpful. The methodological approach adopted by the project therefore combines intensive geophysics over large areas with targeted open-area excavation and various forms of building survey, as a way of maximizing the information return about the layout and development of the *Palazzo Imperiale* and its immediate context.

Against this background, the application of computerized techniques to the *Palazzo Imperiale* is of fundamental importance. It has built upon recent advances in geophysics, computerized excavation recording, topographic planning, laser scanning of buildings, and detailed object recording, in order to develop an integrated approach to three-dimensional recording and interpretation, which can be applied also to other areas of Portus and to other large and complex archaeological sites. In addition, it aims to develop a more integrated approach to the virtual reconstruction of major buildings, tied explicitly to the structural evidence and other archaeological data, where the models produced follow Roman structural and architectural principles, and where the recording and excavation form a reciprocal relationship with the iterative modelling process. Above all, computation is seen as an integral part of the archaeological fieldwork practices employed. Rather than acting to facilitate data capture or to present conclusions, computational practice is itself an interpretative function.

In attempting this, the project is building upon the achievements of a number of similarly digitally-informed archaeological projects in Italy, the UK and elsewhere. In Rome, for example, current excavations on the northeastern slopes of the Palatine have confronted the challenge of a highly complex stratigraphic and structural sequence in an area with upstanding Roman buildings through a judicious blend of excavation (Zeggio 2006) and ground-penetrating radar (GPR) survey (Piro 2006); while integrated approaches have also yielded important results in the excavation of the *Domus Severiana* (Wulf and Riedel 2006). In the UK, the project has drawn upon the outputs of ground-breaking research projects such as West Heslerton (Powlesland, Haughton and Hanson 1986) and the Silchester Project (Clarke, Fulford and Rains 2007). The Project has capitalized also on strong collaborative relationships between project members and a number of field and contracting units already implementing computation as a fundamental tool within their own archaeological fieldwork practice. These include Parsifal Cooperativa di Archeologia, L-P Archaeology and Wessex Archaeology.

Data management and integration are of vital importance to a project as ambitious as this at Portus, as will become clear shortly. In these areas we have been helped by our close ties to the Archaeology Data Service (ADS) of the UK and to experts in the next phases of digital data integration, including members of the Intelligence, Agents, Multimedia Group at Southampton. Finally, in the application of computer graphics to archaeological problems we have built upon a long-standing collaboration with Alan Chalmers and colleagues at Warwick University. We believe that the application of computing within the Portus Project, drawing on such a range of scholarship and expertise, provides a significant step forward and an indication of the future of archaeological field recording and analysis. In this chapter we shall explore the computerized applications that have been made to date. In a future volume we shall be able to evaluate more fully the success of these techniques over the lifetime of the project and finally draw their results together as part of its overall publication.

THE COMPUTER-BASED RECORDING OF THE *PALAZZO IMPERIALE*

During the field seasons and in the subsequent preliminary post-excavation phases, the Portus Project has and will continue to generate a considerable range and quantity of data from the *Palazzo Imperiale* and adjacent buildings. In terms of size alone, the 'Big Data'[6] project has identified already that the issues of long-term preservation and access to the kinds of resources the Portus Project is creating are far from trivial (Austin and Mitcham 2007; see also Mudge, Ashley and Schroer 2007). Moreover, many of these original datasets in turn are irrevocably transformed through a range of processes prior to completion. As a consequence, data management procedures are of central importance.[7] Work such as the ADS's DAPPER Project (DAPPER 1997) provided a relatively early warning of the need for and issues implicit in preservation of such data.

One response to the clear need for large-scale digital resource management was an attempt to create single systems designed to manage all aspects of archaeological data. Thus, other archaeological projects of the scale of the Portus Project have attempted to impose single data management infrastructures. However, the perceived limitations of this strategy in the long term, particularly with regard to the scalability and flexibility of processes, prompted us to choose a range of inter-linking solutions and to attempt to integrate them into a single, flexible workflow. Rather than developing a single, monolithic data management software tool, the Portus Project employs multiple solutions. This offers greater flexibility, with the accommodation of unforeseen needs and opportunities, and enables continuing development and adoption of new technologies, whilst allowing users to interact with data in ways that suit them and the tasks in hand. It also provides project members with freedom to employ both proprietary and open formats, and both commercial and open-source software.

Flexibility to experiment has been one of the key factors in the computational aspect of the project and will, in turn, lead to developments applicable in more constrained future work. However, the lack of a single system governing computational practice on site and in the laboratory makes the implementation of formal data standards and processes crucial (ADSSTANDARDS). Standards are central to the way in which the Portus Project manages data, ensuring that information as well as bits and bytes are retained, with data maintaining their meaning and relevance regardless of the contexts within which they are employed. Both in laying the foundations of a digital archive and in everyday practice, conformance to standards is essential. The use of metadata standards improves the accessibility of data in the short term and ensures that an archive resulting from this project will remain accessible and meaningful beyond the life of the excavation.

The archive generated by the project must be sustainable, so that it can be interrogated long after the results are published. As an Arts and Humanities Research Council (AHRC)-funded project, it is a requirement that the Portus Project archive is lodged with the ADS and made freely accessible to researchers when it is completed. The Portus data management processes employed on site and during post-excavation are structured in order to facilitate this process. A number of key guidelines therefore have informed the data management policy designed for the Portus Project. These include the ADS's guides to CAD (Eiteljorg et al. 2002), digital archives (Richards and Robinson 2000) and geophysical data (Schmidt 2001), and the English Heritage geophysical survey database (EHGEODB). The Swain report demonstrated that conventional excavation archives are, in general, very poorly used, at least in a UK context (Swain 1998). It is therefore our intention that the digital management and dissemination approaches employed by the Portus Project will provide an example to counter this trend.

Digital dissemination of archaeological data has received further attention as the overall cost of print publication increases, alongside a commensurate reduction in the availability of print purchasing funds. Authors such as Huggett (1995) and Richards (2006) have demonstrated not merely the economic but the research validity of a digital, free publication model. In particular, Richards has noted that citation indices already suggest that open access resources such as e-Prints have a comparatively greater impact than paid journals. This does not indicate the end of print publication, however, but rather that dissemination through a variety of formats is infinitely preferable to single monolithic publication. What remains of paramount importance is guaranteed access to academic resources, which are in the main public funded, and peer reviewed, and through this the control of quality.

Fieldwork projects such as Silchester and West Heslerton, mentioned above, pioneered forms of bipartite publication that separated the dissemination of synthesis and evaluation from underlying data. In this model, the data relating to excavated context, finds and the processes underlying certain forms of archaeological science practice are separated from the executive summary. The recent 'Open Context' system, developed by the Alexandria Archive Institute, offers a web-based, community-driven approach to the dissemination of such research archives (Whicher Kansa et al. 2007; OPENCONTEXT). Furthermore, work by the ADS and others has attempted to recombine such resources by promoting interaction between what can loosely be described as the 'archive' and the interpretative text drawn from it. In particular the description of the West Heslerton WEB-CD (Powlesland, Clemence and Lyall 1998) and more recently the Making the LEAP project (LEAP 2005) define connections between a series of *Internet Archaeology* publications and their associated archives. In addition to Silchester, the latter's exemplars included the Troodos Archaeological and Environmental Survey Project, Medieval Whittlewood and the urban landscapes of Ancient Merv. However, even these approaches are not error-free. Techniques such as scalable vector graphics and on-line geographic information systems (GIS) remain poorly supported on many platforms, and thus even a body such as the ADS is limited by the complexities and vagaries of the web itself. It is for this reason that the Portus Project will only begin to develop such approaches alongside the ADS and L-P Archaeology in the latter stages of the project, and will, as a matter of course, incorporate both conventional printed and digital means for dissemination. Despite this, we remain positive that the growing body of on-line archaeological publications, enhanced technologies for creating and reading them, and their gradually increasing prestige suggest that the digital aims of the Portus Project are well founded.

SYSTEMS FOR THE MANAGEMENT OF THE EXCAVATION DATA

As the Portus Project is for much of the year an amorphous, geographically dispersed entity, with two principal focuses at the British School at Rome and the University of Southampton, it has been essential to establish a community of users, with access to project data. Several content management systems exist that have been designed specifically with the needs of archaeologists in mind (Eve and Hunt in press). Generally speaking, these content management systems are designed as a means for creating an integrated record of all or most of the archaeological data generated during an archaeological project. Each of these systems has sought to organize the output of an archaeological excavation in such a way that data remain efficiently organized, accessible and meaningful.

There are several examples of integrated archaeological recording systems in operation on the Portus Project. These build in part upon earlier exemplars such as G-Sys (Powlesland, Clemence and Lyall

1998), and several have their origins in long-running documentation collaborations. Development of the Integrated Archaeological Database (IADB) began in the 1980s and IADB is being used currently by four UK-based archaeological field units, and on a number of archaeological research projects, including the University of Southampton's Noviodunum Archaeological Project in Romania, and Reading University's Silchester Insula IX Project in the UK. A second option, the Intra Site Information System (Intrasis) developed by Riksantikvarieämbetet (INTRASIS), has been employed throughout Sweden and the Scandinavian peninsula. In the UK it is used by a number of institutions, including the University of Southampton as part of the Százhalombatta Archaeological Expedition in Hungary, and by English Heritage at their projects at Richborough and Dover Castles. A third option is the open source Archaeological Recording Kit (ARK), developed by L-P Archaeology. It is currently in use by fifteen separate projects, and since its release on-line has been downloaded by more than 100 separate users for evaluation. The Portus Project has chosen to collaborate with L-P Archaeology in the development of a specific version of ARK, with the developments from this passed on to the wider ARK user community for free.

ARK was chosen for a number of reasons. Firstly, the Portus Project is committed to developing digital archaeological approaches and to sharing them with a wide audience. Supporting an open-source system therefore was appropriate. In addition, the geographical separation of users required implementation through a web-based interface. This interface had to be spatially enabled, support both open and proprietary formats, and be extensible. The project aims to innovate and experiment wherever appropriate, and this fits with the goals of ARK and its user base.

Portus ARK remains a work in progress, but already it has enhanced the project team's experience on fieldwork. Primarily this is through the immediacy it brings to archaeological practice. Data arrives from the field, or is generated directly in the field via wireless access, and is from then on available to all project members. This allows data issues to be identified very early in the data-processing cycle. As has been suggested, such processing requires multiple transformations of 'source' data prior to the eventual publication of a 'completed' dataset. Field survey provides a clear example, with each survey instrument commonly employing its own system for categorizing landscape features, encoded in a proprietary software format.

The results of the survey are then checked and modified, and usually transformed into a subsequent system such as a GIS. As each stage carries with it largely unrecoverable transformations, the Portus Project has developed with L-P Archaeology a module for indicating the provenance of and connections between these chains of data. Although resulting in a larger archive, such an approach is vital when the project team is dispersed and when the project has episodic, focused and intensive activity.

A crucial component to the development of ARK promoted by the Portus Project has been in the definition of methods for externally accessing resources held in the ARK repository. At its most simple, removing password access to the completed Portus ARK website will in future years enable public access to the complete archive. Secondly, use of ARK already stimulates the production of metadata and formats suitable for eventual archive deposit. It will be possible to migrate the object-relational structure into a series of flat tables for dissemination via other systems. Finally, ARK provides a first step in wider work to encourage interoperability between the data derived from the Portus Project and other projects and data providers. In particular, work by Roued Olsen to produce a web-service component to ARK (Roued Olsen 2007) has enabled the Portus data to be made available in the MIDAS standard in XML format — a data model employed by a wide range of archaeological projects and maintained by the Forum for Information Standards in Heritage (FISH). In addition ongoing work by Isaksen and other Portus Project members in the definition of methodologies for the integration of the Roman ceramic and marble datasets through the Semantic Web shows considerable promise, particularly where the implementation of database standards is inappropriate or problematic (Isaksen 2009; Isaksen *et al* in press; PORTNETWORKS; COMMONERAS). This work comes amidst growing interest in the browsing and integration of cultural heritage datasets, including projects such as STAR (Cripps *et al.* 2004), ArchaeoTools (ARCHAEO-TOOLS 2007), the CIDOC Conceptual Reference Model (CIDOCCRM) and CultureSampo (Hyvönen *et al.* 2009). As with digital publication, the Portus Project has developed within a climate of rapid growth in the possibilities for data integration. We therefore are hopeful that in a short space of time many users will be able to examine the Portus excavation data through their own chosen mechanisms, rather than mediated through ARK or other interfaces. As an example, we envisage exposure of our finds archive in a way that will enable semantically-rich integration of Portus ceramic assemblages with those from other related excavations, potentially employing domain ontologies defined elsewhere. Such integration could stimulate a more joined-up analysis of aspects such as trade connections, find typologies, dating and so on. It could, in the longer term, enable integration of non-textual datasets, such as description and the merging of Scalable Vector Graphics (SVG) drawings from multiple sites, or of open format laser-scan datasets (see below) of finds, contexts, buildings and landscapes (Spagnuolo and Falcidieno 2009).

THE MANAGEMENT OF MULTIMEDIA DATA

One of the most utilized resources on an archaeological excavation is the multimedia archive. The proliferation of digital capture technologies, such as digital SLR and video, has created two problems — quality of imagery and storage capacity. The potential of digital imaging to generate instantaneous and multiple records can reduce the care with which record photographs are gathered. At Portus we employ strict procedures for checking imagery as it returns from the field or from finds processing in order to limit such problems. Currently we rarely delete files, but instead those appropriate to a given use are tagged. For example, context record photographs must include scale and context identifier, and be of good visual clarity. Given the total cost of digital preservation and provision of access, the bulk deletion of data inevitably will be required. The addition of tags identifying good record photographs and definitive find images should make the necessary evaluation process simpler.

A more complex and related issue is our production of what will remain as a vast archive, incorporating a wide range of formats. Documentation of these resources is a vital, complex and arduous process. JISC Digital Media (JISCDIGITALMEDIA) — formerly the Technical Advisory Service for Images — and publications by the former Visual Arts Data Service (for example: Grout *et al.* 2000) and the Metadata Working Group (MWG) provide useful initial sources of advice, particularly in terms of formats and archiving. The creation of metadata that assists both in the discovery and in the preservation of multimedia datasets is equally important. Without these the data created will be lost within the archive, and any necessary migration to stable formats will be limited. Two primary approaches exist to record such information. In the first case descriptive metadata are assembled in a digital catalogue separate to the digital assets, frequently following an accepted metadata standard such as Dublin Core (DUBLINCORE). This creates a portable, platform-independent archive that can be linked readily to other information. The second approach is to employ the metadata components built into the multimedia formats employed. For images these are commonly EXIF, XMP or IPTC data. Use of such embedded tagging ensures that the metadata are linked to the image, subject to accidental deletion via some image translation procedures and to limitations in access to the data imposed by the use of proprietary formats. Both metadata techniques have been employed at Portus. This documentation is enhanced by the use of keyword metadata, derived where possible from three vocabularies: the Getty Art and Architecture Thesaurus (GETTYThesaurus), National Monuments Record Thesauri (EHThesaurus) and the Collections Trust's Archaeological Objects Thesaurus (MDAThesaurus).

Multimedia assets are stored physically in three locations: on-line in public-facing websites, in the day-to-day Project filestore, and in a protected deep storage system. The deep storage archive for the duration of the Portus Project employs MediaBin asset management software produced by InterWoven. This enables both embedded and external metadata management. Multimedia assets stored within this University of Southampton repository are locked to prevent any subsequent edits and represent a completed representation of a given set of information. All completed data ready for publication and dissemination are lodged in this system. Primary storage for the project is via ARK's file management module. Here the metadata are stored entirely within the database structure. However, recent joint development by the Portus Project and L-P Archaeology has focused on the support of EXIF and other embedded data in all contexts of creation and use.[8] As a result, it is now possible for project members to use any image editing software to add metadata, including automated data derived from the camera, GPS and so on, and for these metadata records to be transferred to the ARK system. Thus, we currently store metadata in both embedded and external systems. A final decision with regard to multimedia metadata will be taken prior to deposit in the ADS. Flickr,[9] with an accompanying local backup, forms the third storage mechanism. This on-line repository contains a small subset of the total image archive and provides an alternative way of integrating the image catalogue with those selected for public access.

The Portus Project is also experimenting with less common photographic-based technologies. For example, we have prepared datasets for use in Microsoft Photosynth as part of future digital publications (PHOTOSYNTH). This technology has been applied to a number of Roman and other archaeological projects, and it enables the integration of hundreds of on-site photographs, providing a novel method for accessing spatially aware images. Not only does this technology enable interactive viewing of a huge corpus of reference images, but also has the potential to integrate photographs from a range of on-line sources, and to provide a new form of dissemination (BUILDINGROME; Agarwal *et al.* 2009). In related work we have begun to geo-locate our on-site imagery using manual techniques common to Flickr and Picasa, and an automated approach that employs a location-aware digital camera. This approach has begun to facilitate more rapid on-site note-taking, whilst employing technologies and working practices with which all archaeologists are familiar. It is our hope that the blending of technologies such as Photosynth, LiDAR, close- and long-range laser scanning, topographic surveying and digital photogrammetry in the process of development at Portus will lead to more readily accessible archives and prompt spatially and visually contingent archaeological interpretations.

DIGITAL MODELLING, VISUALIZATION AND RECONSTRUCTION

Three-dimensional spatial considerations are central to archaeological practice and the ways in which archaeologists think about their discipline, as are other kinds of spatial relationships and related tactile issues. Digital recording increasingly captures these components. A key objective of the Portus Project therefore has been to build upon earlier visualizations of the *Palazzo Imperiale*, in particular, and Portus in general, and to exploit modern computer graphic technologies, spatial recording techniques, and ways of thinking about the visual distribution of data in order to understand better the spatial nature of the port.

The large scale of Portus means it is a very difficult site to visualize from a ground-level perspective. Nevertheless, this, together with the distinctive nature of the Trajanic basin and major buildings such as the

Grandi Magazzini di Settimio Severo, has ensured that it has captured the eye of antiquarians and artists since the sixteenth century, who have attempted a range of reconstructions (Morelli 2005; Paroli 2005b). One of the earliest dates to 1554 and is a bird's eye view by Pirro Ligorio, which depicts an idealized interpretation of surviving structures visible at the time. Rather more realistic is the bird's eye view of the site produced by Antonio Danti in 1580/1. It is to be found in the Gallerie delle Carte Geografiche in the Vatican and represents the standing remains at Portus together with an interpretation as to how it might have appeared in antiquity (Malafarina 2005: 113–15). Equally impressive are the exquisite watercolours by Pierre-Joseph Garrez, a French architect and resident scholar at the Accademia di Francia in 1842 (Guillemain 2002), one of which is a bird's eye plan of the site, and the others elevations and reconstructions of standing buildings, such as the baths on the mole between the Claudian basin and the *Canale di Imbocco al Porto di Traiano*. Of the reconstructions that were to follow, the most important was that by Italo Gismondi, which represents his interpretation of the state of knowledge about the site following Lugli's archaeological research (Lugli and Filibeck 1935) in 1933. It took the form of a plaster model of the whole port (Verduchi 2007), produced for the *Mostra Augustea* of 1937 and now situated in the Museo della Via Ostiense at the Porta San Paolo in Rome; he also produced illustrations on paper of individual buildings, such as the *Grandi Magazzini di Settimio Severo* (Testaguzza 1970: figure on p. 192). More recently, there have been computer-based reconstructions of Portus, most notably by Verduchi (1999), building upon earlier plans and Soprintendenza work at the site, and by the present authors (Earl, Keay and Beale 2008), building upon the results of the 1998–2003 geophysical survey (Keay *et al.* 2005) integrated with earlier plans and published artists' impressions (Testaguzza 1970: 154; Reddé and Golvin 2008: 69–71).

The approach to visualization and reconstruction developed by the Portus Project differs from many of these. It envisages working from the three-dimensional recording of buried and standing excavated structures through to reconstructed models, ensuring that the relationship between recorded reality and final interpretative hypotheses is described or visualized at every stage. All the methods employed have been integrated effectively into established field practice wherever they were to be used. Methods of three-dimensional recording were employed in order to create an archaeological record that reflected more

accurately the realities on site. It was imperative that the collection of such data did not replace critical analysis and thorough documentation in the field, but rather acted as a means of enriching and contextualizing the archaeological record. In the following sections we explore some of techniques that are used to gather data with a three-dimensional component, focusing principally upon those related to excavations and buildings, but also considering artefacts.

THREE-DIMENSIONAL GEOPHYSICS

Amongst a range of integrated geophysical prospection techniques employed at Portus, GPR survey (Conyers 2006) so far has contributed the most significantly to our understanding of the three-dimensionality of the buried subsurface at the *Palazzo Imperiale*. Archaeology has made increasing use of this approach in recent years in order quickly to identify the dimensions of buried features (for example, Conyers and Cameron 1998; Conyers 2006; Ernenwein and Kvamme 2008). In the late 1990s time-slicing enabled the comparison of archaeological and geological features in plan at varying depths (Goodman *et al.* 1995; Conyers and Goodman 1997; Neubauer *et al.* 2002; Conyers 2004). Most recently the truly volumetric analysis of these data has been possible, including voxel and iso-surface representations of the data as a mechanism for discerning variation within subsurface datasets (Leckebusch 2003).

In our work at the *Palazzo Imperiale* both time-slicing and volumetric rendering are employed for analysis (Ogden 2008). In addition, three-dimensional vector datasets are employed in order to integrate GPR interpretations with the recovered excavation data, modern topography and the standing building survey. These enable visual comparisons with the magnetometry, resistivity and resistance tomography data also employed on site, complementing statistical comparative techniques. Crucially, this wholly three-dimensional approach has enabled us to identify 'key horizons' and more easily to correlate and interpret GPR features, thus providing an additional link between recovered excavation data and geophysical results. It also continues to influence the targeted investigation of features (Keay *et al.* 2008).

We have also employed electrical resistance tomography (ERT) (Aspinall and Crummet 1997) as a complementary technique. This involves vertical profiling of buried structures as a way of understanding their character, size and orientation (Neighbour,

Strachan and Hobbs 2001; Drahor 2008). At the *Palazzo Imperiale* we have attempted to integrate and cross-reference the results derived from the application of this technique with those from the GPR and other geophysical methods. Although these are still preliminary, they are enhancing our understanding of the remains of the three conflated storeys of the complex significantly. Recently there has been a number of other approaches that have used this technique as a basis for the production of a range of fully three-dimensional voxel models (Watters 2006; Casana, Herrmann and Fogel 2008), which provide cubic representations of volumetric and sliced data, facilitating the manipulation and visualization of related values within datasets.

At the *Palazzo Imperiale* vertical profiling, horizontal interpolation methods and volumetric rendering have been used in the interpretation of subsurface structures (Davis 2009). The datasets have been integrated fully with the previously collected magnetometry, GPR and resistivity survey data, alongside up to date excavation and standing building survey information. This integrated approach has allowed direct comparisons to be made between corresponding datasets, as well as identifying locations that can be used to 'truth' results and assist in the interpretation of subsurface structures. In addition to the methodological developments resulting from the application and integration of this work, a further key aim, supplemented by additional laser-scan data (see below), is to complete the survey of all of the surviving remains of the *Palazzo Imperiale*, as an important step in understanding its layout during the second and third centuries AD.

LASER SCANNING

Laser scanning is a further crucial aspect of the three-dimensional recording tool-set employed at the *Palazzo Imperiale*. The laser scanner emits its own laser light source that enables the accurate recording of a surface in three dimensions (Levoy *et al.* 2000). There are two main methods for capturing such scans. Using triangulation, the laser scanner is able to measure the angle and distance of up to 300,000 points per sample with an accuracy of ± 0.10 mm (Konica-Minolta 2008). By comparison the time-of-flight approach measures the time taken for the laser to leave the instrument, bounce off a surface and return. The instrument used in this project has a range of 300 m and can produce up to 50,000 points per second at up to a 6 mm accuracy (Fig. 7.1).

FIG. 7.1. **Capturing time-of-flight laser scan data on site at Portus.** The instrument is being used to record a collapsed pylon from the large building to the southeast of the excavation area. The size and complex three-dimensional nature of the pylon would have made conventional recording laborious and potentially inaccurate. *(Photo: Portus Project.)*

Laser scanning has been used increasingly on Roman archaeological sites, with recent examples including the recording and analysis of Pompeian graffiti (Balzani *et al.* 2004), the recording of Roman statues (Happa *et al.* 2009), and in the conservation and interpretation of standing buildings at sites such as Herculaneum (Brizzi *et al.* 2006), Cyrene (Cuttler *et al.* 2007) and Pompeii (Guidi *et al* 2008). In the Portus Project it is used as a means of recording the surface properties of objects, buildings and structures at high resolution. It is also used to produce larger scale topographic, context and building surveys of the site as a whole. **Figure 7.2** shows a triangulation laser scan of a brick stamp. Scanning of such objects can be performed *in situ*, potentially making subsequent identification easier. The virtual object can be manipulated and artificially illuminated

Fig. 7.2. An example of a three-dimensional surface produced from a laser scan of a brick stamp. *(Portus Project.)*

in order to show up the heavily-degraded surface details. Both laser scanners used in this project are portable and have been used in the field to record archaeological contexts or surfaces as well as finds. For example, a complete scan of the excavation area and much of the *Palazzo Imperiale* has been produced using the Leica ScanStation (Plate 7.1), while higher-resolution triangulation scans have been produced for the surfaces of features with complex surface details, such as excavated moles and contexts that are prone to degradation. Furthermore, an archive has been established containing the scans of finds with significant, but poorly visible, surface details: this has proved particularly useful for the many brick stamps from the site.

When the scanning phase is complete, we shall experiment with non-photorealistic rendering of scanned surfaces and objects with a view to supplementing or, where appropriate, replacing some drawn or photographic records. The overall scan of the *Palazzo Imperiale* will enhance also the visual integration of many other forms of digital data gathered on site and assist in the production of computer graphic models of specific features and buildings. The Portus Project team also has gathered deliberately overlapping datasets from targeted contexts using a range of approaches. At the object and context level, for example, data are available as polynomial texture maps (see below), photogrammetrically-derived dense surface meshes and triangulation scans. At the building and landscape

level there are overlapping time-of-flight, triangulation, GPS, total station and digital photogrammetry data. In doing this we are attempting to explore further the intersections between these methods, building upon other recent comparative work (for example, Kadobayashi *et al.* 2004; Remondino and Menna 2008).

POLYNOMIAL TEXTURE MAPPING

By contrast to conventional scanning, polynomial texture mapping enables the production of detailed surface models of particular artefacts from a series of digital photographs (Malzbender, Gelb and Wolters 2001; Mudge *et al.* 2005). Each polynomial texture map (PTM) is produced by taking multiple photographs of an object from a fixed location, with a controlled light source moved between each exposure. This series of images is compiled into a single PTM file via the HP Labs PTM software. **Figures 7.3**, **7.4** and **7.5** show screenshots from a single PTM file of an architectural fragment found in the first season of excavation. The resulting file contains all of the necessary data to move a virtual light source across the surface of the scene, to vary the lighting intensity, to add multiple virtual light sources, to derive models of the surface structure and to perform a range of image-processing techniques.[10]

The technique lends itself to the recording and dissemination of data related to objects with fine surface details such as brick and amphora stamps, inscriptions and coins. It has been used to a limited degree to date in Roman archaeology, including the recording of a second-century AD sarcophagus (Dellepiane *et al.* 2006) and a collection of Roman coins (Mudge *et al.* 2005). PTMs allow the end-user to interrogate the recorded object more thoroughly than they otherwise would be able to do with a standard digital photograph. Crucially, the technique places many of the decisions relating to the ways in which the object is viewed into the hands of the viewer. The conventional photographic process requires the photographer to make a subjective decision regarding the nature of the light source used and so, by extension, the data captured in the resultant image. PTM recording reduces the number of elements of the photographic image that are predefined, allowing the viewer to manipulate variables such as light position, brightness, level of specular enhancement and the level of diffuse gain. The resulting PTM archive gives contemporary specialists the opportunity to examine the material from the *Palazzo Imperiale* at a distance. In turn it

FIG. 7.3. Screenshot from a PTM showing an inscription fragment with one virtual light placed above. *(Portus Project.)*

FIG. 7.5. Screenshot from a PTM showing a normal map of the same architectural fragment. The normal map indicates the direction in which each surface is facing, at each sampled pixel.

will offer considerably more potential to the readers of publications arising from this project than the single finds record photograph or drawing so common in current print publication. In a secondary use of the technology the Portus Project has designed a virtual PTM rig that is used for generating PTM files from born-digital data. This enables the easy dissemination of interactive versions of laser scan, GIS and geophysical datasets without the need for additional viewers or the download of large files (**Fig. 7.6**).

GEOSPATIAL SURVEY

Geospatial data relating to the *Palazzo Imperiale* arrives in the Portus Project archive from a range of

FIG. 7.4. Screenshot from a PTM showing the inscription fragment with one virtual light placed at the right. *(Portus Project.)*

sources: topographic data collected in the course of GPS and total station surveys; building surveys from photogrammetry, laser scanning and total stations; plans and sections from drawn records; geophysical data from post-processed grid data; and aerial photography and satellite imagery in a range of geo-referenced and un-geo-referenced formats. These data are all accessioned to ARK and then exported to formats that enable intercomparison. Currently the main platform for this integration is ESRI ArcGIS. We are also evaluating options for open standards, including GML (OPENGIS) for our core GIS assets, and the OpenGIS City Geography Markup Language (CityGML) Encoding Standard for some elements of our three-dimensional data. As with the other aspects of our data management and recording, our strategies with respect to GIS data correspond to established standards (for example: Gillings and Wise 1998; García Sanjuán and Wheatley 2002).

Taking building survey as an example, multiple methodologies have been explored as a way of understanding their influences on the development of our understanding of the site. The primary means for building survey has been the reflector-less total station. As a technique this is invaluable, offering not only rich and complex data but also providing the surveyor with an expert knowledge of the complex that is their subject. By comparison, the use of laser scanning, photogrammetric (**Fig. 7.7**) or combined techniques (for example: Pollefeys *et al.* 2003) do not necessarily require prolonged or meaningful engagement with the subject. These latter modes of recording in effect make the primary engagement with the archaeology a

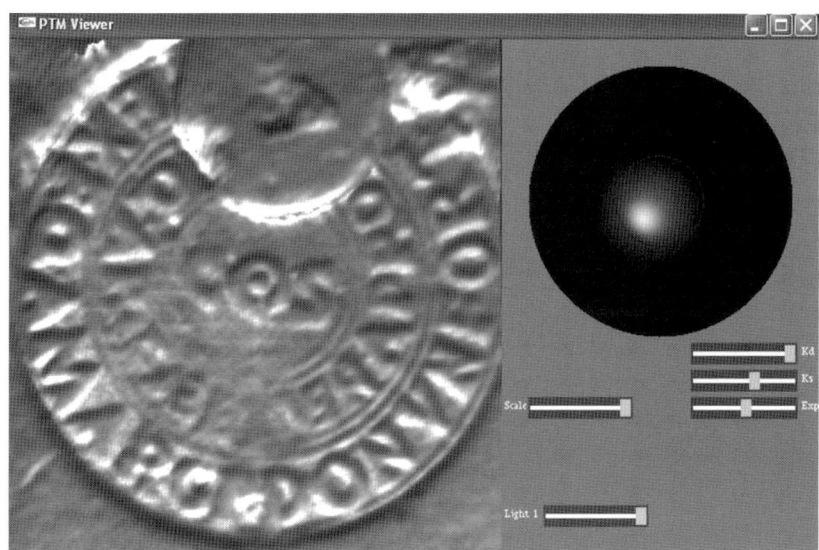

FIG. 7.6. Screenshot from a virtual PTM. This enables the laser scan data shown in Figure 7.2 above to be interacted with as if a PTM of the object had been captured. This provides a simple means of data dissemination. *(Portus Project.)*

FIG. 7.7. The Period 3 steps in Building 5 of the *Palazzo Imperiale*. One of a number of input images used for digital photogrammetry using Photomodeler Scanner. *(Portus Project.)*

process subsequent to the data capture. For this reason, portable computing has been employed on site in an attempt to integrate these two phases and encourage dialogue centred as much on the physical as the digital objects recorded (Fig. 7.8).

MODELLING STANDING BUILDINGS

Three-dimensional graphics have been employed at Portus not merely as a representative medium but also as a means of recording and exploring data and their interpretation, and for building understanding of the archaeological evidence in the field. The models are considered neither definitive statements of fact nor wholly imagined. Rather, they provide a visual record of the archaeological process, encompassing all of the ambiguity that this implies. In this they build upon a significant body of research in the field of what has come to be known as 'Virtual Archaeology' (Forte and Beltrami 2000), pioneered in Italy by groups such as CINECA (CINECA) and the Consiglio Nazionale delle Ricerche Virtual Heritage Lab (VHL). The construction of models leads to an enhanced understanding of the source archaeological information and provides a ready means for conveying what are otherwise frequently complex spatial problems. At their best, such computer graphics offer the archaeologist a unique opportunity to visualize interpretations of a range of disparate and often apparently unrelated archaeological data within a single consolidated virtual environment. They are being used increasingly in a variety of analytical contexts in Roman archaeology (for example: Frischer *et al.* 2000; Gaiani, Balzani

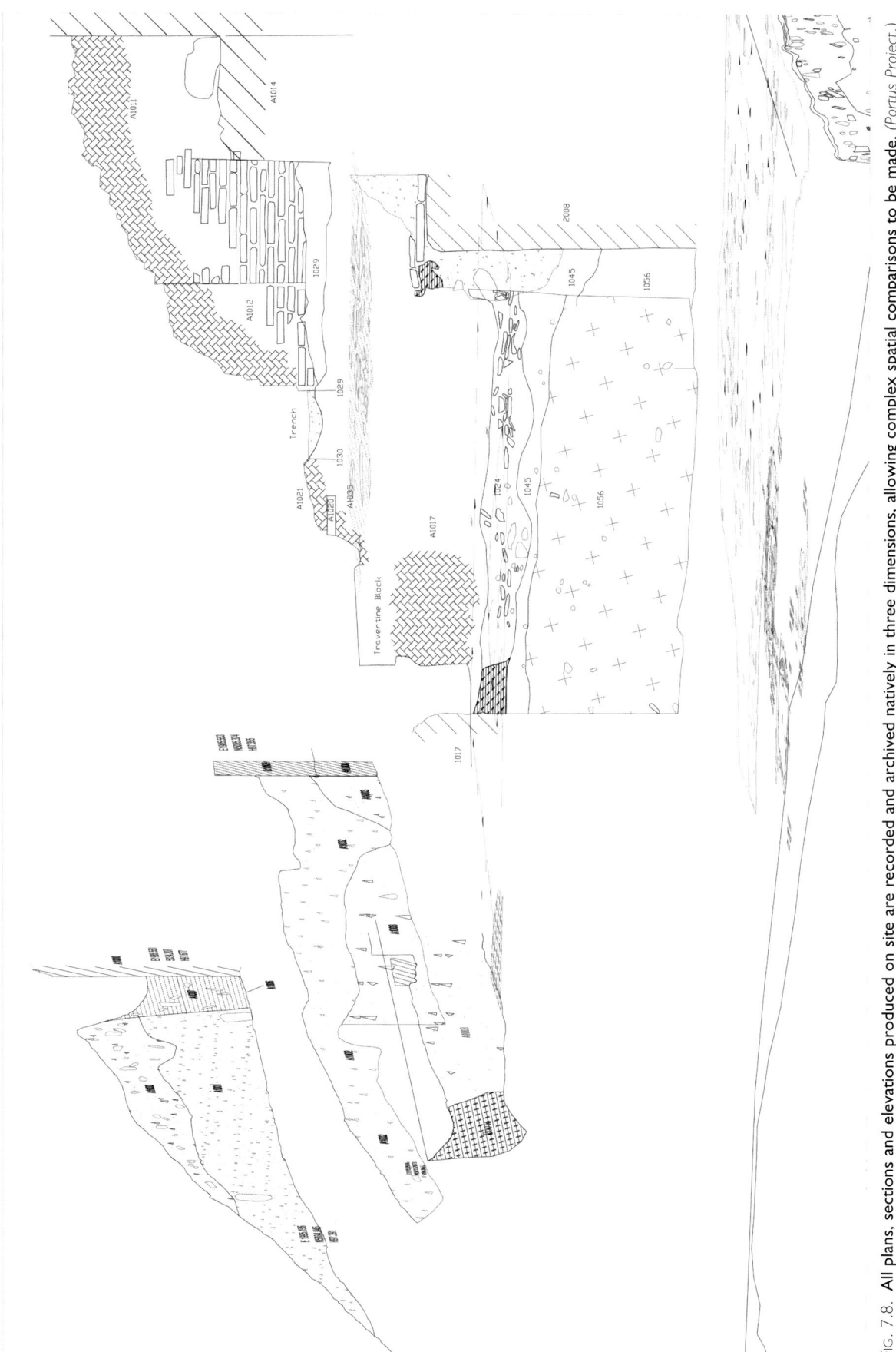

FIG. 7.8. All plans, sections and elevations produced on site are recorded and archived natively in three dimensions, allowing complex spatial comparisons to be made. (*Portus Project*.)

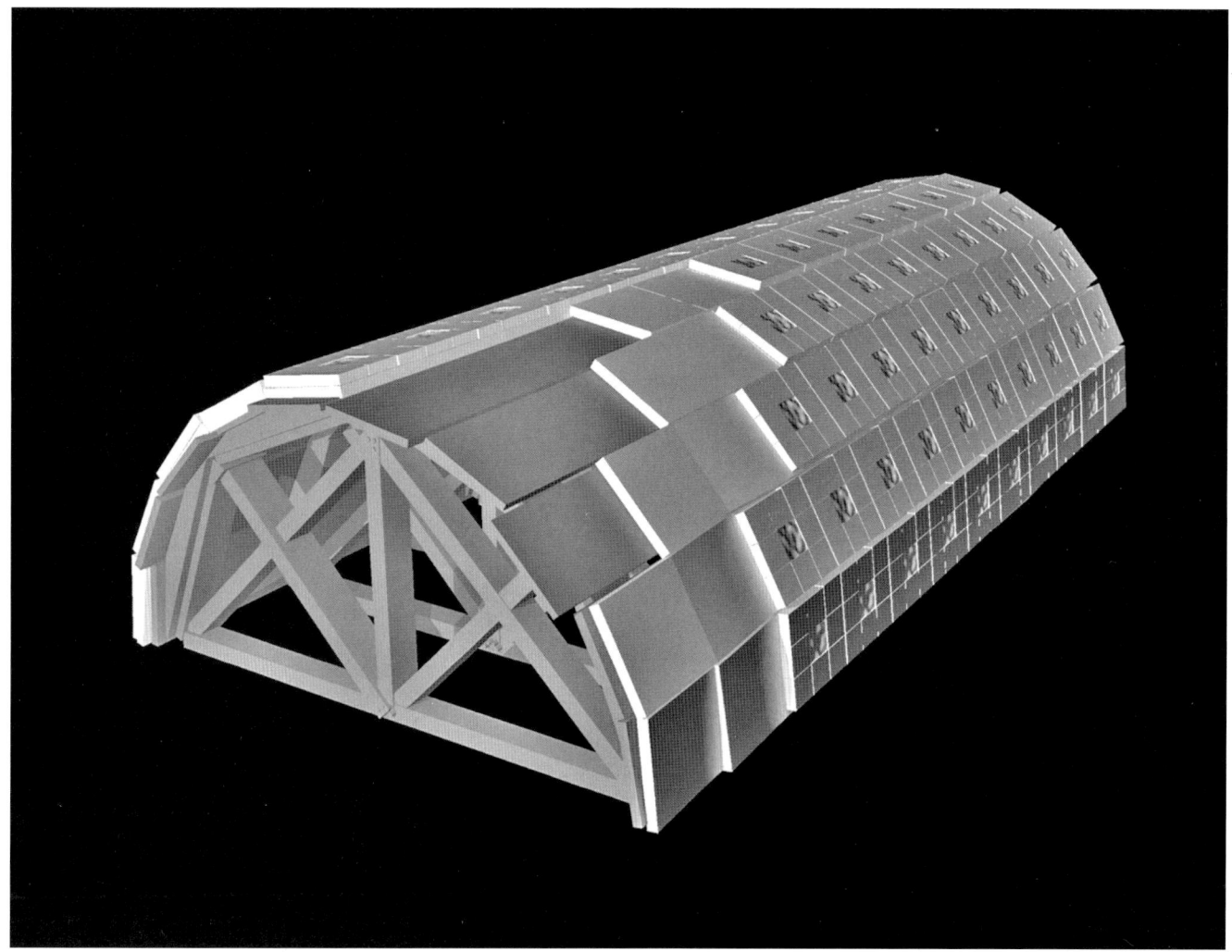

FIG. 7.9. Model of the construction technique that may have been used to create the vault of Building 2 Room 1.2 in the Cistern Block at the eastern extent of the excavation area. *(Portus Project.)*

and Uccelli 2000; Cosmas *et al.* 2003; Scagliarini Corlàita *et al.* 2003; Forte, Pescarin and Pietroni 2005; Haselberger and Humphrey 2006; Borghini and Carlani 2008). Viewing data in this way gives the archaeologist the opportunity to engage with hypotheses in a virtual physical environment.

MODELLING THE *PALAZZO IMPERIALE*

Three-dimensional models are employed most commonly as an adaptable and versatile tool for dissemination on site and during post-excavation analysis, in an attempt to encourage discussion. The speed with which visually engaging explanatory material can be produced in the course of this project has revolutionized the ways in which archaeological interpretation takes place. An example of this is the visualization of the interior of Building 2 Room 1.2. This room, of

Hadrianic date (Period 3/Phase 1), was uncovered during the excavation of the Cistern Block at the eastern edge of the *Palazzo Imperiale*.[11] The building techniques used in its construction are very clear. A series of three-dimensional visualizations of the room was produced, and then one example was animated to show the hypothesized process of construction of the ground-floor tile-lined barrel vault (**Fig. 7.9**; cf. **Fig. 5.12**), an issue of importance to those wishing to understand better the function of the Cistern Block.

One aspect of the Cistern Block that is difficult to understand and explain is the construction sequence of Building 1 followed by Building 2. In order to remedy this a computer graphic visualization of the whole cistern complex and adjacent structures was produced (**Fig. 7.10**). This used simple primitives and animations to explore the phasing and possible spatial configurations of the site. These represent the most

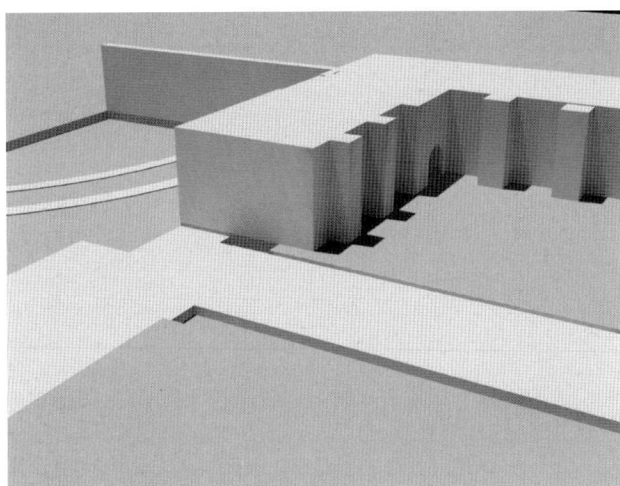

FIG. 7.10. A still image from an animation exploring the construction sequence of Buildings 2 (closer to foreground) and 1 (background) and their relationship with other excavated structures. These volumetric models are produced across the site as part of the interpretative process. *(Portus Project.)*

explicit example of the extent to which modelling and three-dimensional representations are integrated within the archaeological process. The site phasing model has been updated constantly according to the latest excavation results and subsequent interpretations. As such, the animations have remained constantly relevant and continually informative.[12]

These models were designed to contain sufficient visual content to communicate the necessary information, and thus lacked any superfluous details or the photorealistic finish that has been generated for other models that have been produced as part of the Portus Project (see below). However, as the computational

resources available to the project increased, along with the development of an archive of relevant archaeological computer graphic primitives and textural components, it became possible to produce more visually engaging output very quickly. The Period 4 *Palazzo Imperiale* amphitheatre-shaped building is one example of this (**Fig. 7.11**; cf. **Fig. 5.14**).[13] Here members of the excavation and surveying teams, together with the excavation directors, spent several days talking through alternative ways of interpreting the surviving structural remains, means of access, possible floor levels and sightlines. Each of these visualizations took less than an hour to produce and disseminate to the team, enabling their implications to be explored on site as more evidence was uncovered. Crucially this also enabled the kinds of data being captured to be verified and the targeted acquisition of new survey information. Subsequently, various alternative models were inserted within a simulation of the immediate early third-century port context in order to understand possible relationships between the amphitheatre-shaped building, Buildings 1, 2, 3 and 5, the main body of the *Palazzo Imperiale* and the Claudian basin (**Plate 7.2**).

MODELLING OTHER COMPLEXES: THE *GRANDI MAGAZZINI DI SETTIMIO SEVERO*

The ultimate aim of the kinds of modelling described above is to produce alternative rendered interpretations of the *Palazzo Imperiale*, which can be compared with adjacent buildings. In doing this there is particular interest in using computer graphic, engineering and

FIG. 7.11. A possible model of the proposed amphitheatre-shaped building with hemicycle behind. *(Portus Project.)*

architectural design techniques to enable us better to understand relationships between concrete as a building medium and specific architectural forms at major port sites like Portus.[14] The visualization of several interpretations of the façades of the *Grandi Magazzini di Settimio Severo* (Beale 2007) (**Figs 7.12, 7.13** and **7.14**), a complex conventionally identified as a warehouse of later second-century AD date (Rickman 1971: 129), provides an idea of the kind of models that eventually will be produced. The creation of the *Grandi Magazzini di Settimio Severo* models enabled both the visual expression and interrogation of architectural and archaeological interpretations of the building and its context to be undertaken, and a visual record of changing or alternate ideas to be made. The models were based upon a variety of secondary sources, although these were never as detailed as those from the excavation of the *Palazzo Imperiale*.[15]

FIG. 7.12. Model of interpretation 1 of the *Grandi Magazzini di Settimio Severo*. *(Portus Project.)*

The form of the *Grandi Magazzini di Settimio Severo* is of great interest for a number of reasons. As one of the most complete standing structures at Portus, it has been possible to develop complex hypotheses relating to its façade. In turn, such interpretations have begun to enhance our understanding of adjoining and/or contemporary structures. Furthermore, the building occupies a position of central importance: it marks the transition between the Claudian and Trajanic basins and would have provided a very impressive visual backdrop to the junction of the *Canale di Imbocco al Porto di Traiano* and *Canale Trasverso* at the centre of the port (Keay and Millett 2005: 286). As such, it will be interesting to consider the extent to which the study of the façades of this structure might inform an understanding of the visual properties of the rest of the harbour, and of the construction of a Roman imperial port image.

A series of models was produced that incorporated a number of interpretations based upon subtly differing notions of the ways in which the building might have functioned and which can be seen in the rendered images. **Figure 7.12** shows a visually imposing façade, whilst **Figures**

7.13 and 7.14 show the façades of interpretations of the building that are less ornate and within which the internal design of the building is different, whilst remaining true to architectural parallels and structural analyses. The models incorporate a large variation in the ways in which access into and through the *Grandi Magazzini di Settimio Severo* was structured (**Figs 7.15**

FIG. 7.13. Model of interpretation 2 of the *Grandi Magazzini di Settimio Severo*. *(Portus Project.)*

FIG. 7.14. Model of interpretation 3 of the *Grandi Magazzini di Settimio Severo. (Portus Project.)*

and **7.16**). Furthermore, considering routes of access through a structure encourages consideration of the impact of the individual on the use of this space. This can be accomplished through direct examination of the model, particularly during the modelling phases, and also by more analytical means, as demonstrated in work on agent modelling in Roman contexts (Ciechomski *et al.* 2005; Maïm *et al.* 2007). The size and scale of the building apparent in the models also help us understand better its structural and visual relationship to the adjacent *Palazzo Imperiale* and the baths on the *Molo della Lanterna*.

As well as formalized ideas of access and status, the model encourages the viewer to consider the building, the adjoining structures and, indeed, the port itself as an inhabited environment. This in turn encourages the archaeological remains at Portus to be considered in a continuous and connected way, rather than as a series

FIG. 7.15. Analysis of potential access routes between floors in one postulated reconstruction of the *Grandi Magazzini di Settimio Severo. (Portus Project.)*

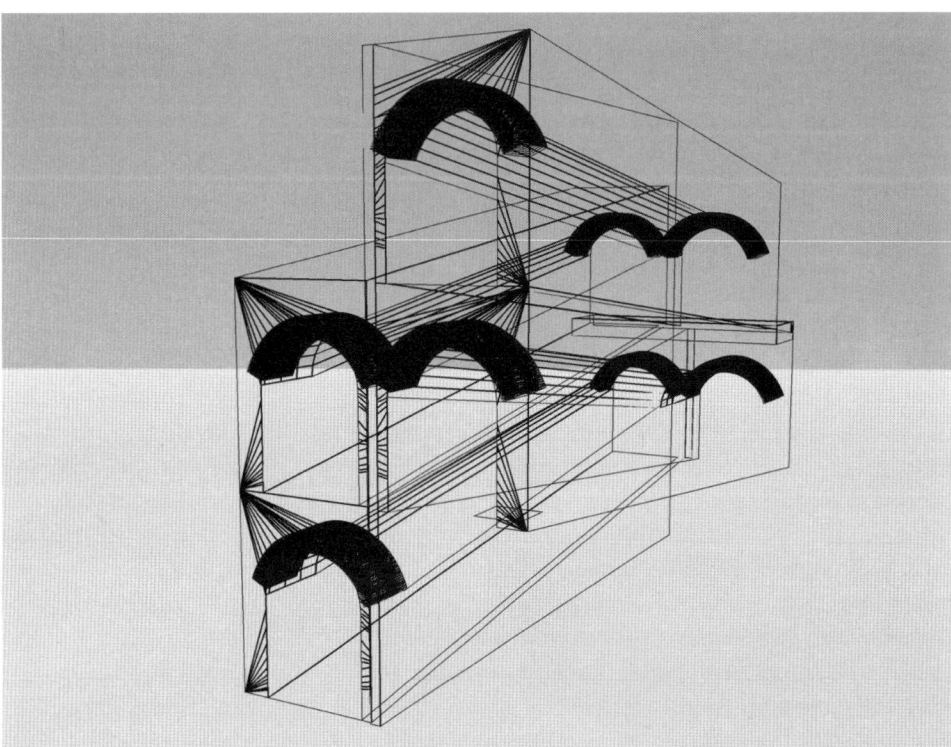

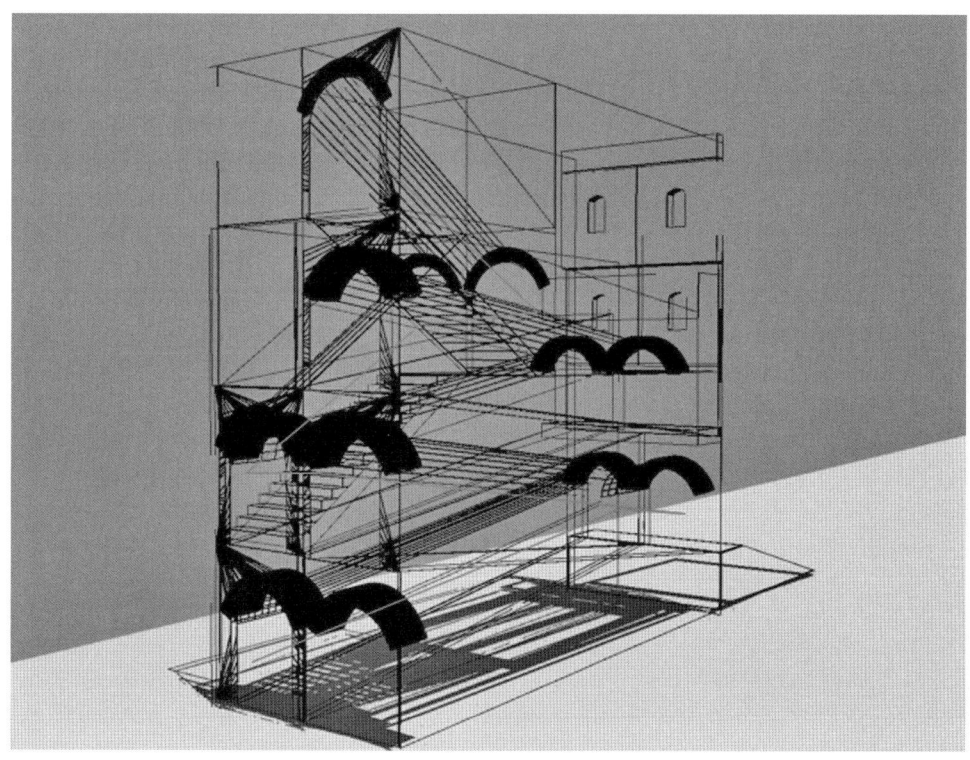

FIG. 7.16. **Alternative analysis of access within the *Grandi Magazzini di Settimio Severo*.** *(Portus Project.)*

of distinct archaeological zones. The use of still images and animations already has allowed participants to gain a sense of being within and moving through the building. Whilst these experiences are not intended to convey a first-hand experience of the built environment, such visual stimuli have helped to focus conversation and draw attention to relevant factors that otherwise might have remained unconsidered. This applies both to tangible notions of space and structure, such as the location of doors and light levels in specific areas, and to less tangible benefits derived from experiencing and engaging with archaeological data and interpretations in different ways.

The models of the *Grandi Magazzini di Settimio Severo* represent a complex and time-consuming attempt to assist and to enhance the interpretive process through the employment of computer graphics. The creation of the models explored here represents a significant step toward the creation of a detailed reconstruction of the entire site.

DISCUSSION: TOWARDS AN UNDERSTANDING OF PORTUS AS A WHOLE

The computational work completed at Portus so far has been focused on the area of the *Palazzo Imperiale*. The next phase of work will enable this to be placed into the wider context of the port as a whole, and indeed in its surrounding landscape and in relation to Ostia. The techniques employed for managing and integrating data will enable information from additional sources to be combined, as we come to understand more about Portus at its maximum extent and complexity. Furthermore, we believe that computer visualization will be the only means through which to construct and represent broader narratives of the port and its development. Whilst some benefits of our three-dimensional approach are being felt already, many more will be fully realized only when the models, and their underlying data, are developed sufficiently that the whole complex of phased architectural remains can be seen as an integrated whole, and a sense of a wider environment through time can be realized. As this begins to happen, there can be little doubt that new theories will be developed regarding not only the physical interpretation of the structures but also the relationships between them. A reconstruction of this type will allow a visual engagement with the archaeological remains of Portus as a whole, without offering a single proscribed interpretation. Above all, these models will continue to provide new, digital places within which to think about the site and to practice archaeological analysis (Earl 2007).

Building on a digital backdrop of Portus generated from scans of the 1937 model created by Gismondi

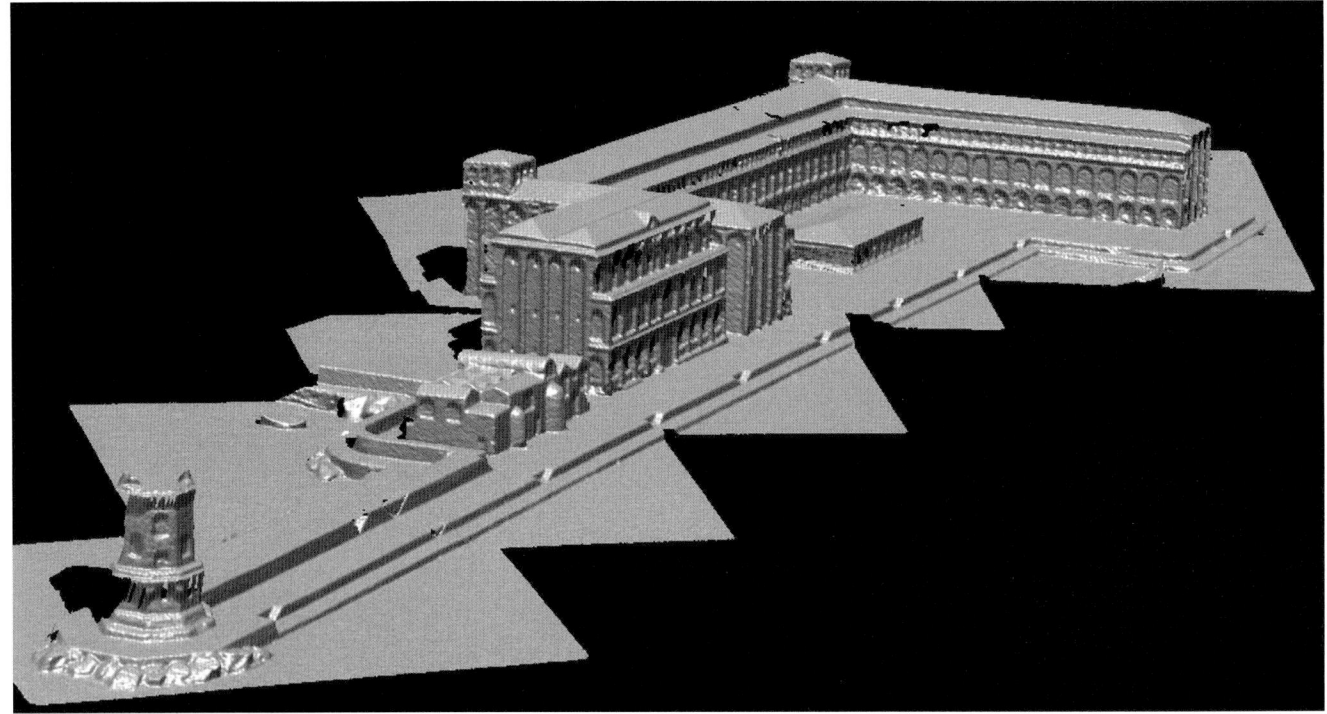

FIG. 7.17. View of unprocessed scan data gathered of part of Gismondi's model of Portus. *(Portus Project.)*

that is currently on display in the Museo della Via Ostiense, these latest reconstructions combine data from our geophysical and topographical surveys and from excavation to provide enhanced views of the port (**Fig. 7.17**).[16] Furthermore, these views in turn can be updated and modified continually, as new data become available. Recent additions to the model include data from the recent excavations of the *Terme della Lanterna* (Burrell 2009) and the *Basilica Portuense* (Paroli 2005; Porcelli 2009) (**Fig. 7.18**).[17]

The Gismondi model is also being analysed in its own right as part of a re-evaluation of the antiquarian and later representations of Portus (Earl, Keay and Beale in press). The geometric data from this digital model of Portus can be used for other purposes also. Versions of the models have been produced in Google SketchUp so that the visualizations proposed by Gismondi and ourselves can be superimposed on the modern land-scape, with additional higher-definition rendered content being geo-located and linked to background information

FIG. 7.18. **First attempt at reconstructing the interior of the Basilica Portuense, in this case in the second half of the sixth century AD. The model was produced in collaboration with Lidia Paroli, using architectural data provided by Roberta Loreti and Giuliana Irace.** *(Vito Porcelli, ACRG.)*

FIG. 7.19. **Screenshot illustrating the entrance to the** *Portus II* **Second Life interactive environment.** *(Portus Second Life Model: Grant Cox, ACRG.)*

as part of a tour. The geometry has also been recast within interactive environments, in Second Life[18] (**Fig. 7.19**) and Sun Wonderland[19] environments. The Second Life model enables visitors to interact with videos relating to the Portus Project and with a large model of the site, in which different areas and phasing can be identified. The aim of the model is to enhance teaching about the site, to provide a virtual space for orientation of new project members, and for project member discussion. In addition we have developed a rudimentary interface to the ARK system from within Second Life, enabling virtual representations of objects, database querying and thematic mapping.

In addition to the research benefits of these large-area computer graphics, the Portus Project is committed to using them to disseminate its results to a wide audience of non-specialists. The origins of this ethos are to be sought in 2005, with the production of a series of simple computer graphic models (Keay 2006) based on the geophysical and standing building surveys conducted on site in previous years (Keay *et al.* 2005). Five animations were produced in order to illustrate the development of the whole of Portus at key stages in its development, as well as providing routes around the Claudian and Trajanic basins. The Portus Project is now in the process of supplementing these with more detailed models.

Above all this introduction to the computational and other technological practices employed at Portus demonstrates their range and diversity, and the potential that exists for integrating new technologies within archaeological practice. However, the application of such varied technologies carries with it significant risks. It is possible that some approaches might not prove successful, while integration of others might prove impossible. Furthermore, using a range of approaches might lead to an unnecessary duplication of recording effort, and a commensurate lack of clarity in the archive. Fortunately, however, such problems have not been encountered in the work undertaken in the course of the project so far. In fact, the three completed seasons have demonstrated the considerable benefits afforded by applications of methodologies that complement, rather than replace, established methods. Thus, the ARK data management system encourages participation by all members of the project in the generation and analysis of the archive. MediaBin provides a fixed point around which to develop the project's publications. Finds recording technologies such as image-based Dense Surface Modelling and PTMs produce a record that is not static, but rather encourages the viewer to interact. The geophysical techniques work best when examined in a digital recreation of their spatial context and in environments richly textured through scan and survey data. The computer graphic representations of Portus serve both to stimulate discussion and to make explicit the information and its history. We believe that undertaking computer-based analysis and geophysical survey are indistinguishable from the process of interpretation. The Portus Project presents many challenges, but their technological solution in turn is offering more opportunities for improved archaeological knowledge of this unique site.

NOTES

1. Many of the visuals and examples of the use of the technologies described in this paper are available online via the project's website: http://www.portusproject.org (last accessed 06.06.2011).
2. The excavation of the *Basilica Portuensis* (Paroli 2005a) is the one exception.
3. The first results of these excavations are discussed in Chapter 5. The other fieldwork focus of the Portus Project, the Isola Sacra Survey, is discussed in Chapter 12.
4. See, for example: Rizzo 2001.
5. The Parsifal Cooperativa di Archeologia, Roma. This company has undertaken a number of high-profile projects in recent years, including excavations in the Forum of Caesar, the Forum of Augustus, the Bibliotheca Hertziana, the Piazza Venezia, and other sites in advance of the new Linea C metro extension (http://www.parsifalarcheo.it/ (last accessed 06.06.2011).
6. The 'Big Data' project ('The Preservation and Management Strategies for Exceptionally Large Data Formats') was funded by English Heritage and completed by the Archaeology Data Service. It examined the implications of and made recommendations concerning the collection of increasingly large archaeological or archaeologically relevant datasets derived from activities such as laser scanning, maritime survey, LiDAR and digital video.
7. It is also regarded as an important issue in Italian archaeology. Although there is no overall state-coordinated protocol for digital data storage, some state entities, such as the Soprintendenza Archeologica di Roma, do have a digital archive for the storage of data from its projects.
8. This plug-in, developed by Hembo Pagi of the Archaeological Computing Research Group at Southampton (ACRG), is available as a free download and should form part of a future ARK release.
9. The Portus Project Flickr photostream is available from: http://www.flickr.com/photos/portusproject/ (last accessed 06.06.2011).
10. As with other aspects of our technical innovation and implementation, we have focused on collaborative research, and where possible with direct involvement of the software and hardware developers involved. Therefore we have worked in partnership with Tom Malzbender of HP Labs (Earl, Martinez and Malzbender forthcoming). The equipment that allows this process to take place has been developed through a collaborative venture involving Archaeology and Electronics and Computer Science at the University of Southampton, developed from designs by HP Labs (Malzbender, Gelb and Wolters 2001), Hawkins and his colleagues (Hawkins, Cohen and Debevec 2001), and Cultural Heritage Imaging (Mudge *et al.* 2005). Our use of the highlight-based PTM data capture technique for larger finds and architectural fragments from the *Palazzo Imperiale* is based on the technique described by Barbosa, Sobral and Proença (2007).

11. This is discussed in Chapter 5, pp. 77–8.

12. An animation demonstrating this process is available on the Portus Project website (see n. 1).

13. See also the discussion in Chapter 5, pp. 78–9.

14. The works by Wilson Jones (2000) and Lancaster (2005) are of key importance in this respect.

15. There are no primary excavation records for this building, elements of which are still unexcavated and, thus, not yet understood fully. The primary source of reference remains the commentary of Lugli (Lugli and Filibeck 1935: 83–6), together with subsequent reasoned commentary such as that of Rickman (1971). The work undertaken here was supplemented by on-site measurements and photographic recording.

16. Discussed by Verduchi (2007).

17. The authors would like to thank Dott.ssa Lidia Paroli for permission to work from her excavation records.

18. The *Portus II* Second Life model can be visited via the Portus Project website (see n. 1), while Second Life is accessible direct via http://secondlife.com/ (last accessed 06.06.2011).

19. Sun Wonderland is a multi-user digital environment. Unlike Second Life, the environment can be hosted by a user, and can in turn provide synchronous communication and collaborative working for many participants. We aim to produce a Java-based interface to our excavation archives through the Sun Wonderland environment. Further details of Sun Wonderland are available from http://research.sun.com/projects/mc/mpk20. html (last accessed 06.06.2011).

REFERENCES

ADSSTANDARDS. Standards in archaeology. http://ads.ahds.ac. uk/project/userinfo/standards.html (last accessed 06.06.2011).

Agarwal, S., Snavely, N., Simon, I., Seitz, S.M., Szeliski, R. (2009) Building Rome in a day. http://grail.cs.washington.edu/rome/ rome_paper.pdf (last accessed 06.06.2011).

ARCHAEOTOOLS. (2007) Archaeotools: data mining, facetted classification and E-archaeology. http://ads.ahds.ac.uk/project/ archaeotools/ (last accessed 06.06.2011).

ARK. Archaeological recording kit. http://ark.lparchaeology.com/ (last accessed 06.06.2011).

Aspinall, A. and Crummet, J.G. (1997) The electrical pseudo-section. *Archaeological Prospection* 4: 37–47.

Austin, T. and Mitcham, J. (2007) Preservation and management strategies for exceptionally large data formats: 'Big Data' (EH Project No: 3984). http://ads.ahds.ac.uk/project/bigdata/ final_report/bigdata_final_report_1.3.pdf (last accessed 06.06.2011).

Balzani, M., Callieri, M., Fabbri, M., Fasano, A., Montani, C., Pingi, P., Santopuoli, N., Scopigno, R., Uccelli, F. and Varone, A. (2004) Digital representation and multimodal presentation of archeological graffiti at Pompei. In Y. Chrysanthou, K. Cain, N. Silberman and F. Niccolucci (eds), *VAST 2004: the 5th International Symposium on Virtual Reality, Archaeology and Cultural Heritage (Brussels and Oudenaarde, Belgium, 2004)*: 93–103. Geneva, Eurographics Association.

Barbosa, J., Sobral, J.L. and Proença, A.J. (2007) Imaging techniques to simplify the PTM generation of a bas-relief. In D. Arnold, F. Niccolucci and A. Chalmers (eds), *VAST'07: the 8th International Symposium on Virtual Reality, Archaeology and Intelligent Cultural Heritage (Brighton, UK 2007)*: 28–31. Geneva, Eurographics Association.

Beale, G.C. (2007) *An Archaeology of the Mundane: Interpretation and Reconstruction of the* Grandi Magazzini di Settimio Severo *at Portus, Italy.* M.Sc. dissertation, University of Southampton.

Borghini, S. and Carlani, R. (2008) Virtual Ara Pacis: an example of a new museographic tool for cultural heritage. In J. Al-Qawasmi, M.A. Chiuini and S. El-Hakim (eds), *Digital Media and its Applications in Cultural Heritage*: 131–42. Amman, Centre for the Study of Architecture in the Arab World.

Brizzi, M., Court, S., D'Andrea, A., Lastra, A. and Sepio, D. (2006) 3D laser scanning as a tool for conservation: the experiences of the Herculaneum Conservation Project. http://www. herculaneum. ox.ac.uk/HercLaser.pdf (last accessed 01.02.2009).

BUILDINGROME. Harvesting of online images for visualization of cities. http://grail.cs.washington.edu/rome/ (last accessed 06.06.2011).

Burrell, N. (2009) *The Virtual Reconstruction of a Bath House and Lanterna Complex at Portus.* M.Sc. dissertation, University of Southampton.

Casana, J., Herrmann, J. and Fogel, A. (2008) Deep subsurface geophysical prospection at Tell Qarqur, Syria. *Archaeological Prospection* 15: 207–25.

CIDOCCRM. The CIDOC conceptual reference model. http:// www.cidoc-crm.org/ (last accessed 06.06.2011).

Ciechomski, P., Ulincy, B., Cetre, R. and Thalman, D. (2005) A case study of a virtual audience in a reconstruction of an ancient Roman Odeon in Aphrodisias. In K. Cain, Y. Chrysanthou, F. Niccolucci and N. Silberman (eds), *Proceedings from the 5th International Symposium on Virtual Reality, Archaeology and Cultural Heritage VAST (2004)*: 1–8. Brussels, ENAME.

CINECA. Consorzio Interuniversitario per il Calcolo Automatico. http://www.cineca.it/ (last accessed 06.06.2011).

Clarke, A., Fulford, M. and Rains, M. (2007) The Silchester Project: Roman town insula IX. The development of an urban property c. AD 40–50–c. AD 250. http://ads.ahds.ac.uk/catalogue/archive/ silchester_ahrc_2007/ (last accessed 06.06.2011).

COMMONERAS. Standardised periods web service. http:// commoneras.ecs.soton.ac.uk/about.html (last accessed 06.06.2011).

Conyers, L.B. (2004) *Ground-penetrating Radar for Archaeology.* Walnut Creek (CA), Altamira Press.

Conyers, L.B. (2006) Ground-penetrating radar for archaeological mapping. In J.K. Johnson (ed.), *Remote Sensing in Archaeology: an Explicitly North American Perspective*: 329–44. Tuscaloosa, University of Alabama Press.

Conyers, L.B. and Cameron, C.M. (1998) Ground-penetrating radar techniques and three-dimensional computer mapping in the American Southwest. *Journal of Field Archaeology* 25 (4): 417–30.

Conyers, L.B. and Goodman, D. (1997) *Ground-penetrating Radar: an Introduction for Archaeologists.* Walnut Creek (CA), Altamira Press.

Cosmas, J., Itegaki, T., Green, D., Joseph, N., Van Gool, L., Zalesny, A., Schindler, K., Vanrintel, D., Leberl, F., Grabner, M., Karner, K., Gervautz, M., Hynst, S., Waelkins, M., Vergauven, M., Pollefeys, M., Cornelis, K., Vereenooghe, T., Sablatnig, R., Kampel, M., Axell, P. and Meyns, E. (2003) Providing multimedia tools for recording, reconstruction, visualization and database storage/access of archaeological excavations. In *VAST 2003, Virtual Reality, Archaeology, and Intelligent Cultural Heritage, Eurographics Symposium Proceedings*: 165–74. Aire-la-Ville, Eurographics.

Cripps, P., Greenhalgh, A., Fellows, D., May, K. and Robinson, D. (2004) Ontological modelling of the work of the Centre for Archaeology, September 2004. http://cidoc.ics.forth.gr/docs/Ontological_Modelling_Project_Report_%20Sep2004.pdf (last accessed 06.06.2011).

Cuttler, R., Gaffney, C., Gaffney, V., Goodchild, H., Howard, A. and Sears, G. (2007) Cyrene Archaeological Project report 2007. http://www.cyrenaica.org/CAP_report_2007.pdf (last accessed 06.06.2011).

DAPPER. (1997) Digital archiving pilot project: excavation records. http://ads.ahds.ac.uk/project/dapper/dapper.html (last accessed 06.06.2011).

Davis, N. (2009). *Three Dimensional Geophysics at the Imperial Palace, Portus.* M.Sc. dissertation, University of Southampton.

Dellepiane, M., Corsini, M., Callieri, M. and Scopigno, R. (2006) High quality PTM acquisition: reflection transformation imaging for large objects. In M. Ioannides, D. Arnold, F. Niccolucci and K. Mani (eds), *VAST06: Proceedings of the 7th International Symposium on Virtual Reality, Archaeology and Cultural Heritage (Cyprus, 2006)*: 179–86 Geneva, Eurographics.

Drahor, M.G. (2008) Magnetic and electrical resistivity tomography investigations in a Roman legionary camp site (Legio IV Scythica) in Zeugma, southeastern Anatolia, Turkey. *Archaeological Prospection* 15: 159–86.

DUBLINCORE. Dublin core metadata initiative. http://dublincore.org/ (last accessed 06.06.2011).

Earl, G.P. (2007) De/construction sites: Romans and the digital playground. In J. Bowen, S. Keene and L. MacDonald (eds), *EVA 2007 London Conference Proceedings*: 5.1–5.11. Hampton Hill, EVA Conferences International.

Earl, G.P., Keay, S.J. and Beale, G. (2008) Computer graphic modelling at Portus: analysis, reconstruction and representation of the Claudian and Trajanic harbours. In *Proceedings of EARSEL SIG Remote Sensing for Archaeology and Cultural Heritage*: 261–4. Rome, EARSEL.

Earl, G.P., Keay, S.J. and Beale, G.C. (in press) Evaluating Gismondi's representation of Portus, the port of Imperial Rome. In *Proceedings of Arqueológica 2.0, Seville 2009.*

Earl, G.P., Martinez, K. and Malzbender, T. (forthcoming) Archaeological applications of polynomial texture mapping: analysis, conservation and representation.

EHGEODB. The English Heritage geophysical survey database. http://sdb2.eng-h.gov.uk/ (last accessed 06.06.2011).

EHThesaurus. National monuments record thesauri. http://thesaurus.english-heritage.org.uk/ (last accessed 06.06.2011).

Eiteljorg II, H., Fernie, K., Huggett, J. and Robinson, D. (2002) Archaeology Data Service CAD: a guide to good practice. http://ads.ahds.ac.uk/project/goodguides/cad/ (last accessed 06.06.2011).

Ernenwein, E.G. and Kvamme, K.L. (2008) Data processing issues in large-area GPR surveys: correcting trace misalignments, edge discontinuities and striping. *Archaeological Prospection* 15: 133–49.

Eve, S. and Hunt, G. (in press) ARK: a developmental framework for archaeological recording. In *Proceedings of Computer Applications and Quantitative Methods 2007, Berlin, 2nd–6th April 2007.*

FISH. Forum for information standards in heritage. http://www.heritage-standards.org.uk/ (last accessed 06.06.2011).

Forte, M. and Beltrami, R. (2000) A proposito di *virtual archaeology*: disordini, interazioni cognitive e virtualità. *Archeologia e Calcolatori* 11: 273–300.

Forte, M., Pescarin S. and Pietroni, E. (2005) The Appia Antica Project. In M. Forte and P.R. Williams (eds), *The Reconstruction of Archaeological Landscapes through Digital Technologies. Atti del II convegno Italia–USA (British Archaeological Reports, International Series S 1379)*: 79–95. Oxford, ArchaeoPress.

Frischer, B., Favro, D., Liverani, P., De Blaauw, S., Favro, D. and Abernathy, D. (2000) Virtual reality and ancient Rome: the UCLA Cultural VR Lab's Santa Maria Maggiore Project. In J.A. Barceló, M. Forte and D.H. Sanders (eds), *Virtual Reality in Archaeology (British Archaeological Reports, International Series S 843)*: 155–62. Oxford, ArcheoPress.

Gaiani, M., Balzani, M. and Uccelli, F. (2000) Reshaping the Coliseum in Rome: an integrated data capture and modeling method at heritage sites. In M. Gross and F.R.A. Hopgood (eds), *Proceedings of Eurographics 2000*: 369–78. Interlaken, European Association for Computer Graphics.

García Sanjuán, L. and Wheatley, D.W. (2002) (eds) *Mapping the Future of the Past: Managing the Spatial Dimension of the European Archaeological Resource (Historia y Geografía 78).* Seville, Universidad de Sevilla.

GETTYThesaurus. Getty research art and architecture thesaurus. http://www.getty.edu/research/conducting_research/vocabularies/aat/ (last accessed 06.06.2011).

Gillings, M. and Wise, A. (1998) (eds) GIS: a guide to good practice. http://ads.ahds.ac.uk/project/goodguides/gis/ (last accessed 06.06.2011).

Goodman, D., Nishimura, Y., Uno, R. and Yamamoto, T. (1995) GPR time-slices in archaeological prospection. *Archaeological Prospection* 2: 85–9.

Grout, C., Purdy, P., Rymer, J., Youngs, K., Williams, J., Lock, A., Brickley, D. and Moss, O. (2000) Creating digital resources for the visual arts: standards and good practice. http://vads.

ahds.ac. uk/guides/creating_guide/contents.html (last accessed 06.06.2011).

Guidi, G., Remondino, F., Russo, M., Menna, F. and Rizzi, A. (2008) 3D modeling of large and complex site using multi-sensor integration and multi-resolution data. In M. Ashley, S. Hermon, A. Proença and K. Rodriguez-Echavarria (eds), *Proceedings of the the 9th International Symposium on Virtual Reality, Archaeology and Cultural Heritage VAST (2008)*: 85–92. Braga, Eurographics.

Guillemain, J. (2002) Pierre-Joseph Garrez (1802–1852), porto di Traiano a Ostia, 1834. In A. Jacques, S. Verger and C. Virlouvet (eds), *Italia antiqua. Envois degli architetti francesi (1811–1950) — Italia e area mediterranea*: 393–8. Paris, École Nationale Supérieure des Beaux Arts.

Happa, J., Williams, M., Turley, G., Earl, G., Dubla, P., Beale, G., Gibbons, G., Debattista, K. and Chalmers, A. (2009) Virtual relighting of a Roman statue head from Herculaneum, a case study. In A. Hardy, P. Marais, S.N. Spencer, J.E. Gain and W. Straßer (eds), *Proceedings of the 6th International Conference on Computer Graphics, Virtual Reality, Visualisation and Interaction in Africa, Afrigraph 2009, Pretoria, South Africa, February 4–6, 2009*: 5–12. New York, ACM Press/Addison-Wesley Publishing.

Haselberger, L. and Humphrey, J.H. (2006) *Imaging Ancient Rome: Documentation — Visualization — Imagination. Proceedings of the Third Williams Symposium on Classical Architecture* (*Journal of Roman Archaeology Supplement* 61). Portsmouth (RI), Journal of Roman Archaeology.

Hawkins, T., Cohen, J. and Debevec, P. (2001) A photometric approach to digitizing cultural artifacts. In D. Arnold, A. Chalmers and D. Fellner (eds), *Proceedings 2nd International Symposium on Virtual Reality, Archaeology, and Cultural Heritage, Glyfada, Greece, November 2001*: 333–42. New York, ACM.

Huggett, J. (1995) Democracy, data and archaeological knowledge. In J. Huggett and N. Ryan (eds), *Computer Applications and Quantitative Methods in Archaeology 1994* (*British Archaeological Reports, International Series* 600): 23–6. Oxford, Tempus Reparatum.

Hyvönen, E., Mäkelä, E., Kauppinen, T., Alm, O., Kurki, J., Ruotsalo, T., Seppälä, K., Takala, J., Puputti, K., Kuittinen, H., Viljanen, K., Tuominen, J., Palonen, T., Frosterus, M., Sinkkilä, R., Paakkarinen, P., Laitio, J. and Nyberg, K. (2009) *CultureSampo — Finnish Culture on the Semantic Web 2.0. Thematic Perspectives for the Enduser* (*Proceedings of the Museums and the Web 2009 (MW2009), Archives and Museum Informatics*). Toronto, Archives and Museum Informatics. http://www.seco.tkk.fi/publications/2009/hyvonen-et-al-culsa-demo-eswc-2009.pdf (last accessed 06.06.2011).

IADB. Integrated archaeological database. http://www.iadb.org.uk/ (last accessed 06.06.2011).

INTRASIS. Intra-site information system. http://www.intrasis.com/ (last accessed 06.06.2011).

Isaksen, L. (2009) *Linking Archaeological Data: a Framework for Academic Microprovision on the Semantic Web*. Transfer thesis, University of Southampton. http://eprints.soton.ac.uk/63320/ (last accessed 06.06.2011).

Isaksen, L., Martinez, K., Gibbins, N., Earl, G. and Keay, S. (in press) *Linking Archaeological Data. Proceedings CAA 2009*.

JISCDIGITALMEDIA. JISC digital media. http://www.jiscdigitalmedia.ac.uk/ (last accessed 06.06.2011).

Kadobayashi, R., Kochi, N., Otani, H. and Furukawa, R. (2004). Comparison and evaluation of laser scanning and photogrammetry and their combined use for digital recording of cultural heritage. In *Proceedings of Commission V at the Istanbul 2004 Congress of the International Society for Photogrammetry and Remote Sensing* (*ISPRS* 35 (5)): 401–6. http://www.isprs.org/congresses/istanbul2004/comm5/comm5.aspx (last accessed 01.10.2009).

Keay, S. (2006) Portus. *Current World Archaeology* 20: 11–20.

Keay, S. and Millett, M. (2005) Integration and discussion. In S. Keay, M. Millett, L. Paroli and K. Strutt, *Portus. An Archaeological Survey of the Port of Imperial Rome* (*Archaeological Monographs of the British School at Rome* 15): 269–96. London, British School at Rome.

Keay, S., Earl, G., Hay, S., Kay, S., Ogden, J. and Strutt, K. (2008) The potential of archaeological geophysics: the work of the British School at Rome in Italy. In L. Orlandi (ed.), *Geofisica per l'archeologia. Possibilità e limiti. Roma — 10 dicembre 2008*: 25–44. Rome, CISTEC.

Keay, S., Millett, M., Paroli, L. and Strutt, K. (2005) *Portus. An Archaeological Survey of the Port of Imperial Rome* (*Archaeological Monographs of the British School at Rome* 15). London, British School at Rome.

Konica-Minolta (2008) VIVID 910 non-contact 3D digitizer. http://www.konicaminolta.com/sensingusa/products/3d/non-contact/vivid910/index.html (last accessed 06.06.2011).

Lancaster, L. (2005) *Concrete Vaulted Construction in Imperial Rome. Innovations in Context*. Cambridge, Cambridge University Press.

LEAP. (2005) Making the leap: linking electronic archives and publications. http://ads.ahds.ac.uk/project/leap/ (last accessed 06.06.2011).

Leckebusch, J. (2003) Ground-penetrating radar: a modern three-dimensional prospection method. *Archaeological Prospection* 10: 213–40.

Levoy, M., Pulli, K., Curless, B., Rusinkiewicz, S., Koller, D., Pereira, L., Ginzton, M., Anderson, S., Davis, J., Ginsberg, J., Shade, J. and Fulk, D. (2000) The Digital Michelangelo Project: 3D scanning of large statues. In *Proceedings of the 27th Annual Conference on Computer Graphics and Interactive Techniques*: 131–44. New York, ACM Press/Addison-Wesley Publishing.

Lugli, G. and Filibeck, G. (1935) *Il porto di Roma imperiale e l'Agro Portuense*. Bergamo, Officine dell'Istituto Italiano di Arti Grafiche.

Maïm, J., Haegler, S., Yersin, B., Mueller, P., Thalmann, D. and Van Gool, L. (2007) Populating ancient Pompeii with crowds of virtual Romans. In D. Arnold, F. Niccolucci and A. Chalmers (eds), *VAST07: the 8th International Symposium on Virtual*

Reality, Archaeology and Intelligent Cultural Heritage (Brighton, UK, 2007): 109–15. Geneva, Eurographics Association.

Malafarina, G. (2005) *La Galleria delle Carte Geografiche. The Gallery of Maps in the Vatican*. Modena, Franco Cosimi Panini.

Malzbender, T., Gelb, D. and Wolters, H. (2001) *Polynomial Texture Mapping*. http://www.hpl.hp.com/personal/Tom_Malzbender/papers/PTM.pdf (last accessed 06.06.2011).

Mannucci, V. (1996) Notazioni sugli interventi di restauro conservativo diffuse. In V. Mannucci (ed.), *Il parco archeologico del porto di Traiano*: 45–54. Rome, Gangemi Editore (reprint).

MDAThesaurus. Collections Trust archaeological objects thesaurus. http://www.mda.org.uk/archobj/archcon.htm (last accessed 01.02.2009).

Mudge, M., Ashley, M. and Schroer, C. (2007) A digital future for cultural heritage. In A. Georgopoulos and N. Agriantonis (eds), *Proceedings of XXI International Symposium CIPA 2007 October 1–6, 2007*: 521–6. Athens, CIPA.

Mudge, M., Voutaz, J.P., Schroer, C. and Lum, M. (2005) Reflection transformation imaging and virtual representations of coins from the Hospice of the Grand St. Bernard. In M. Mudge, N. Ryan and R. Scopigno (eds), *Proceedings of 6th International Symposium on Virtual Reality, Archaeology and Cultural Heritage (VAST2005)*: 29–39. Geneva, Eurographics Association.

MWG. Metadata working group. http://www.metadataworking-group.com/ (last accessed 06.06.2011).

Neighbour, T., Strachan, R. and Hobbs, B. (2001) Resistivity imaging of the linear earthworks at the Mull of Galloway, Dumfries and Galloway. *Archaeological Prospection* 8: 157–62.

Neubauer, W., Eder-Hinterleitner, A., Seren, S. and Melichar, P. (2002) Georadar in the Roman civil town Carnuntum, Austria: an approach for archaeological interpretation of GPR data. *Archaeological Prospection* 9: 135–56.

Ogden, J. (2008) *Geophysical Prospection at Portus: an Evaluation of an Integrated Approach to Interpreting Subsurface Archaeological Features*. M.Sc. dissertation, University of Southampton.

OPENCONTEXT. Open context: community-based data sharing and tagging. http://www.opencontext.org/ (last accessed 06.06.2011).

OPENGIS. OpenGIS geography markup language (GML) encoding standard. http://www.opengeospatial.org/standards/gml (last accessed 06.06.2011).

Paroli, L. (2005a) The *Basilica Portuense*. In C. Morelli, L. Paroli and P. Verduchi, Summary of other recent fieldwork at Portus: 258–67. In S. Keay, M. Millett, L. Paroli and K. Strutt, *Portus: an Archaeological Survey of the Port of Imperial Rome* (*Archaeological Monographs of the British School at Rome* 15): 241–67. London, British School at Rome.

Paroli, L. (2005b) History of past research at Portus. In S. Keay, M. Millett, L. Paroli and K. Strutt, *Portus: an Archaeological Survey of the Port of Imperial Rome* (*Archaeological Monographs of the British School at Rome* 15): 43–59. London, British School at Rome.

PHOTOSYNTH. Microsoft Live labs Photosynth technology website. http://photosynth.net/ (last accessed 06.06.2011).

Piro, S. (2006) Indagini georadar ad alta risoluzione nell'area delle pendici nord-orientale del Palatino. *Scienze dell'Antichità. Storia Archeologia Antropologia* 13: 141–56.

Pollefeys, M., Van Gool, L., Vergauwen, M., Cornelis, K., Verbiest, F. and Tops, J. (2003) 3D recording for archaeological fieldwork. *Computer Graphics and Applications, IEEE* 23 (3, May–June 2003): 20–7.

Porcelli, V. (2009) *Virtual Restoration of the Basilica 'Portuense'*. M.Sc. dissertation, University of Southampton

PORTNETWORKS. Roman Port Networks Project. http://www.romanportnetworks.org/ (last accessed 06.06.2011).

Powlesland, D.J., Clemence, H. and Lyall, J. (1998) West Heslerton: WEB–CD — the application of HTML and WEB tools for creating a distributed excavation archive in the form of a WEB–CD. *Internet Archaeology* 5. http://intarch.ac.uk/journal/issue5/westhescd/index.html (last accessed 01.02.2009).

Powlesland, D.J., Haughton, C.A. and Hanson, J.H. (1986) Excavations at Heslerton, North Yorkshire 1978–82. *Archaeological Journal* 143: 53–173.

Reddé, M. and Golvin, J.-C. (2008) *I romani e il mediterraneo*. Rome, Istituto e Zecca dello Stato/Libreria dello Stato.

Remondino, F. and Menna, F. (2008) Image-based surface measurement for close-range heritage documentation. In *Proceedings of Commission V at the Beijing 2008 Congress of the International Society for Photogrammetry and Remote Sensing (ISPRS 37-5)*. http://www.isprs.org/congresses/beijing2008/proceedings/5_pdf/36.pdf (last accessed 01.10.2009).

Richards, J.D. (2006). Archaeology, e-publication and the Semantic Web. *Antiquity* 80: 970–9.

Richards, J. and Robinson, D. (2000) (eds) Digital archives from excavation and fieldwork: guide to good practice (second edition). http://ads.ahds.ac.uk/project/goodguides/excavation/ (last accessed 06.06.2011).

Rickman, G. (1971) *Roman Granaries and Store Buildings*. Cambridge, Cambridge University Press.

Rizzo, S. (2001) Indagini nei fori imperiali. Oroidrografia, foro di Cesare, foro di Augusto, Templum Pacis. *Römisches Mitteilungen* 108: 215–44.

Roued Olsen, H. (2007) *Heritage Portals and Cross-border Data Interoperability*. M.Sc. dissertation, University of Southampton.

Scagliarini Corlàita, D., Coralini, A., Guidazzoli, A., Salmon Cinotti, T., Raffa, G., Roffia, L., Taboni, C., Malavasi, M., Sforza, M. and Vecchietti, E. (2003) Archeologia virtuale e supporti informatici nella ricostruzione di una *domus* di Pompei. *Archeologia e Calcolatori* 14: 237–74.

Schmidt, A. (2001) Geophysical data in archaeology: a guide to good practice. http://ads.ahds.ac.uk/project/goodguides/geophys/ (last accessed 06.06.2011).

Spagnuolo, M. and Falcidieno, B. (2009) 3D media and the Semantic Web. *IEEE Intelligent Systems* 24 (2): 90–6.

Swain, H. (1998) *A Survey of Archaeological Archives in England.* London, English Heritage/Museums & Galleries Commission.

Testaguzza, O. (1970) *Portus: illustrazione dei porti di Claudio e Traiano e della città di Porto a Fiumicino.* Rome, Julia Editrice.

Verduchi, P. (1999) Il porto di Traiano. http://www2.rgzm.de/Navis2/Home/HarbourFullTextOutput.cfm?HarbourNR=Ostia-Traiano (last accessed 06.06.2011).

Verduchi, P. (2007) Porto. In F. Filippi (ed.), *Ricostruire l'antico prima del virtuale. Italo Gismondi. Un architetto per l'archeologia (1887–1974)*: 245–52. Rome, Edizioni Quasar.

VHL. Virtual Heritage Lab. CNR Istituto per le Tecnologie Applicate ai Beni Culturali. http://www.itabc.cnr.it/VHLab/ (last accessed 06.06.2011).

Watters, M.S. (2006) Geovisualization: an example from the Catholme ceremonial complex. *Archaeological Prospection* 13: 282–90.

Wilson Jones, M. (2000) *Principles of Roman Architecture.* London, Yale University Press.

Whicher Kansa, S., Kansa, E., Schultz, J., Cahill, J., Passamano, J., Allen, M., Jacobs, P. and Holland, C. (2007) Forum: open context, data sharing and archaeology. *Near Eastern Archaeology* 70 (4): 188–201.

Wulf, U. and Riedel, A. (2006) Investigating buildings three-dimensionally: the 'Domus Severiana' on the Palatine. In L. Haselberger and J.H. Humphrey (eds), *Imaging Ancient Rome: Documentation — Visualization — Imagination. Proceedings of the Third Williams Symposium on Classical Architecture* (*Journal of Roman Archaeology Supplement* 61): 220–36. Portsmouth (RI), Journal of Roman Archaeology.

Zeggio, S. (2006) Dall'indagine alla città: un settore del centro monumentale e la sua viabilità dalle origine all'età neroniana. *Scienze dell'Antichità. Storia Archeologia Antropologia* 13: 61–122.

Scavi presso l'Antemurale di Porto

Lidia Paroli & Giovanni Ricci

INTRODUZIONE

L a sponda sudest del porto di Claudio, compresa tra la Fossa Traiana e la radice del molo interno nord–sud, rappresenta la parte della banchina portuale più avanzata verso ovest, in direzione dell'ingresso al porto, da cui discende il termine alquanto improprio di 'Antemurale' con cui viene comunemente designata (Fig. 8.1). La zona è stata interessata dagli scavi della famiglia Torlonia, che nel 1933 riportarono alla luce i resti del Portico di Claudio e della via colonnata che dal Portico si dirama verso est (Lugli e Filibeck 1935: 116–18, figg. 71–5) e che, secondo quanto risulta dalle recenti prospezioni geofisiche, costituiva l'asse principale di questa parte della città (Keay, Millett e Strutt 2005: 82, fig. 5.10). Il Portico, uno dei monumenti più noti di Porto, è realizzato nello stile rustico in auge al tempo di Claudio, con colonne di travertino in blocchi di cava appena sbozzati. Esso correva parallelo alla banchina, in senso nord–sud, probabilmente per tutta la sua lunghezza, creando una facciata monumentale che appariva allo sguardo non appena superate le bocche del porto. Gli scavi evidenziarono, inoltre, un complesso molto fitto di magazzini che, a partire almeno dal II secolo d.C., avevano occupato lo spazio compreso tra la banchina e il retrostante Portico di Claudio, annullando, molto prima della costruzione delle mura tardo-antiche lungo la banchina, l'effetto scenografico del Portico, esso stesso inglobato dalle strutture successive (Lugli e Filibeck 1935: 78, figg. 45–6; 118, figg. 75–6) (Fig. 8.2 e Tavola 8.1).

Negli anni '80 del secolo scorso, dopo l'acquisizione da parte della Soprintendenza per i Beni Archeologici di Ostia del settore occidentale dell'insediamento portuale, la zona tra l'Antemurale e la darsena è stata oggetto di un'estesa opera di bonifica e restauro che, se da una parte ha consentito il rilievo delle strutture emergenti, dall'altra ha comportato l'asportazione di quantità non indifferenti di terreno archeologico (Mannucci 1996: 45–54, 64–7, figg. 48–50). A partire dai primi anni '90 sono stati praticati a ridosso del circuito murario sondaggi stratigrafici di estensione molto limitata, focalizzati essenzialmente sulle fasi tardo-antiche e alto-medievali (Coccia e Paroli 1993: 176–8, figg. 2–3; Paroli 2004: 248–51, figg. 2–5) (Fig. 8.2). Ne è scaturita una prima revisione della datazione delle mura tardo-antiche, attribuite tradizionalmente a Costantino in base a considerazioni storiche non dirimenti, la cui costruzione è stata allora posticipata ai primi anni del V secolo d.C., alla luce del *terminus post quem* della fine del IV–inizi del V secolo d.C. offerto dai materiali rinvenuti nel sondaggio (PTI) presso la posterula (Coccia e Paroli 1993: 177; Coccia 1993: 183–4). In questo lavoro si propone una nuova datazione del circuito murario, intorno all'ultimo quarto del V secolo, sulla base dei dati raccolti nel sondaggio PTVIII–PTIX praticato presso l'Antemurale nel 2004–5, in occasione del restauro del tratto meridionale delle mura urbiche, dove è tornata alla luce una porta secondaria (Fig. 8.2). La natura delle stratificazioni incontrate nella sequenza di scavo e la maggiore consistenza dei reperti rinvenuti hanno permesso infatti di riassestare i dati provenienti dalle precedenti indagini e di ricostruire un quadro più dettagliato dello sviluppo dell'area, in particolare per quel che riguarda le più tarde fasi di vita del porto, tra il IV–V e il IX secolo d.C.

LA SEQUENZA STRATIGRAFICA

L'area del sondaggio PTVIII–PTIX è ubicata a cavallo della cinta muraria e si articola in due settori in asse tra loro, uno ad ovest ed uno ad est delle mura, indicati nelle planimetrie rispettivamente come saggio I e saggio II (Figg. 8.2 e 8.3). Il saggio I misura 9 × 9 m e si estende all'esterno della fortificazione; il saggio II misura 6 × 2 m e si sviluppa al suo interno.[1] È stata investigata un'articolata

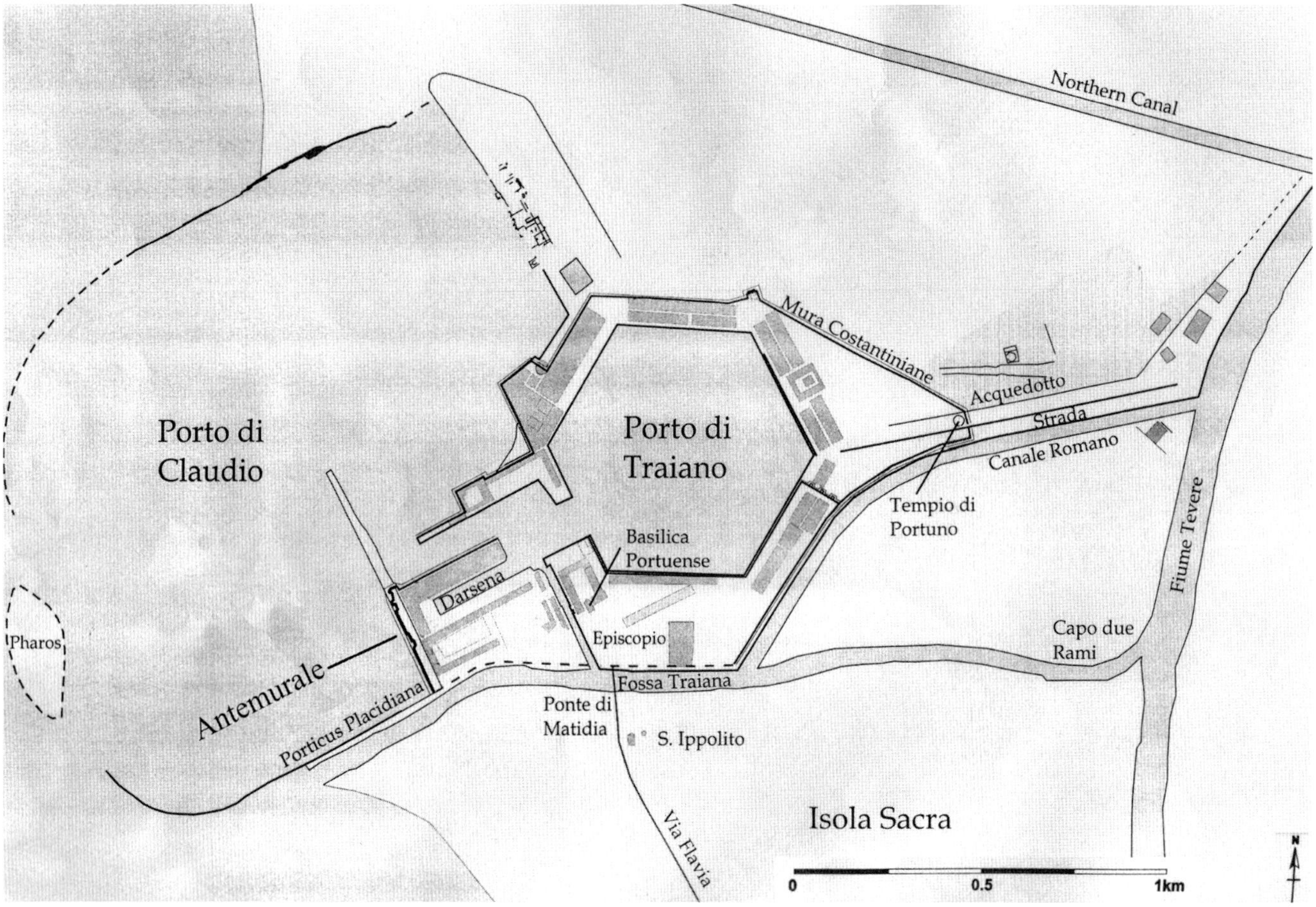

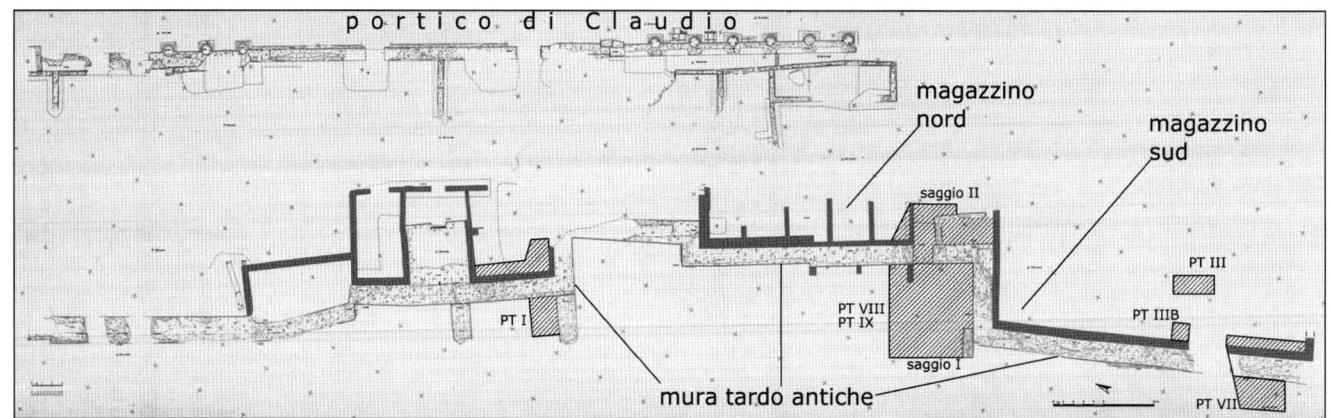

FIG. 8.1. **Localizzazione dell'Antemurale a Porto.** *(Da Keay e Millett 2005: fig. 8.6.)*

sequenza stratigrafica che da livelli della prima età imperiale giunge sino all'età moderna e contemporanea. Sono state documentate ed in parte asportate circa 200 unità stratigrafiche per un totale di *c.* 150 m^3, suddivise in sette periodi e relative quindici fasi (**Figg. 8.4** e **8.5**), per la cui datazione si rinvia al contributo di Di Santo sui materiali di ceramica e di vetro nel Capitolo 9.

PERIODO 1

COSTRUZIONE DELLA BANCHINA (Fig. 8.4.1)

In questa fase viene allestita la banchina portuale (2a, 2b, 250, 251) esposta nei saggi I e II per un'estensione complessiva di circa 40 m^2 (**Fig. 8.3**). Per la sua costruzione venne realizzata, a diretto contatto con il substrato geologico, un'imponente gettata di calcestruzzo di circa

FIG. 8.2. **Planimetria del tratto sud dell'Antemurale e del Portico di Claudio con la localizzazione dei sondaggi.** *(Soprintendenza per i Beni Archeologici di Ostia.)*

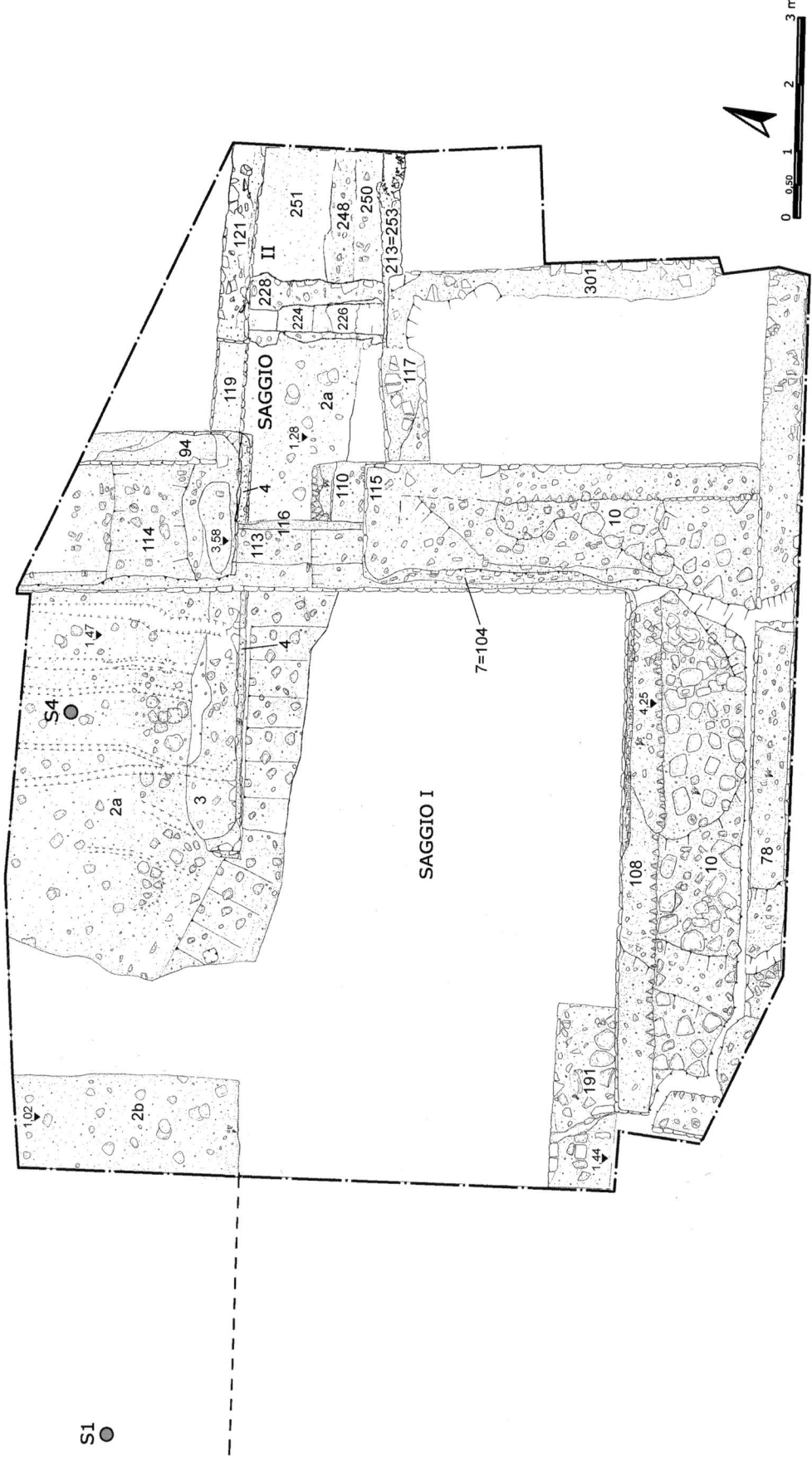

FIG. 8.3. **Planimetria delle strutture evidenziate nel sondaggio PTVIII–PTIX.** *(Soprintendenza per i Beni Archeologici di Ostia.)*

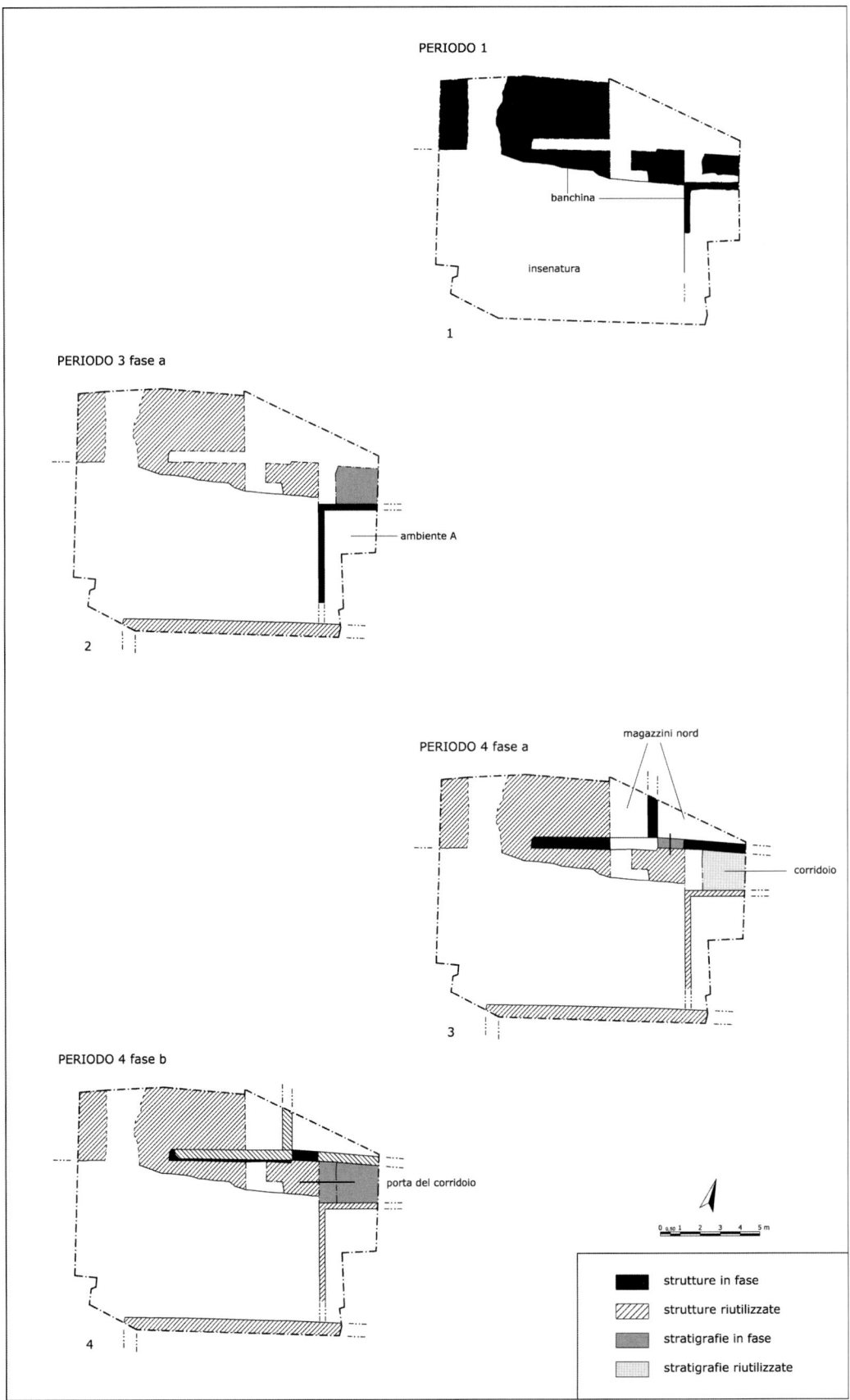

FIG. 8.4. **Piante di fase.** 1: Periodo 1; 2: Periodo 3 fase a; 3: Periodo 4 fase a; 4: Periodo 4 fase b. *(A. Averini.)*

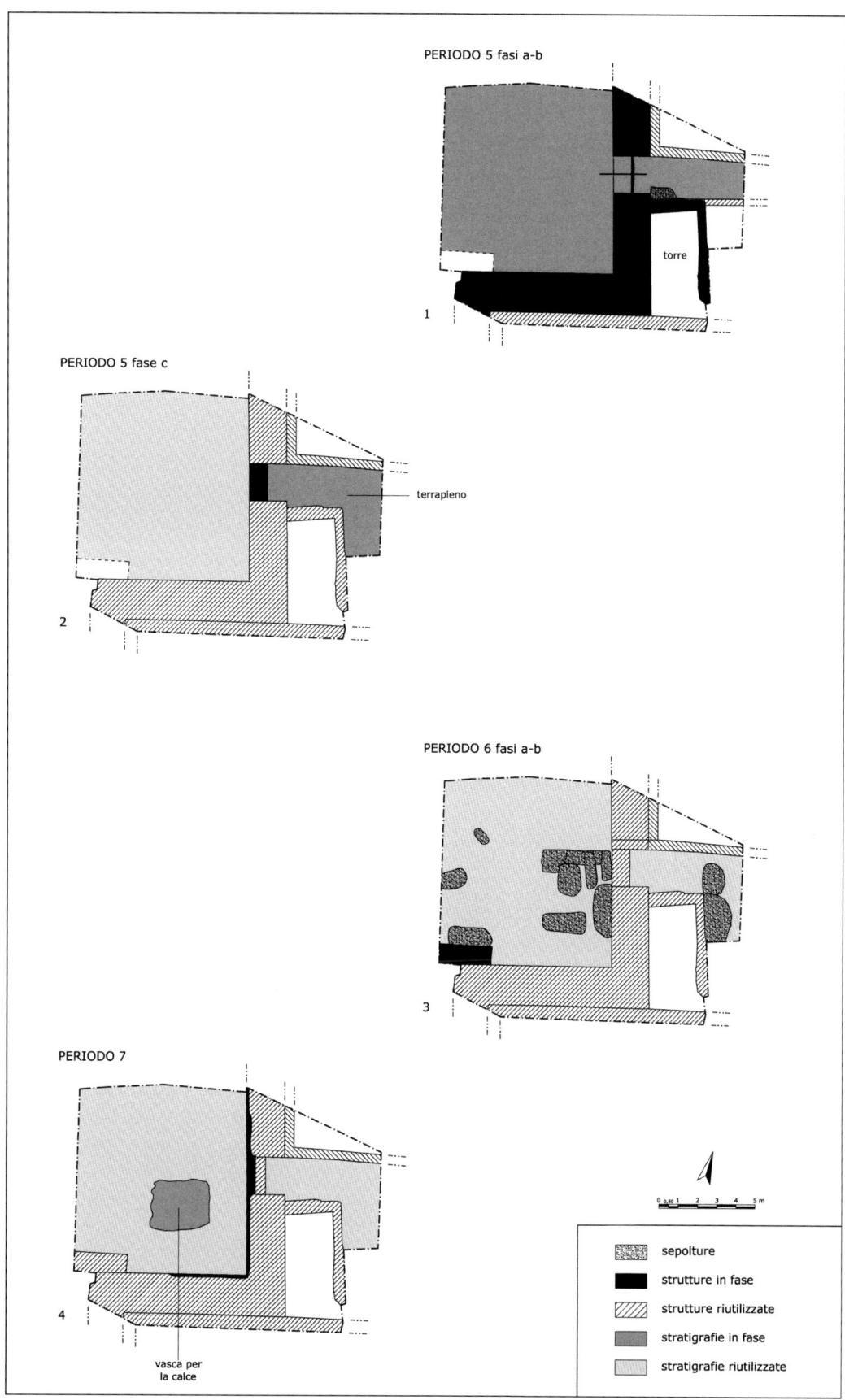

FIG. 8.5. **Piante di fase.** 1: Periodo 5 fasi a–b; 2: Periodo 5 fase c; 3: Periodo 6 fasi a–b; 4: Periodo 7. *(A. Averini.)*

FIG. 8.6. L'area di scavo all'esterno delle mura (saggio I).
(*Soprintendenza per i Beni Archeologici di Ostia.*)

5,5 m di spessore, come risulta da un carotaggio (S4) praticato nel nucleo (**Fig. 8.3**), utilizzando *caementa* costituiti da grosse schegge di tufo bruno legati con malta giallastra molto tenace (**Fig. 8.6**). Lungo l'Antemurale la banchina portuale ha un orientamento generale nord–sud, ma nel punto indagato rientra verso est per piegare poi ad angolo retto verso sud, formando un'insenatura, funzionale forse all'attracco delle imbarcazioni. Sui lati prospicienti il mare, la banchina presenta una sponda dal profilo a scarpa perfettamente levigata dalla prolungata esposizione all'azione erosiva delle onde. L'estensione complessiva dell'insenatura rimane incerta a causa della presenza, sul lato sud del saggio I, di un tratto delle mura tardo-antiche (10, 108) che occupano parte dell'invaso; si può supporre, tuttavia, che da questa parte il limite si trovasse in corrispondenza del perimetrale nord (78) del grande magazzino che verrà costruito, in un momento successivo, a sud dell'area di scavo (**Figg. 8.3, 8.6** e **8.7**).

Nel punto più rilevato la banchina si trova a quota 1,50 m s.l.m., ma non si mantiene sempre allo stesso livello. Nella porzione esposta nel saggio I essa degrada verso ovest con una lieve pendenza, mostrando nella parte più occidentale un netto distacco causato dai movimenti del substrato conseguenti all'erosione (**Figg. 8.3** e **8.6**).[2] Che non si tratti di una rottura intenzionale lo dimostra il fatto che su ciascuna delle due sezioni affrontate della frattura si conserva l'impronta dimezzata di un elemento verticale appartenente alla cassaforma utilizzata per la costruzione.[3]

Dal punto di vista della composizione del nucleo cementizio, tutte le parti della banchina esaminate appaiono simili tra loro, mentre differiscono per quanto riguarda la rifinitura della superficie. Nella parte più orientale, in corrispondenza del saggio II, si conserva un battuto alquanto compatto in schegge di tufo e malta pozzolanica (251) che manca altrove. Al momento, data l'esiguità della porzione esposta, è difficile dire quale sia il motivo di questa diversa soluzione.

A parte questo particolare, non vi sono altri elementi che facciano supporre fasi costruttive distinte per la messa in opera dei due segmenti della banchina, che appaiono, al contrario, concepiti unitariamente. Rimane comunque problematico, in assenza di stratigrafie in fase, stabilire se il loro apprestamento sia relativo al progetto di Claudio o sia frutto di un intervento successivo. Tuttavia, vista la contiguità topografica tra il Portico di Claudio e la banchina, si è propensi a credere che quest'ultima sia parte integrante del medesimo disegno progettuale e che pertanto possa essere attribuita anch'essa all'età di Claudio.

PERIODO 2

COSTRUZIONE E DISATTIVAZIONE DELLA FOGNA
Fase a
Nella parte più orientale della banchina esposta nel saggio II, in prossimità del limite di scavo meridionale, viene costruito un condotto fognario rettilineo orientato in senso est–ovest. Esso presenta pareti verticali in opera

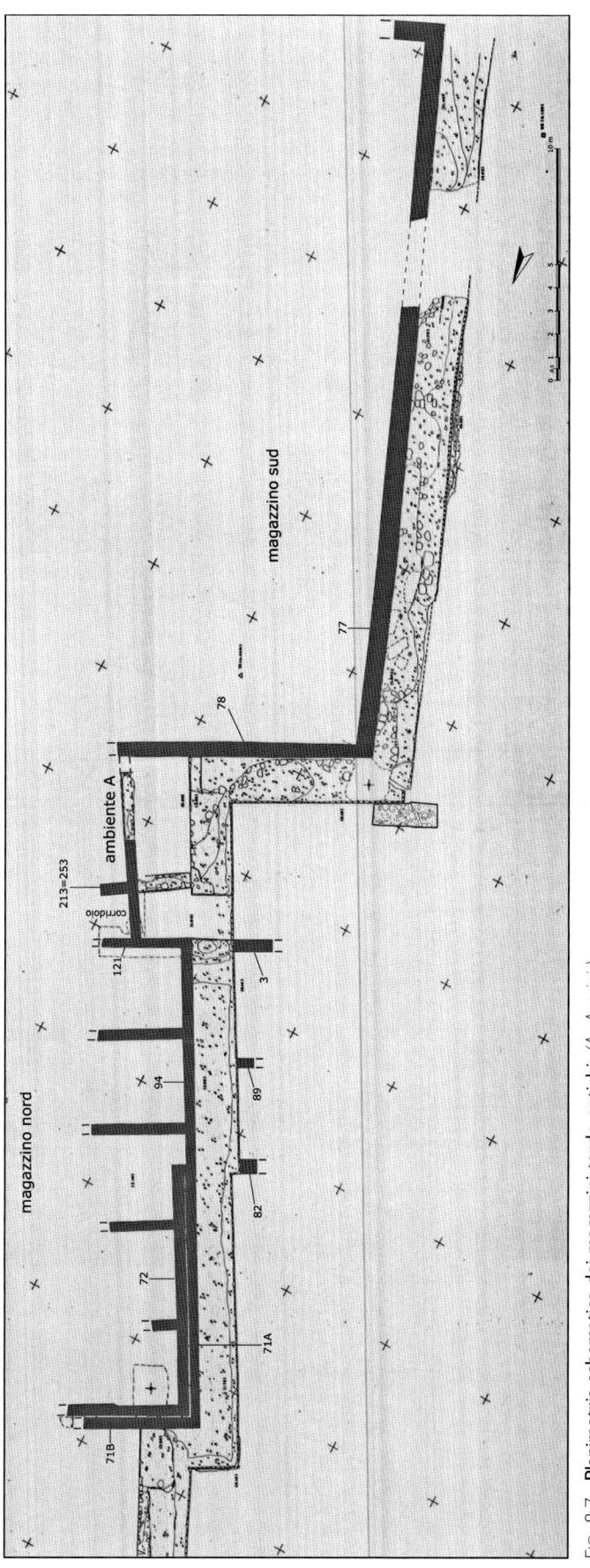

FIG. 8.7. **Planimetria schematica dei magazzini tardo-antichi.** (A. Averini.)

laterizia (247 e 248) mentre il fondo, in lieve pendenza verso ovest, è costituito dal cementizio, parzialmente intaccato, della banchina (250) (**Fig. 8.3**). Il condotto termina ad ovest sul ciglio della banchina da dove sfociava direttamente in mare, mentre a est prosegue oltre il limite dello scavo. Si tratta di un collettore a cielo aperto allestito durante il funzionamento della banchina, allo scopo probabilmente di smaltire le acque meteoriche.

Fase b

La fogna viene successivamente occlusa con uno strato limoso-sabbioso contenente numerosi frammenti ceramici anche di grandi dimensioni, prevalentemente disposti di piatto, che ne determinano la disattivazione. Si tratta quindi di un riempimento intenzionale da mettere in relazione con l'attività di costruzione delle strutture successive.

Per la realizzazione dell'opera non disponiamo di elementi di datazione, mentre per la sua disattivazione i materiali ceramici presenti nel riempimento indicano un inquadramento cronologico nell'ambito del V secolo d.C. ed oltre. La sequenza stratigrafica sug-gerisce tuttavia di restringere la datazione di questa attività entro il primo quarto del V secolo.

PERIODO 3

COSTRUZIONE DELL'AMBIENTE A (Fig. 8.4.2)
Fase a

Una volta messa fuori uso la fogna si procede alla posa in opera del muro 213 = 253, orientato est–ovest, la cui fondazione si imposta al di sopra della spalletta meridionale (247) della fogna del Periodo 2 e sfrutta come piano d'imposta la banchina del Periodo 1 (**Figg. 8.3** e **8.8**). Di questo muro è stata esposta solo la faccia-vista settentrionale, caratterizzata, nella parte inferiore, da tre filari di tufelli alternati ad uno di tegole e laterizi, in quella superiore da un'alternanza tra un filare di laterizi ed uno di tufelli (**Figg. 8.8** e **8.9**).

Questa struttura costituisce il perimetrale nord di un ambiente (A) che si sviluppa verso sud ed è delimitato ad ovest da un muro, ortogonale al precedente, che si imposta direttamente sul ciglio della banchina[4] e che si andava forse a ricongiungere al perimetrale nord

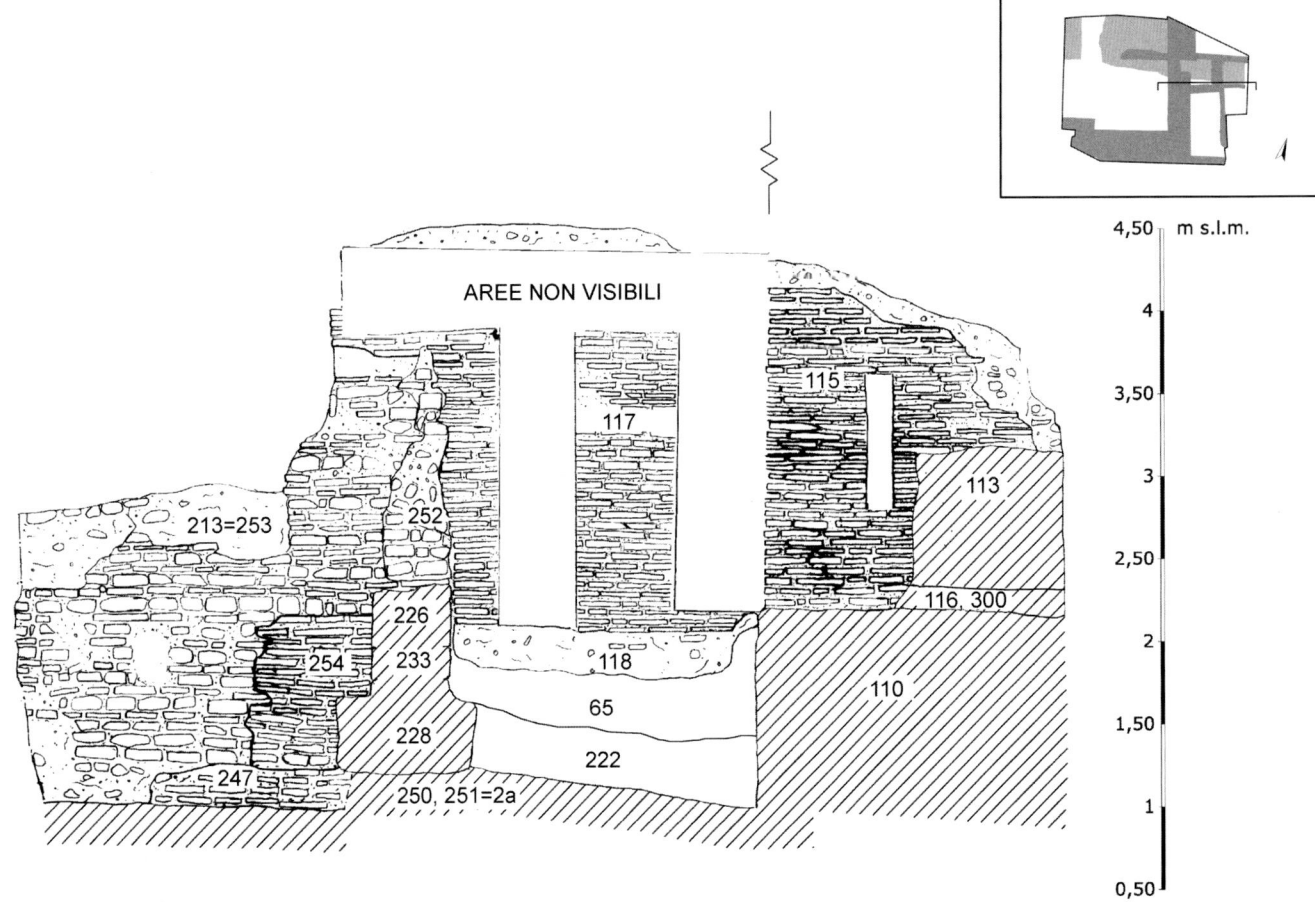

FIG. 8.8. **Prospetto sud (saggio II).** *(Soprintendenza per i Beni Archeologici di Ostia.)*

FIG. 8.9. **Particolare del prospetto sud (saggio II).** (*Soprintendenza per i Beni Archeologici di Ostia.*)

(78) del grande magazzino che occupa il tratto meridionale dell'Antemurale (**Fig. 8.7**). La relazione tra l'ambiente A e il magazzino sud non è stata accertata, ma si ritiene che quest'ultimo costituisse un'unità edilizia a se stante e presumibilmente preesistente.

Del magazzino sud rimangono in elevato tre muri perimetrali (nord, ovest ed est) (**Fig. 8.7**); i primi due (78, 77), riutilizzati nella fortificazione tardo-antica, sono dotati di una serie regolare di finestre a feritoia, con architrave ligneo e strombo sul retro, confrontabili con altri magazzini di Ostia e Porto (Rickman 1971: 131). Al centro del perimetrale ovest (77) è ancora visibile la piattabanda della porta centrale che si apriva verso il mare. L'edificio, in opera listata alternata a opera laterizia in corrispondenza delle feritoie, è databile in base all'apparecchio murario al IV secolo avanzato. Un sondaggio (PTIIIB) (**Fig. 8.2**) condotto sul lato interno del perimetrale ovest ha permesso di verificare che esso si imposta sulla rasatura di strutture preesistenti e che era in funzione alla fine del IV secolo (Paroli 2004: 250–1, figg. 3–4).

Più indefinita rimane invece la destinazione d'uso dell'ambiente A, forse un annesso del magazzino meridionale o altro. Ciò che va sottolineato è il fatto che la sua costruzione preclude l'agibilità di un lungo tratto della sponda orientale dell'insenatura portuale.

Fase b
La struttura precedentemente descritta (213 = 253) subisce un primo restauro che consiste in una parziale ricortinatura (254), resasi necessaria in seguito al suo deterioramento (**Figg. 8.8** e **8.9**). L'intervento è localizzato nella parte occidentale del muro ed è interamente realizzato in un'opera laterizia alquanto sommaria che prevede l'utilizzo di laterizi e tegole di reimpiego molto consunti, legati da una malta grigio violacea.

Completato questo intervento, al fronte settentrionale della struttura si appoggiano una serie di strati interpretabili rispettivamente come la preparazione e il piano di calpestio esterno al muro. Si tratta di depositi caratterizzati da un sottofondo ben drenante di limo sabbioso coperto da un compatto strato di frammenti ceramici, laterizi e malta, pertanto idonei a svolgere tale funzione.

I materiali relativi alle fasi a e b di questo periodo danno ancora una volta un'indicazione cronologica piuttosto ampia (secondo e terzo quarto del V secolo d.C.), ma che può essere ristretta entro la metà del secolo, in base alla sequenza stratigrafica e alla preponderanza di ceramiche databili in questo arco cronologico.

PERIODO 4

COSTRUZIONE DEL MAGAZZINO NORD E DELLA PORTA NEL CORRIDOIO (Fig. 8.4.3–4)
Fase a
Lungo il limite nord dello scavo viene realizzato un lungo muro (3 = 121) orientato in senso est–ovest, dello spessore di circa 0,60 m (**Fig. 8.3**), che costituisce

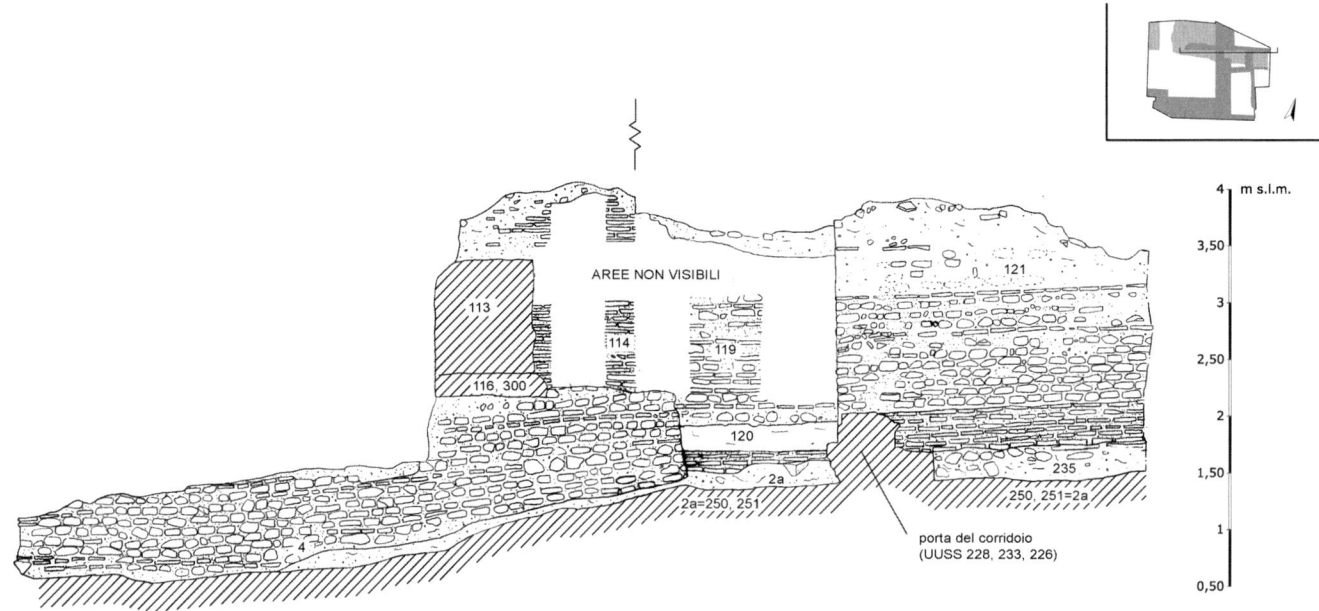

FIG. 8.10. **Prospetto nord (saggi I e II).** *(Soprintendenza per i Beni Archeologici di Ostia.)*

il perimetrale sud di un magazzino posto a nord dell'area indagata (**Figg. 8.2** e **8.7**). La costruzione del muro 3 = 121, in posizione perfettamente parallela al muro 213 = 253 relativo all'ambiente A costruito nel periodo precedente, ha, come risultato, la formazione di un corridoio tra i due edifici che consentiva il passaggio dalla banchina all'interno della città. In questo caso, però, la nuova struttura oltrepassa i limiti del saggio II e si estende verso ovest fin dentro l'area del saggio I, seguendo il ciglio della sponda

meridionale della banchina (2a). Una porta dotata di soglia in travertino (120), di 1,30 m di larghezza, si apriva al centro della parete, mettendo in comunicazione l'interno del magazzino con la banchina (**Figg. 8.10** e **8.11**).

Nella parte occidentale il muro 3 = 121 si imposta direttamente sulla banchina (2a), mentre in quella orientale è fondato entro un cavo che taglia il battuto della fase b del Periodo 3. La fondazione (235) è costituita da un conglomerato cementizio con schegge di

FIG. 8.11. **Particolare del prospetto nord (saggio II).** *(Soprintendenza per i Beni Archeologici di Ostia.)*

FIG. 8.12. **Veduta da ovest della porta nel corridoio (saggio II).** *(Soprintendenza per i Beni Archeologici di Ostia.)*

tufo e laterizi, gettato a sacco nel cavo fondale, mentre l'elevato presenta nella parte inferiore uno zoccolo di laterizi, con modulo leggermente superiore a 0,34 m, in quella superiore un paramento in opera listata nel quale alcuni filari di tufelli si alternano a un filare di laterizi (**Fig. 8.10**). La facciavista interna, osservabile per breve tratto lungo la banchina (2a), è invece realizzata in opera listata, adoperando due ricorsi di tufelli alternati ad uno di laterizi. Nel complesso l'apparecchiatura muraria è piuttosto accurata; gli elementi che compongono il paramento, per quanto disomogenei, sono disposti su piani di posa pressoché orizzontali, i letti di malta costantemente lisciati.

Come già accennato, il magazzino settentrionale si sviluppa in direzione nord, oltre i limiti dello scavo, con una serie di vani paralleli orientati est–ovest, che si dipartono dal muro di spina (94 = 72) nord–sud che, poco prima della posterula (PTI), piega ad angolo retto verso est (**Figg. 8.2** e **8.7**). Va sottolineato che anche in questo caso il magazzino tardo-antico rimpiazza edifici preesistenti affacciati sulla banchina; questa volta, tuttavia, i perimetrali ovest (71a) e nord (71b) di uno degli edifici più antichi sono stati riutilizzati dalla nuova struttura (72) che vi si addossa. Oltre ai vani posti a est del muro di spina nord–sud, il magazzino settentrionale doveva disporre a ovest di un'analoga serie di ambienti paralleli delimitati da setti murari (89, 82), in parte forse di riutilizzo, i quali si protendevano sulla banchina in direzione del mare, in modo analogo al perimetrale sud (3 = 121)

(**Fig. 8.7**). Per la maggior parte questi vani non sono più conservati o sono rasati al livello della banchina. La loro demolizione risale senza dubbio al momento della costruzione della cinta di fortificazione, che ha determinato per ovvi motivi di sicurezza l'eliminazione dei muri esterni al filo delle mura (vedi sotto).

In base ai materiali datanti, corroborati dalla posizione di questa fase nella serratissima sequenza stratigrafica, si può collocare la costruzione del muro 3 = 121, e quindi del magazzino nord, nel secondo o terzo quarto del V secolo d.C. Ciò significa che in questo periodo il sistema dei magazzini lungo la banchina dell'Antemurale era ancora pienamente in funzione, tanto da giustificare la loro completa ricostruzione tra la seconda metà del IV e il secondo o terzo quarto del V secolo d.C.

Fase b

A breve distanza di tempo, il corridoio tra il magazzino nord e l'ambiente A viene chiuso da una porta di cui resta unicamente la fondazione della soglia (228) (**Figg. 8.3**, **8.8** e **8.12**). Essa è realizzata con malta sabbiosa di colore giallastro, simile al legante adoperato negli interventi di restauro di entrambi i muri di limite del corridoio (213 = 253 e 3 = 121), effettuati in questa stessa fase (si veda sotto). Ad est della porta viene steso una sorta di battuto stradale, al centro del quale si forma una fascia estremamente compatta, in seguito probabilmente al continuo passaggio nel corridoio (**Fig. 8.13**).

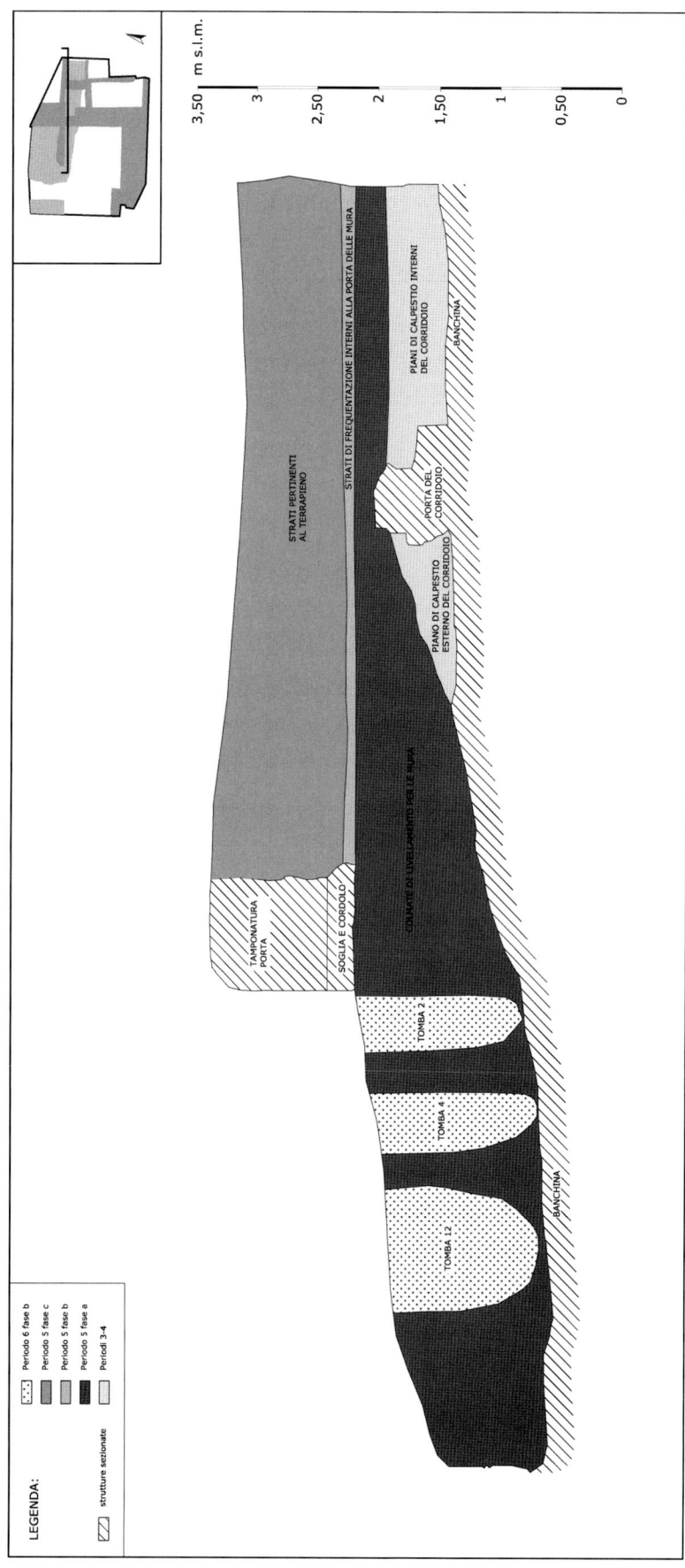

FIG. 8.13. Sezione stratigrafica semplificata est–ovest (saggi I e II). (A. Averini.)

Contestualmente alla creazione della porta, viene restaurato il muro nord dell'ambiente A (213 = 253). Si tratta di un limitato rifacimento (252) della cortina, realizzato interamente in tufelli adoperando una malta in tutto simile a quella della fondazione della soglia 228 (Figg. 8.8 e 8.9). Parallelamente, la porta del magazzino nord che dava accesso al corridoio viene tamponata con un muro in opera vittata (119) (Figg. 8.10 e 8.11). Stratigraficamente posteriore, ma certamente molto vicina nel tempo alla chiusura della porta del magazzino nord, è la ricortinatura (4) di tutta la porzione occidentale del perimetrale sud (3 = 121) del magazzino settentrionale, quella più esposta all'azione erosiva dei venti e del mare. Qui viene posto in opera un paramento composto da diversi filari di tufelli che si alternano a un filare di laterizi legati con una malta analoga a quella utilizzata nella tamponatura (119) della porta del magazzino (Figg. 8.10 e 8.11).

Fase c

La porta allestita nel corridoio nella fase precedente viene ora sensibilmente ristretta costruendo uno stipite con tegole e laterizi di reimpiego (226, 233), che si addossa al perimetrale nord dell'ambiente A e che riduce la luce del varco a 1 m (Fig. 8.8). A questa mazzetta si appoggia la soglia (224), costituita da due frammenti di marmo che recano i fori dei cardini (Figg. 8.3 e 8.12). Il piano di calpestio interno viene nuovamente rialzato mediante un deposito estremamente compatto di sabbia limosa con numerosi frammenti di malta e laterizi (Fig. 8.13).

Fase d

La porta ristrutturata nella fase precedente viene ulteriormente ristretta, come indica la deposizione di uno strato di malta che occupa la parte occidentale della soglia di marmo e che occlude uno dei fori per il cardine/battente. Successivamente, vengono deposti ai lati della soglia nuovi depositi caratterizzati da sedimenti drenanti e quindi ottimali a svolgere la funzione di piani di calpestio (Fig. 8.13).

Le attività comprese nelle fasi b–d del Periodo 4 si susseguono in rapida successione in un arco di tempo abbastanza ristretto, che in base ai materiali datanti può essere circoscritto entro il terzo quarto del V secolo d.C. Gli interventi sono essenzialmente di due tipi: opere di ordinaria manutenzione dei muri di delimitazione del corridoio, che per la loro vicinanza al mare erano soggetti a un rapido deterioramento, e chiusura degli accessi dalla banchina a scopo di

sicurezza. In tutti i casi si tratta di opere di non particolare impegno costruttivo, ma che proprio per questo offrono un campionario di tecniche edilizie molto ampio, concentrato su una superficie abbastanza limitata, che evidenzia l'uso contemporaneo dei diversi tipi di paramento, in opera laterizia, in opera listata o di soli tufelli. Nel listato si registra un notevole grado di variabilità nell'alternanza dei filari di tufo e laterizio, caratteristica questa che trova ampio riscontro non solo a Roma e ad Ostia (Heres 1982: 125–40; Coates-Stephens 1996: 247–54, figg. 3–4, 6; Cecchelli 2001: 74–84; Meneghini e Santangeli Valenzani 2004: 134–5, figg. 107–9), ma anche in altri contesti portuensi, come la basilica cristiana dove sono presenti numerose strutture in opera listata di epoca tardo-antica.[5]

D'altro canto la necessità di occludere definitivamente o sottoporre a sempre più stretto controllo i varchi di accesso dalla banchina, evidenziata in particolare dai ripetuti interventi di ristrutturazione della porta nel corridoio, trova una spiegazione plausibile nell'estrema instabilità politico-istituzionale del periodo, che vede il collasso dell'Impero d'Occidente da una parte, l'aggravarsi della pressione vandalica sul Tirreno dall'altra. Di questo drammatico stato di cose offre una testimonianza vivissima un'epigrafe portuense che riferisce di una basilica, da identificare con ogni probabilità con quella di Sant'Ippolito all'Isola Sacra, incendiata dalla *vandalica rabies* e ricostruita dal vescovo Pietro poco dopo la metà del V secolo d.C. (Testini 1975: 53–4).

PERIODO 5

COSTRUZIONE DELLE MURA E SUCCESSIVE OPERE DI FORTIFICAZIONE (Fig. 8.5.1–2)

Fase a

In questa fase si procede alla demolizione della porta del corridoio e di almeno una parte delle strutture dei magazzini tardo-antichi che vengono obliterate da una serie di colmate di notevole potenza, che interrano l'invaso marino e la banchina. In tal modo vengono eliminati i dislivelli delle fasi precedenti e si crea un piano di calpestio pressoché orizzontale ad una quota considerevolmente più alta (2,10 m s.l.m.) (Fig. 8.13). Le colmate, dunque, occupano l'intera superficie dell'area indagata, estendendosi nei saggi I e II.[6] Esse risultano formate da numerosi livelli che appaiono, però, deposti senza soluzione di continuità e che pertanto possono essere attribuiti ad un unico intervento. Si tratta di scarichi in prevalenza di origine artificiale, costituiti da un'elevata percentuale di materiale ceramico e frammenti di materiale edilizio. Il bacino d'origine di tali formazioni va ricercato con ogni probabilità negli edifici circostanti, che vengono sgombrati e almeno in parte demoliti, divenendo la cava naturale del materiale necessario per il poderoso interramento. Scopo primario dell'operazione è quindi il definitivo interramento e la totale bonifica dell'area posta in prossimità della banchina portuale, la quale, almeno in questo punto, cessa di rivestire l'antica funzione.

Tra i reperti più significativi va segnalata la presenza di un pane di vetro e di residui di lavorazione che testimoniano lo svolgimento nel centro portuale di un'attività di importazione e di lavorazione della pregiata materia. Considerevole è anche la presenza di resti malacologici e di arnesi legati all'ambiente e alle attività marinare, come ami, pesi per le reti e così via.

Un simile contesto, molto ricco di materiale ceramico e numismatico, costituisce un campione piuttosto affidabile su cui basare il *terminus post quem* per l'allestimento della cinta difensiva. La nuova evidenza archeologica, in particolare la ceramica, colloca tale termine negli anni '70–'80 del V secolo d.C., alquanto posteriore dunque alla datazione agli inizi del secolo proposta a suo tempo sulla base degli esigui materiali della sequenza del sondaggio (PTI) presso la posterula (Coccia 1993: 183–4).[7]

Fase b

A partire da questa nuova superficie vengono poste in opera le infrastrutture relative al sistema di fortificazione. Nella zona dell'Antemurale le mura costituiscono uno sbarramento difensivo continuo, che riprende l'orientamento nord–sud della banchina. La nuova costruzione si addossa al fronte occidentale dei precedenti edifici, seguendone quasi sempre l'andamento a linea spezzata, caratterizzato da numerose rientranze e sporgenze (Fig. 8.2).[8]

Nell'area indagata, il tratto di mura (114, 115, 10) che corre in direzione nord–sud lungo il limite orientale del saggio I, prosegue in linea retta attraversando lo spazio ormai interrato dell'invaso marino, fino a raggiungere il muro perimetrale nord (78) del grande magazzino meridionale, al quale si addossa e di cui riprende la direzione est–ovest formando un angolo retto (108, 10) (Figg. 8.3, 8.6 e 8.7).

La situazione pregressa influisce anche sul sistema fondale della nuova costruzione, che risulta molto differenziato. Lungo il margine nordest del saggio I, infatti, le mura si impostano direttamente sul piano della banchina (2a) e sulla rasatura del muro (3 = 121, 4) di limite del magazzino nord, mentre lungo il margine sudorientale e meridionale, in corrispondenza cioè dell'invaso marino dove mancavano strutture d'appoggio precedenti, si rese necessario mettere in opera fondazioni molto profonde, realizzate con diversi sistemi costruttivi: piani di posa orizzontali allettati a mano entro cavo fondale armato di tavolato ligneo sul lato est; fondazione a sacco gettata contro terra nella parte bassa del lato sud; in cavo armato di tavole nella parte alta dello stesso lato (Fig. 8.6). È da sottolineare che la fondazione sud è stata costruita successivamente a quella est, a differenza dei rispettivi elevati, che si legano tra loro, e che la quota di spiccato della cortina laterizia non è costante, ma varia considerevolmente, risultando alquanto più bassa nel tratto meridionale. Da osservare, inoltre, che la fondazione si interrompe in corrispondenza della porta che viene aperta nel circuito murario in asse con il corridoio che separava gli edifici tardo-antichi. Il corridoio pertanto continua a mantenere la sua funzione di zona di passaggio come nei periodi precedenti.

Per quanto riguarda gli elevati, la cinta muraria presenta lungo l'Antemurale una struttura ad *emplecton*, che utilizza, come muri di contenimento, da una parte il vecchio fronte dei magazzini, dall'altra una struttura costruita *ex novo* di circa 0,75 m di spessore con paramento esterno in opera laterizia e facciavista interna in rozza opera reticolata. Tra i due muri viene quindi gettato in strati successivi un riempimento di grosse scaglie di tufo, malta e sabbia (Paroli 2004: 250, figg. 3–4). In tal modo lo spessore complessivo della cinta muraria raggiunge circa 3 m. Il paramento esterno in opera laterizia, disposto generalmente su filari orizzontali, è eseguito con grande cura e uniformità, nonostante l'utilizzo di materiale di reimpiego. Il legante è una malta di calce e pozzolana molto tenace, di colore grigio violaceo, caratterizzata dalla presenza di grumi di calce non sciolta e grossi frammenti di pozzolana. I letti di malta sono costantemente allisciati, e il modulo è piuttosto regolare, intorno ai 0,29–0,30 m. Tali caratteristiche tornano costantemente negli altri tratti ancora stanti del circuito murario che appare dunque realizzato in un lasso di tempo molto breve da maestranze specializzate.

In fase con il resto della fortificazione è anche la costruzione della porta che si apriva nelle mura sul lato orientale del saggio I in prossimità del sottostante muro 3 = 121, proprio nel punto in cui vengono ad interrompersi le fondazioni. Essa è dotata di una soglia in travertino (300), obliterata dalla successiva tamponatura (113) e pertanto non più visibile, rifinita sul lato interno da un cordolo (116) in cocciopesto

(Figg. 8.3, 8.10 e 8.13). Immediatamente all'interno della porta, sul lato sud, viene costruito un ambiente, forse una torre (Fig. 8.5.1), i cui limiti sono costituiti a nord dal muro di nuova costruzione (117) in opera laterizia e ad est dal perimetrale ovest dell'ambiente A, celato al di sotto della più tarda struttura (301) (Fig. 8.3). In connessione con il varco si allestisce all'interno del corridoio un nuovo piano di calpestio, costituito da un compatto battuto di pozzolana, che copre una serie di strati preparatori di materiale eterogeneo (limo, sabbia) di esiguo spessore (Fig. 8.13).

Nell'area indagata, ma anche in altri punti dell'Antemurale (PTI, PTIIIB e PTVII), non sono tornati alla luce i pilastri rettangolari delle arcate di rinforzo della cinta muraria che sorreggevano il cammino di ronda, presenti in altri tratti del circuito dove lo spessore del muro di fortificazione era, però, notevolmente inferiore (Coccia 1993: 183–6, figg. 6, 8). Altra peculiarità di questa parte del circuito difensivo è la rarità delle torri, che ricorrono invece con regolarità in altri settori dove le mura procedono in linea retta (Keay, Millett e Strutt 2005: 127, fig. 5.46). È probabile che il profilo dell'Antemurale, caratterizzato da continue rientranze e sporgenze, abbia limitato il ricorso a simili apprestamenti.

Con la costruzione delle mura la linea più avanzata dei magazzini che si affacciavano sulla banchina perde la sua funzionalità e viene probabilmente disattivata ad eccezione forse di qualche ambiente, come quello al primo piano del magazzino retrostante la posterula nel sondaggio PTI, ancora utilizzato come granaio al momento della sua demolizione (Coccia e Paroli 1993: 177–8). Le strutture che sporgevano dal filo delle mura furono rase al suolo, ma anche quelle che si trovavano al suo interno furono almeno in parte demolite. Il corridoio di passaggio rimase invece in uso fino a che la porta non fu definitivamente chiusa e obliterata da potenti riporti di terra (fase c).

Nel settore esaminato, la cinta fortificata di Porto non ha restituito elementi di datazione più precisi di quelli contenuti nelle colmate di livellamento relative alla sua costruzione (fase a) che, come si è detto, indicano un arco cronologico compreso tra il 475 e il 490 d.C.[9] In ogni caso è opportuno ricordare che la prima notizia dell'esistenza a Porto di un potente sistema difensivo è riportata da Procopio in relazione agli eventi dell'anno 537 d.C. (*De Bello Gothico* 1.26.3–19).

Quanto al paramento in laterizio delle cortine, esso trova confronti con opere di grande impegno architettonico sia pubbliche (restauri onoriani alle mura aureliane) che private (ad esempio le basiliche di San Pietro in Vincoli, Santo Stefano Rotondo, Santa Sabina) realizzate a Roma tra gli inizi e la seconda metà del V secolo d.C. (Panzieri 2008: 93–4).

Le mura di Porto costituiscono probabilmente l'opera pubblica più cospicua realizzata in area urbana nella seconda metà del V secolo, il cui scopo era quello di garantire l'approvvigionamento e quindi la sopravvivenza stessa di Roma, come i diversi episodi della guerra gotica insegnano. Se la datazione proposta è giusta, la fortificazione dovrebbe essere stata costruita a cura del *praefectus urbi* durante il regno di Odoacre. Essa si inserisce nella consolidata tradizione poliorcetica di età bizantina, a cui si devono in Italia le fortificazioni di città come Ravenna, Verona e Terracina (Christie e Gibson 1988; Christie e Rushworth 1988; Cavalieri Manasse e Hudson 1999; Gelichi 2005).

Fase c

In questa fase la porta aperta nelle mura viene murata. Direttamente sul battuto stradale è stato rinvenuto uno strato carbonioso di forma subrettangolare (1 m di larghezza × 1,90 m di lunghezza) punteggiato da numerosi chiodi di ferro, che rappresenta il disfacimento di una delle ante lignee della porta, divelta e abbandonata sul posto. L'apertura viene, quindi, tamponata con un setto in muratura (113) (Fig. 8.3) che all'esterno presenta una cortina in opera laterizia mentre all'interno è privo di rivestimento. Il nucleo è in malta pozzolanica ed inerti costituiti prevalentemente da schegge di tufo e laterizi. Una volta murata la porta, il corridoio retrostante viene riempito con poderosi interri di macerie, provenienti dalla demolizione dei magazzini circostanti, che formano un terrapieno che rialza sensibilmente la quota di calpestio interna alle mura, conservata attualmente fino al livello della cresta (rasata) della cinta difensiva (Figg. 8.5.2 e 8.13).

Un procedimento identico è stato riscontrato per la chiusura della posterula nel sondaggio PTI, che si apriva poco più a nord, difesa all'esterno da una grande torre (Fig. 8.2). Qui si conservano tracce della tamponatura, asportata in età moderna, che presenta una malta ricca di tufo praticamente identica a quella utilizzata per occludere la porta sopradescritta (Panzieri 2008: 56–7). Anche in questo caso alla tamponatura si addossa un potente terrapieno composto prevalentemente da macerie (Coccia e Paroli 1993: 176–8, figg. 2–3).

Tali attività di chiusura delle porte e di rinforzo della zona retrostante con terrapieni sono inequivocabili testimonianze della volontà di interdire definitivamente il passaggio attraverso le mura creato nel corso della fase precedente. Nel sondaggio PTVIII–PTIX l'evidenza per la datazione del terrapieno alle spalle della porta è scarsa, ma rimanda comunque al VI secolo d.C. Nel sondaggio PTI la formazione del terrapieno ha come *terminus post quem* la seconda metà–fine del V secolo d.C., indicato da un gruzzolo monetale rinvenuto nello strato di demolizione del solaio del granaio retrostante la posterula, dove era stato nascosto quando l'ambiente era ancora in funzione. I pochi materiali presenti nel terrapieno stesso si collocano anch'essi nello stesso orizzonte cronologico (Ciarrocchi *et al.* 1993: 206–15), mentre lo strato di frequentazione soprastante, ricco di monete gote, rende certi della sua esistenza nella prima metà del VI secolo d.C. (Spagnoli 2001: 119–22 in particolare).[10] Tutto considerato, dunque, è probabile che queste attività di rinforzo della cinta muraria siano da riconnettere con le ben note vicende della guerra greco-gotica (535–53), che videro il porto di Roma soggetto a ripetuti assedi.

Tra le attività pertinenti al Periodo 5 va probabilmente inserita anche una sepoltura (tomba 6), ubicata nella zona di passaggio subito all'interno della porta. La tomba viene realizzata, infatti, a partire dai livelli di calpestio in fase con essa, in un momento non esattamente determinabile, ma comunque precedente alla gettata del terrapieno.

PERIODO 6

COSTRUZIONE DEL CONTRAFFORTE, USO SEPOLCRALE DELL'AREA (Fig. 8.5.3)

Fase a

All'esterno delle mura viene realizzato un contrafforte (191) che protegge l'angolo della fortificazione posto all'estremità sudoccidentale del settore di scavo (Figg. 8.3, 8.5.3 e 8.6) dove la struttura mostra i segni di un forte collasso. La fondazione (261) è costituita da blocchi di tufo di varia grandezza e malta grigiastra molto friabile, mentre l'elevato, conservato solo per breve tratto, ha un paramento composto, a partire dalla risega di fondazione, da un filare di tufelli, da quattro filari di laterizi, da uno di blocchi di tufo squadrati di maggiori dimensioni ed infine da un filare di laterizi. Il legante è costituito da una malta biancastra, ricca di calce poco coesa, pochissimi inclusi di pozzolana, schegge di tufo e sabbia nera.

Per questa attività mancano elementi diretti di datazione. L'opera è tuttavia inquadrabile tra la fine del VI e il VII secolo in base alle sue caratteristiche

tecniche, in particolare per il tipo di legante caratterizzato da inclusi di sabbia vulcanica scura, sostanzialmente diverso dalle malte pozzolaniche tardo-antiche, che nel territorio di Ostia e Porto si diffonde a partire da questo periodo e che contraddistingue tutte le opere murarie alto-medievali (Coccia e Paroli 1990: 180; Coccia 1993: 193; Panzieri 2008: 37–89, in particolare pp. 57–8). Quanto al paramento, esso trova un confronto piuttosto puntuale nel muro di facciata della chiesa di San Giorgio al Velabro a Roma, attribuibile alla prima fase dell'edificio di culto eretto nella seconda metà del VII secolo d.C. (Cecchelli 2001: 258–9). Stratigraficamente il contrafforte è antecedente a una delle tombe (tomba 8) della necropoli che si sviluppa in questo periodo a ridosso delle mura (fase b).

L'opera si colloca, dunque, in un momento intermedio tra i primi restauri delle mura effettuati nel corso del VI secolo e quelli alto-medievali dell'VIII–IX secolo (Panzieri 2008: 57–8, figg. 37–8).

Fase b

Lo scavo ha posto in luce un'area di necropoli che si estende sia all'esterno che all'interno delle mura.[11] Sono state rinvenute sepolture di diversa tipologia (in semplice fossa terragna, alla cappuccina, entro anfora, con pareti rivestite di pietre, con copertura di assi lignee) e differente orientamento (nord–sud, est–ovest). Alcune tombe si tagliano tra loro o si sovrappongono su due livelli, creando una sequenza che suggerisce un uso prolungato dell'area sepolcrale (Fig. 8.5.3).

Nel saggio I (esterno alle mura) le tombe, dodici in tutto, tagliano le colmate di livellamento deposte in occasione della costruzione della fortificazione e occupano tutte, salvo una (tomba 11), la zona corrispondente all'invaso marino, disponendosi sia lungo le mura che al centro (Fig. 8.13). Esse si affollano in particolare davanti alla porta, cosa che fa pensare che all'epoca essa dovesse essere già chiusa.

Nel saggio II le tombe rinvenute all'interno della fortificazione sono deposte, salvo la tomba 6 (si veda sopra), nel terrapieno del Periodo 5 (Fig. 8.13), risultando pertanto posteriori ad esso. Esse si trovano, quindi, ad una quota sensibilmente più alta rispetto a quella della necropoli esterna, sebbene siano da ritenere pertinenti allo stesso periodo. Le tombe scavate nel saggio II sono due (tombe 14 e 15), la più antica delle quali (tomba 14) utilizza un'anfora africana tipo Keay 61A, in uso nel VI–VII secolo.

Nel complesso gli oggetti di corredo sono rari, limitandosi a due microvasetti[12] e a qualche moneta deposta come obolo, che non consentono, però, di circostanziare la cronologia delle deposizioni. Tuttavia, come indicano in particolare i dati relativi al saggio II, la necropoli è successiva almeno alla metà del VI secolo e, a giudicare dalla sequenza delle deposizioni e delle tipologie tombali, è rimasta in uso per diverso tempo; inoltre, la relazione stratigrafica di posteriorità che intercorre tra una di queste sepolture (tomba 8) e il contrafforte (191), che, come si è visto, è databile tra la fine del VI e il pieno VII secolo, permette di estendere a buona parte del VII secolo il periodo d'uso della necropoli.

L'occupazione dell'area a ridosso delle mura da parte di sepolture è fenomeno ampiamente documentato a Porto. Nel sondaggio praticato sul lato nord dei magazzini di Traiano (PTV) è stata rinvenuta, nel terrapieno alle spalle della cinta difensiva, una sepoltura inquadrabile anch'essa, in base al corredo costituito da una bottiglia di vetro, tra il tardo VI e il VII secolo (Paroli 2004; 253–4, fig. 5).[13]

Dal punto di vista funzionale, l'attività funeraria non influisce sul sistema difensivo, che, come vedremo, rimane in uso anche nel periodo successivo.

PERIODO 7

RESTAURI ALTO-MEDIEVALI DELLE MURA (Fig. 8.5.4)

Direttamente a contatto con l'ultima delle colmate di livellamento conservate all'esterno delle mura, viene allestita una vasca per lo spegnimento della calce. Si tratta di una struttura di forma quadrangolare (**Fig. 8.5.4**) con le pareti foderate originariamente da un'intelaiatura lignea di cui restano le impronte impresse sulla calce. Della fossa rimane solo la parte inferiore, mentre quella superiore è stata asportata in età moderna insieme ai livelli più superficiali delle colmate. In questo periodo, quindi, il piano di calpestio doveva essere notevolmente più alto e doveva coincidere grosso modo con lo spiccato del restauro alto-medievale della cortina presente lungo il fronte esterno (7 = 104) (**Figg. 8.3 e 8.6**).

In connessione con questa attività non sono stati rinvenuti elementi datanti, ma l'analogia riscontrata tra la malta della vasca e quella adoperata nella ricortinatura di ampie porzioni della cinta muraria, fanno propendere per una diretta relazione fra questo allestimento e una delle attività di restauro registrate nel tratto di paramento murario analizzato.

Un'analisi stratigrafica degli elevati condotta di recente lungo tutto l'Antemurale (Panzieri 2008), ha messo in evidenza che a partire dal VI secolo sono stati eseguiti diversi restauri, consistenti per lo più in

opere di ricortinatura del fronte occidentale delle mura. Nel tratto interessato dallo scavo sono state individuate due fasi di restauro alto-medievali, databili rispettivamente all'VIII e alla metà del IX secolo: il primo (1076) è caratterizzato da un'apparecchiatura muraria di laterizi intercalati a qualche tufello con tracce di stilatura, l'altro (7 = 104) è costituito da una congerie di materiali di reimpiego (tegole, laterizi, bipedali, marmi) disposti con la tecnica dei ricorsi ondulati ben documentata in età carolingia (Panzieri 2008: 61–71, in particolare p. 65, figg. 47, 78–87). In entrambi i casi il legante utilizzato è costituito da un impasto di calce e sabbia ricca di inclusi vulcanici, di consistenza piuttosto friabile.

La vasca della calce si riferisce dunque a uno di questi due interventi, che testimoniano indubitabilmente la volontà di mantenere efficiente il sistema difensivo di Porto ormai affidato alle cure dei pontefici (*Liber Pontificalis* II.126).

CONCLUSIONI

Le indagini condotte nella zona dell'Antemurale di Porto hanno accertato che in corrispondenza del sondaggio PTVIII–PTIX la banchina portuale formava un'insenatura di forma probabilmente rettangolare, da ricondurre quasi certamente al progetto originario del porto di Claudio. In corrispondenza di questo approdo vi era sulla banchina una zona riservata al passaggio che viene sostanzialmente rispettata fino alla prima metà del V secolo d.C., rimanendo sgombra da costruzioni, fatta eccezione per un piccolo condotto fognario. Tutt'intorno, invece, l'area compresa tra il fronte portuale e il Portico di Claudio risulta occupata da una serie densissima di edifici per la maggior parte destinati all'immagazzinamento. Quando abbia avuto inizio la costruzione dei magazzini non è possibile stabilirlo, poiché mancano dati di scavo diretti. Si può comunque presumere, in base alla tecnica edilizia di alcune strutture, che l'occupazione dell'area era già in corso nel II secolo d.C., anche se non si può escludere un inizio più precoce. È probabile, comunque, che lo sviluppo dell'attività edificatoria lungo l'Antemurale abbia ricevuto un particolare impulso con l'apertura del bacino esagonale che sostituisce il Portico di Claudio nella sua funzione di quinta scenografica del porto, favorendone il declassamento.

Il dato di maggior rilievo emerso dallo scavo riguarda indubbiamente l'attività di costruzione, o meglio di ricostruzione, in epoca tardo-antica degli *horrea* posti lungo il fronte occidentale della banchina.

Tra la seconda metà del IV e la metà o terzo quarto del V secolo d.C., vengono, infatti, ricostruiti i due magazzini posti rispettivamente a sud e a nord dell'area del sondaggio PTVIII–PTIX; ed anche la zona della banchina antistante il piccolo approdo, prima riservata al passaggio, viene ora occupata, seppure parzialmente, da un ambiente costruito *ex novo* (ambiente A). Il passaggio viene comunque garantito da un corridoio più stretto che rimane agibile fino allo scoppio della guerra greco-gotica. In questo periodo, dunque, il sistema dei magazzini era ancora pienamente attivo anche in questa parte del bacino foraneo, un dato che ben si accorda con la testimonianza di Zosimo (*Historia Nova* 6.6), riferita agli eventi dell'anno 409, secondo cui l'intero rifornimento alimentare di Roma era depositato a Porto. In questo quadro molto vivace di attività portuali ed edilizie di epoca tardo-antica, che lo scavo ha messo in evidenza nell'angolo sudorientale del porto di Claudio, acquista un nuovo significato anche la notizia della costruzione intorno al 425 della *Porticus Placidiana*, edificio di indubbio rilievo architettonico, identificato lungo il tratto più occidentale della Fossa Traiana, la cui presenza risultava fino alle ultime scoperte del tutto isolata e piuttosto enigmatica (Lugli e Filibeck 1935: 119–21).

I primi segni di crisi del sistema banchina–magazzini si manifestano nella seconda metà del V secolo, quando viene occluso il vano di accesso al magazzino settentrionale e nel corridoio viene installata una porta che protegge, e nello stesso tempo limita, il passaggio dalla banchina alla città. Si ritiene che tali provvedimenti restrittivi siano imputabili essenzialmente a ragioni di sicurezza, dal momento che, nel volgere di pochi anni, interviene la costruzione del potente sistema difensivo che racchiude la città con un doppio circuito di mura. Gli effetti che la fortificazione ha prodotto sul sistema portuale furono certamente rilevanti, perché viene disattivato in modo definitivo il fronte più avanzato dei magazzini, ed anche la banchina viene, almeno in parte, defunzionalizzata dai potenti interri che cancellano l'antico approdo. Il bacino di Claudio, tagliato fuori dal sistema difensivo, fu probabilmente usato sempre meno per le attività mercantili. Nelle mura vengono comunque lasciati aperti diversi varchi, posti anche a poca distanza l'uno dall'altro (PTI e PTVIII–PTIX), che permettevano ancora l'ingresso delle merci. La situazione estremamente critica in cui venne a trovarsi Porto durante la guerra greco-gotica (535–53) determina lo sbarramento definitivo delle porte presenti lungo l'Antemurale, precludendo in tal modo ogni relazione

tra il bacino portuale e i magazzini che ancora sussistevano nel retroterra. Tuttavia, secondo la narrazione di Procopio (*De Bello Gothico* 1.26), il sistema portuale era ancora funzionante e in grado di garantire il regolare rifornimento di Roma. Si deve supporre, quindi, che le attività di stoccaggio si fossero concentrate in altre zone del porto, tanto più che il quantitativo di beni necessari al sostentamento dell'Urbe doveva essersi considerevolmente ridotto a seguito del forte calo demografico.

Dal punto di vista archeologico, l'abbandono dei grandi magazzini annonari intorno alla darsena è documentato per ora solo dalla comparsa al loro interno di sepolture, databili in modo non troppo circostanziato (Coccia 1996: 300–3, fig. 2). In attesa di nuovi dati di scavo, si può ipotizzare, in analogia con altri nuclei funerari rinvenuti in corrispondenza della casa altomedievale alle spalle della Basilica Portuense (PTVI) (Paroli 2001: 625) e intorno alle mura (PTV, PTVIII–PTIX), che l'uso sepolcrale dei magazzini del comparto sudovest del porto si sia affermato (o generalizzato) solo in un momento abbastanza avanzato, probabilmente tra la seconda metà/fine del VI e il VII secolo d.C.

Lo spostamento in ambito urbano delle aree cimiteriali è uno degli aspetti più eclatanti del processo di destrutturazione che investe le città romane alla fine del mondo antico e che si registra puntualmente anche a Porto. Anche qui il collasso della struttura urbana ebbe carattere catastrofico, come gli scavi nell'area della Basilica Portuense (PTII, PTVI) hanno permesso di verificare. Tuttavia, il porto in quanto scalo marittimo e alcune infrastrutture essenziali per la difesa costiera e per il collegamento con Roma e Ostia (mura, canale trasverso e Fossa Traiana, Ponte di Matidia, via Portuense), rimasero in funzione nell'alto medioevo, alcune di esse addirittura fino all'età moderna (Coccia 2001; Paroli 2004; Serlorenzi *et al.* 2004).

NOTE

1. Gli scavi sono stati condotti dalla Soprintendenza per i Beni Archeologici di Ostia in due successive campagne ed eseguiti dalla Soc. ASTRA Archeologia Stratigrafica, con la partecipazione di Giovanni Ricci in qualità di responsabile e con la collaborazione di Monica Di Ielsi e Carlo Alberto Di Muro. Un particolare ringraziamento va ad Adriano Averini per l'aiuto dato nella rielaborazione della documentazione grafica. La relazione tiene conto di tutti i dati raccolti nel corso delle due campagne, ad eccezione delle monete del PTIX che sono ancora in corso di restauro. Per un esame dettagliato dei reperti si rimanda ai contributi di Di Santo (ceramica e vetri; Capitolo 9) e di Spagnoli (monete; Capitolo 11) in questo volume.
2. La banchina prosegue oltre il limite di scavo occidentale, formando forse un molo aggettante, come sembra indicare un carotaggio (S1) eseguito al di là della strada bianca attuale.
3. L'impronta misura $0,20 \times 0,20$ m.
4. Il perimetrale ovest dell'ambiente A non è riportato nella pianta di fine scavo in quanto nascosto dal più tardo muro (301) che costituisce una ripresa del suo elevato. Esso è stato evidenziato fino al piano di imposta sulla banchina solo in un momento successivo, nel corso di un approfondimento dello scavo eseguito nel 2008–9 all'interno della cosiddetta torre delle mura tardo-antiche (vedi sotto, Periodo 5 fase a–b).
5. Si vedano in particolare le USM 158, 166, 332, 350, 387, 820, 851, 895, 974 pertinenti alla fase III A (costruzione della basilica) della prima metà del V secolo d.C.
6. Lo scavo delle colmate di livellamento non è stato completato a causa dell'affioramento dell'acqua di falda.
7. Si veda il contributo di Di Santo in questo volume (Capitolo 9) per una presentazione del materiale relativo alla datazione delle mura.
8. Le evidenze per le mura nella zona del Palazzo Imperiale sono esaminate da Keay, Earl e Felici in questo volume (Capitolo 5).
9. Si veda la discussione di Di Santo in questo volume (Capitolo 9) e anche Appendice 4 (pp. 172–87).
10. Si veda il contributo di Spagnoli in questo volume (Capitolo 11).
11. Anche gli scavi nella zona orientale del Palazzo Imperiale hanno rivelato lo sviluppo di una zona sepolcrale fuori le mura tardo-antiche (Capitolo 5).
12. Nelle tombe 3 e 8; per un esame di dettaglio si rimanda al Capitolo 9.
13. Numerose sepolture sono state rinvenute in prossimità delle mura nella zona del Palazzo Imperiale: cf. il Capitolo 5.

RIFERIMENTI BIBLIOGRAFICI

Fonti antiche

Procopio
D. Comparetti (1895–8) *De Bello Gothico. La guerra gotica di Procopio di Cesarea. Testo greco emendato sui manoscritti con traduzione italiana*. Roma, Forzani.

Liber Pontificalis
L. Duchesne (1955) *Le Liber Pontificalis. Texte, introduction et commentaire*, 3 voll. Paris, De Boccard.

Zosimo
F. Paschoud (1989) *Zosime*. Histoire nouvelle III/2. Paris, Les Belles Lettres.

Fonti moderne

Cavalieri Manasse, G. e Hudson, P.J. (1999) Nuovi dati sulle fortificazioni di Verona (III–IX secolo). In G.P. Brogiolo (ed.), *Le fortificazioni del Garda e i sistemi di difesa dell'Italia settentrionale tra tardo antico e alto medioevo*: 71–91. Mantova, Società Archeologica Padana.

Cecchelli, M. (2001) (ed.) *Materiali e tecniche dell'edilizia paleocristiana a Roma*. Roma, Edizioni De Luca.

Ciarrocchi, B., Martin, A., Paroli, L. e Patterson, H. (1993) Produzione e circolazione di ceramiche tardoantiche ed altomedievali ad Ostia e Porto. In L. Paroli e P. Delogu (edd.), *La storia economica di Roma nell'alto medioevo alla luce dei recenti scavi archeologici. Atti del seminario (Roma 2–3 aprile 1992)*: 203–46. Firenze, All'Insegna del Giglio.

Christie, N. e Gibson, S. (1998) The city walls of Ravenna. *Papers of the British School at Rome* 76: 156–97.

Christie, N. e Rushworth, A. (1988) Urban fortification and defensive strategy in fifth and sixth century Italy: the case of Terracina. *Journal of Roman Archaeology* 1: 73–88.

Coates-Stephens, R. (1996) Housing in early medieval Rome AD 500–1000. *Papers of the British School at Rome* 64: 239–59.

Coccia, S. (1993) Il 'Portus Romae' fra tarda antichità ed alto medioevo. In L. Paroli e P. Delogu (edd.), *La storia economica di Roma nell'alto medioevo alla luce dei recenti scavi archeologici. Atti del seminario (Roma 2–3 aprile 1992)*: 177–200. Firenze, All'Insegna del Giglio.

Coccia, S. (1996) Il *Portus Romae* alla fine dell'antichità. In A. Gallina Zevi e A. Claridge (edd.), *'Roman Ostia' Revisited. Archaeological and Historical Papers in Memory of Russell Meiggs*: 293–306. Londra, British School at Rome/Soprintendenza Archeologica di Ostia.

Coccia, S. (2001) Il recinto fortificato dell'episcopio di Porto come epilogo di una crisi urbana. In M. Cancellieri (ed.), *L'Episcopio di Porto presso Fiumicino. Metodo e prassi del restauro architettonico*: 15–34. Roma, Gangemi Editore.

Coccia, S. e Paroli, L. (1990) La basilica di Pianabella di Ostia Antica nelle sue relazioni con il paesaggio tra tardo antico e alto medioevo. *Archeologia Laziale* 10: 177–82.

Coccia, S. e Paroli, L. (1993) Indagini preliminari sui depositi archeologici della città di Porto. *Archeologia Laziale* 11: 175–80.

Gelichi, S. (2005) Le mura di Ravenna. In *Ravenna da capitale imperiale a capitale esarcale. Atti del XVII congresso internazionale di studi sull'altomedioevo*: 821–40. Spoleto, Centro Italiano di Studi sull'Alto Medioevo.

Heres, T.L. (1982) *Paries. A Proposal for Dating System of Late-antique Masonry Structures in Rome and Ostia*. Amsterdam, Vrije Universiteit te Amsterdam/Radopi.

Keay, S. e Millett, M. (2005) Integration and discussion. In S. Keay, M. Millett, L. Paroli e K. Strutt, *Portus. An Archaeological Survey of the Port of Imperial Rome* (*Archaeological Monographs of the British School at Rome* 15): 269–96. Londra, British School at Rome.

Keay, S., Millett, M. e Strutt, K. (2005) The survey results. In S. Keay, M. Millett, L. Paroli e K. Strutt, *Portus. An Archaeological Survey of the Port of Imperial Rome* (*Archaeological Monographs of the British School at Rome* 15): 71–172. Londra, British School at Rome.

Lugli, G. e Filibeck, G. (1935) *Il porto di Roma imperiale e l'Agro Portuense*. Bergamo, Officine dell'Istituto Italiano di Arti Grafiche.

Mannucci, V. (1996) (ed.) *Il parco archeologico naturalistico del porto di Traiano: metodo e progetto*. Roma, Ministero per i Beni Culturali ed Ambientali/Soprintendenza Archeologica di Ostia (ristampa).

Meneghini, R. e Santangeli Valenzani, R. (2004) *Roma nell'alto-medioevo. Topografia e urbanistica della città dal V al X secolo*. Roma, Istituto Poligrafico e Zecca dello Stato/Libreria dello Stato.

Panzieri, C. (2008) *L''Antemurale' di Porto nel quadro delle fortificazioni di età bizantina. Analisi stratigrafica degli elevati, tecniche e materiali da costruzione*. Diploma di Specializzazione, Università degli Studi di Roma 'La Sapienza'.

Paroli, L. (2001) *Portus* (Fiumicino–Roma). In M.S. Arena, P. Delogu, L. Paroli, M. Ricci, L. Saguì e L. Vendittelli (edd.), *Roma dall'antichità al medioevo. Archeologia e storia nel Museo Nazionale Romano* Crypta Balbi: 623–6. Milano, Electa (Ministero per i Beni e le Attività Culturali/Soprintendenza Archeologica di Roma).

Paroli, L. (2004) Il porto di Roma nella tarda antichità. In A. Gallina Zevi e R. Turchetti (edd.), *Le strutture dei porti e degli approdi antichi* (*ANSER* II): 247–65. Soveria Mannelli, Rubbettino Editore.

Rickman, G. (1971) *Roman Granaries and Store Buildings*. Cambridge, Cambridge University Press.

Serlorenzi, M., Amatucci, B., Arnoldus-Huyzendveld, A., De Tommasi, A., Di Giuseppe, H., La Rocca, C., Ricci, G. e Spagnoli, E. (2004) Nuove acquisizioni sulla viabilità dell'Agro Portuense. Il rinvenimento di un tratto della via Campana e della via Portuense. *Bullettino della Commissione Archeologica Comunale di Roma* 105: 47–114.

Spagnoli, E. (2001) Ripostiglio monetale da Porto (Fiumicino, Roma) 277 AE, post 445/450 d.C. *Annali dell'Istituto Italiano di Numismatica* 48: 119–56.

Testini, P. (1975) La basilica di Sant'Ippolito. In M.L. Veloccia Rinaldi e P. Testini, *Ricerche archeologiche nell'Isola Sacra*: 43–132. Roma, Istituto Nazionale di Archeologia e Storia dell'Arte.

PORTUS TARDO-ANTICA: NUOVI DATI DAI REPERTI DELL'ANTEMURALE

Silvia Di Santo

INTRODUZIONE

Vengono analizzati in questa sede i reperti in ceramica e vetro provenienti dai sondaggi PTVIII e PTIX realizzati presso l'Antemurale di Porto, descritti nel Capitolo 8 di questo volume.[1] Come già evidenziato, questi sondaggi hanno documentato una sequenza stratigrafica che si sviluppa dal I secolo d.C. all'età moderna e contemporanea ed è articolata in sette periodi e relative quindici fasi, delle quali solamente dodici[2] hanno restituito materiale ceramico e vitreo.

Per la presentazione analitica dei dati dei periodi o fasi trattate, sono state elaborate cinque Appendici che comprendono sia le ceramiche, ordinate per macro classi (ceramiche fini, lucerne, ceramiche comuni, anfore), che i vetri, nonché l'indicazione delle produzioni, delle forme (da quelle chiuse a quelle aperte e dalle più antiche alle più recenti, identificabili e non), dei tipi, della cronologia,[3] della quantità di orli, fondi, anse e pareti e del totale dei frammenti (Appendici 1–5). Dei reperti per i quali non è stato possibile fornire un preciso confronto con i repertori editi, si presenta il disegno (Figg. 9.1–9.7) e, laddove possibile, un confronto generico che sia indicativo ai fini della cronologia.[4]

Per la datazione della sigillata africana è stato utilizzato l'aggiornamento della cronologia effettuato da Tortorella (1998: 66–9, appendice 2) per le forme documentate in Italia prodotte tra il 450 e il VII secolo d.C.

Le Appendici non comprendono i reperti residui o intrusi, per concentrare l'attenzione sui materiali contestuali e in particolare su quelli datanti. Non vengono, quindi, presentate le Appendici relative ai materiali dei Periodi 6 e 7, in quanto costituiti quasi esclusivamente da residui, ad eccezione di pochi elementi datanti che verranno segnalati nel testo. Le Appendici sono precedute da un commento articolato in tre parti: la prima offre un quadro sintetico degli elementi di datazione di ciascun periodo o fase, la seconda analizza in modo più approfondito i materiali relativi alla costruzione della cinta muraria (Periodo 5 fasi a–b), il più ricco e significativo dei contesti rinvenuti, la terza e ultima parte contiene alcune considerazioni conclusive.

ELEMENTI DATANTI DEI PERIODI 2–7

Il Periodo 2 fase b, relativo alla disattivazione della fogna, ha restituito, quali elementi rilevanti ai fini della datazione, quattro vasi a listello in sigillata africana Hayes 91B,[5] un piatto/coperchio in ceramica da cucina e un'anfora *Late Roman* 3; tra i vetri una coppa e un'urnetta (Appendice 1 e Tabella 9.1).[6] Questi reperti presentano una datazione piuttosto ampia, che rimanda genericamente al V secolo, ma la sequenza stratigrafica e le caratteristiche dei quattro esemplari di Hayes 91B, probabilmente riconducibili ad una fase iniziale della produzione di questa forma, suggeriscono una datazione compresa tra il 400 e il 425 d.C.

Gli elementi rilevanti per la datazione della costruzione dell'ambiente A (Periodo 3 fasi a–b) sono: una coppa in sigillata africana Hayes 81B, due frammenti di fondo in sigillata africana con decorazioni a stampo, un'olla e due coppe in ceramica comune di produzione africana, tre coperchi di ceramica da cucina di produzione locale e due anfore africane, Keay 38 e 56B; cinque bicchieri e tre coppe in vetro (Appendice 2 e Tabella 9.1).[7] È possibile inquadrare l'arco cronologico di questa fase entro la metà del V secolo d.C., sulla base della sequenza stratigrafica e per la netta predominanza

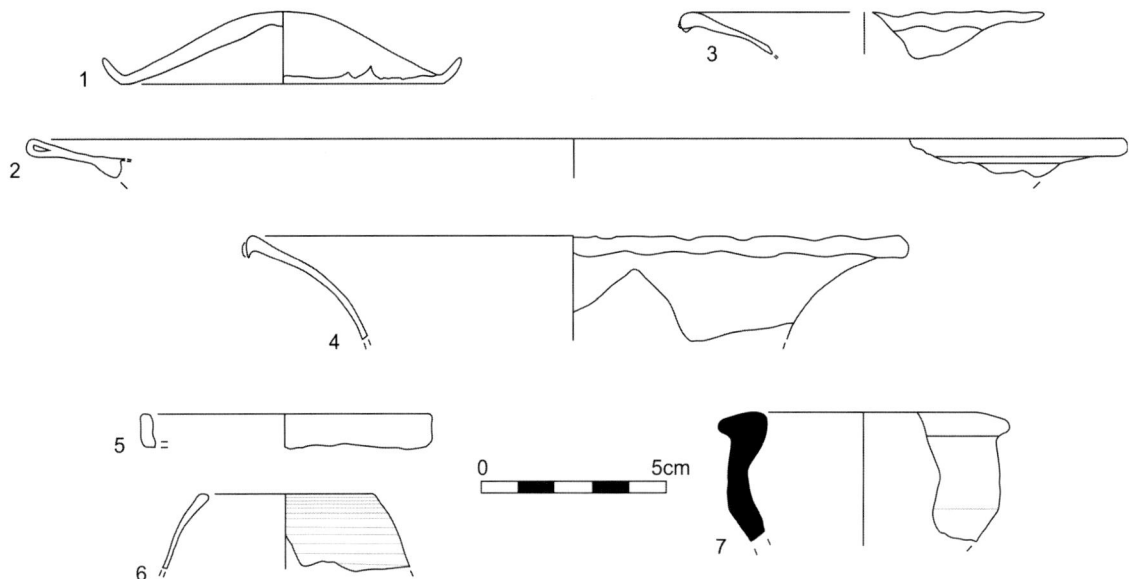

FIG. 9.1. Vetri (1–6), ceramica comune da mensa e da dispensa di produzione locale (7).

di materiali databili fra la fine del IV ed il primo quarto/ metà del V secolo d.C., anche se il *terminus post quem* rappresentato da una coppa in sigillata africana Hayes 81B rimanda ad un ambito cronologico più ampio, compreso tra secondo e terzo quarto del V secolo d.C.[8]

La costruzione del magazzino nord e della porta nel corridoio (Periodo 4 fasi a–d) si può datare, invece, tra il secondo e il terzo quarto del V secolo d.C., grazie a vari indicatori cronologici, quali numerose scodelle Hayes 67,9, 61B, 76, 87A, 104A[9] e tre vasi a listello Hayes 91B in sigillata africana; un'anforetta e un mortaio in ceramica comune di produzione africana, cinque coperchi in ceramica comune da cucina, sei tegami in ceramica di Pantelleria, un'anfora Keay 52 e due anfore di produzione orientale *Late Roman* 1, nelle varianti *Kellia* 169 e 164.[10] Tra i vetri sono significativi sei bicchieri, tre coppe e una lampada (Appendice 3 e Tabella 9.1).[11]

Gli strati relativi alla costruzione delle mura (Periodo 5 fasi a–b) sono databili tra il 475 e il 490 d.C., come vedremo in modo dettagliato più avanti (Appendice 4 e Tabella 9.1).[12]

Nel Periodo 5 fase c, tra il 530 e il 550 d.C., viene chiuso il varco aperto all'interno del circuito costruito di recente (Appendice 5 e Tabella 9.1).[13] Il materiale datante è costituito unicamente da due scodelle e da una coppa in sigillata africana Hayes 104B, 104C e 99B.[14] Il resto del materiale presenta una datazione molto ampia che abbraccia più di un secolo e per il quale è difficile stabilire se si tratti di reperti contestuali.

Nel Periodo 6 fase b vengono realizzate delle tombe lungo il circuito murario e nello spazio antistante l'originario varco di ingresso, mentre altre sepolture sono deposte nel terrapieno retrostante le mura. Gli strati relativi alla necropoli hanno restituito per lo più materiale residuo e pochi elementi cronologicamente rilevanti.[15] Si tratta in particolare di due contenitori cilindrici di grandi dimensioni di produzione africana Keay 61A[16] e 61D, fig. 134.1[17] (tardo VI–inizi VII secolo) e di un'anfora *Late Roman* 1 (VI–VII secolo).[18] Si è ritenuto, invece, residuo tutto il materiale anforico che presenta una datazione ampia, compresa tra il V ed il VII secolo d.C., perché le parti diagnostiche sembrano rimandare essenzialmente a tipi diffusi nell'arco del V secolo d.C. Vanno considerati infine due unguentari che costituiscono il corredo funerario di due distinte deposizioni.[19] Le caratteristiche del loro impasto consentono di ipotizzare una provenienza africana. I due esemplari sono quasi integri: il più grande è privo dell'orlo mentre il più piccolo manca di parte dell'orlo e dell'ansa, in entrambi i casi spezzati probabilmente a scopo rituale. L'esemplare di maggiori dimensioni (**Fig. 9.3.22**) presenta confronti solo generici con reperti rinvenuti a Roma: un unguentario da una tomba della *Crypta Balbi* databile tra il V e VI secolo (Ricci 2001: I.12.16a) e un altro unguentario da una sepoltura della necropoli dell'Emporium presso il Lungotevere Testaccio (Moccheggiani Carpano e Meneghini 1985: fig. 28). Il secondo esemplare (**Fig. 9.3.23**) trova una discreta corrispondenza con alcuni flaconi monoansati attestati in un livello tardo delle Terme del Nuotatore (*Ostia* II: fig. 641) e con una serie di esemplari da Uzita e dagli scavi della missione danese a Cartagine, databili a partire dagli ultimi anni del II secolo d.C. fino alla tarda o tardissima antichità.

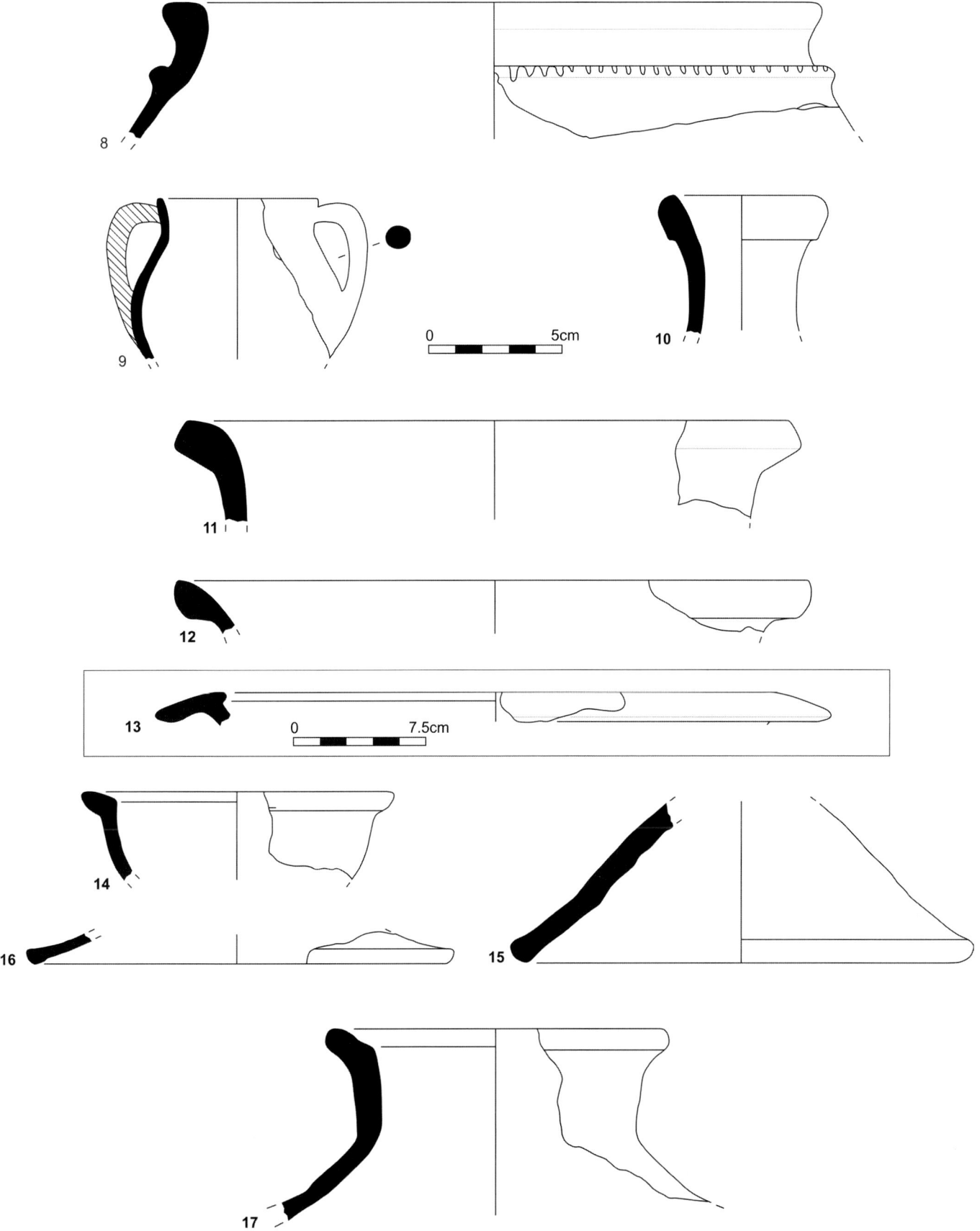

FIG. 9.2. Ceramica comune da mensa e da dispensa di produzione locale (8–16) e di produzione dell'Italia meridionale ed insulare (17).

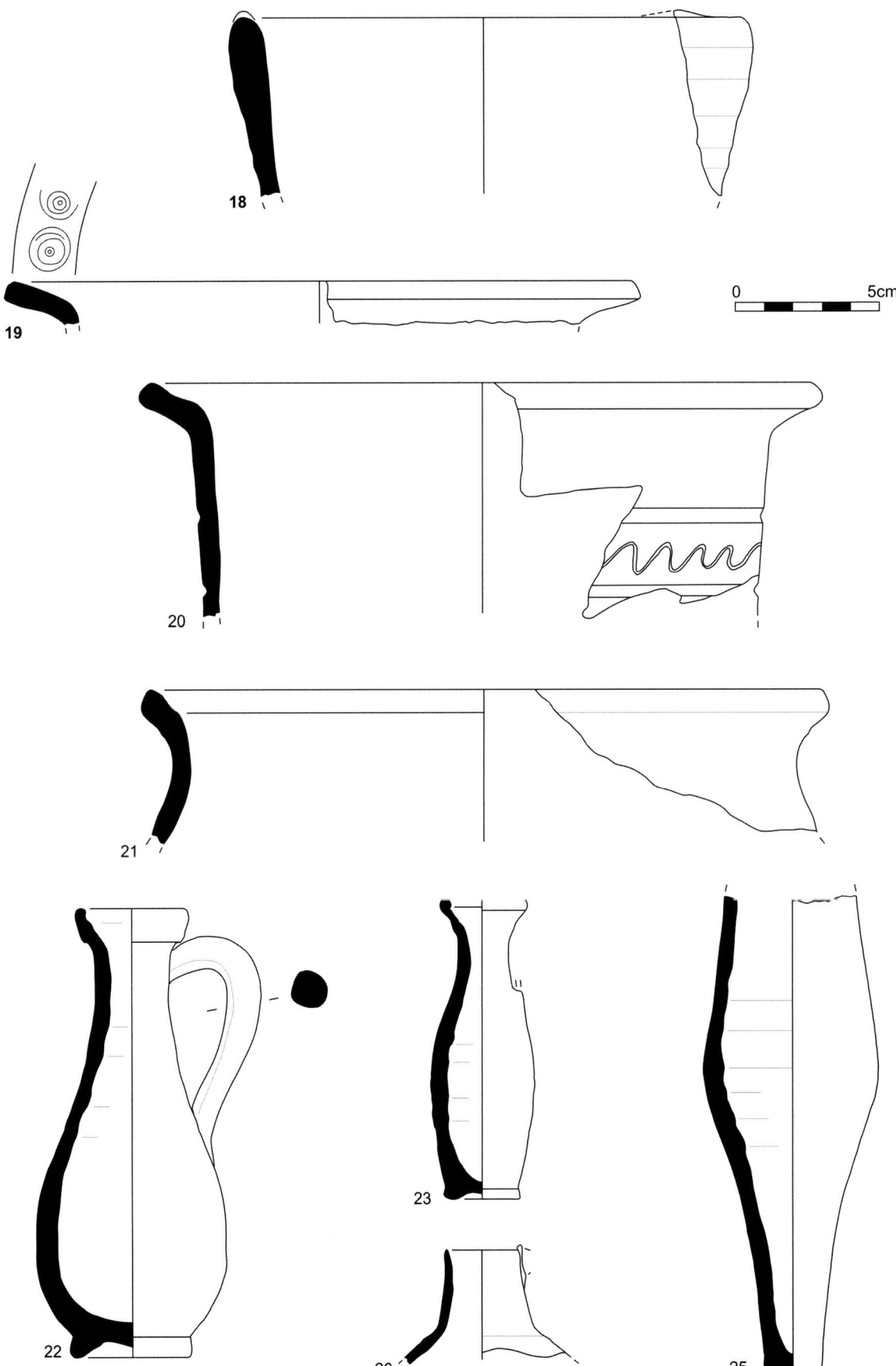

FIG. 9.3. Ceramica comune di produzione dell'Italia meridionale ed insulare (18–20), di produzione africana (21), unguentari (22–3), produzione orientale (25) e incerta (26).

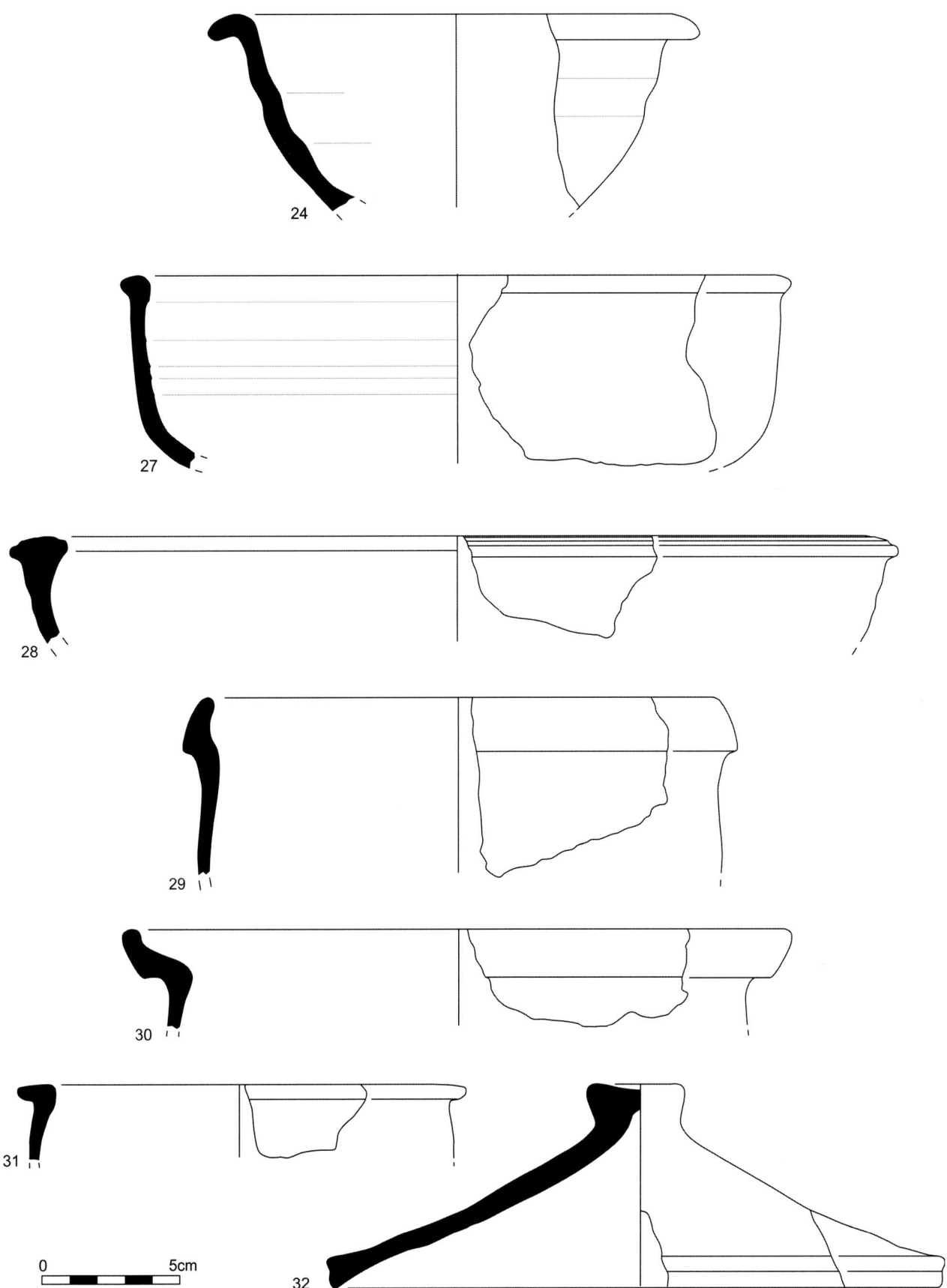

FiG. 9.4. **Ceramica comune di produzione orientale (24) e ceramica comune da cucina di produzione locale (27–32).**

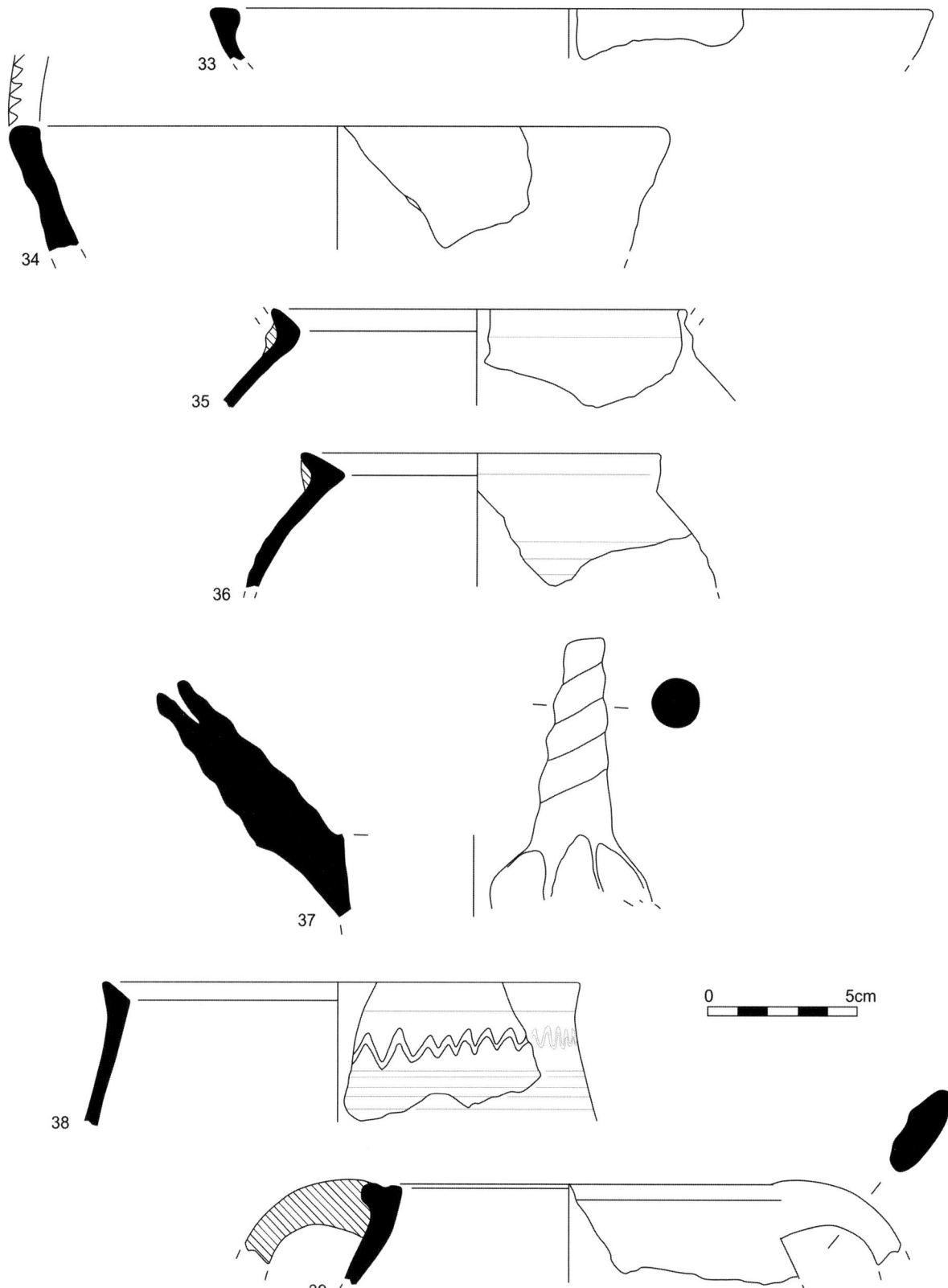

FIG. 9.5. Ceramica comune da cucina di produzione orientale (33–7), produzione incerta (38) e africana da cucina (39).

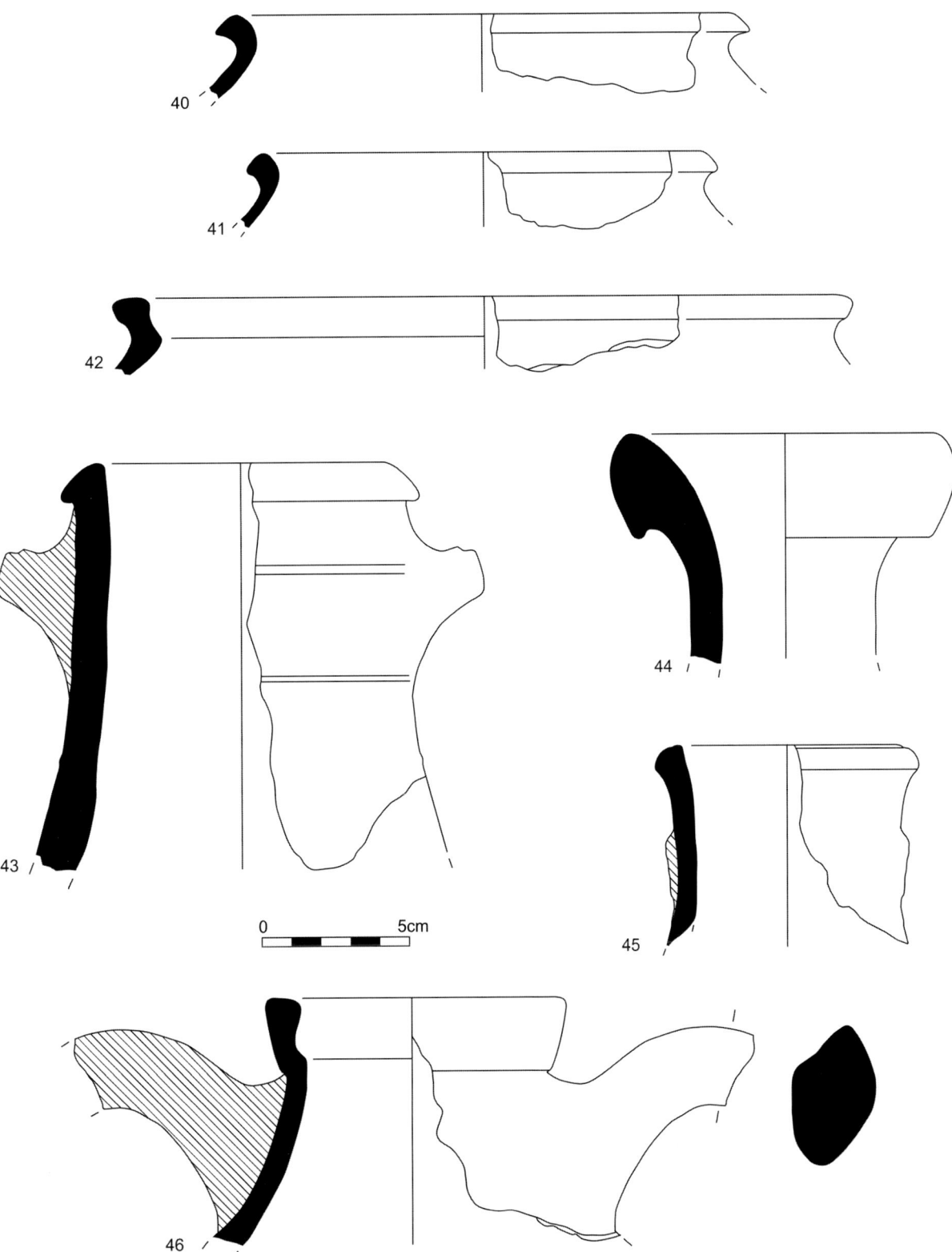

FIG. 9.6. Ceramica africana da cucina (40–2) e contenitori da trasporto (43–6).

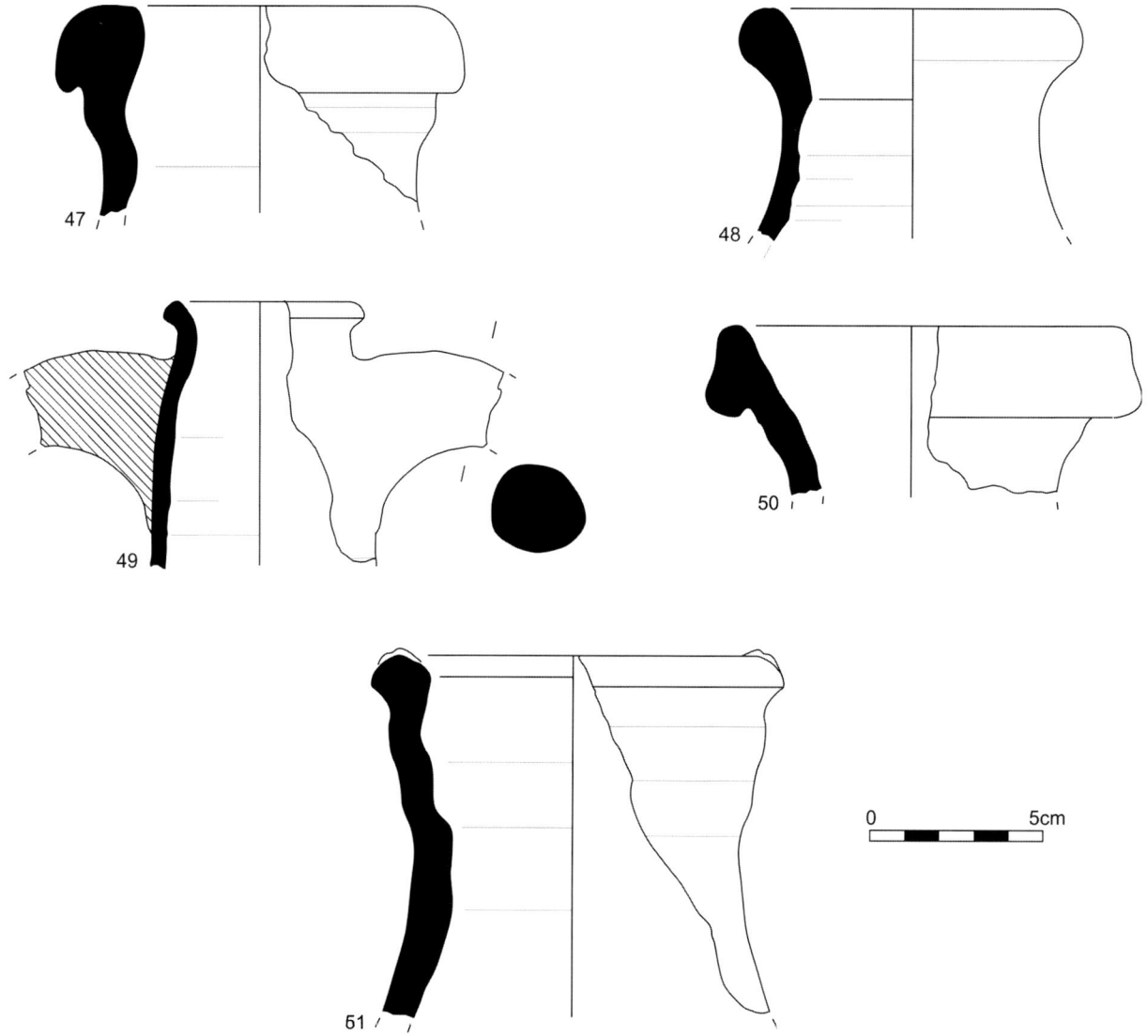

FIG. 9.7. Contenitori da trasporto (47–51).

Qualche altro confronto si trova sulle coste galliche e a Ravenna, con una conferma, in quest'ultimo caso, della durata d'uso del tipo fino al VI secolo d.C. (Pavolini 2000: 227–32, figg. 116–17).

Ai restauri alto-medievali delle mura (Periodo 7) sono ascrivibili, invece, solo materiali residui.[20]

La presenza pressochè esclusiva di materiali residui e soprattutto l'affinità delle produzioni e dei tipi attestati nei Periodi 6 e 7 con quelli rinvenuti nelle colmate di livellamento per la costruzione del circuito murario, fa supporre che questi reperti siano effettivamente da ricondurre a tali colmate, intaccate dalla deposizione delle tombe e dagli interventi alto-medievali.

I REPERTI DEL CONTESTO STRATIGRAFICO DELLE MURA (PERIODO 5 FASI A–B)

Il contesto più significativo rinvenuto nello scavo è quello relativo alla costruzione delle mura tardo-antiche (Periodo 5 fasi a–b). Come già accennato in precedenza, il materiale ceramico rinvenuto nelle colmate di livellamento funzionali alla realizzazione della cinta muraria,[21] ne data la costruzione tra il terzo quarto e la fine del V secolo d.C.

Vediamo ora in particolare gli elementi che definiscono il *terminus post quem* per questo periodo. Tra le classi fini sono cronologicamente rappresentative una

Tabella 9.1. Riassunto della ceramica dei Periodi 2–5 fase c con dettaglio, per i materiali contestuali, delle produzioni suddivise per classi fini, lucerne, classi comuni, anfore.

Periodo		Periodo 2	Periodo 3	Periodo 4	Periodo 5	Periodo 5
Fase		Fase b	Fase a–b	Fase a–d	Fase a–b	Fase c
Appendice		1	2	3	4	5
Datazione		400–25	425–50	425/450–75	475–90	530–50
Totale frammenti		**490**	**1147**	**1901**	**8224**	**188**
Orli		47	185	168	972	27
Classi fini	Produzione locale	–	0,3%	–	0,05%	–
	Produzione Italia meridionale/insulare	–	–	–	0,04%	–
	Produzione africana	3,1%	8,2%	9,9%	5,56%	2,1%
	Altre produzioni	–	–	–	0,04%	–
	Produzione non identificabile	–	0,1%	–	–	–
	Totale classi fini	**3,1%**	**8,6%**	**9,9%**	**5,68%**	**2,1%**
Lucerne	Produzione locale	0,8%	0,9%	0,3%	0,21%	0,5%
	Produzione africana	–	0,3%	0,8%	1,43%	0,5%
	Totale lucerne	**0,8%**	**1,2%**	**1,1%**	**1,64%**	**1,1%**
Classi comuni	Produzione locale	6,7%	13,1%	17,1%	10,31%	30,3%
	Produzione Italia meridionale/insulare	0,4%	0,3%	0,5%	1,98%	–
	Produzione africana	18,6%	31,0%	11,4%	5,98%	–
	Produzione orientale	0,2%	0,5%	0,1%	1,87%	2,1%
	Produzione non identificabile	0,2%	–	–	0,04%	4,8%
	Totale classi comuni	**26,1%**	**44,8%**	**29,1%**	**20,18%**	**37,2%**
Anfore	Produzione Italia meridionale/insulare	2,0%	5,6%	3,6%	9,95%	3,2%
	Produzione africana	42,9%	23,3%	37,4%	22,13%	21,8%
	Produzione orientale	4,9%	14,5%	17,6%	35,93%	33,5%
	Altre produzioni	–	–	–	0,58%	–
	Produzione non identificabile	16,9%	–	–	2,66%	1,1%
	Totale anfore	**66,7%**	**43,3%**	**58,5%**	**71,25%**	**59,6%**
Vetri	Produzione locale	3,3%	2,0%	1,4%	1,24%	–
	Totali vetri	**3,3%**	**2,0%**	**1,4%**	**1,24%**	–
Totali	Produzione locale	**10,8%**	**16,3%**	**18,8%**	**11,80%**	**30,9%**
	Produzione Italia meridionale/insulare	**2,4%**	**5,8%**	**4,1%**	**12,00%**	**3,2%**
	Produzione africana	**64,6%**	**62,8%**	**59,5%**	**35,10%**	**24,5%**
	Produzione orientale	**5,1%**	**15,0%**	**17,7%**	**37,80%**	**35,6%**
	Produzione non identificabile	**17,1%**	**0,1%**	**0,0%**	**2,70%**	**5,9%**

scodella Hayes 87A, alcune coppe in sigillata africana Hayes 85A–B e 99A, un frammento di coppa Hayes 102, e ancora, un vaso a listello Hayes 91C. Sono attestati anche due piatti in sigillata grigia di produzione gallica o 'derivata paleocristiana delle sigillate', numerosi frammenti di lucerne in sigillata africana, *Atlante* forma XA (425–700) e un esemplare attribuibile alla forma VIII D4 (450–500), i cui apparati decorativi rinviano essenzialmente alla seconda metà del V secolo d.C., e alcuni frammenti di lucerne di produzione locale. Nello stesso ambito cronologico si datano anche diversi frammenti di ceramiche comuni[22] e di anfore. Tra queste ultime segnaliamo i contenitori cilindrici di grandi dimensioni, Keay 35A–B e Keay 41,[23] alcune anfore Keay 52 del I gruppo identificato da Francesco Pacetti[24] e le anfore orientali *Late Roman 7*[25] e *Samos cistern type*.[26] Una coppa in vetro, infine, rimanda più genericamente alla seconda metà del V secolo d.C.

Considerando nel loro insieme gli indicatori cronologici presenti in questi strati, emerge una loro netta concentrazione nell'ultimo quarto del V secolo. Questa datazione può essere ulteriormente circoscritta grazie all'assenza di due significativi manufatti che iniziano ad essere prodotti proprio negli ultimi anni del V secolo d.C.: i calici su stelo in vetro e le lucerne 'catacomb lamps'.

La costruzione delle mura di Porto è pertanto collocabile tra il 475 e il 490 d.C., ossia nell'ambito dell'ultimo quarto del V secolo, ma prima della fine di questo secolo.

L'uniformità cronologica dei materiali esaminati induce a pensare che alcuni reperti databili tra il 320/325 e il 430/450 rinvenuti nelle stratigrafie in esame — vasellame in sigillata africana e anfore africane — siano da considerarsi ancora in uso o addirittura vengano prodotti fino a questo periodo.[27]

Se osserviamo i dati presentati nella Tabella 9.1 per il Periodo 5 fasi a–b, emerge che la maggior parte dei reperti è costituita da contenitori da trasporto (71%), le ceramiche comuni e le classi fini rappresentano rispettivamente il 20% ed il 6% dei materiali, mentre piuttosto esigua è la presenza di lucerne e vetri. Se consideriamo le aree produttive, la maggior parte dei manufatti proviene dall'area egeo-orientale (38%) e da officine nord africane (35%). Più esigua è, invece, la percentuale dei reperti prodotti in ambito locale (12%) e nell'Italia meridionale ed insulare (12%).

Da quest'ultima area provengono contenitori vinari — le anfore Keay 52 calabro-peloritane, il tipo *Crypta Balbi 2*[28] probabilmente di produzione siceliota

e alcune anfore di produzione campana (Fig. **9.6.43**) — ceramiche comuni da cucina, *Pantellerian ware* e *micaceous ware*, e probabilmente vasellame da mensa. Si distingue, infatti, un piccolo gruppo di materiali — una scodella che imita la Hayes 61, una brocca, alcuni bacini ed un coperchio — caratterizzati da ingobbio arancione, di frequente associato a tracce di steccature orizzontali (Figg. **9.2.17** e **9.3.18–20**) e da un impasto di colore arancione-rosato, molto simile a quello attestato in alcune anfore Keay 52 e nella *micaceous ware*. È verosimile che questi manufatti accompagnassero i carichi di anfore vinarie provenienti dall'Italia meridionale ed insulare e che i bacini fossero utilizzati come contenitori da trasporto per cibi solidi, come carne o pesce sotto sale (Ricci 1998: 363). Si tratta di un flusso commerciale che inizia a svilupparsi già nel IV secolo d.C. ed è connesso con il *canon vinarius* al quale erano soggette Calabria, Sicilia ed altre aree dell'Italia meridionale (Panella 1993: 647).

È opportuno, a questo punto, offrire una breve panoramica del vasellame da mensa e da cucina documentato nel contesto stratigrafico in esame, evidenziando le connessioni tra forme, aspetti funzionali e diverse aree di provenienza.

Dal nord Africa viene importata la quasi totalità del vasellame fine da mensa (98% di questa classe) e una significativa quantità di ceramica comune da mensa/dispensa e per la preparazione dei cibi (24%) — principalmente mortai — e di manufatti utilizzati in cucina (40%) — olle e tegami e in minor misura piatti/coperchi.

Le produzioni locali sono nettamente preponderanti tra le ceramiche comuni da mensa/dispensa e per la preparazione dei cibi (68%) ed in percentuali appena inferiori tra i manufatti in ceramica comune da cucina (44%).

Dal punto di vista funzionale si delinea una netta distinzione all'interno del vasellame da mensa: le forme aperte (scodelle, piatti, coppe) sono realizzate in sigillata africana, mentre quelle chiuse (anforette, brocche, oinochoai, bottiglie) vengono prodotte in ceramica comune. Le forme aperte in ceramica comune, invece, sono utilizzate per la preparazione e la conservazione dei cibi: si tratta soprattutto di bacini, prevalentemente prodotti in officine locali e nell'Italia meridionale/insulare, e mortai, importati dal nord Africa. È evidente, quindi, che la ceramica prodotta localmente integra quella importata, proponendo sul mercato forme che per funzione e dimensioni non trovano concorrenti (Panella 1999: 189–90). Per quanto riguarda la ceramica da cucina, la distinzione delle forme funzionali per ambiti produttivi è decisamente meno accentuata: si nota una leggera preponderanza di casseruole prodotte nell'Italia meridionale/insulare e in ambito locale, mentre tra i tegami e le olle prevalgono di poco quelli importati dal nord Africa.

Più in generale, all'interno delle classi comuni, è evidente una prevalente produzione di forme aperte rispetto a quelle chiuse: si tratta di un fenomeno attestato anche in contesti coevi di Roma, verosimilmente legato a significativi cambiamenti nelle abitudini alimentari.[29] I cibi, infatti, divengono per lo più liquidi e semiliquidi e sono probabilmente preparati utilizzando bacini, attestati in quantità crescenti nei contesti romani di V e VI secolo d.C. Questi contenitori venivano impiegati per molteplici utilizzi: preparazione dei cibi, attività casearie, trasporto di derrate, ma anche direttamente sulle mense, come stoviglie da portata o per il consumo promiscuo dei pasti.[30]

Alla produzione romana del V secolo sono ascrivibili, infine, tutti i reperti vitrei attestati nelle colmate per la costruzione delle mura di Porto, caratterizzati nella quasi totalità da una colorazione nei toni del verde, tipica della produzione tardo-antica: soprattutto bicchieri e coppe, ma anche scodelle, piatti e qualche forma chiusa, utilizzati a corredo del servizio da mensa. Si segnala, inoltre, la presenza di alcuni frammenti di pani di vetro e di uno scarto di lavorazione, forse riconducibile ad una bottiglia.

CONCLUSIONI

Osservando la totalità dei materiali rinvenuti nei Periodi 2–5, due dati appaiono evidenti: la prevalenza di manufatti di importazione rispetto a quelli prodotti localmente e la percentuale di attestazione, decisamente più elevata, dei contenitori da trasporto rispetto alle altre classi di reperti (Tabella 9.1).

Nei nostri contesti la quantità dei reperti d'importazione è certamente degna di nota e si attesta in percentuali superiori al 60% del totale, in ciascun periodo esaminato (Periodo 2 — 72%; Periodo 3 — 83%; Periodo 4 — 81%; Periodo 5 fasi a–b — 85%; Periodo 5 fase c — 63%).

Questi dati possono essere confrontati con quelli che Archer Martin ha rilevato in contesti di V secolo d.C. a Ostia, Roma (Santo Stefano Rotondo), Lugnano in Teverina e Chianciano (Martin 2004: 202–4). Ad Ostia le anfore (quasi tutte d'oltremare) superano di gran lunga gli altri gruppi funzionali; la ceramica comune (raramente d'importazione) rappresenta quasi un quarto del materiale totale, seguita da una minor quantità di ceramica da fuoco (in buona quantità di importazione), una discreta presenza di ceramica fine (quasi esclusivamente d'importazione) e pochissime lucerne. A Roma la situazione si presenta appena differente: si rileva una diminuzione della ceramica comune a favore della altre classi, con una notevole prevalenza delle anfore (quasi tutte d'importazione). A Lugnano, invece, la presenza di ceramiche da fuoco supera quella dei contenitori da trasporto, di provenienza sia trasmarina che regionale o centro-italica; le attestazioni di manufatti in ceramica comune si riducono, mentre quelle di ceramiche fini (anche locali) e lucerne sono piuttosto esigue. A Chianciano, infine, è scarsamente documentata la presenza di anfore (per lo più locali) così come di ceramiche fini (soprattutto locali) e lucerne. È evidente che a Porto, come a Roma e ad Ostia, il commercio marittimo ha un ruolo talmente importante da lasciare relativamente poco spazio ai prodotti locali, mentre in centri che si trovano più nell'interno, dove i flussi commerciali arrivano abbastanza indeboliti, c'è posto per produzioni locali e regionali.

Come già accennato, dall'osservazione delle classi di reperti nei vari periodi della sequenza stratigrafica, emerge un'altra importante valutazione: la percentuale del vasellame fine, delle lucerne e del vetro risulta sempre piuttosto esigua, mentre prevalgono sensibilmente i contenitori da trasporto, in particolare nell'ultimo quarto del V secolo (le anfore raggiungono nel Periodo 2 il 67%, nel Periodo 3 il 43%, nel Periodo 4 il 58%, il 71% nel Periodo 5 fasi a–b ed il 60% nel Periodo 5 fase c).

Questo stesso fenomeno trova conferma anche nei dati emersi dallo studio dei materiali provenienti dalla limitrofa Basilica Portuense, dove assistiamo ad un significativo aumento del materiale anforico già nei primi tre quarti del V d.C., che si intensifica proprio a partire dall'ultimo quarto del secolo.[31]

Questo dato risulta più comprensibile se consideriamo che l'area interessata dai sondaggi effettuati lungo l'Antemurale è destinata, a partire almeno dal Periodo 3, all'immagazzinamento delle merci. All'interno, quindi, dovevano essere stoccati prodotti, prevalentemente trasportati in anfore, provenienti da tutto il Mediterraneo. La destinazione d'uso dell'area giustifica, perciò, le considerevoli percentuali di contenitori da trasporto ivi rinvenuti. È verosimile immaginare, inoltre, che durante l'attività di stoccaggio dei carichi che giugevano via mare a Porto, per comodità o per ragioni di organizzazione interna degli *horrea*, le merci venissero immagazzinate per aree di provenienza. Tali eventuali concentrazioni di materiali, perciò, potrebbero aver influenzato i valori percentuali delle nostre stratigrafie, determinando la leggera prevalenza delle produzioni orientali nel corso del Periodo 5. I dati fino ad ora osservati vanno riletti alla luce di queste considerazioni e certamente non possono ritenersi fedele rappresentazione del quadro economico del V secolo d.C.

NOTE

1. Si veda il contributo di Paroli e Ricci in questo volume (Capitolo 8). Altri studi sulla ceramica rinvenuta negli scavi di Porto sono presentati all'interno di questo volume: Capitolo 5 (Palazzo Imperiale) e 10 (Basilica Portuense).

2. Periodo 2 fase b; Periodo 3 fasi a–b; Periodo 4 fasi a–d; Periodo 5 fasi a–c; Periodo 6 fase b; Periodo 7.

3. La cronologia viene riportata tra parentesi solo quando ha un valore puramente orientativo e di supporto ai fini della datazione dei contesti stratigrafici. Questo si verifica nel caso di forme ceramiche scarsamente attestate, la cui cronologia perciò non si può considerare attendibile, e nel caso di reperti per i quali è stato possibile fornire solamente un confronto generico ('simile a').

4. Per i frammenti di orlo scarsamente conservati non si è ritenuto opportuno proporre la restituzione grafica; essi, quindi, vengono semplicemente catalogati come orli tra gli elementi non identificabili. Si avverte che il rimando alle Figure all'interno delle Appendici è evidenziato in grassetto e che nelle Figure i disegni dei vetri precedono quelli della ceramica.

5. Per la datazione di questa forma si veda: Tortorella 1998: 67.

6. In totale sono stati rinvenuti 490 frammenti di cui 47 orli.

7. In totale sono stati rinvenuti 1.147 frammenti di cui 185 orli.

8. Si veda per questa cronologia: Rizzo *et al.* 2004: 74.

9. Per la datazione di questa forma, si veda: Tortorella 1998: 68.

10. La forma *Kellia* 169 è prodotta tra la fine del IV secolo d.C. e gli inizi del V, ma non viene importata nel Mediterraneo occidentale prima del secondo quarto del V secolo; la forma più conosciuta della *Late Roman* 1 è la *Kellia* 164 che viene prodotta soprattutto dalla metà del V d.C. (Arthur 1998: 164–5).

11. In totale sono stati rinvenuti 1.901 frammenti di cui 168 orli.

12. In totale sono stati rinvenuti 8.224 frammenti di cui 972 orli.

13. In totale sono stati rinvenuti 188 frammenti di cui 27 orli.

14. Per la datazione di queste tre forme si veda: Tortorella 1998: 67–8.

15. In totale sono stati rinvenuti 527 frammenti di cui 108 orli.

16. L'anfora è conservata quasi per intero (tomba 14).

17. Quest'anfora è stata tagliata a metà per ospitare al suo interno la deposizione di un infante (tomba 2).

18. Si veda: Sazanov 1999: tipo 7.2 = Arthur e Oren 1998: fig. 6.5.

19. I due unguentari provengono rispettivamente dalla tomba 3 (**Fig. 9.3.22**) e dalla tomba 8 (**Fig. 9.3.23**).

20. In totale sono stati rinvenuti 269 frammenti di cui 54 orli.

21. Cfr. Paroli e Ricci in questo volume (Capitolo 8).

22. La cronologia, fornita sulla base di attestazioni negli scavi di Cartagine, per due tipi di tegame attribuibili alla *micaceous ware* — Fulford e Peacock 1984: fig. 58, 22 (500–50 d.C.) e Fulford e Peacock 1984: fig. 58, 20.4 (500–550/570 d.C.) — deve essere molto probabilmente anticipata di un venticinquennio.

23. Queste anfore appartengono alla III fase distinta da Panella (2001) che corrisponde alla prima e alla seconda generazione delle anfore cilindriche individuate da Bonifay e Piéri (1995).

24. Questo gruppo di Keay 52 distinto da Pacetti è particolarmente attestato in contesti della seconda metà del V secolo d.C. (Pacetti 1998: fig. 4.1, 2, 4).

25. L'anfora *Late Roman* 7 è prodotta, nel caso di esemplari con spalla arrotondata come il nostro, tra la fine del IV ed il VI secolo, ma è attestata in Italia in contesti databili tra il tardo V e il VI secolo d.C. (Arthur 1998: 163; Saguì 1998: 317).

26. L'anfora *Samos cistern type* è datata solitamente alla prima metà/metà del VI–VII secolo d.C., ma a Roma e Porto è attestata, seppure in piccola quantità, già dalla fine del V secolo d.C.

27. Un esempio analogo è rappresentato da un contesto del primo quarto del V secolo d.C. ad Arles (Piton 1998).

28. Si veda: Arthur 1998: Carminiello tipo 17, variante a (V–VII secolo d.C.).

29. 270 frammenti di forme aperte a cui si aggiungono 33 piatti/coperchio, contro 97 frammenti di forme chiuse.

30. Si veda: Ricci 1998: 363; Fogagnolo 2004: 585–7; Munzi *et al.* 2004: 100–1; Pacetti 2004: 441–5; Rizzo *et al.* 2004: 77–84; Saguì e Coletti 2004: 243–5.

31. Cfr. il contributo di Di Giuseppe in questo volume (Capitolo 10).

RIFERIMENTI BIBLIOGRAFICI

Abbreviazioni

Africana   si veda *Ostia* III: 580–91.
Agorà   si veda Robinson 1959.
Atlante   *Atlante delle forme ceramiche* I. *Ceramica fine romana nel bacino mediterraneo (medio e tardo impero)* (*Supplemento a Enciclopedia dell'arte antica*) (1981). Roma, Istituto dell'Enciclopedia Italiana.
Almagro   si veda Almagro Basch 1955.
Bailey   si veda Bailey 1980.
Crypta Balbi 2 si veda Saguì 1998.
Dressel   si veda Dressel 1899.
El-Mahrine   si veda Mackensen 1993.
Fulford   si veda Fulford 1984.
Hayes   si veda Hayes 1972.
Keay   si veda Keay 1984.
Kellia   si veda Egloff 1977.
Lamboglia   si veda Lamboglia 1950.
Late Roman   si veda Riley 1981.
Luni II   si veda Frova 1977.
Ostia I   *Ostia* I. *Le Terme del Nuotatore. Scavo dell'ambiente IV* (*Studi miscellanei* 13) (1968). Roma, De Luca.
Ostia II   *Ostia* II. *Le Terme del Nuotatore. Scavo dell'ambiente I* (*Studi miscellanei* 16) (1971). Roma, De Luca.
Ostia III   *Ostia* III/2. *Le Terme del Nuotatore. Scavo degli ambienti III, VI, VII. Scavo dell'ambiente V e di un saggio nell'area SO* (*Studi miscellanei* 21) (1973). Roma, De Luca.
Ostia IV   *Ostia* IV. *Le Terme del Nuotatore. Scavo dell'ambiente XVI e dell'area XXV* (*Studi miscellanei* 23) (1977). Roma, De Luca.
Provoost   si veda Provoost 1970.
Samos cistern type   si veda Arthur 1990.
Schola Praeconum I   si veda Whitehouse *et al.* 1982.
Scorpan   si veda Scorpan 1977.
Tàrraco   si veda Macias Solé 1999.
Zemer   si veda Zemer 1977.

Almagro Basch, M. (1955) *Las necropolis de Ampurias* II. Barcelona, Seix y Barral.

Arthur, P. (1990) Anfore dell'alto Adriatico e il problema del *Samos cistern type*. *Aquileia Nostra* 61: 282–95.

Arthur, P. (1998) Eastern mediterranean amphorae between 500 and 700: a view from Italy. In L. Saguì (ed.), *Ceramica in Italia: VI–VII secolo. Atti del convegno in onore di John W. Hayes (Roma 1995)*: 157–83. Firenze, All'Insegna del Giglio.

Arthur, P. e Oren, E.D. (1998) The north Sinai survey and the evidence of transport amphorae for Roman and Byzantine trading patterns. *Journal of Roman Archaeology* 11: 196–212.

Bailey, D.M. (1980) *A Catalogue of Lamps in the British Museum* II. *Roman Lamps Made in Italy*. Londra, British Museum Press.

Barbera, M.R. (2001) Lucerne. In M.S. Arena, P. Delogu, L. Paroli, M. Ricci, L. Saguì e L. Vendittelli (edd.), *Roma dall'antichità al medioevo. Archeologia e storia nel Museo Nazionale Romano Crypta Balbi*: 184–91. Milano, Electa (Soprintendenza Archeologica di Roma).

Barbera, M.R. e Petriaggi, R. (1993) *Museo Nazionale Romano. Le lucerne tardo-antiche di produzione africana*. Roma, Istituto Poligrafico e Zecca dello Stato/Libreria dello Stato.

Bonifay, M. (1998) Sur quelques problèmes de datation des sigillées africaines à Marseille. In L. Saguì (ed.), *Ceramica in Italia: VI–VII secolo. Atti del convegno in onore di John W. Hayes (Roma 1995)*: 71–82. Firenze, All'Insegna del Giglio.

Bonifay, M. e Piéri, D. (1995) Amphoras du Ve au VIIe s. à Marseille: nouvelles données sur la typologie et le contenu. *Journal of Roman Archaeology* 8: 94–120.

Carsana, V. (1994) Ceramica da cucina tardo-antica e alto-medievale. In P. Arthur, *Il complesso archeologico di Carminiello ai Mannesi, Napoli (scavi 1983–1984)*: 221–58. Galatina, Congedo.

CATHMA (1991) *Importations de céramiques communes méditerranéennes dans le midi de la Gaule (Ve–VIIe s.)*. In *Congresso internacional: a cerâmica medieval no Mediterrâneo ocidental (Lisboa 1987)*: 27–47. Mértola, Campo Arqueológico de Mértola.

Ciarrocchi, B., Coletti, C.M., Martin, A., Paroli, L. e Pavolini, C. (1998) Ceramica comune tardoantica da Ostia e Porto (V–VII secolo). In L. Saguì (ed.), *Ceramica in Italia: VI–VII* secolo. *Atti del convegno in onore di John W. Hayes (Roma 1995)*: 383–420. Firenze, All'Insegna del Giglio.

Ciceroni, M., Martin, A. e Munzi, M. (2004) I contesti tardoantichi e altomedievali del Bastione Farnesiano nella Domus Tiberiana. In L. Paroli e L. Vendittelli (edd.), *Roma dall'antichità al medioevo* II. *Contesti tardoantichi e altomedievali*: 129–63. Milano, Electa (Ministero per i Beni e le Attività Culturali/Soprintendenza Archeologica di Roma).

Del Vecchio, F. (2004) I vetri. In M. Munzi, S. Fontana, I. De Luca e F. Del Vecchio, Domus Tiberiana: contesti tardoantichi dal settore nord-orientale: 118–19. In L. Paroli e L. Vendittelli (edd.), *Roma dall'antichità al medioevo* II. *Contesti tardoantichi e altomedievali*: 91–128. Milano, Electa (Ministero per i Beni e le Attività Culturali/Soprintendenza Archeologica di Roma).

Di Giuseppe, H. (2004) I reperti ceramici. In D. Filippi, G. Ricci, H. Di Giuseppe, C. Capelli e F. Delussu, La casa delle Vestali: un immondezzaio di VI secolo d.C.: 166–76. In L. Paroli e L. Vendittelli (edd.), *Roma dall'antichità al medioevo* II. *Contesti tardoantichi e altomedievali*: 164–79. Milano, Electa (Ministero per i Beni e le Attività Culturali/Soprintendenza Archeologica di Roma).

Dressel, H. (1899) *Corpus Inscriptionum Latinarum* XV, 2.1, tav. II. Berlino, Georg Reimer/Walter de Gruyter.

Dyson, S.L. (1976) *Cosa: the Utilitarian Pottery* (*Memoirs of the American Academy in Rome* 33). Roma, American Academy in Rome.

Egloff, M. (1977) *Kellia. La poterie copte. Quatre siècles d'artisanat et d'échanges en Basse-Egypte* 1 (*Recherches Suisses d'Archéologie Copte* 3). Ginevra, Georg.

Fogagnolo, S. (2004) Trastevere. Conservatorio di San Pasquale: dal quartiere romano all'occupazione medievale. In L. Paroli e L. Vendittelli (edd.), *Roma dall'antichità al medioevo* II. *Contesti tardoantichi e altomedievali*: 576–97. Milano, Electa (Ministero per i Beni e le Attività Culturali/Soprintendenza Archeologica di Roma).

Fontana, S. (1998) Le 'imitazioni' della sigillata africana e le ceramiche da mensa italiche tardo-antiche. In L. Saguì (ed.), *Ceramica in Italia: VI–VII secolo. Atti del convegno in onore di John W. Hayes (Roma 1995)*: 83–100. Firenze, All'Insegna del Giglio.

Frova, A. (1977) (ed.) *Scavi di Luni: relazione delle campagne di scavo 1972–1973–1974* II. Roma, G. Bretschneider.

Fulford, M.G. (1984) The red slipped ware. In M.G. Fulford e D.P.S. Peacock, *Excavations at Carthage: the British Mission* I, 2. *The Avenue du President Bourguiba, Salammbo: the Pottery and Other Ceramic Objects from the Site*: 48–115. Sheffield, Department of Prehistory and Archaeology, University of Sheffield (per la British Academy).

Fulford, M.G. e Peacock, D.P.S. (1984) *Excavations at Carthage: the British Mission* I, 2. *The Avenue du President Bourguiba, Salammbo: the Pottery and Other Ceramic Objects from the Site*. Sheffield, Department of Prehistory and Archaeology, University of Sheffield (per la British Academy).

Hayes, J.W. (1972) *Late Roman Pottery*. Londra, British School at Rome.

Isings, C. (1957) *Roman Glass from Dated Finds.* Groningen/Djakarta, J.B. Wolters.

Keay, S.J. (1984) *Late Roman Amphorae in the Western Mediterranean. A Typology and Economic Study: the Catalan Evidence* (*British Archaeological Reports, International Series* 196). Oxford, British Archaeological Reports.

Lamboglia, N. (1950) *Gli scavi di Albintimilium e la cronologia della ceramica romana. Campagne di scavo 1938–1940.* Bordighera, Istituto Internazionale di Studi Liguri.

Mackensen, M. (1993) *Die Spätantiken Sigillata und Lampentöpferein von El-Mahrine (Nord-Tunisien). Studien zur Nordafrikanischen Feinkeramik des 4. bis 7. Jarhunderts.* Monaco, Beck.

Macias Solé, J.M. (1999) *Ceràmica comuna tardoantiga a Tàrraco: anàlisi tipològica i història (segles V–VII).* Tarragona, Museu Nacional Arqueològic de Tarragona.

Martin, A. (1989) L'importazione di ceramica africana a Roma tra IV e V secolo (S. Stefano Rotondo). In A. Mastino (ed.), *L'Africa romana. Atti del VI convegno di studio* (*Sassari 1988*): 475–83. Sassari, Gallizzi.

Martin, A. (2001) Scheda I.4.22. In M.S. Arena, P. Delogu, L. Paroli, M. Ricci, L. Saguì e L. Vendittelli (edd.), *Roma dall'antichità al medioevo. Archeologia e storia nel Museo Nazionale Romano Crypta Balbi*: 183. Milano, Electa (Soprintendenza Archeologica di Roma).

Martin, A. (2004) Considerazioni su un confronto tra gruppi funzionali in quattro contesti ceramici del V secolo d.C. In E.C. De Sena e H. Dessales, *Metodi di approccio archeologici: l'industria e il commercio nell'Italia antica* (*British Archaeological Reports, International Series* 1.262): 202–4. Oxford, British Archaeological Reports.

Massa, S. (1998) Ceramica fine da mensa: importazioni e imitazioni in Lombardia nei secoli VI–VII. In L. Saguì (ed.), *Ceramica in Italia: VI–VII secolo. Atti del convegno in onore di John W. Hayes (Roma 1995)*: 591–8. Firenze, All'Insegna del Giglio.

Moccheggiani Carpano, C.M. e Meneghini, R. (1985) Lungotevere Testaccio. *Bullettino della Commissione Archeologica Comunale di Roma* 90: 86–95.

Munzi, M., Fontana, S., De Luca, I. e Del Vecchio, F. (2004) Domus Tiberiana: contesti tardoantichi dal settore nord-orientale. In L. Paroli e L. Vendittelli (edd.), *Roma dall'antichità al medioevo* II. *Contesti tardoantichi e altomedievali*: 91–128. Milano, Electa (Ministero per i Beni e le Attività Culturali/Soprintendenza Archeologica di Roma).

Olcese, G. (1993) *Le ceramiche comuni di Albintimilium. Indagine archeologica e archeometrica sui materiali dell'area del Cardine.* Firenze, All'Insegna del Giglio.

Pacetti, F. (1998) La questione delle Keay LII nell'ambito della produzione anforica in Italia. In L. Saguì (ed.), *Ceramica in Italia: VI–VII secolo. Atti del convegno in onore di John W. Hayes (Roma 1995)*: 185–208. Firenze, All'Insegna del Giglio.

Pacetti, F. (2004) Celio. Basilica Hilariana: scavi 1987–1989. In L. Paroli e L. Vendittelli (edd.), *Roma dall'antichità al medioevo* II. *Contesti tardoantichi e altomedievali*: 435–57. Milano,

Electa (Ministero per i Beni e le Attività Culturali/Soprinten-denza Archeologica di Roma).

Panella, C. (1993) Merci e scambi nel Mediterraneo tardo antico. In A. Carandini, L. Cracco Ruggini e A. Giardina (edd.), *Storia di Roma* III. *L'età tardoantica* II. *I luoghi e le culture*: 613–97. Torino, Einaudi.

Panella, C. (1999) Rifornimenti urbani e cultura materiale tra Aureliano ed Alarico. In W.V. Harris (ed.), *The Transformations of 'Urbs Roma' in Late Antiquity. Proceedings of a Conference Held at the University of Rome 'La Sapienza' and at the American Academy in Rome* (*Journal of Roman Archaeology, Supplement* 33): 183–215. Portsmouth (RI), Journal of Roman Archaeology.

Panella, C. (2001) Le anfore di età imperiale del Mediterraneo occidentale. In P. Lévêque e J.-P. Morel (edd.), *Céramiques hellénistiques et romaines* III (*Publications du Centre Camille Jullian* 28): 177–275. Parigi, Presses Universitaires Franc-Comtoises.

Pavolini, C. (2000) *La ceramica comune. Le forme in argilla depurata dell'Antiquarium di Ostia* (*Scavi di Ostia* XIII). Roma, Istituto Poligrafico e Zecca dello Stato/Libreria dello Stato.

Piton, J. (1998) Contexte amphorique du début du Ve siècle à Arles (Bouche-du-Rhône). In L. Rivet (ed.), *Actes du congrès d'Istres (21–24 maggio 1998)*: 107–15. Marsiglia, Société Française d'Étude de la Céramique Antique en Gaule.

Provoost, A. (1970) Les lampes à récipients allongé trouvées dans les catacombes romaines. Essai de classification typologique. *Bullettin de l'Institut Historique Belge de Rome* 41: 17–55.

Reynaud, P. e Rigoir, Y. (1998) Les autres céramiques communes. In M. Bonifay, M.-B. Carre e Y. Rigoir (edd.), *Fouilles à Marseille. Le mobiliers* (*I–VII siècles ap. J.C.*): 222–4. Parigi, Errance.

Ricci, M. (1998) La ceramica comune dal contesto di VII secolo della *Crypta Balbi*. In L. Saguì (ed.), *Ceramica in Italia: VI–VII secolo. Atti del convegno in onore di John W. Hayes (Roma 1995)*: 351–82. Firenze, All'Insegna del Giglio.

Ricci, M. (2001) Crypta Balbi. Muro perimetrale nord. I.12.16a Tomba US 3043. In M.S. Arena, P. Delogu, L. Paroli, M. Ricci, L. Saguì e L. Vendittelli (edd.), *Roma dall'antichità al medioevo. Archeologia e storia nel Museo Nazionale Romano* Crypta Balbi: 254. Milano, Electa (Soprintendenza Archeologica di Roma).

Rigoir, Y. (1998) Les dérivées-des-sigillées paléochrétiennes. In M. Bonifay, M.-B. Carre e Y. Rigoir (edd.), *Fouilles à Marseille. Le mobiliers* (*I–VII siècles ap. J.C.*): 205–16. Parigi, Errance.

Riley, J.A. (1981) The pottery of cisterns 1977.1, 1977.2 and 1977.3. In J.H. Humphrey (ed.), *Excavations at Carthage 1977 Conducted by the University of Michigan* 6: 85–124. Ann Arbor, Kelsey Museum, University of Michigan.

Rizzo, G., Capone, M., Costantini, C., Gafà, R., Pentiricci, M. e Munzi, M. (2004) Vigna Barberini, settore D, periodo IV: 540/550–580/590 AD. In L. Paroli e L. Vendittelli (edd.), *Roma dall'antichità al medioevo* II. *Contesti tardoantichi e altomedievali*: 72–90. Milano, Electa (Ministero per i Beni e le Attività Culturali/Soprintendenza Archeologica di Roma).

Robinson, H.S. (1959) *The Athenian Agora* V. *Pottery of the Roman Period. Chronology*. Princeton, American School of Classical Studies at Athens.

Saguì, L. (1993) Produzioni vetrarie a Roma tra tardo-antico e alto medioevo. In L. Paroli e P. Delogu (edd.), *La storia economica di Roma nell'alto medioevo alla luce dei recenti scavi archeologici. Atti del seminario (Roma 2–3 aprile 1992)*: 113–36. Firenze, All'Insegna del Giglio.

Saguì, L. (1998) Il deposito della Crypta Balbi: una testimonianza imprevedibile sulla Roma del VII secolo? In L. Saguì (ed.), *Ceramica in Italia: VI–VII secolo. Atti del convegno in onore di John W. Hayes (Roma 1995)*: 305–30. Firenze, All'Insegna del Giglio.

Saguì, L. e Coletti, C.M. (2004) Contesti tardoantichi dall'area a S-E della *Crypta Balbi*. In L. Paroli e L. Vendittelli (edd.), *Roma dall'antichità al medioevo* II. *Contesti tardoantichi e altomedievali*: 242–77. Milano, Electa (Ministero per i Beni e le Attività Culturali/Soprintendenza Archeologica di Roma).

Santoro Bianchi, S. e Guiducci, G. (2001) *Pantellerian ware*: il problema morfologico. *Rei Cretariae Romanae Fautorum Acta* 37: 171–5.

Sazanov, A. (1999) Les amphores 'LA1 Carthage' dans la région de la Mer Noire (typologie et chronologie: Ve–VIIe s. apr. J.-C.). In Y. Garlan (ed.), *Production et commerce des amphores anciennes en Mer Noire*: 265–80. Aix-en-Provence, Publications de l'Université de Provence.

Scorpan, C. (1977) Contribution à la connaissance de certains types de céramiques romano-byzantines (IVe–VIIe s.) dans l'espace Istro-Pontique. *Dacia* 21: 269–97.

Staffa, A.R. (1986) Località Rebibbia, via Cannizzaro. Un punto di sosta lungo la Via Tiburtina antica fra l'età di Augusto e la tarda antichità. *Bullettino della Commissione Archeologica Comunale di Roma* 91 (2): 642–78.

Sternini, M. (1989) *Una manifattura vetraria di V secolo a Roma*. Firenze, All'Insegna del Giglio.

Tortorella, S. (1998) La sigillata africana in Italia nel VI e nel VII secolo d.C.: problemi di cronologia e distribuzione. In L. Saguì (ed.), *Ceramica in Italia: VI–VII secolo. Atti del convegno in onore di John W. Hayes (Roma 1995)*: 41–70. Firenze, All'Insegna del Giglio.

Whitehouse, D., Barker, G., Reece, R. e Reese, D. (1982) The Schola Praeconum I: the coins, pottery, lamps and fauna. *Papers of the British School at Rome* 50: 53–101.

Zemer, A. (1977) *Storage Jars in Ancient Sea Trade*. Haifa, National Maritime Museum Foundation.

APPENDICE 1. Periodo 2, fase b.

Legenda: O — orli; A — anse; F — fondi; P — pareti; Frr. — numero totale di frammenti.

Classe	Produzione	Forma	Tipo/Fig.	Cronologia	O	A	F	P	Frr.
Classi fini da mensa									
Sigillata africana	D	vaso a listello	Hayes 91B = Fulford 47, 1 = El-Mahrine 52, 2–3	400/420–500/550	4				4
Sigillata africana	D				1			10	11
Lucerne									
Lucerne	locale	lucerna						4	4
Ceramiche comuni									
Ceramica comune	locale						5	14	20
Ceramica comune sovradipinta	locale						1	3	4
Ceramica comune africana	africana	bacino	Ostia I: 419 = Fulford e Peacock 1984: fig. 73, 4	III–VI	1				1
Ceramica comune africana	africana				1	1	3	14	19
Ceramica comune da cucina	locale				4		1	4	9
Ceramica di Pantelleria	Italia insulare							1	1
Micaceous ware	Italia meridionale e insulare							1	1
Ceramica comune da cucina	non identificata	piatto/coperchio	Fulford e Peacock 1984: fig. 71, 2.1	fine IV–475/500	1				1
Ceramica comune da cucina	orientale							1	1
Ceramica africana da cucina	africana	tegame	Hayes 181 = Ostia I: 15 = Atlante CVI, 3–4 = Carsana 1994: fig. 118, 92.3	II–fine IV/inizi V	3				3
Ceramica africana da cucina	africana	casseruola	Ostia III: 267 = Hayes 197 = Fulford e Peacock 1984: fig. 67, 1	150/200–400/425	9				9
Ceramica africana da cucina	africana	piatto/coperchio	Ostia I: 261 = Atlante CIV, 6	età severiana–fine IV/inizi V	7				7
Ceramica africana da cucina	africana	piatto/coperchio	Ostia I: 17 = Hayes 182 = Atlante CV, 3 = Rigoir 1998: fig. 189, 216	prima metà III–fine IV/inizi V	3				3
Ceramica africana da cucina	africana	piatto/coperchio	Ostia IV: 60 = Atlante CIV, 8 = Carsana 1994: fig. 119, 101	IV–inizi V	1				1
Ceramica africana da cucina	africana						12	36	48

Contenitori da trasporto

Anfore	africana	anfora	Africana IB	secondo quarto III–inizi V	1				1
Anfore	africana	anfora	Africana IIC	secondo quarto III–inizi V	2				2
Anfore	africana	anfora	Contenitori cilindrici di medie dimensioni, Keay 25Y	ultimo quarto III–metà V	1				1
Anfore	africana	anfora	Contenitori cilindrici di medie dimensioni, Keay 25E	ultimo quarto III–metà V	1				1
Anfore	africana	anfora	Contenitori cilindrici di medie dimensioni, Keay 25	ultimo quarto III–metà V			1		1
Anfore	africana	anfora				8	2	194	204
Anfore	calabro-peloritana	anfora	Keay 52 = Pacetti 1998: fig. 5. 1	IV–VII	1	1		3	5
Anfore	calabro-peloritana	anfora	Keay 52	IV–VII		1		4	5
Anfore	microasiatica	anfora	*Late Roman 3*	fine IV–VII		1			1
Anfore	orientale	anfora					1	22	23
Anfore	non identificata	anfora			1			82	83
Vetri									
Vetri	locale	coppa	Sagui 1993: fig. 4, 14	IV–V	1				1
Vetri	locale	coppa	Sagui 1993: fig. 6, 32	V	1				1
Vetri	locale	urnetta	Sagui 1993: fig. 7, 43	V	1				1
Vetri	locale					1	2	10	13
Totali					**47**	**12**	**28**	**403**	**490**

APPENDICE 2. Periodo 2, fasi a–b.

Legenda: O — orli; A — anse; F — fondi; P — pareti; Frr. — numero totale di frammenti.

Classe	Produzione	Forma	Tipo/Fig.	Cronologia	O	A	F	P	Frr.
Materiali contestuali									
Classi fini da mensa									
Sigillata africana	D	piatto	Hayes 60, 3 = *Atlante* LIV, 7	IV–V	1				1
Sigillata africana	D	piatto	Hayes 60, 1–2 = *Atlante* XXXV, 8	320–470	1				1
Sigillata africana	D	scodella	Lamboglia 53 = *Atlante* XXXIV, 6	IV–V	1				1
Sigillata africana	D	scodella	Hayes 67, 8 = Lamboglia 42 = *Atlante* XXXVIII, 3	IV–V	1				1
Sigillata africana	D2	scodella	Hayes 50B, 60 = *Atlante* XXXVII, 1	350–400 e oltre	2				2
Sigillata africana	D	scodella	Hayes 67	360–470	5				5
Sigillata africana	D	vaso a listello	Hayes 91A–B = *Atlante* XLVIII, 11-13	370–500/550	1				1
Sigillata africana	D	coppa	Hayes 81B = *Atlante* XLVIII, 6	425–475	1				1
Sigillata africana	D	forma aperta	*Atlante* LVI, 22–4, stampo 12, stili Hayes Aii, B-D	425–metà VI			1		1
Sigillata africana	D	forma aperta	Barbera e Petriaggi 1993: 313B (stampo attestato solo su lucerne)	450–500			1		1
Sigillata africana	D	forma aperta	Hayes stampo 116, tav. LVII, 64	non databile			1		1
Sigillata africana	D				13		20	45	78
Sigillata	non identificata							1	1
Ceramica a vernice rossa	locale					1		3	4
Lucerne									
Lucerne	africana							4	4
Lucerne	locale							10	10
Ceramiche comuni									
Ceramica comune	locale	boccale	Ricci 1998: fig. 9, 12	V–VII	1				1
Ceramica comune	locale				5	3	5	76	89
Ceramica comune sovradipinta	locale					1		2	3
Ceramica comune	Italia meridionale							1	1

Ceramica comune africana	africana	olla	Fulford e Peacock 1984: fig. 73, 4.3	fine IV/inizi V–500/525	1				1
Ceramica comune africana	africana	brocca	Pavolini 2000: fig. 34, 59	IV–VII	1				1
Ceramica comune africana	africana	bacino	Ostia I: 419 = Fulford e Peacock 1984: fig. 73, 4	III–VI	1				1
Ceramica comune africana	africana	coppa	Fulford e Peacock 1984: fig. 66, 8	400/425–525/550	2				2
Ceramica comune africana	africana				4	2	1	45	52
Ceramica comune da cucina	locale	coperchio	*Schola Praeconum* I: fig. 9, 125	430–440	1				1
Ceramica comune da cucina	locale	coperchio	Martin 1989: fig. 36	inizio V	2				2
Ceramica comune da cucina	locale				2	3	1	48	54
Micaceous ware	Italia meridionale e insulare							2	2
Ceramica comune da cucina	orientale							6	6
Ceramica africana da cucina	africana	olla	Ciarrocchi *et al.* 1998: fig. 11.1 = Reynaud e Rigoir 1998: fig. 189; figg. 217 e 218 = Fulford e Peacock 1984: fig. 69, 19 = CATHMA 1991: tipo 3	fine IV–V	1				1
Ceramica africana da cucina	africana	tegame	Hayes 181 = *Ostia* I: 15 = *Atlante* CVI, 3–4 = Carsana 1994: fig. 118, 92.3	II–fine IV/inizi V	11				11
Ceramica africana da cucina	africana	tegame	Fulford e Peacock 1984: fig. 71, 1	IV–425/450	2				2
Ceramica africana da cucina	africana	tegame	*Ostia* IV: 1 = Fulford e Peacock 1984: fig. 71, 6.3 = *Atlante* CVI, 5–6	fine IV–VI	21				21
Ceramica africana da cucina	africana	casseruola	Lamboglia 10A = Hayes 23B = *Atlante* CVI, 11	II–inizi V	12				12
Ceramica africana da cucina	africana	casseruola	*Ostia* III: 267 = Hayes 197 = Fulford e Peacock 1984: fig. 67, 1	150/200–400/425	14				14
Ceramica africana da cucina	africana	casseruola	*Atlante* CVIII, 3	IV–V	1				1
Ceramica africana da cucina	africana	casseruola	Fulford e Peacock 1984: fig. 69, 20.3	(450/475–535/550)	2				2
Ceramica africana da cucina	africana	piatto/coperchio	*Ostia* I: 261 = *Atlante* CIV, 6–7	età severiana–fine IV/inizi V	7				7
Ceramica africana da cucina	africana	piatto/coperchio	*Ostia* I: 262 = Hayes 195 = *Atlante* CV, 3	età severiana–fine IV/inizi V	3				3
Ceramica africana da cucina	africana	piatto/coperchio	*Ostia* I: 17 = Hayes 182 = *Atlante* CV, 3 = Rigoir 1998: fig. 189, 216	prima metà III–fine IV/inizi V	8				8

APPENDICE 2. *Continuato*

Classe	Produzione	Forma	Tipo/Fig.	Cronologia	O	A	F	P	Frr.
Ceramica africana da cucina	africana	piatto/coperchio	*Ostia* IV: 60 = *Atlante* CIV, 8 = Carsana 1994: fig. 119, 101	IV–inizi V	2				2
Ceramica africana da cucina	africana	piatto/coperchio	Fulford e Peacock 1984: fig. 71, 2.1–3	fine IV–475/500	3				3
Ceramica africana da cucina	africana				13		37	161	211
			Contenitori da trasporto						
Anfore	calabro-peloritana	anfora	Keay 52	IV–VII	1	3	1	55	60
Anfore	calabro-peloritana	anfora	Keay 52 = Pacetti 1998: fig. 4.2	IV–VII	1				1
Anfore	calabro-peloritana	anfora	Keay 52 = Pacetti 1998: fig. 5.1	IV–VII	1				1
Anfore	calabro-peloritana	anfora	Keay 52 = Pacetti 1998: fig. 5.2	IV–VII	1				1
Anfore	calabro-peloritana	anfora	Keay 52 = Pacetti 1998: fig. 7.2	IV–VII	1				1
Anfore	africana	anfora	Africana IB	secondo quarto III–inizi V	3				3
Anfore	africana	anfora	Africana IIC	secondo quarto III–inizi V	2				2
Anfore	africana	anfora	Contenitori cilindrici di medie dimensioni, Keay 25	ultimo quarto III–metà V		1	1		2
Anfore	africana	anfora	Contenitori cilindrici di medie dimensioni, Keay 25A	ultimo quarto III–metà V	1				1
Anfore	africana	anfora	Contenitori cilindrici di medie dimensioni, Keay 25B	ultimo quarto III–metà V	2				2
Anfore	africana	anfora	Contenitori cilindrici di medie dimensioni, Keay 25C	ultimo quarto III–metà V	3				3
Anfore	africana	anfora	Contenitori cilindrici di medie dimensioni, Keay 25L	ultimo quarto III–metà V	1				1
Anfore	africana	anfora	Contenitori cilindrici di medie dimensioni, Keay 25Q	ultimo quarto III–metà V	2				2
Anfore	africana	anfora	Contenitori cilindrico di medie dimensioni, Keay 25S	ultimo quarto III–metà V	1				1
Anfore	africana	anfora	Keay 49	IV–metà V	1				1
Anfore	africana	anfora	Keay 26	350–inizi/metà VI		1			1
Anfore	africana	anfora	Keay 38	V	1				1

Classe	Produzione	Forma	Riferimento	Datazione					
Anfore	africana	anfora	Keay 56B	V–VI	1				1
Anfore	africana	anfora			3	5		238	246
Anfore	microasiatica, siro-cipriota	anfora	Late Roman 1	fine IV–VII	1			2	3
Anfore	microasiatica	anfora	Late Roman 3	fine IV–VII				3	3
Anfore	palestinese	anfora						18	18
Anfore	orientale	anfora				4		138	142
			Vetri						
Vetri	locale	bicchiere	Sternini 1989: tav. 5, 24	fine IV–metà V	1				1
Vetri	locale	bicchiere	Sternini 1989: tav. 5, 29	fine IV–metà V	1				1
Vetri	locale	bicchiere	Sagui 1993: fig. 4, 2–6 = Sternini 1989: tav. 5, 25–6	V	5				5
Vetri	locale	coppa	Sternini 1989: tav. 2, 7	fine IV–inizi V	1				1
Vetri	locale	coppa	Sagui 1993: fig. 5, 16–17 = Sternini 1998: tav. 10, 65 = Del Vecchio 2004: tav. XI, 101	V	3				3
Vetri	locale				1		5	6	12
Totali					**185**	**24**	**74**	**864**	**1147**

APPENDICE 3. Periodo 4, fasi a–d.

Legenda: O — orli; A — anse; F — fondi; P — pareti; Frr. — numero totale di frammenti.

Classe	Produzione	Forma	Tipo/Fig.	Cronologia	O	A	F	P	Frr.
Materiali contestuali									
Classi fini da mensa									
Sigillata africana	D	scodella	Hayes 67 = *Atlante* XXXVIII, 1	360–470	1				1
Sigillata africana	D	scodella	Hayes 64, 4 = *Atlante* XXXVII, 7	fine IV–450	18				18
Sigillata africana	D	scodella	Hayes 67, 9 = *Atlante* XXXVII, 9–11	400–450	6				6
Sigillata africana	D	scodella	Hayes 61B = *Atlante* XXXV, 6 = Bonifay 1998: variante indeterminata	420–450/475	1				1
Sigillata africana	D	scodella	Hayes 61B, 30 = *Atlante* XXXV, 6 = Bonifay 1998: variante 1	420/425–450/475	5				5
Sigillata africana	D	scodella	Hayes 76 = *Atlante* XXXVIII, 6–10	425–475	9				9
Sigillata africana	D	scodella	Hayes 87A	440/450–530	4				4
Sigillata africana	D	scodella	Hayes 104A = *El-Mahrine* 33, 2	450/460–570/580	3				3
Sigillata africana	D	vaso a listello	Hayes 91B = Fulford 47, 1 = *El-Mahrine* 52, 2–3	400/420–500/550	3				3
Sigillata africana	D	forma aperta	Hayes stampo 36 = *Atlante* LVI(a), 36	fine IV–inizi V				1	1
Sigillata africana	D				5		25	108	138
Lucerne									
Lucerne	locale							5	5
Lucerne	africana							15	15
Ceramiche comuni									
Ceramica comune	locale	anforetta	Ricci 1998: fig. 13, 2	V–VII	1				1
Ceramica comune	locale	coperchio			1				1
Ceramica comune	locale				5	5	7	175	192
Ceramica comune africana	africana	anforetta	CATHMA 1991: fig. 14, tipo 24	prima metà V	1				1
Ceramica comune africana	africana	bacino	Fulford e Peacock 1984: fig. 73, 3.1	III–500/525	1				1
Ceramica comune africana	africana	mortaio	CATHMA 1991: fig. 4, tipo 1	V–VI	1				1
Ceramica comune africana	africana	mortaio	Fulford e Peacock 1984: fig. 76, 1.3	400–500/525	1				1

Ceramica comune africana	africana	mortaio	Fulford e Peacock 1984: fig. 76, 7	V-VII	1				1
Ceramica comune africana	africana				1			53	54
Ceramica comune orientale	orientale							1	1
Ceramica comune da cucina	locale	olla	Dyson 1976: LS32	post 330-340	1				1
Ceramica comune da cucina	locale	casseruola	Luni II: gruppo 39h, cm 3281	fine IV-inizi V	1				1
Ceramica comune da cucina	locale	casseruola	Fulford e Peacock 1984: fig. 69, 20.1	(450/475-535/550)	3				3
Ceramica comune da cucina	locale	coperchio	Dyson 1976: LS94	post 330-335	2				2
Ceramica comune da cucina	locale	coperchio	Martin 1989: fig. 36	inizi V	1				1
Ceramica comune da cucina	locale	coperchio	Martin 1989: fig. 33	inizi V	1				1
Ceramica comune da cucina	locale	coperchio	Fulford e Peacock 1984: fig. 75, 3.1	400/425-525/550	3				3
Ceramica comune da cucina	locale	coperchio	Schola Praeconum I: fig. 9, 122	430-440	2				2
Ceramica comune da cucina	locale	piatto/coperchio	Fulford e Peacock 1984: fig. 71, 1.2	IV-425/450	1				1
Ceramica comune da cucina	locale				3	2		112	117
Ceramica di Pantelleria	Italia insulare	tegame	Fulford e Peacock 1984: fig. 57, 13.6	400/425-475/500	1				1
Ceramica di Pantelleria	Italia insulare	tegame	Santoro Bianchi e Guiducci 2001: fig. 2, P = CATHMA 1991: tipo 25 = Fulford e Peacock 1984: fig. 55, 1.1	V	5				5
Ceramica di Pantelleria	Italia insulare	casseruola	Ciarrocchi et al. 1998: fig. 10.6 = Carsana 1994: fig. 104, tipo 2.14 = Fulford e Peacock 1984: fig. 55, 3.5	IV-475/500	1				1
Ceramica di Pantelleria	Italia insulare							2	2
Ceramica comune da cucina orientale	orientale							1	1
Ceramica africana da cucina	africana	tegame	Lamboglia 10A = Hayes 23B = Atlante CVI, 10	fine I-inizi V	1				1
Ceramica africana da cucina	africana	tegame	Lamboglia 10B = Hayes 23A	fine I-inizi V	4				4
Ceramica africana da cucina	africana	tegame	Hayes 181 = Ostia I: 15 = Atlante CVI, 3-4 = Carsana 1994: fig. 118, 92.3	II-fine IV/inizi V	2				2
Ceramica africana da cucina	africana	tegame	Fulford e Peacock 1984: fig. 71, 1.2	IV-425/450	4				4
Ceramica africana da cucina	africana	tegame	Ostia IV: 1 = Fulford e Peacock 1984: fig. 71, 6.3 = Atlante CVI, 5-6	fine IV-VI	12				12

APPENDICE 3. *Continuato*

Classe	Produzione	Forma	Tipo/Fig.	Cronologia	O	A	F	P	Frr.
Ceramica africana da cucina	africana	casseruola	*Ostia* III: 267 = Hayes 197 = Fulford e Peacock 1984: fig. 67, 1	150/200–400/425	4				4
Ceramica africana da cucina	africana	casseruola	*Atlante* CVIII, 10	IV	1				1
Ceramica africana da cucina	africana	piatto/coperchio	*Ostia* I: 261 = *Atlante* CIV, 6	età severiana–fine IV/inizi V	12				12
Ceramica africana da cucina	africana	piatto/coperchio	*Ostia* IV: 60 = *Atlante* CIV, 8 = Carsana 1994: fig. 119, 101	IV–inizi V	1				1
Ceramica africana da cucina	africana						11	105	116
			Contenitori da trasporto						
Anfore	calabrese, siciliana	anfora	Keay 52 = Pacetti 1998: fig. 6.3	IV–VII	1				1
Anfore	calabrese, siciliana	anfora	Keay 52 = Pacetti 1998: fig. 9.1	IV–VII	1				1
Anfore	calabrese, siciliana	anfora	Keay 52 = Pacetti 1998: fig. 9.3	IV–VII	1				1
Anfore	calabrese, siciliana	anfora	Keay 52 = Pacetti 1998: fig. 4.2	IV–VII	1				1
Anfore	calabrese, siciliana	anfora	Keay 52 = Bonifay e Piéri 1995: fig. 12, 79	450–500	1				1
Anfore	calabrese, siciliana	anfora	Keay 52	IV–VII		3		60	63
Anfore	africana	anfora	Africana IB	secondo quarto III–inizi V	1				1
Anfore	africana	anfora	Africana IIB	secondo quarto III–inizi V			1		1
Anfore	africana	anfora	Africana IIC	secondo quarto III–inizi V	2				2
Anfore	africana	anfora	Africana IID	secondo quarto III–metà V	2				2
Anfore	africana	anfora	Contenitori cilindrici di medie dimensioni, Keay 25B	ultimo quarto III–metà V	1				1
Anfore	africana	anfora	Contenitori cilindrici di medie dimensioni, Keay 25C	ultimo quarto III–metà V	2				2
Anfore	africana	anfora	Contenitori cilindrici di medie dimensioni, Keay 25S	ultimo quarto III–metà V	1				1
Anfore	africana	anfora	Contenitori cilindrici di medie dimensioni, Keay 25Q	ultimo quarto III–metà V	2				2
Anfore	africana	anfora	Contenitori cilindrici di medie dimensioni, Keay 25	ultimo quarto III–metà V	1		2		3
Anfore	africana	anfora				15	2	681	696

Anfore	microasiatica siro-cipriota	anfora	Late Roman 1 = Kellia 169	400/425–475	1				1
Anfore	microasiatica siro-cipriota	anfora	Late Roman 1 = Kellia 164	metà V–prima metà VII	2				2
Anfore	microasiatica	anfora	Late Roman 3	fine IV–VII	4	1	2		7
Anfore	egeo-microasiatica	anfora	Late Roman 2	fine IV–VII	2				2
Anfore	palestinese	anfora	Late Roman 4 = Keay 54B = Zemer 53	IV–VII	1				1
Anfore	orientale	anfora				5	2	314	321
Vetri									
Vetri	locale	bicchiere	Sagui 1993: fig. 4, 1	V	2				2
Vetri	locale	bicchiere	Sagui 1993: fig. 4, 2–6 = Sternini 1989: tav. 5, 25–6	V	4				4
Vetri	locale	lampada	Sagui 1993: fig. 7, 54	V–VII	1				1
Vetri	locale	coppa	Sagui 1993: fig. 5, 16–17 = Sternini 1998: tav. 11, 65 = Del Vecchio 2004: tav. XI, 101	V	3				3
Vetri	locale						5	11	16
Totali					168	33	57	1643	1901

APPENDICE 4. Periodo 5, fasi a–b.

Legenda: O — orli; A — anse; F — fondi; P — pareti; Frr. — numero totale di frammenti.

Classe	Produzione	Forma	Tipo/Fig.	Cronologia	O	A	F	P	Frr.
Materiali contestuali									
Classi fini da mensa									
Sigillata africana	D	piatto	Lamboglia 52C = *Atlante* XXXII, 8	IV–V	1				1
Sigillata africana	D	scodella	Hayes 61A–B = *Atlante* XXXIV, 6–7	325–450	1				1
Sigillata africana	D2	scodella	Hayes 50B, 60–1 = *Atlante* XXXVII, 1–2	350–400 e oltre	9				9
Sigillata africana	D	scodella	Hayes 62B	350–425	2				2
Sigillata africana	D	piatto	Hayes 56 = *Atlante* LXXVII, 1	360–430				1	1
Sigillata africana	D	scodella	Hayes 67 = *Atlante* XXXVII, 9–11 e XXXVIII, 1	360–470	2			1	3
Sigillata africana	D	scodella	Hayes 67, 9	360–470	2				2
Sigillata africana	D	scodella	Hayes 67, 6/17/28 = *Atlante* XXXVII, 10–11	360–470	11				11
Sigillata africana	D	scodella	*Atlante* XXXVIII, 2	360–470	2				2
Sigillata africana	D	vaso a listello	Hayes 91A = *Atlante* XLVIII, 12	370–500	26		3	1	30
Sigillata africana	D	vaso a listello	Hayes 91A–B = *Atlante* XLVIII, 11–13	370–500/550	6		7	10	23
Sigillata africana	D	piatto	Hayes 63 = *Atlante* XXXVI, 8	375–400	1				1
Sigillata africana	D2	forma aperta	Hayes stampo 69c, Fig. 42 (stile A ii–iii)	350–470			2		2
Sigillata africana	D	forma aperta	Hayes stampo 36 u (stile A ii–iii)	350–470			1		1
Sigillata africana	D	forma aperta	Hayes stampo 1c	320–420			1		1
Sigillata africana	D	forma aperta	Hayes stampo 33	tardo IV–470			1		1
Sigillata africana	D	scodella	Hayes 64, 4 = *Atlante* XXXVII, 7	fine IV–450	10				10
Sigillata africana	C4 e D	coppa	Hayes 73A/B	390–475	8				8
Sigillata africana	C4 e D	coppa	Hayes 73A = *Atlante* XXXI, 1–3	390–475	5				5
Sigillata africana	C4	coppa	Hayes 73A = *Atlante* XXXI, 2–3	390–475	8		1		9
Sigillata africana	C4	coppa	Hayes 73B = *Atlante* XXXI, 4	390–475	1				1
Sigillata africana	C3	coppa	Hayes 72, 4 = *Atlante* XXX, 21–4	inizi V	2				2

Classe	Fabric	Forma	Tipo	Datazione				Tot.
Sigillata africana	D	vaso a listello	Hayes 91B = Fulford 47, 1 = El-Mahrine 52, 2–3	inizi V–metà VI	1			1
Sigillata africana	D	scodella	Hayes 67, 9 = *Atlante* XXXVII, 9–11	400–450	1			1
Sigillata africana	D	scodella	Hayes 79 = *Atlante* XXXIX, 6	400–500	1			1
Sigillata africana	D	coppa	Hayes 80A = *Atlante* XLVIII, 1–2	400–500	13			13
Sigillata africana	D	coppa	Hayes 80B = *Atlante* XLVIII, 3	400–500	18			18
Sigillata africana	D	scodella	Hayes 79 = *Atlante* XXXIX, 6	400–500	1			1
Sigillata africana	D	coppa	Hayes 81A/B = *Atlante* XLVIII, 5–6	425–475	42			42
Sigillata africana	D	scodella	Hayes 67, 6 = *Atlante* XXXVII, 11; Hayes stampo 75 + Hayes stampo 33	410/450–470	1			1
Sigillata africana	D2	scodella	Hayes 61B	420–450/475	2			2
Sigillata africana	D2	scodella	Hayes 61B = *Atlante* XXXV, 6 = Bonifay 1998: variante indeterminata	420–450/475	5			5
Sigillata africana	D2	scodella	Hayes 61B, 30 = *Atlante* XXXV, 6 = Bonifay 1998: variante 1	420–450/475	20			20
Sigillata africana	D2	scodella	Hayes 61B, 29 = *Atlante* XXXV, 6 = Bonifay 1998: variante 2	420–450/475	17			17
Sigillata africana	D2	scodella	Hayes 61B = *Atlante* XXXV, 6 = Bonifay 1998: variante 4	420–450/500	10			10
Sigillata africana	D2	scodella	Hayes 61B = Bonifay 1998: variante tarda	420–475/500	1			1
Sigillata africana	C5	scodella	Hayes 83 = *Atlante* XXIX, 12	420–460	2			2
Sigillata africana	D	scodella	Hayes 76 = *Atlante* XXXVIII, 6–10	425–475	3	2		5
Sigillata africana	D	scodella	Hayes 76, 1 = *Atlante* XXXVIII, 6–7	425–475	1			1
Sigillata africana	D	scodella	Hayes 69 = *Atlante* XXXVIII, 5	425–450	1			1
Sigillata africana	D	scodella	Hayes 76, 4 = *Atlante* XXXVIII, 9	425–475	3			3
Sigillata africana	D2	scodella	Hayes 87A	450–500	1			1
Sigillata africana	C5	coppa	Hayes 85A/B = *Atlante* XXXI, 7–9	450–500	7	3	2	12
Sigillata africana	D2	coppa	Hayes 99A = *Atlante* L, 11–15	470/480–550	1			1
Sigillata africana	D	coppa	Hayes 102 = *Atlante* LII, 8–10 = Fulford 63	fine V–metà VI	1			1

APPENDICE 4. *Continuato*

Classe	Produzione	Forma	Tipo/Fig.	Cronologia	O	A	F	P	Frr.
Sigillata africana	D	vaso a listello	Hayes 91C = Fulford 47, 2 = El-Mahrine 52, 4	fine V–570/580	1				1
Sigillata africana	D	forma aperta	Hayes stampo 32 + Hayes stampo 69 (stile A ii–iii)	400–475			1		1
Sigillata africana	D	forma aperta	Hayes stampo 19 (stile A iii)	420–450			1		1
Sigillata africana	D	forma aperta	Hayes stampo 19 (stile A iii) (rami di palma) e Hayes stampo 44 B (in stile A i) rosetta	420–450			1		1
Sigillata africana	D	forma aperta	*Atlante* stampo 19a, tav. LVIII	non databile			1		1
Sigillata africana	D	forma aperta	Hayes stampo 1, Fig. 72 j	non databile			1		1
Sigillata africana	C4			tardo IV–V	1			1	2
Sigillata africana	D			IV–metà VII	15		61	87	163
Derivate paleocristiane della sigillata	marsigliese	piatto	Rigoir 1998: fig. 174, 27 e 34	450–500	2				2
Derivate paleocristiane della sigillata	marsigliese	forma chiusa					1		1
Ceramica a vernice rossa	Italia centro-meridionale	scodella	Massa 1998: fig. 3.7	V–VI	3				3
Ceramica a vernice rossa romana	locale	vaso a listello	Fontana 1998: fig. 6.1	V–VI	1				1
Ceramica a vernice rossa romana	locale	vaso a listello	Fontana 1998: fig. 5.7	V–VI	1				1
Ceramica a vernice rossa romana	locale	forma aperta		V–VI			2		2
Lucerne									
Lucerne	africana		Hayes I = *Atlante* forma VIII A–B	325–625	1	2	3	35	41
Lucerne	africana		Hayes I = *Atlante* forma VIII C1	325–500	1	1		1	3
Lucerne	africana		Hayes I = *Atlante* forma VIII C2b	370–500	1				1
Lucerne	africana		Hayes II = *Atlante* forma X	450–700	4	6	7	7	22
Lucerne	africana		Hayes II = *Atlante* forma X A	450–550	2	7	1	9	19
Lucerne	africana		Hayes I = *Atlante* forma VIII D4	450–500		1			1

Lucerne	africana		Atlante LIX, 16, stampo 208, stile Hayes Aii	V				1	1
Lucerne	africana		spalla con cerchio decorato a girandola (Barbera e Petriaggi 1993)	V–inizi VI				1	1
Lucerne	africana				8	2	1	17	28
Lucerne	locale		Bailey S I	fine IV–metà V		2	2	1	5
Lucerne	locale		Bailey S III	450–500		2	1	2	5
Lucerne	locale		Provoost 8 K; decorazione: cristogramma	450–500		1			1
Lucerne	locale		Provoost 8 K = Barbera 2001: 190, I.4.56	450–500		1		1	2
Lucerne	locale				1		2	1	4
Ceramiche comuni									
Ceramica comune	locale	brocca/anforetta	Carsana 1994: fig. 96, 102.1		1				1
Ceramica comune	locale	anforetta	Dyson 1976: LS 104	post 330–335	1				1
Ceramica comune	locale	anforetta	**Fig. 9.1.7**		1				1
Ceramica comune	locale	olla	**Fig. 9.2.8**		1				1
Ceramica comune	locale	brocca	Carsana 1994: fig. 94, 93	incerta	1				1
Ceramica comune	locale	boccale	Munzi *et al.* 2004: tav. II, 15–16	475–525	1				1
Ceramica comune	locale	boccale	**Fig. 9.2.9**		1				1
Ceramica comune	locale	bottiglia	Ciarrocchi *et al.*1998: fig.10, 2	VI	1				1
Ceramica comune	locale	bottiglia	**Fig. 9.2.10**		1				1
Ceramica comune	locale	bicchiere						1	1
Ceramica comune	locale	unguentario				1			1
Ceramica comune	locale	bacino	*Schola Praeconum* I: 48/49–53 = *Ostia* IV: 91 = Pacetti 2004: tav. I, 1–5 = Munzi *et al.* 2004: tav. II, 11–12 = Ciarrocchi *et al.* 1998: fig. 10.1	IV–VI	12		1		13
Ceramica comune	locale	bacino	Carsana 1994: fig. 91, 75.4	V–VI	1				1
Ceramica comune	locale	bacino	*Schola Praeconum* I: 42	430–440	1				1
Ceramica comune	locale	bacino	*Schola Praeconum* I: 47	430–440	1				1
Ceramica comune	locale	bacino	*Schola Praeconum* I: 49 = *Ostia* IV: 91	430–440	2		1		3

APPENDICE 4. *Continuato*

Classe	Produzione	Forma	Tipo/Fig.	Cronologia	O	A	F	P	Frr.
Ceramica comune	locale	bacino	Sagui e Coletti 2004: tav. IV, 1 = *Schola Praeconum* I: 54–5 = Carsana 1994: fig. 89–90, 67	metà V	3			3	6
Ceramica comune	locale	bacino	simile a Sagui e Coletti 2004: tav. IV, 16; **Fig. 9.2.12**	metà V	1				1
Ceramica comune	locale	bacino	**Fig. 9.2.11**		1				1
Ceramica comune	locale	bacino	**Fig. 9.2.13**		1				1
Ceramica comune	locale	piatto/coperchio					1		1
Ceramica comune	locale	coperchio	Carsana 1994: fig. 100, 150	fine V–530	1				1
Ceramica comune	locale	coperchio	**Fig. 9.2.15**		1				1
Ceramica comune	locale	coperchio	**Fig. 9.2.16**		2				2
Ceramica comune	locale	coperchio			1				1
Ceramica comune	locale	forma chiusa	Dyson 1976: LS 124	post 330–335	1				1
Ceramica comune	locale	forma chiusa				1	8		9
Ceramica comune	locale				4	25	20	391	440
Ceramica comune	Italia meridionale e insulare?	anforetta	simile a Di Giuseppe 2004: tav. II, 15; **Fig. 9.2.17**	(VI)	1				1
Ceramica comune	Italia meridionale e insulare?	boccale	Ricci 1998: fig. 9.6–8	incerta	1				1
Ceramica comune	Italia meridionale e insulare?	forma chiusa			2				2
Ceramica comune	Italia meridionale e insulare?	bacino	Munzi *et al.* 2004: tav. III, 23; ma anche *Schola Praeconum* I: 48/49–53 = *Ostia* IV: 91 = Pacetti 2004: tav. I, 1–5 = Ciarrocchi *et al.* 1998: fig. 10.1	IV–VI	1				1
Ceramica comune	Italia meridionale e insulare?	bacino	*Schola Praeconum* I: 48/49–53 = *Ostia* IV: 91 = Pacetti 2004: tav. I, 1–5 = Munzi *et al.* 2004: tav. II, 11–12 = Ciarrocchi *et al.* 1998: fig. 10.1	IV–VI	1				1
Ceramica comune	Italia meridionale e insulare?	bacino	**Fig. 9.3.18**		1				1

Ceramica comune	Italia meridionale e insulare?	bacino	**Fig. 9.3.19**		1			1
Ceramica comune	Italia meridionale e insulare?	bacino	**Fig. 9.3.20**		2			2
Ceramica comune	Italia meridionale e insulare?	bacino	**Fig. 9.3.21**		2			2
Ceramica comune	Italia meridionale e insulare?	bacino				9	6	15
Ceramica comune	Italia meridionale e insulare?	forma aperta			2			2
Ceramica comune	Italia meridionale e insulare?	coperchio			1			1
Ceramica comune	Italia meridionale e insulare?				1	2	8	11
Ceramica comune	africana	brocca	CATHMA 1991: tipo 2	V–metà VI	1			1
Ceramica comune	africana	brocca	Ciarrocchi et al. 1998: fig. 11, 4 = Fulford e Peacock 1984: fig. 79, 4	V–metà VI	2			2
Ceramica comune	africana	brocca	Fulford e Peacock 1984: fig. 79, 6 = CATHMA 1991: tipo 6 = Tàrraco Am/CA/1	V–VI	3			3
Ceramica comune	africana	oinochoe			1			1
Ceramica comune	africana	bacino	Ciarrocchi et al. 1998: fig. 11.5 = Olcese 1993: fig. 79, 342 = Fulford e Peacock 1984: fig. 73, 4	III–VI	10			10
Ceramica comune	africana	bacino	Ostia I: 419 = Fulford e Peacock 1984: fig. 73, 4	III–VI	1			1
Ceramica comune	africana	bacino				1		1
Ceramica comune	africana	mortaio	Ostia I: 413–14 = Fulford e Peacock 1984: fig. 76, 8	II/III–?	1			1
Ceramica comune	africana	mortaio	Fulford e Peacock 1984: fig. 76, 1	400–500/525	3			3
Ceramica comune	africana	mortaio	CATHMA 1991: fig. 13, type 21	V–VI	1			1
Ceramica comune	africana	mortaio	Ciarrocchi et al. 1998: fig. 11.7 = CATHMA 1991: tipo 1 = Fulford e Peacock 1984: fig. 63, 22	V–VI	30	3		33

APPENDICE 4. *Continuato*

Classe	Produzione	Forma	Tipo/Fig.	Cronologia	O	A	F	P	Frr.
Ceramica comune	africana	mortaio	Fulford e Peacock 1984: fig. 76, 4.2 = CATHMA 1991: tipo 10	V–VI	4				4
Ceramica comune	africana	mortaio	Fulford e Peacock 1984: fig. 76, 7	V–VII	2				2
Ceramica comune	africana	mortaio	Fulford e Peacock 1984: fig. 72.18	475–500	1				1
Ceramica comune	africana	mortaio		V–VI			4		4
Ceramica comune	africana	coperchio	Fulford e Peacock 1984: fig. 75, 1.2	II/III–V/VI	1				1
Ceramica comune	africana	forma chiusa				1	1	3	5
Ceramica comune	africana					5	11	84	100
Ceramica comune	orientale	anforetta	Carsana 1994: fig. 96.102	da fine V	1				1
Ceramica comune	orientale	olla	CATHMA 1991: fig. 17, type 5	inizi V–VII	1				1
Ceramica comune	orientale?	bacino					2	1	3
Ceramica comune	orientale?	coppa	**Fig. 9.4.24**		1				1
Ceramica comune	orientale?	unguentario	**Fig. 9.3.25**				1		1
Ceramica comune	orientale				2		1	7	10
Ceramica comune	non identificata	anforetta			1				1
Ceramica comune	non identificata	bottiglia	**Fig. 9.3.26**		1				1
Ceramica da cucina	locale	olla	Dyson 1976: LS 60	post 330–350	1				1
Ceramica da cucina	locale	olla	imitazione Ciarrocchi *et al.* 1998: fig. 11.1 = Reynaud e Rigoir 1998: fig. 189; figg. 217 e 218 = Fulford e Peacock 1984: fig. 69, 19 = CATHMA 1991: tipo 3	fine IV–V	1				
Ceramica da cucina	locale	olla	Martin 1989: fig. 25	inizi V	1				1
Ceramica da cucina	locale	olla	Staffa 1986: fig. 403, 251	400–450	1				1
Ceramica da cucina	locale	olla	*Schola Praeconum* I: 106	430–440	2				2
Ceramica da cucina	locale	olla	*Schola Praeconum* I: 109	430–440	2				2
Ceramica da cucina	locale	olla	Staffa 1986: fig. 399, 196	prima metà V	1				1
Ceramica da cucina	locale	olla					2		2

Ceramica da cucina	locale	tegame	*Tarraco Oc/Or/67 = CATHMA 1991: tipo 17*	fine IV–inizi V	1		1
Ceramica da cucina	locale	tegame	Martin 1989: fig. 39	inizi V	1		1
Ceramica da cucina	locale	tegame	Martin 1989: fig. 44 = Carsana 1994: fig. 111, 28	inizi V	3		3
Ceramica da cucina	locale	tegame	*Schola Praeconum* I: 124	430–440	1		1
Ceramica da cucina	locale	tegame	*Schola Praeconum* I: 125	V?	1		1
Ceramica da cucina	locale	tegame	*Schola Praeconum* I: 84	430–440	2		2
Ceramica da cucina	locale	tegame			3		3
Ceramica da cucina	locale	tegame	**Fig. 9.4.27**		1		1
Ceramica da cucina	locale	tegame	**Fig. 9.4.28**		1		1
Ceramica da cucina	locale	casseruola	Dyson 1976: LS 17	post 330–350	1		1
Ceramica da cucina	locale	casseruola	Dyson 1976: LS 19	post 330–350	2		2
Ceramica da cucina	locale	casseruola	Dyson 1976: LS 79–80	post 330–350	1		1
Ceramica da cucina	locale	casseruola	Pacetti 2004: tav. VI, 40	IV–V	2	1	3
Ceramica da cucina	locale	casseruola	Martin 1989: fig. 39	inizi V	1		1
Ceramica da cucina	locale	casseruola	*Schola Praeconum* I: 79	430–440	1		1
Ceramica da cucina	locale	casseruola	*Schola Praeconum* I: 84	430–440	1		1
Ceramica da cucina	locale	casseruola	*Schola Praeconum* I: 87	430–440	1		1
Ceramica da cucina	locale	casseruola	*Schola Praeconum* I: 87	430–440	1		1
Ceramica da cucina	locale	casseruola	*Schola Praeconum* I: 89	430–440	2		2
Ceramica da cucina	locale	casseruola	*Schola Praeconum* I: 91	430–440	2		2
Ceramica da cucina	locale	casseruola	*Schola Praeconum* I: 102	430–440	2		2
Ceramica da cucina	locale	casseruola	*Schola Praeconum* I: 109	430–440	1		1
Ceramica da cucina	locale	casseruola	*Schola Praeconum* I: 116	430–440	2		2
Ceramica da cucina	locale	casseruola	Carsana 1994: fig. 106.5 e simile a *Schola Praeconum* I: 116	430–440	1		1
Ceramica da cucina	locale	casseruola	**Fig. 9.4.29**		2		2
Ceramica da cucina	locale	casseruola	**Fig. 9.4.30**		2		2
Ceramica da cucina	locale	casseruola	**Fig. 9.4.31**		1		1

APPENDICE 4. *Continuato*

Classe	Produzione	Forma	Tipo/Fig.	Cronologia	O	A	F	P	Frr.
Ceramica da cucina	locale	casseruola				2	5		7
Ceramica da cucina	locale	coperchio	Staffa 1986: fig. 399, 214	prima metà IV	1				1
Ceramica da cucina	locale	coperchio	Martin 1989: fig. 37	inizio V	1				1
Ceramica da cucina	locale	coperchio	*Schola Praeconum* I: fig. 9, 124	430–440	1				1
Ceramica da cucina	locale	coperchio	Carsana 1994: fig. 116, 76.2–3	dalla metà del V	6				6
Ceramica da cucina	locale	coperchio			1				1
Ceramica da cucina	locale	coperchio				5			1
Ceramica da cucina	locale		**Fig. 9.4.32**		9	9	18	243	279
Ceramica di Pantelleria	Italia insulare	tegame	Ciarrocchi *et al.* 1998: fig. 10.6 = Fulford e Peacock 1984: fig. 55, 3	IV–450/475	6	1		1	8
Ceramica di Pantelleria	Italia insulare	tegame	Ciarrocchi *et al.* 1998: fig. 10.6 = Fulford e Peacock 1984: fig. 55, 3.2	IV–475/500	4				4
Ceramica di Pantelleria	Italia insulare	tegame	Fulford e Peacock 1984: fig. 55, 2	IV–450	2				2
Ceramica di Pantelleria	Italia insulare	tegame	Santoro Bianchi e Guiducci 2001: fig. 1, G = Ciarrocchi *et al.* 1998: fig. 10.6 = Fulford e Peacock 1984: fig. 55, 3.1	IV–475/500	6				6
Ceramica di Pantelleria	Italia insulare	tegame	Santoro Bianchi e Guiducci 2001: fig. 2, P = CATHMA 1991: tipo 25 = Fulford e Peacock 1984: fig. 55, 1.1	V	1				1
Ceramica di Pantelleria	Italia insulare	tegame			3		4	2	9
Ceramica di Pantelleria	Italia insulare	casseruola	Ciarrocchi *et al.* 1998: fig. 10.6 = Carsana 1994: fig. 104, tipo 2.14 = Fulford e Peacock 1984: fig. 55, 3.5	IV–475/500	1				1
Ceramica di Pantelleria	Italia insulare	casseruola	Santoro Bianchi e Guiducci 2001: fig. 1, A	IV–475/500	1				1
Ceramica di Pantelleria	Italia insulare	coppa	Fulford e Peacock 1984: fig. 56, 12	(475/500–575/600)	1				1
Ceramica di Pantelleria	Italia insulare	coperchio	Fulford e Peacock 1984: fig. 57, 17.2	(425/450–500)	1				1
Ceramica di Pantelleria	Italia insulare	coperchio	Santoro Bianchi e Guiducci 2001: fig. 2, L1 = Fulford e Peacock 1984: fig. 56, 5.1	IV–475/500	2				2

Classe	Produzione	Forma	Riferimento	Datazione					Tot.
Ceramica di Pantelleria	Italia insulare	coperchio	Santoro Bianchi e Guiducci 2001: fig. 2, L1 = Fulford e Peacock 1984: fig. 56, 5.2	IV–475/500	2				2
Ceramica di Pantelleria	Italia insulare	coperchio						1	1
Ceramica di Pantelleria	Italia insulare				3	1	2	9	15
Micaceous ware	Italia meridionale e insulare	tegame	Fulford e Peacock 1984: fig. 58, 20.4	(500–550/570)	1				1
Micaceous ware	Italia meridionale e insulare	tegame	Fulford e Peacock 1984: fig. 58, 22	(500–550)	1		1		2
Micaceous ware	Italia meridionale e insulare	tegame					3	1	4
Micaceous ware	Italia meridionale e insulare	casseruola	Ciarrocchi et al. 1998: fig. 10.8 = Reynaud e Rigoir 1998: fig. 190; Fig. 225 = Fulford e Peacock 1984: fig. 58, 24.1	V–VI	20	3	5	10	38
Micaceous ware	Italia meridionale e insulare	casseruola	**Fig. 9.5.33**		2				2
Micaceous ware	Italia meridionale e insulare	casseruola	**Fig. 9.5.34**		1				1
Micaceous ware	Italia meridionale e insulare					2	6	12	20
Ceramica da cucina	Mediterraneo sud-orientale	olla	CATHMA 1991: tipo 16	V–VII	4				4
Ceramica da cucina	Mediterraneo orientale	casseruola	CATHMA 1987: fig. 16, tipo 4	V–VII				14	14
Ceramica da cucina	Mediterraneo sudorientale	casseruola	Ciarrocchi et al. 1998: fig. 12.1 = Reynaud e Rigoir 1998: fig. 190; Fig. 224 = CATHMA 1991: tipo 4A = Martin 2001: p.183, I.4.22	V–VII	10	1	1	12	24
Ceramica da cucina	Mediterraneo sudorientale	casseruola				1	1	1	3
Ceramica da cucina	Mediterraneo sudorientale	coperchio	Ciceroni, Martin e Munzi 2004: tav. IV, 33	V–VII	2				2
Ceramica da cucina	Mediterraneo sudorientale					3	4	18	25
Ceramica da cucina	orientale?	olla	*Schola Praeconum* I: 104	430–440	7			3	10

APPENDICE 4. *Continuato*

Classe	Produzione	Forma	Tipo/Fig.	Cronologia	O	A	F	P	Frr.
Ceramica da cucina	orientale?	olla	**Fig. 9.5.35**		2				2
Ceramica da cucina	orientale?	olla	**Fig. 9.5.36**		2				2
Ceramica da cucina	orientale?	casseruola	*Tàrraco* Oc/Or/67 = CATHMA 1991: tipo 17	fine IV o inizi V	11	1		6	18
Ceramica da cucina	orientale?	tegame	*Schola Praeconum* I: 76	430–440	1				1
Ceramica da cucina	orientale?	tegame	**Fig. 9.5.37**			1			1
Ceramica da cucina	orientale?	piatto/coperchio	Fulford e Peacock 1984: fig. 71, 1.1	IV–425/450	2				2
Ceramica da cucina	orientale	olla			13	1	1	14	29
Ceramica da cucina	incerta	olla	simile Ciarrocchi *et al.* 1998: fig. 12.4; **Fig. 9.5.38**		1				1
Ceramica africana da cucina	africana	tegame	Hayes 181 = *Ostia* I: 15 = *Atlante* CVI, 3–4 = Carsana 1994: fig. 118, 92.3	II–fine IV/inizi V	2				2
Ceramica africana da cucina	africana	tegame	*Ostia* III: 568	incerta	1				1
Ceramica africana da cucina	africana	tegame	Fulford e Peacock 1984: fig. 71, 1	IV–425/450	36				36
Ceramica africana da cucina	africana	tegame	*Ostia* IV: 1 = Fulford e Peacock 1984: fig. 71, 6.3 = *Atlante* CVI, 5–6	fine IV–VI	10		4		14
Ceramica africana da cucina	africana	tegame	Fulford e Peacock 1984: fig. 71, 5.4	(500/530–600)	2				2
Ceramica africana da cucina	africana	casseruola	*Ostia* III: 267 = Hayes 197 = Fulford e Peacock 1984: fig. 67, 1	150/200–400/425	2				2
Ceramica africana da cucina	africana	casseruola	Fulford e Peacock 1984: fig. 67, 5.1	III–IV e forse oltre	1				1
Ceramica africana da cucina	africana	casseruola	Ciarrocchi *et al.* 1998: fig. 11.3 = Carsana 1994: fig. 117, 89 = CATHMA 1991: tipo 27 = Fulford e Peacock 1984: fig. 71, 7	tardo IV–500	8			1	9
Ceramica africana da cucina	africana	casseruola	Carsana 1994: fig. 117, 88 = Fulford e Peacock 1984: fig. 67, 2.1	425–450	1				1
Ceramica africana da cucina	africana	casseruola	Hayes 183	incerta	1				1
Ceramica africana da cucina	africana	olla	Ciarrocchi *et al.* 1998: fig. 11.1 = Reynaud e Rigoir 1998: fig. 189; Fig. 217 e 218 = Fulford e Peacock 1984: fig. 69, 19 = CATHMA 1991: tipo 3	fine IV–V	25	5	5	1	36

Classe	Provenienza	Forma	Riferimento	Datazione					
Ceramica africana da cucina	africana	olla	**Fig. 9.5.39**	fine IV–inizi V	1				1
Ceramica africana da cucina	africana	olla	**Fig. 9.6.40–1**		3			3	6
Ceramica africana da cucina	africana	olla	**Fig. 9.6.42**		1				1
Ceramica africana da cucina	africana	piatto/coperchio	*Ostia* I: 260–3 = Fulford e Peacock 1984: fig. 72.11	II–450	3				3
Ceramica africana da cucina	africana	piatto/coperchio	Hayes 196 = Reynaud e Rigoir 1998: fig. 189; Fig. 209	metà II–inizi del V	9				9
Ceramica africana da cucina	africana	piatto/coperchio	*Ostia* I: 262 = Hayes 195 = *Atlante* CV, 3	età antonina–inizi V	1				1
Ceramica africana da cucina	africana	piatto/coperchio	*Ostia* I: 17 = Hayes 182 = *Atlante* CV, 3	prima metà III–fine IV/inizi V	1				1
Ceramica africana da cucina	africana	piatto/coperchio	*Ostia* I: 261 = *Atlante* CIV, 5 = Carsana 1994: fig. 119, 100.7	età severiana–fine IV/inizi V	5				5
Ceramica africana da cucina	africana	piatto/coperchio	*Ostia* I: 261 = *Atlante* CIV, 6	età severiana–fine IV/inizi V	4				4
Ceramica africana da cucina	africana	piatto/coperchio	*Ostia* IV: 60 = *Atlante* CIV, 8 = Carsana 1994: fig. 119, 101	IV–inizi V	4				4
Ceramica africana da cucina	africana	piatto/coperchio	Fulford e Peacock 1984: fig. 71, 2.1	fine IV–475/500	1				1
Ceramica africana da cucina	africana	piatto/coperchio	Fulford e Peacock 1984: fig. 75, 3.1	400/425–525/550	2				2
Ceramica africana da cucina	africana	piatto/coperchio	Carsana 1994: fig. 119, 103	fine V–inizi VI	2				2
Ceramica africana da cucina	africana				5	6	51	111	173
Contenitori da trasporto									
Anfore	calabrese, siciliana	anfora	Keay 52 = Pacetti 1998: fig. 4.1	IV–VII	13				13
Anfore	calabrese, siciliana	anfora	Keay 52 = Pacetti 1998: fig. 4.2	IV–VII	8				8
Anfore	calabrese, siciliana	anfora	Keay 52 = Pacetti 1998: fig. 4.3	IV–VII	1				1
Anfore	calabrese, siciliana	anfora	Keay 52 = Pacetti 1998: fig. 5.1	IV–VII	3				3
Anfore	calabrese, siciliana	anfora	Keay 52 = Pacetti 1998: fig. 6.1	IV–VII	2				2
Anfore	calabrese, siciliana	anfora	Keay 52 = Pacetti 1998: fig. 7.2	IV–VII	1				1
Anfore	calabrese, siciliana	anfora	Keay 52 = Pacetti 1998: fig. 7.3	IV–VII	1				1
Anfore	calabrese, siciliana	anfora	Keay 52 = Pacetti 1998: fig. 8.1–2	IV–VII	3				3
Anfore	calabrese, siciliana	anfora	Keay 52 = Pacetti 1998: fig. 8.3	IV–VII	1				1
Anfore	calabrese, siciliana	anfora	Keay 52 = Pacetti 1998: fig. 8.7	IV–VII	2				2
Anfore	calabrese, siciliana	anfora	Keay 52 = Pacetti 1998: fig. 10.4	IV–VII	2				2

APPENDICE 4. *Continuato*

Classe	Produzione	Forma	Tipo/Fig.	Cronologia	O	A	F	P	Frr.
Anfore	calabrese, siciliana	anfora	Keay 52	IV–VII	7	72	26	630	735
Anfore	campana?	anfora	**Fig. 9.6.43**		1				1
Anfore	campana?	anfora				1	1		2
Anfore	siciliana o orientale	anfora	*Crypta Balbi* 2 = Arthur 1998: Carminiello tipo 17, variante a	V–VII	3	8	2	30	43
Anfore	gallica	anfora				1			1
Anfore	betica	anfora	Dressel 23	metà III–metà V		5		1	6
Anfore	betica	anfora				1	1	27	29
Anfore	lusitana	anfora	Almagro 51 A–B = Keay 19B	fine III–V	3				3
Anfore	lusitana	anfora				2	1	6	9
Anfore	africana	anfora	Contenitori cilindrici di medie dimensioni, Keay 25B	ultimo quarto III–metà V	1				1
Anfore	africana	anfora	Contenitori cilindrici di medie dimensioni, Keay 25C	ultimo quarto III–metà V	5			23	28
Anfore	africana	anfora	Contenitori cilindrici di medie dimensioni, Keay 25D	ultimo quarto III–metà V	2				2
Anfore	africana	anfora	Contenitori cilindrici di medie dimensioni, Keay 25G	ultimo quarto III–metà V	1				1
Anfore	africana	anfora	Contenitori cilindrici di medie dimensioni, Keay 25Q	ultimo quarto III–metà V	2				2
Anfore	africana	anfora	Contenitori cilindrici di medie dimensioni, Keay 25S	ultimo quarto III–metà V	2				2
Anfore	africana	anfora	Contenitori cilindrici di medie dimensioni, Keay 25	ultimo quarto III–metà V		1			1
Anfore	africana	anfora	Spatheia, Keay 26G–F	350–inizi/metà VI	38				38
Anfore	africana	anfora	Spatheia, Keay 26G	350–inizi/metà VI	1				1
Anfore	africana	anfora	Spatheia, Keay 26I	350–inizi/metà VI	2				2
Anfore	africana	anfora	simile a Spatheia, Keay 26F; **Fig. 9.6.44**	350–inizi/metà VI	3				3
Anfore	africana	anfora	Spatheia	350–inizi/metà VI		41	25	135	201

Anfore	africana	Contenitori cilindrici di grandi dimensioni, Keay 35A	430/440–VI	4				4
Anfore	africana	Contenitori cilindrici di grandi dimensioni, Keay 35B	430/450–VI	4				4
Anfore	africana	Contenitori cilindrici di grandi dimensioni, Keay 41	450–500	2				2
Anfore	africana	Contenitori cilindrici di grandi dimensioni, Keay 41, 2	450–500	3				3
Anfore	africana	Contenitori cilindrici di grandi dimensioni, Keay 8B	fine V–inizi VI	1				1
Anfore	africana	Contenitori cilindrici di grandi dimensioni	metà V–VII				2	2
Anfore	africana	Keay 61	metà V–VI	1				1
Anfore	africana			6	48	1462	5	1521
Anfore	microasiatica siro-cipriota	Late Roman 1 = Kellia 169	400/425–475	20				20
Anfore	microasiatica siro-cipriota	Late Roman 1 = Sazanov 1999: fig. 4, 4.1	400–600		4			4
Anfore	microasiatica siro-cipriota	Late Roman 1	fine IV–VII		69	577	6	652
Anfore	microasiatica	Late Roman 3 = Keay 54/bis B = Agorà M 373	secondo quarto del V–fine VI	9				9
Anfore	microasiatica	Late Roman 3 = Keay 54/bis C = Agorà M 373	secondo quarto del V–fine VI	1				1
Anfore	microasiatica	Late Roman 3 = Keay 54/bis var. C	fine IV–VII				4	4
Anfore	microasiatica	Late Roman 3 = Keay 54/bis var. A	fine IV–VII				10	10
Anfore	microasiatica	Late Roman 3, Keay 54/bis var. B	fine IV–VII				6	6
Anfore	microasiatica	Late Roman 3	fine IV–VII	1	71	744	13	829
Anfore	microasiatica	Samos cistern type	Fine V–VII	2				2
Anfore	palestinese	Late Roman 4 = Keay 54B = Zemer 53	IV–VII	22	7	77	2	108
Anfore	palestinese	Late Roman 4	IV–VII		9	28	4	41
Anfore	palestinese	Late Roman 5/6	fine IV–VII	1	6	59	1	67
Anfore	palestinese	Agorà M 334 = Scorpan XII	V/metà V–VII	3	5	7	1	16

APPENDICE 4. *Continuato*

Classe	Produzione	Forma	Tipo/Fig.	Cronologia	O	A	F	P	Frr.
Anfore	palestinese	anfora	*Late Roman 5b*	V–VI	5	6	2	72	85
Anfore	palestinese	anfora			1	1	2	286	290
Anfore	egiziana	anfora	*Late Roman 7= Kellia 177*	tardo V–VI		2		31	33
Anfore	egiziana	anfora				1		91	92
Anfore	egiziana	anfora	**Fig. 9.6.45**		1				1
Anfore	orientale	anfora	*Agorà* M 273	V			1	7	8
Anfore	orientale	anfora	**Fig. 9.7.46**		1				1
Anfore	orientale	anfora	**Fig. 9.7.47**		1				1
Anfore	orientale	anfora	**Fig. 9.7.48**		1				1
Anfore	orientale	anfora	**Fig. 9.7.49**		1	41	12	620	674
Anfore	non identificata	anfora	**Fig. 9.7.50**		1				1
Anfore	non identificata	anfora	**Fig. 9.7.51**		1				1
Anfore	non identificata	anfora			1				1
Anfore	non identificata	anfora			3	10	5	198	216

Vetri

Classe	Produzione	Forma	Tipo/Fig.	Cronologia	O	A	F	P	Frr.
Vetri	locale	bottiglia	Saguì 1993: fig. 7, 37	V	1				1
Vetri	locale	bottiglia	simile a Isings 1957: 50 a–b; **Fig. 9.1.1**	II–IV					1
Vetri	locale	brocca	Saguì 1993: fig. 7, 36	V	1				1
Vetri	locale	forme chiuse				2		1	3
Vetri	locale	bicchiere	Saguì 1993: fig. 3 = Sternini 1989: tav. 5, 30–3	prima metà V			5		5
Vetri	locale	bicchiere	Saguì 1993: fig. 4, 2–6 = Sternini 1989: tav. 5, 25–6	V	11				11
Vetri	locale	bicchiere	Saguì 1993: fig. 4, 12	prima metà V	1				1
Vetri	locale	bicchiere	**Fig. 9.1.6**		1				1
Vetri	locale	piatto	**Fig. 9.1.2**		1				1
Vetri	locale	scodella	Sternini 1989: tav. 39	fine IV–prima metà V	1				1
Vetri	locale	scodella	**Fig. 9.1.3**		1				1

Classe	Produzione	Forma	Riferimento	Datazione					Totale
Vetri	locale	scodella	**Fig. 9.1.4**		1				1
Vetri	locale	scodella			1				1
Vetri	locale	coppa	Sagui 1993: fig. 5, 16–17 = Sternini 1998: tav. 11, 65 = Del Vecchio 2004: tav. XI, 101	V	5				5
Vetri	locale	coppa	Fondi a filamento multiplo; Sagui 1993: fig. 5, 23–4	V			9		9
Vetri	locale	coppa	Sagui 1993: fig. 6, 31	V	1				1
Vetri	locale	coppa	Sternini 1989: tav. 3, 11	metà V	1				1
Vetri	locale	lampada	Sagui 1993: fig. 7, 55–7 = Sternini 1989: tav. 7, 38 = Del Vecchio 2004: tav. XI, 107	V–VII			1		1
Vetri	locale	lampada					1		1
Vetri	locale	pane o lingotto						5	5
Vetri	locale	forma aperta	Sagui 1993: fig. 6, 25–7 = Isings 1957: 118 = Ostia I: 215–17 = Sternini 1989: tav. 10, 63	V			5		5
Vetri	locale	forma aperta	Sagui 1993: fig. 6 = Sternini 1989: tav. 10, 64	V	1				1
Vetri	locale	forme aperte	**Fig. 9.1.5**		1			1	2
Vetri	locale	forme aperte	Sternini 1989: 27, tav. 3, 10	fine IV–inizi V	1				1
Vetri	locale	forme aperte	simile a Sternini 1989: 27, tav. 3, 12	fine IV–inizi V	1				1
Vetri	locale				8	1	21	9	40
Totale					**972**	**514**	**461**	**6277**	**8224**

APPENDICE 5. Periodo 5, fase c.

Legenda: O — orli; A — anse; F — fondi; P — pareti; Frr: — numero totale di frammenti.

Classe	Produzione	Forma	Tipo	Cronologia	O	A	F	P	Frr.
Materiali contestuali									
Classi fini									
Sigillata africana	D2	scodella	Hayes 103A–B = Fulford 64 A–B = El-Mahrine 26, 1–2	470/480–575	1				1
Sigillata africana	D2	scodella	Hayes 104B = *Atlante* XLII, 5 = El-Mahrine 37	520/530–tardo VI o 500–575/600	1				1
Sigillata africana	D	coppa	Hayes 99B = Fulford 58B = El-Mahrine 29,1 e 29,2	525–580	1				1
Sigillata africana	D	scodella	Hayes 104C = Fulford 65C	530/550–600/625	1				1
Lucerne									
Lucerne	africana		Barbera e Petriaggi 1993: decorazioni tav. 14,109 e tav. 11,24	425–inizi VI				1	1
Lucerne	locale		Bailey S III	450–500				1	1
Ceramiche comuni									
Ceramica comune	locale	bacino	Carsana 1994: fig. 91, 75.4	IV–VI	1				1
Ceramica comune	locale	bacino					1		1
Ceramica comune	locale	coppa	**Fig. 9.2.14**		1				1
Ceramica comune	locale	mortaio	Carsana 1994: fig. 81, 16.2	(fine V–530)	1				1
Ceramica comune	locale				2	2	1	14	19
Ceramica comune	orientale							3	3
Ceramica da cucina	non identificata	coperchio	Fulford e Peacock 1984: fig. 75, 1.2	II/III–V/VI	1				1
Ceramica da cucina	non identificata	coperchio	Fulford e Peacock 1984: fig. 75, 2.2	II/III–V/VI	2				2
Ceramica da cucina	non identificata	coppa	Fulford e Peacock 1984: fig. 64, 29.6	425–600	1				1
Ceramica da cucina	non identificata	casseruola	Fulford e Peacock 1984: fig. 69, 20	450/475–535/550	5				5
Ceramica da cucina	locale	coperchio			2	1			3
Ceramica da cucina	locale						1	30	31
Ceramica da cucina	Mediterraneo sudorientale	olla	CATHMA 1991: tipo 16	V–VII	1				1

Contenitori da trasporto

Anfore	calabrese, siciliana	Keay 52 = Pacetti 1998: fig. 4.4	IV–VII	1				1
Anfore	calabrese, siciliana	Keay 52	IV–VII		1		4	5
Anfore	africana	Spatheia, Keay 26F	350–inizi/metà VI	2				2
Anfore	africana	Spatheia, Keay 26I	350–inizi/metà VI	1				1
Anfore	africana	Spatheia	350–inizi/metà VI			3	2	5
Anfore	africana						33	33
Anfore	microasiatica siro-cipriota	*Late Roman 1 = Kellia 169*	400–475	1				1
Anfore	microasiatica siro-cipriota	*Late Roman 1*	fine IV–VII		2		5	7
Anfore	microasiatica	*Late Roman 3*	fine IV–VII		3	1	27	31
Anfore	palestinese	*Late Roman 4*	IV–VII		1			1
Anfore	palestinese	*Late Roman 5*	fine IV–VII	1			3	4
Anfore	egiziana						12	12
Anfore	orientale						7	7
Anfore	non identificata				1		1	2
Totali				27	11	7	143	188

I CONTESTI CERAMICI DELLA BASILICA PORTUENSE: DATI PRELIMINARI

Helga Di Giuseppe

PREMESSA

La basilica denominata Portuense e da ultimo interpretata come la cattedrale paleocristiana di Portus, sorge in un settore della città densamente edificato a partire dalla metà del I secolo d.C., situato tra il bacino esagonale del porto di Traiano, la Fossa Traiana e il canale di collegamento interno (Canale Trasverso), attualmente interrato (**Fig. 10.1**). L'edificio di culto è il risultato finale di una serie di trasformazioni che riguardano strutture più antiche dalla funzione verosimilmente pubblica e privata (Paroli 2004: 262). Le indagini archeologiche, avviate nel 1991, sono state riprese nel 1997 sotto la direzione di Lidia Paroli e coordinate sul campo da Mauro Maiorano, mentre chi scrive ha curato lo studio dei contesti ceramici dei periodi denominati I, II e III, compresi entro un arco cronologico che va dall'epoca flavia al VII secolo d.C.

In questa sede i reperti vengono presentati in via preliminare con lo scopo di fornire una precisa scansione cronologica della storia del complesso e le linee guida che permettono di inserire la Basilica nel contesto economico e culturale coevo. I dati quantitativi sono visualizzati attraverso i grafici e i disegni dei reperti vengono presentati solo in casi particolarmente significativi ai fini dei temi trattati. Per il *corpus* completo del vasellame ceramico, dei metalli, dei vetri e degli altri rinvenimenti non ceramici, tuttora in corso di studio, si rimanda invece all'edizione finale dello scavo, in corso di preparazione, a cura di Lidia Paroli e Mauro Maiorano.

I materiali della Basilica Portuense possono considerarsi in ogni periodo per lo più residui e solo in minima parte, ma comunque non irrilevante, contestuali. La loro valenza in questo contesto è legata prevalentemente alla possibilità di datare in modo piuttosto puntuale le varie fasi di vita del complesso. Oltre a ciò, il numero statisticamente rilevante dei reperti consente di inferire considerazioni sullo *status* di Portus come centro di consumo, di produzione e di servizi, offrendo ulteriori elementi di giudizio rispetto a quanto è stato già pubblicato[1] e un utile apparato di confronto per i vicini centri di Ostia e di Roma. Infine, per alcuni dei materiali è possibile ipotizzare l'appartenenza allo strumentario utilizzato nella basilica per le esigenze del culto.

Veniamo ora alla presentazione generale dei dati quantitativi. Negli strati relativi ai Periodi I, II e III sono stati raccolti 17.218 frammenti, di cui solo il 6,06% può considerarsi identificabile. Il materiale è stato interamente classificato e analizzato nel dettaglio. Lo studio preliminare ha previsto la registrazione dei dati in una scheda *spot-date*, in cui sono state riportate le quantità delle classi ceramiche articolate in orli, fondi, anse e pareti. Di queste ultime è stata riportata la produzione generica, quando identificata: ad esempio africana, orientale, egea, bruttia, locale, non identificabile. Lo studio di dettaglio è stato focalizzato sugli orli e, quando utile, anche sui fondi e sulle anse. Quasi tutte le parti significative sono state disegnate e confrontate con i repertori bibliografici noti.

Per quanto riguarda il panorama generale del vasellame attestato, prevalgono nettamente le anfore, che costituiscono circa il 69,07% di tutte le ceramiche, dato che rientra nella norma e che non stupisce, trovandoci in una città deputata allo stoccaggio delle derrate alimentari. Inoltre, i contesti numericamente più significativi sono databili al periodo tardo-antico, quando ovunque si registra una particolare incidenza delle anfore sulle altre classi, dovuta, almeno in parte, al fatto che tali contenitori servivano non solo al trasporto delle merci, ma anche come materiale da costruzione prediletto per le preparazioni pavimentali, i rivestimenti parietali, le volte delle chiese e le decorazioni musive. Di gran lunga inferiori sono le ceramiche fini (7,3%), che comprendono molte delle classi in

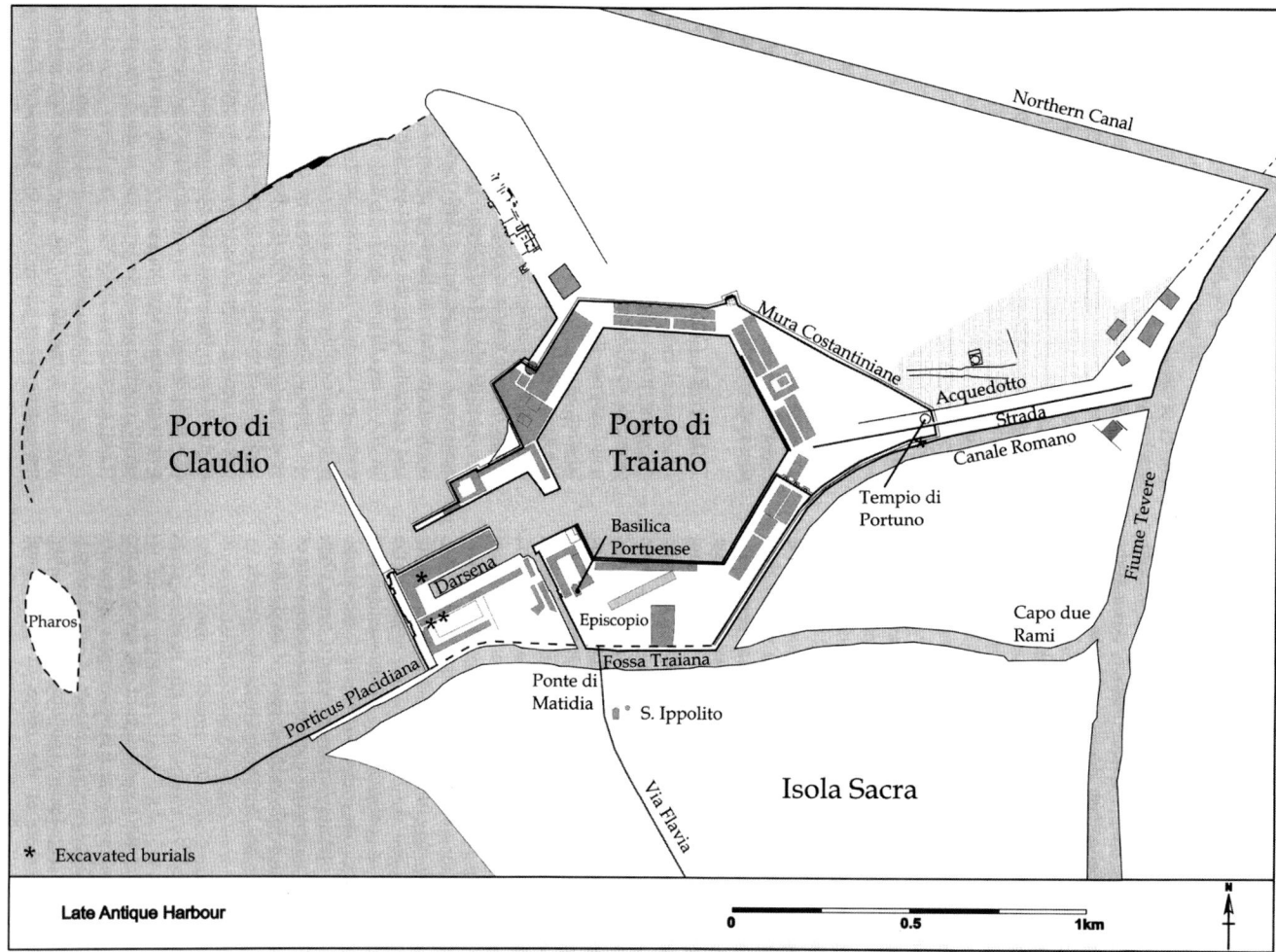

FIG. 10.1. Localizzazione della Basilica Portuense tra il bacino esagonale, la Fossa Traiana e il canale di collegamento interno. *(Da Keay* et al. *2005: fig. 8.6.)*

circolazione dal I al VI secolo d.C., e quelle comuni (22,5%); scarsa la presenza di lucerne (0,9%), del tutto episodica quella dei balsamari (0,005%).[2] Tra le merci importate prevalgono in ogni periodo quelle nord africane. Sempre in linea generale, i tempi di maggiore accumulo di materiali sono il Periodo I ed il III, in particolare il ID e IIID1 (**Fig. 10.2**), corrispondenti rispettivamente ai momenti in cui il primo edificio subisce diversi interventi e ad una fase di ristrutturazione della basilica che si dota di un secondo *opus sectile*.

ANALISI DELLA CERAMICA

Analizzeremo di seguito il materiale in relazione alla storia del monumento, di cui forniremo solo brevi cenni di promemoria, essendo lo scavo già stato presentato in varie altre sedi (Paroli 2001; Borrello *et al.* 2002; Paroli 2004: 258–62; Paroli 2005). Non commenteremo altresì le cronologie degli strati che concorrono

alla realizzazione, all'uso e alla ristrutturazione degli edifici, ma gli elementi datanti verranno presentati interamente in singole tabelle organizzate per periodi e fasi.

PERIODO I

Un ordinato programma di pianificazione urbana determina in quest'area (**Fig. 10.3**), tra la tarda età flavia e l'età traianea (Periodo IB), la costruzione di grandi edifici destinati all'immagazzinamento delle merci e alle attività mercantili e artigianali, che occupano progressivamente tutto lo spazio disponibile. Gli interventi di questo periodo (IB) riguardano in particolare la realizzazione degli edifici 2, 3, 4 e 5, mentre l'edificio 1, costruito con ogni probabilità in una fase precedente (Periodo IA = 50/60–80/90 d.C.), è oggetto di alcune modificazioni strutturali riconoscibili solo parzialmente.

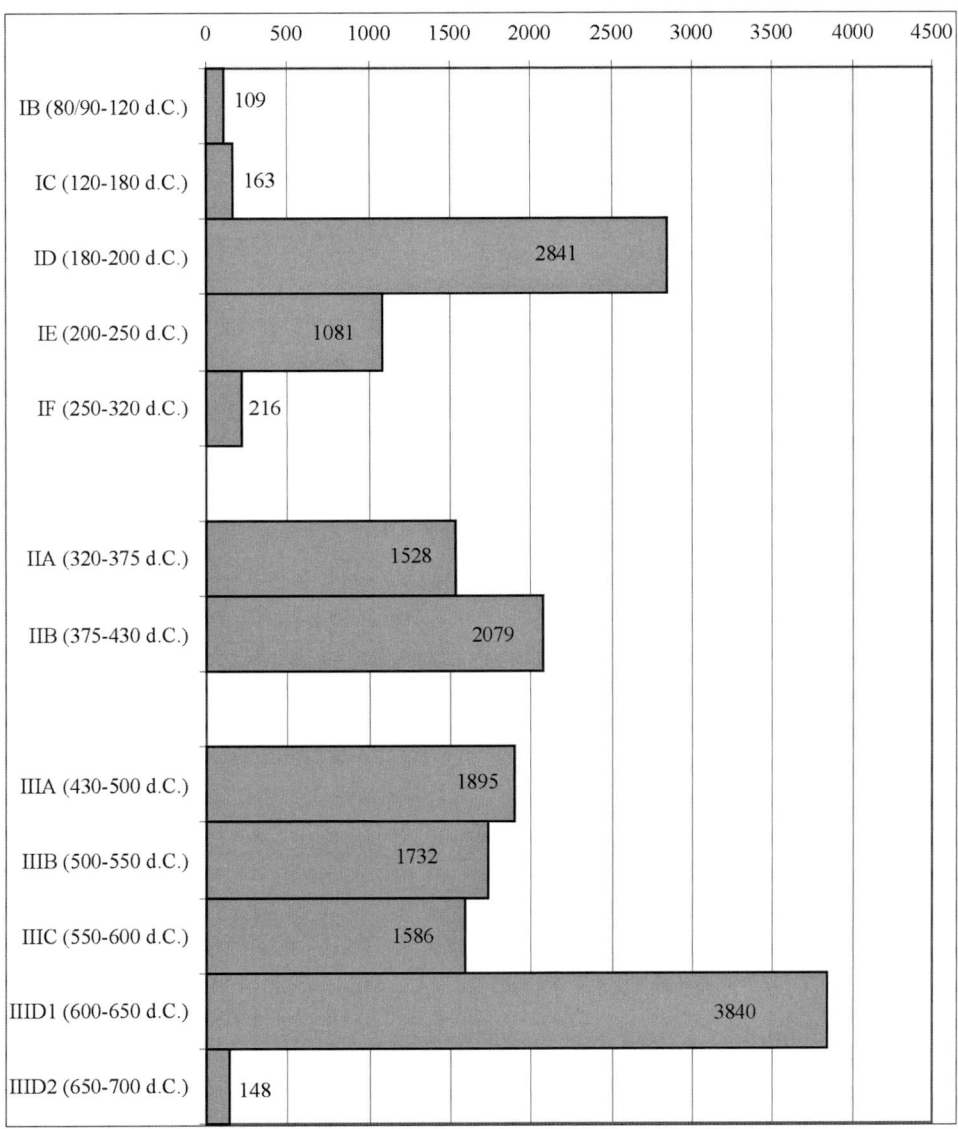

FIG. 10.2. **Confronto quantitativo tra i reperti ceramici rinvenuti negli strati attribuiti ai periodi I–III.**

Tra l'età adrianea e antonina (Periodo IC–D), gli edifici 1, 2 e 5 vengono sottoposti ad una serie di ristrutturazioni e ad essi si aggiungono due nuovi corpi di fabbrica (6 e 7) che non interferiscono con le strutture più antiche. Infine, tra l'età severiana e gli inizi del IV secolo d.C. (Periodo IE–F), da una lato si procede a nuovi restauri, molto limitati, degli edifici 2 e 5, mentre, con la costruzione degli edifici 8, 9, 10 e 11, si completa il processo di occupazione intensiva dell'area, nel pieno rispetto del tessuto preesistente. La funzionalità di tutte le strutture più antiche, ad esclusione dell'edificio 1, sostituito dalla nuova costruzione 11, è garantita dalla creazione di corridoi di servizio ricavati negli spazi di risulta tra i diversi corpi di fabbrica.

I MATERIALI (Tabella 10.1)
Nel complesso i materiali documentati nel Periodo I ammontano a 4.410 frammenti, pari al 25,6% di tutto il materiale. La media ponderata (**Fig. 10.4**) dei reperti databili del Periodo I mostra una particolare attestazione di presenze ceramiche in epoca flavia e antonina, quando l'area, come abbiamo visto, subisce importanti ristrutturazioni.

Il confronto tra le classi ceramiche[3] delle varie fasi in cui è diviso il Periodo I, compreso tra l'età flavia e l'inizio del IV secolo d.C., rivela alcune tendenze generali legate ai cambiamenti del panorama ceramico. Le anfore e le ceramiche comuni rappresentano l,87% di tutto il vasellame, riflettendo la probabile pertinenza originaria di questo sito ad un luogo di immagazzinamento. La

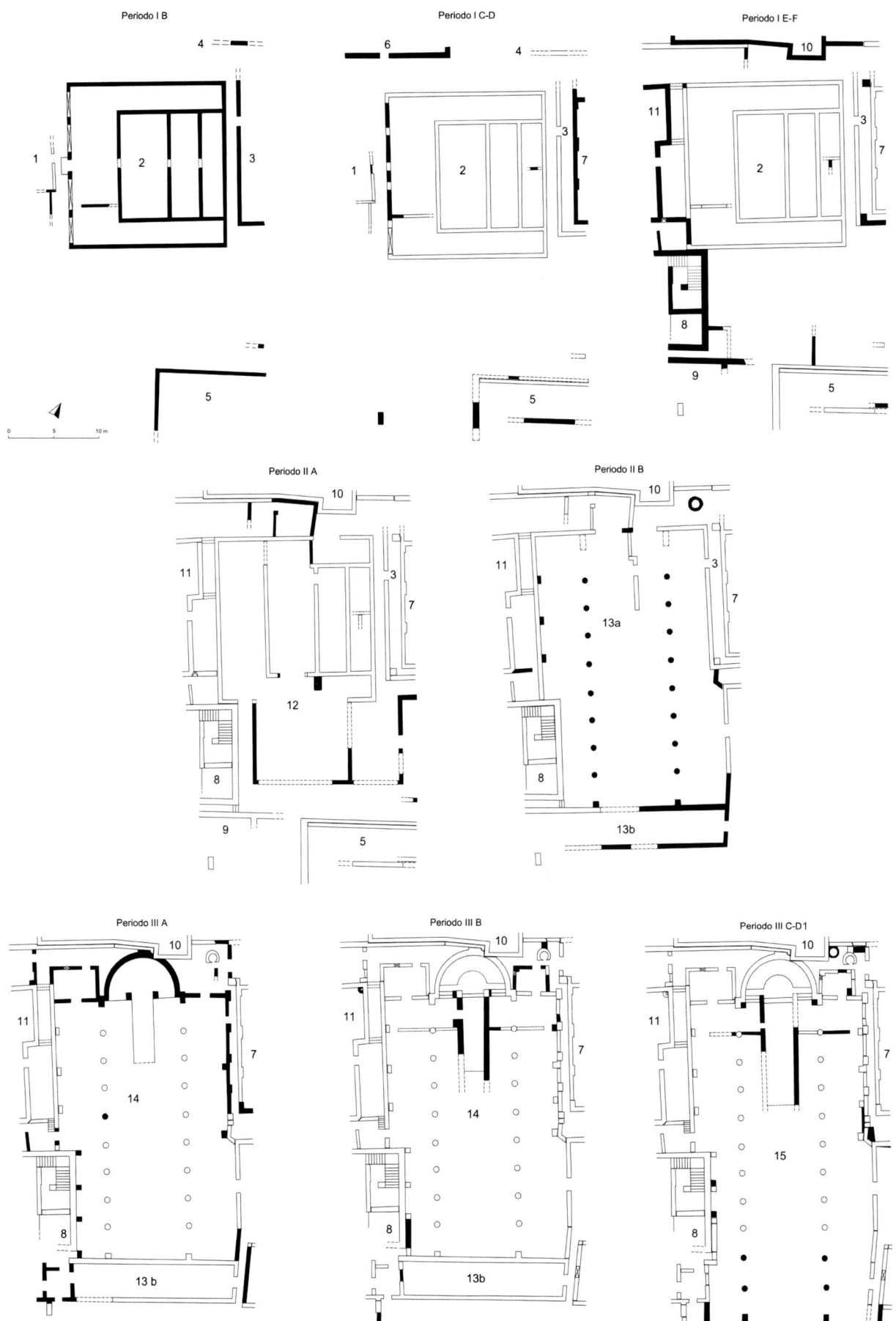

FIG. 10.3. **Planimetrie del complesso.** In nero le strutture costruite per la prima volta. Periodo IB (80/90–120 d.C.), Periodo IC–D (120–200 d.C.), Periodo IE–F (200–320 d.C.), Periodo IIA (320–75 d.C.), Periodo IIB (375–430 d.C.), Periodo IIIA (430–500 d.C.), Periodo IIIB (500–50 d.C.), Periodo IIIC–D1. *(Elaborazione grafica di Mauro Maiorano.)*

TabELLA 10.1. Basilica Portuense. Materiale datante del Periodo I.

US	Tipo di strato	Elementi datanti	Datazione d.C.
Periodo IB: 80/90–120			
662	Costruzione edificio 2	Ceramica da cucina: coperchio — *Ostia* II: 516	80–90
696		Ceramica comune: coppa — Ferrantini 1982–3: 258	90–160/80
721		Ceramica da cucina: olla — *Curia* II: 98	80–90
868		Ceramica a pareti sottili: boccalino — Mayet XXIV	1–80/90
Periodo IC: 120–80			
689	Uso edificio 2	Ceramica africana da cucina: piatto/coperchio — *Ostia* I: 261	150/211–390/410
690		Ceramica a pareti sottili: boccalino — Marabini LXVIII; Ricci 1/122 (54/64–80/300); sigillata africana: piatto — Hayes 3C (100–50); brocca — Hayes 137, nn. 3, 4, 5, 6 (90–150); ceramica africana da cucina: piatto/coperchio — *Ostia* I: 261 (150/211–390/410); ceramica da cucina: olla — Ferrantini 1982–3: 57 (117/38–250)	150–250
Periodo ID: 180–200			
686	Uso edificio 2	Ceramica comune: bottiglie — *Ostia* III: 94 (90/120–160/80), Ferrantini 1982–3: 272 (90/120–160/80), Ferrantini 1982–3: 281 (160–80); anforetta — Ferrantini 1982–3: 362 (160–80); catini — *Ostia* IV: 415 (120/40–160/80), Ferrantini 1982–3: 214 (160–80); ceramica africana da cucina: casseruole — *Ostia* II: 312 (80/90–150), *Ostia* III: 324 (80/90–150), piatti/coperchio — *Ostia* I: 18 (200–50), *Ostia* I: 261 (150/211–390/410), *Ostia* I: 264 (211–400), *Ostia* III: 332 (98/138–200); tegame — Hayes 23A (90–250); ceramica da cucina: coperchio — Ferrantini 1982–3: 108 (100/10–150/200); casseruola — Ferrantini 1982–3: 74 (160–80)	160/80–200
717	Uso corridoio tra edifici 2 e 6	Ceramica a pareti sottili: boccalino — Marabini LXVIII, Ricci 1/122 (54/64–80/300); sigillata africana: scodella — Hayes 6B (150–200); coppa — Hayes 14A, nn. 1, 4–5 (180–300); ceramica comune: bacino — Ferrantini 1982–3: 219 (160–80); ceramica africana da cucina: piatto/coperchio: *Ostia* III: 332 (98/138–200), *Ostia* I: 261 (150/211–390/410); casseruola — Hayes 23B (100–390/410), *Ostia* III: 267 (100–390/410)	180–200
863	Uso edificio 2	Ceramica africana da cucina: casseruola — Hayes 23B	100–390/410
Periodo IE: 200–50			
240	Uso corridoio tra edifici 2 e 6	Sigillata africana: scodella — Hayes 31, nn. 1, 4 (200–50); ceramica africana da cucina: casseruola — Hayes 23B (100–390/410); piatto/coperchio — *Ostia* I: 261 (150/211–390/410); anfora: Africana IID (200–410)	200–50
606	Uso edificio 2	Ceramica a pareti sottili: boccalino — Marabini LXVIII, Ricci 1/122 (54/64–80/300); ceramica africana da cucina: casseruola — Hayes 23B (100–390/410); piatto/coperchio — *Ostia* I: 261 (150/211–390/410); casseruola — *Ostia* III: 267 (100–390/410); anfora — Dressel 14 (1–300)	150/211–300
1459	Costruzione edificio 9	Ceramica africana da cucina: casseruola — Hayes 23B (100–390/410)	100–390/410
1465		Anfore — Tripolitana II	50–400

US	Tipo di strato	Elementi datanti	Datazione d.C.
1466	Costruzione edificio 9	Ceramica a pareti sottili: boccalino — Marabini LXVIII, Ricci 1/122 (54/64–80/300); anfore — Africana I (150–450), Tripolitana I (1/150–400), Tripolitana II (50–400)	150–300
2047	Uso area a nord dell'edificio 5	Sigillata africana: coppa — Hayes 14A, nn. 1, 4–5 (180–300), *Ostia* I: 57 (150–250); coppa — Hayes 44, nn. 6–7 (220/40–300); ceramica africana da cucina: piatto/coperchio — *Ostia* I: 261 (150/211–390/410), *Ostia* I: 262 (150/211–390/410)	220/40–300
2049		Sigillata africana: scodella — Hayes 50A, nn. 1–45 (230/40–325); ceramica comune: catino — *Ostia* I: 417 (240–50); ceramica africana da cucina: piatto/coperchio — *Ostia* I: 261 (150/211–390/410), *Ostia* I: 262 (150/211–390/410); casseruola — *Ostia* III: 267 (100–390/410); anfora — Africana I (150–450)	230–50
2050		Sigillata africana: scodella — Hayes 31, nn. 1, 4 (200–50), Hayes 50A, nn. 1–45 (230/40–325)	200–50
Periodo IF: 250–320			
873	Costruzione edificio 11	Ceramica africana da cucina: marmitta — *Ostia* I: 55 (200–50), ceramica comune: brocca — Pavolini 2000: fig. 37, n. 63 (80/90–211); ceramica da cucina: casseruola — *Ostia* III: 49 (1/150–250)	200–50
2099	Uso edificio 2	Anfora — Tripolitana I (1/150–400)	1–400

varietà delle anfore è poco significativa rispetto ad altri contesti, ma si registra anche qui un progressivo aumento di quelle provenienti dal nord Africa, man mano che ci si sposta verso il III secolo.[4] Tra le ceramiche fini e comuni sono discrete le presenze dell'Italia centrale e del nord Africa, meno rappresentate quelle dell'area campana, egea ed orientale.

Le merci di area cosiddetta laziale/tirrenica o locale sono rappresentate da coppe e soprattutto bottiglie, brocche e anforette sia in ceramica comune[5] sia a vernice rossa,[6] con un repertorio comune ad Ostia, Roma e parte della valle del Tevere. Di alcune di queste forme abbiamo sicuri indicatori di produzione nelle fornaci di Prima Porta (Bousquet, Zampini e Patterson 2003: 167, fig. 10), ma resta da verificare se esse rifornivano Roma, Ostia e Porto tramite il Tevere o se piuttosto esistevano altre officine che usavano un repertorio comune. La ceramica da cucina è rappresentata da olle e tegami con superfici trattate tramite politura a stecca.[7] Tra i prodotti di area laziale vanno annoverate anche delle brocche in ceramica invetriata di epoca flavia (**Fig. 10.5**). Al momento il centro più vicino noto per questa produzione è Roma, dove recentemente sono stati scoperti scarti di cottura in giacitura secondaria nello scavo di Testaccio (Luccerini

et al. in stampa). A meno di non scoprire una produzione portuense, potremmo individuare in questa classe di ceramica fine uno dei prodotti che da Roma scendevano verso la costa.

Dal nord Africa arrivano le sigillate africane di produzione A e C,[8] ma anche le ceramiche da cucina rappresentate da piatti/coperchio e casseruole[9] e non mancano forme da mensa[10] e da dispensa[11] in ceramica comune, a cui si aggiungono quelle rinvenute in posizione residuale negli strati del periodo successivo.[12] Infine, scarse sono le presenze dall'area egeo-orientale, rappresentata da forme di sigillata orientale B e da brocche dall'orlo trilobato.[13]

PERIODO II

Nella prima metà del IV secolo (Periodo IIA) la realizzazione di un edificio, di tipo forse residenziale (edificio 12), determina una radicale trasformazione delle strutture presenti (**Fig. 10.3**). Le modifiche, come avviene per la creazione delle *domus* tardo-antiche di Roma e di Ostia, consistono nell'eliminazione di una parte dei muri perimetrali delle precedenti unità edilizie e nella costruzione di nuovi ambienti comunicanti con gli edifici limitrofi. Importante testimonianza di questa

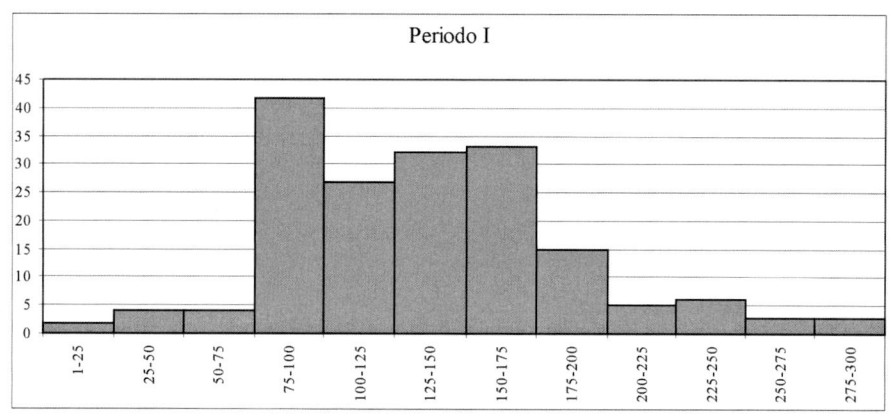

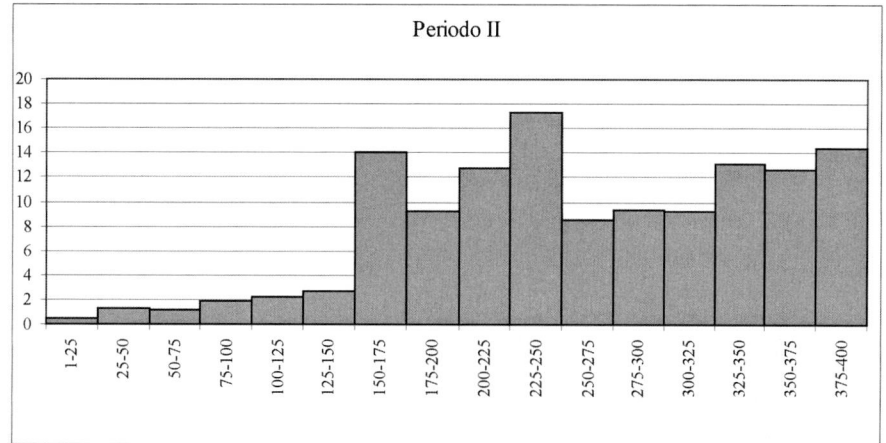

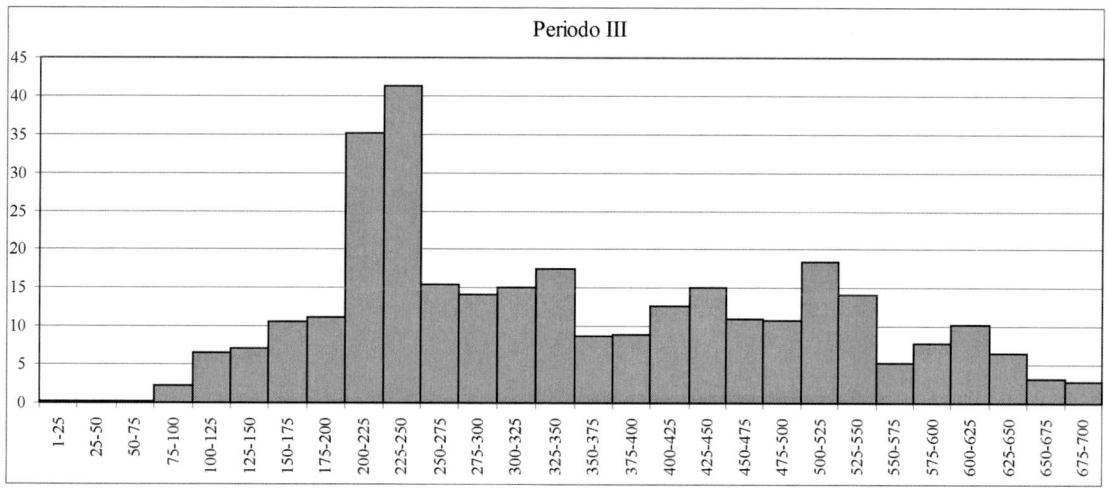

FIG. 10.4. Media ponderata dei materiali databili dei Periodi I (totale di frammenti 177), II (totale di frammenti 136) e III (totale di frammenti 312).

fase sono i resti del ricco pavimento a mosaico bianco e nero e in *opus sectile* policromo trovati all'interno dell'ambiente centrale (Bruno *et al.* 2008).

Intorno al terzo quarto del IV secolo (Periodo IIB), il complesso viene ulteriormente trasformato con la costruzione di un'ampia aula suddivisa in tre navate da due file di otto colonne (edificio 13a) (**Fig. 10.3**). Il perimetro è in massima parte costituito dai muri degli

edifici di età imperiale, mentre sono realizzati *ex novo* sul lato est il muro di facciata ed un portico (13b). L'aula, sicuramente parte di un più vasto impianto, come indicato da vani di passaggio su ogni lato, è forse già in questa fase destinata al culto cristiano. Nella planimetria, infatti, sono stati riconosciuti modelli basilicali coevi dell'area alto-adriatica (Borrello *et al.* 2002: 1.273). Gran parte della pavimentazione dell'aula

FIG. 10.5. Periodo ID. Brocca in ceramica
invetriata di epoca flavia.

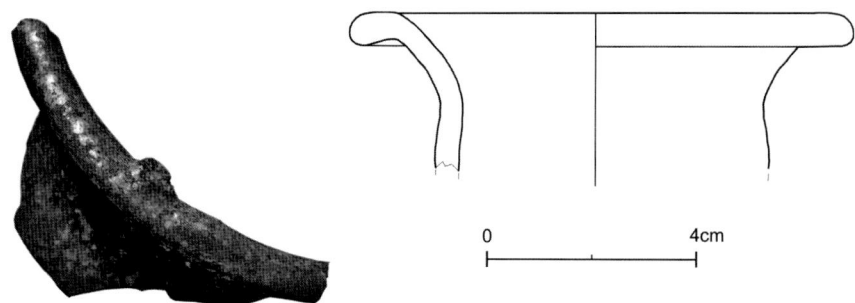

era a mosaico. Di esso restano tracce soprattutto nella navata centrale e nella navata sinistra.

I MATERIALI (Tabella 10.2)

Nel complesso i materiali documentati nel Periodo IIA (frammenti 1.528) e I B (frammenti 2.079), relativi rispettivamente al IV secolo avanzato e alla fine del IV–inizi del V secolo d.C., ammontano a 3.607 frammenti, pari al 20,9% di tutto il materiale.[14] La media ponderata (**Fig. 10.4**) ben visualizza l'incidenza del materiale residuo, che è rappresentato soprattutto in relazione ai momenti di ristrutturazione degli edifici precedenti avvenuti in epoca antonina e severiana, ma rende altrettanto evidente l'importanza del materiale contestuale.

Venendo al dettaglio del materiale ceramico, i prodotti locali sono costituiti prevalentemente da forme chiuse in ceramica acroma[15] e in vernice rossa,[16] e da tegami in ceramica da cucina.[17] Si nota in questa fase l'apparizione delle forme chiuse a vernice rossa, che avranno il massimo sviluppo nei secoli successivi. Le forme aperte, invece, sono costituite interamente dalle sigillate africane,[18] e dal nord Africa continuano ad arrivare le ceramiche comuni[19] e da cucina,[20] oltre che ovviamente le anfore,[21] ancora predominanti rispetto a quelle di area bruttia/peloritana[22] e egea/orientale;[23] scarse, invece, le presenze di lucerne.

PERIODO III

Nel corso della prima metà del V secolo (Periodo IIIA) l'edificio assume la forma basilicale canonica con l'inserimento, sul limite nord dell'aula del IV secolo, di un'abside semicircolare e di un ambiente annesso (edificio 14) (**Fig. 10.3**). Le navate e la facciata dell'edificio precedente rimangono inalterate e restano attivi i collegamenti con le strutture circostanti.

Importanti ristrutturazioni vengono eseguite nella prima metà del VI secolo d.C. (Periodo IIIB): il pavimento dell'abside viene sopraelevato e raccordato

tramite gradini alla zona presbiteriale, ora nettamente distinta dalle navate tramite l'inserzione di una recinzione che delimita anche la *schola cantorum*. Al riassetto dello spazio liturgico sono associate anche importanti modifiche di carattere strutturale, quali la costruzione di un nuovo annesso sul lato destro dell'abside e i restauri dei pavimenti.

Nella seconda metà del VI secolo d.C. (Periodo IIIC) l'edificio di culto viene ampliato con l'aggiunta di due nuove campate per colonnato e con la costruzione di una nuova facciata provvista di un ingresso monumentale tripartito sulla navata centrale. La basilica raggiunge in questa fase la lunghezza di 39 m (edificio 15) e non subisce sostanziali modifiche nei secoli successivi, ad eccezione del rifacimento della pavimentazione in *opus sectile* nella prima metà del VII secolo d.C. (Periodo IIID1). In età alto-medievale (Periodo IVA) l'unica modifica strutturale e funzionale di rilievo è costituita dall'inserimento nella parte ovest della navata sinistra di una vasca battesimale esagona con rivestimento marmoreo, probabilmente in seguito all'abbandono di un battistero esterno.

I MATERIALI (Tabella 10.3)

Ci soffermeremo in modo più approfondito sui materiali del Periodo III, che copre, come abbiamo visto, un arco cronologico compreso tra il V e il VII secolo d.C. Il *corpus* dei materiali è il più consistente, ammontando a 9.201 frammenti, pari al 53,4% di tutti i reperti. La media ponderata (**Fig. 10.4**) mostra ancora una volta una prevalenza di materiali residui, e tra questi ultimi si rileva un picco di presenze nella prima metà del III secolo d.C. relativo al Periodo I. Un crollo delle attestazioni, invece, si registra tra il 350 e il 400 d.C., cui segue una leggera ripresa.

Il repertorio del vasellame di produzione locale è composto dalla ormai ben documentata ceramica a vernice rossa,[24] di ottima qualità qui a Portus, con un repertorio che comprende brocche e bottiglie, coppe, scodelle imitanti forme africane e bacini che

TABELLA 10.2. Basilica Portuense. Materiale datante del Periodo II.

US	Tipo di strato	Elementi datanti	Datazione d.C.
Periodo IIA: 320–75			
701	Costruzione edificio 12	Ceramica africana da cucina: piatto/coperchio — *Ostia* I: 261	150/211–390/410
704		Ceramica africana da cucina: piatto/coperchio — *Ostia* I: 261 (150/211–390/410), *Ostia* IV: 60 (320–410); casseruola — Hayes 23B (100–390/410); casseruola — *Ostia* III: 267 (100–390/410); ceramica da cucina: tegame — Dyson 1976: LS41 (330–5)	320–410
817		Ceramica africana da cucina: piatto/coperchio — *Ostia* I: 261 (150/211–390/410); casseruola — *Ostia* III: 108 (320–410); anfore — Africana I (150–450)	320–410
878		Sigillata africana: scodella — Hayes 50A, nn. 1–45 (230/40–325); ceramica africana da cucina: piatto/coperchio — *Ostia* I: 262 (150/211–390/410), *Ostia* I: 261 (150/211–390/410); casseruola — Hayes 23B (100–390/410), *Ostia* III: 267 (100–390/410), *Ostia* III: 108 (320–410); ceramica da cucina: tegame — Dyson 1976: LS46 (330–5)	320–410
2037		Anfora — Kapitän II	180–400
Periodo IIB: 375–430			
328	Costruzione edificio 13	Sigillata africana: scodella — Hayes 50A, nn. 1–45 (230/40–325), Hayes 50, n. 55 (350–400); ceramica africana da cucina: casseruola — *Ostia* III: 267 (100–390/410); anfora — Africana I (150–450)	350–400
1458		Anfora: Tripolitana II	50–400
1463		Ceramica africana da cucina: piatto/coperchio — *Ostia* I: 261 (150/211–390/410), *Ostia* IV: 60 (320–410)	320–410
1464		Anfora — Tripolitana II	50–400
1897		Sigillata africana: scodella — Hayes 50B, nn. 56–9 (350–400), *Ostia* IV: 3 (390–410), Hayes 75 (420–50), Hayes 61A (325–400/20); ceramica africana da cucina: piatto/coperchio — *Ostia* I: 261 (150/211–390/410), *Ostia* IV: 60 (320–410), Hayes 182 (200–390/410); casseruola — Hayes 23B (100–390/410), *Ostia* III: 267 (100–390/410), *Ostia* III: 108 (320–410); ceramica comune: bottiglia — Pavolini 2000: fig. 32, n. 49 (100–500); anfore — Africana I (150–450), Tripolitana II (1–400), Keay XXVZ (300–520), Keay XXXVIA (420–520), *Late Roman* 3 (300–700), Keay LII (300–700)	350–420
1931		Sigillata africana: scodella — Hayes 50B, nn. 56–9 (350–400); ceramica africana da cucina: casseruola — *Ostia* III: 108 (320–410), Hayes 23B (100–390/410)	350–400
2039		Sigillata africana: scodella — Waagè 1948: tav. IX, 831 (325–450); ceramica africana da cucina: piatto/coperchio — *Ostia* I: 261 (150/211–390/410); tegame — *Atlante* I, CVI, n. 9 (300–450); casseruola — *Ostia* III: 108 (320–410); marmitta —*Raqqada*: tav. XXX, B24 (300–50)	320–410
2046		Ceramica africana da cucina: scodella — *Ostia* IV: 1 (360–440); piatto — Lamboglia 9A (375–400); casseruola — *Ostia* II: 261 (200–390/410)	375–400
2129		Anfora — Tripolitana II (50–400)	50–400
2275		Sigillata africana: coppa — Hayes 53B	370–430

TABELLA 10.3. Basilica Portuense. Materiale datante del Periodo III.

US	Tipo di strato	Elementi datanti	Datazione d.C.
Periodo IIIA: 430–500 (fondazione intorno al 430)			
665	Costruzione edificio 14	Sigillata africana: piatto — Hayes 56 (360–430)	360–430
744		Anfora: spatheion — Saguì 2002: fig. 7.7	400–700
770		Sigillata africana: piatto — Hayes 76, n. 4 (425–75), scodella — Hayes 61, nn. 17, 25 (380–450), *Atlante* I, XXXVIII, 9 (425–75), Hayes 50B/64 (400–500); ceramica africana da cucina: casseruola — *Atlante* I, CVIII, 3 (360–440); ceramica da cucina: tegame — *Schola Praeconum* I: fig. 6, n. 75 (430–40); anfore — Keay LVA (480–600), Africana II (180/210–300/500)	475/80–500
814		Sigillata africana: scodella — Hayes 94, n. 4 (360–440); ceramica africana da cucina: piatto/coperchio — *Ostia* IV: 59 (320/60–360/440); casseruola — *Atlante* I, CVIII, 3 (360–440); anfore — Keay XIX (250–500), Africana I (150–450), Keay LXIIA (450/75–550), Keay VII (320–450/520)	360–440
Periodo IIIB: 500–50			
593	Ristrutturazione edificio 14	Anfore — Keay XXXVIB (420/50–520), Keay XXXVIB (420–520), *Late Roman* 5 (500–600)	500–600
600		Anfore — *Crypta Balbi* II: 113, tav. IX, n. 86 (450–510)	450–510
604		Ceramica africana da cucina: casseruola — simile a *Crypta Balbi* II: 105, tav. IV, n. 36 (475–500/25); ceramica da cucina: olla — Coletti 1998: 405, fig. 8, n. 5 (425/75–700); vaso a listello — *Crypta Balbi* II: 444, tav. III, n. 13 (500–50)	475–500/25
615		Ceramica comune: mortaio — *Crypta Balbi* II: 82, tav. III, n. 19	550–90
616		Ceramica a vernice rossa: bottiglia — *Crypta Balbi* II: 262, tav. XIII, n. 71 (550–600); anfore — Keay XXVA (300–500)	500/50–600
1519		Ceramica comune: olla — simile a *Crypta Balbi* II: 449, tav. VII, n. 51 (500–50); ceramica da cucina: coperchio — *Crypta Balbi* II: 174, tav. IV, n. 36 (500–50); anfore — Keay XXVC (450–520)	500–50
1967		Sigillata africana: scodella — *Atlante* I, XLVII, n. 14 (510–50); anfora — Keay XXXVIB (420/50–520)	510–50
Periodo IIIC: 550–600			
418	Costruzione edificio 15	Ceramica comune: bacino — simile a *Crypta Balbi* II: 267, tav. XVI, n. 89	550–600
1455		Ceramica da cucina: tegame — Coletti 1998: 408, fig. 10, n. 6 (500–600)	500–600
1471		Ceramica da cucina: olla — *Crypta Balbi* II: 447, tav. V, n. 32 (500–50); coperchio — *Schola Praeconum* II, 35 (520–30)	520–30
2020		Ceramica da cucina: olla — *Crypta Balbi* II: 449, tav. 7, n. 55 (500–50); tegame — simile a *Crypta Balbi* II: 86, tav. IV, n. 30 (550–600); anfore — Keay XXVC (450–510), Keay LII (450–610)	550–600

TABELLA 10.3. *Continuato*

US	Tipo di strato	Elementi datanti	Datazione d.C.
Periodo IIID1: 600–50			
279	Ristrutturazione area esterna nord edificio 15	Ceramica comune: brocca — Pavolini 2000: fig. 34, n. 59 (300–700); ceramica da cucina: olla — simile a *Crypta Balbi* II: 594, tav. IX, n. 69 (490–600); lucerne — Hayes VIIIC (500–600)	500–600
794		Sigillata africana: coppa — Hayes 110 (550–650); scodella — Hayes 109 (580/600–650); ceramica a vernice rossa: coppa — *Crypta Balbi* II: 170, tav. II, n. 20 (500–50); ceramica comune: bacino — *Crypta Balbi* II: 449, tav. VII, n. 51 (590–610), mortaio — Coletti 1998: 410, fig. 11, n. 7 (500–700); ceramica africana da cucina: scodella — Hayes 109 (580/600–650); ceramica da cucina: pentole — Coletti 1998: 408, fig. 10, n. 8 (500–600), *Crypta Balbi* II: 445, tav. IV, nn. 25–6 (500–50), Santoro Bianchi e Guiducci 2001: fig. 1.A (400–700); coperchi — *Crypta Balbi* II: 109, tav. VII, n. 71 (525–600), *Crypta Balbi* II: 190, tav. IV, n. 53 (580–680); anfore — Keay LII (400–700), *Late Roman* 4 (600–10), Keay LXI (600–700); lucerna siciliana — *Crypta Balbi* II: 459, tav. I, n. 5 (600–700)	580–650
796		Anfora — *Late Roman* 5 (500–600)	500–600
813		Ceramica a vernice rossa: brocca — Coletti 1998: 397, fig. 4, n. 8 (400–600); anfore — Keay LII (500–700)	500–700
1866	Nuovo pavimento edificio 15	Sigillata africana: vaso a listello — Hayes 91 o 92	390–700
1912		Sigillata africana: vaso a listello — *Atlante* I, XLVIII, 15	580–600
1979		Ceramica africana da cucina: casseruola — *Atlante* I, CVIII, 5	600–700
2024		Anfore — Keay XXXVIA	600–700
2137		Ceramica da cucina: coperchio — *Crypta Balbi* II: 190, tav. IV, n. 62	580–700
Periodo IIID2: 650–700			
248	Frequentazione area esterna nord	Anfore — Keay LII	600–700

richiamano recipienti affermatisi nei secoli precedenti, ma rimasti in uso almeno fino al VI secolo d.C. Particolarmente interessante tra i residui del Periodo IIID1 è una scodella in ceramica a vernice rossa (Fig. 10.6), verosimilmente ispirata a forme in metallo, decorata all'interno con un motivo in rilievo. Il pezzo è molto abraso, ma sembra riconoscersi un'altare da cui sprigionano fiamme. Potrebbe cioè trattarsi della variante di un motivo già noto su forme di sigillate africane (produzione C3, forma Salomonson a del 350–430 d.C.) (Salomonson 1969: 37–43, fig. 46), in cui si richiama l'episodio biblico dei tre fanciulli nella fornace salvati dall'angelo. In questo caso la scodella potrebbe essere tra le poche forme attribuibili,

con qualche margine di certezza, al servizio cerimoniale del luogo di culto.

Apparentemente diverso è il repertorio realizzato in ceramica comune, costituito quasi esclusivamente da catini destinati alla preparazione dei cibi o piuttosto al contenimento di derrate alimentari e liquide.[25] La ceramica da cucina[26] è rappresentata prevalentemente da tegami, in misura minore da olle e da coperchi tra cui riappare il testo da pane per la cottura di focacce su piani scaldati.[27] Per quanto riguarda le dinamiche di produzione e distribuzione, non è chiaro chi sia il fornitore delle ceramiche locali, né risulta che a Porto siano state individuate finora fornaci per ceramica, se escludiamo il forno dell'VIII secolo rinvenuto nella

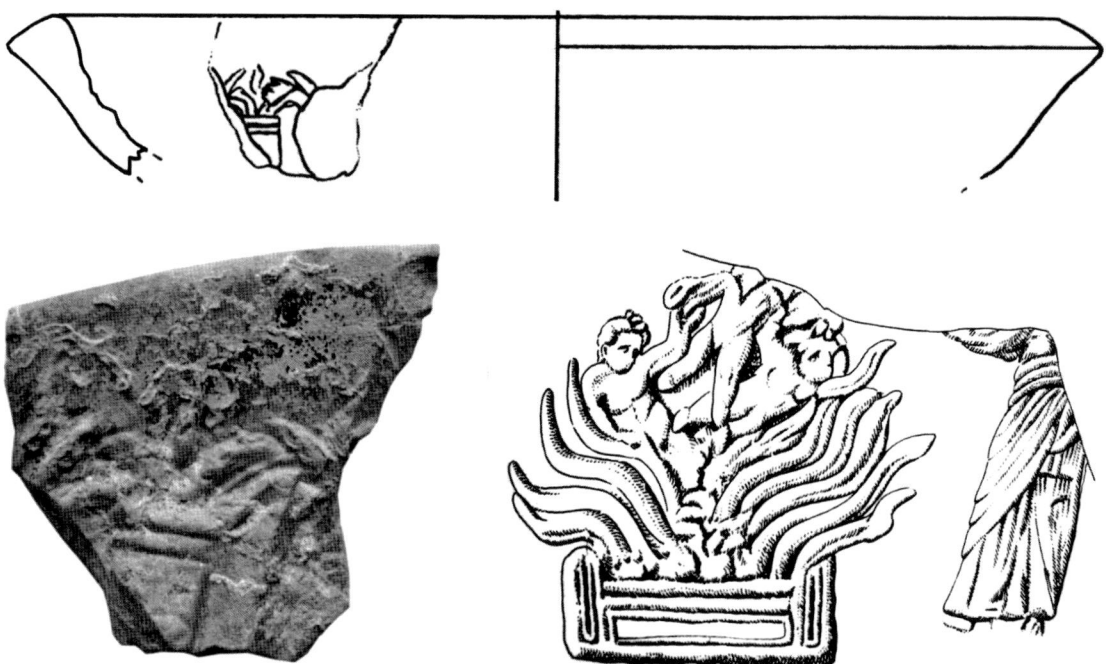

FIG. 10.6. Scodella in ceramica a vernice rossa decorata all'interno con motivo a rilievo. Frammento residuo in uno strato del Periodo IIID1. In basso a destra possibile confronto (da Salomonson 1969: fig. 46).

zona sudovest della Basilica, ma deputato alla cottura degli alimenti (Paroli 2004: 263). Un indicatore indiretto della presenza di fornaci nei pressi della Basilica Portuense potrebbe essere rappresentato da vari scarti di cottura di ceramica comune appartenenti purtroppo a tipi non identificabili. Una produzione ceramica nei pressi di un luogo di culto non sarebbe una sorpresa — a maggior ragione se siamo di fronte alla cattedrale — vista l'ingerenza sempre più documentata della chiesa nelle produzioni vascolari, vetrarie, doliari e metalliche in epoca tardo-antica.[28]

Al nord Africa vanno ricondotte tutte le forme cosiddette da mensa, soprattutto piatti dall'ampio diametro e scodelle databili tra il V e VI secolo[29] e buona parte di quelle da cucina.[30] Anche i vasi per versare, totalmente assenti tra la ceramica comune di produzione locale, e alcuni tipi di contenitori per preparare e cuocere il cibo, vengono forniti dal nord Africa.[31] Le lucerne sono in egual misura di produzione locale rivestite da ingobbio rosso e nord africane.[32] Particolarmente vario è il *corpus* delle anfore nord africane, i cui tipi sono rappresentati da non più di uno o due frammenti; provengono per lo più dalla Tunisia, trasportano nella maggior parte dei casi olio e coprono un arco cronologico compreso tra il V e il VI secolo, spingendosi in alcuni casi fino al VII.[33] Scarse sono le attestazioni dalla Palestina e dall'Asia Minore.[34] Infine, l'area bruttia-peloritana e sicula in

genere è rappresentata da poche anfore Keay LII[35] e da lucerne cosiddette siciliane;[36] Pantelleria è presente con poche forme di una ceramica da cucina estremamente rozza, dalla pasta micacea, che ha fortuna sulle coste del Mediterraneo soprattutto tra IV e V secolo d.C., con attardamenti fino al VI secolo d.C.[37]

Passando ora a considerazioni più generali, la distribuzione delle classi ceramiche (**Fig. 10.7**), epurata dai reperti sicuramente residui, conferma i rapporti percentuali già pubblicati per l'area portuense e ostiense (Ciarrocchi *et al.* 1993; 1998), ovvero una netta prevalenza delle anfore rispetto alle altre ceramiche, con un aumento progressivo dal V alla metà del VI secolo d.C., quando inizia l'inversione di tendenza.[38] Al contrario, gli indici delle ceramiche comuni e fini sono molto bassi e mostrano una certa tendenza alla diminuzione. Nelle fasi IIIA e IIIC la maggiore presenza della ceramica africana da cucina — evidenziata anche dalle recenti ricognizioni a Portus[39] e dai contesti dell'Antemurale[40] — potrebbe compensare lo scarso numero di quella prodotta localmente, ma comunque anch'essa si inserisce nel panorama di progressiva contrazione della cultura materiale, osservabile dalla metà del V al VII secolo d.C.

La varietà delle classi si impoverisce notevolmente, contando ora solo sulla sigillata africana e sulla ceramica a vernice rossa, per quanto riguarda le

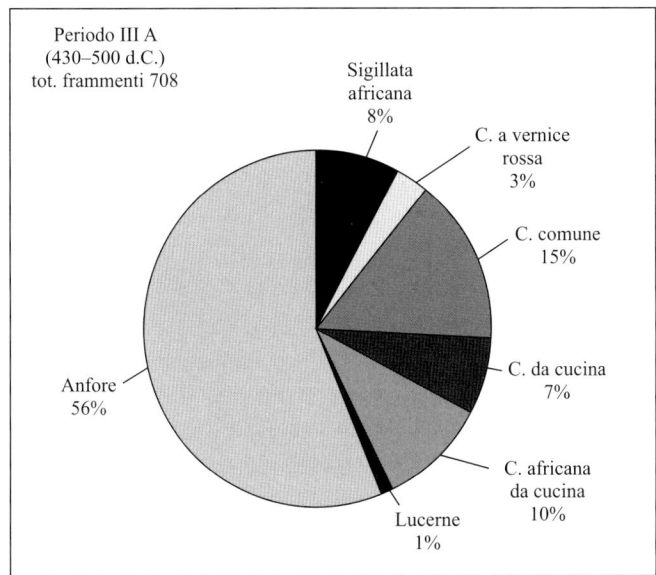

Periodo III A
(430–500 d.C.)
tot. frammenti 708

Sigillata africana 8%
C. a vernice rossa 3%
C. comune 15%
C. da cucina 7%
C. africana da cucina 10%
Lucerne 1%
Anfore 56%

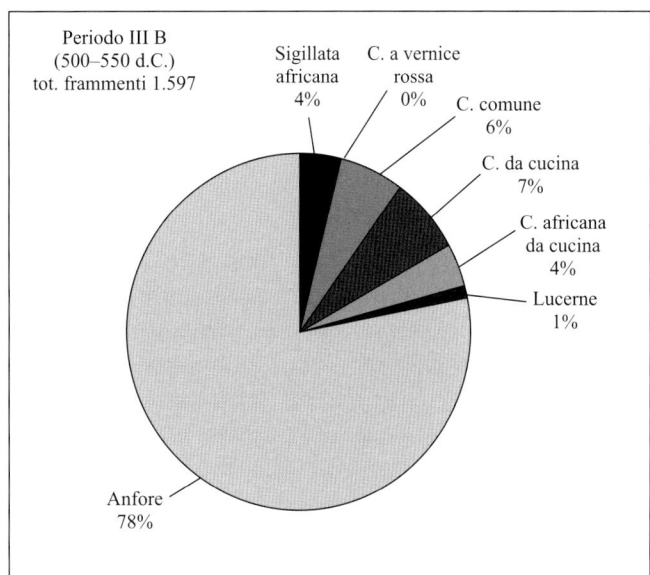

Periodo III B
(500–550 d.C.)
tot. frammenti 1.597

Sigillata africana 4%
C. a vernice rossa 0%
C. comune 6%
C. da cucina 7%
C. africana da cucina 4%
Lucerne 1%
Anfore 78%

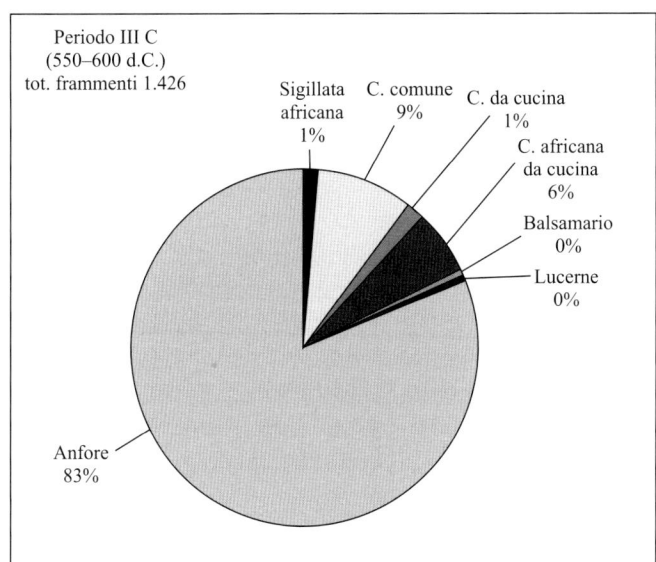

Periodo III C
(550–600 d.C.)
tot. frammenti 1.426

Sigillata africana 1%
C. comune 9%
C. da cucina 1%
C. africana da cucina 6%
Balsamario 0%
Lucerne 0%
Anfore 83%

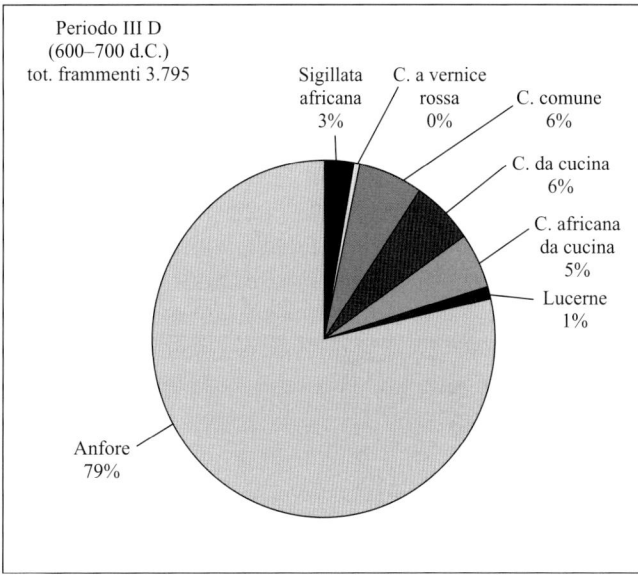

Periodo III D
(600–700 d.C.)
tot. frammenti 3.795

Sigillata africana 3%
C. a vernice rossa 0%
C. comune 6%
C. da cucina 6%
C. africana da cucina 5%
Lucerne 1%
Anfore 79%

FIG. 10.7. **Confronto percentuale per il Periodo III tra le classi ceramiche, da cui sono stati estrapolati i frammenti residui. (C. = ceramica.)**

ceramiche fini da mensa, e sulla comune acroma, da cucina e africana da cucina, per quanto riguarda la suppellettile d'uso quotidiano. Al contrario, non sembrano affatto diminuire le importazioni rispetto ai manufatti di produzione locale — sia per quanto riguarda il vasellame fine e comune sia per le derrate alimentari — anzi, si avverte una sorta di dominio incontrastato delle presenze nord africane, riscontrato anche a Roma prevalentemente nei contesti di V e VI secolo d.C.,[41] a cui si affiancano, ma nel nostro caso solo sporadicamente, le derrate provenienti dall'Oriente e dall'ambito insulare (Pantelleria e Sicilia). Una differenza tra i contesti della Basilica Portuense e quelli di Roma si avverte nel 'comportamento' delle

ceramiche comuni locali che a Roma, tra il IV e il V secolo, sembrano occupare una porzione sempre più importante del mercato, a scapito di quelle nord africane (Panella e Saguì 2001: 765–6). È evidente che queste ultime merci continuano ad arrivare sulle coste, ma non sono più sufficientemente concorrenziali rispetto al vasellame locale da riuscire a penetrare verso l'interno.

I contesti della Basilica Portuense confermano quanto già evidenziato in altri ambiti a proposito dell'aumento in questa fase del consumo dell'olio e del vino (Panella e Saguì 2001: 763), dato che appare piuttosto contraddittorio rispetto ad altre situazioni coeve. L'interrogativo che si pone è questo: come mai al progressivo calo delle attestazioni di ceramiche fini e comuni, che sembrerebbe celare una diminuzione dei consumi e forse della popolazione — quest'ultima ampiamente nota con cali importanti a partire dal 410 d.C. (Panella e Saguì 2001: 763, nota 8 e pp. 776–7) — fa riscontro un progressivo aumento delle anfore, che dovrebbe, al contrario, riflettere una crescita del consumo del vino, dell'olio e di altre derrate alimentari? È possibile che gli aumenti, unanimemente riconosciuti, siano influenzati non solo dai consumi diversificati delle derrate, ma, in qualche misura, anche da un maggiore impiego delle anfore nella cantieristica? Infatti, come sopra accennato, in ogni periodo le anfore vengono impiegate per realizzare, ad esempio, muri perimetrali di ambienti poveri,[42] infrastrutture di miglioramento dei suoli interessati da risalita di falde, canalizzazioni[43] e ancor più in epoca tardo-antica, sia nell'edilizia abitativa sia in quella cultuale, anfore intere e frammenti tagliati per formare tasselli e piccole tessere sono ampiamente utilizzati negli attacchi delle volte delle chiese, come elementi di alleggerimento, nelle preparazioni parietali e pavimentali destinate all'*opus sectile* e nelle stesse composizioni musive, ove assicurano l'effetto cromatico rosso, giallo, marrone e bianco.[44] Per dirimere la questione andrebbe verificato di volta in volta, e con opportune metodologie d'indagine, se le anfore impiegate in edilizia — soprattutto quelle che non hanno subìto modifiche di alcun tipo — siano effettivamente di riutilizzo o se non si tratti piuttosto di un uso primario. Di fatto in letteratura archeologica si tende a dare per scontato che l'uso primario dell'anfora sia quella del trasporto e che in tutti gli altri casi si tratti di riusi, ma un riscontro mirato potrebbe aprire interessanti scenari sull'organizzazione economica e sugli aspetti funzionali di tali contenitori e potrebbe aiutarci a meglio articolare le nostre interpretazioni.

CONCLUSIONI

Per concludere sinteticamente, i contesti della Basilica Portuense rivelano che le importazioni di anfore, ceramica comune e fine da mensa dal nord Africa sono in ogni periodo preminenti. Le anfore in particolare toccano percentuali elevatissime cha vanno dal 55%, al 68%, all'83% del materiale rispettivamente dei Periodi I, II e III. Cresce leggermente tra il V e il VI secolo la presenza delle anfore orientali, ma il rapporto tra le due importazioni appare diverso rispetto a quello documentato, ad esempio, a Roma o in altri contesti di Portus, dove le differenze sono notevoli, ma molto meno evidenti che nella Basilica Portuense. Certamente queste quantificazioni sono esagerate e inquinate dalla maggiore facilità di riconoscimento delle pareti di africane, rispetto a quelle orientali; tuttavia, anche i rapporti tra i soli orli mostrano la quasi univoca presenza di anfore nord africane, risultando, queste ultime, quattro volte superiori alle orientali. È evidente che il dato ottenuto mal si adatta alla lettura di fenomeni economici più ampi, in quanto legato prevalentemente alle necessità costruttive e cultuali della basilica. Tali contesti appaiono, infatti, più selezionati di altri noti a Portus, ove si nota una maggiore varietà di importazioni, come le ceramiche comuni orientali, le anfore di produzione gallica e iberica, che sono quasi assenti sul sito della basilica.

In base ai dati finora presentati, appare necessario riflettere sul fatto che la predominanza di contenitori nord africani o orientali non possa essere solo una conseguenza dei mutati rapporti commerciali, quanto piuttosto di precise scelte. In luoghi deputati allo stoccaggio delle derrate alimentari quale era Portus, è possibile immaginare un diverso accumulo delle anfore per aree di provenienza. Verso l'ultimo quarto del V secolo, ad esempio, alcuni magazzini vengono inglobati nel circuito difensivo di Portus, ed è proprio dai sondaggi effettuati lungo le mura che provengono indici molto più elevati di anfore egeo-orientali, cosa che lascerebbe pensare che qui si trovassero i magazzini destinati alle derrate orientali (Martin 1998; Paroli 2004: 258).[45] In contesti di consumo, invece, la scelta di un prodotto piuttosto che un altro potrebbe essere imputato a fattori economici e culturali. È il caso della Basilica Portuense, dove il maggior impiego delle anfore nord africane come materiale da costruzione ha una giustificazione nella maggiore superficie d'uso delle pareti anforiche, che potevano più agevolmente essere ritagliate per l'ottenimento dei tasselli da impiegare nelle preparazioni pavimentali. Altra cosa è invece indagare se la presenza di contenitori per versare e di vasellame da mensa, interamente di provenienza africana,[46] siano un fatto casuale o legato a precise scelte culturali. A tal proposito andrà, quindi, approfondito il rapporto tra forme e natura dei contesti al fine di tentare di ricostruire lo strumentario delle cerimonie rituali e di meglio definire la funzione dei vasi, che certamente non si esauriva in definizioni schematiche, come quelle da noi create per comodità, di ceramica da mensa, da cucina e da dispensa.

Note

1. Per quanto riguarda i contesti ceramici di Portus e delle aree limitrofe si veda: Coccia e Paroli 1993; Ciarrocchi *et al.* 1993; Ciarrocchi *et al.* 1998; Bousquet *et al.* 2005. Si vedano anche i contesti degli scavi dell'Antemurale a cura di Di Santo (Capitolo 9) e del Palazzo Imperiale a cura di Zampini (Capitolo 6) in questo volume.

2. Quantità complessive dei frammenti ceramici articolate per ampie classi di materiali: ceramiche fini: frammenti 1.268; ceramiche comuni: 3.888; anfore: 11.894; lucerne: 167; balsamari: 1.

3. *Ceramica a pareti sottili:* Periodo IB (23 frammenti), Periodo IC (23), Periodo ID (163), Periodo IE (27), Periodo IF (10); *sigillata italica:* Periodo IB (1), Periodo IC (4), Periodo ID (30), Periodo IE (12), Periodo IF (1); *sigillata tardo-italica:* Periodo IF (2); *invetriata flavia:* Periodo ID (3), Periodo IE (1); *sigillata africana:* Periodo IB (1), Periodo IC (11), Periodo ID (19), Periodo IE (114), Periodo IF (2); *ceramica a vernice rossa:* Periodo IC (2), Periodo ID (5), Periodo IE (1), Periodo IF (2); *ceramica comune:* Periodo IB (9), Periodo IC (46), Periodo ID (317), Periodo IE (108), Periodo IF (41); *ceramica da cucina:* Periodo IB (15), Periodo IC (6), Periodo ID (370), Periodo IE (83), Periodo IF (18); *ceramica a vernice rossa interna:* Periodo IB (7), Periodo IC (4), Periodo ID (19); *ceramica africana da cucina:* Periodo IC (25), Periodo ID (170), Periodo IE (168), Periodo IF (20); *lucerne:* Periodo IB (6), Periodo IC (28), Periodo ID (26), Periodo IE (5), Periodo IF (3); *anfore:* Periodo IB (44), Periodo IC (13), Periodo ID (1691), Periodo IE (601), Periodo IF (110).

4. Da questo momento in poi verranno presentate solo le attestazioni di forme e tipi, rimandando le quantificazioni all'edizione finale dello scavo. Si anticipa, comunque, che ogni tipo, nel contesto di rinvenimento, è rappresentato da un frammento o poco più. Per i repertori di confronto usati si vedano gli scioglimenti delle abbreviazioni in bibliografia finale. Tra parentesi vengono riportate le cronologie. Periodo ID: Dressel 14 (1–200); Dressel 20 (1–300); Tripolitana II (50–400); *Spello*, Dressel 28 (10–200). Periodo IE: Tripolitana I (1/150–400) e II (50–400); Africana I (150–450); Dressel 14 (1–300); Africana IID (200–410). Periodo IF: Tripolitana I (1/150–400).

5. Periodo IB: coppa —Ferrantini 1982–3: 258 (90–160/80). Periodo IC: brocca — *Ostia* II: 401 (80/90–120/40); coppa — Ferrantini 1982–3: 259 (90–140). Periodo ID: anforette — *Ostia* IV: 231 (225/30–270/80); Ferrantini 1982–3: 362 (160–80); bacino — Ferrantini 1982–3: 219 (160–80); bottiglie — *Ostia* III: 498 (90–120/40), Ferrantini 1982–3: 272 (90/120–160/180), Ferrantini 1982–3: 281 (160–80), Ferrantini 1982–3: 362 (160–80); brocca — Carta, Pohl e Zevi 1978: fig. 155, n. 147 (117–38); anforetta — *Ostia* III: 695 (70/90–120/40); catino — Ferrantini 1982–3: 214 (160–80), *Ostia* IV: 415 (120/40–160/80).

6. Periodo IE: anforette — Ferrantini 1982–3: 362 (160–80), Ferrantini 1982–3: 352 (160–80). Periodo IF: brocca — Zevi e Pohl 1970: 173, fig. 84 (98–117).

7. Periodo IB: olla — *Curia* II: 98 (80–90); coperchio — *Ostia* II: 516 (80–90). Periodo IC: olla — Ferrantini 1982–3: 57 (117/38–250); coperchi — *Ostia* II: 514 e 515 (80–90). Periodo ID: casseruole — *Curia* II: 68 (80–90), Ferrantini 1982–3: 44 (80/90–117/38), Ferrantini 1982–3: 74 (160–80), Ferrantini 1982–3: 81 (50–150); coperchi — Carta, Pohl e Zevi 1978: fig. 112, 1841 (41–54), *Ostia* II: 514 (80–90), *Ostia* II: 515 (80–90), *Ostia* II: 516 (50–200), Zevi e Pohl 1970: fig. 59 (37–54), Ferrantini 1982–3: 108 (100/10–150/200); olle — Carta, Pohl e Zevi 1978: fig. 158, 246 (117–38), *Curia* II: fig. 256, 109 (80–90), *Ostia* IV: 424 (190–200/25). Periodo IE: olle — Ferrantini 1982–3: 81 (50–150), Ferrantini 1982–3: 133 (150–200), Zevi e Pohl 1970: fig. 86, 244b (98–117); coperchi — *Ostia* II: 516 (50–200), *Curia* II: fig. 263, A573 (80–90). Periodo IF: casseruola — *Ostia* III: 49 (50–250); coperchi — Zevi e Pohl 1970: 130 (41–54), Carta, Pohl e Zevi 1978: 1807 (41–54).

8. Periodo IC: piatto — Hayes 3C (100–50); brocca — Hayes 137, nn. 3, 4, 5, 6 (90–150), Salomonson A 15 (210–50). Periodo ID: piatto — Hayes 3C (100–50); piatto/coperchio — Hayes 3B (75–150); coppe — Hayes 8A (90–150), Hayes 9A e B (100–60), Hayes 14A, nn. 1, 4–5 (180–300); scodella — Hayes 6B (150–200). Periodo IE: coppe — Hayes 7B (100–200), Hayes 8A (90–150), Hayes 9B, nn. 16, 20 (100–60), Hayes 14A, nn. 1, 4–5 (180–300), Hayes 44, nn. 6–7 (220/40–300), *Ostia* I: 57 (150–250); scodelle — Hayes 31, nn. 1, 4 (200–50), Hayes 50A, nn. 1–45 (230/40–325); zuppiera — Hayes 10, n. 3 (150–300).

9. Periodo IC: piatti/coperchio — *Ostia* I: 18 (200–50), *Ostia* I: 261 (150/211–390/410). Periodo ID: piatti/coperchio — *Ostia* I: 261 (150/211–390/410), *Ostia* I: 264 (211–400), *Ostia* III: 332 (98/138–200); casseruole — *Ostia* III: 324 (80/90–150), Hayes 23B (100–390/410). Periodo IE: piatti/coperchio — *Ostia* I: 261 (150/211–390/410), *Ostia* I: 262 (150/211–390/410), *Ostia* III: 332 (98/138–200); casseruole — *Ostia* III: 324 (80/90–150), *Ostia* III: 267 (100–390/410), Hayes 23B (100–390/410). Periodo IF: marmitta — *Ostia* I: 55 (200–50).

10. Periodo ID: bottiglia — *Ostia* III: 94 (90/120–160/80). Periodo IE: brocca — *Ostia* IV: 407 (160–80).

11. Periodo ID: catino — *Ostia* IV: 415 (120/40–160/80). Periodo IE: catino — *Ostia* I: 417 (240–50 d.C.).

12. Periodo IIA: catini — Ferrantini 1982–3: 216 e 237 (160–80). Periodo IIB: catino — Ferrantini 1982–3: 228 (160–80). Periodo IIID1: catino — *Ostia* I: 419 (190/210–230/50).

13. Periodi ID, IE, IF: brocca — Pavolini 2000: fig. 37, n. 63 (80/90–211).

14. *Ceramica a pareti sottili:* Periodo IIA (frammenti 49), Periodo IIB (26); *sigillata italica:* Periodo IIA (6); *invetriata flavia:* Periodo IIA (1); *ceramica a vernice rossa interna:* Periodo IIA (4), Periodo IIB (1); *ceramica a vernice rossa:* Periodo IIA (14), Periodo IIB (3); *sigillata africana:* Periodo IIA (53), Periodo IIB (103); *ceramica comune:* Periodo IIA (224), Periodo IIB (165); *ceramica da cucina:* Periodo IIA (48) Periodo IIB (67); *ceramica africana da cucina:*

Periodo IIA (235), Periodo IIB (118); *lucerne:* Periodo IIA (5), Periodo IIB (28); *anfore:* Periodo IIA (889), Periodo IIB (1.568).

15. Periodo IIA: bottiglia — Ciarrocchi 1998: 397, fig. 4, n. 3 (400–20).

16. Forme non identificabili.

17. Periodo IIA: tegami — Dyson 1976: LS41 (330–5), Dyson 1976: LS46 (330–5).

18. Periodo IIA: coppe — Hayes 14A, nn. 1, 4–5 (180–300); piatto — Hayes 45B, nn. 8, 10 (200–300); scodella — Hayes 50A, nn. 1–45 (230/40–325), Hayes 50B, n. 61 (350–400). Periodo IIB: coppa — Hayes 53B (370–430); scodelle — Hayes 50A, nn. 1–45 (230/40–325), Hayes 50, n. 55 (350–400), Hayes 50B, nn. 56–9 (350–400), *Ostia* IV: 3 (390–410), Hayes 61A (325–400/20), Waagè 1948: tav. IX, n. 831 (325–400).

19. Periodo IIA: bottiglia — Pavolini 1998: 393, fig. 3, n. 4 (400–700). Periodo IIB: bottiglia — Pavolini 2000: fig. 32, n. 49 (100–500).

20. Periodo IIA: piatti/coperchio — *Ostia* I: 261 (150/211–390/410), *Ostia* I: 262 (150/211–390/410), *Ostia* IV: 60 (320–410); casseruola — Hayes 23B (100–390/410), *Ostia* III: 267 (100–390/410), *Ostia* III: 108 (320–410). Periodo IIB: piatti/coperchio — *Ostia* I: 261 (150/211–390/410), *Ostia* IV: 60 (320–410), Hayes 182 (200–390/410); casseruola — Hayes 23B (100–390/410), *Ostia* III: 261 (200–390/410), *Ostia* III: 267 (100–390/410), *Ostia* III: 108 (320–410); scodella — *Ostia* IV: 1 (360–440); tegame — *Atlante* I: CVI, n. 9 (300–450); marmitta — *Atlante* I: CIX, n. 11 (300–50); piatto — Lamboglia 9A (375–400).

21. Periodo IIA: Africana I (150–450). Periodo IIB: Africana I (150–450), Tripolitana II (50–400), Keay XXXVIA (420/50–520), Keay XXVA (300–500) e Keay XXVZ (300–520).

22. Periodo IIB: Keay LII (300–700).

23. Periodo IIA: Kapitän II (180–400). Periodo IIB: *Late Roman* 3 (300–700).

24. Periodo IIIA: brocca — Ciarrocchi 1998: 397, fig. 4, n. 4 (400–10); catino — Ciarrocchi 1998: 397, fig. 4, n. 5 (400–600 d.C.). Periodo IIIB: brocca — Ciarrocchi 1998: fig. 4, n. 4 (400–10); bottiglia — *Crypta Balbi* II: 262, tav. XIII, n. 71 (550–600). Periodo IIID1: brocca — Ciarrocchi 1998: 397, fig. 4, n. 8 (400–600); coppa — *Crypta Balbi* II: 170, tav. II, n. 20 (500–50).

25. Periodo IIID1: bacino — *Crypta Balbi* II: 449, tav. VII, n. 51 (590–610).

26. Periodo IIIA: tegame — *Schola Praeconum* I: fig. 6, n. 75 (430–40). Periodo IIIB: coperchi — Martin 1989: fig. 9, n. 36 (430–40), *Crypta Balbi* II: 174, tav. IV, n. 36 (500–50); vaso a listello — *Crypta Balbi* II: 444, tav. III, n. 13 (500–50). Periodo IIIC: olle — *Schola Praeconum* II: fig. 7, n. 35 (520–30), *Crypta Balbi* II: 447, tav. V, n. 32 (500–50), *Crypta Balbi* II: 449, tav. 7, n. 55 (500–50); tegame — simile a *Crypta Balbi* II: 86, tav. IV, n. 30 (550–600). Periodo IIID1: tegami — *Crypta Balbi* II: 445, tav. IV, nn. 25–6 (500–50), *Crypta Balbi* II: 451, tav. VIII, n. 60 (500–50); coperchi

— *Crypta Balbi* II: 174, tav. IV, nn. 35–6 (500–50), *Crypta Balbi* II: 190, tav. IV, n. 62 (590–690), *Crypta Balbi* II: 109, tav. VII, n. 71 (525–600), *Crypta Balbi* II: 190, tav. IV, n. 53 (580–680); olla — simile a *Crypta Balbi* II: 594, tav. IX, n. 69 (490–600).

27. Per l'uso di questi manufatti si veda: Cubberley, Lloyd e Roberts 1988.

28. A titolo esemplificativo si rimanda a Martorelli (1999).

29. Periodo IIIA: piatti — Hayes 56 (360–430), Hayes 50B/64 (400–500); scodelle — Hayes 50B, nn. 56–9 (350–400), Hayes 61, nn. 17, 25 (380–450), *Atlante* I: XXXVIII, n. 9 (425–75), Hayes 76, n. 4 (425–75); coppa — Hayes 94, n. 4 (400/50–600). Periodo IIIB: scodella — *Atlante* I: XLVII, n. 14 (510–50). Periodo IIID1: scodella — Hayes 109 (580/600–50).

30. Periodo IIIA: piatti/coperchio — *Ostia* I: 261 (150/211–390/410), *Ostia* I: 262 (150/211–390/410), *Ostia* I: 263 (200–400), *Ostia* I: 264 (211–400), *Ostia* IV: 59 (320/60–360/440); casseruole — Hayes 23B (100–390/410), *Ostia* III: 267 (100–390/410), *Atlante* I: CVIII, n. 3 (360–440), *Ostia* III: 108 (320–410). Periodo IIIB: piatti/coperchio — *Ostia* IV: 59 (320/60–360/440); casseruole — *Ostia* II: 312 (360–440), simile a *Crypta Balbi* II: 105, tav. IV, n. 36 (475–500/25); scodella — *Ostia* IV: 1 (360–440).

31. Periodo IIIA: bottiglia — Pavolini 2000: fig. 32, n. 49 (100–500). Periodo IIIB: brocca —simile a *Crypta Balbi* II: 449, tav. VII, n. 51 (500–50); mortaio — *Crypta Balbi* II: 82, tav. III, n. 19 (550–90). Periodo IIIC: bacino — simile a *Crypta Balbi* II: 267, tav. XVI, n. 89 (550–600). Periodo IIID1: brocche — Pavolini 2000: fig. 32, n. 50 (200–500), Pavolini 2000: fig. 34, n. 59 (300–700); mortaio — Coletti 1998: 410, fig. 11, n. 7 (500–700).

32. Periodo IIIB: *Atlante* I: forma VIIIC (350/75–600). Periodo IIID1: *Atlante* I: forma VIIIC (350/75–600), Bailey III, U (300–500).

33. Periodo IIIA: Africana IIA (180/210–300/500), Keay XIX (250–500), Keay XXVII (310–450/510), Keay LVA (480–600), Keay LXIIA (475–550). Periodo IIIB: Keay XXVA (300–500), Keay XXVC (300–450), Keay XXXVIA–B (420/50–520). Periodo IIID1: Keay XXVZ (300/400–510), Keay XXVII (310–450/510), Keay XXXVIA (420/50–520), Keay XXXVII (300–450), Keay LVIIB (480–520). Periodo IIID2: Keay LXII (600–700).

34. Periodo IIIB: *Late Roman* 1 (400–600/700), *Late Roman* 5 (500–600). Periodo IIID1: *Late Roman* 4 (300–600), *Late Roman* 5 (500–600). Periodo IIID2: *Late Roman* 3 (300–700).

35. Periodi IIID1, D2.

36. Periodo IIID2: Bacchelli e Pasqualucci 1998: 346, fig. 2, n. 11 (650–700).

37. Periodo IIIC: tegame — Coletti 1998: 408, fig. 10, n. 6 (500–600). Periodo IIID1: pentola — Coletti 1998: 408, fig. 10, n. 8 (500–600).

38. A Roma, tuttavia nei contesti del VI e VII secolo, si registra una drastica diminuzione delle anfore: Saguì e Coletti 2004: 261; e, più in generale, Panella e Saguì 2001: 784–90.

39. Si veda il Capitolo 6.
40. Si veda il Capitolo 9.
41. Alcuni esempi della predominanza delle anfore africane su quelle orientali a Roma sono offerti dai seguenti contesti: Palatino, tempio di Cibele (seconda metà IV secolo d.C.): residui 6%, *Ostia* I 453 4,5%, bruttia/peloritana 7,5%, iberiche 8%, africane 61%, orientali 3%, non id. [non identificabili] 10%; Palatino, tempio di Cibele (prima metà V secolo d.C.): residui 3%, *Ostia* I 453 6%, bruttia/peloritana 18%, iberiche 3%, africane 40%, orientali 20%, non id. 10%; Palatino, tempio di Cibele (seconda metà V secolo d.C.): residui 3,5%, *Ostia* I 453 1,5%, bruttia/peloritana 18%, iberiche 3%, africane 31%, orientali 26%, non id. 17%; Celio, Basilica Hilariana (prima metà V secolo d.C.): residui 5%, *Ostia* I 453 3%, bruttia/peloritana 19%, iberiche 5%, africane 39%, orientali 18%, non id. 11%: Celio, Domus di Gaudenzio (VI secolo d.C.): residui 3%, bruttia/peloritana 24,5%, africane 33%, orientali 25%, non id. 14,5% (cf. Pacetti 1998: 191–2, 199, tabb. 1–4); Celio, Basilica Hilariana (prima metà VI secolo d.C.): italiche 17,2 e 23%, iberica 5,2% (solo in Pacetti 2004), africana 38,4 e 27%, orientale 24 e 18%, non id. 15,2 e 32% (cf., rispettivamente, Pacetti 2004: 440, tab. 4; Vatta 2004: 477, tab. 14); Basilica Hilariana (fine VI–inizi VII secolo d.C.): italiche 22 e 31%, africana 34 e 34%, orientale 32 e 27%, non id. 12 e 8% (cf., rispettivamente, Pacetti 2004: 441, tab. 5; Vatta 2004: 478, tab. 15); Domus Tiberiana fase I (425–75): bruttia/peloritana 42,3%, africane 23%, orientali 28,2%, non id. 6,5%; Domus Tiberiana fase II (475–500/25): bruttia/peloritana 27%, africane 35%, orientali 16%, non id. 22%; Domus Tiberiana fase III (525–600): bruttia/peloritana 9%, africane 40%, orientali 32%, non id. 19% (cf. Munzi *et al.* 2004: 111–15, tabb. 2–4); *Crypta Balbi*, mitreo (metà V secolo d.C.): italiche 26%, africane 34%, orientali 25%, non id. 15% (cf. Saguì e Coletti 2004: 244, grafico 2); *Crypta Balbi* (VII secolo d.C.): africane 40%, orientali 20%, Italia meridionale 10%, non id. 30% (cf. Saguì 1998: 324, fig. 13).

Non mancano tuttavia casi in cui le anfore orientali sono predominanti, soprattutto nei contesti di VI e VII secolo: Atrio della Casa delle Vestali (500–50): bruttia/peloritana 10,2%, africane 9%, orientali 16,5%, non id. 64,3% (cf. Di Giuseppe 2004: 175, tab. 4); *Crypta Balbi*, mitreo (550–600): bruttia/peloritana 43%, africane 20%, orientali 37% (cf. Saguì e Coletti 2004: 261, grafico 4); Aventino (VII secolo d.C.): Italia meridionale 49%, africana 20%, egiziana 2%, egea 9%, orientale 20% (cf. Fontana *et al.* 2004: 559, grafico 4). Sull'aumento delle presenze egeo-orientali a Roma a partire dalla seconda metà del V secolo d.C. cf.: Panella e Saguì 2001: 777.

Anche a Portus si hanno contesti in cui prevalgono le anfore nord africane — Basilica Portuense, Palazzo Imperiale (Zampini, Capitolo 6), Area I, II e VI (Martin 1998: 389, fig. 2) — e altri in cui, invece, sono quelle egeo-orientali ad essere preminenti — Antemurale (Di Santo, Capitolo 9), area interna ed esterna *postierla* (Martin 1998: 388, fig. 1).

42. È il caso degli *horrea* recentemente rinvenuti tra il Tevere e il Testacccio: Sebastiani e Serlorenzi 2008.
43. Si veda Capitolo 13. Su questi argomenti si veda anche: Antico Gallina 1996; 2004.
44. Per un'ampia trattazione sui vari tipi di riuso delle anfore, si veda: Peña 2007: 61–192.
45. Si veda anche Di Santo in questo volume (Capitolo 9).
46. Manca del tutto, ad esempio, la sigillata focese.

Riferimenti bibliografici

Abbreviazioni

Africana	si veda Peacock e Williams 1986.
Atlante I	*Atlante delle forme ceramiche I. Ceramica fine romana nel bacino mediterraneo (medio e tardo impero) (Supplemento a Enciclopedia dell'arte antica)* (1981). Roma, Istituto dell'Enciclopedia Italiana.
Bailey III	si veda Bailey 1988.
Crypta Balbi II	si veda Paroli e Vendittelli 2004.
Curia II	si veda Morselli e Tortorici 1989.
Dressel	si veda Dressel 1899.
Hayes	si veda Hayes 1972.
Kapitän	si veda Kapitän 1972.
Keay	si veda Keay 1984.
Lamboglia	si veda Lamboglia 1950.
Late Roman	si veda Peacock e Williams 1986.
Marabini	si veda Marabini Moevs 1973.
Mayet	si veda Mayet 1975.
Ostia I	*Ostia I. Le Terme del Nuotatore. Scavo dell'ambiente IV (Studi miscellanei 13)* (1968). Roma, De Luca.
Ostia II	*Ostia II. Le Terme del Nuotatore. Scavo dell'ambiente I (Studi miscellanei 16)* (1970). Roma, De Luca.
Ostia III	*Ostia III. Le Terme del Nuotatore. Scavo degli ambienti III, V, VI, VII e di un saggio nell'area SO (Studi miscellanei 21)* (1973). Roma, De Luca.
Ostia IV	*Ostia IV. Le Terme del Nuotatore. Scavo dell'ambiente XVI e dell'area XXV (Studi Miscellanei 23)* (1977). Roma, De Luca.
Raqqada	si veda Mahjoubi, Salomonson e Ennabli 1973.
Ricci	si veda Ricci 1985.
Salomonson	si veda Salomonson 1969.
Schola Praeconum I	si veda Whitehouse *et al.* 1982.
Schola Praeconum II	si veda Whitehouse *et al.* 1985.
Spello	si veda Lapadula 1977.
Tripolitana	si veda Peacock e Williams 1986.

Antico Gallina, M.V. (1996) Valutazioni tecniche sulle cosiddette funzioni drenanti dei depositi di anfore. In M.V. Antico Gallina (ed.), *Acque interne: uso e gestione di una risorsa*: 67–112. Milano, Edizioni ET.

Antico Gallina, M.V. (2004) Fra *utilitas* e *salubritas*: esempi maltesi di bonifica con strutture ad anfore. In M.V. Antico Gallina (ed.), *Acque per l'*utilitas*, per la* salubritas*, per l'*amoenitas: 245–71. Milano, Edizioni ET.

Bacchelli, B. e Pasqualucci, R. (1998) Lucerne dal contesto di VII secolo della *Crypta Balbi*. In L. Saguì (ed.), *Ceramica in Italia: VI–VII secolo. Atti del convegno in onore di John W. Hayes (Roma 1995)*: 343–50. Firenze, All'Insegna del Giglio.

Bailey, D.M. (1988) *A Catalogue of the Lamps in the British Museum* III. *Roman Provincial Lamps*. Londra, British Museum Press.

Borrello, L., Maiorano, M., Paroli, L. e Serlorenzi, M. (2002) La basilica urbana di Porto. In F. Guidobaldi e A. Guiglia Guidobaldi (edd.), *Ecclesiae Urbis. Atti del congresso internazionale di studi sulle chiese di Roma (IV–X secolo) (Roma 2000)* II: 1.263–85. Città del Vaticano, Pontificio Istituto di Archeologia Cristiana.

Bousquet, A., Zampini, S. e Patterson, H. (2003) Le ceramiche comuni in età proto-, medio-imperiale e tardoantica. In H. Patterson, A. Bousquet, H. Di Giuseppe, F. Felici, S. Fontana, R. Witcher e S. Zampini, Le produzioni ceramiche nella media valle del Tevere tra l'età repubblicana e tardoantica: 167–9. *Rei Cretariae Romanae Fautores* 38: 161–70.

Bousquet, A., Clarke, W., Del Vecchio, F., Felici, F., Fontana, S., Graham, S., Keay, S., Mele, C., Rodà, I., Valeri, C. e Zampini, S. (2005) The finds from field walking. In S. Keay, M. Millett, L. Paroli e K. Strutt, *Portus. An Archaeological Survey of the Port of Imperial Rome (Archaeological Monographs of the British School at Rome 15)*: 173–239. Londra, British School at Rome.

Bruno, M., Violante, S., Maiorano, M. e Leonetti, A.L. (2008) Su un lacerto pavimentale in *opus sectile* nella basilica di Porto (Roma). In C. Angelelli e F. Rinaldi (edd.), *AISCOM. Atti del XIII colloquio dell'Associazione Italiana per lo Studio e la Conservazione del Mosaico (Canosa di Puglia 2007)*: 397–406. Tivoli, Scripta Manent.

Carta, M., Pohl, I. e Zevi, F. (1978) Ostia. La Taverna dell'Invidioso. Piazzale delle Corporazioni. Portico ovest: saggi sotto i mosaici. *Notizie degli Scavi di Antichità* 32 (Suppl.): 167–443.

Ciarrocchi, B. (1998) La ceramica comune dipinta in rosso dalla basilica di Pianabella (Ostia antica). In B. Ciarrocchi, C.M. Coletti, A. Martin, L. Paroli e C. Pavolini, Ceramica comune tardoantica da Ostia e Porto (V–VII secolo): 395–401. In L. Saguì (ed.), *Ceramica in Italia: VI–VII secolo. Atti del convegno in onore di John W. Hayes (Roma 1995)*: 383–420. Firenze, All'Insegna del Giglio.

Ciarrocchi, B., Martin, A., Paroli, L. e Patterson, H. (1993) Produzione e circolazione di ceramiche tardoantiche ed altomedievali ad Ostia e Porto. In L. Paroli e P. Delogu (edd.), *La storia economica di Roma nell'alto medioevo alla luce dei recenti scavi archeologici. Atti del seminario (Roma 2–3 aprile 1992)*: 203–46. Firenze, All'Insegna del Giglio.

Ciarrocchi, B., Coletti, C.M., Martin, A., Paroli, L. e Pavolini, C. (1998) Ceramica comune tardoantica da Ostia e Porto (V–VII secolo). In L. Saguì (ed.), *Ceramica in Italia: VI–VII secolo. Atti del convegno in onore di John W. Hayes (Roma 1995)*: 383–420. Firenze, All'Insegna del Giglio.

Coccia, S. e Paroli, L. (1993) Indagini preliminari sui depositi archeologici della città di Porto. *Archeologia Laziale* 11: 175–80.

Coletti, C.M. (1998) Ceramiche comuni dai contesti di Porto (VI e VII secolo). In B. Ciarrocchi, C.M. Coletti, A. Martin, L. Paroli e C. Pavolini, Ceramica comune tardoantica da Ostia e Porto (V–VII secolo): 401–17. In L. Saguì (ed.), *Ceramica in Italia: VI–VII secolo. Atti del convegno in onore di John W. Hayes (Roma 1995)*: 383–420. Firenze, All'Insegna del Giglio.

Cubberley, A.L., Lloyd, J.A. e Roberts, P.C. (1988) *Testa* and *clibani*: the baking covers of classical Italy. *Papers of the British School at Rome* 56: 98–119.

Di Giuseppe, H. (2004) I reperti ceramici. In D. Filippi, G. Ricci, H. Di Giuseppe, C. Capelli e F. Delussu, La casa delle Vestali: un immondezzaio di VI secolo d.C.: 166–76. In L. Paroli e L. Vendittelli (edd.), *Roma dall'antichità al medioevo* II. *Contesti tardoantichi e altomedievali*: 164–79. Milano, Electa (Soprintendenza Archeologica di Roma).

Dressel, H. (1899) *Corpus Inscriptionum Latinarum* XV, 2.1, tav. II. Berlino, Georg Reimer/Walter de Gruyter.

Dyson, S.L. (1976) *Cosa: the Utilitarian Pottery (Memoirs of the American Academy in Rome* 33). Roma, American Academy in Rome.

Ferrantini, M.L. (1982–3) *La ceramica comune della prima e media età imperiale ad Ostia: vasellame da mensa e da dispensa*. Tesi di laurea, cattedra di Archeologia e Storia dell'Arte Greca e Romana, Università degli Studi di Roma 'La Sapienza'.

Fontana, S., Munzi, M., Beolchini, V., De Luca, I. e Del Vecchio, F. (2004) Un contesto di VII secolo dall'Aventino. In L. Paroli e L. Vendittelli (edd.), *Roma dall'antichità al medioevo* II. *Contesti tardoantichi e altomedievali*: 544–68. Milano, Electa (Soprintendenza Archeologica di Roma).

Hayes, J.W. (1972) *Late Roman Pottery*. Londra, British School at Rome.

Kapitän, G. (1972) Le anfore del relitto romano di Capo Ognina (Siracusa). In *Recherches sur les amphores romaines (Collection de l'École Française de Rome* 10): 243–52. Roma, École Française de Rome.

Keay, S.J. (1984) *Late Roman Amphorae in the Western Mediterranean. A Typology and Economic Study: the Catalan Evidence (British Archaeological Reports, International Series* 196). Oxford, British Archaeologial Reports.

Lamboglia, N. (1950) *Gli scavi di Albintimilium e la cronologia della ceramica romana. Campagne di scavo 1938–1940*. Bordighera, Istituto Internazionale di Studi Liguri.

Lapadula, E. (1977) Le anfore di Spello nelle Regiones VI e VII. *Papers of the British School at Rome* 65: 127–56.

Luccerini, F., Contino, A., Mastrodonato, V., Porcari, B. e Sclocchi, S. (2010) Scarti di produzione di ceramica invetriata di età flavio-traianea dallo scavo del nuovo mercato di Testaccio a Roma. *Rei Cretariae Romanae Fautorum Acta* 41: 303–12.

Mahjoubi, A., Salomonson, J.W. e Ennabli, A. (1973) *La nécropole romaine de Raqqada* II. Tunis, Ministères des Affaires Culturelles.

Marabini Moevs, M.T. (1973) *The Roman Thin Walled Pottery from Cosa (1948–1954)* (*Memoirs of the American Academy in Rome* 32). Roma, American Academy in Rome.

Martin, A. (1989) L'importazione di ceramica africana a Roma tra IV e V secolo (S. Stefano Rotondo). In A. Mastino (ed.), *L'Africa romana. Atti del VI convegno di studio (Sassari 1988)*: 475–83. Sassari, Gallizzi.

Martin, A. (1998) I contesti di Pianabella (Ostia) e Porto: datazione e caratterizzazione. In B. Ciarrocchi, C.M. Coletti, A. Martin, L. Paroli e C. Pavolini, Ceramica comune tardoantica da Ostia e Porto (V–VII secolo): 386–91. In L. Saguì (ed.), *Ceramica in Italia: VI–VII secolo. Atti del convegno in onore di John W. Hayes (Roma 1995)*: 383–420. Firenze, All'Insegna del Giglio.

Martorelli, R. (1999) Riflessioni sulle attività produttive nell'età tardoantica ed altomedievale: esiste un artigianato 'ecclesiastico'? *Rivista di Archeologia Cristiana* 75: 571–96.

Mayet, F. (1975) *Les céramiques à parois fines dans la péninsula Ibérique*. Parigi, Université de Bordeaux III, Centre Pierre Paris.

Morselli, C. e Tortorici, E. (1989) (edd.) *Curia, Forum Iulium, Forum Transitorium* II (*Lavori e studi di archeologia* 14). Roma, De Luca Editore.

Munzi, M., Fontana, S., De Luca, I. e Del Vecchio, F. (2004) Domus Tiberiana: contesti tardoantichi dal settore nord-orientale. In L. Paroli e L. Vendittelli (edd.), *Roma dall'antichità al medioevo* II. *Contesti tardoantichi e altomedievali*: 91–128. Milano, Electa (Ministero per i Beni e le Attività Culturali/Soprintendenza Archeologica di Roma).

Pacetti, F. (1998) La questione delle Keay LII nell'ambito della produzione anforica in Italia. In L. Saguì (ed.), *Ceramica in Italia: VI–VII secolo. Atti del convegno in onore di John W. Hayes (Roma 1995)*: 185–208. Firenze, All'Insegna del Giglio.

Pacetti, F. (2004) Celio. Basilica Hilariana: scavi 1987–1989. In L. Paroli e L. Vendittelli (edd.), *Roma dall'antichità al medioevo* II. *Contesti tardoantichi e altomedievali*: 435–57. Milano, Electa (Ministero per i Beni e le Attività Culturali/Soprintendenza Archeologica di Roma).

Panella, C. e Saguì, L. (2001) Consumo e produzione a Roma tra tardoantico e altomedioevo: le merci, i contesti. In *Roma nell'alto medioevo* (*Settimane di studio del Centro Italiano di Studi sull'Alto Medioevo* 48): 757–820. Spoleto, Centro Italiano di Studi sull'Alto Medioevo.

Paroli, L. (2001) Portus (Fiumicino–Roma). In M.S. Arena, P. Delogu, L. Paroli, M. Ricci, L. Saguì e L. Vendittelli (edd.), *Roma dall'antichità al medioevo. Archeologia e storia nel Museo Nazionale Romano* Crypta Balbi: 623–6. Milano, Electa (Ministero per i Beni e le Attività Culturali/Soprintendenza Archeologica di Roma).

Paroli, L. (2004) Il porto di Roma nella tarda antichità. In A. Gallina Zevi e R. Turchetti (edd.), *Le strutture dei porti e degli approdi antichi* (*ANSER* II): 247–65. Soveria Mannelli, Rubbettino Editore.

Paroli, L. (2005) The Basilica Portuense. In S. Keay, M. Millett, L. Paroli e K. Strutt, *Portus. An Archaeological Survey of the Port of Imperial Rome* (*Archaeological Monographs of the British School at Rome* 15): 258–68. Londra, British School at Rome.

Paroli, L. e Vendittelli, L. (2004) (edd.) *Roma dall'antichità al medioevo* II. *Contesti tardoantichi e altomedievali*. Milano, Electa (Ministero per i Beni e le Attività Culturali/Soprintendenza Archeologica di Roma).

Pavolini, C. (1998) Forme chiuse in ceramica comune del VI–VII secolo nei magazzini di Ostia. In B. Ciarrocchi, C.M. Coletti, A. Martin, L. Paroli e C. Pavolini, Ceramica comune tardoantica da Ostia e Porto (V–VII secolo): 391–4. In L. Saguì (ed.), *Ceramica in Italia: VI–VII secolo. Atti del convegno in onore di John W. Hayes (Roma 1995)*: 383–420. Firenze, All'Insegna del Giglio.

Pavolini, C. (2000) *La ceramica comune. Le forme in argilla depurata dell'Antiquarium di Ostia* (*Scavi di Ostia* XIII). Roma, Istituto Poligrafico e Zecca dello Stato/Libreria dello Stato.

Peacock, D.P.S e Williams, D.F. (1986) *Amphorae and the Roman Economy: an Introductory Guide.* Londra, Longman.

Peña, J.T. (2007) *Roman Pottery in the Archaeological Record.* Cambridge, Cambridge University Press.

Ricci, A. (1985) Ceramica a pareti sottili. In *Atlante delle forme ceramiche* II. *Ceramica fine romana nel bacino mediterraneo (tardo ellenismo e primo impero)* (*Supplemento a Enciclopedia dell'arte antica*): 231–357. Roma, Istituto dell'Enciclopedia Italiana.

Saguì, L. (1998) Il deposito della *Crypta Balbi*: una testimonianza imprevedibile sulla Roma del VII secolo? In L. Saguì (ed.), *Ceramica in Italia: VI–VII secolo. Atti del convegno in onore di John W. Hayes (Roma 1995)*: 305–30. Firenze, All'Insegna del Giglio.

Saguì, L. (2002) Roma, i centri privilegiati e la lunga durata della tarda antichità. Dati archeologici dal deposito di VII secolo nell'esedra della *Crypta Balbi*. *Archeologia Medievale* 29: 7–42.

Saguì, L. e Coletti, C.M. (2004) Contesti tardoantichi dall'area a S-E della *Crypta Balbi*. In L. Paroli e L. Vendittelli (edd.), *Roma dall'antichità al medioevo* II. *Contesti tardoantichi e altomedievali*: 242–77. Milano, Electa (Ministero per i Beni e le Attività Culturali/Soprintendenza Archeologica di Roma).

Salomonson, J.W. (1969) Spätrömische rote Tonware mit Reliefverzierung aus Nordafrikanischen Werkstätten. Entwicklungsgeschichtliche Untersuchungen zur reliefgeschmuckten Terra Sigillata Chiara (C). *Bulletin van de Vereeniging tot Bevordering der Kennis van de Antieke Beschaving* 44: 4–109.

Santoro Bianchi, S. e Guiducci, G. (2001) *Pantellerian ware*: il problema morfologico. *Rei Cretariae Romanae Fautorum Acta* 37: 171–5.

Sebastiani, R. e Serlorenzi, M. (2008) (edd.) Il progetto del nuovo mercato di Testaccio. *WORKSHOP di Archeologia Classica* 5: 137–71.

Vatta, G. (2004) Celio. Basilica Hilariana: scavi 1997. In L. Paroli e L. Vendittelli (edd.), *Roma dall'antichità al medioevo* II. *Contesti tardoantichi e altomedievali*: 458–79. Milano, Electa (Ministero per i Beni e le Attività Culturali/Soprintendenza Archeologica di Roma).

Waagè, F.O. (1948) Hellenistic and Roman tableware of north Syria. In F.O. Waagè, *Antioch on-the-Orontes* IV (1). *Ceramics and Islamic Coins*: 1–60. Princeton, Princeton University Press.

Whitehouse, D., Barker, G., Reece, R. e Reese, D. (1982) The Schola Praeconum I: the coins, pottery, lamps and fauna. *Papers of the British School at Rome* 50: 53–101.

Whitehouse, D., Costantini, L., Guidobaldi, F., Passi, S., Pensabene, P., Pratt, S., Reece, R. e Reese, D. (1985) The Schola Praeconum II. *Papers of the British School at Rome* 53: 163–210.

Zevi, F. e Pohl, I. (1970) Ostia (Roma). Casa delle Pareti Gialle, salone centrale. Scavo sotto il pavimento a mosaico. *Notizie degli Scavi di Antichità* 24 (Suppl. I): 43–244.

MATERIALI NUMISMATICI DA CONTESTI PORTUENSI

Emanuela Spagnoli

PREMESSA

Si presenta qui una sintesi sui materiali numismatici provenienti da alcuni contesti portuensi oggetto di indagini condotte dalla Soprintendenza per i Beni Archeologici di Ostia in anni recenti. I reperti in discussione provengono da distinti ambiti territoriali e offrono la possibilità di affrontare uno studio comparato delle evidenze di scavo: i contesti indagati a Porto, in area urbana, consentono di delineare qualche aspetto della circolazione monetaria tra l'età tardo-antica e il basso medioevo; dai sondaggi condotti nell'Agro Portuense (Ponte Galeria, Fiumicino) provengono, invece, nuovi dati sulle fasi tra l'età repubblicana e l'età imperiale.

La verifica sul piano spaziale e sul lungo periodo delle linee dello sviluppo economico-monetario in ambito locale pone in evidenza alcune problematiche di carattere generale. Esse sono legate al grado di significatività del deposito numismatico nel contesto di scavo e alla possibilità di trarne indicatori utili a ricostruire nel tempo le variazioni dei flussi di valuta e la funzionalità della moneta nel quadro delle attività produttive e di scambio della regione. Su questi temi il dibattito è ancora aperto.[1] L'analisi numismatica dei depositi archeologici, pur con tutti i limiti, resta una tappa obbligata per la verifica di ogni modello interpretativo. Pertanto, le osservazioni che seguono mirano a formalizzare un processo di conoscenza del territorio e, ovviamente, non hanno un carattere definitivo.

PORTO, AREA URBANA: SCAVI NEL SETTORE SUDOCCIDENTALE DELLA CINTA MURARIA (PTVIII) E NELLA BASILICA (PTII)

Il primo punto di questa comunicazione verte, dunque, sui reperti numismatici dei sondaggi diretti a Porto da Lidia Paroli, che rivestono un particolare interesse per lo studio dell'insieme del centro urbano, soprattutto delle relazioni tra le fasi tardo-antiche e alto-medievali dell'abitato e le preesistenze (Coccia e Paroli 1993). Le aree di scavo interessano il settore sudoccidentale delle mura tardo-antiche (PTI e PTVIII) e il sito della Basilica Portuense, nella zona sudorientale della città (PTII). In queste zone, stratigrafie di differente formazione e natura, certamente condizionate dalla funzionalità dei luoghi e delle aree di frequentazione ad essi correlate, hanno restituito nel complesso 1.022 monete. Di questo materiale il 40% (412 monete) proviene dai saggi di scavo delle mura. L'analisi si concentra in particolare sui reperti, inediti, scavati in PTVIII: in totale 257 monete (Tabella 11.1; Fig. 11.1).[2] La rimanente parte (610 monete e un piombo monetiforme) viene dai sondaggi nella Basilica (PTII) (Tabella 11.2; Fig. 11.2).[3]

In entrambe le aree di scavo (PTII e PTVIII) il deposito archeologico si dispone all'interno del medesimo arco temporale, compreso per grandi linee tra l'età imperiale (I–III secolo d.C.) e il basso medioevo. Le fasi più estesamente documentate sono quelle inquadrabili tra il secolo IV e il secolo VIII. Le indagini condotte nell'area della Basilica, in particolare, attestano una frequentazione di più lungo periodo, che si spinge fino al XVII secolo.[4]

Si ricordano invece, in breve, i temi principali della ricerca archeologica condotta nell'area della Basilica Portuense, ubicata nella zona meridionale della città.[5] I contesti indagati tra il 1991 e il 2004 hanno consentito di delineare le principali fasi costruttive e di vita dell'edificio cristiano a partire dalla prima metà del V secolo, quando l'impianto dimostra una compiuta formulazione monumentale (Periodo IIIA). Nel corso dell'avanzato VI secolo l'edificio basilicale raggiunge la sua massima estensione (Periodo IIIC). Cambiamenti di rilievo si registrano (prima dei consolidamenti di età romanica) soltanto in età carolingia, con l'aggiunta di un fonte battesimale nella navata di sinistra (Periodo IVA).

TABELLA 11.1. Monete da PTVIII, mura urbiche (totale 257 monete).

PTVIII mura urbiche Periodo/fase (datazione)	III secolo	IV secolo	IV/V secolo	V secolo	IV/VI secolo	VI secolo	non databili	Periodo/fase tot. monete
2b (390/400–425 d.C.)				1				1
3a (390/400–425 d.C.)	1	4		1			2	8
3b (400–25 d.C.)		7	1				5	13
4a (425–50 d.C.)		1						1
4c (450–75 d.C.)		5	16	3			20	44
4d (450–75 d.C.)		3	6	1			7	17
5a (475–500 d.C.)		17	30	12	11		17	87
5b (475–500 d.C.)		6	12	9	2		27	56
5c (520/30–50 d.C.)			2		2	3		7
6 (550–699 d.C.)		3		1	7		3	14
7 (700–899 d.C.)			8					8
8							1	1
Totale	1	46	75	28	23	3	81	257

Tra la seconda metà del XIII e il XIX secolo, in seguito all'abbandono dell'edificio di culto, si determina, quindi, un'intensa attività di spoliazione delle strutture (Periodi VI e VII). Va ricordato che l'edificio basilicale è risultato a sua volta impostato su precedenti strutture di età imperiale romana (I–inizi V secolo d.C.), strutture che lo scavo ha ricostruito solo per alcuni aspetti planimetrici (Periodi I e II).

Rispetto al deposito numismatico, e sotto il profilo della data di emissione delle monete, in primo luogo

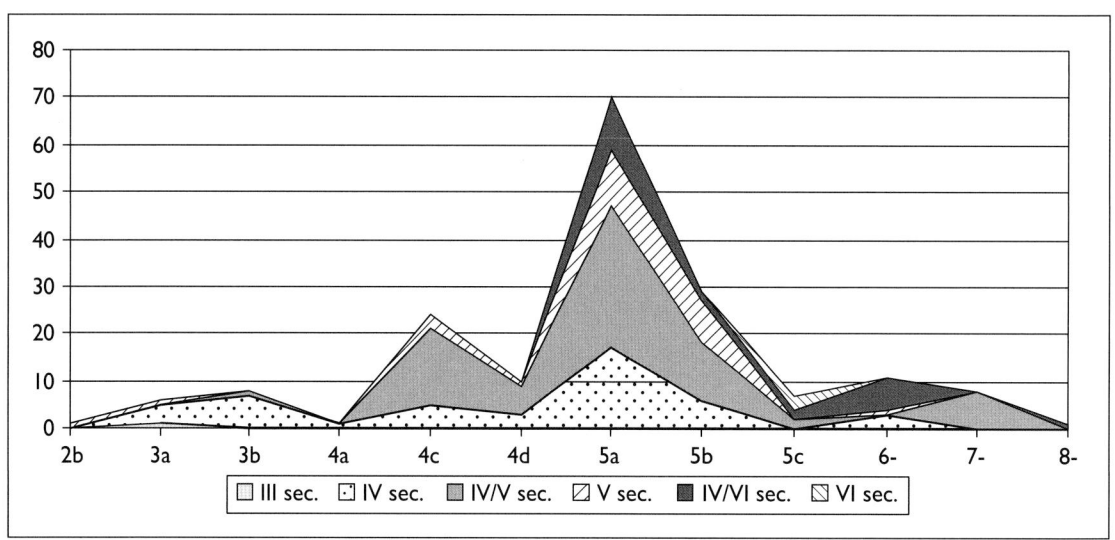

FIG. 11.1. Monete da PTVIII, mura urbiche (totale 257 monete). Sull'asse verticale il numero totale degli esemplari (unità). Il retino tipografico indica la composizione cronologica del deposito numismatico per ciascun periodo.

TABELLA 11.2. Monete da PTII, Basilica (totale 610 monete).

PTII Basilica Periodo/fase (datazione)	I–II secolo d.C.	III secolo	IV secolo	V secolo	IV/VI secolo	VI secolo	VII secolo	XIV secolo	XVI–XVII secolo	non databili	Periodo/fase tot. monete
IC–E (120/80–200/50 d.C.)	3									2	5
IIA–B (320/75–375/430 d.C.)		2	54							4	60
IIIA (430–500 d.C.)		3	9							1	13
IIIB (500–50 d.C.)		2	76	5		1				6	90
IIIC (550–600 d.C.)		1	48	4	47	1				1	102
IIID1 (600–50 d.C.)		2	37	6	60					10	115
IIID2 (650–700 d.C.)			1		5						6
IV (VIII/seconda metà X–fine XI secolo)			7		3					2	12
VA (XII secolo)			4	1	6	3	1			2	17
VB–C (fine XII–prima metà XIII secolo)			13	10	14	1				1	39
VIA–D (second metà XIII–inizi XVI secolo)		3	28	4	31	2		1		1	70
VIIA (prima metà XVI–inizi XVII secolo)			6	5	9	3			1	1	25
VIIB (prima metà XVII–seconda metà XIX secolo)	2	4	19	2	12	5		1	7	1	53
Pulizia				1				1		1	3
Totale	5	17	302	37	188	16	1	3	8	33	610

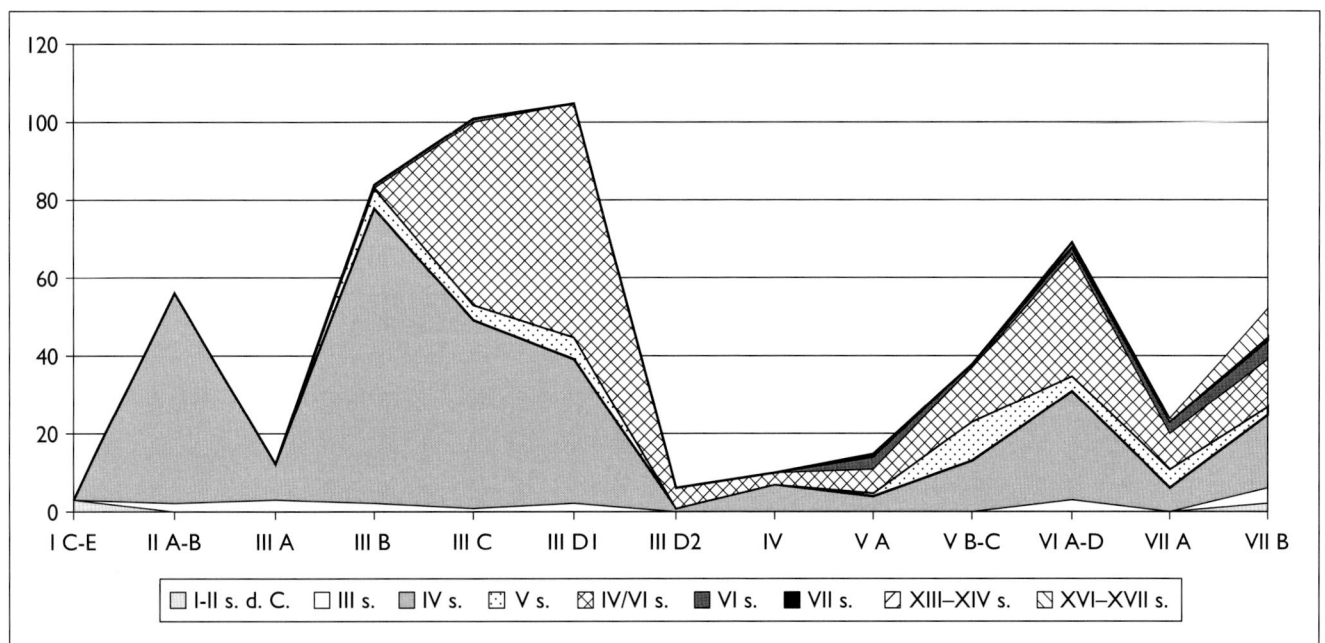

FIG. 11.2. Monete da PTII, Basilica (totale 610 monete). Sull'asse verticale il numero totale degli esemplari (unità). Il retino tipografico indica la composizione cronologica del deposito numismatico per ciascun periodo.

si osserva che i reperti di entrambe le aree di scavo (mura urbiche; Basilica Portuense) si dispongono con continuità all'interno di un arco temporale compreso tra la media età imperiale e gli inizi del VII secolo. Si constata quindi un *vacuum* per le coniazioni datate tra il pieno VII e il XIII secolo. Con le emissioni di XIV–XVI secolo la dispersione di moneta sul sito (Basilica) torna significativa. L'analisi diacronica della stratigrafia trova un riscontro coerente nella scalarità della cronologia numismatica. Tuttavia, quando si guarda alla distribuzione stratigrafica dei reperti si constata nel complesso una corrispondenza solo parziale tra la cronologia dei materiali numismatici e quella desunta dagli altri indicatori archeologici fino al pieno VI secolo (cf. **Figg.** 11.1 e 11.2). Il *terminus post quem* di ciascuna fase è, infatti, per lo più basato sull'analisi della ceramica e, per le stratigrafie dal VII secolo in poi, solo la ceramica ha fornito indicazioni valide.

Per ciascuna delle fasi documentate dallo scavo nelle varie aree, le monete più recenti rappresentano solo una bassa percentuale rispetto al resto delle evidenze. Diversamente, in epoca basso-medievale, sia in città che nel suburbio, si delinea una maggiore congruenza tra la datazione finale del contesto archeologico e quella specificamente desunta dallo studio numismatico. Un certo numero di rinvenimenti numismatici contribuisce nondimeno a fissare il *terminus post quem* di alcune attività. I dati significativi nelle due aree sono i seguenti.

PTVIII (MURA)

La fase di costruzione dell'ambiente A, preesistente alle mura urbiche (Periodo 2b–Periodo 3a: 390/400–425 d.C.), si data anche in base al ritrovamento di due ae4 di metà IV–inizi V secolo: un nummo con Vittoria a destra, non classificabile, gr 0,58, consunto, viene dalla US 239, e un ae4 della *gloria romanorum* (Teodosio II?, 408–23 d.C.) dalla US 257. Per il

Periodo 4c (US 230) il ritrovamento di un ae4 di Onorio con tipo della *victoria augg*[6] e di un ae4 di Valentiniano III della serie *salus reipublice* o *victoria augg* (425–35 d.C., nella US 231) contribuisce a definire il limite cronologico *post quem* per la fase di ristrutturazione dei magazzini (450–75 d.C.). Al Periodo 5a/5b, relativo all'allestimento delle mura (475–500 d.C.), si assegna il ritrovamento di un ae3 di Onorio della *urbs roma felix* (*Roma,* 404–407/8 d.C.)[7] nella US 1, e di due nummi con monogramma di incerta classificazione (dei quali uno forse di Leone I, 457–74 d.C.) nella US 12; tale evidenza trova riscontro nel ritrovamento di un ae4 con monogramma (forse di Teodosio II)[8] restituito dalla US 61. Il quadro del circolante appare confermato in senso cronologico e funzionale dalla presenza nelle US 62 e 218, di due ae3 di Valentiniano III, con *vot xx* (434–5 d.C.), uno dei quali associato nella US 218 al rinvenimento di un secondo ae3 dello stesso Valentiniano III con tipo della porta del *castrum* (*Roma,* 425–35 d.C.).[9] Infine, al segmento più alto del deposito stratigrafico, riferibile al Periodo 5c (attività di obliterazione della porta delle mura) e al Periodo 6 (necropoli), si attribuiscono rispettivamente due monete di Giustiniano I: un pezzo da 6 nummi della zecca di *Alexandria* (**Fig.** 11.3),[10] e un decanummo della zecca di *Roma* (**Fig.** 11.4).[11]

PTII (BASILICA)

Il Periodo 1d, relativo alle preesistenze monumentali nell'area poi occupata dalla Basilica, è datato dal ritrovamento di un sesterzio di Commodo[12] posto all'interno della USR 1748.

Per la fase di ristrutturazione dell'area presbiteriale e di costruzione della prima *schola* (Periodo 3b, prima metà del VI secolo) i termini cronologici forniti dalle monete sono meno stringenti: dalla malta della USR 667 proviene un ae4 non classificabile della *salus* (trofeo e prigioniero, cristogramma) databile dal 389 d.C. (−435). Nella stessa fase, US 722 ha restituito

FIG. 11.3. **Moneta di Giustiniano I, un pezzo da 6 nummi della zecca di** *Alexandria* (**PTVIII 56; Periodo 5c).** *(Foto: autore.)*

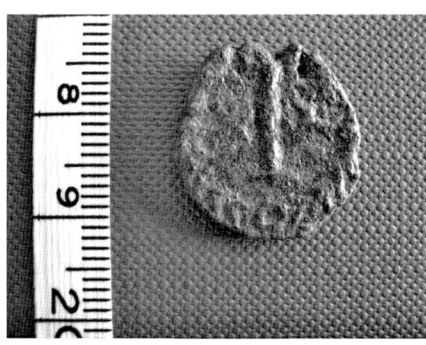

Fig. 11.4. **Moneta di Giustiniano I, un decanummo della zecca di** *Roma* **(PTVIII 62; Periodo 6).** *(Foto: autore.)*

un ae4 di Onorio della serie *victoria augg*, con Vittoria a sinistra con corona e palma (*Roma*, 421–3).[13] In questo stesso Periodo 3b, si inquadrano, come si è detto, importanti interventi strutturali, tra i quali la costruzione del secondo annesso all'edificio basilicale. Il ritrovamento sul piano pavimentale esterno di questa struttura (US 202) di una moneta di Atalarico (*Roma* o *Ravenna*, 526–34)[14] pure non in fase, fornisce un dato comunque significativo (**Fig. 11.5**). Esso trova conferma nella presenza di un decanummo di Giustiniano I (*Roma*, 547)[15] nello strato di preparazione pavimentale localizzato nell'area sud della navata ovest e datato nel terzo quarto del VI secolo (Periodo 3c, US 2063) (**Fig. 11.6**).

Si coglie l'occasione per segnalare nella stratigrafia di questo stesso Periodo (3c) il ritrovamento di un piombo monetiforme con D/ faro,[16] che era posto nello strato di costruzione del pavimento nella navata centrale (US 2020) (**Fig. 11.7**).[17] Il piombo, *unicum* in PTII, si confronta strettamente con l'esemplare ritrovato da Dante Vaglieri ad Ostia nel corso degli scavi nelle 'Terme sotto via dei Vigili' (II, V).[18] Tale produzione si data nella seconda metà/fine del II secolo d.C. sulla base di confronti con emissioni monetali di età antonina.[19]

Nel Periodo 5b–c (fine XII–prima metà XIII secolo), infine, si inquadrano le ultime fasi di utilizzo della Basilica e a seguire, nel Periodo 6 (seconda metà XIII–inizi XVI secolo) e poi nel Periodo 7 (prima metà XVI–XIX secolo), gli interventi di spoliazione e di scavo sistematico dell'edificio antico. Queste fasi sono datate anche dai ritrovamenti numismatici inquadrabili tra la fine del XIV secolo (zecca di Lucca)[20] e la metà del XVI secolo (zecche di Roma,[21] di Ancona[22] e di Castro[23]).

Fig. 11.5. **Moneta di Atalarico, della zecca di** *Roma* **o** *Ravenna* **(PTII 202; Periodo 3B).** *(Foto: autore.)*

Fig. 11.6. **Moneta di Giustiniano I, un decanummo della zecca di** *Roma* **(PTII 2063; Periodo 3C).** *(Foto: autore.)*

Fig. 11.7. Piombo monetiforme (PTII 2020; Periodo 3C). *(Foto: autore.)*

Si osserva che nella colonna stratigrafica relativa al PTVIII (mura urbiche) la maggior parte dei reperti numismatici di IV–VI secolo proviene dagli strati di notevole potenza e di ampia estensione, che segnano le colmate di livellamento per le mura e poi i successivi interri per la chiusura del varco di passaggio, nella fase che si data a ridosso della guerra greco-gotica. Tale picco decresce bruscamente nelle successive fasi di VII–IX secolo, anche a causa della minore estensione e potenza della stratigrafia indagata (Tabella 11.1; Fig. 11.1).[24]

La documentazione scavata nella Basilica, relativa a strati di frequentazione e rifacimento dell'edificio, che sono in media di più limitata potenza ed estensione, evidenzia una linea di tendenza del tutto analoga (Tabella 11.2; Fig. 11.2). Si è inoltre verificato che, all'interno della Basilica e nelle zone adiacenti all'edificio, la funzionalità dell'area di culto, che potrebbe avere inciso sui fattori di uso e di dispersione della moneta, non ha determinato in percentuale una sensibile variazione dei quantitativi dei reperti numismatici, neanche sul piano di una eventuale, più specifica, selezione delle specie monetarie.

Nella sua globalità il deposito archeologico indagato in area urbana ha restituito, con una sola eccezione,[25] la valuta di bronzo di taglio più basso. Rispetto alla data di emissione, scarsissima si è rivelata, in tutte le aree indagate, la presenza di monete antecedenti al III secolo d.C. (meno dell'1% del campione). Buona parte di questi materiali viene dal deposito stratigrafico più antico. È esemplare in questo senso il quadro delineato dagli scavi nella Basilica, che hanno restituito solo cinque monete di I–II secolo (pari allo 0,81% dello scavato). Almeno una di esse, come si è detto, risulta in fase e datante (Periodo 1d).[26] In relazione a ciò è significativo che il numerario della prima età imperiale si ripresenti solo nel deposito archeologico riconducibile agli scavi Torlonia dell'edificio basilicale (Periodo 7b), certamente in seconda giacitura. Questo quadro trova riscontro nelle altre aree di scavo. Si

può dunque affermare che nella stratigrafia post-antica di queste aree la circolazione monetaria non è più in alcun modo interessata da fenomeni di persistenza di valuta dell'alta e media età imperiale romana.

Differente è il caso delle valute del pieno III secolo d.C. e in particolare dei radiati di *consecratio* per Claudio II (con R/ aquila oppure altare).[27] Essi costituiscono quasi il 10% del totale dei reperti noti di questo deposito[28] e si concentrano in modo più evidente in PTIII (magazzini tardo-antichi).[29] Queste monete sono confrontabili con la produzione inquadrata tra Quintillo ed Aureliano, che è segnata da un sensibile scadimento tecnico e ponderale[30] ed è affiancata da un'abbondante coniazione a carattere non ufficiale. In genere molto diffuse, queste serie segnano anche sul sito di Porto un vero picco di attestazioni.[31] Una persistenza di questi esemplari (sempre più degradati anche da fenomeni di uso e variamente spezzati) si registra all'interno del deposito archeologico del PTVIII (mura), datato tra la fine del IV secolo e il primo venticinquennio del V secolo (Periodo 3a). Nelle stratigrafie della Basilica Portuense la distribuzione di questi reperti è invece meno selettiva, e mostra una certa continuità di attestazione all'interno del deposito archeologico, databile tra il pieno III secolo e la fine del VI (Periodi 1f–3c) (Tabelle 11.1 e 11.2; Figg. 11.1 e 11.2).

Assolutamente preponderanti sono, quindi, le emissioni del pieno IV secolo, in particolare quelle inquadrabili tra la metà del secolo e l'età teodosiana (oltre il 60% dei materiali numismatici databili).[32] Tale situazione rispecchia senza sostanziali novità il quadro, già noto in Italia, relativo a stratigrafie di ambito urbano di IV–VI secolo ed oltre.[33] I nominali riconoscibili rimandano alla presenza cospicua di ae3 e ae4.[34] Le serie più diffuse sono quelle, ben note, emesse intorno alla metà del IV secolo e nei decenni a seguire (della *fel temp reparatio*/cavaliere, della *spes* e della *securitas reipublicae,* fino alle serie della *victoria augg* o della *salus* con Vittoria trofeo e prigioniero).[35]

Nel passaggio alle emissioni di V secolo, il numero delle monete classificabili scende, attestandosi al 20% circa. Prevalgono le serie emesse entro la metà del secolo, di Onorio e di Valentiniano III (*urbs roma felix, vot pub* e porta del *castrum*, che sono le più diffuse); numerose sono anche le serie coeve con tipo della Vittoria a destra, non precisamente classificabili. Tra le monete inquadrabili con sicurezza dalla metà del V secolo in poi, si colloca una percentuale non trascurabile di nummi con il monogramma. Tra questi si riconoscono il monogramma di Teodosio II, già citato, quello di Marciano (zecca orientale, 1+ esemplari),[36] di Leone I (1+)[37] e soprattutto di Ricimero, a nome di Libio Severo (zecca di *Roma*, 5+).[38]

Sul finire del V secolo si pone, inoltre, la chiusura del piccolo ripostiglio monetale scavato in PTI (US 26), già edito (Spagnoli 2001), che è stato ritrovato nello strato di distruzione dei magazzini utilizzato per obliterare la posterla.[39] Il ripostiglio attesta la presenza a Porto di alcune monete di zecca non imperiale più strettamente riferite all'Africa vandala, probabilmente di Cartagine (sei esemplari = 7,7%).[40] Tra questi materiali, si riconoscono due nummi anonimi con astro a otto raggi del tipo cosiddetto protovandalo.[41] Un quadro di distribuzione di queste serie, pur con le incertezze legate alla loro identificazione, ne registra la diffusione in Italia e nel bacino del Mediterraneo orientale, ovunque con piccole percentuali. In particolare, la ricorrenza o meno di queste serie nella composizione di alcuni ripostigli in Italia centrale (Roma, via Magliana–*Ad Sextum*; *Falerii Novi*; Camporegio) e in Africa settentrionale (El Djem; Aïn Merane; Museo di Algeri)[42] consente di definire un arco temporale di attestazione nei decenni finali del V secolo. Sotto il profilo metrologico l'istogramma ponderale dei materiali tesaurizzati

mostra un addensamento intorno a gr 0,50 (gr 0,40–0,60). Il ripostiglio si inserisce, dunque, coerentemente, in un orizzonte di circolazione della moneta divisionaria di bronzo ormai degradata, caratteristico già dei decenni finali del V secolo.[43] Le coniazioni di IV e V secolo mostrano un afflusso sul sito anche di materiali di zecche orientali (*Constantinopolis, Alexandria, Nicomedia, Antiochia*) con quantitativi limitati, ma non del tutto precisabili, considerata l'elevata percentuale di nummi illeggibili, o non classificabili, del deposito.

Il quadro generale, seppure estremamente degradato sotto il profilo delle specie in circolo, non si è dunque chiuso agli apporti esterni. I movimenti della valuta frazionaria, anche su scala extra-regionale, possono essere stati condizionati da una pluralità di fattori, che è sempre problematico scindere nelle varie componenti, ma che ben si rapportano, fino allo scoppio della guerra greco-gotica, alla persistente vitalità del porto e dell'area urbana. Ne sono una prova le quantificazioni ancora significative della ceramica nord africana e di quella orientale.[44] Va altrettanto considerato che il trasferimento della valuta frazionaria può essere legato anche alla presenza attiva in questa regione delle milizie vandale e poi di quelle bizantine, che, a più riprese, segnano la storia di Porto nel corso del V secolo e fino alla metà almeno del VI secolo. Ciò in analogia con quanto Grierson (1959: 78, n. 27) aveva ipotizzato con l'arrivo delle truppe bizantine di Belisario risalite dall'Africa settentrionale verso Roma, per la guerra greco-gotica.[45] Nonostante si disponga oggi di un maggior numero di dati di rinvenimento, la presenza di valuta dall'Africa vandala nelle stratigrafie di Porto delinea comunque un fenomeno che resta fermo su bassi valori percentuali (a partire da valori assoluti altrettanto bassi), ma non appare per questo di secondaria importanza (Tabella 11.3).[46] Ciò che si evince per questo territorio, nel passaggio tra V e VI secolo, è in definitiva

TABELLA 11.3. Ritrovamenti numismatici di VI–VII secolo a Porto e a Ostia (in città e nel suburbio). Monete vandale.

Autorità emittente	Zecca/(data) metallo/nominale	Porto			Ostia	
		PTVIII	PTI	Basilica PTII	Regio IV.X.I Terme Porta Marina	Pianabella basilica
Serie 'protovandale' R/astro (Spagnoli 2001: nn. 54–5)	Africa (455/80) AE	1	2 (in ripostiglio)	1		
Trasamundo R/Vittoria a s. (Spagnoli 1993: 249, tav. 1, 4)	*Carthago* (496–523) AE	1?			1	2

TABELLA 11.4. Ritrovamenti numismatici di VI–VII secolo a Porto e a Ostia (in città e nel suburbio). Monete ostrogote.

| Autorità emittente | Zecca/data metallo/nominale | Bibliografia | Porto | | Ostia |
			PTI	Basilica PTII	Pianabella basilica
Atalarico	Roma o Ravenna, (526–34) AE, minimo	MEC I 135–7 Metlich 2004: 88		1	1
	Roma, (534–6) AR, quarto di siliqua	MEC I 127 Metlich 2004: 59	1		
Teodato	Roma, (534–6) AE, minimo	MIB I 83 Metlich 2004: 91 a		1	
Baduela	Roma, (549/50–52) AE, decanummo	MEC I 162 Metlich 2004: 98 b	1		
	Ticinum, (541–52) AE, minimo	MEC I 164–5 Metlich 2004: 95 b	1		
Baduela o Giustiniano I?	Roma, (547 o 549/50–52) AE, minimo	MIBE 232, o Metlich 2004: 99	2		

una continuità dei contatti tra le sponde del Mediterraneo e dunque una permeabilità del circuito monetario locale ad apporti esterni.[47]

Resta meno definito il quadro della prima valuta bizantina, in particolare di quella immediatamente successiva alla riforma di Anastasio (498 d.C.), che non sembra attestata nel deposito archeologico portuense qui in esame. Il fatto può forse trovare una giustificazione quando si considera, a monte, il forte apprezzamento del bronzo monetato che la riforma ha introdotto, con la conseguente alterazione del circuito economico legato all'uso del numerario eneo.[48] Materiali non classificabili di IV–VI secolo, fortemente degradati da fenomeni di circolazione, sono peraltro ancora numerosi nelle stratigrafie del VII secolo e oltre.

Si è tentato, quindi, di verificare se questi aspetti possano evidenziare una specificità della circolazione monetaria condizionata dalla presenza del porto. Tuttavia, nei contesti indagati, le modalità di trasmissione dei tagli frazionari bassi, documentate dalla dispersione dei reperti monetali nella stratigrafia e da forme di accumulo modeste,[49] non sembrano descrivere una situazione diversa da quella che si va definendo per l'area urbana di Roma o per la stessa Ostia.[50] La costante presenza di moneta divisionaria, pure non precisamente quantificabile per la difficoltà di calcolare le percentuali dei reperti sicuramente in fase, trova di fatto spiegazione

se riferita a transazioni di modesto livello e al pagamento di tasse o dazi di lieve entità. Con le emissioni degli anni della guerra si presenta una novità di maggior rilievo. L'afflusso della moneta bizantina ed ostrogota battuta a Roma viene infatti registrato dalle stratigrafie di Porto con un picco di attestazioni e in termini cronologici alquanto stretti già a partire dai contesti della seconda metà del VI secolo (Tabelle 11.1, 11.2, 11.4–5). Si tratta ancora essenzialmente di divisionali in bronzo, ostrogoti (Atalarico (Fig. 11.5), Teodato (Fig. 11.8), Baduela) (Spagnoli 1991: tav. 1, 9.) e poi bizantini (in maggior misura pentanummi) (Figg. 11.9 e 11.10).[51] Questo numerario rappresenta circa il 2% rispetto alla globalità del deposito archeologico di scavo (33 pezzi su un totale di 1.337 monete raccolte nei vari sondaggi a Porto). Esso si afferma in contesti di VI–VII secolo alle mura urbiche (PTI e PTVIII: 2,4%) e con impatto più contenuto è documentato anche dalle stratigrafie del tardo VI secolo della Basilica e delle aree circostanti (PTII e PTVI: 1,14%). In particolare, la diffusa presenza delle medesime serie bizantine in città, trova conferma tra i materiali scavati nell'area del ponte e delle Terme di Matidia, e pubblicati nel catalogo della mostra Per una storia dell'Isola Sacra (1975: inv. 32448–50). Alcune di queste serie sono bene attestate anche nell'area della basilica di Pianabella, nel suburbio di Ostia (Spagnoli 1993: 249; Tabella 11.4 e 11.5). Prodotta inizialmente

TABELLA 11.5. Ritrovamenti numismatici di VI–VII secolo a Porto e a Ostia (in città e nel suburbio). Monete bizantine.

Autorità emittente	Zecca/data metallo/ nominale	Bibliografia	Porto							Ostia	
			Mura PTVII	PTVII	PTI	Basilica PTII	Casa medievale PTVI	Banchina portuale	Ponte di Matidia	Regio V basilica costantiniana e battuti	Pianabella basilica
Giustiniano I	Pb, *bulla*	Laurent 1962: cf. 9			I						
	Alexandria, (527–65) AE, 6 nummi	MIBE 166		I							
	Roma, (547) AE, decanummo	MIBE 228	I	I	I	I			I		
	Roma ?, (540–65) AE, pentanummo	MIBE 246									2
	Roma, (552–65) AE, nummo	*MIBE* N240 o 210, o N210					2				
Giustiniano I o Giustino II	*Roma ?*, (541–2 o 565–78) AE, pentanummo	*MIBE* N230 o 203a, o *MIB* II 86					3	I	I	I	2
Giustino II	*Roma*, (565–78) AE, pentanummo	*MIB* II 84 (*Carthago*)					I		I		2
	Roma, (565–78) AE, 20 nummi	*MIB* II 95a (*mon. mil. im.*)									I
	Roma, (574–5) AE, decanummo	*MIB* II 93c (*mon. mil. im.*)						I			
	Roma, (566–8) AE, 20 nummi	*MIB* II 95 a–b (*Roma, Sicilia?*) Grierson 1982: 196 (*Roma*)			I		I				
Tiberio II	*Roma*, (578–82) AE, 20 nummi	*MIB* II 73				I	I				
Tiberio II o Maurizio	*Sicilia ?*, (578–82 o 596–601) AE, 10 nummi	*MIB* II 67, o *MIB* III V40 (p. 75–6)				I					
Maurizio	*Moneta militaris imitativa*, (582–3) AE, 20 nummi	*MIB* II 151D				I					
Foca	*Roma*, (604/5–9/10) AE, 10 nummi	*MIB* II 109								I	
Eraclio	*Roma*, (612–22) AE, 20 nummi	*MIB* III 243				I			2		1+1?
	Roma, (622–3) AE, 20 nummi	*MIB* III 244								I	

FIG. 11.8. **Moneta di Teodato (PTII 90).**
(Foto: autore.)

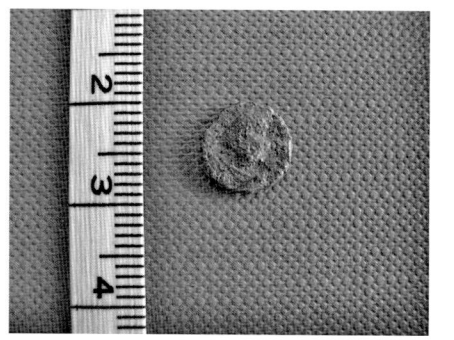
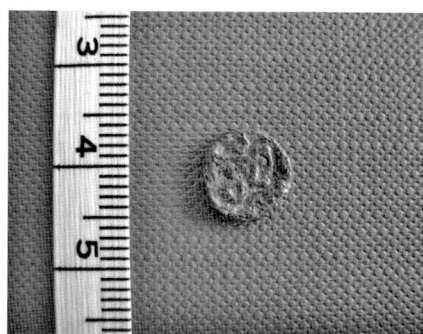

FIG. 11.9. **Moneta bizantina, un pentanummus (PTII 450).** *(Foto: autore.)*

con rispetto dello *standard* ponderale in corso e, sotto il profilo tecnico, con rinnovata cura nelle esecuzioni di battitura, questa moneta nasce nel contesto economico della guerra ed il suo arrivo nella regione non appare estraneo al movimento di truppe lungo i collegamenti con Roma. La precocità di attestazione, che si lega ai dati quantitativi in crescita, è probabilmente essa stessa riferibile al brusco incremento delle serie di nuova produzione. L'indice della dispersione di questi divisionali nell'area di Porto potrebbe, inoltre, essere anche sintomatico di un aumento della velocità di circolazione della moneta. Il quadro economico che si delinea è nuovamente quello del mercato locale, che sembra però trasformato negli aspetti specifici e formali della transazione monetaria dopo un periodo di progressiva degradazione tecnica e metrologica del numerario in uso.

Il successivo periodo di vita attestato in PTVIII (mura) è quello dei contesti stratigrafici di VIII–IX secolo (Periodo 7). La documentazione archeologica è rappresentata in questa fase quasi esclusivamente da strutture, dal momento che le stratificazioni relative sono state quasi del tutto asportate in epoca moderna e, comunque, quelle rinvenute non hanno restituito monete.[52] Nell'ambito della Basilica (PTII) le attività riferibili al Periodo 4 (VIII–fine XI secolo), pure numerose, non hanno restituito monete sicuramente in fase. Sul sito la moneta bizantina emessa tra il tardo VI e il primo quarto del VII secolo (di Tiberio II, di Maurizio e di Eraclio; Figg. 11.11–11.13) è presente solo nel deposito basso-medievale. Essa si afferma con sostanziale continuità anche se con quantitativi a decrescere. Con le serie di Eraclio l'afflusso di moneta di nuova emissione si interrompe quindi del

FIG. 11.10. **Moneta bizantina, un pentanummus (PTII 707).** *(Foto: autore.)*

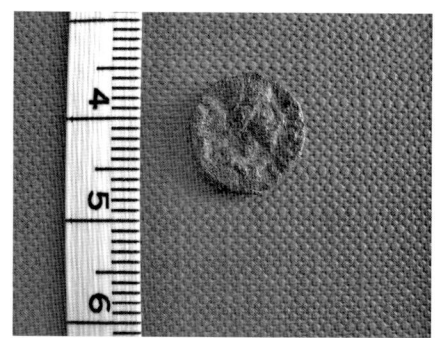
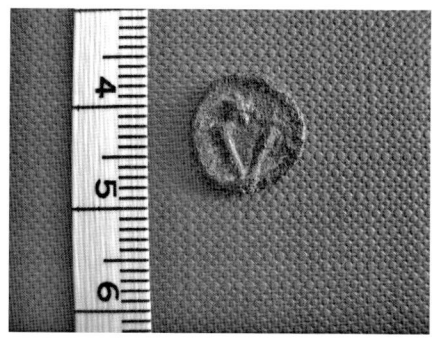

FIG. 11.11. **Moneta di Tiberio II (PTII 1370).**
(Foto: autore.)

FIG. 11.12. **Moneta di Maurizio (PTII 141).**
(Foto: autore.)

tutto (**Tabella 11.5**).[53] Anche ad Ostia l'area della Basilica costantiniana e dei battuti stradali localizzati nella *Regio* V (Bauer *et al.* 1999: 332–5; Bauer, Heinzelmann e Martin 2000: 410) e le stratigrafie della basilica di Pianabella, posta nel suburbio orientale della città (Spagnoli 1993: 247, 249), attestano la presenza delle stesse valute con quantitativi non meno rilevanti sul piano percentuale (**Tabella 11.5**). Manca, dunque, tra i materiali di scavo ogni documentazione delle emissioni della zecca di Roma successive agli anni 20–40 del VII secolo.[54] Lo stesso si verifica per la moneta di argento battuta (anche a Roma) dall'VIII secolo in poi, ma questo è un dato più prevedibile.[55] Un riscontro, in negativo, si ripete in area ostiense (Spagnoli 2007).[56] Il dato numismatico sembra mostrare ora una linea di tendenza ben definita in rapporto al quadro produttivo. Tra VII e VIII secolo

le stratigrafie delineano, infatti, una flessione del deposito numismatico, che si accompagna ad un carattere di ristagno e di progressiva, spiccata regionalizzazione del numerario. A Roma, invece, è ormai noto che l'uso della piccola moneta in bronzo di nuova emissione prosegue nella prima metà dell'VIII secolo.[57]

I dati già disponibili per Porto indicano che, mentre continuano le attività portuali e i collegamenti viari con Roma, si trasformano le aree interne alle mura e vengono progressivamente abbandonate le necropoli suburbane, come conseguenza di un decremento demografico e, in generale, di una flessione del quadro economico. Le attività principali si concentrano ora intorno ai più importanti edifici di culto e al loro interno. La vita economica di quest'area, pure documentata, ad esempio, da rifacimenti delle strutture basilicali, non trova però alcun riscontro nella documentazione archeologica di

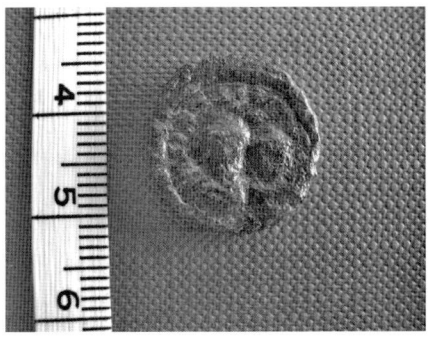

FIG. 11.13. **Moneta di Eraclio (PTII 131).**
(Foto: autore.)

moneta coeva. Per ritrovare il segno di un'attività di scambio sul piano monetario, occorre di fatto spostarsi in avanti di almeno sette secoli e guardare al deposito scavato nell'area della Basilica, dove la presenza stratificata di almeno dodici monete databili tra il XIV e il XVII secolo (pari al 2% del materiale numismatico scavato in PTII), pure non sempre in fase, segna inequivocabilmente la ripresa di transazioni monetarie su base locale.

In ambito strettamente regionale queste monete trovano confronto con i materiali numismatici scavati nella basilica di Sant'Ippolito all'Isola Sacra (Testini 1975: 115)[58] e sul tracciato viario della via Portuense antica all'altezza del km 17,5, nel corso degli scavi della Soprintendenza per i Beni Archeologici di Ostia (zona di Ponte Galeria, Fiumicino).[59] In particolare, si ricorda che i settori di scavo A e B del tracciato viario della Portuense antica hanno restituito, alle quote più alte, un frammento di maiolica arcaica (US 207) e quattro denari di mistura, che appaiono assolutamente coerenti sul piano cronologico.[60] L'analisi stratigrafica, le modalità di giacitura delle monete e lo stato di conservazione dei reperti, alquanto omogeneo, portano a ritenere, inoltre, che la loro perdita sia ascrivibile ad un unico evento.

La diffusa affermazione di queste valute nel territorio portuense è, almeno in parte, da intendersi come il segno della maggior diffusione della moneta tra XIII e XV secolo, che è un fenomeno ampiamente descritto dallo studio delle stratigrafie urbane di Roma.[61] La varietà delle zecche attestate appare riconducibile a diversi fattori. Tra questi viene generalmente preso in considerazione, ad esempio per Roma, oltre al flusso del pellegrinaggio, lo sviluppo di fattori economici collegati alla trasformazione dei ceti produttivi e anche ad un fenomeno di inurbamento di genti provenienti da fuori città. Si tratta, in genere, di divisionali diretti a transazioni ordinarie, che a Porto vengono smarriti nel corso di una frequentazione del territorio, la quale può avere avuto finalità varie, da porre nel corso del tempo, soprattutto in relazione all'attività di cava sulle strutture antiche.

AGRO PORTUENSE (PONTE GALERIA, FIUMICINO): TRACCIATO DELLA VIA PORTUENSE ANTICA E AREE ADIACENTI

Il secondo dei punti annunciati è relativo alle indagini archeologiche dirette da Cinzia Morelli tra il km 17 e il km 20 della via Portuense e nella zona della Nuova Fiera di Roma. Gli scavi, ancora in corso, consentono

solo alcune considerazioni preliminari. In queste aree nuovi sondaggi di scavo condotti dalla Soprintendenza per i Beni Archeologici di Ostia hanno portato ad acquisire importanti dati sullo sviluppo economico del territorio a partire dalla media età repubblicana. I contesti sono riferibili al tracciato viario della via Portuense antica e a resti di strutture funzionali e produttive (a partire dal IV–III secolo a.C.), individuati in area vicina, che mostrano caratteri non residenziali.[62]

Gli scavi hanno restituito un consistente quantitativo di monete databili tra il III secolo a.C. e l'età tardoantica. Per il momento il numero degli esemplari classificati ammonta a 125 unità.[63] Essi si distribuiscono cronologicamente tra il III secolo a.C. e l'età imperiale, con sostanziale continuità. I dati più interessanti riguardano le attestazioni di valuta di età repubblicana, che rappresentano almeno il 30% del campione in esame. Tali ritrovamenti comprendono oltre a due pezzi di *aes rude* (gr 27,08, gr 17,68), un sestante (gr 54,49; cf. *RRC* 14/5) e una oncia di età repubblicana della serie fusa con Apollo (gr 24,87; *RRC* 18/6), tutti da una stessa provenienza.[64] A questi materiali si confronta strettamente, sul piano cronologico e funzionale, un altro cospicuo nucleo di reperti, localizzati nella stessa area, ma provenienti da un secondo saggio di scavo (L23, P12, saggio D). Tra questi ricorre una seconda oncia (fusa, gr 19,1, *RRC* 21/6) insieme a circa quindici assi e frazioni inquadrabili nella fase post-sestantale e fino a quella semionciale del bronzo romano.[65] Tra i materiali di un terzo saggio[66] si riconoscono due bronzi di incerta classificazione con testa elmata a destra/testa di cavallo a destra (gr 3,34, gr 1,7) in associazione con un bronzo di *Neapolis* (gr 2,78) emesso entro il primo quarto del III secolo a.C.[67] Un altro bronzo di zecca campana forse sempre *Neapolis*, ma di una fase più recente,[68] ricorre in un altro saggio della medesima zona di scavo.[69] Un bronzo romano-campano (*RRC* 16) era già noto da tardi strati di frequentazione dello stesso tracciato viario, identificato con quello dell'antica *Via Campana salinarum*, nel settore investigato da Serlorenzi.[70] Reperti di analoga cronologia provengono, infine, dallo scavo condotto nella zona della Nuova Fiera di Roma, con questa confinante.[71] Si segnala, in particolare, la presenza di un bronzo di *Argos* (Peloponneso, gr 3,21) emesso prima del 228 a.C.[72] in associazione con due bronzi romano-campani (*RRC* 17/1a–d) e con quattro frazioni onciali.[73]

Con questi dati si dovrà collegare lo studio della globalità del deposito stratificato e in particolare l'analisi dei reperti ceramici. Gli stessi contesti, infatti, hanno restituito numerosi rinvenimenti di anfore greco-italiche caratterizzate da peculiarità produttive (in corso di studio) e produzioni a vernice nera (del tipo *atelier à petites estampilles*) sono frequentemente attestate in ripetuta associazione con i reperti numismatici in esame. È stata segnalata, inoltre, la presenza di una fornace (Morelli, Olcese e Zevi 2004: 49–50, nn. 27–8).

Il materiale in questione, proveniente da Ponte Galeria, va ad arricchire il quadro di riferimento entro cui collocare la documentazione repubblicana proveniente anche da Ostia, con la quale esso mostra elementi di coerenza e omogeneità. La presenza di un nucleo ben caratterizzato di monete del III secolo a.C. di zecca greca (*Neapolis*, *Argos*), di zecca punica (*Sardinia*, *Sicilia*), romano-campane e di *Roma* (bronzo sestantale e post-sestantale) è un dato nuovo per quest'area e assolutamente non trascurabile, sia sul piano numerico delle attestazioni, sia per la provenienza stratigrafica dei ritrovamenti.[74]

L'affermazione del bronzo repubblicano, fino ad una notevole quantità di assi e frazioni di *Roma* di peso onciale, si verifica di fatto in questi contesti in una situazione di continuità e di varia campionatura delle serie emesse tra il III e il II secolo a.C. Un dato, questo, che pare deporre a favore di un precoce e cospicuo arrivo di tale valuta. Dal punto di vista strettamente monetario, la forte concentrazione di moneta del III secolo, anche di provenienza extra-regionale potrebbe rimandare ad una deposizione di carattere cultuale, per piccoli nuclei e in forme non monumentali.[75] Resta inoltre da valutare l'ipotesi di un collegamento funzionale di questi reperti con la presenza dell'acqua, che caratterizza tutta l'area di scavo (anche in forma sorgiva)[76] ed è un elemento frequentemente correlato all'offerta di moneta. Riguardo al bronzo di III–II secolo, che così specificamente caratterizza i contesti di scavo di quest'area, occorre ricordare che esso viene generalmente posto sul piano funzionale, in rapporto alle accresciute esigenze di pagamento dell'esercito.[77] I dati di scavo non apportano novità in questo senso, sia in considerazione della natura della stratigrafia, sia riguardo alla topografia dell'area circostante, che poco più a nord mostra un carattere rurale.[78]

La progressiva importanza militare di questa regione è del resto strettamente legata alla funzione del porto fluviale, di vitale importanza per l'approvvigionamento di Roma fin dal tardo IV secolo a.C. e ancor più dopo la fine della prima guerra punica. Ciò deve aver contribuito in progresso di tempo alla frequentazione anche mercantile della regione circostante.[79] Si aggiunga poi che l'occupazione di tutta quest'area in antico viene posta in relazione primaria con lo sfruttamento delle saline alla foce del Tevere e che, inoltre, un forte elemento di attrazione lungo il percorso di transito nell'agro portuense deve essere stato esercitato, in modo ampiamente trasversale sul piano sociale, dalla presenza di alcuni santuari.[80] Le direttrici di arrivo appaiono in sostanza riferibili ad una pluralità di apporti che mostrano di veicolare in modo efficace e a più riprese la valuta di bronzo prodotta a Roma, cui si associa una rappresentanza non trascurabile delle emissioni di zecca greca. L'età medio e tardo-repubblicana vedono quindi confermate in questa regione territoriale, pur con elementi di specificità, le linee di tendenza più generali della circolazione monetale di area medio-italica, evidenziando nuovi punti di confronto con la situazione nota per i siti di Luni, Cosa, *Lavinium* e, più a sud, Minturno, Pompei e *Paestum*.[81] Per un quadro più articolato di queste evidenze occorrerà attendere l'edizione analitica dei contesti di scavo (in preparazione).

NOTE

1. Il confronto è avviato in sede teorica da lungo tempo, a partire dall'approccio comparativo nuovamente indirizzato verso la formalizzazione di modelli costruiti con un materiale storiografico e documentale delimitato; cf. con posizioni non sempre convergenti: Andreau 2002; Hopkins 2002; Howgego 2002 (per le osservazioni di metodo); Saller 2005.

2. Sono esclusi da questo computo i materiali numismatici dell'ultima campagna di scavo (PTIX), in restauro. Per alcune notizie preliminari sui reperti numismatici scavati in PTI, si veda: Spagnoli 1993; 2001.

3. Sono esclusi da questo computo i materiali numismatici della campagna 2007, in restauro.

4. Per un quadro di riferimento della situazione documentata dai sondaggi nel settore occidentale della cinta muraria urbana (PTI e PTVIII), ubicati a poca distanza l'uno dall'altro, si rimanda alle presentazioni di Paroli e Ricci (Capitolo 8) e di Di Santo (Capitolo 9) in questo volume.

5. Cf. Paroli 2005 (con precedente bibliografia).

6. Per le abbreviazioni bibliografiche utilizzate in questo capitolo, si veda p. 226. Cf. *RIC* X 1299–307 oppure *RIC* X 1357 (421–3 d.C.).

7. *RIC* X 1277–83.

8. Cf. *RIC* X 462–3 *Constantinopolis*, oppure 464–5 *Nicomedia* (445–50 d.C.).

9. *RIC* X 2123 o 2124.

10. Cf. *MIBE* 166 (527–65 d.C.), intrusivo nella US 56.

11. *MIBE* 228 (547–50 d.C.), intrusivo nella US 62.

12. *RIC* III 404.

13. *RIC* X 1357.

14. *MEC* I 135–7; Metlich 2004: 88.

15. *MIBE* 228.

16. Piombo, gr 6,10, mm 22.

17. US 2020 ha restituito un radiato di *consecratio* per Claudio II in associazione con materiali numismatici di IV–V secolo.

18. Il ritrovamento è localizzato davanti alla 'seconda Taberna delle Terme, cominciando dalla via dei Vigili', 'a m 1,70 sotto il piano stradale' (*Notizie degli Scavi di Antichità* 7 (1910): 553, fig. 2, mm 20) pubblicato con confronti da Rostowzew (1903: 10, 61) (e relativi rimandi bibliografici, in particolare: Garrucci 1847: 46–7, 9). Sulla raffigurazione del faro come tipo monetale, si veda: Giardina 2007.

19. Cf. Antonino Pio, tipo *RIC* III 757 (R/ *Annona* stante, davanti a faro); più puntuale il confronto con lo schema iconografico del tipo *RIC* III 871, 891 (R/ *Annona* seduta verso sinistra con cornucopia e spighe su *modius*); cf. anche il rovescio delle serie enee di Marco Aurelio e di Commodo battute a Corinto (*Achaia*, 172–92 d.C.), cf. *RPC Online,* Temp. 5219, 7603 (R/, a sinistra: galea), Temp. 10119 (175 d.C; R/ *Concordia/Homonoia* oppure *Fortuna/Tyche* seduta a sinistra con patera e cornucopia), in http://www.pc.ashmus.ox.ac.uk (ultimo consulto 01.01.2010). Si veda, inoltre, la leggenda P-T sul piombo Rostowzew 1903: 10, 59 = *Revue Numismatique* 1899: 217, con tipi del faro/ Nettuno, che viene sciolta con *P(ortus) T(raiani)*.

20. Cf. *CNI* XI 47; dalla US 501 (Periodo 6d).

21. Cf. Muntoni 1972: 78 (Paolo III Farnese, 1534–49, quattrino); dalle US 46 e 297 (Periodo 7b).

22. Cf. Muntoni 1972: 84 (Paolo III Farnese, 1534–49, quattrino); dalla US 90 (Periodo 7b).

23. Cf. *CNI* XIV 67, 90 (Pierluigi Farnese Duca, 1545–7, quattrino); dalla US 90 (Periodo 7b).

24. Tale dato andrà rivisto alla luce dei ritrovamenti dell'ultima campagna di scavo.

25. Si riconosce una sola moneta di argento, una frazione battuta da Atalarico (*MEC* I 127; Metlich 2004: 59), restituita dalla stratigrafia delle mura urbiche (in PTI 32) relativa alla frequentazione di VI–VII secolo.

26. Cf. p. 214 e n. 11.

27. Cf. *RIC* V.1 259, 266.

28. La percentuale è calcolata sulla globalità dei reperti numismatici di scavo noti dagli scavi di Lidia Paroli a Porto negli anni 1991–2004 (PTI, II, III, IV, VI, VII, VIII: in totale 1.337 esemplari). Il III secolo è ben rappresentato anche nell'area urbana di Ostia (Spagnoli 2007: 241).

29. Da questo sondaggio provengono in tutto 63 monete e un piombo monetiforme. Le serie della consacrazione di Claudio II rappresentano il 17,4% sul totale dei reperti e si concentrano negli strati di obliterazione di un condotto.

30. Cf. i dati ponderali degli esemplari delle zecche di Roma e Milano nel ripostiglio de La Venera (Estiot 2004: 44–6 e 61, n. 267 (in particolare sul fenomeno delle serie non ufficiali)). Sui problemi posti dalla classificazione di queste serie, si veda: Bland e Burnett 1988: 119–21, 139, 143–5; Poggi 2008: 600.

31. Per le attestazioni alla Magliana, si veda: Brenot 1987: 242, nn. 50–1; per Ostia (Pianabella): Spagnoli 1993: 247, n. 2.

32. Si ricorda che resta alta in tutti i contesti esaminati la percentuale degli esemplari assolutamente illeggibili e indatabili, per lo più frammenti di moneta.

33. Per Roma ai dati di Reece (1982) si aggiungono quelli editi in: Rovelli 2001b: 530 (Campo Marzio: esedra della *Crypta Balbi*) e Paroli e Vendittelli 2004: relativi al Palatino: Vigna Barberini (Munzi 2004a: 90), Domus Tiberiana, settore nordorientale (Munzi 2004b: 123–4), Bastione Farnesiano (Munzi 2004c: 159–60) e al Foro Romano: area N-O, ambiente D (Molinari 2004: 212–19). Si vedano anche i materiali dal sito B di Lungotevere Testaccio (Travaini 1985), dalle Terme di Diocleziano (Candilio 1988), dalla *Meta Sudans* (Molinari 1995), da Piazza Celimontana (Munzi e Catalli 1997; Munzi e Cavicchi 1997) e dall'esedra nordorientale delle Terme di Traiano (Carboni 2003: 80–2).

34. Per una definizione dei nominali coniati nel V secolo (ae3 e ae4) cf. *RIC* X 17.

35. Il recente ritrovamento nell'area di Ponte Galeria di un ingente ripostiglio monetale di IV secolo d.C. (chiuso certamente sul finire del secolo) potrà certamente aiutare a definire i flussi di arrivo di queste valute nella regione portuense. Ringrazio Cinzia Morelli che mi ha invitato ad esaminare il materiale subito dopo lo scavo.

36. *RIC* X 282–3.

37. *RIC* X 681–94.

38. *RIC* X 2715.

39. La deposizione del ripostiglio è pertinente alla frequentazione dell'ambiente-magazzino tardo-antico retrostante alle mura.

40. *RIC* X 234–5.

41. Sugli inizi del fenomeno di una monetazione autonoma in Africa, si veda: Brenot e Morrisson 1983: 197, 200; Grierson e Mays 1992: 224; Morrisson 2001 (con precedente bibliografia della stessa autrice). In base all'evidenza offerta dal ripostiglio di Rabelais-Aïn Merane, in Cesarea occidentale, Kent ha accettato, per le serie anonime protovandale, una datazione dal circa 480, cf. *RIC* X 233–5.

42. Si veda: Morrisson 2001: 158–9; Spagnoli 2001: 132–3. Un quadro di distribuzione di queste serie è stato presentato da Asolati (2005 (*Falerii Novi*); 2006 (Camporegio)), con dati a conferma di una localizzazione dei ritrovamenti in Italia sulla fascia costiera tirrenica. Nuovi dati analitici di rinvenimento sono dati da Perassi (2006 (Malta, Tas-Silġ)) e Burrel (2007 (Sardis 1982)). L'ipotesi di una coniazione in Italia centrale con caratteri imitativi è stata proposta isolatamente per alcune serie (croce in corona: Asolati 2006: 132–7); il dibattito nel merito è ancora aperto (Arslan 2007; Asolati 2008). In particolare, riguardo alle serie con il tipo del monogramma di Teodosio II 'barbarizzato' (Wroth 1911: pl. IV, 1) si osserva che l'assetto tecnico e metrologico della coniazione non consente allo stato di identificare con sicurezza, in tutti i casi noti, una produzione a carattere non ufficiale (Spagnoli 2001: 126, n. 18).

43. Sullo scadimento ponderale del *nummus* nel corso della seconda metà del V secolo, si veda: Morrisson 1989: 241–2, nn. 15–16.

44. Per i dati di sintesi, si veda: Keay *et al.* 2005 (in particolare pp. 235–8). Il trasferimento di queste monete trova giustificazione nel possesso individuale di piccole somme e può essere legato allo spostamento delle persone nella stessa direzione dei movimenti mercantili attestati dalla ceramica. Del tutto incongruenti risultano, in proposito, i rilievi mossi da Molinari (2002) (riproposti dall'autrice, con identico testo, altrove (2004)): è fin troppo ovvio, infatti, che resta esclusa l'eventualità di un ricorso a valuta divisionaria di taglio così basso nelle transazioni di alto livello come quelle per l'annona (anfore) o per l'acquisto di beni di pregio (ceramica fine). Riguardo alla caratterizzazione del deposito numismatico da scavo e alla sua interpretazione sul piano macroeconomico, il dibattito è comunque ancora aperto (cf. ad esempio la posizione di Howgego (2002) che prospetta il sistematico reinvestimento dei guadagni mercantili nell'acquisto di un nuovo carico, o la posizione di Lo Cascio (2006), a favore di un'economia di età imperiale con prevalente carattere creditizio).

45. Si veda: Spagnoli 1993; 2001: 139 n. 71, con riferimenti bibliografici. Keay (2005: 177) propende per una relazione di questi arrivi con la ceramica.

46. Per Ostia (Pianabella) si veda: Spagnoli 1993: 249, tav. 1, 4; Spagnoli 2007 (materiali da vecchi scavi nell'area delle Terme di Porta Marina IV, X, 1).

47. È da verificare se con qualche anticipazione rispetto al quadro delineato da Morrisson (2001: 162–5; 2003: 81–4). Vanno ulteriormente esaminati i punti di confronto che si colgono, nel passaggio tra V e VI secolo, con i dati della circolazione monetaria in aree del Mediterraneo orientale, ad esempio per Sardis (Lydia) (Burrel 2007) sulla base della stratigrafia e del ritrovamento di un ripostiglio (695 ae) chiuso con monete di Anastasio pre-riforma e nummi di Trasamundo (496–523 d.C.; 1,15%).

48. Sulla riforma, si veda: Grierson 1967; Metcalf 1969; Hendy 1985: 475–8; Delmaire 1989: 238–9, n. 83.

49. Al ripostiglio già menzionato (Spagnoli 2001), va aggiunta la notizia del ritrovamento di un altro nucleo tesaurizzato coevo, di modesta entità, nel corso degli scavi diretti a Porto da Patrizia Verduchi (anno 1982) (Asolati 2006: 136, n. 103).

50. Per Roma, si veda nota 33. Per Ostia, si veda, con bibliografia di riferimento: Spagnoli 2007: 241, 359 (Pianabella; *Regio* III: battuti; *Regio* V: Basilica Costantiniana; via Severiana); 241, n. 18 (ripostigli monetali). Si vedano anche i nuclei pubblicati da Cesano (1918) e relativi al sepolcreto di Mezzo-cammino.

51. Cf. *MIB* I 246 (zecca Roma o Sicilia); *MIBE* V245 e 246 ('indefinite mints', 540–65 d.C.). I pentanummi con segno di valore in greco o in latino (Є, V) sono ampiamente diffusi in Italia (per Roma, si veda: Paroli e Vendittelli 2004: 206, n. 45 con bibliografia).

52. Si veda il Capitolo 8.

53. Così è anche al Ponte di Matidia: *Per una storia dell'Isola Sacra* (1975): inv. 31280–1.

54. Si veda: Arena *et al.* 2001: 323–8, 529–35 (con riferimenti bibliografici); Rovelli 2001a. In particolare, sui movimenti della valuta in bronzo tra Eraclio e Costante II (618–717), esaminati in relazione alla politica di approvvigionamento granario di Costantinopoli, con riflessi anche a Roma, si veda: Prigent 2006.

55. Sulle problematiche poste dai dati di circolazione della moneta di argento di questa epoca, si veda: Rovelli 1994; 2001a.

56. Si conosce tuttavia un pezzo pubblicato da Metcalf (1994: 338–9, n. 289) (Southampton, zecca di Hamwic, *sceatta*, serie H, tipo 48), datato agli inizi dell'VIII secolo, che è stato acquistato sul mercato antiquario (1982 o 1983) come proveniente da Ostia. Per un confronto con materiali coevi da strato a Roma, dal deposito di VIII secolo scavato nell' esedra della *Crypta Balbi*, si veda: Arena *et al.* 2001: 535, IV.8.37 (Frisia, zecca indeterminata, 700–40 d.C.).

57. Si veda il quadro delineato da Rovelli (2001a; 2001b) (Roma, *Crypta Balbi*).

58. Dalle fosse di spoliazione della Basilica Portuense (già attestate dal XIII secolo; Paroli 2005) proviene numerario (denari di mistura, sestini e quattrini) della zecca di Lucca (fine del XIV secolo), delle zecche farnese di Roma e di Ancona (1534–49) e di Castro (1545–7), e della zecca aragonese di Napoli (1505–16), nonché un *Apfelpfennig* anonimo della zecca di Nürnberg (prima metà del XVI secolo). Gli scavi sono stati diretti da Mirella Serlorenzi.

59. Si veda Serlorenzi e Di Giuseppe in questo volume (Capitolo 14).

60. Dalla US 365 vengono tre esemplari della zecca di Ancona insieme ad un provisino del Senato Romano di seconda emissione (Serlorenzi *et al.* 2004: nn. 37–40). Questa associazione si ripete sulle pavimentazioni stradali scavate nell'area nordoccidentale del Foro Romano (Maetzke 1991: 127).

61. Per quanto riguarda Roma, già nel corso del XIII secolo si registra un incremento del volume del circolante. Ciò viene posto in relazione con l'accresciuta capacità produttiva della zecca, ma si segnala, nel contempo, anche una presenza più incisiva di moneta straniera. Si confronta, ad esempio, la discussione di Travaini (1992: 179–82) con il quadro delineato da Rovelli (1994: 532–3; 2001a: 844–5).

62. Si rimanda alla relazione di Morelli e colleghi in questo volume (Capitolo 13) per la presentazione del contesto archeologico e delle problematiche di scavo.

63. Altro materiale è in restauro. Sulle ricerche archeologiche condotte in quest'area si veda: Morelli, Olcese e Zevi 2004: 47, fig. 2 (planimetria delle aree di scavo): n. 3 (Piano Particolareggiato L23, che ha restituito almeno 80 monete), n. 4 (Nuova Fiera di Roma, da cui provengono almeno dieci monete) e 5 (Autoporto-Commercity); cf. anche Morelli 2005.

64. Area L23, P5 (saggio B, US 4).

65. Le serie più recenti sono *RRC* 342/7b (PANSA, 90 a.C.) e *RRC* 355 1/c (C.CASSIVS, L.SALINAT, 84 a.C.). Dal saggio D, US 47 (con due distinte date di scavo), si conoscono i seguenti materiali: asse — gr 40,5, gr 33,02, gr 26,34; sestante — gr 5,83, gr 15,54; non identificabile — gr 6,99, gr 4,7; asse — gr 42,23, gr 34,61, gr 33,86, gr 23,63, gr 9,26; triente — gr 3,56; non identificabili — gr 5,99, gr 1,85. A questi materiali si congiunge il deposito della US 117 (saggio D) che ha restituito altri tre sestanti onciali (in conservazione del tutto analoga: gr 5,46, gr 5, gr 4,06).

66. Saggio B, US 52.

67. Si veda: Taliercio 1986: tab. 3, fase II/c (seguita da Rutter (2001: 584)).

68. Il pezzo si inquadra nella serie con Apollo a sinistra/toro a destra (gr 2,93) che è datata circa al 275–250 a.C.: Taliercio 1986: tab. 3, fase III/a–b (seguita da Rutter (2001: 589–90)).

69. Saggio I, US 25. Una precedente campagna di scavo (2001; P12, saggio A, US 15) aveva restituito sette monete: al bronzo romano con la prora di peso onciale e semionciale, presente fino ad un secondo esemplare della serie *RRC* 342/7b, si unisce la presenza isolata di tre denari repubblicani databili tra il 132 (*RRC* 250) e il 131 a.C. (*RRC* 254), tutti suberati.

70. Si veda, con bibliografia: Serlorenzi *et al.* 2004: 63–4, 105–9; anche Serlorenzi e Di Giuseppe (Capitolo 14) in questo volume.

71. Area L23, P5 (saggio B, US 4; US 102).

72. *SNG DNM* 3, *Thessaly-Illyricum*: 57–8.

73. Si riconoscono i seguenti tagli riconducibili a successive fasi produttive: sestante — gr 5,01, gr 3,58; oncia — gr 2,81; triente — gr 3,41. Altri materiali sono in corso di restauro.

Si segnala, in particolare, il rinvenimento, in associazione con le monete, di altri piccoli oggetti in metallo, tra i quali figurano molti chiodi.

74. Il contesto di scavo nella sua globalità è in corso di studio.

75. Analogie compositive si colgono, ad esempio, con i materiali della stipe in località Casale Pescarolo (Catalli 2005: 145–51).

76. Si veda il quadro delineato da Tuccimei e i suoi colleghi (2007); anche Serlorenzi e Di Giuseppe 2008; e Capitolo 14.

77. Si veda: Crawford 1985: 38, 59–60; e in particolare sul bronzo romano-campano: Taliercio Mensitieri 1998: 124–7. Per una carta di distribuzione di queste serie aggiornata ai nuovi ritrovamenti, si veda, con precedente bibliografia: Vitale 2001.

78. Si veda Petriaggi e colleghi (1995: 361) che pubblica strutture insediative di fine IV–III secolo a.C. indagate in località Quartaccio.

79. Sul 'mutamento funzionale' di Ostia da porto militare a porto mercantile nel corso del II secolo a.C., si veda: Zevi 2004: 211–12 (con bibliografia).

80. Il santuario della *Dea Dia*, viene localizzato tra il quinto e il sesto miglio della Via Campana, e al primo e al sesto miglio quello della *Fors Fortuna* (Serlorenzi *et al.* 2004 (con riferimenti bibliografici); Arnoldus-Huyzendveld *et al.* 2009).

81. I dati sono tratti da una più ampia ricerca sulla circolazione monetaria in area ostiense, edita per una prima parte altrove (Spagnoli 2007) (emissioni monetali da età repubblicana ad età flavia).

Riferimenti bibliografici

Abbreviazioni

CNI — *Corpus Nummorum Italicorum. Primo tentativo di un catalogo generale delle monete medievali e moderne coniate in Italia e in altri paesi* I–XIX (1910–40). Roma, Tipografia dell'Accademia dei Lincei.

MEC I — si veda Grierson e Blackburn 1986.

MIB I — si veda Hahn 1973.

MIB II — si veda Hahn 1975.

MIB III — si veda Hahn 1981.

MIBE — si veda Hahn 2000.

RIC III — si veda Mattingly e Sydenham 1930.

RIC V.1 — si veda Webb 1927.

RIC X — si veda Kent 1994.

RPC Online — http://rpc.ashmus.ox.ac.uk.

RRC — si veda Crawford 1974.

SNG DNM — *Sylloge Nummorum Graecorum. The Royal Collection of Coins and Medals, Danish National Museum* 3. *Greece: Thessaly to Aegean Islands* (1981). Copenhagen, Danish National Museum.

Fonti moderne

Andreau, J. (2002) Twenty years after Moses I. Finley's 'The Ancient Economy'. In W. Scheidel e S. Von Reden (edd.),

The Ancient Economy: 33–49. Edimburgo, Edinburgh University Press.

Arena, M.S., Delogu, P., Paroli, L., Ricci, M., Saguì, L. e Vendittelli, L. (2001) (edd.), *Roma dall'antichità al medioevo. Archeologia e storia nel Museo Nazionale Romano* Crypta Balbi. Milano, Electa (Ministero per i Beni e le Attività Culturali/Soprintendenza Archeologica di Roma).

Arnoldus-Huyzendveld, A., Carbonara, A., Ceracchi, C. e Morelli, C. (2009) La viabilità nel territorio portuense. In V. Jolivet, C. Pavolini, M.A. Tomei e R. Volpe (edd.), *Suburbium II: il suburbio di Roma dalla fine dell'età monarchica alla nascita del sistema delle ville (V–II sec. a.C.)* (Collection de École Française de Rome 419): 599–619. Roma, École Française de Rome.

Arslan, E.A. (2007) Ancora sulla questione della cosiddetta 'moneta in rame nell'Italia longobarda'. Una replica a problemi di metodo. *Rivista Italiana di Numismatica* 108: 491–507.

Asolati, M. (2005) *Il tesoro di Falerii Novi. Nuovi contributi sulla monetazione italica in bronzo degli anni di Ricimero (457–472 d.C.), con una appendice di L. Allegretta* (Numismatica Patavina 4). Padova, Esedra Editrice.

Asolati, M. (2006) Il ripostiglio di Camporegio (GR). Note sulle imitazioni bronzee di V sec. d.C. e sulla questione della cosiddetta 'moneta in rame dell'Italia longobarda'. *Rivista Italiana di Numismatica* 107: 113–61.

Asolati, M. (2008) Nota aggiuntiva all'edizione del ripostiglio di Camporegio (GR). Quale metodo? *Rivista Italiana di Numismatica* 109: 525–46.

Bauer, F.A., Heinzelmann, M. e Martin, A. (2000) Ostia. Ein urbanistisches Forschungsproject in den unausgegrabenen Bereichen des Stadtgebiets. Vorbericht zur 2. Grabungskampagne 1999. Mit Beiträgen von M. Langner, W. Loerts, S.T.A.M. Mols e E. Spagnoli. *Mitteilungen des Deutschen Archäologischen Instituts, Römische Abteilung* 107: 375–415.

Bauer, F.A., Heinzelmann, M., Martin, A. e Schaub, A. (1999) Untersuchungen im Bereich der konstantinischen Bischofskirche Ostias. Vorberichte zur ersten Grabungskampagne 1998. Mit Beiträgen von B.C. Ewald, M.G. Granino e E. Spagnoli. *Mitteilungen des Deutschen Archäologischen Instituts. Römische Abteilung* 106: 289–341.

Bland, R.F. e Burnett, A.M. (1988) Normanby, Lincolnshire. In R.F. Bland e A.M. Burnett (edd.), *The Normanby Hoard and Other Roman Coin Hoards* (*Coin Hoards from Roman Britain* 8): 114–215. Londra, British Museum.

Brenot, C. (1987) Les monnaies. In H. Broise e J. Scheid, *Recherches archéologiques à la Magliana. Le balneum des Frères Arvales*: 239–49. Roma, École Française de Rome/ Soprintendenza Archeologica di Roma.

Brenot, C. e Morrisson, C. (1983) La circulation du bronze en Césarienne occidentale: la trouvaille de Rabelais-Aïn-Merane. *Numismatica e Antichità Classiche* 12: 191–212.

Burrel, B. (2007) A hoard of minimi from Sardis and the currency of the fifth century C.E. *Revue Numismatique* 163: 235–82.

Candilio, D. (1988) Roma. Monete dallo scavo della palestra nord-occidentale delle Terme di Diocleziano. *Bollettino di Numismatica* 10: 225–9.

Carboni, F. (2003) Scavi nell'esedra nord-occidentale delle Terme di Traiano. *Bullettino della Commissione Archeologica Comunale di Roma* 104: 65–82.

Catalli, F. (2005) Materiali numismatici dal santuario di Casalvieri (Sora). In A. Comella e S. Mele (edd.), *Depositi votivi e culti dell'Italia antica dall'età arcaica a quella tardo-repubblicana*: 145–51. Bari, Edipuglia.

Cesano, L. (1918) Ancora della moneta enea corrente in Italia nel V–VI sec. d.C. *Rivista Italiana di Numismatica* 2 serie, 1: 96–100.

Coccia, S. e Paroli, L. (1993) Indagini preliminari sui depositi archeologici della città di Porto. *Archeologia Laziale* 11: 175–80.

Crawford, M.H. (1974) *Roman Republican Coinage.* Cambridge, Cambridge University Press.

Crawford, M.H. (1985) *Coinage and Money under the Roman Republic: Italy and the Mediterranean Economy.* London, Methuen.

Delmaire, R. (1989) *Les responsables des finances imperials au Bas-Empire romain (IVe–VIe s.)* (Collection Latomus 203). Brussels, Latomus.

Estiot, S. (2004) *Monnaies de l'empire romain* XII.1 *D'Aurélien à Florien (270–276 après J.-C.).* Strasbourg, Poinsignon Numismatique/Bibliothèque National de France.

Garrucci, R. (1847) *I piombi antichi raccolti dall'eminentissimo Principe il Cardinale Lodovico Altieri.* Roma, Tipografia di Clemente Puccinelli.

Giardina, B. (2007) La rappresentazione del faro nelle emissioni numismatiche del mondo antico. *Rivista Italiana di Numismatica* 108: 145–68.

Grierson, P. (1959) The *Tablettes Albertini* and the value of the *solidus* in the fifth and sixth centuries A.D. *Journal of Roman Studies* 49: 73–80.

Grierson, P. (1967) The monetary reforms of Anastasius and their economic consequences. In A. Kindler (ed.), *The Patterns of Monetary Development in Phoenicia and Palestine in Antiquity. Proceedings of the International Numismatic Convention (Jerusalem 1963)*: 283–302. Tel Aviv/Gerusalemme, Schocken.

Grierson, P. (1982) *Byzantine Coins.* Berkeley/Los Angeles/ Londra, University of California Press/Methuen.

Grierson, P. e Blackburn, M. (1986) *Medieval European Coinage: with a Catalogue of the Coins in the Fitzwilliam Museum, Cambridge* 1. *The Early Middle Ages (5th–10th Centuries).* Cambridge, Cambridge University Press.

Grierson, P. e Mays, M. (1992) *Catalogue of Late Roman Coins in the Dumbarton Oaks Collection and in the Whittemore Collection: from Arcadius and Honorius to the Accession of Anastasius.* Washington DC, Dumbarton Oaks Research Library and Collection.

Hahn, W. (1973) *Moneta Imperi Bizantini. Vom Anastasius bis Justinianus I (491–565). Einschließlich der Ostgotischen und*

Vandalischen Prägungen. Wien, Verlag der Österreichischen Akademie der Wissenschaften.

Hahn, W. (1975) *Moneta Imperi Bizantini. Von Justinus II bis Phocas (565–610).* Wien, Verlag der Österreichischen Akademie der Wissenschaften.

Hahn, W. (1981) *Moneta Imperi Bizantini. Von Heraclius' bis Leo III. Alleinregierung (610–720). Mit Nachträgen zum I. und 2. Band.* Wien, Verlag der Österreichischen Akademia der Wissenschaften.

Hahn, W. (in collaborazione con Metlich, M.A.) (2000) *Money of the Incipient Byzantine Empire (Anastasius I–Justinian I, 491–565) (Veröffentlichungen des Instituts für Numismatik und Geldgeschichte der Universität Wien* 6). Wien, Österreichische Forschungsgesellschaft für Numismatik und Geldgeschichte.

Hendy, M.F. (1985) *Studies in the Byzantine Monetary Economy, c. 300–1450.* Cambridge, Cambridge University Press.

Hopkins, K. (2002) Rome, trade, rents and taxes. In W. Scheidel e S. Von Reden (edd.), *The Ancient Economy*: 190–230. Edimburgo, Edinburgh University Press.

Howgego, C. (2002) *La storia antica attraverso le monete* (traduzione A. Bolis). Roma, Quasar.

Keay, S. (2005) The coins. In S. Keay, M. Millett, L. Paroli e K. Strutt, *Portus. An Archaeological Survey of the Port of Imperial Rome (Archaeological Monographs of the British School at Rome* 15): 173–7. Londra, British School at Rome.

Keay, S., Millett, M., Paroli, L. e Strutt, K. (2005) *Portus. An Archaeological Survey of the Port of Imperial Rome (Archaeological Monographs of the British School at Rome* 15). Londra, British School at Rome.

Kent, J.P.C. (1994) *The Roman Imperial Coinage* X. Londra, Spink & Son.

Laurent, V. (1962) *Les sceaux byzantins du Médaillier Vatican.* Città del Vaticano, Biblioteca Apostolica Vaticana.

Lo Cascio, E. (2006) Osservazioni sulla funzione della moneta aurea nell'economia monetaria dell'impero romano. In F. De Romanis e S. Sorda (edd.), *Dal denarius al dinar: l'oriente e la moneta romana. Atti dell'incontro di studio (Roma 2004)*: 19–41. Roma, Istituto Italiano di Numismatica.

Maetzke, G. (1991) La struttura stratigrafica dell'area nordoccidentale del Foro romano come appare dai recenti interventi di scavo. *Archeologia Medievale* 18: 43–200.

Mattingly, H. e Sydenham, E.A. (1930) (edd.) *The Roman Imperial Coinage* III. Londra, Spink & Son.

Metcalf, D.M. (1969) *The Origins of the Anastasius Currency Reform.* Amsterdam, Adolf M. Hakkert.

Metcalf, D.M. (1994) *Thrymsas and Sceattas in the Ashmolean Museum Oxford* 3. Londra, Ashmolean Museum Publications.

Metlich, M.A. (2004) *The Coinage of Ostrogothic Italy, with E.A. Arslan, A Die Study of Theodahad Folles.* Londra, Spink & Son.

Molinari, M.C. (1995) Le monete della *Meta Sudans* (Roma). *Annali dell'Istituto Italiano di Numismatica* 42: 109–61.

Molinari, M.C. (2002) Un nucleo di monete bronzee tardoantiche da un edificio di via del Foro Romano: alcune note sulla circolazione del bronzo al tempo di Giustino II. *Bullettino della Commissione Archeologica Comunale di Roma* 103: 99–106.

Molinari, M.C. (2004) Le monete dell'ambiente D. In L. Paroli e L. Vendittelli, *Roma dall'antichità al medioevo* II. *Contesti tardoantichi e altomedievali*: 204–19. Milano, Electa (Ministero per i Beni e le Attività Culturali/Soprintendenza Archeologica di Roma).

Morelli, C. (2005) The Claudian harbour in the light of new investigations. In S. Keay, M. Millett, L. Paroli e K. Strutt, *Portus. An Archaeological Survey of the Port of Imperial Rome (Archaeological Monographs of the British School at Rome* 15): 241–8. Londra, British School at Rome.

Morelli, C., Olcese, G. e Zevi, F. (2004) Scoperte recenti nelle saline portuensi (*Campus Salinarum Romanarum*) e un progetto di ricerca sulla ceramica di area ostiense in età repubblicana. In A. Gallina Zevi e R. Turchetti (edd.), *Méditerranée occidentale antique: les échanges (ANSER* III): 43–55. Soveria Mannelli, Rubbettino Editore.

Morrisson, C. (1989) Monnaie et prix à Byzance du Ve au VIIIe siècle. In *Hommes et richesses dans l'empire byzantin* 1: 239–60. Parigi, P. Lethielleux.

Morrisson, C. (2001) Caratteristiche ed uso della moneta protovandalica e vandalica. In P. Delogu (ed.), *Le invasioni barbariche nel meridione dell'impero: Visigoti, Vandali, Ostrogoti*: 151–80. Soveria Mannelli, Rubbettino Editore.

Morrisson, C. (2003) L'atelier de Carthage et la diffusion de la monnaie frappée dans l'Afrique vandale et byzantine (439–695). *Antiquité Tardive* 11: 65–84.

Muntoni, F. (1972) *Le monete dei papi e degli stati pontifici* I. Roma, P. & P. Santamaria.

Munzi, M. (2004a) Monete. In G. Rizzo, M. Capone, C. Costantini, R. Gafà, M. Pentiricci e M. Munzi, Vigna Barberini, settore D, periodo IV: 540/550–580/590 d.C. In L. Paroli e L. Vendittelli, *Roma dall'antichità al medioevo* II. *Contesti tardoantichi e altomedievali*: 72–90. Milano, Electa (Ministero per i Beni e le Attività Culturali/Soprintendenza Archeologica di Roma).

Munzi, M. (2004b) Le monete. In M. Munzi, S. Fontana, I. de Luca e F. Del Vecchio, *Domus Tiberiana*: contesti tardoantichi dal settore nord-orientale. In L. Paroli e L. Vendittelli, *Roma dall'antichità al medioevo* II. *Contesti tardoantichi e altomedievali*: 91–128. Milano, Electa (Ministero per i Beni e le Attività Culturali/Soprintendenza Archeologica di Roma).

Munzi, M. (2004c) Monete. In M. Ciceroni, A. Martin e M. Munzi, I contesti tardoantichi e altomedievali del Bastione Farnesiano nella *Domus Tiberiana*. In L. Paroli e L. Vendittelli, *Roma dall'antichità al medioevo* II. *Contesti tardoantichi e altomedievali*: 204–19. Milano, Electa (Ministero per i Beni e le Attività Culturali/Soprintendenza Archeologica di Roma).

Munzi, M. e Catalli, F. (1997) Monete e stratigrafia. Contributi a partire dallo scavo del Celio. In C. Pavolini (ed.), *Caput Africae* II. *Indagini archeologiche a Piazza Celimontana (1984–1988). Tutte le monete. La ceramica e gli altri reperti di età post-classica*: 101–8. Roma, Istituto Poligrafico e Zecca dello Stato/Libreria dello Stato.

Munzi, M. e Cavicchi, F. (1997) Le monete (Periodi I–X). In C. Pavolini (ed.), *Caput Africae* II. *Indagini archeologiche a Piazza Celimontana (1984–1988). Tutte le monete. La ceramica e gli altri reperti di età post-classica*: 9–36. Roma, Istituto Poligrafico e Zecca dello Stato/Libreria dello Stato.

Paroli, L. (2005) The *Basilica Portuense*. In S. Keay, M. Millett, L. Paroli e K. Strutt, *Portus. An Archaeological Survey of the Port of Imperial Rome* (*Archaeological Monographs of the British School at Rome* 15): 258–68. Londra, British School at Rome.

Paroli, L. e Vendittelli, L. (2004) (edd.) *Roma dall'antichità al medioevo* II. *Contesti tardoantichi e altomedievali*. Milano, Electa (Ministero per i Beni e le Attività Culturali/Soprintendenza Archeologica di Roma).

Per una storia dell'Isola Sacra. Mostra dei rinvenimenti (1975). Roma, Tipografia 'Artistica' di A. Nardini (Ministero per i Beni Culturali e Ambientali/Soprintendenza alle Antichità di Ostia).

Perassi, C. (2006) Il deposito monetale. *Rendiconti della Pontificia Accademia Romana di Archeologia* 78: 219–55.

Petriaggi, R., Bonacci, G., Carbonara, A., Vittori, M.C., Vivarelli, M.L. e Vori, P. (1995) Scavi a Ponte Galeria: nuove acquisizioni sull'acquedotto di Porto e sulla topografia del territorio portuense. *Archeologia Laziale* 12: 361–73.

Poggi, C. (2008) Recensione a S. Estiot, *Monnaies de l'empire romain* XII.1. *Rivista Italiana di Numismatica* 109: 597–601.

Prigent, V. (2006) Le rôle des provinces d'Occident dans l'approvisionnement de Constantinople (618–717): témoignages numismatique et sigillographique. *Mélanges de l'École Française de Rome. Moyen-Âge* 118 (2): 269–99.

Reece, R. (1982) A collection of coins from the centre of Rome. *Papers of the British School at Rome* 50: 116–45.

Rostowzew, M. (1903) *Tesserarum Urbis Romae et Suburbi Plumbearum Sylloge*. St.-Pétersbourg, Commissionaires de l'Académie Impériale de Sciences.

Rovelli, A. (1994) La funzione della moneta tra VIII e X secolo. Un'analisi della documentazione archeologica. In R. Francovich e G. Noyé (edd.), *La storia dell'alto medioevo italiano (VI–X secolo) alla luce dell'archeologia (Siena 1992)*: 521–38. Firenze, All'Insegna del Giglio.

Rovelli, A. (2001a) Emissione e uso della moneta: testimonianze scritte e archeologiche. In *Roma nell'alto medioevo* (*Settimane di studio del Centro Italiano di Studi sull'Alto Medioevo* 48): 821–52. Spoleto, Centro Italiano di Studi sull'Alto Medioevo.

Rovelli, A. (2001b) Monete dal deposito di VIII secolo nell'esedra della *Crypta Balbi*. In M.S. Arena, P. Delogu, L. Paroli, M. Ricci, L. Saguì e L. Vendittelli (edd.), *Roma dall'antichità al medioevo. Archeologia e storia nel Museo Nazionale Romano* Crypta Balbi: 530–40. Milano, Electa (Ministero per i Beni e le Attività Culturali/Soprintendenza Archeologica di Roma).

Rutter, N.K. (2001) *Historia Numorum. Italy*. Londra, British Museum Press.

Saller, R. (2005) Framing the debate over growth in the ancient economy. In J.G. Manning e L. Morris (edd.), *The Ancient Economy. Evidence and Models*: 223–38. Stanford, Stanford University Press.

Serlorenzi, M. e Di Giuseppe, H. (2008) Cenni sulla viabilità repubblicana dell'agro portuense: il rinvenimento di un tratto dell'antica via Campana presso Ponte Galeria. http://www.fastionline.org/docs/FOLDER-it-2008-107.pdf (ultimo consulto 29.07.2010).

Serlorenzi, M., Amatucci, B., Arnoldus-Huyzendveld, A., De Tommasi, A., Di Giuseppe, H., La Rocca, C., Ricci, G. e Spagnoli, E. (2004) Nuove acquisizioni sulla viabilità dell'Agro Portuense. Il rinvenimento di un tratto della via Campana e della via Portuense. *Bullettino della Commissione Archeologica Comunale di Roma* 105: 47–114.

Spagnoli, E. (1993) Alcune riflessioni sulla circolazione monetaria in epoca tardoantica a Ostia (Pianabella) e a Porto: i rinvenimenti dagli scavi 1988–1991. In L. Paroli e P. Delogu (edd.), *La storia economica di Roma nell'alto medioevo alla luce dei recenti scavi archeologici. Atti del seminario (Roma 2–3 aprile 1992)*: 247–66. Firenze, All'Insegna del Giglio.

Spagnoli, E. (2001) Ripostiglio monetale da Porto (Fiumicino, Roma) 277 AE, post 445/450 d.C. *Annali dell'Istituto Italiano di Numismatica* 48: 119–56.

Spagnoli, E. (2007) Evidenze numismatiche dal territorio di Ostia antica (età repubblicana–età flavia). In *Presenza e circolazione della moneta in area vesuviana. Atti del XIII convegno organizzato dal Centro Internazionale di Studi Numismatici e dall'Università di Napoli 'Federico II' (Napoli 2003)*: 233–388. Roma, Istituto Italiano di Numismatica.

Taliercio, M. (1986) Il bronzo di Neapolis. In *La monetazione di Neapolis nella Campania antica. Atti del VII convegno del Centro Internazionale di Studi Numismatici di Napoli (Napoli 1980)*: 219–373. Napoli, Arte Tipografica.

Taliercio Mensitieri, M. (1998) La monetazione romano-campana in bronzo. In *La monetazione romano-campana. Atti del X convegno del Centro Internazionale di Studi Numismatici di Napoli (Napoli 1993)*: 49–141. Roma, Istituto Italiano di Numismatica.

Testini, P. (1975) La basilica di Sant'Ippolito. In M.L. Veloccia Rinaldi e P. Testini, *Ricerche archeologiche nell'Isola Sacra*: 43–132. Roma, Istituto Nazionale di Archeologia e Storia dell'Arte.

Travaini, L. (1985) Sito numismatico B. Monete dallo scavo di Lungotevere Testaccio (anni 1979–1983). *Bollettino di Numismatica* 5: 71–126.

Travaini, L. (1992) Monete medievali in area romana: nuovi e vecchi materiali. *Rivista Italiana di Numismatica* 94: 179–82.

Tuccimei, P., Soligo, M., Arnoldus-Huyzendveld, A., Morelli, C., Carbonara, A., Tedeschi, M. e Giordano, G. (2007) Datazione U/Th di depositi carbonatici intercalati ai resti della Via Portuense antica (Ponte Galeria, Roma): attribuzione storico-archeologica della strada e documentazione cronologica dell'attività idrotermale del fondovalle tiberino. http://www.fastionline.org/docs/FOLDER-it-2007-98.pdf (ultimo consulto 29.07.2010).

Vitale, R. (2001) Sui rinvenimenti recenti di moneta romano-campana. *Annali dell'Istituto Italiano di Numismatica* 48: 97–118.

Webb, P.H. (1927) *The Roman Imperial Coinage* V.1. Londra, Spink & Son.

Wroth, W. (1911) *Western and Provincial Byzantine Coins of the Vandals, Ostrogoths and Lombards*. Chicago, Argonaut Inc. Publishers (ristampa anastatica 1966).

Zevi, F. (2004) Inquadramento storico relativo ai porti di Roma. In A. Gallina Zevi e R. Turchetti (edd.), *Le strutture dei porti e degli approdi antichi* (*ANSER* II): 211–19. Soveria Mannelli, Rubbettino Editore.

The Isola Sacra: reconstructing the Roman landscape

Paola Germoni, Martin Millett, Simon Keay, Joyce Reynolds & Kristian Strutt

INTRODUCTION (Martin Millett)

One element within the Portus Project involves increasing our knowledge of the hinterland of the port, especially through an extension of the geophysical survey that previously examined the eastern margins of the site (Keay, Millett and Strutt 2005b: 120–72). The focus of the current work is the area of the Isola Sacra, which lies to the south, between the Roman harbour of Portus and the ancient city of Ostia. The Isola Sacra is an artificial island created at the mouth of the Tiber, the name of which is attested by Procopius (5.26) (Testini 1975: 46–7). It is bounded to the west by the Tyrrhenian sea, to the east and south by the river Tiber, and to the north by the artificial cut of the Fiumicino Canal (also called the *Fossa Traiana* in the archaeological literature, although it is now known to have originated in the Claudian period — Keay and Millett 2005a: 277). The island is formed of fluvial and alluvial deposits laid down in the delta of the river Tiber, and was originally a coastal spit where the river turned south on approaching the sea (Arnoldus-Huyzendveld 2005: fig. 2.2).

The modern topography (**Fig. 12.1**) differs considerably from that of antiquity in two respects. First, the present course of the Tiber was established only after a major flood in 1557, during which the river created a new channel by cutting through the neck of a tight meander that lay at the southeast corner of the island. The area within this meander that had been settled in the Roman period was thus separated from the Isola Sacra and became part of the eastern bank of the river surrounded by an oxbow lake (Arnoldus-Huyzendveld 2005: 19, fig. 2.3). Second, the island, which is now broadly rectangular in plan, is about three times bigger than it was in the classical period on account of the progressive extension of its shoreline to the west as a result of deposition in the delta (Arnoldus-Huyzendveld 2005: 21, fig. 2.3). The Roman coastline is estimated to lie approximately along the line of the modern via della Scafa, approximately 3 km inland from the modern coast. In the Roman period the island would have encompassed an area of about 330 ha, measuring 1.6 km from east to west and 2.6 km from north to south.

After initial small-scale fieldwork in the northern part of the island in 2005 (Strutt 2005), the first main seasons of work within the current project were undertaken in 2008 (Strutt, Richardson and Millett 2008) and early 2009 (Strutt 2009). It is intended to complete the survey in 2012, so rather than present an interim report on this current work, the intention of the present paper is twofold. First, it provides an account of the extensive archaeological work that has been undertaken in the area already, providing an interpretative account of the evidence and defining the questions to be addressed in the survey. Second, the strategy of the current survey is presented, together with illustrations of the preliminary results. The opportunity also is taken to provide a definitive gazetteer of past archaeological work in the area as a reference-point for future synthesis (below, p. 239). Within the text, reference is made to specific excavations within this gazetteer by site number.

PREVIOUS WORK (Paola Germoni)[1]

The Isola Sacra was traversed from north to south by the Via Flavia, the principal axis of communication between Ostia and Portus, the two main coastal centres of *Latium Vetus*. The extensive cemetery of Portus, with its monumental mausolea and numerous more ordinary graves, developed along both sides of this road between the last decades of the first and the beginning of the fourth

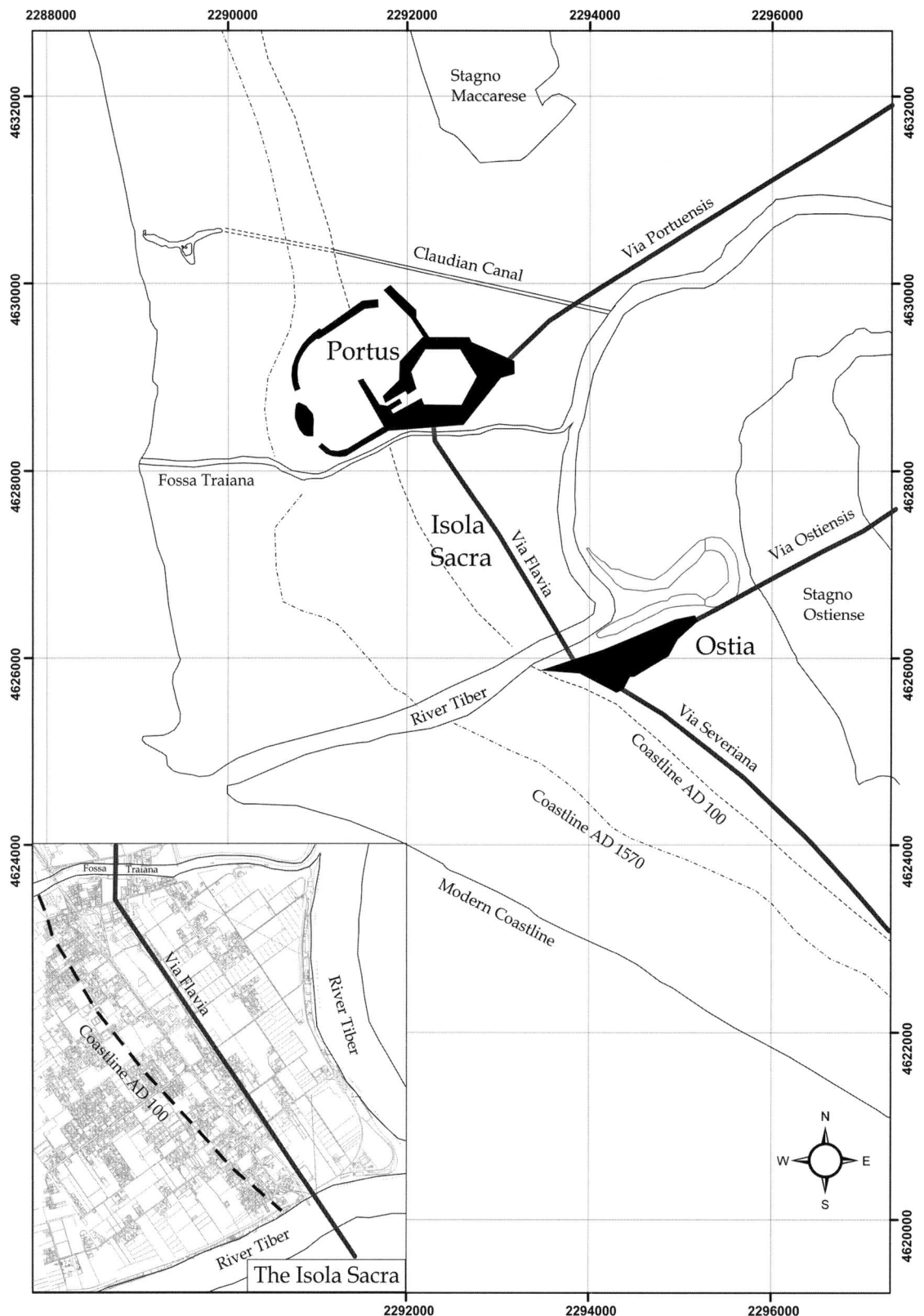

FIG. 12.1. **The Isola Sacra, with the principal sites discussed in the text.** *(Portus Project.)*

centuries AD. It is one of the most significant known examples of Roman funerary architecture and is a key point of reference for understanding associated funerary rituals.

Archaeological knowledge of the Isola Sacra, associated since the Renaissance with the presence of the *statio marmorum* at its northern edge (Paroli 2005a: 44) (Fig. 12.2: Site 28a) and from the seventeenth century with its cemeteries (Fig. 12.2: Sites 11, 16, 18–24, 27, 30, 32, 34–5), was increased significantly by exploration in the 1970s. A series of buildings including religious structures was discovered on the south bank of the Fiumicino Canal (Fig. 12.2: Sites 3, 7, 9, 12–15), providing evidence for the character of the river-port settlement on the Isola Sacra, the function of which was to process and facilitate the transport of goods along the *Fossa Traiana*. The Isola Sacra was organized essentially around two main alignments: a land-based one oriented northwest to southeast, and a fluvial one, following the *Fossa Traiana* itself, which ran from east to west.

THE ROAD

The course of the Via Flavia (Keay and Millett 2005a: 279), which ran in a straight line from Torre Boacciana to Sant'Ippolito, has been known on the southern side of the Isola Sacra since 1879 (Fiorelli 1880; Borsari 1889). The road itself was 7.8 m wide and was composed of two layers: the uppermost consisted of rammed gravel *c.* 90 cm thick, overlying a level of tufa on top of the natural sand. The road, sections of which have been discovered at locations not precisely known today, has suffered from the continued removal of gravel for use in the construction of the present-day via della Scafa, which was completed in 1880.[2] The absence of any remains of the north–south road in the northern part of the island was noted by Calza (1928: 137), who related one group of tombs (*Opera Nazionale Combattenti* — Fig. 12.2: Site 20) to a secondary road distinct from the main route of communication between Ostia and Portus, which he considered to be the final stretch of the Via Severiana.

It was only with the large-scale excavation of the principal cemetery area in 1938 (Fig. 12.2: Site 35) that a long stretch of the road identified as having two carriageways *c.* 10.5 m wide.[3] Given the sandy nature of the soil, the edges of the road were retained by parallel *opus reticulatum* walls reinforced with large rectangular tufa capstones and supported by external buttresses at *c.* 3 m intervals. A continuous

central spine separated the polygonal basalt blocks of the western carriageway from the compacted gravel surface to the east (Calza 1940: 21–5, fig. 2).

On the south bank of the Fiumicino Canal, the discovery of another segment of road with basalt paving slabs during the excavations by Veloccia in 1972 allowed the northern extent of the road to be documented. As it approached the Ponte di Matidia it widened to form a paved piazza, with evidence of various phases of use dating to between the second and the seventh centuries AD. The alignment of the road and its relationship to the buildings facing onto the canal suggest that the scheme can be ascribed to a single phase of planning, and is best understood in the context of the development of Portus under Trajan.

Stratigraphic excavation of the road within the cemetery in the mid-1980s allowed its chronology and that of the underlying preparation of both carriageways to be established. The discovery of an *as* of Galba pointed to a Flavian date for its initial construction: furthermore the foundation levels beneath the basalt paving and river gravel surfaces were the same, underlining the fact that they were constructed as one (Baldassare 1987: 127–8, notes 16–17, fig. 26). There is no obvious explanation for the existence of the pair of carriageways, and the extent of their continuation beyond the excavated area is as yet unknown.

The line of the road between the principal excavated cemetery (Fig. 12.2: Site 35) and via Redipuglia has not been confirmed by excavation, although further north, northwest of Sant'Ippolito, stretches of a narrower paved route have been located. However, an excavation on the line of the road a little further south in 1999 uncovered a building (Fig. 12.2: Site 24) that seems to block the line of the road at this point. The intermediate course of the road between via Redipuglia and the cemetery is clearly visible on satellite photos, although recent excavation here revealed that the surface of the road has been removed almost completely, leaving only the underlying preparation layers (Fig. 12.2: to the west of Site 32).

Further stretches of the basalt-paved road on the northern side of the Isola Sacra have been discovered during construction work further south (Fig. 12.2: Sites 36–8). All were sealed by humic soil and are of a similar constructional technique. *Opus reticulatum* retaining walls with external buttresses are consistently present, while the lowest layers of the road preparation are homogeneous. A consistent difference is the absence of any basalt slab surface, with excavations

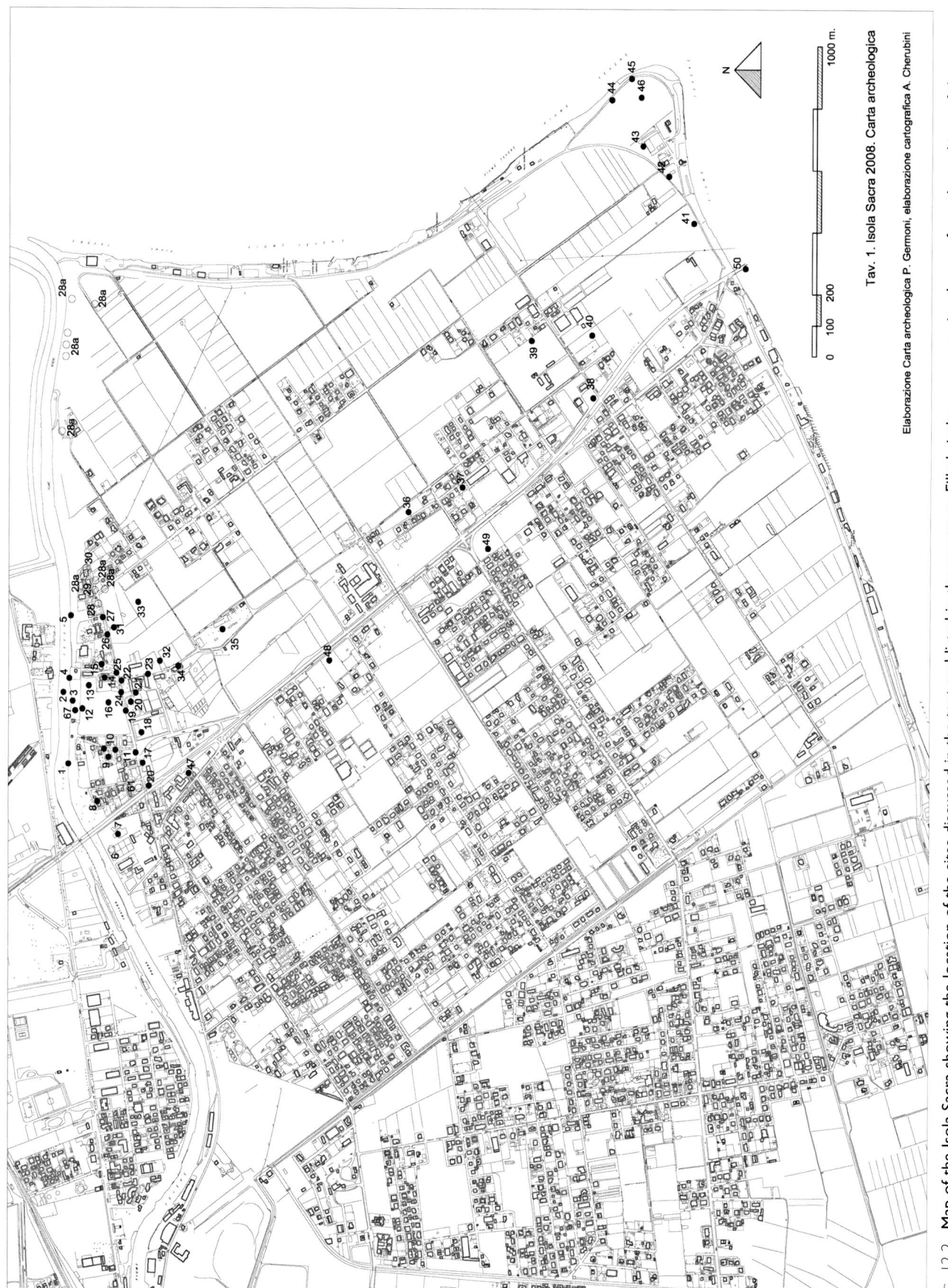

FiG. 12.2. Map of the Isola Sacra showing the location of the sites discussed in the text and listed in the gazetteer. Filled circles represent sites known from the archives of the Soprintendenza per i Beni Archeologici di Ostia; hollow circles represent sites located from bibliographical sources.

almost exclusively revealing rammed pebble gravel surfaces that, in the stretch near via Falzarego (Fig. 12.2: Site 38), exhibit ancient wheel ruts parallel to the alignment of the road (Lauro 1993: 169, figs 3, 4). The largely homogeneous construction technique of the road, notwithstanding minor variations in surfacing material, and its close relationship to monumental areas in some stretches confirms that it was a single construction project. It also indicates that the use of basalt paving was confined to the most intensively used stretches, while the sporadic presence of agricultural settlements along its southern stretch (Meiggs 1973: 265) may have determined the use of gravel here. However, one important 1879 source argued against this, describing how, as it left Ostia, the road (Fig. 12.2: Site 50) had a basalt slab surface,[4] making it likely that the polygonal basalt blocks were systematically removed during the transformation of the area in the years 1879–80, a time when the damage to it was reported to the *Prefettura*.[5]

THE CANAL FRONTAGE

A complex of structures was discovered along the south bank of the *Fossa Traiana* at the beginning of the last century. Works by the Ufficio Speciale del Genio Civile on the upgrading and widening of the Fiumicino canal in 1900 led to the discovery and subsequent destruction of an important series of structures that formed the monumental façade of this suburb of Portus at Correntini di Porto, to the northwest of the church of Sant'Ippolito. The excavation report describes three groups of buildings (Fig. 12.2: Sites 1, 4, 5) that were formed by rooms that were parallel to each other and perpendicular to the canal, and some of which had mosaic floors. They were interpreted as warehouses, largely on account of the fact that they were single-storey buildings (Gatti 1911).

A far broader picture of the use of the canal frontage during the Roman period emerged as a result of the 1969 and 1974 excavations, clarifying the suburban character of this sector of the Isola Sacra. The structures on the south bank of the *Fossa Traiana* developed in tandem with the port itself. They comprised a monumental façade stretching for over 500 m along the bank of the *Fossa Traiana*, behind which was a settlement that was clearly partly urban in character and articulated around a variety of spaces designed and used for a range of functions. These included warehouses (Fig. 12.2: Sites 1, 4, 5), working areas (Fig. 12.2: Sites 9, 15), commercial buildings (Fig. 12.2:

Sites 3, 13), baths (Fig. 12.2: Sites 7, 12), cult buildings (Fig. 12.2: Sites 7, 14) and cemeteries (Fig. 12.2: Sites 16, 18–24). As with many of the structures along this bank of the *Fossa Traiana*, the baths (Fig. 12.2: Site 12) exhibited evidence for a first phase of construction dating to the second half of the second century AD, with successive enlargements during the course of the third and fourth centuries.

Of major importance to the settlement were the bridge (Fig. 12.2: Site 2), which spanned the *Fossa Traiana* and provided access to Portus, and the final stretch of the Via Flavia (Fig. 12.2: Site 13), which hitherto had been investigated only in the State-owned area of the cemetery and on the south side of the Isola Sacra opposite Ostia in the nineteenth century (above, p. 233). The text from a slab inscribed on both sides and found by the bridge (Veloccia Rinaldi 1975: 21–7) records that the bridge, which was dedicated to Matidia (AD 68–119), niece of Trajan and mother-in-law of Hadrian, was reconstructed in 412/13–23 following a fire, and again in the fifth or early sixth century; it probably remained in use until the Gothic Wars in the sixth century. Downstream from the bridge was a series of Trajanic structures on several storeys, which were restored in the Severan period (Fig. 12.2: Site 3). They ran parallel to the Via Flavia and perpendicular to the canal, and seem to have been used for commercial activities and in the control of river traffic to Rome along the Tiber.

The basilica *ad corpus* (Fig. 12.2: Site 14) dedicated to Hippolytus, the martyr associated with Portus (Testini 1975: 43–152; Paroli 2005a: 58; Paroli 2005b: 258), was installed on the land behind the south bank of the *Fossa Traiana* to the east of the Via Flavia. Its apse respected earlier functional buildings of Trajanic date (Testini 1978–80: 26–30, figs 3, 4) that had been partially obliterated by burials and funerary structures (Pani Ermini 1979: 246).

The so-called Isaeum (Fig. 12.2: Site 7) of Portus is the closest known building to the ancient coastline. It was discovered in 1969 and partially excavated between 1975 and 1989. It is a complex consisting of a series of rooms with a complicated stratigraphic sequence (Lauro 1993: 172) that was arranged on either side of a stretch of road; their axis runs perpendicular to the *Fossa Traiana* and followed the belt of coastal sand dunes. To the east there was a portico beside a large heated room, first built in the second century, and subsequently remodelled down to the late antique period (Lauro 1987). Lying to the west and arranged around a trapezoidal courtyard were rooms and corridors that encompassed a cistern and fountains that were mostly of late antique date. Structures of the latest constructional phase continued beneath the modern buildings in the northwest part of the Isola Sacra. Epigraphic evidence for this peripheral area (Chastagnol 1969) attests to the restoration of an *aedem ac porticus deae Isidis* in AD 375–6. This evidence, together with sculptural fragments found *in situ* — most notably a female statue that Zevi has identified as Isis Pelagia (Zevi 1970–1) —, supports the interpretation of this complex as the meeting-place for *collegia* or religious associations (Zevi 1997).

THE CEMETERIES

The earliest reported discoveries from the Isola Sacra include mention of a burial found between 1699 and 1744 (Thylander 1951–2: 1–2) and the sculptural group of Mars and the Capitoline Venus found in 1750 (Calza 1978: 18–19; Bignamini 2004: 47 n. 86). Other finds were uncovered during the course of excavations undertaken in 1839 with a licence granted by the Camera Apostolica to the Guglielmi family, which had assumed ownership of its estates on the Isola Sacra in 1839.[6] They derived from a cemetery located near the church of Sant'Ippolito, to the west of a farmhouse that may have been that shown on the *Catasto Alessandrino*. However, it was only in the 1920s that the Isola Sacra cemetery acquired the form that is recognizable today, with the uncovering of a group of tombs that still survive to a considerable height (Fig. 12.2: Site 20) on lands that became the property of the Opera Nazionale Combattenti in 1920, during preparatory work for agricultural drainage and the construction of houses and cowsheds; this discovery led to the systematic excavation of the southern sector of the cemetery (Fig. 12.2: Site 35). Another group of neighbouring tombs (Fig. 12.2: Site 34) was also excavated, but was subsequently covered up after important pieces of marble statuary had been recovered.

These three nuclei constitute direct evidence for the existence of a large cemetery, that of Portus, on the Isola Sacra. This extended across the northern sector of the Isola Sacra opposite the façade of Portus on the north side of the *Fossa Traiana*, and close to the ancient coastal road that connected the harbour basins of Claudius (AD 41–54) and Trajan (AD 98–117) with Ostia. The extensive excavations directed by Guido Calza did not always uncover the earliest phases of occupation at the site, although these have been reached subsequently, in research excavations undertaken by

the Soprintendenza di Beni Archeologici di Ostia over the last 25 years in collaboration with university teams co-ordinated by Ida Baldassare. They have led to a fundamental re-evaluation of the cemetery and have enhanced our understanding of social aspects of death in the Roman world during the mid-Imperial period. They also have established that the cemetery's chronological range lay between the late first and fourth centuries AD, and that single burials were initially laid out along either side of a raised road. In time, funerary structures gradually filled the remaining spaces and formed groups of funerary structures. The desire to construct monuments that were easily visible from the road together with the gradual raising of the surrounding ground level led to the earlier burials being covered over by later ones (Fig. 12.2: Site 35).

THE SOUTHERN AREA

Remains identified on the southern side of the Isola Sacra at the end of the 1960s attest to the expansion of Ostia onto the north bank of the river Tiber from the first century AD to the late antique period (Fig. 12.5: Sites 41–4). Excavations have revealed warehouses (*magazzini*) for storage near the ancient river mouth and provided information about the organization of settlement in the territory of Ostia (Zevi 1972: 406–7). Between 1999 and 2002 new evidence for aspects of the Roman settlement system provided a context to understand better the information that came to light after the flood of 1557[7] and during the construction of the modern road network serving the Aeroporto Leonardo da Vinci. It consists of two further burial areas (Fig. 12.2: Sites 39, 40) that were uncovered during development control work on former agricultural plots and farms laid out at the time of the drainage in the 1920s. At the Podere Monte Vodice (Fig. 12.2: Site 39), on the edges of the built-up area, funerary buildings and the rubble of brick walls were found over a large area and dated to between the first and third centuries AD. A range of burial rites was attested: inhumations cut into the natural, *a capuccina*, in amphorae and in terracotta sarcophagi, as well as cremations in urns. It is also probable that a *bustum sepulcrum* was present. The continuous inflow of ground water prevented the full excavation of the deepest burials, although these did not seem to differ in character from those of later periods. Preliminary excavations at the Lotto Priolo (Fig. 12.2: Site 40) brought to light numerous individual burials whose typology and funerary rite are similar to those at

Podere Monte Vodice. The excavated sites were located north and south of the via Falzarego (which bisects the ancient island), and seem to represent a dispersed cemetery along the eastern side of the Via Flavia (Fig. 12.2: Sites 36–8).

Overall the evidence suggests that the Isola Sacra can be separated into two distinct zones that are best understood in terms of developments that took place at Portus in the north and at Ostia to the south. The initial phase of the settlement of the northern part of the Isola Sacra can be related to the planning and development of the Claudian basin at Portus,[8] while the southern area, overlooking Ostia, appears to have been consolidated in the first century AD (Zevi 1972: 406–7). Although one might have expected a bridge to have facilitated communication between Ostia and the Isola Sacra, this has not been confirmed yet, although the pylons found in the bed of the Tiber when the Ostia to Fiumicino road was built might be the remains of such a structure (Fig. 12.2: Site 50). If this were confirmed, it would raise interesting questions about the sequence of development of the Via Flavia and, thus, of the whole of the Isola Sacra, since it would mean that communication between Ostia and Portus, via the Ponte di Matidia, may not have been provided by ferries alone.

THE CURRENT SURVEY (Martin Millett and Kristian Strutt)

METHODS AND APPROACH

The new survey of the Isola Sacra began in 2007, with the application of methods similar to those used previously for the survey of Portus. The objective is to use magnetometry to provide information about the buried remains across the whole of the ancient landscape of the island. Variations in modern land use, especially the presence of modern buildings and plots that are heavily overgrown, limits the coverage in some zones. However, most of the area remains in agricultural use, meaning that geophysical survey is proving possible. The survey has begun with coverage of the northern and northeastern parts of the Isola Sacra, and it is planned to extend it to the west and south to cover the whole available area by the end of 2012. The survey is based on a 30 m grid that, for convenience, has been aligned with the modern property divisions that were defined in the *bonifica* of the 1920s. The axis of these land divisions (marked by drainage ditches) was oriented northwest to southeast,

and at a tangent to the line of the *Fossa Traiana*. The survey grid was established using a total station theodolite and was geo-referenced by surveying in fixed points on the available topographic maps.

The magnetometer survey was undertaken using two Bartington Grad601-2 instruments. Each instrument has dual gradiometer sensors and therefore carries two gradiometers that work simultaneously to increase the speed of the survey. Data were collected at 0.1nT resolution, with readings taken at 0.25 m intervals along lines 0.5 m apart. In the level and open territory of the Isola Sacra this allowed for around 1 ha per day to be surveyed with each instrument. The use of the Bartington gradiometer in this survey (Fig. 12.3) provided higher resolution and greater speed than would be obtained with other single gradiometer systems such as the Geoscan Research instruments used in our earlier work at Portus (Keay, Millett and Strutt 2005a: 63–6).

PRELIMINARY RESULTS

The results from the first two seasons of survey revealed considerable archaeological detail that complements previous work in the area. The results (Figs 12.4 and 12.5) are dominated by the geological evidence for successive shorelines created during the development of the Tiber delta. Similar linear features representing the dune formations derived from ancient shorelines were observed previously in the Portus survey to the north of the *Fossa Traiana* (Keay and Millett 2005a: 270). It is significant that these ancient shorelines appear to run continuously across the line of the canal between the area of the present survey and that previously examined to the north of the *Fossa Traiana*: there is no evidence at all for there having been an ancient river channel along the route of the present canal (cf. Giraudi *et al.* 2006; Giraudi, Tata and Paroli 2007).[9]

Previous archaeological work on the Isola Sacra had defined four different sets of landscape features: the cemeteries lining the Via Flavia, the bridgehead settlement at the north of the island, the settlement opposite Ostia at the south, and the quays and related structures lining the *Fossa Traiana* in the north. The first results of the geophysical survey provide evidence to enhance our understanding of some of these elements in the landscape. They also provide new evidence for four particular sets of features.

Our work beside the Via Flavia and the cemetery areas alongside is still at an early stage, but these will

FIG. 12.3. Geophysical survey in progress in 2008 using a Bartington gradiometer. *(Portus Project.)*

be examined before the project is completed. However, the work at the northeast corner of the island has located buildings and enclosures facing on to the Tiber (**Fig. 12.4**). These closely resemble the funerary enclosures identified further to the north (Keay, Millett and Strutt 2005b: 134), reinforcing the idea that mausolea lined the banks of the Tiber as it approached Ostia, although the presence of the flood embankment beside the river seems to have obscured some of the evidence for these on the Isola Sacra.

Also in the northeastern part of the island, along the southern side of the *Fossa Traiana*, the survey revealed the southern limits of a series of structures that may be related to quays. These are in an area situated where past work has suggested that the *statio marmorum* was located (**Fig. 12.2**: Site 28). The structures revealed in the geophysical survey are not distinctive in plan, but the evidence of marble on the surface beside the canal in this area supports the suggestion that we have identified the margins of these installations.

Third, evidence is beginning to emerge to suggest that there was a very large channel or inlet opening off the southern side of the *Fossa Trianana* about 300 m east of Sant'Ippolito, almost opposite the canal exit on its northern bank. This feature is up to 90 m wide and can be traced for more than 600 m to the south. This separates the cemetery zone facing onto the Via Flavia from the *statio marmorum* and the areas beside the Tiber to the west. Its western edge is

not defined very sharply, but its eastern side has a revetment similar to the canals elsewhere at Portus (Keay, Millett and Strutt 2005b: 126). Preliminary analysis of results also has revealed that there was what would appear to be an island at the centre of the canal. The canal was also traversed by a bridge: this comprised a series of pylons, at least one of which coincided with a very large extant brick-faced concrete feature (**Fig. 12.6**: site 33). Our work is at too early a stage to offer any definitive interpretation of this significant topographic discovery.

Finally, although the geological evidence of the past coastlines tends to dominate images of the results across the whole landscape, careful examination of large areas is revealing evidence for a system of land divisions that post-date these and pre-date the *bonifica* (**Fig. 12.4**). Clearly the boundaries were laid out with respect to the microtopography, which was itself determined by the dune systems and alignment of the former coastlines, but they also appear to have been the product of a large-scale system of land allotment, as some of the major boundaries run for long distances across the island. Further work is required to understand these features fully and to relate them to other archaeological material in order to confirm their dating. However, our preliminary conclusion is that they can be related to Roman agricultural practice. If we can trace these boundaries further across the island in the remaining survey and thereby relate them to the excavated cemeteries and the Via Flavia, there is a very good chance that we will be able to present an entirely new framework for understanding the topographical development of the Isola Sacra, thereby placing past discoveries in a new context.

GAZETTEER OF SITES (Paola Germoni)[10]

For site locations see Figure 12.2.

SITE 1: BUILDINGS AND DOCK ON THE SOUTH SIDE OF THE *FOSSA TRAIANA* (NOW DESTROYED)

A building subdivided into a series of rooms facing onto the *Fossa* was interpreted as being warehousing. A continuous row of eight rectangular rooms lay adjacent to an open area, with a portico, which was renovated in the third century AD. The columns of the portico were made of brick and rested on a travertine plinth. Three small rooms faced onto the portico. A mosaic pavement in *opus tesselatum* was preserved in one of these rooms (a), with a representation of Bacchus at the centre and the heads of the four seasons in the corners. Coins dating to the reigns of Antoninus Pius (AD 140–3) and Gallienus (AD 254–68) were recovered from beneath the mosaic. The adjacent room (b) was floored with irregular fragments of coloured marble and yielded a brick stamp dated to AD 133. A large expanse of concrete at the eastern end of the building (Gatti 1911: 410–12, fig. 2) can be identified as the river mole.

SITE 2: *PONTE DI MATIDIA*

Underwater surveys carried out in the canal silts during the excavations of Veloccia Rinaldi in 1972 revealed the foundations of the central pier and the southern bridge abutment. The distance between the two is shown on the published plan as *c.* 11 m. The opposite abutment, which is visible on the northern bank, comprises concrete covered with rectangular slabs of travertine. It comprised a rubble fill contained between parallel walls, indicating that it formed a small platform analogous to that documented by the southern bridgehead. The discovery was made in the excavation of a block with an inscription on both faces that had been reused as the floor of a later burial to the west of the northern edge of the Via Flavia. The two texts, of different dates, both record rebuilding work and so provide fundamental historical information about the bridge, including its name (*Pons Matidiae*). The earlier text records a restoration, probably necessitated by damage caused during the Gothic invasion of AD 408. It is ascribable to the period AD 412/413–423,

the reign of Theodosius II and Honorius, and records work under the Prefect of the Annona, Fundanius Martirius Felix. A second rebuilding inscription, the chronology of which is more uncertain, dates broadly to the fifth–sixth centuries AD and records work on behalf of the Prefect of the Annona, Flavius Splendonius Aufidius, and of the Urban Prefect, Iunius Pomponius Ammonius (Floriani Squarciapino 1973–4: 260; Veloccia Rinaldi 1975: 19–27; Geremia Nucci 2000; Germoni 2001b: 384 fig. 1; Keay and Millett 2005b: 317, no. 11).

SITE 3: BUILDINGS AND A BASALT ROAD ALONG THE SOUTH BANK OF THE *FOSSA TRAIANA* NEAR THE *PONTE DI MATIDIA*

Work on the south bank of the *Fossa* carried out on behalf of the Genio Civile in 1971 brought to light structures that were excavated systematically in 1972 and 1974. The excavations revealed a planned urban landscape on both sides of the Via Flavia in the vicinity of the bridge. Buildings on several storeys were arranged in parallel strips along the banks of the canal. The initial period of construction has been dated to the first half of the second century AD. A major transformation that included a general raising of the ground level and the consequent burial of the ground floor of the structures has been attributed to the Severan period. A similar sequence has been noted in the cryptoporticus under the church of Sant'Ippolito. The interpretation of these buildings is not easy. However, they were in use for a long period of time, and continued maintenance and the presence of a plentiful number of fourth-century AD coins in the trodden layers covering the floor suggests that their abandonment was a consequence of the destruction that occurred during the siege of Portus in AD 408. The proximity of the bridge, the large numbers of coins, and the evidence of continued use of the road until the seventh century, support the idea that this was the site of a *statio* with functions related to the payment of a toll for crossing the *Fossa Traiana* (Veloccia Rinaldi 1975: 14–19; Germoni 2001b: 384 fig. 1).

SITE 4: BUILDING WITH AN EXEDRA ALONG THE SOUTH BANK OF THE *FOSSA TRAIANA* (DESTROYED)

The structures that were discovered during the widening of the channel in 1909 comprised a series of rooms lying perpendicular to the *Fossa Traiana*. They had narrow walls faced with brick. A wide exedra to the east was reinforced by external pilasters made from *opus latericium* (Gatti 1911: 412, fig. 3).

FIG. 12.4. Preliminary results of the geophysical survey of the northeast corner of the Isola Sacra. *(Portus Project.)*

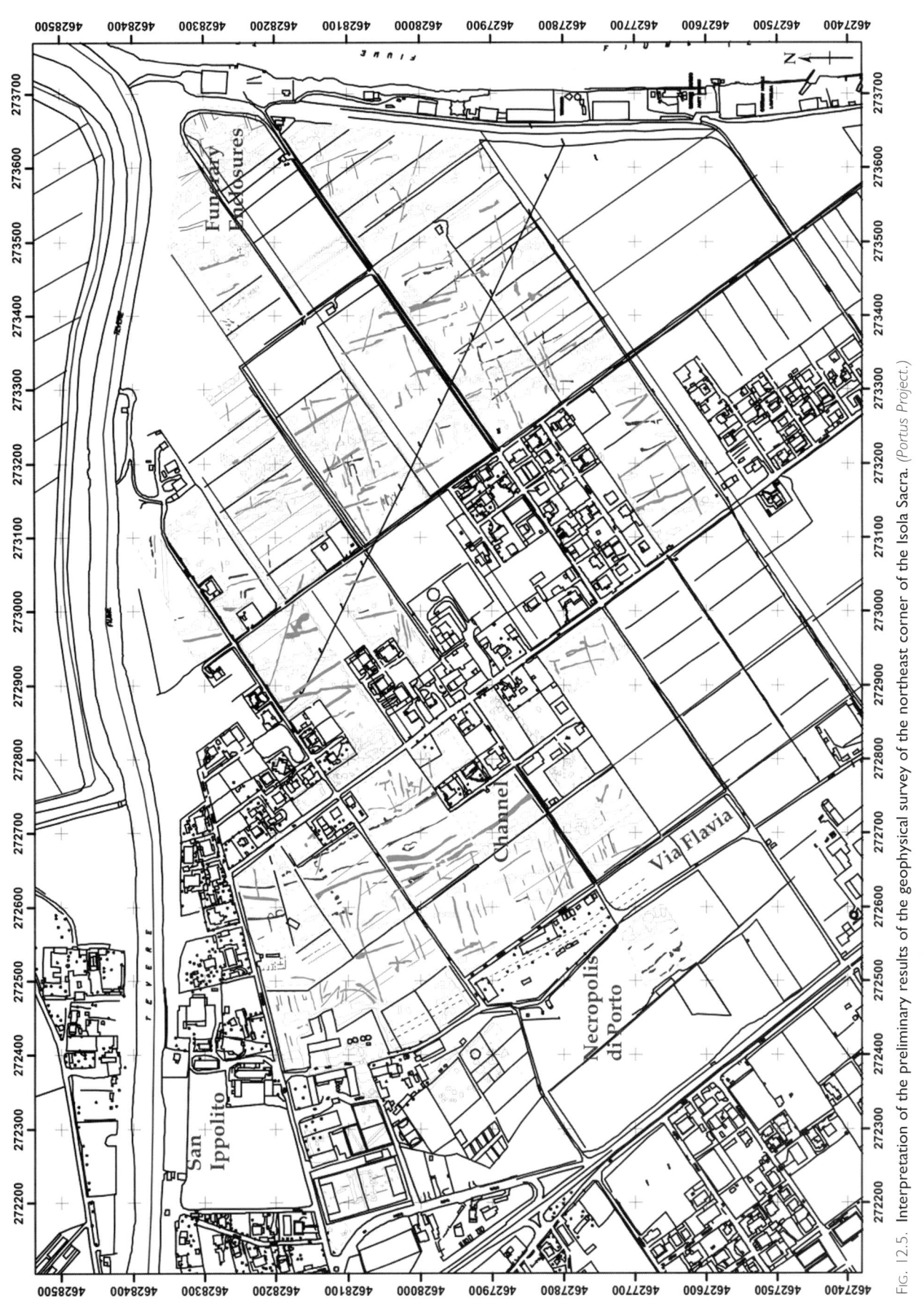

FIG. 12.5. Interpretation of the preliminary results of the geophysical survey of the northeast corner of the Isola Sacra. *(Portus Project.)*

Fig. 12.6. A brick-faced concrete feature (site 33), previously interpreted as part of a vaulted structure but now thought to relate to a bridge traversing the channel revealed in the geophysical survey (see above, p. 238).

SITE 5: BUILDINGS AND ACCESS STAIRS ALONG THE SOUTH BANK OF THE *FOSSA TRAIANA* (DESTROYED)

A number of rooms perpendicular to the *Fossa Traiana*, probably warehouses, were discovered during the widening of the canal in 1909. Access to these was via a short corridor with steps opening onto the *Fossa Traiana* (Gatti 1911: 413, fig. 4).

SITE 6: FIND-SPOT OF A BUST OF SEPTIMIUS SEVERUS

A larger-than-life-size bust of Septimius Severus wearing armour (Soprintendenza per i Beni Archeologici di Ostia [SBAO] inv. 29) was discovered in 1925 at the Isola Sacra and moved in 1940 to the Ufficio dell'Opera Nazionale dei Combattenti. Since 1948 it has been displayed in the Museo di Ostia (Ricci 1939: 59–61, fig. 2; Calza 1978: 44–5, no. 55, tavv. XLII–XLIII).

SITE 7: BATH-BUILDINGS AND STRUCTURAL REMAINS IDENTIFIED AS THE ISAEUM OF PORTUS

This complex was discovered in 1969 and excavated in three campaigns between 1974 and 1989. It comprised buildings of various chronological periods: there were two main nuclei separated by a road parallel to the coastline. A bath-building of late second-century AD date is visible in the east and was in use until the late antique period. To the west, there are buildings of various periods, but mainly of late antique date, including a cistern, rooms with fountains and a trapezoidal courtyard, off which opened rooms and corridors, an arrangement that suggests that they were used as meeting-places for *collegia* or religious groups. Both building complexes are located along a stretch of road perpendicular to the *Fossa Traiana*. The discovery of a bust of Septimius Severus nearby (above, site 6), with hair in the style of Serapis (*a serapide*), a statue of Isis and of the snake Agathodaimon, have led to the identification of the building as the Isaeum of Portus, known from ancient sources and epigraphic evidence (Chastagnol 1969; Zevi 1970–1; Zevi 1971b; Floriani Squarciapino 1975: 6–7; Lauro 1987; Lauro 1993: 170–2, fig. 6; Zevi 1997; Zevi 2002).

SITE 8: STRUCTURE ON THE PROPERTY OF THE PES FAMILY

A structure was discovered in foundation trenches for the construction of a small residential building on the property of the Pes family in 1968. It comprised a paved floor on an east–west orientation, composed of a tufa mass covered by a layer of lime. It was 1.06 m wide, was preserved to a maximum height of 0.14 m, and was traced for a distance of 13.5 m (ASSBAO, *Giornali di scavo*, 1968, vol. 42, Isola Sacra, proprietà Pes).

SITE 9: ARTISAN COMPLEX KNOWN AS LA CASETTA ON PRIVATE PROPERTY

The construction of a private residential building in 1974 revealed an extensive complex of rooms of various dimensions, with multiple phases of use and with good evidence for small-scale manufacturing. This provides the only evidence to date of production activities on the Isola Sacra. It is probably ascribable to the late antique period (Floriani Squarciapino 1975: 7, 10, note 8; Lauro 1993: 168, fig. 2).

SITE 10: ROOMS WITH MOSAIC PAVEMENTS, CISTERN AND WALL FRAGMENTS IN VIA PONTE DI MATIDIA

In 1983, during the course of work by the Azienda Comunale Elettricità ed Acque [hereafter ACEA], a long excavation trench was cut along the road revealing walled structures and buildings 60 m from the intersection with via Redipuglia. They were not excavated fully. The structures were all oriented northwest–southeast and seem to represent a regular grid of structures in *opus latericium* and *opus vittatum*, within which there was a pair of adjacent rectangular rooms with mosaic pavements at a depth of *c.* 2.10 m below the street level, part of a cistern with a central pillar and a rectangular room cut by an ancient drain (Archivio di Diesgni della Soprintendenza di Beni Archeologici di Ostia [hereafter ADSBAO], *Scavo ACEA 1983*: plan and sections by Aldo Pascolini, scale 1:50).

SITE 11: FUNERARY STRUCTURE IN VIA REDIPUGLIA TO THE WEST OF VIA PONTE DI MATIDIA

In 1983 work by ACEA along via Redipuglia detected three sides of a brick building oriented east–west. These are documented on a topographic plan where they are described as 'tomb' (ADSBAO, *Scavo ACEA*, 1983, plan and sections by Aldo Pascolini, scale 1:50).

SITE 12: COMPLEX OF BUILDINGS OF THE SO-CALLED BATHS OF MATIDIA

The baths were excavated during the 1970s and were shown to be organized around a vast hall paved in *opus sectile*, around which was a series of rooms with various functions dating to different phases. On the northern side there were *tabernae*, on the south side a storeroom (*dolia defossa*),

while on the western side there were rooms associated with the baths themselves (*frigidarium*, *tepidarium*, *caldarium*) and related services. The *praefurnia* were placed directly under the plunge baths and were accessible by means of a long and narrow service corridor. The complex remained in use until the end of the sixth century AD when, in the course of its destruction, it was robbed of nearly all of its marble panelling. In some rooms, however, new activities took place, exemplified by the presence of a small limekiln in one of the pools of the *frigidarium* (Veloccia Rinaldi 1975: 29–35; Germoni 2001b: 384 fig. 1 and 389–90 fig. 6).

SITE 13: ROOMS ALONGSIDE THE BASALT ROAD TO THE NORTHWEST OF THE BASILICA OF SANT'IPPOLITO

The area was the subject of limited excavation in 1971, during the course of which two paved sections of the Via Flavia were found together with the walls of structures situated on either side and on the same axis. In October 1975 excavation resumed, with the cutting of parallel trenches oriented east–west. This work revealed a regular series of buildings that were partially investigated and characterized by the regularity of their layout. The walls, which were brick faced, were preserved poorly above floor level and represented only by travertine threshold blocks *in situ*. The excavation failed to define the functions of the buildings, as they were sealed by mixed deposits containing fragments of funerary inscriptions, columns, sarcophagi and unidentified ceramics. The most interesting discovery was a circular room measuring 5 m in diameter that preserved the spring of its vaulting and, on the east side, the mouth of a furnace. This is probably to be identified as a limekiln since burnt marble fragments were recovered from the surrounding area (ASSBAO, *Giornali di scavo*, 1975, vol. 53, fasc. 3; Veloccia Rinaldi 1975: tav. I, B). During the course of major public works promoted by the Regione Lazio in 1990, a short section of the Via Flavia paved with polygonal basalt blocks was recovered *c.* 3.10 m below the modern ground level. The road was 4.40 m wide and was visible for a stretch of 2 m. To the east of the road was discovered a north–south wall in tufa *opus reticulatum*: it was 1 m wide and was visible for a distance of 2 m (ASSBAO, *Giornali di scavo*, 1990, vol. 65).

SITE 14: THE SANT'IPPOLITO BASILICA COMPLEX

The history of this church was outlined in general terms by the excavations of 1970–8, with the final phase of its use being ascribed to the twelfth century. The climax of the excavations came in 1973 with the recovery of the ciborium and a sarcophagus with an inscription naming the incumbent as Ippolitus the martyr (Pani Ermini 1979: 247). A large basilica was built between the end of the fourth and the beginning of the fifth centuries AD on the site of an earlier structure with a nave aligned north–south with a small apse that was oriented towards Portus. The basilica, which follows the alignment of the earlier building, measures 37 m in length by 18 m in width. The structure originally was divided into three, with two aisles each separated from the nave by a row of eleven columns. The intercolumniations were blocked up after the ninth century (Testini 1978–80: 32) when the entrance was moved, reducing the interior to a single nave. The remains of a schola cantorum are preserved in the middle of the main nave. The apse, which was paved in *opus sectile*, contained a small basin decorated with a mosaic, as well as the footings for the episcopal throne. The façade was pierced by three entrances and was abutted to the east by a hypogeum, which was transformed into a cistern in the final phase. Structures at the front of the basilica have been interpreted as a portico, which, to judge from the heterogeneity of its construction materials, was added at a very late stage. Further excavations were conducted in 1993 (Paroli 2005a: 57). Important marble furnishings, dating to the sixth–ninth centuries, are displayed in the adjacent Antiquarium, known as the Conventino. *Literature*: Testini 1970–1; Testini 1971–2; Testini 1973–4; Testini 1975; Testini 1978; Testini 1978–80; Mazzoleni 1983; Turchetti 1994; Germoni and Izzi 2001: 384, fig. 1 and 391; De Minicis 2003: 196).

SITE 15: CRYPTOPORTICUS, CISTERNS AND A BUILDING KNOWN AS *LA ROTONDA* IN VIA COL MOSCHIN

A rectangular building annexed to the campanile of Sant'Ippolito is known as the 'Conventino'. It overlies an imposing complex of hypogea and shares their orientation. The latter are datable to the second century and have had a variety of uses down until the present day. They comprise a series of rooms, the walls of which are faced in *opus mixtum* and *opus testaceum*, and which are roofed with barrel and cross vaults. They are subdivided longitudinally into two rows of spaces delimited by walls that are oriented north–south and extend for more than 50 m in length. They are organized on three levels, the lowest of which is situated below the level of the present water table. The rooms on the upper level retain windows in the 'a bocca di lupo' form and have been interpreted as having formed a cryptoporticus, while those below form part of an imposing cistern that is still filled with water today. Modern restoration and the

blocking of openings with concrete have interrupted the continuity of the structures, which continued to the east in a U-shaped plan. In the centre of this hypogeum is located the stone-built wall of a circular building some 20 m in diameter, called 'La Rotonda'. It is known as the *caciara* or *casara*, a term that refers to the use of the building as a place for cheese production, and it was used as a barn and warehouse in the second half of the nineteenth century. Its illicit use has prevented archaeological verification of its function as a baptistery, a tomb or a bath-house (Gatti 1910; Floriani Squarciapino 1974: 181, 185 note 8; Testini 1975: 122; Veloccia Rinaldi 1975: 14: Germoni 2001c: 391–2, 384 fig. 1).

SITE 16: FUNERARY BUILDINGS TO THE SOUTH OF THE SO-CALLED BATHS OF MATIDIA

Excavations carried out in the woods to the southwest of the so-called Baths of Matidia in 1975 led to the discovery of a number of tombs. The surviving perimeter walls are in brick and *opus listatum*, and they are oriented southeast–northwest. Inside the walls are covered with painted plaster and have well-preserved arched niches (ASSBAO, *Giornali di scavo*, 1975, vol. 53, fasc. 3,3,1–2).

SITE 17: BUILDING LOCATED BETWEEN VIA REDIPUGLIA AND VIA SANTE DOUMONT

A large and imposing rectangular building was uncovered in 1960 close to the junction of via Redipuglia and via Sante Doumont during the construction of the latter. It has an entrance to the west and a series of rooms that have not been investigated completely. The southern perimeter wall is of brick, while the northern perimeter wall and internal walls are built from *opus listatum*. According to the excavation records, the archaeological structures continue below the via Redipuglia, although there appear to be no further features to the south. The available information makes it difficult to interpret the function of this building, the plan of which is comparable with the rooms arranged in parallel rows along the bank of the canal (ASSBAO, *Giornali di scavo*, 1960–1, vol. 32.1 and 359).

SITE 18: FUNERARY COMPLEX WITH A COURTYARD WITH A MOSAIC (Fig. 12.7)

In August 1958 a complex of funerary structures preserved to the level of the ancient paving was found during works near the sports-ground between via Redipuglia and via dell'Aereoporto, although there is no surviving written documentation. The plan produced at the time of the

FIG. 12.7. **General view of the excavation of Site 18 in 1958.** *(Photo: Soprintendenza per i Beni Archeologici di Ostia.)*

excavation shows a central courtyard paved with mosaics and with a well. Along the sides of the courtyard there were two rectangular buildings, the limits of which were not defined completely. Below the ancient paving was a regular series of graves containing inhumation burials. The complex appears to have been used solely for inhumation burials, and the mosaic is dated to the second half of the third century, allowing us to place the buildings in the final phase of use of the necropolis, when it extended beyond its western limit and nearly reached the ancient beach. The mosaic (inv. 10894), which was removed to the Museo di Ostia and mounted on a concrete base, measures 2.30 × 1.75 m and shows two black bands framing the central field with a dolphin on a white background facing to the left with its tail curled. Above the dolphin part of an inscription is preserved — FELIX ETERN... / DOMUS — towards the centre of the composition. On the upper left-hand side it is possible to see part of another curled tail and three letters... VMV... The marine landscape is represented by means of thick and short lines and by an open conch-shell (Becatti 1961: 242–3, tav. CLXX).

SITE 19: FUNERARY BUILDINGS BELOW VIA REDIPUGLIA[11] (Fig. 12.8)

Via Redipuglia, originally a service road to the houses constructed as part of the agricultural reclamation of the zone that led to the discovery of the well-known cemetery in the first decades of twentieth century, is today one of the main roads in the area. It runs from east to west, cutting

through the monumental structures of Roman Imperial date in the northern sector of the Isola Sacra. Between 1999 and 2000 evaluation trenches were excavated prior to the laying of pipelines under the road between via Rombon and the *palazzina* that formed the headquarters of the Direzione dell'Opera Nazionale Combattenti. They revealed funerary structures oriented east–west along the line of the road (tombs I, II, III, VI, IX) and along a service corridor that runs north–south (tombs V, VIII). The tombs are preserved to approximately one-third of their original height and relate to the nucleus of the so-called (*Tombe ex Opera Nazionale Combattenti* Site 20) and to the funerary buildings detected in the 1970s to the south of the Baths of Matidia (Site 16). The archaeological work focused in particular on tombs VI and VIII, which had suffered damage in antiquity and more recently. They were designed for inhumation burial, with loculi and arched niches (*arcosolia*) that provided space for burials around the walls, while graves had also been excavated beneath the ancient floor.

Internal modifications had been undertaken to widen the tombs and provide space for more inhumations, while the level of the main entrance had been raised in tomb VI. This is the only tomb to contain a painted scene: it was found within an arched niche on the west wall and represents ducks in an aquatic landscape. It was removed for conservation and is now kept in the stores at Ostia. The pavement outside the tombs was well preserved, with a shallow stratigraphic sequence that reveals the original foundations and the later floor level of the buildings, the latter built by use of rows of moulded bricks.

FIG. 12.8. **General view of the excavation of Site 19 in 2000.**
(Photo: Soprintendenza per i Beni Archeologici di Ostia.)

The deposits lie between 1.30 m and 2.35 m above sea level, and the stratigraphy indicates that tombs VII and VIII were constructed earlier than tombs I, II, III, IV, V and VI. The earliest of the tombs dates to the end of the second century, while the more recent are dated to the third century.

SITE 20: THE COMPLEX OF THE TOMBS *EX OPERA NAZIONALE COMBATTENTI* [12]

In January 1923 a funerary building with rectangular plan was discovered accidentally (Tomb N). It was preserved up to the level of its vault and was richly decorated with stucco and polychrome paintings, some of which are interpreted as depicting Dionysiac scenes (Calza 1928). The tombs that were uncovered subsequently were the first group of monumental tombs to be excavated on the Isola Sacra and dated to between the beginning of the second and the third centuries AD. They had been filled and covered over with a large deposit of amphora and dolia sherds

('grande scarico di cocci composte a anfore e dolii') (Calza 1928: 139). They consisted of a sequence of structures along both sides of a secondary road on a north–south orientation. All the tombs were of a homogeneous type, with the burials housed in a simple cell-shaped structure with a barrel-vaulted ceiling, some within a contemporary or later walled precinct. The interior was designed specifically to accommodate the rituals being practised, with large arched niches for inhumations (*arcosolia*) at a lower level, and small niches to contain urns containing cremations on the upper level. Their decoration is particularly important: most of the paintings, stucco and mosaic from tombs C (Bedello Tata 2001), N and R were lifted on account of conservation problems and transferred to Ostia in the 1960s.

Further investigations of the area of the road alongside these mausolea took place in 1967. These revealed a concentration of amphora burials and more sporadic burials *a cappuccina*. Low walls were also found adjacent to the entrances to the tombs of complex C, built to prevent flooding. (ASSBAO, *Giornale di scavo*, 1967, vol. 35). More recently, between 2002 and 2003, as part of the restoration programme following the clearance of vegetation and consolidation in 1999–2000, on the occasion of the Jubilee (Germoni 2001a: fig. 1 (p. 384), 389), three further buildings (S, AA and J) were revealed and modify our understanding of the road system of the site. It was demonstrated that a secondary road led off the Via Flavia but was blocked by a large tomb to the east. It also revealed a sealed stratigraphic sequence in which there was evidence for craft manufacture (specifically metal- and bone-working).

SITE 21: FUNERARY BUILDING WITH A MARBLE RELIEF

Drainage work on land owned by the Regione in 1990 revealed part of a tomb *c.* 0.5 m below the level of the road. An *opus reticulatum* wall was found with travertine door-jambs, above which was a marble relief decorated with a harbour scene (Lauro 1993: 171 fig. 7, 173). This has been removed and catalogued (inv. 49132), while the structures themselves have been backfilled with *pozzolana*. The tombs in this zone were obliterated during the third century by a dump of pottery.

SITE 22: FUNERARY BUILDING IN VIA DI VALLE SACRA AT THE JUNCTION WITH VIA REDIPUGLIA [13]

Walls suffering from modern damage were discovered in the course of public works undertaken in April 2006. One of these was on a north–south alignment, was curved, and

FIG. 12.9. **General view of the excavation of Site 24 in 2000.** *(Photo: Soprintendenza per i Beni Archeologici di Ostia.)*

faced in brick externally and with white plaster internally. The structure has been interpreted as the upper part of a funerary building.

SITE 23: FUNERARY BUILDING IN VIA DI VAL D'ASTICO AT THE JUNCTION WITH VIA DI VALLE SACRA[14]

A small part of a concrete vaulted ceiling was brought to light at a depth of 1.2 m below street level during work connecting pipes to the municipal drain in March 2008. It is to be identified as a funerary structure below which was encountered part of an arched niche (*arcosolium*).

SITE 24: CEMETERY: FUNERARY BUILDING IN THE VICINITY OF VIA REDIPUGLIA 47[15] (Fig. 12.9)

An area to the west of the headquarters of the *ex Direzione Opera Nazionale Combattenti* was investigated during work on the supply system by Italgas in April 2000. The excavations, which were restricted by service pipes and large tree roots, were located on the supposed line of the Via Flavia. A huge rectangular building with an extension on its western side was found. Its main entrance was on the northern side and the external wall used high-quality brick facing. The interior was faced in *opus vittatum*, utilizing small blocks of highly eroded tufa. Close to the northeast corner a travertine threshold block was preserved

in situ, although the door-jambs appear to have been removed. The interior of the building was filled with heterogeneous modern deposits, so its interpretation remains uncertain, although the character of its elevations, and its proximity to the new group of tombs discovered below via Redipuglia suggest that it also was a tomb constructed during the second century AD.

SITE 25: BUILDING IN VIA REDIPUGLIA AT THE JUNCTION WITH VIA COL MOSCHIN[16]

Between January and September of 2000, in the course of the excavation of trenches for the construction of the municipal drainage system along via Redipuglia, a fragment of wall 1 m long and 0.40 m wide was detected 2 m below the modern street level on an east–west orientation. It was not investigated completely. It was in a very bad state of preservation, but the south face was constructed from pieces of tufa and reused brick.

SITE 26: STRUCTURES NEAR VIA REDIPUGLIA 71[17]

Between January and September of 2000, in the course of the excavation of trenches for the construction of the municipal drainage system along via Redipuglia, the northwest corner of a building was detected but not investigated completely. It was delimited to the north by a wall 8.60 m in length, with a facing in *opus vittatum*, and to the west by a brick-

FIG. 12.10. **Detail of the inscription on the sarcophagus excavated at Site 27.** *(Photo: Soprintendenza per i Beni Archeologici di Ostia.)*

faced wall 3 m in length. The building, whose standing remains were badly preserved and which had obvious traces of multiple phases of use, had been demolished and buried, probably in an attempt to raise the ground level to that of the modern street.

SITE 27: CEMETERY: BURIAL AREA BETWEEN HOUSE NUMBERS 75 AND 91 IN VIA REDIPUGLIA[18] (Fig. 12.10)

The excavation of evaluation trenches prior to the construction of the municipal drainage system along via Redipuglia between January and September 2000 revealed various structures. These included isolated stretches of wall and parts of other structures, and *a cappuccina* burials damaged and covered by the street foundations. Modern disturbance meant that most structural remains were preserved only in section.

One poorly understood archaeological context produced a significant find. In a layer of road make-up six conjoining fragments of Greek marble from a substantial rectangular slab (0.73 × 1.85 × 0.05 m) with relief carving were found (inv. 57657). In the centre on the front, the busts of a husband and wife were carved in bas-relief within a roundel. To either

side are panels of strigillation each with a genius resting on up-turned torches at each outer end. Under the roundel there is a six-line inscription in Greek that records that Iulia Faustina made the tomb for herself and for Aurelius Sextianus, her partner with whom she lived for twenty years (see the Appendix, below, pp. 255–6).

The iconography of the figures, in particular the hairstyle and the exposed right shoulder of the woman, suggests a date of *c.* AD 240–50, and can be paralleled directly with the closing slab of a *loculus* from tomb 36 of the Isola Sacra cemetery (inv. 126).

The fragments show traces of reuse, with the fracture lines on the smooth reverse side of the slab suggesting that it was cut deliberately into six pieces. Encrustations of mortar mixed with soil on the surfaces and the quality of preservation of the inscription suggest that the fragments were reused in construction, perhaps as paving slabs that were placed face down in the ground. The only evidence for the original location of the slab is given by the smoothness of the reverse side, a characteristic of marble slabs used as the front of a burial niche, perhaps suggesting production at Ostia as they are found exclusively in the cemeteries of the Isola Sacra and Ostia (Agnoli 1999).

SITE 28: PARTLY-WORKED BLOCK OF *CIPOLLINO* MARBLE FROM VIA REDIPUGLIA 98[19]

Between January and September 2000, the excavation of evaluation trenches prior to the construction of the municipal drainage system along via Redipuglia revealed a partly-worked *cipollino* marble block *c.* 1.10 m below the modern street level. It measures 2.10 m in length and is 1.05 m wide.

SITE 28A: *STATIO MARMORUM* — PARTLY-WORKED MARBLE BLOCKS

In 1839 a large quantity of marble, mainly of African origin, was recovered along the south bank of the *Fossa Traiana*. Further marble blocks, including some of *bigio*, *africano* and *cipollino*, came to light in the 1920s during agricultural activities to the northeast of the campanile of Sant'Ippolito. In 1989 several partly-worked marble blocks were recovered from the land of the Volpe family, while other marble blocks were found in a series of private properties along via Redipuglia in 1995. Blocks of moderate and larger dimensions emerged in 1999 in via della Basilica di Sant'Ippolito, while another partly-worked block of *cipollino* marble was recovered in 2000 along via Redipuglia, close to the principal land drainage channels (Melchiorri 1840; Gatti 1910; Calza 1928: 136; Baccini Leotardi 1979: 11–12 nn. 1–5, 15–16 nn. 15–34, 18 n. 42, 19–23 nn. 44–75, 29–30 nn. 100–2, 104–5; Pellegrino 1990; Pensabene 1994; Pensabene 2007: 389–430).

SITE 29: BUILDING BETWEEN VIA REDIPUGLIA AND VIA BASILICA DI SANT'IPPOLITO[20]

In November 1999, during work undertaken by Italgas, a roughly constructed building made with reused materials (formless blocks of marble, fragments of concrete tiles and bricks) was discovered; essentially only its foundations were preserved. The presence of a layer of marble fragments is archaeologically significant, suggesting that marble was worked here and that there was, therefore, a connection between this building and the *statio marmorum* of Portus.

SITE 30: BURIAL AREA CLOSE TO VIA BASILICA DI SANT'IPPOLITO 69 AND 97[21]

In November of 1999, the excavation of a trench by Italgas led to the discovery of a small area of burials. Three single inhumations were found, 0.90 m below the modern street, one in an amphora, one in an *a cappuccina* tomb and the third in a tile-lined cist. The burials had no grave-goods, and are dated generically to the late antique period on the grounds of being close to the modern ground level.

SITE 31: MASONRY FEATURE TO THE SOUTH OF A SPRING

A structure *c.* 20 m in length and oriented north–south is shown on a map dating to 1960 kept in the archive at Ostia. It is located on private land that is not easy to access. Field investigation revealed that a spring survives on the surface but that it is completely covered by vegetation. Brick-faced walls with thick layers of mortar were visible. The area around the spring is rich in fragments of ceramic and marble.

SITE 32: CEMETERY: TOMB OF THE SO-CALLED SARCOPHAGUS OF THE MUSES[22]

In February 2008 a sarcophagus decorated with a frieze showing scenes representing the Nine Muses in the presence of Athena and Apollo was recovered *in situ* by the Guardia di Finanza–Nucleo Polizia Tributaria–Tutela Patrimonio Archeologico. The material from the subsequent excavations on behalf of the Soprintendenza per i Beni Archeologici di Ostia is still being studied. They revealed a new area of the cemetery with a tomb *a cella* located within a large enclosure, to the north, west and east of which were other funerary buildings. The tomb *a cella* itself is square in plan. Its entrance had a travertine threshold and opened onto the ancient street, while there are large arched niches (*arcosolia*) along its side walls; *a cappuccina* burials had been dug into the floor. The sarcophagus was situated against the back wall, in a setting that reused earlier structures.

The sarcophagus of the muses (Fig. 12.11)

The sarcophagus is decorated with a frieze that represents the Nine Muses, Athena and Apollo on the front, and Philosophers and Poets along the sides. The lid slopes and takes the form of a pitched roof with acroteria on the sides. In the centre of the upper part at the front there is an uninscribed cartouche and a conversation between Philosophers/Poets is represented at the ends.

Dimensions of the sarcophagus: length 1.75 m; height 0.44 m; depth 0.61 m; thickness 80 mm.
Material: Thasian marble.
State of preservation: good. A small fracture on the inferior flat cornice is visible on its base and very fine splintering on its more external faces. The original patina, created by polishing the surfaces to give a sheen to the marble, is preserved in large measure.
Date: second half of the second century.

FIG. 12.11. **General view of the sarcophagus of the muses from Site 32.** *(Photo: Soprintendenza per i Beni Archeologici di Ostia.)*

Dimensions of the lid: length 1.77 m; depth 0.61 m; height 0.19 m.

Material: Thasian marble.

State of preservation: good. The rectangular iron clamp is preserved close to the left end on the inner face.

Date: second half of the second century.

A plain fillet defines the upper and lower margins of the decorative field that contains a continuous frieze with eleven figures situated in front of drapery hangings supported by a ribbon that is present only to the left of the scene. The sequence of the figures, beginning from the left, is as follows: Polyhymnia, Clio/Calliope, Terpsichore, Thalia, Urania, Athena, Erato, Euterpe, Melpomene, Calliope/Clio and Apollo. The iconography allows us to attribute the sarcophagus to an élite production centre at either Rome or Ostia. Similar known examples are held in Vienna at the Kunsthistorisches Museum (I, 171 — Wegner 1966: 88–9, n. 228, tavv. 8a, 10–12), and in Monaco at the Glyptoteca (inv. 326, as part of the Albani Collection — Wegner 1966: 27–8, n. 55, tavv. 24–5). Comparison can be made also with another example, which was part of the Woodyat Collection (Wegner 1966: 69–70 n. 179, tav. 8b). The bas-relief decoration on the ends of the sarcophagus also shows figured scenes. The right end panel shows a pair of bearded male figures in front of drapery hangings, one a philosopher seated on a camp-stool, the other standing and holding a book in his hands. The panel at the left end shows two bearded males standing in front of drapery wall-hangings, while beside them on the ground are an open book-box, a wicker basket and a palm branch.

The lid has a pedimented roof with a parapet to the front. The low pediments at either end are flanked by acroteria: tragic masks with ringlets at the front corners and palmettes at the back corners.[23] In the centre of the parapet is an uninscribed tablet flanked by figured scenes with drapery hangings. To the right are two reclining male figures on either side of a writing tablet, while on the left, two similar male figures flank a book-box.

The sarcophagus, datable to the second half of the second century, is of very high quality and value. It represents, in an allegorical form, the philosophical thought of a political élite who viewed the arts (pantomime, history, poetry, comedy, astronomy, dance, tragedy and music) and culture as the focus of their lives, demonstrating that culture also had a value in a funerary context. The attainment of a celestial life is connected to the practice of meditation, poetry and music. The representation of the Muses is very common in the artistic repertoire of the Imperial age and is well documented in the first half of the second century AD, with a series of sarcophagi produced, linked with the adoption of the rite of inhumation. The Isola Sacra sarcophagus stands out for its comprehensive treatment of the theme, for the refinement of its execution and its fine state of preservation. It constitutes a unique piece in the already rich figurative repertoire of the necropolis of the Isola Sacra (Wegner 1966; Paduano Faedo 1981; Germoni 2009; Germoni 2010).

SITE 33: STRUCTURE ON AGRICULTURAL LAND ON PRIVATE PROPERTY (Fig. 12.6)

The clearance of vegetation in an area of private property revealed a structure with *opus latericium* walls of imposing thickness. The layout of the visible remains, which seem to include a vault, make its identification as a funerary building unlikely, especially considering its substantial dimensions and the surviving height of its standing walls.

SITE 34: CEMETERY: COMPLEX OF COVERED TOMBS (101–43) ON A PRIVATE PROPERTY

The central western nucleus of the western cemetery of Portus on the Isola Sacra consisted of 43 tombs that lay close to the ancient beach but were not aligned on the Via Flavia. They were excavated in 1938 and then quickly back-filled. The structures are known from the general plan and synthetic description in an appendix to the published report on the main cemetery of Portus at the Isola Sacra (Calza 1940: 369–77). They are arranged from north to south in a broken line, with large open areas between them, thus forming a third row of tombs with respect to the road. The cemetery was established in the second or third century AD and is characterized by large enclosures, some of which lack internal structures while others were set around a *cella*. The close proximity of certain tombs as well as the content of some inscriptions from the cemetery show that in some cases plots were of modest size. During the fourth century graves were frequently cut into earlier levels. The plan of tomb 130 reveals characteristics that are paralleled in tomb E27 on the eastern side of the Via Flavia in the main Isola Sacra cemetery (Site 35 below), and excavated in 1998–9 (Germoni 2001d). An arrangement common to both tombs is the provision of porticoed areas and the placing of benches between pilasters, as in the case of tomb 130, or in a line of graves in tomb 127. The poor state of preservation of the structures and their decoration, together with the scale of investment required for their restoration, meant that the buildings in the southern sector of the cemetery were reburied. Nevertheless, despite their poor state of preservation, they have not only provided important epigraphic evidence but also some high quality sculptural remains (Calza 1940: 369–77).

SITE 35: THE CEMETERY OF PORTUS ON THE ISOLA SACRA (AREA OWNED BY THE STATE)

More than 200 funerary buildings are displayed in the state-owned part of the necropolis of Portus. This area forms the southern edge of the cemetery that developed along the sides of the Via Flavia–Severiana from the end of the first until the fourth centuries AD. Regular excavations of this necropolis were begun on 22 January 1918 when part of a basalt-paved road with a series of graves along each side

was discovered accidentally (ASSBAO, *Giornale degli scavi*, 1918, vol. 18, p. 10). In January 1923, the group of tombs known as the *Opera Nazionale Combattenti* (Site 20 above) was discovered. The main excavations took place between 1928 and 1938 and were directed by Calza. By 1938 the complex restoration of the buildings, in particular those situated along the western side of the Via Flavia, was completed, with an 800 m section of the road having been exposed. The same year also saw the laying out and presentation of the site for the public. It was characterized by monumental family tombs and areas of simple single earth-cut graves in which the bodies were covered with tiles *a spiovente* (sloping roof) or *a cappuccina*, in amphorae, or buried within ceramic sarcophagi and semicylindrical masonry vaults with or without frontal *aediculae*.

Our understanding of the dynamics of the cemetery has been transformed through the fundamental reinterpretation of the site by Baldassarre from the second half of the 1970s to the end of the 1980s, together with campaigns of excavations promoted by the Soprintendenza per i Beni Archeologici di Ostia during large-scale drainage work in the area. In particular, the open areas between the large tombs and the so-called *campo dei poveri* (single inhumation burials) were investigated, revealing more than 600 single earth-cut graves with one or more amphorae placed on the surface as grave markers and as filters for libations. A new series of excavations was carried out from July 1998 to September 1999 in order to obtain a more comprehensive understanding of the topography and the distribution of buildings along both sides of the road and to investigate the eastern limit of the cemetery. This work took place to the north of the 'Tomba della Mietitura', where standing remains and the plans produced in the 1930s attest to a continuation of the cemetery. The archaeological work directed by the Soprintendenza per i Beni Archeologici di Ostia brought to light two rows of tombs. The first, towards the Via Flavia, was intensely built up, while the second was characterized by fewer structures. Close to the second row was a broad area of poorly furnished graves.

The development of the cemetery emphasizes the importance of the raised road upon which the tombs were aligned. The earliest tombs were set apart from it, but as further development took place, they progressively formed the road frontage. Subsequent encroachments incorporated the base of the road and the construction of a second and more limited row of tombs. The final stage of development saw the disappearance of the remaining gaps in the row facing onto the road, resulting in the development of a discontinuous built-up façade. The architecture of the tombs closer to the road gives this sector a monumental character, despite their varying states of preservation, and in one case (E43), where there was a high number of sub-floor grave-vaults (*formae*), may provide evidence for use by funerary *collegia* or burial associations.

The monumental tombs in the cemetery are of a homogeneous type. A cellular mausoleum, sometimes of two storeys, tends to be square in shape, often attached to a contemporary or later enclosure. The roof comprises either a barrel vault or flat roof, with a triangular pediment on the façade. The brick façades are articulated with pilasters, plinths, columns and capitals in brick, and with window- and door-jambs and architraves in travertine. The monumental character of the façade is emphasized by inscriptions (in Latin or, more rarely, in Greek), placed above the entrance, within frames of tufa or brick. The inscriptions name the owner of the tomb, the dimensions of the grave plot, the testimentary conditions and rules for the use of the tomb. They provide important information about the social structure of the population of nearby Portus, attesting the prevalence of traders, freedmen and small businessmen. Furthermore, scenes of daily life are represented on the panels flanking the inscriptions, thereby providing an expression of popular art, such as an obstetrician assisting with the delivery of a baby, a surgeon undertaking an operation, a man manufacturing and selling ironwork, and a grain trader.

The choice of a particular funerary rite, whether cremation or inhumation, does not determine the external appearance of the tomb. It does, however, strongly condition the articulation of its internal space. The walls are subdivided into two levels: an upper one with niches to hold cremation urns, and a lower one with larger recesses (*arcosolia*) for inhumations. The space below the floors are reserved for the *formae* that were used for burials on different levels. The contemporaneous presence of both cremation and inhumation burials within the same building, resulting from individual choices, sometimes within a single family group, occurred throughout the Antonine period (AD 140–90), with inhumation becoming progressively predominant in the course of the third century AD. The ritual depended upon individual choice, as indicated by the coexistence of both within the same family tomb. The interior decoration of the mausolea, with paintings, stucco and mosaics (the latter often destroyed in antiquity in order to cut new graves into the floor), covers the walls, inhumation and cremation niches, and ceilings (*soffiti*). The imagery is drawn from contemporary artistic repertoires, including floral elements, myths, martial and hunting scenes. Themes relating to human destiny, the cycle of the seasons, or allegories to the passing of life are less common, and polychrome mosaics are rare. The iconography and scenes of the mosaics from tomb E25 (Tomba della Mietitura) are an exception, representing the myth of Admetus and Alcestis, and scenes of grain processing.

Ledges that were used as seats, beds (*klinai*) with slightly sloping tops, and wall supports that held up tables, abut the façades of some tombs.

The importance of the shared meal is emphasized by the frequent presence, both inside monumental tombs and associated with more simple graves, of conduits set in the ground for the pouring of libations to emphasize contact with the dead. Funerary goods were generally scarce and associated more frequently with single graves, and include small personal objects, coins, glass phials and lamps. Typical and perhaps connected to the preparation for banquets are small pottery vessels and incense-burners.

Literature: Calza 1931; Calza 1940; Guarducci 1945–6; Thylander 1951–2: 5, 19–232; Baldassarre 1978; Baldassarre 1980; Baldassarre 1984; Sacco 1984; Baldassare *et al.* 1985; Baldassarre 1987; Angelucci *et al.* 1990; Taglietti 1991; Heltulla 1995; Baldassarre *et al.* 1996; Baldassarre 2001; Germoni 2001d; Taglietti 2001.

SITE 36: SECTION OF THE VIA FLAVIA NEAR VIA SANTE TANI 125[24]

This comprised a layer of rammed pebbles, soil and mortar defined to the east by an *opus reticulatum* wall, which is interpreted as a segment of the Via Flavia (sites 37 and 38).

SITE 37: SECTION OF THE VIA FLAVIA IN A PRIVATE PLOT (UNNUMBERED) IN VIA SANTE TANI[25] (Fig. 12.12)

As part of an archaeological investigation carried out between December 2007 and the summer of 2008, a further segment of the Via Flavia was discovered in an undeveloped plot. It was found 0.50 m below the current ground level and was oriented northwest–southeast. Both sides of the road were defined by *opus reticulatum* walls, with buttresses on the western side. It was 10 m wide and exposed for a length of 23 m. It was made up of a layer of irregular tufa blocks mixed with sand and covered with residual gravel bonded with rammed mortar. The surviving surface was cut by a large number of short furrows that ran perpendicular to the road axis (a result of the removal of the upper layers by a mechanical excavator).

SITE 38: SECTION OF THE VIA FLAVIA TO THE EAST OF THE VIA DELL'AEREOPORTO CLOSE TO VIA FALZAREGO

In 1990, during excavations carried out prior to the laying of the Italgas pipelines, a short segment of the Via Flavia was detected, oriented northwest to southeast, with its side

FIG. 12.12. **General view of the excavation of Site 37 in 2008.** *(Photo: Soprintendenza per i Beni Archeologici di Ostia.)*

walls supported by external buttresses. The wall foundations were found at a depth of 0.30 m, with the occasional survival of the *opus reticulatum*. The road surface was made from a hard and compact layer of gravel mixed with mortar, below which its preparation layer was made up of blocks of tufa. The ruts running along the course of the road, attributed to the passage of wagons, together with the presence of some patching, attests to the use of the road, although the absence of stratified finds makes it difficult to assign this to a specific chronological period (Lauro 1993: 169, figs 3, 4).

SITE 39: FUNERARY BUILDINGS AND BURIALS AT PODERE MONTE VODICE[26] (Fig. 12.13)

Between July 1999 and September 1999 preliminary excavations were carried out at the Podere Monte Vodice. Two funerary buildings were uncovered, 0.60 m below the ground level. Each was a small square mausoleum with its entrance on the southwestern side. They were located in a burial area containing individual inhumation graves (tombs *a cappuccina*, in amphorae, and in earth-cut graves) and with cremations in small urns. The walls were preserved to floor level, with obvious traces of damage resulting from modern disturbance and agricultural work.

SITE 40: BURIALS ON AGRICULTURAL LAND BELONGING TO THE PRIOLO FAMILY[27]

Preliminary excavations in via Falzarego on the property of the Priolo family in 2002 uncovered a burial area at a depth of *c.* 0.50 m. The archaeological horizon was represented by a layer that contained large amounts of building material and ceramics. Three individual inhumation burials were arranged irregularly although oriented north–south. One was covered by tile fragments while the others were protected by amphora sherds.

SITE 41: BUILDING WITH PORTICO WITH COLUMNS

In 1968, during the unauthorized construction of electricity pylons on the southern edge of the Isola Sacra, close to the former river meander, walls were discovered and partially exposed in the course of an unsupervised enlargement of a foundation trench. In the excavation trench called 'buca 1' were recovered the badly damaged remains of the tufa blocks of a gutter, oriented north–south and associated with a building with a colonnaded portico. Part of an *opus reticulatum* wall and a cylindrical tufa column shaft were preserved. A road-bed lay to the west of the gutter.

FIG. 12.13. **General view of the excavation of Site 39 in 1999.** *(Photo: Soprintendenza per i Beni Archeologici di Ostia.)*

Literature: Zevi 1968; Zevi 1971a; Zevi 1972: 405 fig. 1, 407–8 figs 2–5, 408–31; Floriani Squarciapino 1975: 6, 9, note 5; Lauro 1993: 169–70.

SITE 42: STOREHOUSE FOR GRAIN

In the course of the works described for site 41, a 'variety of drain' was destroyed by the excavation of a foundation trench for a pylon at the junction of two tracks close to the river-bank. The extension of the trench to the east, known as 'buca 2', led to the discovery of a building a few centimetres below the ground surface. It was oriented north–south and organized around an open area with three parallel rooms on the eastern side and one on the west. This building has been interpreted as an *horreum*, destined for the storage of grain. It was dated to the second century AD, with restoration in the Severan period.
Literature: Zevi 1968; Zevi 1971a; Zevi 1972: 405, 408–23, figs 6–18; Floriani Squarciapino 1975: 6, 9, note 5; Lauro 1993: 169–70.

SITE 43: BUILDING

In the course of the same works described for sites 41 and 42, a building oriented northwest to southeast was discovered in a cutting called 'buca 3-3A'. It was covered by a layer of plaster debris, with *opus reticulatum* walls dating to the beginning of the first century AD with the facing later restored with bricks. The main *opus reticulatum* wall (wall A) was reinforced by buttresses along its eastern side, while on its

west there was a compact layer of basalt blocks. In the angle between two walls (A and H) the abandonment phase was represented by the presence of an *a cappuccina* burial.
Literature: Zevi 1968; Zevi 1971a; Zevi 1972: 405, 423–31, figs 19, 21–5; Floriani Squarciapino 1975: 6, 9, note 5; Lauro 1993: 169–70.

SITE 44: WALLS

In the course of the same works described for sites 41, 42 and 43, two segments of walls were detected. They were preserved at foundation level and visible in the section of the trench called 'buca 4'.
Literature: Zevi 1968; Zevi 1971a; Zevi 1972: 405, 431, figs 36–7; Floriani Squarciapino 1975: 6, 9, note 5; Lauro 1993: 169–70.

SITES 45 AND 46: STRUCTURES AND MOSAIC PAVEMENT

On the plan of Ostia in *Scavi di Ostia* I (Calza 1953: fig. 17) are represented segments of mosaic pavement as seen by Luigi Pietrogrande in 1959–60 (Zevi 1972: 406, fig. 1, note 1).

SITE 47: ARCHAEOLOGICAL FINDS CLOSE TO *LA MADONNELLA* SCHOOL[28]

During construction work for the gym for the *La Madonnella* school in January 2006 trial trenches were excavated up to a depth of 2.40 m. At 1.50 m below the ground level was a silty layer that originated from fluvial deposits and that contained sporadic rounded and abraded sherds of amphora.

SITE 48: ARCHAEOLOGICAL FINDS FROM VIA DELLA SCAFA–VIA CESARE PIVA

In 2005 a trench, 6 × 8 m and dug to a depth of 3.20 m, was excavated in a plot of abandoned land. The first archaeological layers were detected at 2 m below ground level, although the very poor preservation of the archaeological finds recovered did not allow them to be dated. The sedimentary sequence encountered during the excavation changed from a marine to marine sand–dune environment, while the geological evidence collected shows that the coastline at the beginning of the first century AD was located approximately 50 m to the northeast of that represented on the *Carta dell'Agro* (Arnoldus-Huyzendveld 2005: 21, fig. 2.5).

SITE 49: ARCHAEOLOGICAL FINDS

In 2003 sporadic and highly abraded archaeological finds were recovered during the excavation of trenches prior to the construction of a school.

SITE 50: BRIDGE ACROSS THE TIBER BETWEEN OSTIA AND THE ISOLA SACRA

The existence of a bridge across the Tiber, to allow communication between Ostia and the Isola Sacra, although plausible, has not been documented previously. An archive search has led to the discovery of a letter, dated 23 July 1879, written by the vice-secretary of the Museo Kircheriano, Angelo Pellegrini, and addressed to the Direzione Archeologica del Ministero della Pubblica Istruzione. In this letter, the Honourable Mr Commendatore (Fiorelli?) was informed of the discovery in the Tiber bed of piers for a bridge that crossed to the Isola Sacra. Given the uniqueness of the report, the full text of the letter follows:

> *Sono stato informato che nell'aprirsi la strada fra Ostia e Fiumicino, dalla parte di Ostia si è incontrata l'antica strada lastricata a poligoni di selce che si dirigeva a quella volta. Restati sorpresi gli ingegneri di quella direzione, hanno testato nell'alveo del Tevere in cui hanno riconosciuto i piloni di un ponte che metteva all'Isola Sacra. In questa parimenti seguito il selciato verso l'altro canale artificiale del fiume fatta da Claudio, detta la Fossa Traiana, dove opinione esservi esistito altro ponte che metteva al Porto di Claudio ora Fiumicino come si dimostra.*

I have been informed that during the building of the road between Ostia and Fiumicino, the ancient road paved with polygonal basalt blocks was discovered on the Ostia side heading in the same direction. The engineers of that side being surprised, sampled the bed of the Tiber, in which they recognized the piers of a bridge that led to the Isola Sacra. On this (Isola Sacra) side the basalt paved road continued towards the other artificial channel of the river created by Claudius, the so-called *Fossa Traiana*, where it is believed there existed another bridge that led to the port of Claudius, now Fiumicino as is demonstrated.

A sketch follows with the location of the following sites:

> *A) Parte di Ostia, B) Parte di Fiumicino, C) Canale naturale del fiume, D) canale artificiale di Claudio che si distacca a ... due Rami (E), F) Isola Sacra, G) Pile del Ponte antico con la strada che viene da Ostia (H) che graverebbero al Porto (I) presso la strada antica dalla parte di Ostia si sono ritrovate reliquie di sepolcri con varie iscrizioni funebri* (ASSBAO, fascicolo 1879–1884)

(A) Ostia side, (B) Fiumicino side, (C) Natural river channel, (D) Artificial channel of Claudius which branches off at ... *due rami* (E), (F) Isola Sacra, (G) Piers of the ancient bridge with the road that comes from Ostia (H) which should lead to Portus (I), near the ancient road, on the Ostia side, remains of burials with various inscriptions were recovered.

APPENDIX

AN INSCRIPTION FROM SITE 27 (Joyce Reynolds)

The inscription is a feature on a marble plaque measuring 0.73 × 1.85 × 0.05 m, found broken into six pieces in an area of the Isola Sacra about 200 m north of the main cemetery excavated in the 1930s. Above the text are the busts of a man and of a woman in low relief (clearly the woman and her partner named in the text), and on either side of it are strigillated panels, each concluded by a figure of a genius with an upturned torch. They recall the front faces of many sarcophagi.

The inscribed area (**Fig. 12.10**) measures *c.* 0.60 × 0.33 m, but has been broken into two parts and carries traces of cement from a re-use. The letters (*c.* 0.038 m) are passably well cut, but, it seems to me, show typical features of the declining standards of the first half of the third century AD (see further below).

Ἰουλία Φαυστεῖνα	Julia Faustina
ἐποίησεν ἡρῶον	built the tomb
ἐαυτη καὶ Αὐπηλίῳ	for herself and Aurelius
Σεξτιανῷ συνβίῳ	Sextianus her partner
5. ἐαυτῆς μεθ'οὗ συν	with whom
ἔζησεν ἔτη εἴκοσει	she lived for twenty years

This is a relatively straightforward reference to a partnership of some duration, drafted, it seems likely, when Sextianus died. Both partners have nomina that could suggest family origins in imperial freedmen — unless, of course, Sextianus's family acquired theirs as a result of Caracalla's edict extending Roman citizenship. Both cognomina are Latin in origin; Faustina is common enough, Sextianus not so, but obviously related to the praenomen Sextus. The use of Greek rather than Latin[29] in the text is not so usual and might point to family origins in the Middle East. The variant spelling εἴκοσει for εἴκοσι is not uncommon, especially at this date, although I do not know other examples at the Isola Sacra.

The letterer had been trained with an eye to good-quality work, and his text is easily legible, fair, but falling short of high quality. Thus emphasis is lost because the text in line 1 is not centred, because lines 5–6 are too close together as a result of the overly broad spacing of lines 2–5, while within lines 2–4, and to a lesser extent in line 5, the letters at the line-ends had to be placed too close together because earlier in each line they are too far apart. A better letterer would have used identical forms in all instances of the same letter (note, for example, the difference in some of the alphas and omegas), real uprights instead of some strokes that slant, all upright strokes based on their lines and all for which they are appropriate having the same types of serifs, perhaps, also, with some variation in the width and depth of their trenches (compare the lines of strokes written with an old-fashioned pen with those written mechanically). One can find plenty of similar, and some much worse, examples in the Isola Sacra cemetery, but also some (although usually of earlier date) that are better. Faustina's is a passable inscription, quite a fair one for its time and place, but not outstanding.

NOTES

1. Translated by Simon Keay.
2. In the archives of the Direzione Generale delle Antichità e Belle Arti correspondence dating to between 1879 and 1880 with the Ufficio Tecnico degli Scavi di Antichità concerning the 'strada antica posta lungo la traversa dell'Isola Sacra' has been preserved. The Comune di Roma had arranged, through means of a law of 30 August 1868, for the construction of a road across the Isola Sacra, which at that time was still in the ownership of the Guglielmi family, with the aim of linking the two hamlets of Ostia and Fiumicino. From 1879 there are repeated reports of unauthorized interference with the ancient road, which was systematically quarried and used by the contractor Giovanni Gonella as hard core for the construction of the present-day via della Scafa, which was in use by 1880. In a note of 9 August 1879, prot. 25987, the Prefettura of the Provincia di Roma wrote to the Ministero per la Pubblica Istruzione that no damage had been done to the road and that the 'white and coloured marble, fragments of stone and terracotta uncovered during the movement of earth have been carefully collected and consigned as has been verified by the Commissione Archeologica Comunale'. In a letter of November 1879, Giorgio Fiorelli, Director of the Direzione Generale delle Antichità e Belle Arti, communicated to the Ufficio Tecnico degli Scavi e delle Antichità that the Commissione Archeologica Comunale had put at the disposition of the Ministero per la Pubblica Istruzione 'ten inscriptions and materials of lesser importance found during works for the construction of the Ostia–Fiumicino road. On 21 November of 1879, in protocollo no. 535, the secretary of the Commissione Archeologica Comunale, Rodolfo Lanciani, communicated to the Direzione Archeologica del Ministero della Pubblica Istruzione that in the works for the construction of the Ostia–Fiumicino road and 'in the area of the lands to that end confiscated from the Adobrandini family have been found ten inscriptions and other fragments of lesser importance'. 'This Commissione, considering that the inscriptions and the fragments discovered had a local topographic value and belonged to a family that had already been collecting and organizing them under the management of the Eccellenza Vostra of the new Ostian museum deliberated about putting at the disposition of the EV all that which had been found up until this time' (Archivio della Soprintendenza di Beni Archeologici di Ostia [hereafter ASSBAO]: years 1879–84).
3. A stretch of road with basalt paving slabs flanked by burials was discovered in 1922 (ASSBAO: *Giornale degli scavi* 18). Between 1922 and 1930, the limits of the site were defined. The act of transfer was registered at Rome on 20 November 1931 in no. 2935 libro 1, vol. no. 14 of the Atti Publici: 'Premise that the estate in the Isola Sacra in the Agro Romano (Fiumicino) hitherto the property of the Marchesa Elena Guglielmi in Manucci with a surface area of *c.* 120 ha was transferred into the ownership of the Opera

Nazionale Combattenti [ONC] with the decree of 14 May 1920, that in the course of agricultural work were discovered numerous well-preserved tombs and of which, with the contribution of the ONC and the Direzione degli Scavi di Ostia, a zone of *c.* 2 ha has remained uncovered, and contained part of the Portuensian cemetery. This was done by the ONC in order to contribute to the conservation and enrichment of the archaeological and artistic heritage of the nation and was a result of their determination to entrust into state ownership the aforementioned cemetery and related access road. The ONC, in the person of Conte Dott. Valentino Orsoline Cancelli in his role as Commissario di Governo per l'Amministrazione dell'ONC, entrusted to the ownership of the State — namely the Ministero dell'Educazione Nazionale represented by Sig. Comm. Prof. Giuseppe Moretti as Soprintendente alla Antichità and Sig. Comm. Fulchino Ruffini, representing the Ministero per le Finanze, the following: area of land covering 2 ha forming part of the tenuta Isola Sacra, the locality Procio in Agro di Roma, precisely that zone that is today well defined and that goes under the name of the cemetery and that also comprises the adjacent access road *c.* 233 m in length, of which 7.60 m lead to the drainage road. These border the properties of the ONC on all sides, with much of the western limit marked by the line of the drinking water pipe, and are recorded on the rural Catasto of the Comune di Roma, specifically nos. 24, 27, 27 sub I, on map 17 over an area of 15.90 — equal to 1.59.00 ha and with the taxable income of 244.73 Lire. The ONC reserved the right of passage on the access road leading to the cemetery and conceded to the State the use of an area of 12.25 × 21 m for parking vehicles that lay opposite this road and was adjacent to the drainage road'.

4. ASSBAO Fasciculo 1875–1884. Angelo Pellegrini, vice-secretary of the Museo Kircheriano wrote on 23 July 1879 to the Direzione Archeologica del Ministero della Pubblica Istruzione. For the text, see below, under Site 50.

5. See note 2.

6. The finds consisted of two sarcophagi and one slab near a loculus. In 1935 these were given by the Marchese Benedetto Guglielmi to the Museo Nazionale Romano. The funerary inscriptions were given to the Museo Nazionale di Civitavecchia (Buranelli 1989: 20–1, figs 6–8).

7. For evidence of the expansion of Ostia onto the left bank of the Tiber meander prior to the flood of 1557, see: Arnoldus-Huyzenveld and Paroli 1995; Olivanti and Pellegrino 1995.

8. The development of the Claudian harbour is treated in general terms in Chapters 3, 4 and 5 in this volume.

9. In this volume, however, Giraudi (Chapter 2) modifies this view.

10. Translated by Pina Franco and Simon Keay.

11. Archaeological assistance for work on this site was provided by Dott. G. Gatta, who also wrote a report on the results of the excavation.

12. Archaeological work on site was undertaken by Dott.ssa Patrizia Turi, who also did a preliminary analysis of the archaeological materials and wrote a report on the excavations. Arnaldo Cherubini surveyed the structures; and Archer Martin undertook a preliminary study of the ceramics.

13. Archaeological work on site was undertaken by Dott.ssa Patrizia Turi, who who also wrote a report on the results of the excavation; and Arnaldo Cherubini carried out the topographical survey.

14. Archaeological work on site was undertaken by Dott.ssa Patrizia Turi, who also wrote a report on the results of the excavation; and Arnaldo Cherubini carried out the topographical survey.

15. Archaeological work on site was undertaken by Dott.ssa Claudia Corsello and Dott. Massimiliano Rossi (Cooperativa Gea S.C. a.r.l.), and they also wrote a report on the results of the excavation.

16. Archaeological work on this site was undertaken by Dott. G. Gatta, who also wrote a report on the results of the excavation.

17. Archaeological work on this site was undertaken by Dott. G. Gatta and he also wrote a report on the results of the excavation.

18. Archaeological work on this site was undertaken by Dott. G. Gatta, who also wrote a report on the results of the excavation.

19. Archaeological work on this site was undertaken by Dott. G. Gatta, who also wrote a report on the results of the excavation.

20. Archaeological work at this site was undertaken by Dott.ssa Claudia Corsello and Dott. Massimiliano Rossi (Cooperativa Gea S.C. a.r.l.), and they also wrote the report on the results.

21. Archaeological work at this site was undertaken by Dott.ssa Claudia Corsello and Dott. Massimiliano Rossi (Cooperativa Gea S.C. a.r.l.), and they also wrote a report on the results of the excavation.

22. Archaeological work on this site was undertaken by Dott.ssa Patrizia Turi (who also wrote a report on the excavation), and Arnaldo Cherubini carried out the topographical survey.

23. For such lids and, in particular, the masks placed at the corners, see: Kranz 1984: 4.

24. Archaeological work on the site was undertaken by the Gea Cooperativa and by Dott. P. Carrano, who also produced the excavation report.

25. Initial work at this site was undertaken by Dott. F. Ilisse and the subsequent excavation of the whole area was supervised by Dott. D. Pellandra who also produced the report on excavation.

26. Archaeological work was undertaken by Dott. Stefano Orsini, who wrote a report on the excavations, and by Elena Panoritti, who undertook the topographical survey.

27. Archaeological work was undertaken by Dott. V. Rossi, who wrote up the excavation, and by Arnaldo Cherubini, who undertook the topographical survey.

28. Archaeological work was undertaken by Dott. Massimiliano Martinelli, who wrote up the excavation, and by his colleague, Paolo da Roit.

29. See the discussion of Lazzarini (1978–9).

REFERENCES

Ancient sources
Procopius
Dewing, H.B. (1961) *Procopius in Seven Volumes:* III. *History of the Wars, Books V and VI* (*Loeb Classical Library*). Cambridge (MA)/ London, Loeb Classical Library.

Modern sources
Agnoli, N. (1999) I sarcofagi e le lastre di chiusura di loculo. In L. Paroli (ed.), *Scavi di Ostia* XII, 1: 203–68, tavv. 87–120. Rome, Istituto Poligrafico e Zecca dello Stato.

Angelucci, S., Baldassarre, I., Brigantini, I., Lauro, M.G., Mannucci, V., Mazzoleni, A., Morselli, C. and Taglietti, F. (1990) Sepolture e riti nella necropoli dell'Isola Sacra. *Bollettino d'Archeologia* 5–6: 49–113.

Arnoldus-Huyzendveld, A. (2005) The natural environment of the *Agro Portuense*. In S. Keay, M. Millett, L. Paroli and K. Strutt, *Portus. An Archaeological Survey of the Port of Imperial Rome* (*Archaeological Monographs of the British School at Rome* 15): 14–30. London, British School at Rome.

Arnoldus-Huyzendveld, A. and Paroli, L. (1995) Alcune considerazioni sullo sviluppo storico dell'ansa del Tevere presso Ostia e sul Porto-Canale. *Archeologia Laziale* 12 (2): 383–92.

Baccini Leotardi, P. (1979) *Marmi di cava rinvenuti ad Ostia e considerazioni sul commercio dei marmi in età romana* (*Scavi di Ostia* X). Rome, Istituto Poligrafico e Zecca dello Stato.

Baldassarre, I. (1978) La necropoli dell'Isola Sacra. Un decennio di ricerche archeologiche. *Quaderni della Ricerca Scientifica* 100: 487–504.

Baldassarre, I. (1980) La necropoli dell'Isola Sacra. *Archeologia Laziale* 3: 126.

Baldassarre, I. (1984) Una necropoli imperiale romana: proposte di lettura. *Annali dell'Istituto Universitario Orientale di Napoli. Archeologia e Storia Antica* 6: 141–9.

Baldassarre, I. (1987) La necropoli dell'Isola Sacra (Porto). In H. von Hesberg and P. Zanker (eds), *Römische Gräbenstrassen, Kolloquium in München 28–30 Oktober*: 125–38. Munich, Verlag der Bayerischen Akademie der Wissenschaften.

Baldassarre, I. (2001) La nécropole de l'Isola Sacra. In J.-P. Descoeudres (ed.), *Ostia: port et porte de la Rome antique*: 385–90. Geneva, Museée d'Art et d'Histoire.

Baldassarre, I., Brigantini, I., Dolciotti, A.M., Morselli, C., Taglietti, F. and Taloni, M. (1985) La necropoli dell'Isola Sacra. Campagne di scavo 1976–79. In *Scavi e ricerche archeologiche degli anni 1976–1979* II (*Quaderni della Ricerca Scientifica* 112): 261–302. Rome, Consiglio Nazionale delle Ricerche.

Baldassarre, I., Brigantini, I., Morselli, C. and Taglietti, F. (1996) *Necropoli di Porto. Isola Sacra* (*Nuova serie itinerari dei musei, gallerie, scavi e monumenti d'Italia*). Rome, Istituto Poligrafico e Zecca dello Stato.

Becatti, G. (1961) *Mosaici e pavimenti marmorei* (*Scavi di Ostia* IV). Rome, Istituto Poligrafico e Zecca dello Stato.

Bedello Tata, M. (2001) Stucchi ed affreschi da una tomba a camera della necropoli di Porto ad Ostia. In A. Barbet (ed.), *La peinture funéraire antique*: 106–9. Paris, Errance.

Bignamini, I. (2004) Ostia, Porto e Isola Sacra: scoperte e scavi dal medioevo al 1801. *Rivista dell'Istituto Nazionale di Archeologia e Storia dell'Arte* (III serie, XXVI) 58: 38–78.

Borsari, L. (1889) Via Portuense Isola Sacra. *Notizie degli Scavi di Antichità*: 163.

Buranelli, F. (1989) *La raccolta Giacinto Guglielmi*. Rome, Quasar.

Calza, G. (1928) Ostia — rinvenimenti nell'Isola Sacra. *Notizie degli Scavi di Antichità*: 133–74.

Calza, G. (1931) Ostia–Isola Sacra. Il cimitero del porto di Roma imperiale. *Notizie degli Scavi di Antichità*: 510–42.

Calza, G. (1940) *La necropoli del Porto di Roma nell'Isola Sacra.* Rome, Istituto Poligrafico dello Stato.

Calza, G. (1953) *Scavi di Ostia* I. *Topografia generale*. Rome, Libreria dello Stato.

Calza, R. (1978) *Scavi di Ostia* IX. *I ritratti* II. Rome, Libreria dello Stato.

Chastagnol, M. (1969) La restauration du temple d'Isis au Portus Romae sous les règne de Gratin. In J. Bibauw (ed.), *Hommages à M. Renard* II (*Collection Latomus* 102): 135–44. Brussels, Société d'Études Latines de Bruxelles.

De Minicis, E. (2003) Momenti e presenze della trasformazione cristiana. In P. Sommella (ed.), *Atlante del Lazio antico*: 181–209. Rome, Istituto Nazionale di Studi Romani.

Fiorelli, G. (1880) Marzo. *Notizie degli Scavi di Antichità*: 82–3.

Floriani Squarciapino, M. (1973–4) Albei Tiberis ripas et pontes tredicim. *Archeologia Classica* 25–6: 250–61.

Floriani Squarciapino, M. (1974) Il recupero del sarcofago di Sant'Ippolito. *Bullettino d'Arte* 34: 180–6.

Floriani Squarciapino, M. (1975) Introduzione. In M.L. Veloccia Rinaldi and P. Testini (eds), *Ricerche archeologiche nell'Isola Sacra* (*Monografie* II): 5–10. Rome, Istituto Nazionale d'Archeologia e Storia dell'Arte.

Gatti, E. (1910) Porto — frammenti epigrafici rinvenuti nell'Isola Sacra. *Notizie degli Scavi di Antichità*: 291.

Gatti, E. (1911) Fiumicino. Avanzi di antiche fabbriche scoperte nell'Isola Sacra presso S. Ippolito. *Notizie degli Scavi di Antichità*: 410–16.

Geremia Nucci, R. (2000) Iscrizione opistografa. In S. Ensoli and E. La Rocca (eds), *Aurea Roma: dalla città pagana alla città cristiana*: 470–1. Rome, 'L'Erma' di Bretschneider.

Germoni, P. (2001a) Tombe ex Opera Nazionale Combattenti. In F. Filippi (ed.), *Archeologia e Giubileo. Gli interventi a Roma e nel Lazio nel piano per il grande Giubileo del 2000. Ministero per i Beni e le Attività Culturali*: 384 fig. 1, 389. Naples, Electa.

Germoni, P. (2001b) L'area della terme dette di Matidia. In F. Filippi (ed.), *Archeologia e Giubileo. Gli interventi a Roma e nel Lazio nel piano per il grande Giubileo del 2000. Ministero per i Beni e le Attività Culturali*: 384 fig. 1, 389 fig. 6. Naples, Electa.

Germoni, P. (2001c) La rilettura archeologica delle conserve d'acqua. In F. Filippi (ed.), *Archeologia e Giubileo. Gli interventi a Roma e nel Lazio nel piano per il grande Giubileo del 2000. Ministero per i Beni e le Attività Culturali*: 384 fig. 1, 391. Naples, Electa.

Germoni, P. (2001d) La nécropole de Portus à l'Isola Sacra: la fouille récente sur le coté oriental de la route antique. In J.-P. Descoeudres (ed.), *Ostia: port et porte de la Rome antique*: 391–2. Geneva, Museé d'Art et d'Histoire.

Germoni, P. (2009) Fiumicino–Isola Sacra. Vecchi e nuovi rinvenimenti. *Bollettino della Commissione Archeologica Comunale di Roma* 110: 398–404.

Germoni, P. (2010) Il sarcofago delle Muse. In *Dal sepolcro al museo. Storie di saccheggi e recuperi: la Guardia di Finanza a tutela dell'archeologia*: 84–90. Rome, Complesso Monumentale.

Germoni, P. and Izzi, P. (2001) La basilica di Sant'Ippolito. L'Antiquarium. In F. Filippi (ed.), *Archeologia e Giubileo. Gli interventi a Roma e nel Lazio nel piano per il grande Giubileo del 2000. Ministero per i Beni e le Attività Culturali*: 384 fig. 1, 391. Naples, Electa.

Giraudi, C., Tata, C. and Paroli, L. (2007) Carotaggi e studi geologici a Portus: il delta del Tevere dai tempi di Ostia Tiberina alla costruzione dei porti di Claudio e Traiano. http://www.fastionline.org/docs/FOLDER-it-2007-80.pdf (last accessed 06.06.2011).

Giraudi, C., Paroli, L., Ricci, G. and Tata, C. (2006) Portus (Fiumicino–Roma): il colmamento sedimentario dei bacini del porto di Claudio e Traiano nell'ambito dell'evoluzione ambientale tardo-antica e medievale del delta del Tevere. *Archeologia Medievale* 33: 49–60.

Guarducci, M. (1945–6) Due basi nel sepolcreto dell'Isola Sacra. *Rendiconti della Pontificia Accademia di Archeologia*: 143–9.

Heltulla, A. (1995) Observations on the inscriptions of Isola Sacra and the people of Portus. *Acta Antiqua Academiae Scientiarum Hungaricae* 35: 236–44.

Keay, S. and Millett, M. (2005a) Integration and discussion. In S. Keay, M. Millett, L. Paroli and K. Strutt, *Portus. An Archaeological Survey of the Port of Imperial Rome* (*Archaeological Monographs of the British School at Rome* 15): 269–96. London, British School at Rome.

Keay, S. and Millett, M. (2005b) Principal epigraphic and numismatic sources referring to Portus. In S. Keay, M. Millett, L. Paroli and K. Strutt, *Portus. An Archaeological Survey of the Port of Imperial Rome* (*Archaeological Monographs of the British School at Rome* 15): 315–17. London, British School at Rome.

Keay, S., Millett, M. and Strutt, K. (2005a) Methodology. In S. Keay, M. Millett, L. Paroli and K. Strutt, *Portus. An Archaeological Survey of the Port of Imperial Rome* (*Archaeological Monographs of the British School at Rome* 15): 61–9. London, British School at Rome.

Keay, S., Millett, M. and Strutt, K. (2005b) The survey results. In S. Keay, M. Millett, L. Paroli and K. Strutt, *Portus. An Archaeological Survey of the Port of Imperial Rome* (*Archaeological Monographs of the British School at Rome* 15): 71–172. London, British School at Rome.

Kranz, P. (1984) *Die Jahreszeiten-Sarkophage* (*Die Antiken Sarkophagreliefs* V). Berlin, G. Mann Verlag.

Lauro, M.G. (1987) Indagini nell'Isola Sacra. *Archeologia Laziale* 8: 189–92.

Lauro, M.G. (1993) Prospettive di ricerca e problematiche di tutela all'Isola Sacra. *Archeologia Laziale* 11: 167–74.

Lazzarini, M.-L. (1978–9) Un epigramma greco di Ostia. *Annali dell'Istituto Orientale di Napoli. Sezione Filologico-letteraria* 9–10: 173–9.

Mazzoleni, D. (1983) *I reperti epigrafici. Ricerche nell'area di Sant'Ippolito all'Isola Sacra, a cura dell'Istituto di Archeologia Cristiana dell'Università 'La Sapienza' di Roma*. Rome, Viella.

Meiggs, R. (1973) *Roman Ostia* (second edition). Oxford, Clarendon Press.

Melchiorri, G. (1840) Monumenti dell'Isola Sacra. *Bullettino dell'Instituto di Corrispondenza Archeologica* 12: 43–5.

Olivanti, P. and Pellegrino, A. (1995) Ricerche archeologiche nel Trastevere ostiense. *Archeologia Laziale* 12 (2): 393–400.

Paduano Faedo, L. (1981) I sarcophagi romani con muse. In H. Temporini and W. Haase (eds), *Aufstieg und Niedergang der Römischen Welt* II. *Principat* 12 (2): 65–155. Berlin, Walter de Gruyter.

Pani Ermini, L. (1979) Il territorio portuense dopo il IV secolo alla luce degli scavi all'Isola Sacra. *Archeologia Laziale* 2: 243–9.

Paroli, L. (2005a) History of past research at Portus. In S. Keay, M. Millett, L. Paroli and K. Strutt *Portus. An Archaeological Survey of the Port of Imperial Rome* (*Archaeological Monographs of the British School at Rome* 15): 43–59. London, British School at Rome.

Paroli, L. (2005b) The *Basilica Portuense*. In S. Keay, M. Millett, L. Paroli and K. Strutt, *Portus. An Archaeological Survey of the Port of Imperial Rome* (*Archaeological Monographs of the British School at Rome* 15): 258–67. London, British School at Rome.

Pellegrino, A. (1990) Ritrovamenti di blocchi di marmi di cava. *Bollettino di Archeologia* 1–2: 217–21.

Pensabene, P. (1994) *Le vie del marmo* (*Itinerari ostiensi* VII). Rome, Ministero per i Beni Culturali.

Pensabene, P. (2007) *Ostiensium Marmorum Decus et Décor. Studi architettonici*. Rome, 'L'Erma' di Bretschneider.

Ricci, G. (1939) Sculture rinvenute in Isola Sacra. *Notizie degli Scavi di Antichità*: 59–78.

Sacco, G. (1984) *Iscrizioni greche d'Italia: Porto*. Rome, Unione Accademica Nazionale/Edizioni di Storia e Letteratura.

Strutt, K. (2005) The Baths of Matidia, Isola Sacra: Geophysical Survey Report March 2005. Archaeological Prospection Services of Southampton/British School at Rome (Report SREP 10/2005).

Strutt, K. (2009) Report on the Geophysical Survey at the Isola Sacra, Lazio, Italy, March 2009. Archaeological Prospection Services of Southampton/British School at Rome (Report SREP 3/2009).

Strutt, K., Richardson, G. and Millett, M. (2008) Report on the Geophysical Survey at the Isola Sacra, Lazio, Italy, December

2008. Archaeological Prospection Services of Southampton/ British School at Rome (Report SREP 10/2008).

Taglietti, F. (1991) La diffusion de la inhumation à Rome: la documentation archéologique. In M. Vidal (ed.), *Incinerations et inhumations dans l'Occident romain aux trois premières siècles de notre ère. Colloque Toulouse 1987 IV. Congres archéologique de la Gaule meridionale*: 163–78. Paris, Ministère de la Culture et de la Communication.

Taglietti, F. (2001) Ancora su incinerazione ed inumazione: la necropoli dell'Isola Sacra. *Palilia* 8: 149–58.

Testini, P. (1970–1) Sondaggi nell'area di S. Ippolito all'Isola Sacra. *Rendiconti della Pontificia Accademia di Archeologia* 43: 223–58.

Testini, P. (1971–2) Nuovi sondaggi nell'area di S. Ippolito all'Isola Sacra. *Rendiconti della Pontificia Accademia Romana di Archeologia* 44: 219–36.

Testini, P. (1973–4) Sondaggi a S. Ippolito all'Isola Sacra. I depositi reliquiari scoperti sotto l'altare. *Rendiconti della Pontificia Accademia Romana di Archeologia* 46: 165–79.

Testini, P. (1975) La basilica di Sant'Ippolito. In M.L. Veloccia Rinaldi and P. Testini (eds), *Ricerche archeologiche nell'Isola Sacra*: 43–132. Rome, Istituto Nazionale d'Archeologia e Storia dell'Arte.

Testini, P. (1978) Il complesso di S. Ippolito all'Isola Sacra. In P.E. Arias and G.P. Carretelli (eds), *Un decennio di ricerche archeologiche*: 505–12. Rome, Consiglio Nazionale delle Ricerche.

Testini, P. (1978–80) Indagini nell'area di Sant'Ippolito all'Isola Sacra 1975–77. L'iscrizione del vescovo Heraclida. *Rendiconti della Pontificia Accademia Romana di Archeologia* 51–2: 23–46.

Thylander, E.A. (1951–2) *Inscriptions de port d'Ostie (Acta Instituti Romani Regni Sueciae* 8, IV:1), 2 vols. Lund, C.W.K. Gleerup.

Turchetti, R. (1994) Sant'Ippolito all'Isola Sacra. In *Il Lazio di Thomas Ashby, 1891–1930*: 129–30. Rome, Fratelli Palombi.

Veloccia Rinaldi, M.L. (1975) Il Pons Matidiae e gli edifici adiacenti. In M.L. Veloccia Rinaldi and P. Testini (eds), *Ricerche archeologiche nell'Isola Sacra (Monografie* II): 13–39. Rome, Istituto Nazionale d'Archeologia e Storia dell'Arte.

Wegner, M. (1966) *Die Musensarkophage (Die Antiken Sarkophagreliefs* (ed. F. Matz) VII). Berlin, Verlag G. Mann.

Zevi, F. (1968) Isola Sacra. Individuazione di un quartiere ostiense transtiberino. *Bollettino d'Arte* 53: 34.

Zevi, F. (1970–1) Una statua dall'Isola Sacra e l'Iseo di Porto. *Rendiconti della Pontificia Accademia Romana di Archeologia* 43: 25.

Zevi, F. (1971a) Isola Sacra. Individuazione di un quartiere ostiense transtiberino. *Fasti Archeologici* 21 (5004): 241–2.

Zevi, F. (1971b) Isola Sacra. Scavi di terreno della società G.I.G.O.M. *Fasti Archeologici* 22 (5005): 242.

Zevi, F. (1972) Scoperte archeologiche effettuate casualmente nei mesi di settembre e ottobre 1968 nell'Isola Sacra. *Notizie degli Scavi di Antichità*: 404–31.

Zevi, F. (1997) Il cosiddetto 'Iseo di Porto' e la sua decorazione. In E.A. Arslan (ed.), *Iside. Il mito, il mistero, la magia*: 322–3. Milan, Electa.

Zevi, F. (2002) Statua di Iside. In M. De Nuccio and L. Ungaro (eds), *I marmi colorati della Roma imperiale*: 302–4. Venice, Marsilio.

LA TOPOGRAFIA ROMANA DELL'AGRO PORTUENSE ALLA LUCE DELLE NUOVE INDAGINI

Cinzia Morelli, Andrea Carbonara, Viviana Forte, Maria Cristina Grossi & Antonia Arnoldus-Huyzendveld

INTRODUZIONE

Il territorio preso in esame è situato a nord del Tevere ed occupa parte dell'originaria piana deltizia del fiume, chiusa ad est dalla prima linea di colline e ad ovest dal mare Tirreno.[1] Da un punto di vista archeologico, la conoscenza di questo lembo di Campagna Romana è stata, sino a pochi anni or sono, assai limitata; scarsi erano, infatti, i dati sull'assetto topografico ed insediativo in epoca antica: le uniche eccezioni erano costituite dagli studi condotti sui porti di Claudio e Traiano,[2] sulla via e sull'acquedotto Portuense[3] e su alcuni insediamenti di maggior rilievo.[4]

La carenza di dati archeologici è probabilmente, in parte, imputabile alle profonde trasformazioni che l'area ha subìto nel periodo a cavallo tra il XIX ed il XX secolo. Il territorio posto a nord del Tevere venne sottoposto, infatti, a due interventi di bonifica — il primo avviato nel 1883 ed il secondo realizzato nei primi decenni del '900 — che modificarono profondamente la morfologia del suolo: fu completamente cancellato l'antico stagno di Maccarese e furono effettuati riporti di terreno che obliterarono quasi ogni traccia dei resti antichi in superficie (Amenduni 1884; Biglieri 1896; Lugli e Filibeck 1935: 267; Ministero Agricoltura e Foreste 1947: 181–5; Chiumenti e Bilancia 1979: 498; Parisi Presicce e Villetti 1998).

Solo a partire dagli ultimi anni estesi interventi di scavo hanno permesso di acquisire un'ingente mole di dati archeologici (Petriaggi *et al.* 1995; Vittori e Vori 1999; Morelli *et al.* 2008). Il territorio compreso tra il Rio Galeria ad est e l'Aeroporto Leonardo da Vinci ad ovest è stato sottoposto, infatti, ad un rapido processo di urbanizzazione,[5] a fronte del quale la Soprintendenza per i Beni Archeologici di Ostia ha posto in essere un'intensa attività di archeologia preventiva: tutte le zone destinate ad edificazione sono state sottoposte a sistematici sondaggi per trincee, cui hanno fatto seguito gli scavi estensivi dei siti archeologici individuati (**Fig. 13.1**).[6] Tale attività ha portato, oltre che ad una puntuale conoscenza delle preesistenze antiche, anche alla tutela ed alla conservazione delle strutture archeologiche individuate. Il presente contributo vuole, quindi, essere un primo *report* delle indagini condotte nel territorio dal 2000 sino ad oggi [2008];[7] tali indagini, infatti, pur non essendo frutto di un progetto preordinato, contribuiscono in modo sostanziale alla conoscenza dell'assetto territoriale antico dell'area.

L'EVOLUZIONE GEOLOGICA E AMBIENTALE DELL'AGRO PORTUENSE

Il paesaggio costiero di Roma è frutto di una complessa storia geologica, che vede l'interazione tra il mare, i fiumi ed il vulcanismo. Con l'aumento della temperatura globale, dopo l'ultimo picco glaciale, il mare è gradualmente risalito dalla quota di − 120 m fino a raggiungere, circa 6.000 anni fa, all'incirca il livello odierno (Belluomini *et al.* 1986; Bellotti 2000; Bellotti *et al.* 2007). In questo periodo si sono fissati i 'tomboli' (o barriere) costieri, che hanno gradualmente isolato la retrostante laguna dal mare. In parallelo, durante una successione di alluvioni, il fiume Tevere ha iniziato a colmare la laguna, separandola in due parti: lo stagno di Ostia a sud e quello di Maccarese a nord, mentre il Rio Galeria ha sviluppato allo sbocco della sua valle un conoide alluvionale leggermente rialzato rispetto alla valle tiberina (Arnoldus-Huyzendveld e Pellegrino 2000; Arnoldus-Huyzendveld 2005).[8]

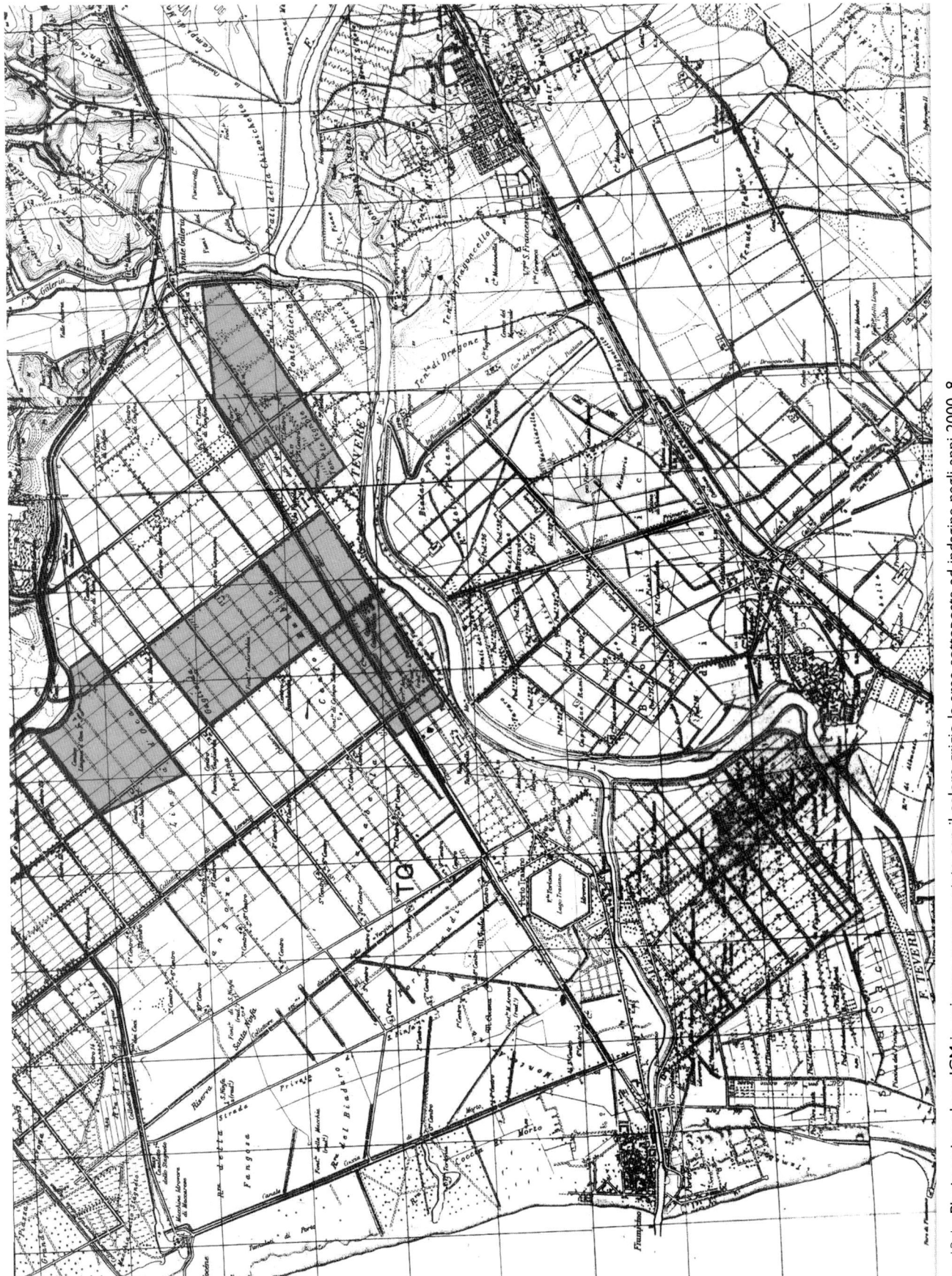

FIG. 13.1. Planimetria su base IGM in cui sono rappresentate con il colore grigio le aree sottoposte ad indagine negli anni 2000–8.

Nell'età protostorica, arcaica e repubblicana, la linea di costa risultava arretrata di alcuni chilometri rispetto a quella attuale (Servizio Geologico d'Italia 1967); la laguna non era del tutto isolata dal mare, il che ha consentito, almeno sin dal periodo etrusco, l'utilizzo delle sue acque per l'estrazione del sale. Il Tevere seguiva un percorso quasi lineare, sviluppando, però, nel tratto finale, una stretta ansa, che tagliava i dossi dunari, lungo la quale fu fondata Ostia. È probabile che, prima di assumere questo andamento, il fiume seguisse un percorso rettilineo, sfociando, quindi, nel mare mediante uno o più sbocchi in una zona posta più a nord della foce attuale.

In epoca imperiale le lagune salmastre, poste a sud e a nord del Tevere, continuarono ad essere in comunicazione con il mare mediante aperture naturali e venivano ancora sfruttate, oltre che per attività legate alla pesca ed all'allevamento ittico, anche per l'estrazione del sale.

Tra la metà del I e gli inizi del II secolo d.C. si inserisce, in questo contesto ambientale, la costruzione dei grandi porti di Claudio e Traiano e delle infrastrutture di servizio connesse ad essi, quali la via e l'acquedotto Portuense (Keay *et al.* 2005).[9] La grande arteria stradale che collegava il porto a Roma, la via Portuense antica, nel tratto che ci interessa, posto ad ovest del Rio Galeria, percorreva l'area occupata dal conoide, caratterizzata da terreni ben drenati e leggermente rialzati rispetto al fondovalle tiberino, per poi affiancarsi al Tevere ed all'acquedotto fino a raggiungere la città di Portus.[10] Nel settore intermedio, come meglio illustrato più avanti (pp. 277–81), l'asse viario fu costruito in elevato mediante la realizzazione di un viadotto. Qui il fondovalle tiberino era scarsamente praticabile e caratterizzato da una serie di lievi depressioni, ognuna sede di una o più laghetti originati da polle naturali con fuoriuscita di acqua e gas. Questo ambiente ha chiaramente condizionato la costruzione della strada, rendendo necessaria la realizzazione del viadotto e dei ponti che lo attraversano. Le polle d'acqua testimoniano un'attività idrotermale locale, riconducibile alla fase finale del vulcanismo dei Colli Albani, ancora oggi interessati da intenso degassamento (Tuccimei *et al.* 2007). Dopo il I secolo d.C. il livello del mare è ancora salito di circa 1 m rispetto al periodo repubblicano (Lambeck *et al.* 2004). Questo fattore, unitamente all'impatto che dovettero sicuramente avere le grandi opere realizzate in epoca imperiale e le frequenti alluvioni (Le Gall 2005), ha avviato quel processo di degrado delle condizioni ambientali che porterà, nei secoli successivi, al progressivo abbandono

del fondovalle tiberino, in favore del conoide di Ponte Galeria.

A partire dalla fine dell'epoca romana, inoltre, la fascia dunare riprese ad ispessirsi, prima lentamente ed in seguito più velocemente: nel periodo compreso tra il XV e il XVII secolo si assiste, infatti, ad un avanzamento medio della linea di costa di circa 7,5 m all'anno. Contemporaneamente le lagune tendono parzialmente a colmarsi ed a restringersi gradualmente. Queste vicende non hanno, comunque, interrotto il loro sfruttamento, come testimoniano sia le fonti storiche sia i dati provenienti dagli scavi che si presentano in questa sede. In particolare, le saline poste intorno allo stagno di Maccarese rimasero in funzione almeno sino al XV secolo, mentre quelle di Ostia furono attive sino al XIX secolo.

Parallelamente, l'incremento del carico solido dei fiumi ha causato inondazioni sempre più intense: non a caso, il XVI secolo è caratterizzato da alluvioni che hanno raggiunto a Roma i livelli più alti registrati nei tempi storici (Di Martino e Belati 1980). Quindi, contemporaneamente all'avanzamento della linea di costa, il livello della piana costiera è stato rialzato dai sedimenti depositatisi durante tali alluvioni. In particolare, una o più alluvioni verificatesi nella prima metà del XVI secolo hanno portato al definitivo abbandono della via Portuense antica, seppellendola, insieme agli altri insediamenti antichi, sotto spessi strati di sedimento fluviale. Si può affermare, dunque, che in buona parte della nostra area costiera il 'suolo romano' giace sotto circa 1 m di depositi del Tevere.

Come si è visto, una delle componenti fondamentali del paleoambiente del territorio in esame è lo stagno di Maccarese, scomparso a seguito delle bonifiche del XIX e del XX secolo, che ha profondamente segnato il paesaggio antico ed influenzato l'evoluzione storica ed economica di quest'ultimo tratto della valle tiberina (Tavola 13.1). L'evoluzione ambientale della piana di Maccarese e dell'omonima laguna, a partire da circa 6.000 anni fa (come le altre lagune della fascia costiera tirrenica), è essenzialmente legata al suo rapporto con il mare ed in particolare al suo graduale e progressivo isolamento da esso dovuto a due fenomeni fondamentali: l'ispessimento dei cordoni litorali con il conseguente avanzamento della linea di costa ed il parziale restringimento dovuto all'apporto dei sedimenti alluvionali tiberini.

Al riguardo, Bellotti e i suoi colleghi (Bellotti *et al.* 2007) riconoscono, in base ai dati provenienti dai carotaggi effettuati nella piana costiera romana, nella parte superiore della stratigrafia, un ambiente lagunare aperto (dagli autori distinta come 'fase 5'), datato tra 11.000 e 6.500 anni BP, con predominante presenza di fauna marina e, in modo subordinato, salmastra. I sedimenti successivi (fase 6), posti a profondità tra 1 e 10 m, sono, invece, composti da livelli torbosi e argillosi corrispondenti ad un ambiente paludoso/lagunare alternativamente influenzato dalla presenza di acque dolci e marine.

Le stratigrafie dell'ultima fase sono state analizzate anche da Giraudi (2004).[11] Negli strati indagati nell'area dell'Interporto Roma–Fiumicino sono presenti esclusivamente faune dulcicole per tutto il periodo tra il 5000 a.C. circa e 900–800 a.C., su uno spessore di circa 5 m. In base alle fasi erosive riconosciute nelle stratigrafie ed agli sfondamenti dei cordoni litorali leggibili sulle foto aeree, si sono potuti distinguere alcuni periodi in cui il regolare accrescimento dei cordoni dunari fu evidentemente interrotto da sfondamenti marini: una prima fase databile intorno ai 2000 anni a.C. (in ogni caso posteriore ai 3000 anni a.C. circa), una seconda fase negli anni 900–800 a.C. e una terza fase nel I secolo d.C. Mentre nelle due fasi più antiche non si rileva nelle stratigrafie la presenza di fauna d'acqua salmastra, nel periodo successivo al 900–800 a.C. sono presenti diversi strati caratterizzati da tale fauna, attribuibili sia ad epoca romana che post-romana. A nostro avviso, non è da escludere che questa transizione rappresenti lo spostamento definitivo del Tevere verso sud, con il conseguente minor apporto di acque dolci nella laguna di Maccarese (Segre 1986). Tendenze simili a quelle riscontrate nella pianura costiera di Roma, registrano Biserni e van Geel (2005) in una serie di carotaggi effettuati nel riempimento lagunare della pianura grossetana; essi rilevano, infatti, la presenza in successione di diversi ambienti: una laguna salmastra poco profonda a bassa energia, datata con il metodo del radiocarbonio a circa il 7200 BP, una laguna poco profonda di acqua dolce attribuibile al 2750 BP circa, una laguna salmastra poco profonda (probabilmente di età romana) ed infine un ambiente di acqua dolce precedente al XVII secolo.

Giraudi (2004), sempre relativamente alla laguna di Maccarese, ipotizza un'origine antropica per lo sfondamento dei cordoni dunari del I secolo d.C. e per la conseguente ingressione marina. Considerata la rilevanza e l'estensione delle opere realizzate dai romani in quest'area nella prima epoca imperiale, tale ipotesi può essere corretta, ma non prende in considerazione, come possibile causa naturale, la tempesta di eccezionale portata abbattutasi su questo tratto della costa laziale nell'anno 62 d.C., che addirittura distrusse 200 navi che si trovavano alla fonda all'interno del porto di Claudio (Tacito, *Annales* 15.18).

La presenza di una laguna, quella di Maccarese, che doveva essere salmastra almeno a partire dal periodo posteriore al IX secolo a.C., rese possibile la creazione, intorno ad essa, degli impianti di estrazione del sale, di cui si parlerà più avanti (p. 266). Ciò che preme sottolineare sono le difficoltà che tale attività dovette incontrare; è noto, infatti, che la costa tirrenica, a causa della limitata escursione delle maree (20–40 cm), non presenta le condizioni ottimali per l'impianto di saline ad evaporazione solare. Per questo motivo, da un punto di vista paleoambientale, la storia delle saline costiere tirreniche va letta come un continuo adattamento dell'uomo ai mutamenti del paesaggio, alla ricerca dei margini delle lagune in posizione tale da consentire l'ingresso dell'acqua salata (per via naturale o artificiale), ma allo stesso tempo protetti sia dal rischio d'inondazione marina e fluviale, sia da quello dell'insabbiamento eolico (Agricola 1556: cap. XII).

I RINVENIMENTI ARCHEOLOGICI

Le indagini archeologiche sino ad oggi effettuate hanno riportato in luce, oltre a limitate tracce di frequentazione di epoca protostorica[12] ed arcaica, numerose strutture ed apprestamenti di epoca romana, appartenenti sia alla fase repubblicana che a quella imperiale (**Fig. 13.2**). In particolare i dati archeologici sembrano indicare una sistematica occupazione del nostro territorio a partire dalla seconda metà del IV secolo a.C.

Si è potuta constatare, inoltre, l'esistenza di due areali distinti caratterizzati da un diverso utilizzo del suolo e da un diverso tipo di occupazione:

1. nel settore posto a nord dell'attuale Autostrada Roma–Fiumicino si colloca l'area gravitante intorno all'antico stagno di Maccarese, scomparso, come si è detto, a seguito delle opere di bonifica: in questo settore sono state individuate numerose tracce di opere idrauliche di epoca romana e medievale afferenti, forse, al sistema delle antiche saline;

2. l'area posta a sud dell'Autostrada si configura come una sorta di 'cerniera' tra la zona delle saline ed il fiume Tevere che la delimita a sud; in essa si collocano, oltre alle grandi 'infrastrutture' realizzate al servizio dei porti di Claudio e Traiano (*Via Portuensis* ed acquedotto Portuense) una serie di edifici di epoca romana, la maggior parte delle quali non presentano caratteristiche residenziali, bensì produttive e di servizio.

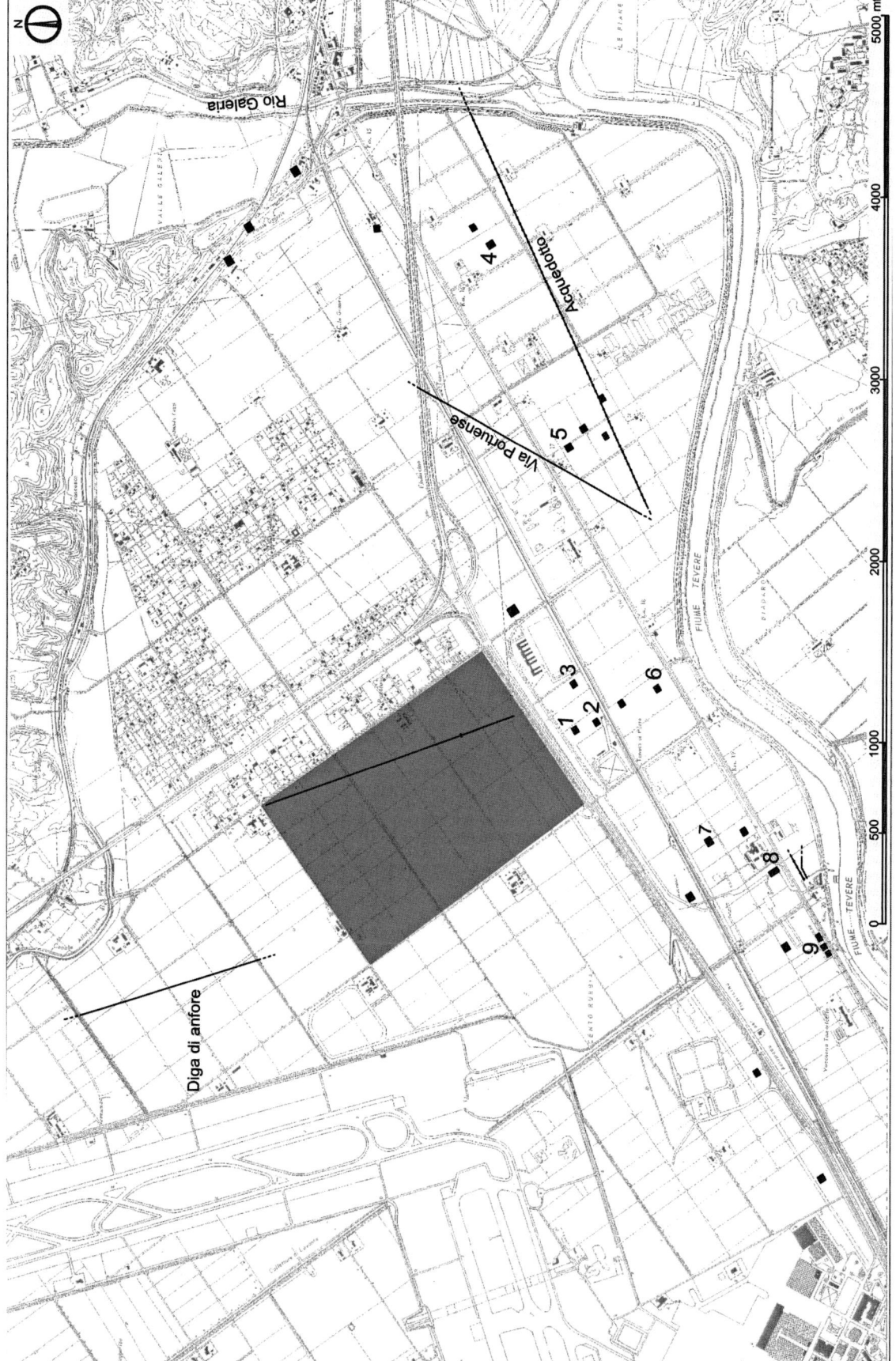

Fɪɢ. 13.2. Carta archeologica dell'Agro Portuense. I siti archeologici sono rappresentati dai quadrati neri; con i numeri da 1 a 9 sono indicati i siti illustrati nel testo; in grigio è rappresentata l'area delle presunte saline.

SETTORE A NORD DELL'AUTOSTRADA ROMA–FIUMICINO

L'importanza delle saline presenti alla foce del Tevere sul lato nord del fiume (Lanciani 1888; Camporeale 1997; Giovannini 2001; Morelli, Olcese e Zevi 2004), che chiameremo portuensi per distinguerle da quelle ostiensi presenti a sud del fiume stesso (Fea 1831), è ovviamente legata al controllo della produzione e del commercio del sale, definito 'l'oro bianco' dell'antichità. Tale era la rilevanza economica di questo prodotto che, secondo alcuni autori, una delle cause della guerra tra Veio, cui appartenevano in origine le saline, e Roma, sarebbe proprio il controllo di esse: il conflitto potrebbe, quindi, essere definito come una 'guerra del sale' da cui Roma uscì vittoriosa (Giovannini 1985; Camporeale 1997; Giovannini 2001).

Delle saline portuensi, il *Campus Salinarum Romanarum* delle fonti classiche (Nibby 1827: 29; Nibby 1848a: 367–9; Tomassetti 1900: 5, 12, 52–8; Ashby 1927: 31), alimentate dallo stagno salmastro di Maccarese, esistevano sino ad oggi poche testimonianze dirette: oltre alla persistenza nella toponomastica,[13] è da ricordare un'iscrizione, rinvenuta fuori contesto e pubblicata da Lanciani (Lanciani 1888; *CIL* XIV 4285), recante una dedica al 'genius saccariorum salarior(um) totius urbis camp(i) sal(inarum) rom(anarum)'. Secondo le fonti storiche e bibliografiche le saline portuensi vennero a lungo sfruttate: risultano, infatti, menzionate in numerosi documenti almeno fino alla fine del XV secolo, con il nome di *Campus Maior*, di *Campus Salinarius* e di *Campus Salinus Maior* (Nibby 1827: 29; Nibby 1848a: 367–9; Tomassetti 1900: 52–8).

CANALIZZAZIONI E IMPIANTI IDRAULICI

Le campagne di scavo condotte dal 2005 ed ancora in corso nell'area situata a nord dell'autostrada Roma–Fiumicino,[14] nel settore compreso tra l'Aeroporto Leonardo da Vinci ad ovest e l'abitato di Piana del Sole ad est, hanno riportato in luce un'estesa e complessa rete di canalizzazioni artificiali destinate a convogliare e distribuire acqua salmastra. I canali, scavati nel terreno senza l'ausilio di particolari strutture di contenimento ed irreggimentazione, presentano dimensioni e profili diversi ed appartengono a due diverse fasi di vita dell'impianto. Sono stati individuati, infatti, due distinti periodi di attività antropica: uno più antico, attribuibile ad epoca romana, ed uno più recente databile al pieno medioevo (Fig. 13.3). L'attribuzione cronologica di opere così simili fra loro è stata possibile grazie allo studio dello scarso materiale archeologico

diagnostico, alla precisa analisi geopedologica delle stratigrafie, nonché alle datazioni al radiocarbonio di alcuni reperti lignei recuperati nel corso degli scavi.[15]

Al periodo romano appartengono una serie di canali,[16] disposti con orientamento nordest–sudovest e nordovest–sudest, ed organizzati secondo una maglia piuttosto regolare ed ortogonale che si ripete sistematicamente. Il sistema idrico di età medievale[17] presenta, invece, un'organizzazione meno regolare rispetto a quella romana: i canali principali si sviluppano da ovest e da nordovest in direzione sudest e da essi si diramano tracciati secondari con andamento ortogonale, spesso di limitata estensione. Questo aspetto meno 'organizzato' del sistema idrico medievale è forse dovuto all'esigenza di adattarsi al sistema preesistente: vennero riutilizzati, infatti, canali appartenenti ad epoca romana e, contemporaneamente, ne vennero creati di nuovi localizzati negli spazi di risulta.

Ad una visione generale sembrerebbe che la sistemazione romana segua un andamento a 'scacchiera', mentre quella medievale risponda ad un modello a 'raggiera'. Per ciò che riguarda gli impianti di produzione del sale è da rilevare che, allo stato attuale delle indagini, non sono ancora state individuate con certezza vere e proprie vasche di essiccazione connesse alle canalizzazioni di epoca romana. Differentemente, nella rete idrica medievale, molti dei canali, specie quelli di minori dimensioni che si diramano dai canali principali, terminano in vasche a fondo concavo di forma subcircolare[18] o, più raramente, tendente al rettangolare;[19] nei casi più complessi, ad un canale afferiscono anche due o più vasche comunicanti fra loro.

All'interno di molte delle vasche di epoca medievale sono state rinvenute strutture lignee disposte o lungo il margine della fossa o in posizione centrale (Fig. 13.4). Nel primo caso, sono costituite da elementi orizzontali sostenuti da pali infissi verticalmente nel substrato limoso e sono interpretabili come strutture di consolidamento e contenimento delle sponde. Nel secondo caso, le strutture lignee si dispongono all'interno della vasca in modo da suddividerne il volume, creando dei piccoli vani: in questi casi gli apparati lignei sono costituiti da un graticcio vegetale sorretto da paletti infissi nel fondo ed irrigidito superiormente da elementi posti in orizzontale.

È da segnalare, infine, la frequente presenza, lungo la sponda delle vasche opposta all'immissione del canale adduttore, di piani di calpestio, costituiti da un battuto di frammenti fittili e lapidei di età imperiale (di evidente riutilizzo), che avevano la funzione di consolidare la sponda in corrispondenza, probabilmente,

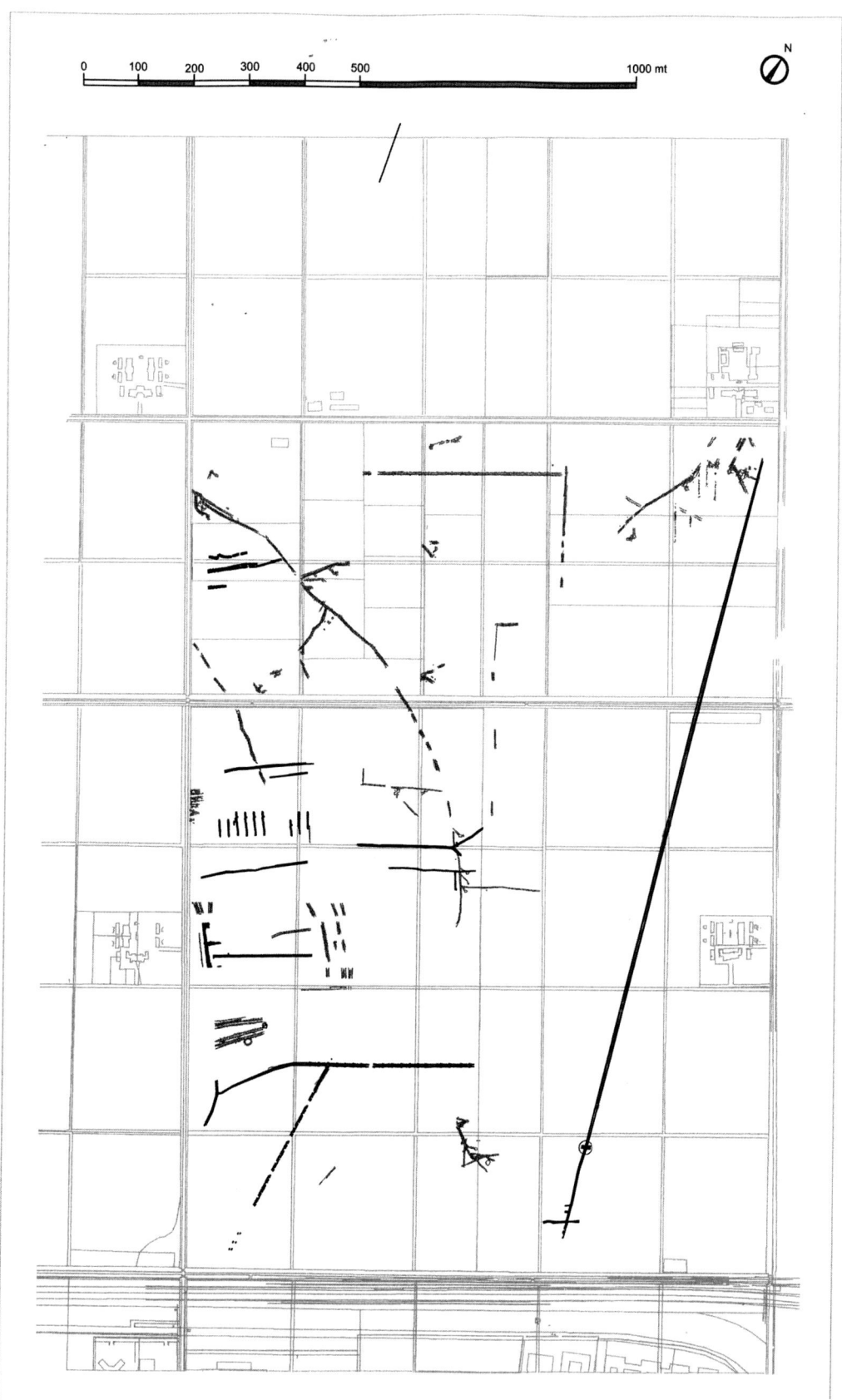

FIG. 13.3. Le principali opere di canalizzazione di epoca romana (in colore nero) e medievale (in colore grigio) sino ad oggi individuate nell'area delle presunte saline.

Fɪɢ. 13.4. Vasca con resti di strutture lignee rinvenuta all'interno delle presunte saline ed appartenente alla fase medievale.

dei punti di maggiore frequentazione e di lavorazione. Le datazioni effettuate con il metodo del radiocarbonio degli elementi lignei rinvenuti all'interno delle vasche, coprono un ampio arco cronologico, che va dalla fine del X agli inizi del XV secolo, con una particolare concentrazione di strutture e di attività antropiche nel periodo compreso tra la metà dell'XI e la metà del XIII secolo.

Se le canalizzazioni di età romana possono, in via ipotetica, essere riconducibili al sistema idrico legato alle antiche saline, gli apprestamenti di epoca medievale non paiono essere collegati alle attività di estrazione del sale: le dimensioni ridotte, la forma subcircolare e soprattutto il fondo concavo delle vasche sembrano escludere tale interpretazione.

Un'ipotesi possibile, ma ancora tutta da verificare, è che, almeno nell'area sino ad oggi indagata, nel periodo medievale si assista ad un cambiamento di destinazione d'uso degli impianti: il sistema idrico preesistente potrebbe essere stato riutilizzato ed incrementato per la cattura e l'allevamento della fauna ittica che popolava lo stagno di Maccarese,[20] noto dal XII secolo con il nome di *Stagnum Maius* (Fea 1831: 27; Nibby 1848a: 363; Tomassetti 1910: 498). I pesci, sospinti attraverso i canali sino alle vasche poste al termine

dei canali stessi, potevano essere poi trattenuti all'interno di esse tramite gli apprestamenti lignei che sono stati individuati nel corso delle indagini archeologiche. È interessante sottolineare, a tal fine, una certa somiglianza tra le strutture a *craticium* e pali rinvenute nella nostra area e quanto descritto da Vendittelli (1992: 393) a proposito delle *piscarie* esistenti a Roma, lungo il Tevere, in epoca medievale:

impianti elaborati, composti da una serie variamente complessa di argini, paratie, recinti, graticci di legno e di canne... immersi nell'acqua e sostenuti da pali infissi nel fondo. Queste complesse strutture costituivano dei labirinti dai quali i pesci che vi erano penetrati non potevano più uscire... Abbiamo testimonianza che in alcuni casi si ricorreva all'escavazione di appositi canali che deviavano le acque del fiume verso le *piscarie*...

È da ricordare, inoltre, che nello stagno di Maccarese e nell'area contermine, di proprietà della diocesi di Porto e del monastero dei Santi Andrea e Gregorio *in Clivo Scauri*, la pesca e l'allevamento ittico erano attività di primaria importanza nell'ambito dell'economia non solo locale, ma anche urbana; ne è testimonianza la presenza dal 1115 di un'organizzazione imprenditoriale, la *schola piscatorum stagni*, che annoverava tra le sue file anche famiglie romane di rango e che mantenne almeno sino al 1362 il diritto di pesca in quest'area (Vendittelli 1992: 415–21).

Tra i canali romani utilizzati ancora in epoca medievale un discorso a parte deve essere fatto per il grande collettore individuato nel settore orientale dell'area sottoposta ad indagine; il canale, che corre con andamento nord-nordovest–sud-sudest, è stato individuato per una lunghezza complessiva di circa 1,5 km. Esso presenta dimensioni assai maggiori rispetto alle altre canalizzazioni, raggiungendo una larghezza massima di 6 m e, differentemente dalle altre, convogliava acqua dolce; tale collettore, inoltre, costituiva il limite orientale del sistema idrico sia in epoca romana che medievale: ad est di esso, infatti, non si sono rinvenuti canali. In un unico punto, nel suo tratto più meridionale, il collettore si restringe, raggiungendo una larghezza di appena 2 m: qui è situato un ponte che ne permetteva l'attraversamento; di tale ponte rimangono oggi solo le spalle, caratterizzate da fondazioni in conglomerato cementizio e da un elevato, conservato solo per brevissimo tratto, rivestito da un paramento in opera reticolata.

Immediatamente a nord dell'area occupata dagli impianti idraulici appena descritti, si colloca il nuovo Interporto Roma–Fiumicino: le indagini archeologiche effettuate in questo settore negli ultimi anni, e tuttora in corso, hanno permesso di individuare un'importante e particolare struttura di epoca romana (**Fig. 13.5**). Essa è costituita da un allineamento di 1.439 anfore poste in opera verticalmente l'una accanto all'altra; tale allineamento, riportato in luce per una lunghezza massima di circa 1 km,[21] presenta un orientamento nord-nordovest–sud-sudest, quindi parallelo a quello del grande collettore d'acqua dolce rinvenuto nell'area delle presunte saline.

Le anfore, di cui attualmente si conserva solo il puntale e la parte bassa della pancia,[22] vennero infisse nel substrato limoso a viva forza: non sono state individuate, infatti, tracce di tagli per la loro messa in opera. Dei contenitori venne utilizzata, per la realizzazione della struttura, solo la parte inferiore, cioè quella compresa tra la pancia ed il puntale, mentre frammenti pertinenti alla parte superiore (pareti, anse, colli) sono stati rinvenuti sia sul piano di imposta dell'opera, sia nello strato limoso salmastro che la sigilla.

L'allineamento di anfore risulta attraversato perpendicolarmente da due canali in muratura, muniti di chiuse, distanti tra loro circa 300 m (**Fig. 13.6**). I canali, che hanno una lunghezza rispettivamente di 25,58 e 23,57 m,[23] sono costituiti da due spalle in conglomerato cementizio, con paramento in opera reticolata, collegate da un piattaforma di base, anch'essa in cementizio. Ognuno dei canali era munito di due chiuse: la prima posta quasi al centro del canale stesso, la seconda presso la sua estremità orientale; delle chiuse sono stati individuati, oltre ad alcune tavole di legno che le costituivano in posizione di crollo,[24] anche i battenti realizzati con blocchi di travertino, inseriti nella piattaforma di base dei canali, che recano sulla superficie gli incassi per l'alloggiamento delle paratie lignee.

Dai due canali in muratura si dipartono, verso est, due canalizzazioni artificiali scavate entro terra,[25] di cui la più settentrionale è stata individuata per una lunghezza complessiva di 1.000 m, mentre quella più meridionale per 575 m. Ad una distanza rispettivamente di 550 e 427 m dall'allineamento di anfore, in asse con tali canalizzazioni, sono stati riportati in luce, inoltre, altri due tratti di canali in muratura che presentano, però, minori dimensioni (sono, infatti, lunghi rispettivamente 9 e 9,80 m)[26] e struttura meno complessa rispetto a quelli che intersecano la struttura ad anfore.

Per ciò che riguarda la cronologia dell'impianto, è da segnalare che poco più del 70% delle anfore appartiene al tipo Dressel 6A, un minor numero di esemplari appartiene al tipo Dressel 1B, mentre i contenitori appartenenti al tipo Dressel 20 non vennero utilizzati nell'allineamento, ma posti in opera in prossimità dei canali in muratura.[27] Pertanto, in base ai dati tipologici ed ai bolli rinvenuti, è possibile attribuire la realizzazione dell'opera ad un periodo compreso tra l'età augustea e la prima metà del I secolo d.C.[28]

Il complesso riportato in luce all'interno dell'Interporto Roma–Fiumicino è attualmente in corso di studio, ma l'ipotesi più probabile è che l'allineamento di anfore costituisse in antico una lunga diga, che veniva a collocarsi sul margine orientale dello stagno di Maccarese. Essa aveva, probabilmente, la funzione di intercludere quest'area periferica dell'antico specchio d'acqua, mentre i canali e le chiuse permettevano di controllare l'afflusso dell'acqua salmastra nel settore posto alle spalle (ad est) della diga stessa. Tale ipotesi sembrerebbe confermata dall'andamento in pendenza, da ovest verso est, del fondo sia dei canali in muratura,[29] sia dei due canali in terra.[30]

L'utilizzo di anfore in opera di bonifica, drenaggio e consolidamento dei suoli è largamente attestata in epoca romana, in special modo in aree geografiche caratterizzate da ricchezza di acque e da terreni

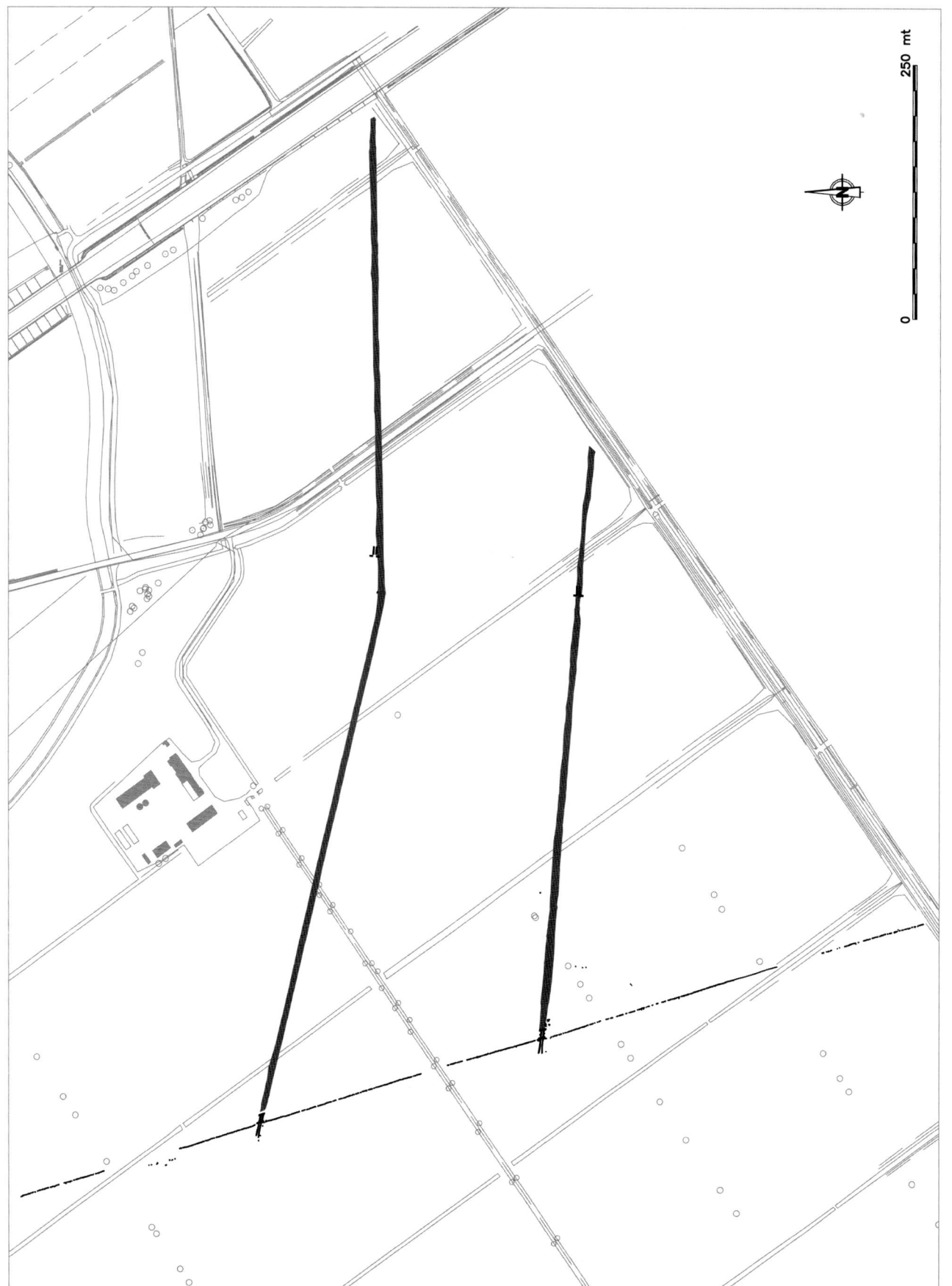

FIG. 13.5. La diga ad anfore ed i canali in muratura (in colore nero) ed in terra (in colore grigio) riportati in luce nell'area dell'Interporto Roma–Fiumicino.

FIG. 13.6. **Veduta dall'alto di uno dei due canali in muratura che attraversano la diga ad anfore.**

paludosi simili ai nostri (Pesavento Mattioli 1998); inoltre, nell'ambito di saline antiche è testimoniato l'utilizzo di contenitori anforacei, disposti però in posizione orizzontale in file parallele, per realizzare strutture di contenimento e compartimentazione degli impianti salarii (Alonso Villalobos, Gracia Prieto e Ménanteau 2003). Ma allo stato attuale delle nostre conoscenze, non è stato possibile individuare alcun confronto diretto e stringente per la nostra struttura che, come si è visto, presenta caratteristiche dimensionali e tecniche assai particolari. È possibile immaginare, in via del tutto ipotetica, che il nostro allineamento fungesse da 'armatura' di un terrapieno in terra;[31] tale terrapieno doveva avere, comunque, un'altezza limitata se si considera che è stato posto in opera, per una notevole lunghezza, un solo filare di anfore, per di più probabilmente tagliate all'altezza dell'alta pancia.

È da sottolineare, inoltre, come l'utilizzo di anfore in funzione di armatura della diga, confermi sostanzialmente quanto osservato da vari autori e cioè che, per interventi simili al nostro in terreni caratterizzati da limi o argille, tali contenitori presentano caratteristiche ottimali, quali il 'volume considerevole, il peso specifico molto basso, una resistenza ai carichi elevatissima'

(Antico Gallina 1998) e, non ultima, il costo quasi nullo, trattandosi di materiale di riuso.

Da ultimo è opportuno accennare ad una problematica che verrà attentamente affrontata nel prosieguo delle ricerche: un'opera di tali dimensioni e di tale rilevanza è quasi certamente da attribuire ad un intervento pubblico e trova una sua naturale collocazione, anche per la tipologia dell'impianto, nell'ambito delle saline romane,[32] il *Campus Salinarum Romanarum*, che, come è noto, appartenevano al demanio statale. Gli scavi attualmente in corso nell'area compresa tra la diga ad anfore a nord ed il settore, di cui si è già parlato, caratterizzato dalle opere idrauliche e di canalizzazione a sud,[33] potranno forse chiarire, in un immediato futuro, l'esistenza o meno di un'interconnessione tra questi due sistemi.

SETTORE A SUD DELL'AUTOSTRADA ROMA–FIUMICINO

Questo territorio, come si è detto, era caratterizzato nell'antichità dalla presenza di numerosi insediamenti di epoca romana, che sono stati indagati negli ultimi anni nel corso di diverse campagne di scavo. Preventivamente alla realizzazione di vasti progetti di edificazione, infatti, sono state sottoposte ad indagini estensive ampie aree: basti ricordare gli interventi effettuati negli anni '90 in occasione della costruzione dell'Autoporto-Commercity, i cui risultati sono stati già parzialmente pubblicati (Petriaggi *et al.* 1995; Vittori e Vori 1999), o le più recenti ricerche condotte in occasione della realizzazione della Nuova Fiera di Roma e del Piano Particolareggiato L23 (2001–8).

Gli scavi effettuati hanno permesso di individuare una sistematica occupazione del territorio in età repubblicana, a partire almeno dalla seconda metà del IV secolo a.C., caratterizzata da strutture che risultano nella maggior parte dei casi non a carattere residenziale. Si è scelto di illustrare brevemente in questa sede, sia per l'epoca repubblicana che per quella imperiale, solo i siti più rappresentativi, in modo da fornire un quadro generale delle diverse tipologie di strutture e delle problematiche principali relative all'occupazione del territorio in età romana.

È da sottolineare che tutti gli insediamenti indagati sembrano essere stati sottoposti ad una sistematica spoliazione: si rinvengono, infatti, murature conservate solo per breve tratto in elevato e mancano generalmente strati di crollo sia delle pareti che dei tetti. Nel corso degli scavi, inoltre, si sono individuate tracce evidenti di diversi eventi alluvionali a bassa energia che hanno comportato o l'abbandono dei siti o un rialzamento dei piani di calpestio.

I materiali provenienti dai diversi interventi di scavo sono in corso di studio; in particolare è da segnalare il fatto che i principali siti hanno restituito un consistente quantitativo di monete databili tra il III secolo a.C. e l'età tardo-antica.[34] Attualmente il numero degli esemplari classificati ammonta a 125 unità, inquadrabili tra il III secolo a.C. e l'età romana imperiale. Si tratta di una percentuale ridotta rispetto al quantitativo globale dei reperti, dei quali una buona parte è ancora in corso di restauro. Dati inediti emergono dallo studio numismatico, soprattutto riguardo alle attestazioni di valuta di età repubblicana, che rappresentano almeno il 30% di questo campione.[35]

INSEDIAMENTI RURALI

L'unico insediamento destinato, probabilmente, ad uso residenziale è il sito indicato con il n. 5 nella carta archeologica (Morelli *et al.* 2008: 218–19) (Fig. 13.2),[36] costituito da strutture in opera quadrata di tufo, di cui si conserva una sola assise, che perimetrano un edificio di forma quadrangolare, suddiviso al suo interno in tre ambienti disposti intorno ad un vano centrale più ampio a forma di 'L' (Fig. 13.7). Non sono conservati i piani pavimentali, ma solo limitati lacerti del battuto di

preparazione in scaglie di tufo; alla decorazione parietale appartengono, invece, alcuni frammenti di intonaco dipinto di rosso rinvenuti negli strati di abbandono. Particolare interesse riveste una fossa scavata nel terreno, posta a ridosso del lato nord dell'edificio, all'interno della quale è stato rinvenuto materiale di epoca medio-repubblicana di particolare rilevanza: oltre a numerosi frammenti di ceramica a vernice nera, di ceramica comune e di anfore greco-italiche, si sono recuperate un'arula a clessidra decorata da figura femminile su toro anguipede ed una patera umbilicata a vernice nera, decorata a stampo con una teoria di quadrighe in corsa. L'analisi dei materiali rinvenuti sembra indicare un periodo di utilizzazione dell'edificio compreso tra la fine del IV ed il II secolo a.C.

Circa 1,200 km ad ovest di questo sito sono stati individuati tre insediamenti, distanti tra loro circa 200 m, con caratteristiche planimetriche e strutturali simili tra loro, che non sembrano essere riconducibili a tipologie residenziali. I tre edifici vissero vicende analoghe: in tutti i casi, infatti, la fase originaria, di epoca repubblicana, fu obliterata da un evento alluvionale, cui è seguita una rioccupazione dell'area nella piena epoca imperiale. Il primo dei tre insediamenti (sito n. 1, Fig. 13.2) (Morelli *et al.* 2008: 219–20), situato in prossimità dell'Autostrada Roma–Fiumicino,[37] era costituito, nella sua fase più antica, da un unico ambiente perimetrato da strutture in opera quadrata di tufo;[38] anche in questo caso non sono stati rinvenuti i pavimenti, ma solo un piano di calpestio, esterno all'edificio, caratterizzato da un battuto di frammenti ceramici e di anfore. Dopo questa prima fase, databile tra la seconda metà del III e gli inizi del I secolo a.C., seguì un periodo di apparente abbandono: solo alla fine del II–inizi del III secolo d.C. si assiste, infatti, ad una rioccupazione del sito. In questa seconda fase venne realizzato un secondo ambiente, posto immediatamente a nord delle strutture a blocchi di prima fase, caratterizzato da murature in cementizio di scadente fattura. Sempre alla seconda fase è attribuibile un esteso piano di calpestio, localizzato a sudovest dei due ambienti, costituito da un battuto di frammenti fittili.

Il secondo insediamento (sito n. 2, Fig. 13.2) (Morelli *et al.* 2008: 220–1)[39] è anch'esso costituito, nella sua fase originaria databile tra la metà del III ed il II secolo a.C., da un ambiente perimetrato da quattro pilastri angolari in opera quadrata di tufo raccordati da murature anch'esse in blocchi e spezzoni di tufo. A questo primo ambiente si addossano, sia a sud che ad est, altre strutture di simile fattura, ma conservate solo per brevi tratti a livello di fondazione (Fig. 13.8).

FIG. 13.7. **Veduta dall'alto del sito n. 5.**

A seguito dell'evento alluvionale che ha interessato tutta questa zona, l'insediamento venne abbandonato e fu rioccupato nella piena epoca imperiale, tra il II ed il IV secolo d.C., quando venne rialzato tutto il piano con la creazione di un esteso battuto di frammenti ceramici e laterizi, che ricoprì le strutture murarie appartenenti alla prima fase.

Il terzo ed ultimo insediamento (sito n. 3, **Fig. 13.2**) (Morelli *et al.* 2008: 221–2)[40] è anch'esso caratterizzato da strutture in opera quadrata di blocchi di tufo di medie dimensioni, conservate per la maggior parte solo a livello di fondazione; da segnalare è l'assenza di pavimentazioni e di strati di crollo degli elevati e del tetto. L'impianto si articola in un grande ambiente disposto in senso est–ovest, alla cui estremità nord-occidentale si addossano due vani di minori dimensioni. La prima fase di vita, attribuibile ad un periodo compreso tra la fine del III e gli inizi del I secolo a.C.,

fu, come già visto per i siti precedenti, obliterata da un evento alluvionale; solo nel IV secolo d.C. l'area fu rioccupata sopraelevando e riutilizzando uno dei piccoli ambienti posti ad ovest, mentre le altre strutture vennero sigillate da un esteso piano di calpestio, costituito essenzialmente da frammenti di tegole anche di grosse dimensioni.

INSEDIAMENTI ARTIGIANALI

Sempre ad età repubblicana sono attribuibili due siti a carattere produttivo artigianale; si tratta di due fornaci di cui non è definibile il tipo di produzione, in quanto non si sono rinvenuti, nel corso degli scavi, indizi in tal senso. In entrambi i casi gli impianti sono di limitate dimensioni e sono stati abbandonati a seguito di un evento alluvionale che ha sigillato le strutture. La prima fornace (sito n. 6, **Fig. 13.2**) (Morelli *et al.* 2008: 222–4)[41] è del tipo a vasca,[42] realizzata nel

Fig. 13.8. Veduta dall'alto del sito n. 2.

substrato geologico argilloso, ed è costituita da due fosse adiacenti separate da un cordolo di argilla recante evidenti tracce di combustione. Ad est della fornace è presente un ampio avvallamento naturale del terreno, che fu utilizzato come punto di scarico di tutti i residui derivanti dalla combustione: oltre a carboni vi sono stati rinvenuti, infatti, i resti sia delle coperture provvisorie della fornace, sia dei piani di cottura, che venivano rinnovati periodicamente. All'interno dell'avvallamento sono stati recuperati, inoltre, reperti ceramici, tra i quali alcuni frammenti di un piattello tipo *Genucilia*, e di una coppa decorata all'interno da teste di satiro e pantera affrontate attribuibile, probabilmente, ad officine falische. L'impianto fu utilizzato in un periodo compreso tra la seconda metà del IV e gli inizi del III secolo a.C. e fu, come si è detto, abbandonato a seguito di un evento alluvionale che obliterò l'intera area.

Il secondo impianto artigianale (sito n. 7, **Fig. 13.2**) (Morelli *et al.* 2008: 224–6) è localizzato circa 1 km ad ovest del primo[43] ed è caratterizzato dalla presenza di due diverse fasi di occupazione, cronologicamente assai ravvicinate e separate da un evento alluvionale. La fase più antica, databile tra la fine del IV e la prima metà del III secolo a.C., ha il suo centro in una fornace di tipo orizzontale di limitate dimensioni[44] che fu completamente spoliata: rimangono, infatti, solo le impronte delle tegole che ne costituivano il piano.

Dopo l'evento alluvionale che obliterò la prima fornace, l'impianto venne immediatamente ricostruito: la seconda fase di occupazione è, infatti, databile ancora nell'ambito della prima metà del III secolo a.C. Anche la fornace più recente[45] è del tipo orizzontale priva di camera di combustione (**Fig. 13.9**): il fuoco veniva acceso su un piano costituito da quattro tegole poste davanti alla camera di cottura di forma quadrangolare e di limitate dimensioni;[46] la copertura era del tipo provvisorio ed era costituita da una struttura in argilla in cui erano affogati frammenti laterizi, ceramici e di anfore. In questa fase più recente venne anche realizzata un'opera di bonifica dell'area: vennero infissi nel terreno, in ordine sparso, colli di anfore greco-italiche con la funzione di drenare le acque di superficie attraverso il substrato argilloso, che altrimenti non ne avrebbe permesso il deflusso. In ambedue le fasi di vita l'area intorno alle fornaci era caratterizzata, inoltre, da estesi piani di calpestio in battuto di ciottoli e frammenti ceramici e da fosse per la decantazione dell'argilla.

EDIFICI ADIBITI A FUNZIONI DI SERVIZIO

In epoca imperiale, come si è detto, alcuni dei siti nati in età repubblicana continuarono ad essere frequentati; accanto ad essi vennero realizzati nuovi edifici, tra i quali rivestono particolare interesse due complessi che presentano tra loro analogie e caratteristiche strutturali che sembrano proprie di costruzioni adibite all'immagazzinamento o a funzioni di servizio. Nel sito indicato con il n. 4 nella carta archeologica (Fig. 13.2) è stato riportato in luce un edificio[47] a pianta rettangolare, orientato in senso nordovest–sudest, munito di un portico a pilastri sul lato occidentale (Fig. 13.10);[48] il portico metteva in collegamento la struttura con un ampio spazio aperto assi-

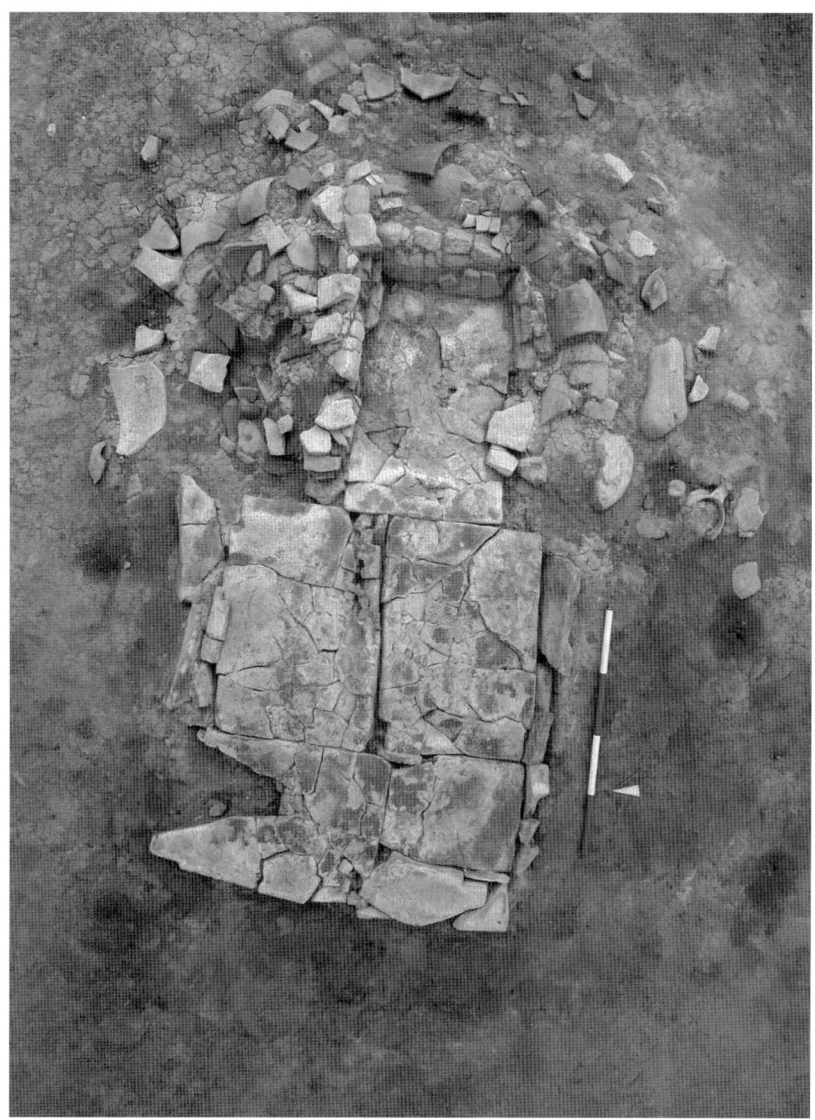

FIG. 13.9. La piccola fornace di epoca medio-repubblicana (II fase) individuata nel sito n. 7.

duamente frequentato, come sembrano attestare i lacerti di battuti pavimentali e di piccole strutture, individuati nel corso dello scavo. L'edificio vero e proprio è conservato solo a livello di fondazioni ed è articolato internamente in un grande ambiente centrale, in cui si sono rinvenuti lacerti di muratura con paramento in opera reticolata, e due ali laterali costituite da un ambiente a nord e due ambienti a sud.

Nell'area circostante sono stati individuati ben cinque pozzi, realizzati con tecniche diverse,[49] oltre ad un canale, posto a sud dell'insediamento, destinato, probabilmente, a convogliare ed irreggimentare le acque di superficie. Il canale separava l'insediamento da una piccola necropoli posta subito a sud di esso; si tratta di semplici deposizioni entro fossa terragna, raramente coperte da tegole disposte alla cappuccina

o in piano, contenenti resti di inumati[50] e prive, nella maggior parte dei casi, di corredo. I materiali rinvenuti nel corso dello scavo sembrano indicare un utilizzo della struttura tra il I ed il IV secolo d.C., anche se alcuni materiali ceramici, rinvenuti all'interno di una fossa posta a nord dell'insediamento, attestano una frequentazione dell'area già nel III–II secolo a.C.

Ad una distanza di circa 3,800 km ad ovest è stato individuato il secondo edificio (sito n. 8, Fig. 13.2)[51] che, nella sua prima fase di vita, presenta anch'esso una pianta rettangolare orientata in senso nordovest–sudest ed è munito di un portico a pilastri, sul lato occidentale, che lo metteva in collegamento con uno spazio aperto pavimentato a tratti da un battuto in frammenti ceramici. Anche in questo caso le strutture sono conservate solo a livello di fondazione, ma l'elevato

doveva essere realizzato in opera reticolata, come dimostrato i numerosi *cubilia* rinvenuti. In un periodo successivo, i pilastri del portico furono collegati da strutture murarie e lo spazio interno venne suddiviso in piccoli ambienti quadrangolari. Sempre nel corso di questa seconda fase di vita, tutto il complesso venne perimetrato da un lungo muro di recinzione. L'edificio

venne utilizzato tra la prima epoca imperiale ed il IV secolo d.C., ma anche in questo caso sono stati rinvenuti materiali ceramici che testimoniano una sporadica frequentazione dell'area in età medio-repubblicana.

All'interno di uno dei piccoli ambienti di seconda fase è stato rinvenuto un blocco di travertino[52] recante nella parte superiore un'iscrizione entro doppia cornice aggettante: si tratta di una dedica a Nettuno da parte di un Lucius Virtius Epaphroditus e di un Lucius Cornelius Hesper; l'iscrizione riporta anche i nomi dei due consoli del 135 d.C., Pontianus e Atilianus.[53] L'elemento più importante presente nell'epigrafe è l'identificazione dei due dedicanti come *conductores campi salinarum romanarum*. Come è noto, le saline, come quelle poste presso la foce del Tevere, in epoca romana erano proprietà dello stato (Giovannini 2001: 37). L'istituzione del monopolio statale della produzione del sale è collocata da Livio (2.9.6) nei primi anni della repubblica ed egli la attribuisce alla necessità di garantire un prezzo equo per tale prodotto e di evitare le speculazioni dei privati, che avevano portato a rincari eccessivi, con conseguente danno per la popolazione. Nel 204 a.C. i censori M. Livio, chiamato appunto Salinatore, e C. Claudio, promossero una riforma che, oltre ad aumentare l'imposta (*vectigal*) sul sale, stabilì per tale prodotto prezzi differenziati nelle diverse aree geografiche, lasciando, però, immutato tale prezzo a Roma (Livio 29.37.3). Ancora in epoca imperiale lo stato esercitava tale monopolio, ma lo sfruttamento vero e proprio delle saline veniva appaltato a dei concessionari: i *conductores salinarum*, noti anche da diverse fonti epigrafiche (*CIL* III 1209, 1363). Tali appaltatori, legati allo stato da un contratto, erano tenuti a pagare un canone ed a rispettare precise condizioni di produzione e di vendita. I due dedicanti che compaiono nella nostra epigrafe, Lucius Virtius Epaphroditus e Lucius Cornelius Hesper, erano, dunque, due appaltatori del *Campus Salinarum Romanarum*, cioè delle saline portuensi. Il contenuto dell'iscrizione sembra indicare chiaramente un collegamento tra l'edificio in cui è stata rinvenuta ed il complesso delle grandi saline che si sviluppavano più a nord: potrebbe, dunque, trattarsi di una delle costruzioni adibite a funzioni di servizio (come sembra indicare anche la tipologia delle strutture) che gravitavano intorno agli impianti di estrazione del sale.

L'ACQUEDOTTO PORTUENSE

Sempre all'età imperiale appartengono le due grandi infrastrutture realizzate al servizio dei porti di Claudio e Traiano che attraversano il nostro territorio: l'acquedotto Portuense e la via Portuense. Nel corso degli scavi effettuati nell'area della Nuova Fiera di Roma (2001–8), l'acquedotto Portuense (**Fig. 13.2**) (Nibby 1827: 25–6; Chiumenti e Bilancia 1979: 247) è stato indagato solo per brevissimi tratti, in connessione con alcune opere di urbanizzazione (**Fig. 13.11**). La struttura presenta caratteristiche del tutto identiche a quelle già rilevate nel corso delle indagini, ben più ampie ed

esaustive, effettuate sempre nella stessa area negli anni '90 del secolo scorso, in occasione della costruzione del complesso dell'Autoporto-Commercity (Petriaggi *et al.* 1995: 369–72; Carbonara, Vittori e Vori 2006).

Da citare, in connessione con l'acquedotto Portuense, è il rinvenimento di un gruppo di tre cisterne monumentali riportate in luce al km 20,200 circa della via Portuense (sito n. 9, **Fig. 13.2**). Delle strutture è stato possibile indagare solo la porzione più settentrionale, in quanto esse sono parzialmente ricoperte della strada moderna.[54] Le cisterne, nonostante le diversità strutturali, appartengono, probabilmente, ad un complesso unitario collegato all'acquedotto Portuense che, in questo punto, corre a poca distanza da esse, immediatamente a sud della via Portuense moderna. Tutte e tre le strutture, che sono disposte l'una accanto all'altra[55] secondo un asse parallelo all'acquedotto,[56] sono realizzate in conglomerato cementizio con paramento in opera laterizia, rivestita, all'interno, da uno strato di cocciopesto. Le murature perimetrali erano munite di contrafforti esterni rettangolari[57] che, sul lato nord della cisterna più orientale, vengono collegati da nicchie munite di archi di scarico. All'interno delle cisterne si sono riportati in luce sia i pilastri quadrangolari, che suddividevano lo spazio e sostenevano le coperture, sia la preparazione pavimentale costituita da bipedali. Non sono stati rinvenuti resti consistenti di crolli delle murature, e ciò conferma la sistematica spoliazione degli edifici che si riscontra, come già visto, un po' in tutto il territorio preso in esame.

LA *VIA PORTUENSIS*

La seconda grande infrastruttura realizzata in epoca imperiale al servizio dei porti è la *Via Portuensis* (Nibby 1827: 7–11, 18, 22–9, 56, 90; Tomassetti 1900: 5–7, 11, 19, 25, 33, 49; Ashby 1927: 219, 227; Platner e Ashby 1929: 566; Scheid 1976; Chiumenti e Bilancia 1979: 303–496; Radke 1981: 110; Petriaggi 1991). Il suo tracciato è stato riportato in luce negli ultimi anni, per una lunghezza complessiva di 1,5 km (**Fig. 13.2**) nell'area circostante la via Portuense moderna tra il km 16,200 ed il km 17,600 (Petriaggi *et al.* 1995; Petriaggi, Vittori e Vori 2001; Serlorenzi 2002; Serlorenzi *et al.* 2004; Arnoldus-Huyzendveld *et al.* 2009).[58] L'antico tracciato, che presenta un andamento nordest–sudovest, attraversava questo tratto del fondovalle tiberino correndo su un viadotto che, tramite una serie di ponti (ne sono stati contati in totale tredici, tutti concentrati nel settore nordest), superava alcune depressioni, di considerevoli dimensioni, presenti nel terreno.[59] Tali depressioni, che

FIG. 13.11. Veduta dall'alto di un tratto dell'acquedotto portuense riportato in luce nel 2007.

costituiscono un'anomalia morfologica nell'area, furono probabilmente originate da attività idrotermali, di cui si sono rinvenute vistose tracce al loro interno.

Intorno alla strada, infatti, sono stati individuati nel corso dello scavo strati biancastri caratterizzati localmente da incrostazioni calcaree derivanti dal deposito dell'acqua mineralizzata; ad ulteriore conferma di tale ipotesi è stata anche intercettata una polla ancora attiva. L'attività idrogeologica si è protratta nel tempo e deve aver creato non pochi problemi alla funzionalità del tracciato viario: ne sono testimonianza i numerosi tentativi di sigillare tali polle, effettuati a più riprese durante la lunga vita della strada, facendo penetrare, all'interno di esse, malta frammista a spezzoni di tufo e ciottoli.

La necessità di attraversare in quota l'area occupata dalle depressioni e dall'attività idrotermale, è sicuramente tra i motivi che hanno portato alla scelta di realizzare il viadotto, con il vantaggio di rispondere anche ai disagi causati dalle esondazioni del vicino fiume Tevere. I ponti, posti in corrispondenza delle depressioni e delle polle, permettevano, inoltre, la circolazione delle acque ed il loro deflusso da sud verso nord. Nel tratto riportato in luce la strada corre, come si è detto, su un viadotto sostenuto da due muri di contenimento in conglomerato cementizio,

con paramento in opera reticolata di tufo di buona fattura.[60] Le due strutture sono munite di contrafforti esterni, realizzati con la stessa tecnica edilizia, posti a distanze piuttosto regolari (**Fig. 13.12**).[61]

La costante e sistematica attività di spoliazione di epoca post-romana, il cui ultimo episodio è forse attribuibile all'epoca della costruzione di questo tratto della via Portuense moderna intorno al 1822–5,[62] ha portato alla completa asportazione degli strati superiori della strada e di parte dell'elevato delle murature, con la conseguente perdita dell'originaria pavimentazione.[63] È possibile ipotizzare, come sembra testimoniare il rinvenimento di alcuni basoli non più in situ, che in origine essa, almeno in alcuni tratti, fosse basolata.

Il viadotto è attraversato da ben tredici ponti, particolarmente concentrati nel settore posto a nord della via Portuense moderna; essi sono costituiti generalmente da un unico fornice; solo in due casi è presente una doppia arcata (**Fig. 13.13**). Le spalle, realizzate in conglomerato cementizio, sono rivestite internamente da blocchi di tufo litoide disposti generalmente di testa e di taglio; al di sopra dei blocchi si impostava una volta a botte munita di costolature in laterizio e rifinita in facciata da archi con ghiere, anch'esse in laterizio, di cui rimangono i resti delle reni.

FIG. 13.12. Il tratto più settentrionale della *Via Portuensis*.

La base del sottostante condotto[64] è costituita da una piattaforma cementizia che si lega con i due muri perimetrali di contenimento del viadotto. Solo in un secondo momento, probabilmente a seguito di lesioni e collassamenti delle volte dei ponti, al centro di ogni

condotto venne realizzato un muro di spina[65] che poggiava direttamente sulla piattaforma di base; il deflusso delle acque continuava, comunque, ad essere garantito dai due canali[66] lasciati aperti ai due lati del muro di spina.

Particolare interesse riveste il VI ponte, la cui costruzione fu interrotta in corso d'opera; del ponte furono realizzate, infatti, solo le due spalle in conglomerato cementizio rivestite dai blocchi di tufo, mentre mancano sia la piattaforma di base, sia la volta a botte di copertura. Il VI ponte, che venne inglobato all'interno della strada obliterandone le strutture, è, probabilmente, il risultato di un errore in fase di progettazione: tali ripensamenti sono peraltro testimoniati anche in altri tratti del tracciato stradale.

Frutto di un totale rifacimento è, invece, il ponte IX, di notevole ampiezza,[67] di cui si conserva la fondazione e solo in minima parte l'elevato: si riconoscono sicuramente due fornici disposti alle estremità est ed ovest, mentre al centro si collocava, probabilmente, più che un terzo fornice, una pila in struttura piena. La presenza di polle nell'area posta sia a nord che a sud del ponte e la pessima qualità del terreno imbibito d'acqua, resero necessaria la realizzazione di una fondazione in gettata cementizia entro cassaforma lignea: le impronte lasciate dalla cassaforma evidenziano l'uso di tavoloni verticali i cui interstizi vennero sigillati da piccoli rami e da altri elementi vegetali flessibili. L'attività delle polle non si interruppe, anzi, riprese con vigore dopo la ricostruzione del ponte: sono infatti testimoniati ulteriori interventi di restauro e ricucitura nel nucleo cementizio e del paramento, evidentemente danneggiati dall'attività erosiva delle acque. In connessione con uno degli interventi di ristrutturazione e restauro del ponte IX si rese

FIG. 13.13. **Ponte a doppia arcata** della *Via Portuensis*.

Fig. 13.14. Veduta generale del settore della *Via Portuensis* prossimo al fiume Tevere.

necessario realizzare dei ponteggi che permettessero le lavorazioni sulle parti alte della struttura: di tali ponteggi rimangono oggi i pali lignei di base della struttura ancora infissi nel terreno limoso su entrambi i lati del ponte.[68]

Il tratto dell'antica strada nell'area più prossima al Tevere, che è attualmente in corso di scavo, presenta caratteristiche differenti rispetto a quanto sinora visto (Fig. 13.14). In direzione del fiume il viadotto sembra, infatti, abbassarsi di quota: a ciò si associa l'assenza di ponti che, come già detto, caratterizzano il settore più settentrionale. Anche la tecnica costruttiva del viadotto si modifica: ai due muri in conglomerato cementizio e paramento in opera reticolata si sostituiscono, in alcuni tratti, strutture in opera quadrata realizzate con blocchi di tufo disposti per taglio. Il motivo di tale cambiamento, allo stato attuale delle ricerche, non è ancora evidente, anche se si può notare che l'attività idrotermale in questo tratto non origina depressioni nel terreno, ma risulta molto estesa in superficie, con la conseguente creazione di ampi depositi calcarei a lato della strada.

Per quanto riguarda la datazione dell'impianto stradale appena descritto, i dati archeologici ed i numerosi bolli laterizi ne ascrivono la costruzione all'età traianea, in evidente collegamento con la contemporanea realizzazione del porto di Traiano, anche se, come vedremo, l'origine dell'asse viario è ben più antica. Negli approfondimenti effettuati al di sotto degli strati di preparazione della *Via Portuensis* sono stati riportati in luce, infatti, altri due livelli stradali, caratterizzati entrambi da un battuto di ghiaia; si tratta di due precedenti tracciati viari sovrapposti o, più probabilmente, di due fasi della

preesistente *Via Campana* che conduceva, come è noto, al *Campus Salinarum Romanarum* (Ashby 1927: 19–31, 219; Platner e Ashby 1929: 561, s.v. *Via Campana*; Nibby 1837: 598–601; Tomassetti 1900: 5–7, 19, 25–9; Scheid 1976; Chiumenti e Bilancia 1979: 303; Radke 1981: 108–10; Petriaggi 1991: 75–6; Petriaggi *et al.* 1995: 361; Petriaggi, Vittori e Vori 2001: 145).[69] La *Via Campana* presenta, nei tratti riportati in luce, un andamento analogo a quello della successiva *Via Portuensis*, i cui muri di contenimento hanno intaccato con le loro fondazioni le due canalette di gronda presenti ai lati dei battuti di ghiaia, lasciando intatta, invece, la sede carrabile. Il livello più antico di glareato è costituito da uno strato di preparazione poggiante direttamente sul paleosuolo e realizzato con scaglie di calcare, travertino, calcare organogeno ('macco') e poche scaglie di tufo. L'accurata connessione dello strato di preparazione garantiva un piano carrabile uniforme, leggermente convesso, largo 4,60 m, rifinito superiormente da un sottile strato di sabbia e ghiaia fine su cui poggiava il vero e proprio acciottolato. L'uso prolungato e intenso di questo piancito stradale è testimoniato dalla presenza di almeno quattro profondi solchi di ruote. Al di sopra di questa più antica fase glareata è stato rinvenuto un secondo e più recente livello di battuto. Questa seconda fase è caratterizzata da uno strato di preparazione di ghiaia fine frammista a terriccio sabbioso; al di sopra di esso si colloca il vero e proprio piano stradale, costituito da un battuto di soli ciottoli, di piccole e medie dimensioni, compatto e ben disposto, anch'esso recante impronte delle ruote dei carri, che ripercorrono l'andamento di quelle presenti nel battuto sottostante e presentano lo stesso interasse.

In conclusione, la situazione riscontrata nel corso dello scavo è del tutto analoga a quanto individuato nella campagna di indagini effettuata in un'area limitrofa nel 2001–2 (Serlorenzi *et al.* 2004) e piena è anche la concordanza cronologica. Il più antico tracciato stradale in glareato, interpretabile come la primitiva *Via Campana*, venne realizzato in un periodo compreso tra la fine del IV e la prima metà del III secolo a.C. In epoca giulio-claudia, forse proprio in connessione con la costruzione del porto di Claudio, venne ripristinata e migliorata l'antica *Via Campana* mediante il rialzamento del piano stradale e la posa in opera del secondo livello di glareato, che presenta una particolare accuratezza nella realizzazione. Ma solo in epoca traianea si giunse alla realizzazione di una più funzionale viabilità al servizio del porto di Roma, da cui prenderà il nome di *Via Portuensis*: si tratta della grande strada su viadotto riportata in luce nel corso dei nostri scavi; la nuova viabilità, pur ripercorrendo l'andamento della più antica *Via Campana*, è frutto di un preciso progetto, mirante a realizzare un percorso rettilineo e veloce, adatto, al contempo, ad attraversare terreni acquitrinosi e protetto dalle piene del Tevere.

L'esistenza di una fase arcaica della *Via Campana* non è a tutt'oggi attestata nel nostro territorio; a tal proposito sono da sottolineare due dati che emergono dall'analisi degli interventi di scavo e delle fonti antiche. Il primo dato è l'appartenenza al medesimo periodo storico sia dei più antichi insediamenti individuati nel nostro territorio, sia della prima fase di vita della *Via Campana*; il secondo riguarda la convergenza tra questo dato cronologico e la tradizione riportata da alcune fonti, in particolare Livio. Dopo la conquista di Veio e delle saline da parte di Furio Camillo nel 396 a.C., Roma si trovò a dover fronteggiare per ben tre volte, nel 390, nel 356 e nel 353 a.C. (Livio 5.45.88, 7.17.6, 7.19.8), i tentativi veienti di riconquistare l'area; di conseguenza, stando alle fonti, è solo dalla seconda metà del IV secolo a.C. che questa zona si può ritenere completamente pacificata sotto il dominio di Roma. Non può, quindi, essere considerato un caso che, stando ai dati provenienti dai diversi scavi, proprio tra la fine del IV e gli inizi del III secolo a.C. nel nostro territorio venga realizzata un'importante infrastruttura di collegamento come il tratto portuense della *Via Campana* (I fase) e venga favorita la nascita di numerosi insediamenti anche a carattere produttivo e di servizio. Ciò potrebbe corrispondere ad un preciso progetto politico di consolidamento del predominio romano su quest'area, il cui possesso significò il controllo, nei secoli successivi, della produzione e del commercio di un bene essenziale nell'antichità: il sale.

NOTE

1. L'area è compresa nei comuni di Roma (XV Municipio) e di Fiumicino, e ricade nel territorio di competenza della Soprintendenza per i Beni Archeologici di Ostia.
2. Assai vasta è la letteratura sui porti imperiali; si veda, da ultimo: Keay *et al.* 2005.
3. Si veda pp. 277–81.
4. Si possono citare, ad esempio, le ville costiere di Santa Ninfa (Archivio della Soprintendenza per i Beni Archeologici di Ostia) e di Campo delle Corse-Cecina di Falcia (Tomassetti 1910: 504; Lugli 1928), o la colonia romana di *Fregenae*, situata sempre in prossimità del litorale (Nibby 1848b: 280; Tomassetti 1910: 496, 503–4; Ashby 1927: 219).
5. Nel nostro territorio sono state collocate grandi infrastrutture come la Nuova Fiera di Roma e l'Interporto Roma–Fiumicino, oltre ad estesi insediamenti commerciali, artigianali e residenziali, quali quelli compresi nel Piano Particolareggiato L23, nel Quadrante Ovest dell'Area Metropolitana di Roma e nell'Autoporto-Commercity, solo per citarne alcuni.
6. Si ringraziano gli archeologi che hanno partecipato alle campagne di scavo: Roberto Castelli, Alessandra Facciolo, Monica Gala, Maria Cristina Grossi, Francesca Merighi, Maria Lucrezia Rinaldi, Daria Ruggeri, Sandra Sivilli (scavi nell'area dell'Interporto Roma–Fiumicino); Esmeralda Forte, Viviana Forte, Rosalba Giudice, Paola Manacorda, Caterina Ruscio, Massimo Zirpolo (scavi nelle aree del Piano Particolareggiato L23 e del Quadrante Ovest dell'Area Metropolitana di Roma); e Francesca Accurso, Maria Rosaria Borzetti, Elisabetta Celluprica, Cristina Ceracchi, Francesca Colantoni, Maria Helena Marchetti, Laura Meloni, Paola Poli, Raffaele Pugliese, Carla Rubino, Gelsomina Russo (scavi nell'area della Nuova Fiera di Roma).
7. Tutti i dati presentati in questa sede sono da considerarsi preliminari, in quanto molte delle attività di scavo sono ancora in corso ed i materiali sono attualmente oggetto di studio. In particolare, i materiali ceramici di epoca repubblicana sono oggetto di un progetto del Fondo per gli Investimenti della Ricerca di Base, 'Ricostruire i commerci nel Mediterraneo in epoca ellenistica e romana' attraverso nuovi approcci scientifici e tecnologici, in collaborazione con l'Università degli Studi di Roma 'La Sapienza' (coordinamento Prof.ssa Gloria Olcese) (Morelli, Olcese e Zevi 2004: 48–52), mentre i materiali numismatici sono in corso di studio da parte della Dott.ssa Emanuela Spagnoli (Spagnoli 2007: 258–62).
8. Questo tema è trattato anche da Giraudi in questo volume (Capitolo 2).
9. Il bacino del porto di Claudio sfruttò probabilmente una foce del Tevere da tempo abbandonata (Segre 1986).
10. Si veda anche il discorso sulla via di Serlorenzi e Di Giuseppe in questo volume (Capitolo 14).
11. Vedi anche il contributo di Giraudi su Maccarese in questo volume (Capitolo 2).
12. Per le problematiche generali relative all'occupazione di questo territorio in epoca pre- e protostorica, si veda: Manfredini 2002.
13. Subito ad ovest del Rio Galeria era collocata, infatti, la Tenuta di Campo Salino.
14. Località Le Vignole, Lingua d'Oca e Cento Rubbia.
15. I reperti lignei sono stati recuperati e campionati da Emanuela Peverati e sono in corso di studio da parte della Dott.ssa Alessandra Celant, collaboratore del Dipartimento di Biologia Vegetale dell'Università degli Studi di Roma 'La Sapienza'.
16. I canali presentano una larghezza variabile da 0,57 a 3,40 m, ed una profondità compresa tra 0,13 e 1,40 m, anche se è da sottolineare che la maggior parte dei manufatti è larga da 1,40 a 2,60 m e profonda da 0,60 a 1,00 m.
17. I canali presentano una larghezza variabile da 0,40 a 4,30 m, ed una profondità compresa tra 0,15 e 1,90 m, anche se è da sottolineare che la maggior parte dei manufatti è larga da 1,00 a 3,30 m e profonda da 0,50 a 1,20 m.
18. Le vasche di forma subcircolare hanno un diametro oscillante tra 3,25 e 4,50 m ed una profondità compresa tra 0,72 e 1,80 m.
19. Le vasche di forma subrettangolare misurano tra i 4 e gli 8 m di lato e sono profonde da 0,80 a 1,20 m.
20. Oltre alla fauna ittica stanziale, negli stagni salmastri costieri sono presenti, in alcuni periodi dell'anno (particolarmente tra primavera ed autunno), anche altre specie di pesci quali, ad esempio, muggini e spigole.
21. È da segnalare che gli scavi in atto nell'area posta a sud dell'Interporto Roma–Fiumicino stano riportando in luce la prosecuzione dell'allineamento in tale direzione.
22. Il cattivo stato di conservazione è dovuto, probabilmente, sia alla lunga permanenza in acqua salmastra, sia a fenomeni di erosione.
23. I due canali hanno forma leggermente svasata alle due estremità, con particolare accentuazione verso ovest; pertanto presentano una larghezza minore al centro (rispettivamente di 2,76 e 3,34 m) ed una larghezza massima all'estremità ovest (rispettivamente di 4 e 4,12 m). L'altezza conservata dell'elevato delle strutture oscilla tra 0,52 e 0,57 m.
24. I reperti lignei sono in corso di analisi e di studio.
25. I due canali entro terra hanno profondità media di 1,00–1,10 m ed hanno notevoli dimensioni; essi presentano, infatti, una larghezza di 6,35–6,70 m alla sommità e di 2,70–3,20 m sul fondo.
26. Questi due canali minori presentano una larghezza variabile da 3,51 a 4 m. L'altezza conservata dell'elevato delle strutture oscilla tra 0,74 e 0,98 m.
27. Le anfore sono in corso di studio da parte del Dott. Salvatore Medaglia, che qui si ringrazia per i dati preliminari forniti.
28. Si segnala, comunque, che tale datazione è basata solo sui dati provenienti dalle anfore, essendo assenti altri indicatori cronologici; non è da sottovalutare, quindi, la possibilità di una datazione leggermente diversa dell'impianto, considerato il noto problema della 'durata di vita' di un'anfora, specialmente nei suoi utilizzi secondari.
29. I due canali principali, che intersecano la diga ad anfore, hanno una pendenza da ovest verso est, rispettivamente di 19 e 8 cm.
30. Dei due canali entro terra il più meridionale ha una pendenza nettamente definita da ovest verso est, mentre il più settentrionale

presenta un fondo più irregolare con un abbassamento di quota centrale.

31. Forse a causa dei profondi fenomeni di erosione cui è stata soggetta l'area, allo stato attuale delle indagini, non sono stati individuati resti evidenti di tale terrapieno; è, però, da segnalare che ai due lati dell'allineamento di anfore il substrato limoso tende ad abbassarsi di quota, formando due depressioni che corrono parallele alla diga che, quindi, risultava emergente rispetto al terreno immediatamente circostante.

32. Relativamente alla proprietà e alla gestione delle saline, si veda p. 277.

33. Si veda pp. 266–9.

34. Sulle ricerche archeologiche condotte in quest'area, si veda: Morelli, Olcese e Zevi 2004: 47, fig. 2 (planimetria delle aree di scavo): n. 3 (Piano Particolareggiato L23, che ha restituito almeno 80 monete), n. 4 (Nuova Fiera di Roma, da cui provengono almeno dieci monete) e n. 5 (Autoporto-Commercity).

35. Per una disamina di queste evidenze si veda il contributo di Spagnoli in questo volume (Capitolo 11).

36. Il sito è localizzato all'interno dell'area destinata alla Nuova Fiera di Roma, all'altezza del km 17 della via Portuense (circa 150 m a sud di essa); l'edificio, di forma quadrangolare, ricopre un'area di circa 14 × 17 m.

37. Il sito è localizzato all'interno del Piano Particolareggiato L23 all'altezza del km 18,300 della via Portuense (circa 700 m a nord di essa); le strutture interessano un'area di circa 5 × 11 m.

38. Anche in questo caso si conserva un solo filare di blocchi.

39. Il sito è localizzato all'interno del Piano Particolareggiato L23 all'altezza del km 18,300 della via Portuense (circa 500 m a nord di essa); le strutture interessano un'area di circa 11 × 13 m.

40. Il sito è localizzato all'interno del Piano Particolareggiato L23 all'altezza del km 18,100 della via Portuense (500 m a nord di essa); l'edificio riportato in luce misura circa 12 × 16 m.

41. L'area è situata all'interno del Piano Particolareggiato L23 all'altezza del km 18,400 della via Portuense (circa 100 m a nord di essa).

42. La fornace è lunga complessivamente 2,10 m, larga 0,70 m e presenta una profondità massima di 0,32 m.

43. Il sito è situato all'interno del Piano Particolareggiato L23 all'altezza del km 19,300 della via Portuense (circa 300 m a nord di essa).

44. La fornace misura 2,20 m di lunghezza e 0,90 m di larghezza.

45. La fornace misura 2,10 m di lunghezza e 1,10 m di larghezza massima.

46. La camera di cottura misura 0,50 × 0,60 m.

47. L'insediamento è localizzato all'interno dell'area destinata alla Nuova Fiera di Roma all'altezza del km 15,800 della via Portuense (circa 400 m a sud di essa); l'edificio è di forma quadrangolare con lati di 39 × 14,50 m.

48. Sono state riportate in luce le fondazioni quadrangolari in cementizio di sei pilastri.

49. Sono stati individuati pozzi rivestiti internamente da blocchetti calcarei, da *dolia*, da elementi cilindrici in terracotta e da tegole disposte a contrasto.

50. Nella maggior parte dei casi si tratta di individui di sesso maschile.

51. Il sito è localizzato all'interno del Piano Particolareggiato L23 all'altezza del km 19,600 della via Portuense (circa 50 m a nord di essa); l'edificio è lungo 44,50 m e presenta una larghezza massima individuata di 11,50 m.

52. Il blocco, rotto in due frammenti e lacunoso nella parte superiore, fu riutilizzato all'interno di un piano pavimentale costituito da scapoli di tufo e da frammenti laterizi; esso misura 2,14 m di lunghezza massima conservata, 0,60 m di larghezza e 0,30 m di spessore.

53. L. Tutilio Luperco Pontiano e P. Calpurnio Atiliano.

54. La più occidentale delle cisterne fu già individuata nel 1997 (Carbonara, Vittori e Vori 2006: 475–6).

55. La cisterna più occidentale dista da quella centrale circa 13 m, mentre quest'ultima dista dalla più orientale circa 40 m.

56. La cisterna più occidentale, orientata in senso est–ovest, misura 42 m di lunghezza ed è stata individuata per una larghezza massima di 10 m; la cisterna centrale, orientata in senso nord–sud, è larga 25 m ed è stata scoperta per una lunghezza massima di 14 m; l'ultima cisterna, la più orientale, è orientata in senso est–ovest e presenta una lunghezza di 29 m ed una larghezza massima di 13,10 m.

57. L'interasse dei contrafforti oscilla tra 4,10 e 4,90 m.

58. Il tracciato antico corre con andamento obliquo rispetto alla via Portuense moderna, che lo intercetta all'altezza del km 17 circa.

59. Le depressioni, profonde anche alcuni metri, raggiungevano anche 10 m di larghezza e distavano tra loro tra i 50 e i 100 m.

60. Le fondazioni sono realizzate in conglomerato con *caementa* legati da malta pozzolanica.

61. La distanza tra i contrafforti oscilla tra 4,20 e 4,50 m.

62. In un documento conservato presso l'Archivio di Stato di Roma e datato al 20 maggio 1822, in cui sono riportati gli accordi presi con l'appaltatore Angelo Ruiz per la costruzione del tratto della nuova via Portuense posto ad ovest di Ponte Galeria, viene previsto un compenso per 'la demolizione di muri antichi di notabile durezza' e l'utilizzo delle macerie per realizzare la massicciata della nuova strada (Archivio di Stato di Roma, Fondo Presidenza delle Strade, Lavori stradali in Agro Romano e Comarca, busta 288).

63. Ciò che oggi si conserva sono, infatti, solo gli strati di preparazione, caratterizzati da un allettamento di spezzoni di tufo e da soprastanti livelli di ghiaia frammista a terriccio.

64. La larghezza interna dei condotti è di circa 3 m.

65. I muri di spina, larghi 1,20–1,40 m, sono costituiti da un conglomerato cementizio con paramento in opera laterizia.

66. Larghi circa 0,80 m.

67. Il ponte misura 17 m di lunghezza.

68. I pali, disposti su due file parallele su ogni lato del ponte, dovevano sostenere passerelle lignee oggi andate perdute; nel corso dello scavo sono stati effettuati prelievi del materiale ligneo, attualmente in corso di studio e di analisi.

69. La *Via Campana*, nota dalle fonti storiche (Suetonio, *Vita di Augusto* 94) ed epigrafiche (*CIL* VI 1610), è citata anche nella *Notitia Urbis Romae Regionum XIIII* e nel *Curiosum Urbis Romae Regionum XIIII* (si veda: Valentini e Zucchetti 1940: I, 63–192; Nordh 1949).

Riferimenti bibliografici

Abbreviazioni
CIL   *Corpus Inscriptionum Latinarum* (1863–). Berlino, Georg Reimer/Walter de Gruyter.

Fonti antiche
Livio
W. Weissenborns (1886–99) *Titi Livi* Ab Urbe Condita *Libri*. Berlino, Weidmannsche Buchhandlung.

Suetonio
M. Ihm (1908) *C. Suetoni Tranquilli* Opera *I.* De Vita Caesarum. Leipzig, Teubner.

Tacito
C.D. Fisher (1906) *Cornelii Taciti* Annalium *Libri (Oxford Classical Texts)*. Oxford, Clarendon Press.

Fonti moderne
Agricola, G. (1556) *De Re Metallica Libri XII*. Basilea, H. Froben.

Alonso Villalobos, C., Gracia Prieto, F.J. e Ménanteau, L. (2003) Las salinas de la Bahía de Cádiz durante la antigüedad: visión geoarqueológica de un problema histórico. *SPAL: Revista de Prehistoria y Arqueología de la Universidad de Sevilla* 12: 317–32.

Amenduni, G. (1884) *Sulle opere di bonificazione della plaga litoranea dell'Agro Romano, che comprende le paludi e gli stagni di Ostia, Porto, Maccarese e delle terre vallive di Stracciacappa, Baccano, Pantano e Lago dei Tartari. Relazione del progetto generale 15/7/1880 (Ministero dei Lavori Pubblici, Roma)*. Roma, Tipografia Eredi Botta.

Antico Gallina, M. (1998) Le anfore come elemento funzionale a interventi di bonifica geotecnica ed idrogeologica: alcune riflessioni. In S. Pesavento Mattioli (ed.), *Bonifiche e drenaggi con anfore in epoca romana: aspetti tecnici e topografici. Atti del seminario di studi (Padova 1995)*: 73–9. Modena, Franco Cosimo Panini.

Arnoldus-Huyzendveld, A. (2005) The natural environment of the Agro Portuense. In S. Keay, M. Millett, L. Paroli e K. Strutt, *Portus. An Archaeological Survey of the Port of Imperial Rome (Archaeological Monographs of the British School at Rome 15)*: 14–30. Londra, British School at Rome.

Arnoldus-Huyzendveld, A. e Pellegrino, A. (2000) Development of the lower Tiber valley in historical times. In *Atti del II convegno internazionale sulla conservazione del patrimonio geologico: geotopi, esperienze internazionali e italiane (Roma 1996) (Memorie descrittive della Carta geologica d'Italia* LIV): 219–26. Roma, Istituto Poligrafico e Zecca dello Stato.

Arnoldus-Huyzendveld, A., Carbonara, A., Ceracchi, C. e Morelli, C. (2009) La viabilità nel territorio portuense. In V. Jolivet, C. Pavolini, M.A. Tomei e R. Volpe (edd.), *Suburbium* II: *il suburbio di Roma dalla fine dell'età monarchica alla nascita del sistema delle ville (V–II sec. a.C.) (Collection de l'École Française de Rome* 419): 599–619. Roma, École Française de Rome.

Ashby, T. (1927) *The Roman Campagna in Classical Times*. Londra, E. Benn.

Bellotti, P. (2000) Il modello morfo-sedimentario dei maggiori delta tirrenici italiani. *Bollettino della Società Geologica Italiana* 119: 777–92.

Bellotti, P., Calderoni, G., Carboni, M.G., Di Bella, L., Tortora, P., Valeri, P. e Zernitskaya, V. (2007) Late Quaternary landscape evolution of the Tiber river delta plain (central Italy): new evidence from pollen data, biostratigraphy and ^{14}C dating. *Zeitschrift für Geomorphologie* 51 (4): 505–34.

Belluomini, G., Iuzzolini, P., Manfra, L., Mortari, R. e Zalaffi, M. (1986) Evoluzione recente del delta del Tevere. *Geologica Romana* 25: 213–34.

Biglieri, A. (1896) La bonifica idraulica del delta del Tevere. *Giornale del Genio Civile — anno 1895*: 1–56.

Biserni, G. e van Geel, B. (2005) Reconstruction of Holocene palaeoenvironment and sedimentation history of the Ombrone alluvial plain (south Tuscany, Italy). *Review of Palaeobotany and Palynology* 136: 16–28.

Camporeale, G. (1997) Il sale e i primordi di Veio. In G. Bartoloni (ed.), *Le necropoli arcaiche di Veio. Giornata di studio in memoria di Massimo Pallottino*: 197–9. Roma, Università degli Studi di Roma 'La Sapienza'.

Carbonara, A., Vittori, M.C. e Vori, P. (2006) L'acquedotto portuense. *Mélanges de l'École Française de Rome. Antiquité* 118 (2): 472–6.

Chiumenti, L. e Bilancia, F. (1979) *La campagna romana antica, medioevale e moderna. Edizione redatta sulla base degli appunti lasciati da Giuseppe e Francesco Tomassetti* VI. *Vie Nomentana e Salaria, Portuense, Tiburtina (Arte e archeologia. Studi e documenti* 16–17). Firenze, L.S. Olschki Editore.

Di Martino, V. e Belati, M. (1980) *Qui arrivò il Tevere. Le inondazioni del Tevere nelle testimonianze e nei record storici*. Roma, Multigrafica Editrice.

Fea, C. (1831) *Storia delle saline di Ostia introdotte da Anco Marcio quarto re di Roma dopo la fondazione di quella città*. Roma, Stamperia della Reverenda Camera Apostolica.

Giovannini, A. (1985) Le sel et la fortune de Rome. *Athenaeum* 73: 373–87.

Giovannini, A. (2001) Les salines d'Ostie. In J.P. Descoeudres (ed.), *Ostia port et porte de la Rome antique*: 36–8. Ginevra, Musée Rath.

Giraudi, C. (2004) Evoluzione tardo-olocenica del delta del Tevere. *Il Quaternario —Italian Journal of Quaternary Sciences* 17 (2/2): 477–92.

Keay, S., Millett, M., Paroli, L. e Strutt, K. (2005) *Portus. An Archaeological Survey of the Port of Imperial Rome (Archaeological Monographs of the British School at Rome 15)*. Londra, British School at Rome.

Lambeck, K., Antonioli, F., Purcell, A. e Silenzi, S. (2004) Sea-level change along the Italian coast for the past 10,000 yr. *Quaternary Science Reviews* 23: 1.567–98.

Lanciani, R. (1888) Il 'Campus Salinarum Romanarum'. *Bullettino della Commissione Archeologica Comunale di Roma*: 83–91.

Le Gall, J. (2005) *Il Tevere fiume di Roma nell'antichità, seconda edizione aggiornata a cura di C. Mocchegiano Carpano e G. Pisani Sartorio*. Roma, Edizioni Quasar.

Lugli, G. (1928), Fregene, resti di edificio balneare nel campo delle Corse. *Notizie degli Scavi di Antichità*: 168–72.

Lugli, G. e Filibeck, G. (1935) *Il porto di Roma imperiale e l'Agro Portuense*. Bergamo, Officine dell'Istituto Italiano di Arti Grafiche.

Manfredini, A. (2002) (ed.) *Le dune, il lago, il mare*. Firenze, Istituto Italiano di Preistoria e Protostoria.

Ministero Agricoltura e Foreste (1947) (ed.) *I comprensori di bonifica* II. *Italia centrale*. Roma, Ministero Agricoltura e Foreste.

Morelli, C., Olcese, G. e Zevi, F. (2004) Scoperte recenti nelle saline portuensi (*Campus Salinarum Romanarum*) e un progetto di ricerca sulla ceramica di area ostiense in età repubblicana. In A. Gallina Zevi e R. Turchetti (edd.), *Méditerranée occidentale antique: les échanges* (*ANSER* III): 43–55. Soveria Mannelli, Rubbettino Editore.

Morelli, C., Carbonara, A., Forte, V., Giudice, R. e Manacorda, P. (2008) The landscape of the Ager Portuensis, Roma: some new discoveries, 2000–2002. In G. Lock e A. Faustoferri (edd.), *Archaeology and Landscape in Central Italy. Papers in Memory of John A. Lloyd* (*Oxford University School of Archaeology Monograph* 69): 213–32. Oxford, Oxford University School of Archaeology.

Nibby, A. (1827) *Della via Portuense e dell'antica città di Porto*. Roma, Angelo Ajami.

Nibby, A. (1837) *Analisi storico-topografico-antiquaria della carta de' dintorni di Roma* III, prima edizione. Roma, Tipografia delle Belle Arti.

Nibby, A. (1848a) *Analisi storico-topografico-antiquaria della carta de' dintorni di Roma* I, seconda edizione. Roma, Tipografia delle Belle Arti.

Nibby, A. (1848b) *Analisi storico-topografico-antiquaria della carta de' dintorni di Roma* II, seconda edizione. Roma, Tipografia delle Belle Arti.

Nordh, A. (1949) *Libellus de Regionibus Urbis Romae*. Lund, C.W.K. Gleerup.

Parisi Presicce, A. e Villetti, G. (1998) Le bonifiche: un ponte fra passato e futuro. In C. Bagnasco (ed.), *Il delta del Tevere. Un viaggio tra passato e futuro*: 97–109. Roma, Palombi.

Pesavento Mattioli, S. (1998) (ed.) *Bonifiche e drenaggi con anfore in epoca romana: aspetti tecnici e topografici. Atti del seminario di studi (Padova 1995)*. Modena, Franco Cosimo Panini.

Petriaggi, R. (1991) La viabilità tra Roma e Porto. In *Viae Publicae Romanae (catalogo della mostra Roma 1991)*: 75–6. Roma, Leonardo/De Luca Editore.

Petriaggi, R., Vittori, M.C. e Vori, P. (2001) Un contributo alla conoscenza del tracciato della via Portuense e della viabilità tra Roma e Porto. *Atlante Tematico di Topografia Antica* 10: 139–50.

Petriaggi, R., Bonacci, G., Carbonara, A., Vittori, M.C., Vivarelli, M.L. e Vori, P. (1995) Scavi a Ponte Galeria: nuove acquisizioni sull'acquedotto di Porto e sulla topografia del territorio portuense. *Archeologia Laziale* 12: 361–73.

Platner, S. e Ashby, T. (1929) *A Topographical Dictionary of Ancient Rome*. Oxford, Oxford University Press.

Radke, G. (1981) *Viae Publicae Romanae*. Bologna, Cappelli.

Scheid, J. (1976) Note sur la *Via Campana*. *Mélanges de l'École Française de Rome. Antiquité* 88 (2): 639–68.

Segre, A.G. (1986) Considerazioni sul Tevere e sull'Aniene nel Quaternario. In S. Quilici Gigli (ed.), *Il Tevere e le altre vie d'acqua del Lazio antico* (*Archeologia Laziale* 7 (2)): 9–17. Roma, Consiglio Nazionale delle Ricerche.

Serlorenzi, M. (2002) Via Portuense. Rinvenimento di un nuovo tratto della via antica. *Bullettino della Commissione Archeologica Comunale di Roma* 103: 359–64.

Serlorenzi, M., Amatucci, B., Arnoldus-Huyzendveld, A., De Tommasi, A., Di Giuseppe, M., La Rocca, C., Ricci, G. e Spagnoli, E. (2004) Nuove acquisizioni sulla viabilità dell'Agro Portuense. Il rinvenimento di un tratto della via Campana e della via Portuense. *Bullettino della Commissione Archeologica Comunale di Roma* 105: 47–114.

Servizio Geologico d'Italia (1967) *Carta geologica d'Italia alla scala 1 : 100.000. Foglio 149 — Cerveteri, con note illustrative*. Roma, Ministero dell'Industria, del Commercio e dell'Artigianato.

Spagnoli, E. (2007) Evidenze numismatiche dal territorio di Ostia antica (età repubblicana–età flavia). In *Presenza e circolazione della moneta in area vesuviana. Atti del XIII convegno organizzato dal Centro Internazionale di Studi Numismatici e dall'Università di Napoli 'Federico II' (Napoli 2003)*: 233–388. Roma, Istituto Italiano di Numismatica.

Tomassetti, G. (1900) Della campagna romana nel medio evo. Illustrazione della via Portuense. *Archivio della Reale Società Romana di Storia Patria* 32–3: 5–86.

Tomassetti, G. (1910) *La Campagna Romana antica, medioevale e moderna* II. Roma, E. Loescher.

Tuccimei, P., Soligo, M., Arnoldus-Huyzendveld, A., Morelli, C., Carbonara, A., Tedeschi, M. e Giordano, G. (2007) Datazione U/Th di depositi carbonatici intercalati ai resti della via Portuense antica (Ponte Galeria, Roma): attribuzione storico-archeologica della strada e documentazione cronologica dell'attività idrotermale del fondovalle tiberino. *FOLD&R Fasti OnLine Documents & Research* 97: 1–9.

Valentini, R. e Zucchetti, G. (1940) *Codice topografico della città di Roma*. Roma, Tipografia del Senato.

Venditelli, M. (1992) Diritti ed impianti di pesca degli enti ecclesiastici romani tra X e XIII secolo. *Mélanges de l'École Française de Rome. Moyen Âge* 104: 387–430.

Vittori, M.C. e Vori, P. (1999) Un complesso repubblicano sulla riva destra del Tevere in località Quartaccio (Ponte Galeria). *Mededelingen van het Nederlands Instituut te Rome* 58: 48–52.

LA *VIA CAMPANA*: SPUNTI DI RIFLESSIONE SUL CONTESTO TOPOGRAFICO E AMBIENTALE

Mirella Serlorenzi & Helga Di Giuseppe

PREMESSA

I risultati delle indagini archeologiche condotte tra il 2001 e il 2002 a nord della moderna via Portuense al km 17,500, riguardanti lo scavo di un tratto della via Campana-Portuense (Fig. 14.1), sono state già rese note in precedenti contributi,[1] in questa sede, pertanto, saranno sintetizzate le descrizioni della stratigrafia (riguardanti solo la *Via Campana* e la *Via Portuensis* costruita da Claudio) per concentrare l'attenzione principalmente su argomenti specifici: la particolarità del percorso della strada nel suo ultimo tratto, e la specificità di alcuni depositi rinvenuti all'interno della via Campana.

Prima di iniziare la disamina delle problematiche emerse, occorre ricordare che lo scavo ha messo in luce, su tre settori contigui, circa 130 m di una strada attribuibile ai rifacimenti traianei della *Via Portuensis* rimasta in uso fino al XVI secolo.[2] La monumentalizzazione fu realizzata quando Traiano intervenne sul porto con un grandioso progetto di ampliamento, che comportò anche il sopraelevamento della strada di età claudia. Claudio, a sua volta, oltre alla costruzione del porto, rinnovò la viabilità d'accesso all'area, ampliando e ristrutturando un percorso precedente di età medio-repubblicana identificabile con la *Via Campana* (Fig. 14.2).

LA COSTRUZIONE DELLA *VIA CAMPANA*

La strada originaria viene costruita praticando un taglio sul piano antico di campagna (US 55), composto da un terreno limoso, all'interno del quale viene steso il sottofondo stradale, realizzato con un compatto strato di schegge di tufo di piccole e medie dimensioni (Fig. 14.3). La strada vera e propria è costituita da larghe crepidini laterali, e da una carreggiata (US 149), anch'essa realizzata con elementi di tufo appena sbozzati e legati insieme da limo argilloso (Fig. 14.4). Il *pavimentum* originario doveva essere verosimilmente composto da un compatto strato di ghiaia, oggi quasi completamente mancante per via della forte usura dovuta al prolungato passaggio di carri, che, specialmente nella parte centrale del percorso, ha creato un forte avvallamento. Proprio in questo punto lo scavo ha messo in luce due fosse sovrapposte (US 157, 148) che furono colmate con lo stesso materiale e la stessa tecnica costruttiva utilizzata per la messa in opera della strada. Tali operazioni, come dimostrano le cronologie dei reperti contenuti sia nei riempimenti delle fosse (US 147, 133), sia negli strati di costruzione, furono effettuate nello stesso arco temporale e probabilmente con uno scopo ben preciso (Fig. 14.5). Il contesto dei materiali offre, infatti, sia una coerenza tipologica, con particolare selezione degli oggetti deposti, sia cronologica, essendo tutto il materiale ascrivibile al primo trentennio del III secolo a.C. Tale percorso viario fu definitivamente obliterato con la costruzione di una nuova strada all'inizio del I secolo d.C.

LA COSTRUZIONE DELLA *VIA PORTUENSIS*

Quando l'imperatore Claudio decise di costruire il grande porto di Roma, non potè certo trascurare di realizzare adeguate infrastrutture per la vita dello scalo commerciale. Come hanno ampiamente dimostrato gli scavi della Soprintendenza per i Beni Archeologici di Ostia,[3] l'imperatore si preoccupò di costruire un acquedotto lungo la piana portuense e di rinnovare la precedente viabilità che era

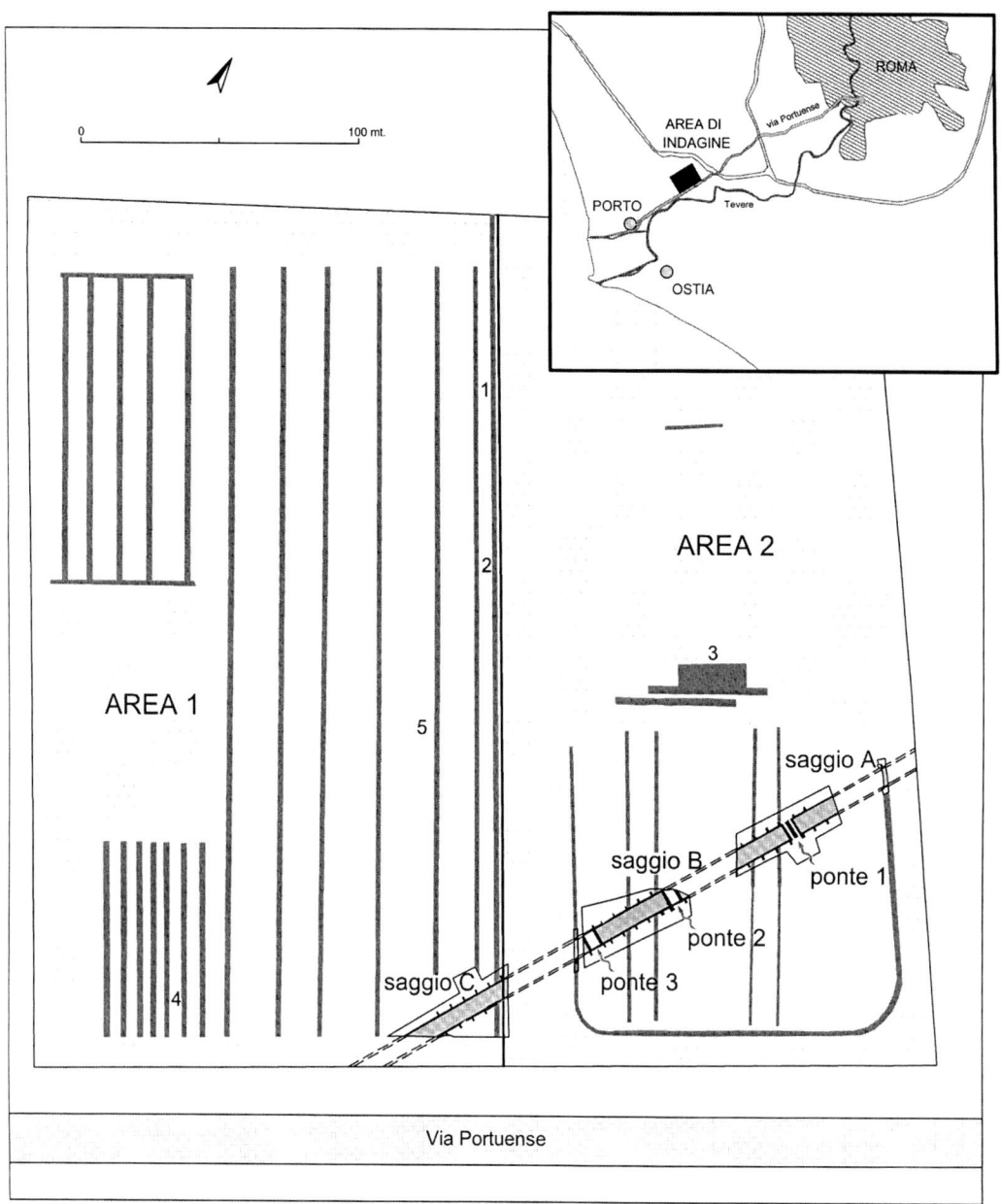

FIG. 14.1. L'area d'indagine e il posizionamento dei saggi di scavo.

fortemente compromessa ed usurata. Non intese sostituirne o modificarne il percorso, bensì restaurarlo ed ampliarlo, affinché potessero passarvi due carri nei diversi sensi di marcia.

Scendendo nel dettaglio dello scavo, si è potuto notare che prima della costruzione vera e propria della strada, sull'area venne effettuato uno spianamento sommario (US 128 = 129) e sistemato, limitatamente all'area centrale, un sottile strato di sabbia (US 126 = 130) nel quale dovette confluire inevitabilmente del materiale proveniente dagli strati sottostanti. Su di esso, in particolare nella depressione centrale, venne

quindi steso uno strato consistente, della potenza di circa 0,30 m, composto principalmente da frammenti di laterizi, tufo e selce (Fig. 14.6, 1). Si tratta di materiale ben costipato e selezionato. Preponderante risulta essere la presenza di tegole — alcune con bollo impresso — che sembrano impiegate qui per la prima volta.[4] La mancanza di resti di malta sulle tegole, l'omogeneità delle attestazioni epigrafiche e il fatto che esse si trovino proprio nel punto in cui nella sottostante *Via Campana* sono state rintracciate due fosse sovrapposte, lascia immaginare che questa deposizione non sia casuale.[5]

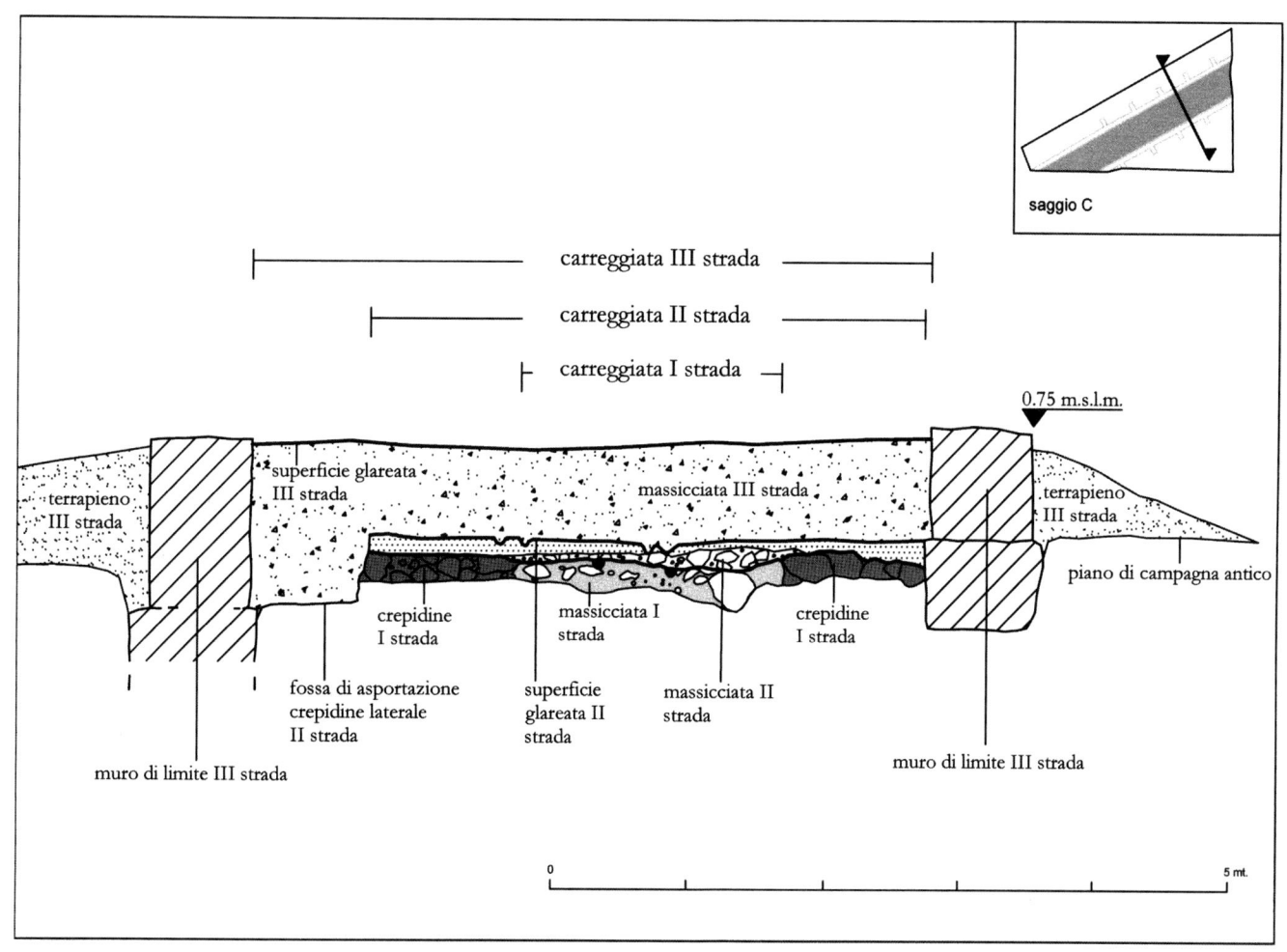

FIG. 14.2. Sezione delle tre strade sovrapposte, dal basso: la *Via Campana*, la *Via Portuensis* costruita da Claudio, la *Via Portuensis* monumentalizzata da Traiano.

Terminata l'opera di livellamento, si dovette procedere alla realizzazione delle due crepidini di contenimento. Di esse si conserva unicamente la fossa di spoliazione del marciapiede settentrionale, ma si può ipotizzare che fossero realizzate in blocchi di tufo, visto che molti di essi si trovano riutilizzati nella strada soprastante di età traianea. Nell'area così delimitata venne allestito il manto stradale (**Fig. 14.6, 2**). La superficie coperta dalla nuova pavimentazione appare sensibilmente più ampia rispetto alla situazione più antica. Il glareato della strada si sovrappone infatti ai marciapiedi della fase precedente, coprendo un'ampiezza di circa 4 m. Il *pavimentum* è perfettamente conservato e mantiene un piano orizzontale dove sono ben netti alcuni solchi rettilinei, poco profondi, lasciati dai carri. L'ottima conservazione della strada è da imputare anche alla breve vita della percorrenza,[6] visto che venne sostituita dopo circa 50 anni dalla strada monumentale voluta da Traiano.

IL PERCORSO

La *Via Campana*, costruita per mettere in comunicazione Roma con le saline, fu sempre considerata un'arteria strategica, perché riforniva Roma del sale, prodotto fondamentale per la conservazione dei cibi. La strada, una volta uscita dalla Porta Trigemina delle mura Serviane, ospitava lungo il suo percorso santuari molto antichi legati alle origini di Roma e raggiungeva le seguenti località: al primo miglio il santuario di *Fors Fortuna*,[7] tra il quinto e il sesto miglio quello della *Dea Dia* e poco oltre un altro santuario dedicato nuovamente a *Fors Fortuna*.[8] La via Campana doveva proseguire il suo tragitto costeggiando probabilmente il Tevere fino al rio Galeria; ma, poiché l'analisi di tali contesti è stata presentata nel dettaglio in varie altre sedi,[9] ci si limiterà qui ad esprimere alcune considerazioni inerenti alla sola parte finale del percorso, ovvero il tratto compreso tra Ponte Galeria e le saline (**Fig. 14.7**).

Fig. 14.3. La *Via Campana*, taglio di fondazione.

La ricostruzione topografica è determinata principalmente dall'orientamento e dalla posizione del segmento da noi scavato (Fig. 14.7, n. 8),[10] dalla coincidenza, almeno in questo territorio, della *Via Campana* con la *Via Portuensis*, dalla posizione delle saline antiche[11] e dalla possibilità di escludere alcune aree indagate dalla stessa Soprintendenza, evidenziate in grigio nella pianta, all'interno delle quali non sono stati rinvenuti livelli tardo-repubblicani (Morelli, Olcese e Zevi 2004) (Fig. 14.7). La posizione del tratto scavato, con orientamento diagonale, indica che il percorso della strada, una volta superato il rio Galeria, attraversava la piana alluvionale per dirigersi in direzione del Tevere.

Da qui la *Via Campana* continuava il suo tragitto costeggiando il fiume, almeno fino all'altezza dell'attuale Capo Due Rami. Tornando all'area della nostra indagine, occorre sottolineare ancora una volta che in questo punto anche sulla *Via Campana* dovevano trovarsi più ponti per superare la zona acquitrinosa con polle, che ha caratterizzato per molto tempo questo territorio (Tuccimei *et al.* 2007).[12]

L'attività di risorgive è recentemente riemersa durante le indagini archeologiche condotte per la realizzazione della Nuova Fiera di Roma. Si tratta di acque idrotermali attive in modo discontinuo, provenienti dal fondovalle tiberino e legate alle attività finali del vulcano dei Colli

Fig. 14.4. La *Via Campana*, la carreggiate e le sue crepidini.

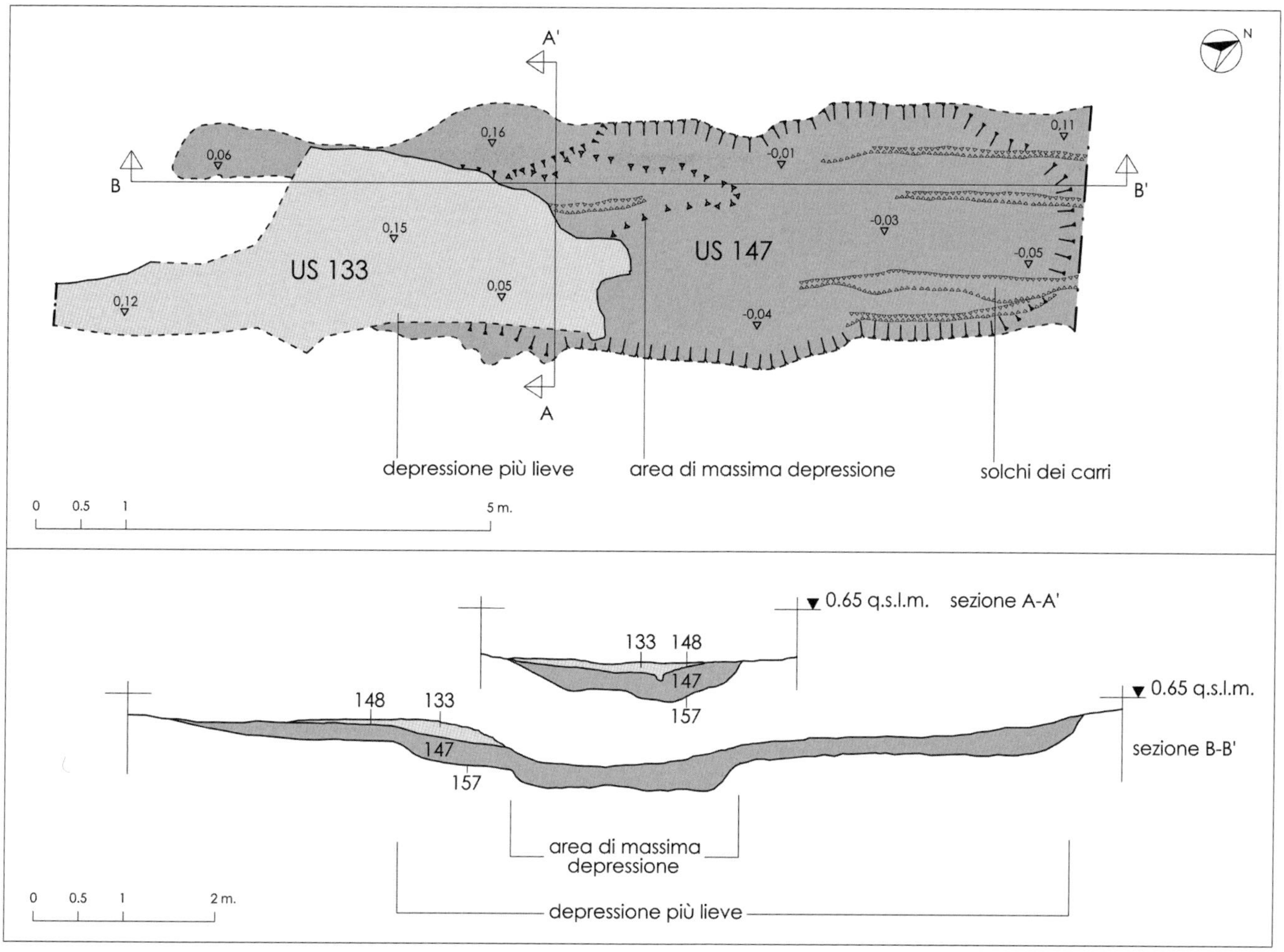

FIG. 14.5. La *Via Campana*, pianta e sezione dell'area centrale della strada dove sono state rinvenute due fosse sovrapposte.

FIG. 14.6. La *Via Portuensis* costruita da Claudio. 1. Particolare della massicciata di livellamento. 2. Manto glareato.

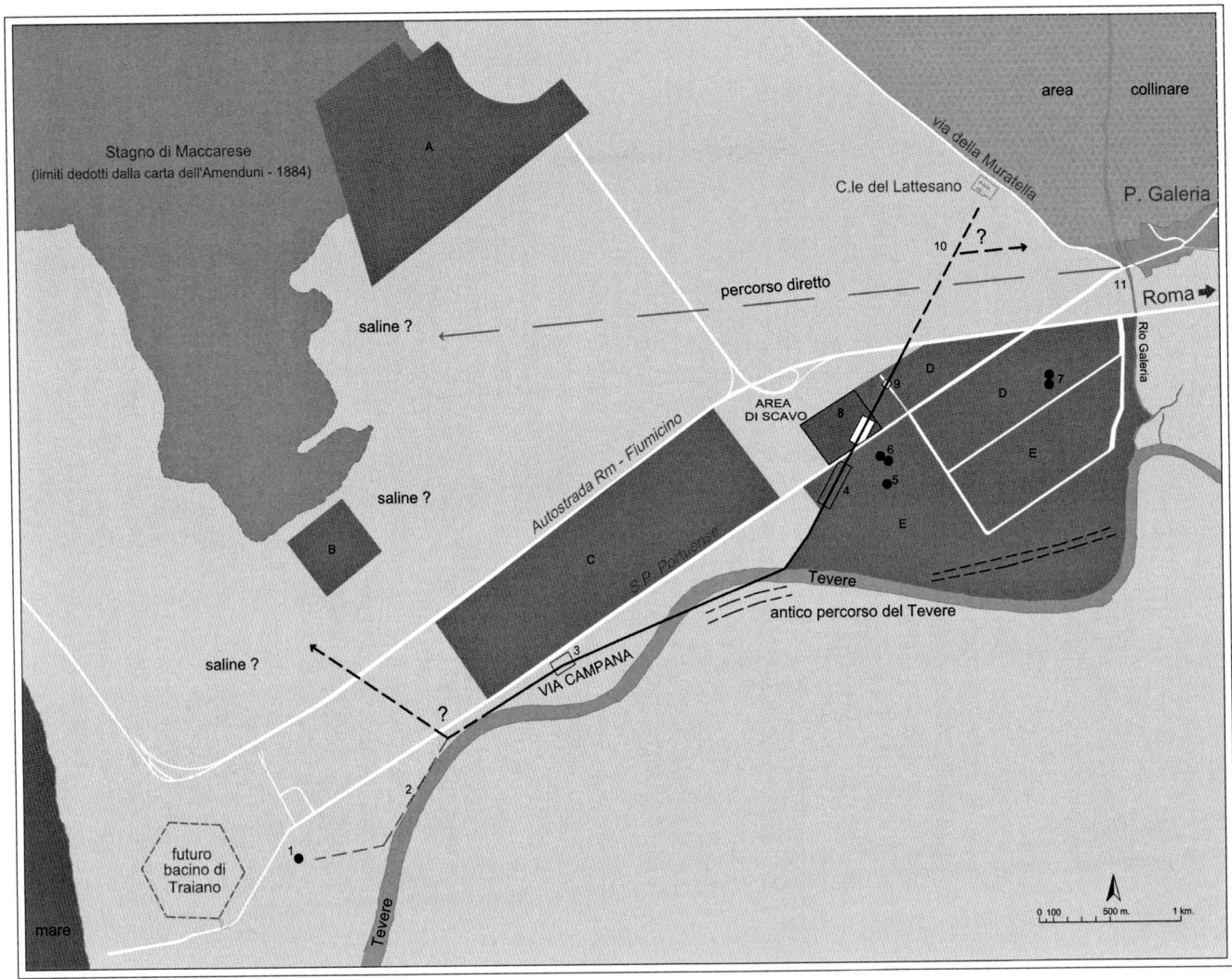

FIG. 14.7. La *Via Campana*. Ricostruzione topografica della parte finale del percorso. In grigio scuro, lettere A–E le aree indagate dalla Soprintendenza per i Beni Archeologici di Ostia. 1. Tempio di Portunus. 2. Tratto della *Via Portuensis* visibile dalle fotografie aeree. 3. Tratto della *Via Portuensis* traianea rinvenuto al km 19,700 nel 1973. 4. Tratto della *Via Portuensis* traianea rinvenuto al km 17,500 nel 1996. 5. Impianto rustico della fine del IV–III secolo a.C. 6. Sepolture e canaletta di età repubblicana. 7. Impianto rustico e sepolture della fine del IV–III secolo a.C. 8. Polla. 9. Tratto della *Via Portuensis* traianea rinvenuto a via Sabadino nel 2001. 10. Tratto della *Via Portuensis* visibile dalle fotografie aeree. 11. Ponte Galeria.

Albani (Tuccimei *et al.* 2007; Arnoldus-Huyzendveld *et al.* 2009). La presenza di un'area acquitrinosa vicino a Ponte Galeria era documentata anche da una bolla di Benedetto VIII del 1018 (Chiumenti e Bilancia 1979: 411), mentre il Catasto Alessandrino nel 1660 indicava, approssimativamente nello stesso punto, un piccolo stagno (Petriaggi, Vittori e Vori 2001: 149–50, nota 20). È evidente che la *Via Campana*, non dovendo raggiungere lo scalo commerciale bensì le saline, si dirigeva, nell'ultimo tratto, verso la parte sud dello stagno di Maccarese.

Osservando la ricostruzione del percorso (Fig. 14.7), appare veramente singolare che la strada da Ponte Galeria pieghi verso il Tevere, per andare ad attraversare un'area acquitrinosa — fatto che dovette comportare non poche difficoltà costruttive — per tornare dopo pochi chilometri verso nord, in direzione delle saline, quando invece da Ponte Galeria poteva, con un percorso più corto e diretto, raggiungere facilmente l'area delle saline (Fig. 14.7, linea tratteggiata). Al momento non è possibile fornire ipotesi che non siano delle pure congetture per spiegare tale apparente controsenso; tuttavia, si ritiene che le ragioni che determinarono tale scelta dovessero essere di grande rilevanza. La soluzione di tale quesito potrà venire solo con l'esecuzione di indagini archeologiche programmate.

È d'obbligo un'ultima considerazione. Dagli strati di costruzione della *Via Campana*, anche se il campione è molto limitato, non proviene materiale residuale che possa essere messo in relazione con una frequentazione dell'area prima degli inizi del III secolo a.C. Pertanto, se esisteva un percorso della *Via Campana* relativo alla fase in cui gli Etruschi controllavano la sponda destra del Tevere, esso o è stato asportato dagli interventi successivi, o seguiva un'altra direzione da cercare a nord dell'autostrada Roma–Fiumicino, dove gli scavi sono ancora limitati.

IL CONTESTO DEI MATERIALI

L'interesse di questa parte della *Via Campana* non risiede solo nelle peculiarità topografiche, ma anche in una serie di depositi individuati nella sequenza stratigrafica, che gettano nuova luce su aspetti ancora poco noti della viabilità antica.[13] Ovvero il rapporto tra la costruzione di

un'infrastruttura a carattere pubblico, quale era una strada e l'ambiente naturale che essa andava a profanare con il suo passaggio, specie se ricco di acque — elemento sacro per eccellenza — quale era la zona di Ponte Galeria. Si cercherà, dunque, in questa sede, di focalizzare l'attenzione sui gesti rituali che possono aver preceduto la formazione dei depositi documentati.

I materiali cui è stata attribuita una valenza rituale provengono da tre contesti coerentemente databili entro il primo trentennio del III secolo a.C., momento della prima costruzione della *Via Campana*. Si tratta dell'originario piano di campagna (US 55) e del soprastante manto stradale glareato (US 149), tagliato da una fossa (US 157) il cui riempimento (US 147) è tagliato da un'altra fossa (US 148) soprastante, a sua volta contenente un deposito ceramico (US 133) (Figg. 14.8 e 14.9). Chiude tale sequenza uno strato di

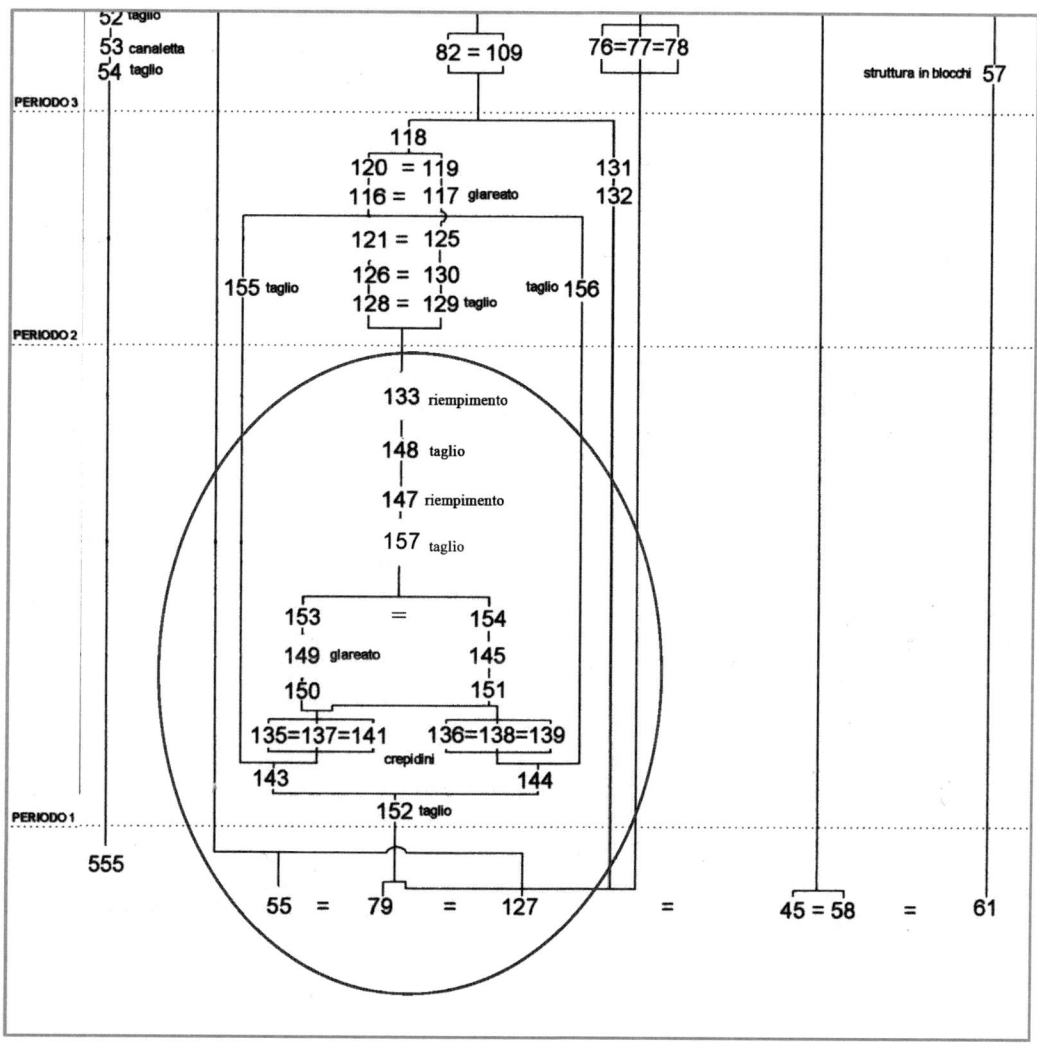

FIG. 14.8. **Diagramma stratigrafico del saggio C, in cui sono state rinvenute le fosse rituali. Il cerchio indica la parte della sequenza in esame relativa al periodo I della *Via Campana*.** *(Rielaborazione da Serlorenzi et al. 2004: 56, fig. 5a.)*

FIG. 14.9. Sezione trasversale dei riempimenti US 121, 133 e 147 con relative fosse e rasature. *(Disegno di A. De Tommasi.)*

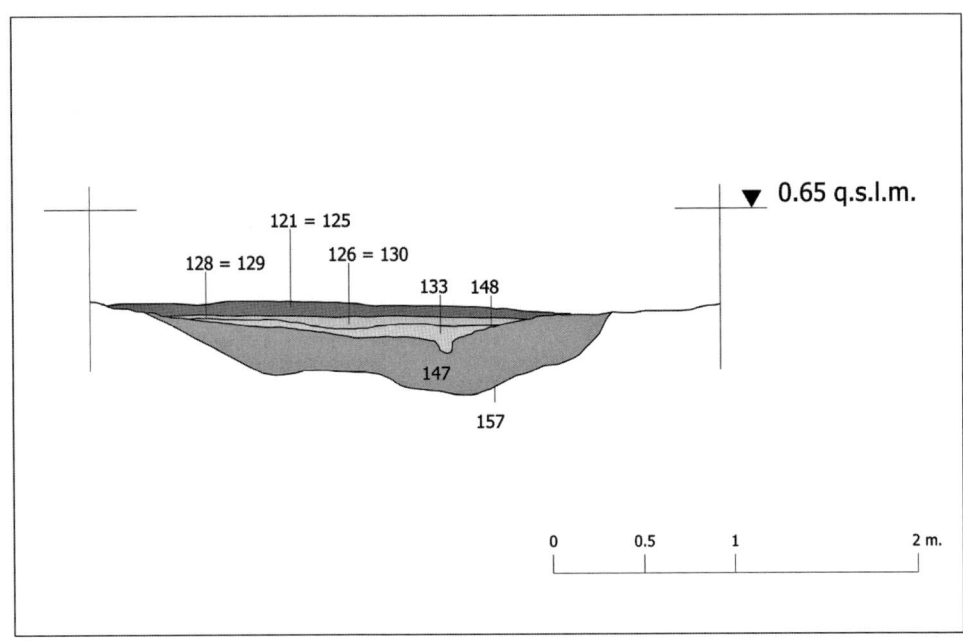

sabbia ricco di materiale residuo (US 126 = 130), collocato all'interno di una rasatura (US 128 = 129) praticata quando viene costruita la *Via Portuensis* di età claudia.[14]

Le ragioni che possono aver determinato simili deposizioni sono da ricercare nel contesto topografico e storico in cui si colloca la strada e nell'insieme delle regole che l'uomo di epoca medio-repubblicana doveva rispettare ogni qualvolta sovvertiva l'ordine naturale. La spiegazione più semplice è che tali materiali siano finiti del tutto casualmente nella terra usata per la realizzazione della strada. Tuttavia lo scarso numero dei reperti, la qualità degli stessi, l'estrema selezione dei vasi rappresentati da un solo frammento (o quasi) per ogni categoria funzionale — a dispetto del fatto che negli strati di costruzione di qualunque periodo siamo abituati a documentare una gran quantità e varietà di classi ceramiche, con ampia ripetizione di forme e tipi — la presenza di una serie di fosse situate l'una sull'altra, rendono sostenibile l'ipotesi che la loro deposizione sia il frutto di un'azione intenzionale.

L'insieme dei materiali rinvenuti permette di ricostruire quanto resta di un servizio ceramico usato per la preparazione e la cottura degli alimenti, a cui si aggiungono forme per presentare e offrire il cibo e forme per libare. Una serie di altri oggetti, inoltre, quali un chiodo in ferro (tirella per carri), una borchietta in bronzo, una moneta, una conchiglia appartenente alla famiglia dei Cardidi (*Cerastoderma glaucum*) e un osso umano (Fig. 14.10), aiutano a circoscrivere le azioni e ad orientare l'interpretazione dell'intero contesto verso le divinità femminili che dovevano abitare questi luoghi. Ma vediamo nel dettaglio la composizione dell'intero servizio ceramico.

Alla preparazione del cibo dovevano essere deputati un *mortarium* e due bacini dall'ampio diametro. I mortai (Fig. 14.11, n. 1) sono indicati esplicitamente da Catone (*De Agri Cultura* 75) come grandi recipienti adatti alla preparazione di misture composte da acqua, cereali, farine, uova, strutto e formaggio, ingredienti principali di 'polente pasticciate', denominate *liba* o *turunda*, alla base dell'alimentazione quotidiana dei Romani e tra le principali offerte votive (Di Giuseppe 2006: 504–5). I due bacini (Fig. 14.11, nn. 2–3) dall'ampio diametro potevano ugualmente essere usati per la preparazione del cibo, o in contesti rituali, con la funzione di bacini lustrali. Le olle (Fig. 14.11, nn. 5–7) di diverse dimensioni con orlo a mandorla, dotate di un rivestimento interno antiaderente (*internal slip ware*) e i relativi coperchi (Fig. 14.11, n. 4), dovevano servire per la bollitura di cibi collosi, quale era la *puls* e le interiora (*exta*), indicate dalle fonti come possibili offerte da destinare a divinità femminili, come ad esempio la *Dea Dia* e Cerere (Di Giuseppe 2006: 505–6). Lo strumentario da libagione è, invece, composto da quattro tipi diversi di anfore coeve (Fig. 14.11, nn. 8–11) contenenti vino di area laziale e punica. Esso doveva essere versato e forse mescolato con acqua entro due brocche in ceramica d'impasto sabbioso e depurata (Fig. 14.11, nn. 12–13). Un unico *skyphos* (Fig. 14.11, n. 14) in ceramica a vernice nera

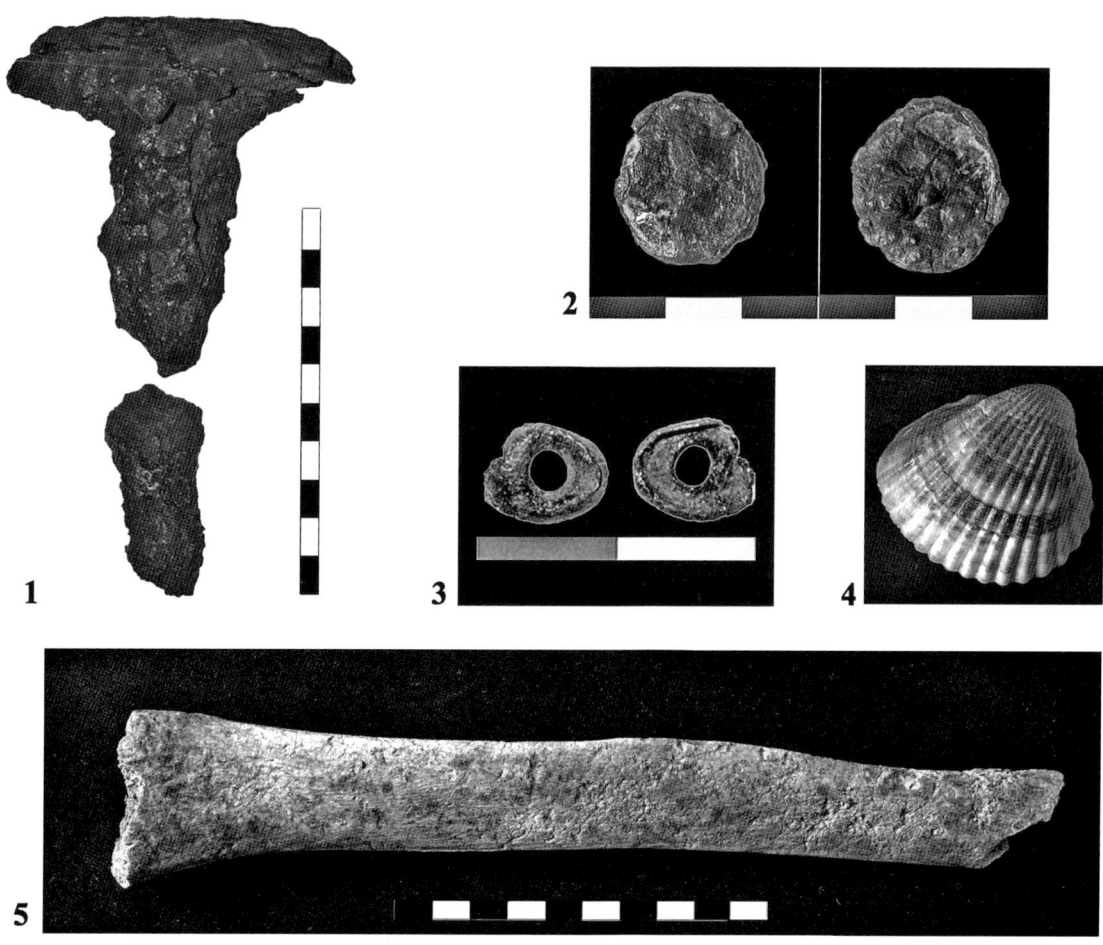

FIG. 14.10. Reperti della *Via Campana*, US 147. 1. Pomello da tirelle in ferro pertinente ad un carro (lunghezza 15 cm, larghezza massima 10 cm). 2. Moneta romano-campana (diametro 23 mm; peso 7,74 gr), US 55 *(Foto di G. Sanguinetti, Archivi Scientifici, Soprintendenza per i Beni Archeologici di Ostia)*. 3. Borchietta in bronzo (diametro massimo 3 mm). 4. Conchiglia del genere *Cerastoderma glaucum* (larghezza massima 3 cm, lunghezza massima 2,9 cm) US 149. 5. Osso umano pertinente alla tibia di un individuo adulto, probabilmente maschio (lunghezza 27 cm). *(Servizio Fotografico, Soprintendenza per i Beni Archeologici di Roma)*.

sovradipinta rappresenta la tipica tazza per bere usata nei banchetti aristocratici, nei corredi funerari e nelle azioni rituali in genere; mentre quattro coppe (Fig. 14.11, nn. 15–18; tre riconducibili all'*atelier des petites estampillés*) in ceramica a vernice nera potevano essere contenitori per offerte varie. Alla sfera simbolica rimandano un piattello *Genucilia* (Fig. 14.11, n. 19), decorato all'interno con il motivo a stella, e una coppetta miniaturistica in ceramica a vernice nera (Fig. 14.11, n. 20) verosimilmente funzionale all'offerta di piccole porzioni di cibo. Completa il corredo un probabile *thymiaterion* miniaturistico (Fig. 14.11, n. 21) in ceramica a vernice rossa che rimanda a cerimonie dedicate a divinità femminili dal carattere ctonio.[15] Verosimilmente, il resto di questo servizio va cercato nello strato soprastante (US 126 = 130) che riempie la rasatura situata immediatamente al di sopra delle due fosse: qui vengono

ridepositati, per ragioni casuali o intenzionali, alcuni dei reperti originariamente collocati nelle fosse più antiche. Si tratta di frammenti di un piattello *Genucilia*, una coppa in ceramica a vernice nera, una ciotola in ceramica a vernice rossa, un'olla in *internal slip ware* e una in ceramica da cucina. Tale deposito viene significativamente obliterato da uno strato (US 121) pertinente alla costruzione della strada di epoca claudia e contenente moltissimi frammenti di tegole.[16] Anche questi ultimi materiali, per qualità e posizione, danno l'impressione di essere stati deposti intenzionalmente dopo essere stati frantumati, sia in ricordo di un qualche evento, sia a protezione dei contesti sottostanti, di cui evidentemente si conservava la memoria.

Le azioni rituali relative alla costruzione della prima strada potrebbero essere avvenute forse nell'arco di più giornate, in occasione della purificazione del suolo per

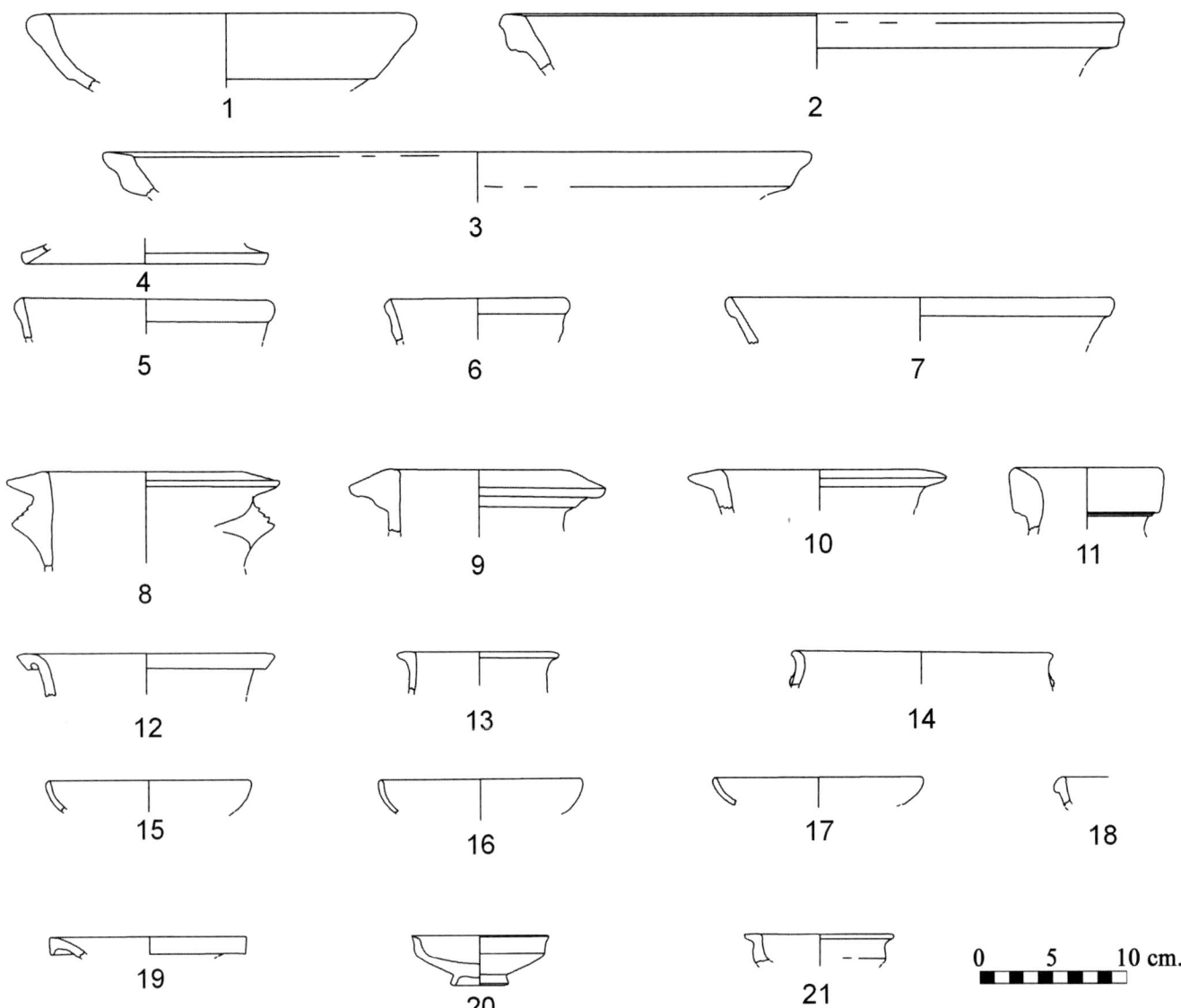

FIG. 14.11. *Via Campana*. Servizio ceramico ricostruito. *Vasellame per la preparazione e la cottura dei cibi*. 1. Mortaio. 2–3. Bacini in ceramica d'impasto sabbioso (US 55). 4. Coperchio in ceramica da cucina. 5–7. Olla in *internal slip ware* (US 149). *Vasellame da libagione e offerta*. 8–11. Anfore (US 55, 147). 12–13. Brocche in ceramica depurata e d'impasto sabbioso. 14. *Skyphos* in ceramica a vernice nera sovradipinta (US 147). 15–18. Coppe in ceramica a vernice nera (US 55, 147, 133). *Vasellame cerimoniale e miniaturistico dalla valenza simbolica*. 19. Piattello *Genucilia* in ceramica etrusca a figure rosse (US 55). 20. Coppetta (miniaturistica?) in ceramica a vernice nera (US 147). 21. Piccola coppa su piede (*thymiaterion?*) in ceramica a vernice rossa (US 55). *(Disegni di H. Di Giuseppe; elaborazione grafica di A. De Tommasi.)*

la costruzione della strada e sembrerebbero aver previsto la frantumazione del servizio da offerta, di cui andavano preservati solo pochi frammenti per vaso (*pars pro toto*) da distribuire nello strato di fondazione della prima strada e nelle fosse appositamente predisposte entro lo strato di costruzione della strada medesima, nel punto in cui questa iniziava ad attraversare le acque locali con una serie di ponti. Purtroppo, come sopra accennato, lo stato di conservazione del deposito e l'oggettiva difficoltà di rintracciare archeologicamente alcune azioni del rituale avvenute in tempi molto ravvicinati, non

permettono una ricostruzione completa dell'eventuale cerimoniale svolto. Come documentato in altri contesti,[17] infatti, non è da escludere che sia stata individuata solo una di una serie di fosse in cui possono essere stati depositati gli altri frammenti pertinenti al servizio cerimoniale. Verifiche potrebbero essere effettuate in altri punti della strada, attualmente in corso di scavo ad opera di Cinzia Morelli, e possibilmente in prossimità di cippi laterali, costituiti da blocchi di tufo che sembrano segnare le miglia lungo il percorso della strada (Serlorenzi *et al.* 2004: 59).

Oltre ai reperti ceramici va segnalata, nell'US 147, la presenza di un pomello in ferro e una borchietta in bronzo (Fig. 14.10, nn. 1 e 3) (rinvenuti in posizione superficiale rispetto al contesto) e di una moneta. Il pomello in ferro è stato a contatto con lo strato ghiaioso della strada, per cui non possiamo escludere che sia un elemento, insieme alla borchietta, estraneo al contesto, perduti entrambi durante la percorrenza dell'asse viario.

Per ciò che concerne la moneta, si tratta di un bronzo romano-campano, attribuito alla serie *RRC* 16 (Crawford 1974) (Fig. 14.10, n. 2), proveniente dal riempimento US 147. La casistica legata al suo rinvenimento, permette di ipotizzare che tale tipo di moneta venisse utilizzata soprattutto nei depositi a carattere votivo, in sostituzione dei consueti *ex voto*.[18] Più in generale si ricorda il frequente rinvenimento di monete nei fiumi, in prossimità di ponti e guadi, per propiziare il favore delle divinità delle acque nella fase di passaggio. La moneta veniva utilizzata anche nell'azione fondante dei ponti, come mostra ad esempio il significativo caso del Garigliano studiato da Ruegg (1995). La stessa valenza potrebbe assumere la moneta collocata nel nostro deposito.

CONCLUSIONI

Innumerevoli sono le testimonianze, archeologiche e letterarie, circa la necessità degli antichi di riparare con un atto espiatorio qualunque azione alterasse un equilibrio naturale (*piacula operis faciundi*). Ogni costruzione/fondazione veniva considerata una violenza nei confronti degli spiriti del luogo, perché in modo vario sovvertiva un ordine costituito e richiedeva, per questo, un sacrificio che 'neutralizzasse' la vendetta degli dei e ne ottenesse il consenso (Carandini 2003: 410). I rituali riparatori erano particolarmente necessari quando le operazioni di costruzione interferivano con l'acqua, elemento sacro per eccellenza. Una strada, più di ogni altra infrastruttura, con la sua lunghezza e l'impegno costruttivo che richiedeva, risultava oltraggiosa rispetto ad un territorio, ancor più se essa lungo il suo percorso gettava 'un giogo sull'acqua' con l'ausilio dei ponti, come doveva accadere nel caso dell'area di Ponte Galeria, dove sono stati individuati ben sedici ponti sulla strada d'età imperiale, verosimilmente presenti anche in quella più antica e forse realizzati in materiale deperibile (Di Giuseppe e Serlorenzi 2008: 13). Il ponte, come sottolineato dai saggi di Seppilli (1990), che riprende precedenti lavori di Eliade (1990), costituisce l'azione più sacrilega nella fase di costruzione di una strada, in quanto per sua natura deve incatenare

l'acqua con legno, ferro e bronzo, collegare due sponde naturalmente divise e interrompere un flusso naturale con la gettata dei piloni su cui si impostano le sue arcate.

Fonti letterarie, epigrafiche e iconografiche ci informano sulle modalità dei riti di purificazione, da effettuarsi per la costruzione dei ponti, tramite sacrifici incruenti e cruenti e, secondo l'interpretazione antropologica di Seppilli, questo ultimi potevano prevedere vittime animali e forse umane (Seppilli 1990: 256–73).[19] La sacralità della costruzione dei ponti è del resto testimoniata dall'etimologia popolare, per quanto molto discussa, di pontefice fornita da Varrone (*De Lingua Latina* 5.83) che sarebbe da collegare alla funzione sacrale di *pontem facere*, in relazione alla costruzione e alla manutenzione del più antico ponte di Roma, il *Pons Sublicius* (Evangelisti 1978; Seppilli 1990: 21–42; Gaggiotti 2006).[20]

Fatta questa premessa, risulta naturale pensare che la serie di fosse, poste una sull'altra e riempite di reperti, appartenga alla categoria dei depositi destinati agli dei inferi, che andavano preservati in *effossa terra* (Servio, *Commentarii in Vergilii Bucolica* 5.66.23; Festo 27.1–3). Essi rappresentano quanto resta delle cerimonie effettuate per riparare il 'sacrilegio' 'commesso' dalla *Via Campana* nel punto in cui questa iniziava ad attraversare l'area ricca di acque minerali. Non abbiamo al momento gli elementi per stabilire se la cerimonia sia stata effettuata all'inizio e alla fine della serie dei ponti (attestati come detto solo per la fase più recente) o se venisse reiterata in prossimità di ognuno di essi.

Sulla base della composizione del 'servizio' mediorepubblicano sopra descritto, saremmo portati a pensare a sacrifici incruenti, fondati sull'offerta di cibo e su libagioni. La presenza della moneta potrebbe evocare l'offerta alle Ninfe per l'attraversamento delle sorgenti da parte della strada e così pure la conchiglia di mare (Fig. 14.10, n. 4), tipo di offerta gradito alle Ninfe, come attestano i frequenti rinvenimenti nei luoghi di culto loro dedicati.[21] Il pomello in ferro (Fig. 14.10, n. 1), se la sua presenza non è casuale, potrebbe essere simbolicamente funzionale a fissare nel sottosuolo gli spiriti ctoni o a scongiurare eventi naturali come inondazioni (Bevilacqua 2001: 132–3; Ceci 2001: 89–90). Una nota a parte merita l'osso umano (Fig. 14.10, n. 5), che, se non propriamente pertinente ai contesti individuati come rituali, è stato comunque rinvenuto nelle loro immediate vicinanze e per di più protetto entro due blocchetti di tufo collocati nel manto glareato. Poiché è difficile immaginare che una tibia umana venga perduta durante la percorrenza della strada, o che essa vi sia finita del tutto casualmente per gli sconvolgimenti di tombe in fase di costruzione (in questo caso avremmo dovuto trovare altre ossa umane), appare più ragionevole pensare che la sua posizione di elemento unico e protetto, non lontano da depositi rituali, non fosse casuale. Alla luce di altri raffronti, si potrebbe cautamente suggerire che la tibia richiami simbolicamente il ricordo di sacrifici cruenti, che forse, in origine, venivano messi in atto in occasione della costruzione dei ponti.[22]

L'attività piaculare messa in atto nella *Via Campana* all'inizio del III secolo a.C. non dovrebbe destare meraviglia se consideriamo che la necessità di espiare le offese arrecate alle divinità degli elementi naturali era ancora presente in piena età imperiale, come dimostra in particolare l'epigrafe consacrata alle *Nymphae Geminae* del 29 d.C. (*CIL* IX 5744; Arnaldi 2001; Arnaldi 2002), dove le intenzioni del dedicante sono una sorta di atto riparatorio nei confronti delle *Nymphae* per l'offesa recata loro dalla captazione della sorgente.

In conclusione, pur avendo potuto documentare nel dettaglio un contesto molto ben caratterizzato, non possiamo, allo stato attuale della ricerca, ricostruire una precisa successione dei gesti rituali, che comunque in buona parte sfuggono alla riconoscibilità dal solo dato archeologico. L'archeologia non è ancora in grado di riconoscere in modo inequivocabile la complessa struttura ideologica che in antico era a monte di qualsiasi azione umana: dalle azioni fondanti che potevano richiedere la presenza della massima autorità religiosa dello stato, ovvero il *pontifex maximus*, alla liturgia del quotidiano presieduta dal *pater familias*. La nostra lettura, pertanto, non va intesa come una codifica certa, ma semplicemente come uno spunto di riflessione volto a costruire una casistica delle 'anomalie', che ponga le basi per quell'ambito interdisciplinare di recente sviluppo che si chiama 'archeologia del rito'.[23]

NOTES

1. Si veda: Serlorenzi 2002; Serlorenzi *et al.* 2004; Di Giuseppe e Serlorenzi 2008; Serlorenzi e Di Giuseppe 2009 (a cui si rimanda per i dettagli).
2. La strada è stata scavata integralmente solo nel saggio C, dove si è potuto verificare che essa insisteva sulla *Via Portuensis* di età claudia che a sua volta aveva sostituito la *Via Campana*, la più antica viabilità presente nell'area.
3. Si veda: Petriaggi, Vittori e Vori 2001; Morelli e i suoi colleghi in questo volume (Capitolo 13).
4. Si tratta di cinque frammenti appartenenti a cinque diverse tegole bollate, riconducibili alle figline di C(ai) LICINI DONACIS, attive nel I secolo d.C. (Serlorenzi *et al.* 2004: 70, nota 95, fig. 16).
5. Si veda pp. 293–7.
6. In particolare la presenza dei bolli laterizi (si veda nota 4) all'interno della massicciata e di un'ansa di ceramica comune, recante un bollo in rilievo, che menziona un P(ubli) FABI ANOPT(is) probabile liberto di epoca augustea, permette di inquadrare i nuovi interventi edilizi in epoca giulio-claudia. Per la disamina di tutto il materiale proveniente dalla stratigrafia della strada si rimanda a: Serlorenzi *et al.* 2004.
7. Riguardo all'ubicazione di questo edificio, si veda: Coarelli 1992.
8. Cf. Coarelli 1981: 211–13; Scheid e Broise 1978; Scheid e Broise 1986; per un apparato bibliografico completo, si veda: Serlorenzi e Di Giuseppe 2009.
9. Si veda nota 1.
10. A cui debbono oggi aggiungersi altri tratti venuti in luce recentemente in un'area poco distante, vedi Morelli e i suoi colleghi in questo volume (Capitolo 13).
11. La loro localizzazione in prossimità dello stagno di Maccarese sembrerebbe confermata sia dalle ultime ricerche di carattere geologico sul delta del fiume e sulla linea di costa antica, sia dalle ricerche archeologiche condotte dalla Soprintendenza per i Beni Archeologici di Ostia: Giraudi, Tata e Paroli 2007; Morelli, Olcese e Zevi 2004.
12. Nell'area indagata per la realizzazione della Nuova Fiera di Roma sono stati individuati ben tredici ponti.
13. L'analisi preliminare dei contesti ceramici è stata edita da Serlorenzi e i suoi colleghi (2004); mentre per uno studio approfondito sul significato dei contesti rituali, si veda: Di Giuseppe e Serlorenzi 2008; Serlorenzi e Di Giuseppe 2009.
14. Per una sintesi grafica della sequenza stratigrafica, si veda: Di Giuseppe e Serlorenzi 2008: 9–10, nota 49; p. 4, fig. 8.
15. Per una più ampia discussione sul significato di queste forme e per i confronti bibliografici si rimanda a: Serlorenzi e Di Giuseppe 2009: 583–9.
16. Si veda nota 4.
17. A Pontecagnano, ad esempio, all'interno di un canale spostato per la costruzione della strada sono stati rinvenuti materiali, che tra loro attaccavano, distribuiti dopo la frantumazione entro fosse diverse: Bailo Modesti *et al.* 2005: 46–7.

18. Per la casistica, si veda: Spagnoli 2004: 64, fig. 9; e anche Capitolo 11 in questo volume; per una discussione sul significato delle monete nei depositi legati all'acqua, si veda: Facchinetti 2004; per il caso specifico di Ponte Galeria, si veda: Di Giuseppe e Serlorenzi 2008: 11–12.

19. Si veda anche: Eliade 1990: 39–46. Per una raccolta delle testimonianze inerenti alla ritualità legata alla costruzione dei ponti, si veda: Di Giuseppe e Serlorenzi 2008: 13, nota 83.

20. È tornato di recente sulla complessità dell'argomento anche Crifò (2010).

21. Conchiglie si trovano spesso in grotte e in luoghi di culto dedicati alle Ninfe e ad altre divinità delle acque: Larson 2001: 219, 235 (Corinto); Piranomonte 2002: 49 (Roma, piazza Euclide — fonte dedicata alle Ninfe di Anna Perenna); Anniboletti 2008 (Pompei, sacello VIII, 4, 24). La presenza di esemplari unici negli strati di obliterazione di pozzi permette di escludere che costituissero i resti di un pasto e lasciano piuttosto pensare a deposizioni intenzionali con precisi significati simbolici: Delfino 2010. Per le funzioni rituali delle conchiglie in ambito funerario, nelle offerte ai fiumi, alle sorgenti, agli alberi, per esempio, si veda: Eliade 2004: 113–34.

22. Per la presenza di ossa umane in contesti rituali, vedi: Di Giuseppe e Serlorenzi 2008: 16, nota 117.

23. Tale esigenza del resto, in questo ultimo periodo, è venuta da più parti ed è stata riaffermata nel convegno appositamente organizzato a Roma (il 12–14 giugno 2008) dal titolo *I riti del costruire nelle acque violate* (Di Giuseppe e Serlorenzi 2010).

Riferimenti bibliografici

Anniboletti, L. (2008) Il sacello VIII 4, 24: un culto collegiale a Pompei. http://www.fastionline.org/docs/FOLDER-it-2008-104.pdf (ultimo consulto 29.07.2010).

Arnaldi, A. (2001) L'iscrizione rupestre di Casinum e di Setia rivisitate. In *Saxa scripta. Actas do III simposio ibero-italico de epigrafia rupestre* (*Viseu 1997*): 15–27. Viseu, Governo Civil do Distrito de Viseu.

Arnaldi, A. (2002) Nymphae ad Ancona. *Picus* 22: 244–50.

Arnoldus-Huyzendveld, A., Carbonara, A., Ceracchi, C. e Morelli, C. (2009) La viabilità nel territorio portuense. In V. Jolivet, C. Pavolini, M.A. Tomei e R. Volpe (edd.), *Suburbium* II: *il suburbio di Roma dalla fine dell'età monarchica alla nascita del sistema delle ville, V–II secolo a.C.* (*Collection de l'École Française de Rome* 419): 599–619. Roma, École Française de Rome.

Bailo Modesti, G., Frezza, A., Lupia, A. e Mancasi, M. (2005) Le acque intorno agli dei: rituali e offerte votive nel santuario settentrionale di Pontecagnano. In M. Bonghi Jovino e F. Chiesa (edd.), *Offerte dal regno vegetale e dal regno animale nelle manifestazioni del sacro. Atti dell'incontro di studio* (*Milano 26–27 giugno 2003*): 37–64. Roma, 'L'Erma' di Bretschneider.

Bevilacqua, G. (2001) Chiodi magici. *Archeologia Classica* 52: 129–50.

Carandini, A. (2003) *La nascita di Roma. Dei, lari, eroi e uomini all'alba di una civiltà*, seconda edizione. Torino, Einaudi.

Ceci F. (2001) L'interpretazione di monete e chiodi in contesti funerari: esempi dal suburbio romano. In *Culto dei morti e costumi funerari dei Romani. Roma, Italia settentrionale e province nord-occidentali dalla tarda repubblica all'età imperiale. Atti del convegno (1–3 Aprile 1998)* (*Palilia 8*): 87–95. Roma, Istituto Archeologico Germanico.

Chiumenti, L. e Bilancia, F. (1979) *La campagna romana antica, medioevale e moderna. Edizione redatta sulla base degli appunti lasciati da Giuseppe e Francesco Tomassetti VI. Vie Nomentana e Salaria, Portuense, Tiburtina* (*Arte e archeologia. Studi e documenti 16–17*). Firenze, L.S. Olschki Editore.

Coarelli, F. (1981) *I dintorni di Roma. Guide archeologiche Laterza*. Roma/Bari, Laterza.

Coarelli, F. (1992) *Aedes Fortis Fortunae, Naumachia Augusti, Castra Ravennatium. La Via Campana Portuensis* e alcuni edifici adiacenti nella pianta marmorea Severiana. *Ostraka* 1: 39–54.

Crawford, M.H. (1974) *Roman Republican Coinage*. Cambridge, Cambridge University Press.

Crifò, G. (2010) A proposito di Pontifices. In H. Di Giuseppe e M. Serlorenzi (edd.), *I riti del costruire nelle acque violate. Atti del convegno internazionale (Roma 12–14 giugno 2008)*: 115–26. Roma, Scienze e Lettere.

Delfino, A. (2010) I riti del costruire nel Foro di Cesare. In H. Di Giuseppe e M. Serlorenzi (edd.), *I riti del costruire nelle acque violate. Atti del convegno internazionale (Roma 12–14 giugno 2008)*: 167–81. Roma, Scienze e Lettere.

Di Giuseppe, H. (2006) I servizi ceramici della villa dell'Acheloo (periodo 3). In A. Carandini, M.T. D'Alessio e H. Di Giuseppe (edd.), *La fattoria e la villa dell'Auditorium*: 501–10. Roma, 'L'Erma' di Bretschneider.

Di Giuseppe, H. e Serlorenzi, M. (2008) La *Via Campana* e le acque violate. http://www.fastionline.org/docs/FOLDER-it-2008-107.pdf (ultimo consulto 29.07.2010).

Di Giuseppe, H. e Serlorenzi, M. (2010) (edd.) *I riti del costruire nelle acque violate. Atti del convegno internazionale (Roma 12–14 giugno 2008)*. Roma, Scienze e Lettere.

Eliade, M. (1990) *I riti del costruire. Commenti alla leggenda di Mastro Manole. La Mandragola e i miti della 'nascita miracolosa'. Le erbe sotto la croce …* (traduzione italiana di R. Scagno). Milano, Jaca Book (ristampa).

Eliade, M. (2004) *Immagini e simboli* (traduzione italiana di M. Giacometti), quinta edizione. Milano, Jaca Book.

Evangelisti, E. (1978) *Per l'etimologia di pontifex*. Firenze, Paideia.

Facchinetti, G. (2004) *Iactae stipes*: l'offerta di monete nelle acque nella penisola italiana. *Rivista Italiana di Numismatica e Scienze Affini* 104: 13–55.

Gaggiotti, M. (2006) *Pons Sublicius*. In D. Caiazza (ed.), *Samnitice loqui. Studi in onore di Aldo L. Prosdocimi per il premio i Sanniti*: 229–58. Piedimonte Matese/Caserta, Libri Campano-sannitici.

Giraudi, C., Tata, C. e Paroli, L. (2007) Carotaggi e studi geologici a Portus: il delta del Tevere dai tempi di Ostia Tiberina alla costruzione dei porti di Claudio e Traiano. http://www.fastionline.org/docs/FOLDER-it-2007-80.pdf (ultimo consulto 20.07.2011).

Larson, J. (2001) *Greek Nymphs. Myth, Cult, Lore.* Oxford, Oxford University Press.

Morelli, C., Olcese, G. e Zevi, F. (2004) Scoperte recenti nelle saline portuensi (*Campus Salinarum Romanarum*) e un progetto di ricerca sulla ceramica di area ostiense in età repubblicana. In A. Gallina Zevi e R. Turchetti (edd.), *Méditerranée occidentale antique: les échanges* (*ANSER* III): 43–55. Soveria Mannelli, Rubbettino Editore.

Petriaggi, R., Vittori, M.C. e Vori, P. (2001) Un contributo alla conoscenza del tracciato della via Portuense e della viabilità tra Roma e Porto. *Atlante Tematico di Topografia Antica* 10: 139–50.

Piranomonte, M. (2002) (ed.) *Il santuario della musica e il bosco sacro di Anna Perenna.* Milano, Electa (Soprintendenza Archeologica di Roma).

Ruegg, S.D. (1995) *Underwater Investigations at Roman Minturnae. Liris-Garigliano River* 1–2. Göteborg, P. Åström.

Scheid, J. e Broise, H. (1978) Rome. Le bois sacré de *Dea Dia*. *Archeologia Laziale* 1: 75–7.

Scheid, J. e Broise, H. (1986) Activités de l'École Française de Rome. Rome: La Magliana. Le *lucus* des Arvales. *Mélanges de l'École Française de Rome. Antiquité* 98 (1): 399.

Seppilli, A. (1990) *Sacralità dell'acqua e sacrilegio dei ponti*, seconda edizione. Palermo, Sellerio.

Serlorenzi, M. (2002) Rinvenimento di un nuovo tratto della via Portuense. *Bullettino della Commissione Archeologica Comunale di Roma* 103: 359–64.

Serlorenzi, M. e Di Giuseppe, H. (2009) La *Via Campana*. Aspetti topografici e rituali. In C. Pavolini, V. Jolivet, M.A. Tomei e R. Volpe (edd.), *Suburbium* II. *Il suburbio di Roma dalla fine dell'età monarchica alla nascita del sistema delle ville (V–II sec. a.C.). Atti del convegno (Roma 2005)*: 573–98. Roma, École Française de Rome.

Serlorenzi, M., Amatucci, B., Arnoldus-Huyzendveld, A., De Tommasi, A., Di Giuseppe, H., La Rocca, C., Ricci, G. e Spagnoli, E. (2004) Nuove acquisizioni sulla viabilità dell'Agro Portuense. Il rinvenimento di un tratto della via Campana e della via Portuense. *Bullettino della Commissione Archeologica Comunale di Roma* 105: 47–114.

Spagnoli, M. (2004) Le monete. In M. Serlorenzi, B. Amatucci, A. Arnoldus-Huyzendveld, A. De Tommasi, H. Di Giuseppe, C. La Rocca, G. Ricci e E. Spagnoli, Nuove acquisizioni sulla viabilità dell'Agro Portuense. Il rinvenimento di un tratto della via Campana e della via Portuense: 63–4, 70–2, 78, 87, 93–5, 105–9. *Bullettino della Commissione Archeologica Comunale di Roma* 105: 47–114.

Tuccimei, P., Soligo, M., Arnoldus-Huyzendveld, A., Morelli, C., Carbonara, A., Tedeschi, M. e Giordano, G. (2007) Datazione U/Th di depositi carbonatici intercalati ai resti della via Portuense antica (Ponte Galeria, Roma): attribuzione storico-archeologica della strada e documentazione cronologica dell'attività idrotermale del fondovalle tiberino. http://www.fastionline.org/docs/ FOLDER-it-2007-98.pdf (ultimo consulto 29.07.2010).

CONTRIBUTORS' ADDRESSES

ANTONIA ARNOLDUS
Digiter s.r.l., via della Fortezza 58, 00040 Rocca di Papa (Rome), Italy.
digiter@libero.it

GARETH BEALE
Humanities (Archaeological Computing Research Group), University of Southampton, Southampton, SO17 1BF, Great Britain.
gcb205@soton.ac.uk

ANDREA CARBONARA
andreacarbonara@tiscali.it

PIERRE CARBONEL
CNRS–UMR 580, Lyon, France.
carbonel@free.it

HELGA DI GIUSEPPE
Associazione Internazionale di Archeologia Classica, Piazza San Marco 49, 00186 Rome, Italy.
helgadigiuseppe@gmail.com

SILVIA DI SANTO
silviads73@yahoo.it

HATEM DJERBI
Université di Lyon, Lyon. France.
h.djerbi@archeodunum.fr

GRAEME EARL
Humanities (Archaeological Computing Research Group), University of Southampton, Southampton, SO17 1BF, Great Britain.
graeme.earl@soton.ac.uk

FABRIZIO FELICI
Parsifal Cooperativa di Archeologia, via Gabi 40, 00183 Rome, Italy.
fa.felici@tiscali.it

VIVIANA FORTE
LAND s.r.l., Lungotevere dei Vallati 22–3, 00186 Rome, Italy.
viviana.forte@landsrl.it

PAOLA GERMONI
Soprintendenza per i Beni Archeologici di Roma, via dei Romagnoli 717, 00119 Ostia Antica (Rome), Italy.
paola.germoni@beniculturali.it

CARLO GIRAUDI
ENEA, Centro Ricerche Saluggia, Strada per Crescentino 41, 13040 Saluggia (Vercelli), Italy.
carlo.giraudi@enea.it

JEAN-PHILIPPE GOIRAN
UMR 5133, Maison de l'Orient et de la Méditerranée, Université de Lyon, 7 rue Raulin, 69365 Lyon Cedex 07, France.
jean-philippe.goiran@mom.fr

MARIA CRISTINA GROSSI
mcristigrossi@hotmail.com

SIMON KEAY
Humanities (Archaeology), University of Southampton, Southampton, SO17 1BF/British School at Rome, via Gramsci 61, 00197 Rome, Italy.
sjk1@soton.ac.uk

ALFREDO MARINUCCI
Soprintendenza Speciale per i Beni Archeologici di Roma, via dei Romagnoli 717, 00119 Ostia Antica (Rome), Italy.
alfredo.marinucci@beniculturali.it

MARTIN MILLETT
Faculty of Classics, University of Cambridge, Sidgwick Avenue, Cambridge, CB3 9DA, Great Britain.
mjm62@cam.ac.uk

CINZIA MORELLI
Soprintendenza Speciale per i Beni Archeologici di Roma, via dei Romagnoli 717, 00119 Ostia Antica (Rome), Italy.
cinzia.morelli@beniculturali.it

CAROLE OGNARD
caroleognard@orange.fr

LIDIA PAROLI
Via Paola Falconieri 100, 00152 Rome, Italy.
paolo.olivieri@beniculturali.it

JOYCE REYNOLDS
jmr38@cam.ac.uk

GIOVANNI RICCI
Cooperativa Archeologia, Via Luigi La Vista 55, 50129 Florence, Italy.
giovanni.ricci-5y82@poste.it

FÉRREOL SALOMON
UMR 5600 — Environnement, Ville Société, Université Lyon 2, Faculté Ghhat, 5 Avenue Pierre Mendès-France, 69676 BRON Cedex, France.
ferreol.salomon@gmail.com

MIRELLA SERLORENZI
Soprintendenza Speciale per i Beni Archeologici di Roma, Piazza dei Cinquecento 67, 00185 Rome, Italy.
mirella.serlorenzi@beniculturali.it

EMANUELA SPAGNOLI
e.spagnoli@mclink.it

KRISTIAN STRUTT
Humanities (Archaeology), University of Southampton, Southampton, SO17 1BF, Great Britain.
kds@soton.ac.uk

HERVÉ TRONCHÈRE
UMR 5133, Maison de l'Orient et de la Méditerranée, Université de Lyon, 7 rue Raulin, 69365 Lyon Cedex 07, France.
herve.tronchere@mom.fr

SABRINA ZAMPINI
Parsifal Cooperativa di Archeologia, via Gabi 40, 00183 Rome, Italy.
sabrinazampini@yahoo.it

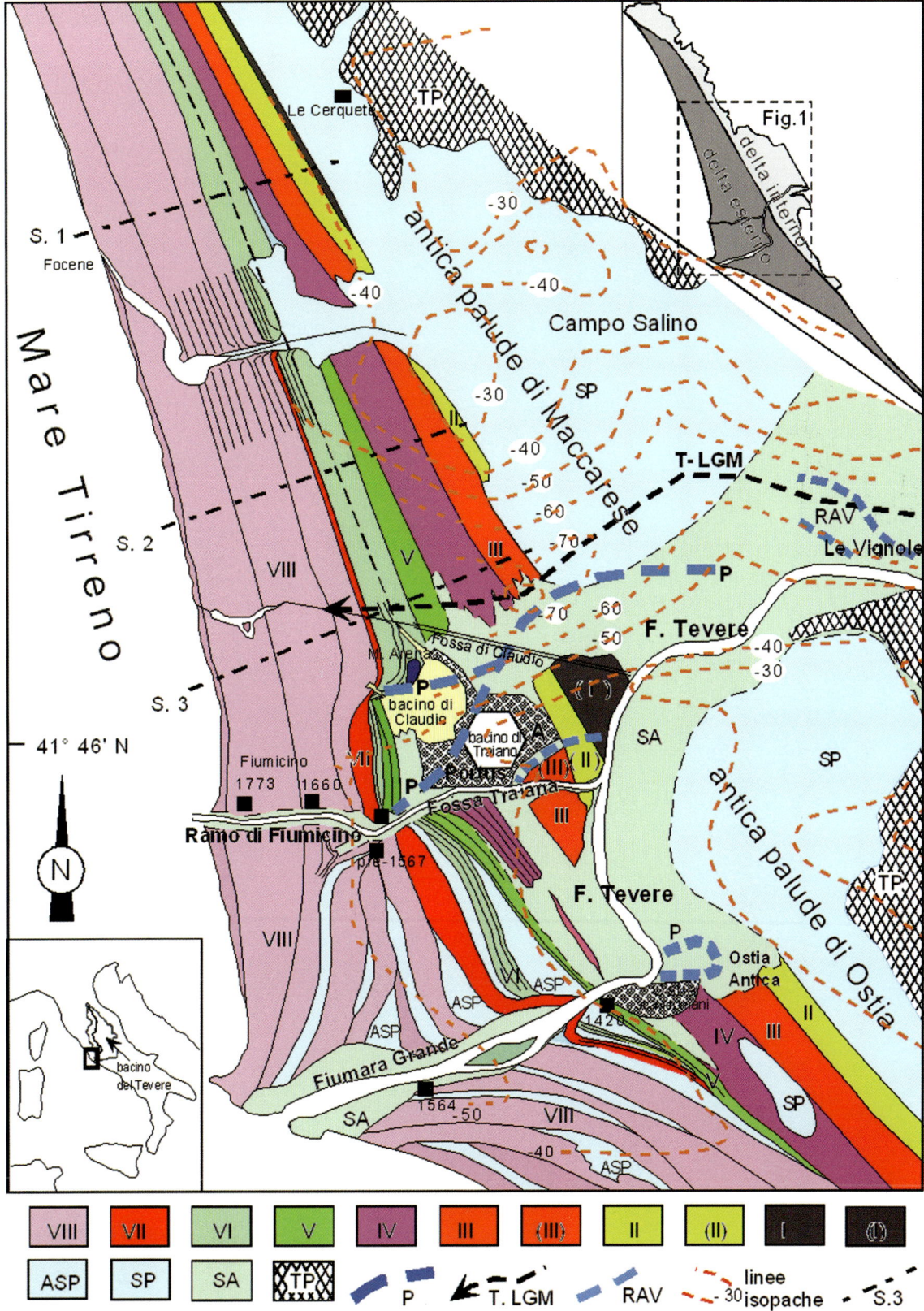

PLATE 2.1. **Geologia della porzione centrale del delta del Fiume Tevere.**
Legenda: I, II, III, IV, V, VI, VII, VIII = cordoni litorali dalla prima alla ottava fase; (I), (II) = cordoni litorali messi in evidenza dalle ricerche geofisiche di Keay *et al.* (2005); SP = sedimenti prevalentemente palustri; SA = sedimenti prevalentemente alluvionali; ASP = sedimenti alluvionali o di spiaggia o palustri, delle aree comprese tra cordoni litorali di diverse fasi; P = paleoalvei del Tevere; T.LGM = depressione della valle del Tevere durante l'Ultimo Massimo Glaciale; RAV = alvei e ventagli di crevassa di Le Vignole; RPC = depositi di riempimento del porto di Claudio; A = aree antropizzate in antico (città, porti, accumuli antropici di sabbia); TP = sedimenti pleistocenici. S. 1, S. 2, S. 3 indicano la posizione delle sezioni schematiche attraverso i cordoni litorali rappresentate in Figura 2.3. Le linee isopache si riferiscono allo spessore dei sedimenti deltizi posteriori all'Ultimo Massimo Glaciale (ridisegnato dalla Figura 3 di Bellotti *et al.* 1995). I quadrati neri indicano le torri costiere e la data di costruzione.

PLATE 5.1. The interior of one of the surviving basement rooms of the *Palazzo Imperiale*. (*Photo: Fortus Project.*)

PLATE 5.2. Aerial view of the excavations in the summer of 2009. (Photo: Portus Project.)

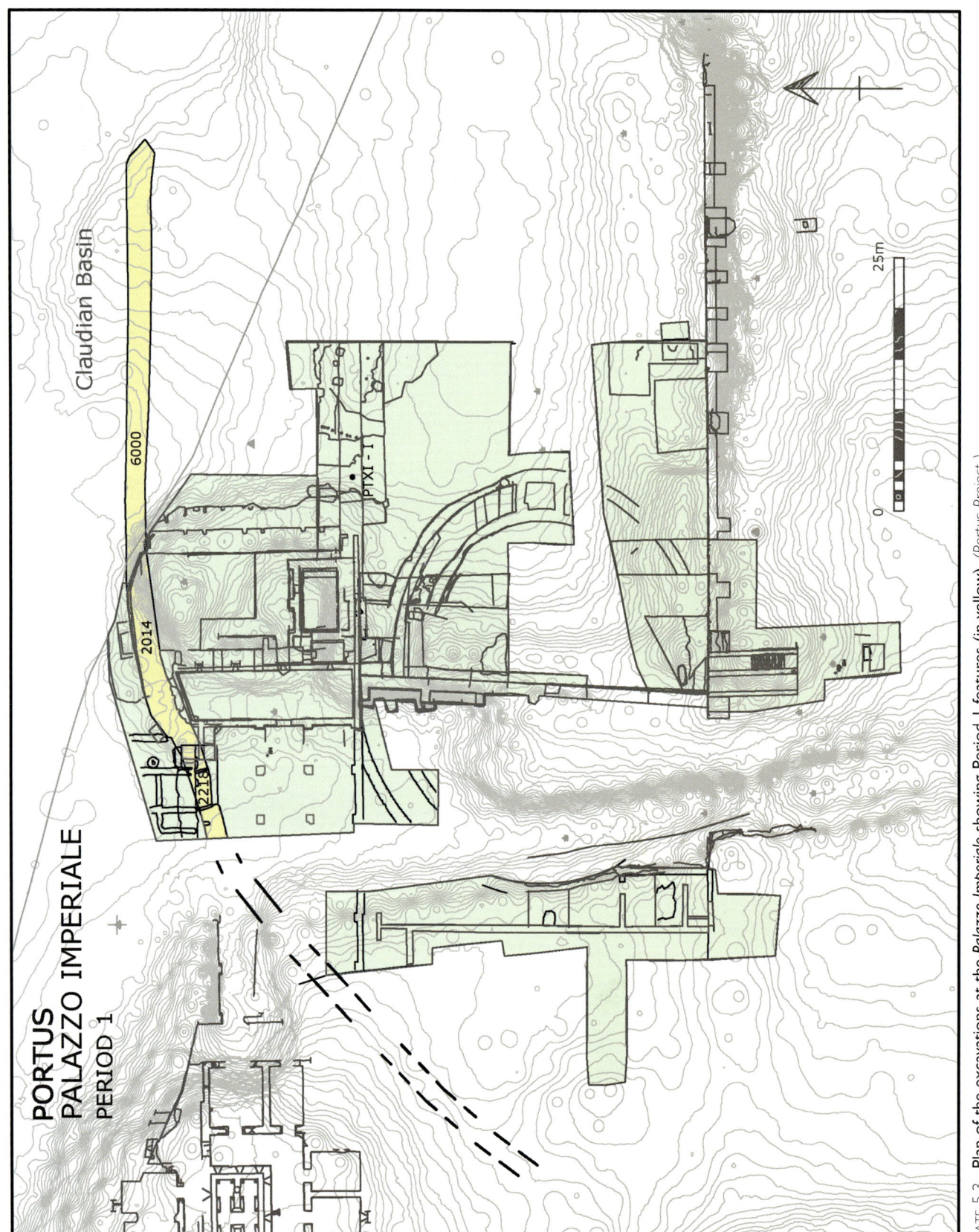

PORTUS
PALAZZO IMPERIALE
PERIOD 1

Claudian Basin

6000

2014

2218

PTXI - I

25m

0

PLATE 5.3. Plan of the excavations at the *Palazzo Imperiale* showing Period I features (in yellow). *(Portus Project.)*

PLATE 5.4. The standing Period 1 mole (2014) on the left-hand side of the picture, continuing at foundation level (2218) to the right. *(Photo: Portus Project.)*

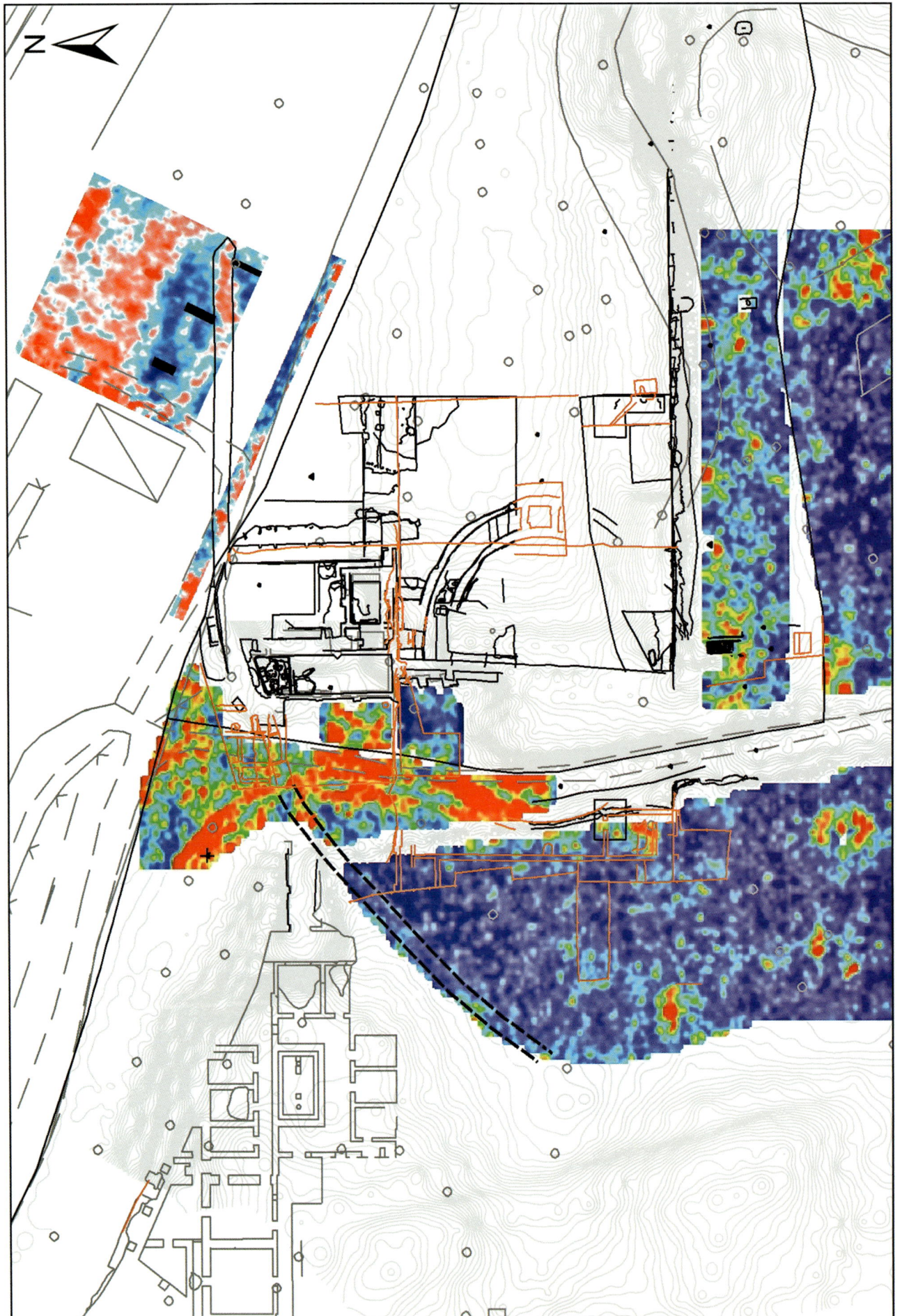

PLATE 5.5. Plan showing GPR results that provide evidence for the continuation of the Period 1 mole (2014) to the east and southwest. (*Portus Project.*)

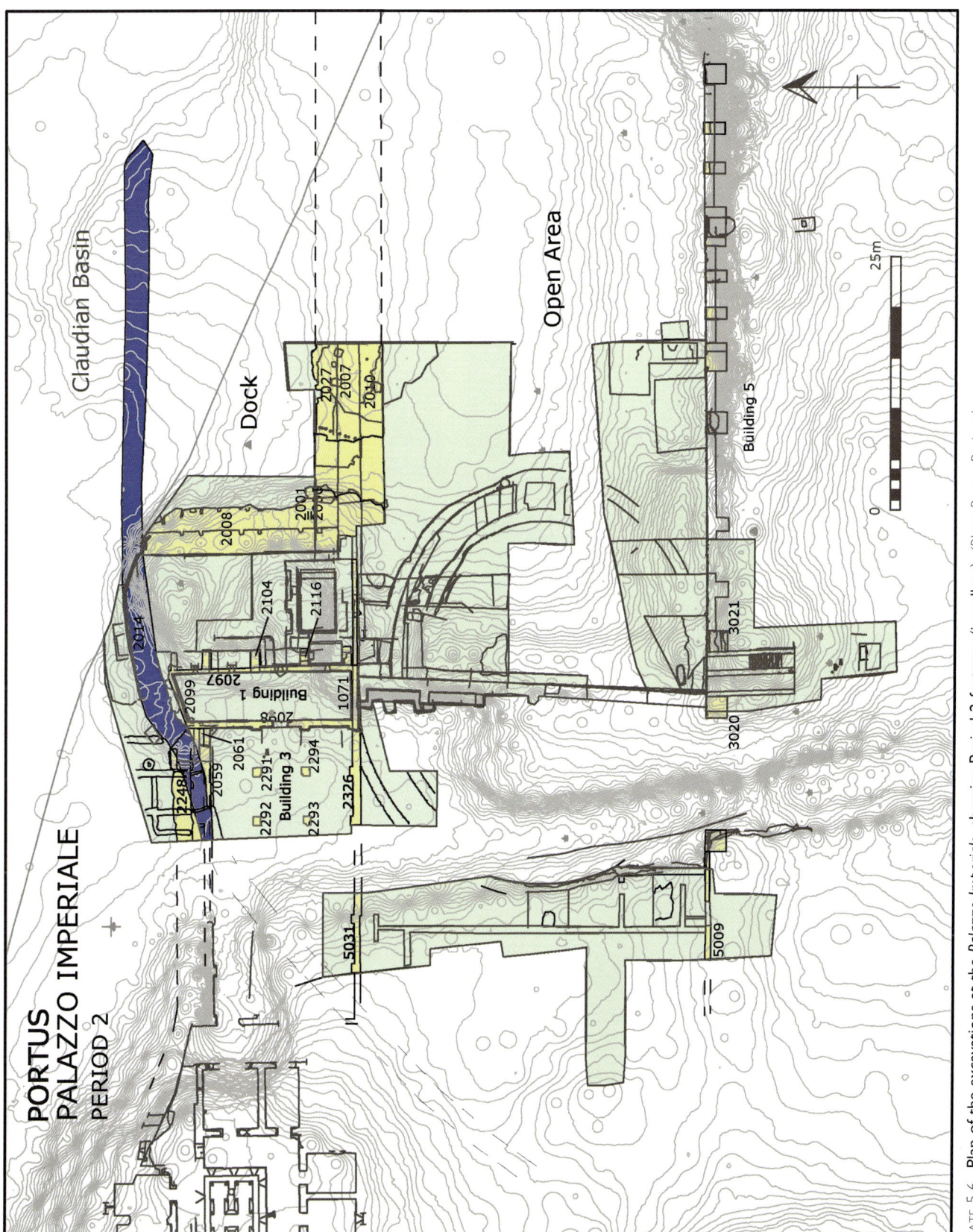

PLATE 5.6. Plan of the excavations at the *Palazzo Imperiale*, showing Period 2 features (in yellow). *(Plan: Portus Project.)*

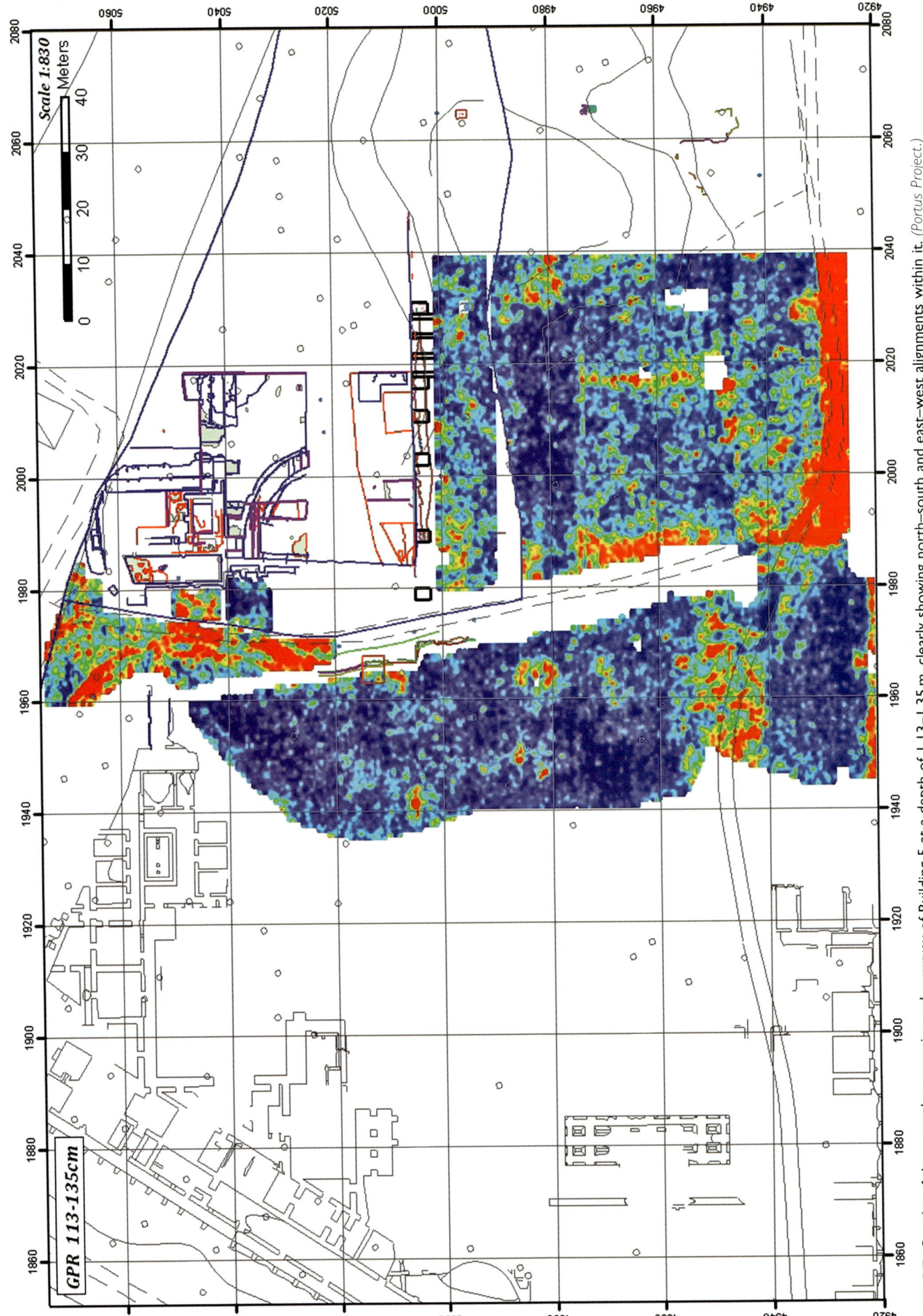

PLATE 5.7. Results of the ground-penetrating radar survey of Building 5 at a depth of 1.13–1.35 m, clearly showing north–south and east–west alignments within it. (*Portus Project.*)

GPR 113-135cm

Scale 1:830

Meters

0 10 20 30 40

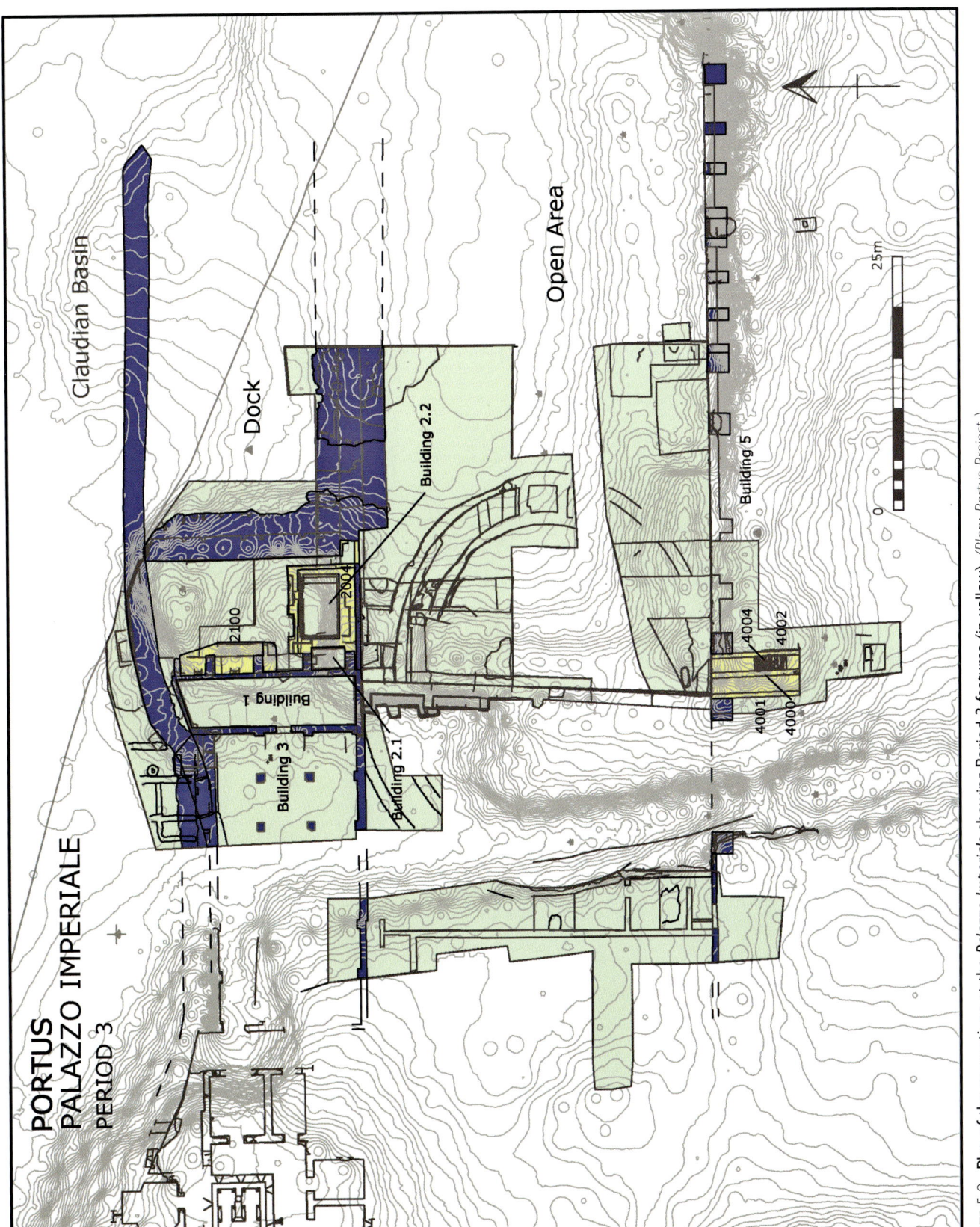

PLATE 5.8. Plan of the excavations at the *Palazzo Imperiale* showing Period 3 features (in yellow). (*Plan: Portus Project.*)

PORTUS
PALAZZO IMPERIALE
PERIOD 3

Claudian Basin

Dock

Open Area

Building 2.2

2100

2004

Building 1

Building 3

Building 2.1

Building 5

4004

4002

4001

4000

0   25m

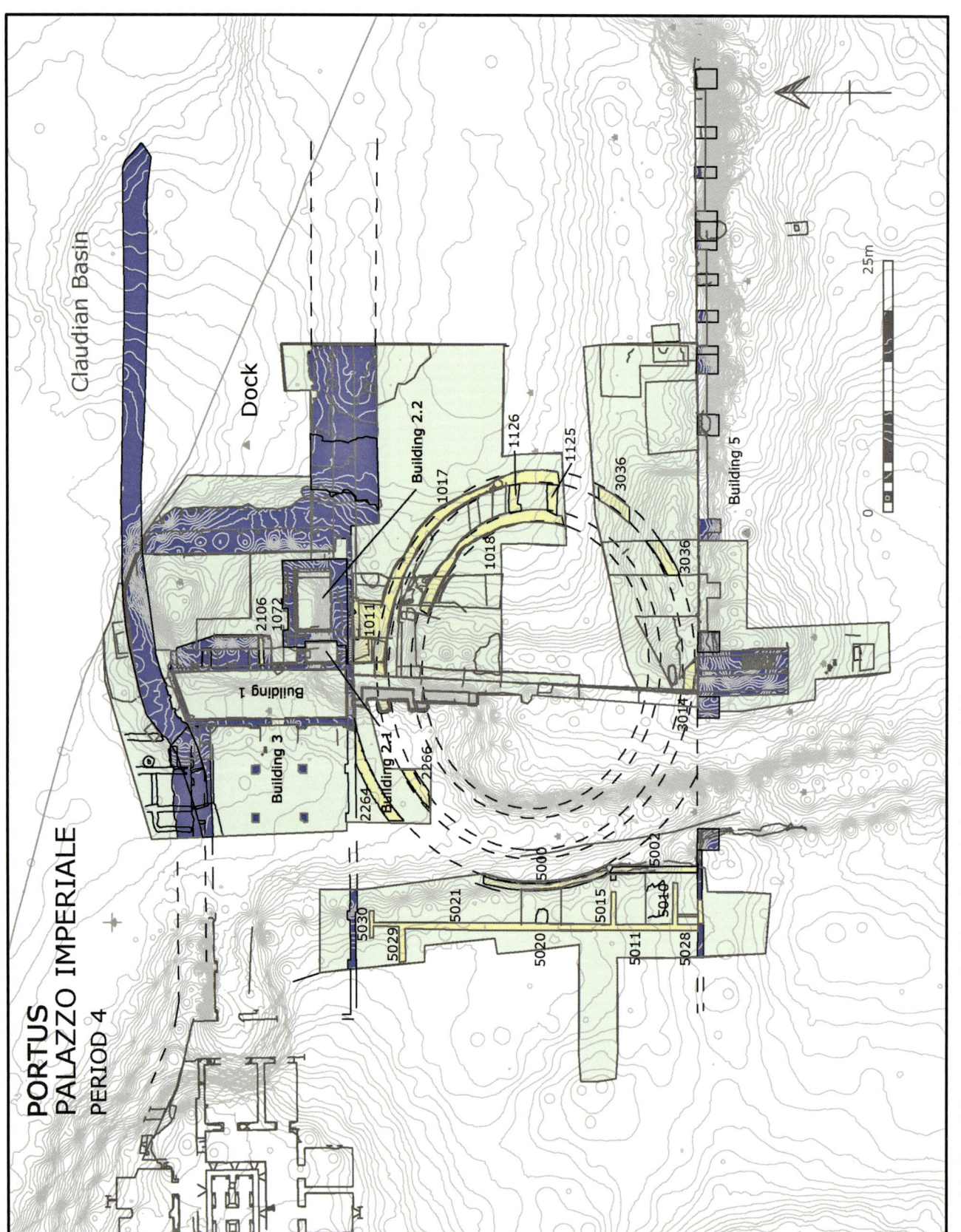

PORTUS
PALAZZO IMPERIALE
PERIOD 4

Claudian Basin

Dock

Building 2.2

1126

1017

1125

1018

3036

1011

2106
1072

3036

Building 1

Building 5

Building 2.1

2264

2266

3014

5030

5029

5021

5006

5020

5015

5010

5002

5011

5028

Building 3

0   25m

PLATE 5.9. Plan of the excavations at the *Palazzo Imperiale* showing Period 4 features (in yellow). *(Plan: Portus Project.)*

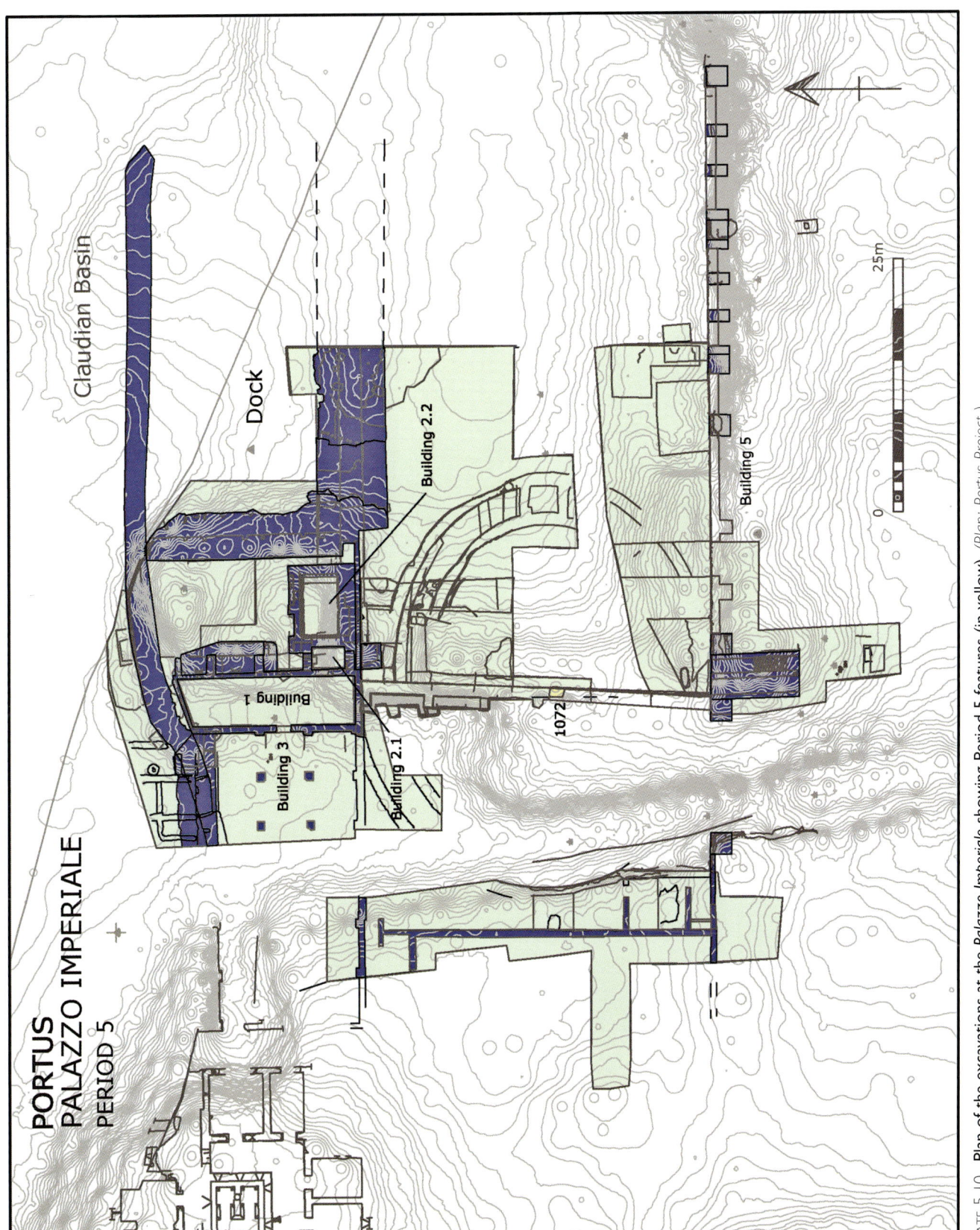

PLATE 5.10. Plan of the excavations at the *Palazzo Imperiale* showing Period 5 features (in yellow). *(Plan: Portus Project.)*

The following text labels appear within the plan:

PORTUS
PALAZZO IMPERIALE
PERIOD 5

Claudian Basin

Dock

Building 1

Building 2.1

Building 2.2

Building 3

Building 5

1072

0   25m

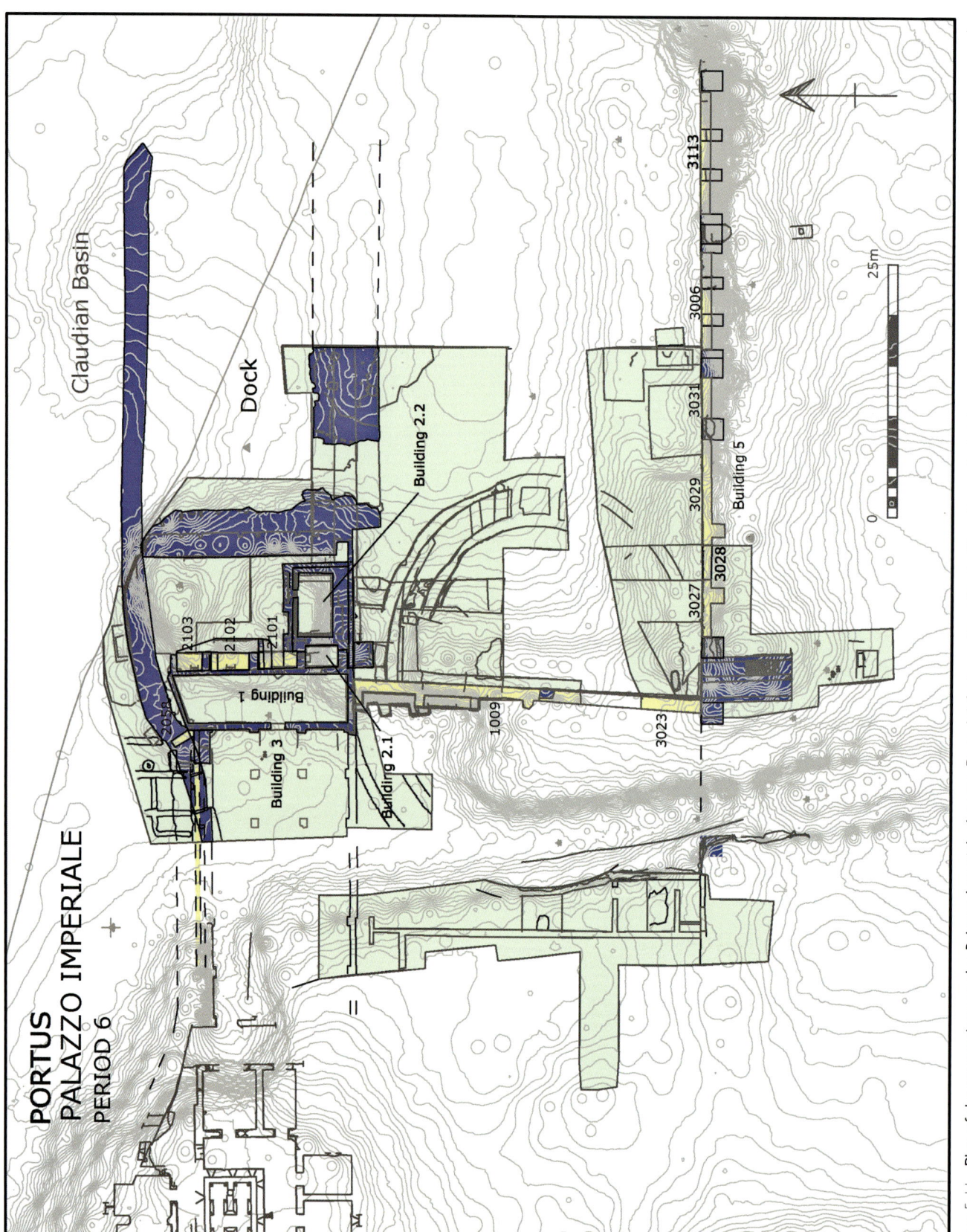

PLATE 5.11. Plan of the excavations at the *Palazzo Imperiale* showing Period 6 features (in yellow). (*Plan: Portus Project.*)

PLATE 7.1. Point cloud of data produced using the time-of-flight scanner at Portus. This dataset enables the production of the outline elevation of the western side of Building 1 at the *Palazzo Imperiale* and also provides a framework for presenting the other spatial data gathered on site. *(Image: Julian Leyland, School of Geography/iSolutions, University of Southampton.)*

PLATE 7.2. A possible model of the proposed amphitheatre-shaped building and adjacent hemicycle, illustrating its relationship to the Cistern Block (Buildings 1 and 2) and the Claudian basin. (*Portus Project.*)

PLATE 8.1. L'Antemurale con il Portico di Claudio e la via colonnata sullo sfondo. (*Soprintendenza per i Beni Archeologici di Ostia.*)

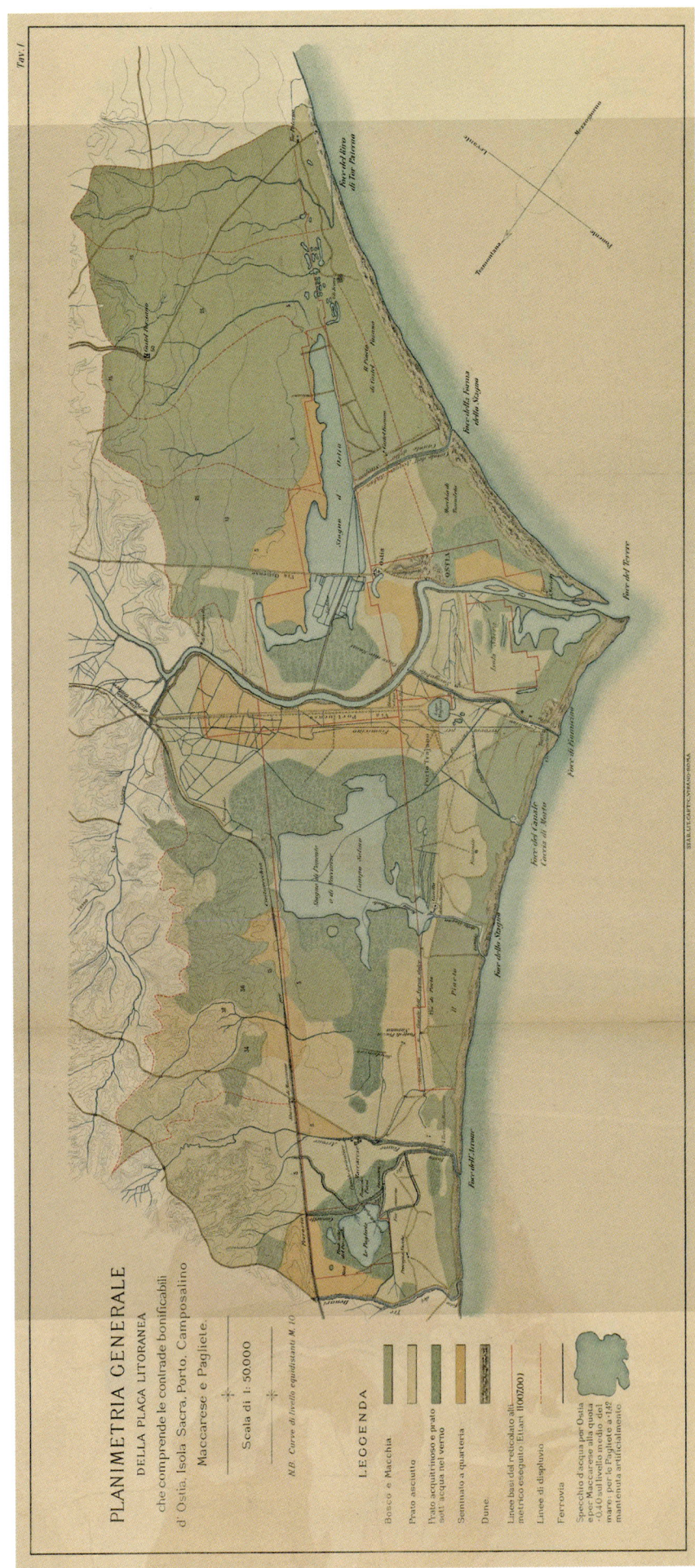

PLATE 13.1. Planimetria dell'area litoranea tiberina di Giovanni Amenduni (1884) in cui è rappresentato lo stagno di Maccarese (stagno di Ponente o di Maccarese) prima della bonifica.